曾自卫 著

自然语言的逻辑图像
斯特劳森形而上学思想研究

THE LOGICAL PICTURE OF NATURAL LANGUAGE
AN ESSAY ON STRAWSON'S METAPHYSICAL THOUGHTS

中国人民大学出版社
·北京·

哲学文库编委会
（按姓氏笔画排序）

马俊峰　冯　俊　刘大椿　李秋零
宋志明　陈慕泽　吴潜涛　张风雷
张　法　张志伟　段忠桥　郝立新
郭　湛　彭永捷　韩东晖　焦国成

总　序

　　时光已悄然走到了21世纪的第二个十年。哲学这门古老的思想技艺在蜿蜒曲折的历史长河中屡经淘漉，在主题、方法和形态上不断发生着深刻的变化；然而，在自身中对自由精神的追求，在思想中对智慧境界的探寻，在反思中对历史与现实的把握，却是她一以贯之、经久不衰的品格。正是这些品格，使每个时代杰出的哲学思想成为时代精神的精华。

　　我们正处在风云际会的全球化时代，纷繁复杂的时代变迁既为理智生活提供了足够丰富的思想材料，也向哲学提出了极其严峻的挑战：如何描述我们的生活世界？如何刻画我们实际的生存境域？如何让驰骛于外物的内心生活重新赢得自足的根基？如何穿越各种技术统治的壁垒，实现自由而全面的发展？

　　我们也站在古今中西的十字路口，源流各异却又殊途同归的各种思想资源既为哲学提供了丰富的滋养，也让哲学面对数不清的艰难抉择：如果哲学真的是带着乡愁寻找家园的冲动，那么梦想中的家园是在古老的期盼中，还是在今日的创造中？既然以往的哲学已经提供了形形色色的安身立命和改造世界的指南，确立了各个层面的观念批判和社会批判的原则，当今的哲学又如何在继承、革新和创造中描画自身的范式？

　　这些问题，这些挑战，已然引发了多种多样的回应。这些回应方式接续着哲学长河中的伟大传统，举其卓有成效者，或以经典文本为研究对象，与哲学大师晤对，与时代问题对接；或直面哲学问题，以锐利才思洞幽烛微，以当代立场梳理剖析；或在反思中考问现实哲学问题，举凡伦理人生谜题、宗教信仰困境、科技生态难题，皆以哲思相发明，力求化危机为契机。

在回应这些挑战的学者中，既有涵泳覃思的学界耆宿，也有意气风发的中青年才俊。以新一代中青年学者之佼佼者而言，视野开阔而不故步自封，沉着稳健而能破门户之见，多能将本土资源与异域资源相贯通，将才气与襟怀相融会，管窥锥指，亦能以小见大，旧瓶装新酒，未必不能化腐朽为神奇。

为了让这些当代的回应更充分地发出自己的声音，展示当代学者特别是中青年学者的研究成果，哲学文库编委会与中国人民大学出版社合作，遴选佳作，荟萃英华，推出"哲学文库"系列研究丛书，以期回应哲学应当直面的各种挑战，应当反思的各种难题，力图敞开更广泛的理论视域，力求奠定更深厚的思想地基。假以时日，集腋成裘，汇成系列，对当代中国的哲学研究当大有裨益，亦能于国际学界赢得一席之地。

是所望焉。谨序。

哲学文库编委会

2010 年 1 月 1 日

序

冯　俊

中国人民大学出版社让我给曾自卫的这本书作序，我拖了很久，迟迟没有动笔。直到他离开我们第三个年头的清明节，我才心情复杂地写起来，算是对英年早逝的他的一次追思和悼念。

曾自卫的本科和硕士就读于华中师范大学，是高新民教授指导的硕士生，是我在中国人民大学哲学院指导的博士生，是北京大学哲学系赵敦华教授指导的博士后。

我到华中师范大学讲学时似乎曾经见过曾自卫，但印象不深。2013年他到中国人民大学哲学院报考我的博士生，我虽在中国人民大学担任过两个任期的副校长并兼任过三年的哲学院院长，但那时我已经调离中国人民大学多年，只是中国人民大学的一名兼职博导，博士生招考的全过程我并不参与。高新民教授曾经向我介绍过曾自卫的特点，希望我们不要以貌取人。我向人大哲学院转达了我的意见，希望招生组能一视同仁，不要面试时因为他的外貌而淘汰他，如果他成绩合格就应该录取他。考试的结果是他的笔试和面试的成绩都非常好，顺利地被录取。从此，中国人民大学校园里就有了一位个头不高，脸型不同于常人，几乎没有头发，声音类似于女高音的男生，眼睛只有非常微弱的视力，看书几乎贴着纸面，像扫描一样，看不见同学的长相，看不见校园的路牌，仅凭声音来辨认同学和辨别校园的道路方向。刚来学校时同学们都以异样的目光注视着他，天长日久之后，大家知道他是这个校园里最努力、成绩最优秀的学生之一，对他都充满着敬意，很呵护他，他也很合群，和学友们的关系都不错。

在博士生学习期间，他有机会申请到英国雷丁大学，接受联合培养一年。试想一下，眼睛看不见路牌、从未出过国的人要完成这一年的学习，该要克服多少常人想象不到的困难，可是让人惊叹的是，他不仅完成了学习任务，还到牛津大学等高校参加了一些学术活动，开展了学术交流，并且为博士论文收集了大量的书籍资料，回国之后写出了这篇60余万字的博士论文。

对于他的这篇论文我不便评价，因为我是指导老师，答辩时和他一样，都是应该接受同行审查的对象，我想还是匿名评审专家们的意见比较客观。在这里，我想将几位匿名评审专家的意见摘录如下：

评审意见1：本文在前人研究的基础上对斯特劳森形而上学做了中文学界有史以来最全面的研究，提出了不少独到见解，是一篇有分量的博士毕业论文。本文的创新之处在于：首先，囊括了斯特劳森的所有同主题文献，拓展了研究领域。其次，在许多具体论点上有突破性进展，具有较高的学术价值。

评审意见2：本论文大大提高了国内学术界对斯特劳森的研究工作的水平，是斯特劳森研究领域中的一项具有标志性意义的成果。论文选题具有重要的学术价值。论文的创新之处主要有：第一，论文对斯特劳森形而上学思想产生的逻辑必然性进行了深入的研究。论文准确而深入地探讨了斯特劳森形而上学哲学思想产生、发展、转变的过程。第二，论文清晰地呈现了斯特劳森描述的形而上学在其哲学思想中的关键地位，也揭示了斯特劳森形而上学思想在整个分析哲学运动中的重要地位。第三，论文对斯特劳森许多哲学观念（如指称、殊相与共相、客观性论证等）进行了认真、细致的研究。

评审意见3：本论文的突出特点是，作者全面阅读了有关斯特劳森的著作，并将他纳入整个20世纪分析哲学的全景之中，对斯特劳森的意义理论做了全面阐述，评价中肯，分析到位。本论文对我国的分析哲学研究具有重要的学术意义。

评审意见4：这篇论文是对斯特劳森哲学综观式的考察。作者一方面详尽完整地研究了斯特劳森的主要著作，深入其基本主题和主要贡献之中；另一方面也广泛涉猎了分析哲学盛期的重要论题，给出了一幅细致的全景式刻画。在国内斯特劳森研究著作中居于较高水平。论文作者所列之创新性，总体符合实际情况，体现出作者对本领域的熟悉度和研究深度。相对于其他研究文献，本论文的论域更为全面，对斯特劳森文献梳理也更加完整，具有较高的学术价值，是一篇优秀的博士学位论文。

评审意见5：从论文的论述可以看出，作者在广泛阅读的基础上，对这些文献进行了分类、归纳，试图有条理地加以论述，从而得以比较全面地展示斯特劳森的思想和学术成就。论文的结果也表明，作者在文献方面做了大量工作，极力提供一幅完整的关于斯特劳森思想的图像。在我看过的论文中，这是第一篇大容量论文，有600多页。我认为，这一努力是值得赞誉的，这至少说明，作者的态度是认真的，论文写作是非常努力的，整体上也是比较好的。

当然，专家们也指出了论文存在的不足，例如：篇幅过于冗长，部分章节可酌情裁减；关于斯特劳森与康德哲学的比较稍嫌单薄；论文对于某些重要论题（如斯特劳森的形而上学的影响）的讨论还可以再深入、再细致；有些部分论述不够精简；对斯特劳森的评价分量不足。

我想匿名专家的评价还是比较客观公正的，因为匿名，至今我们也不知道这些专家是谁，也无法对于他们中肯的评价表示感谢。

曾自卫在博士生就读期间获得了博士生国家奖学金，博士论文被评为中国人民大学优秀博士论文，一如他在硕士生学习期间获得硕士生国家奖学金，硕士论文被评为华中师范大学的优秀硕士论文一样。曾自卫的特点是对学问无比热爱，把学问看得很崇高，专注学业，心无旁骛，竭尽全力，追求完美，付出比常人多出几倍的努力，希望取得比常人更为显著的成绩。在一般同学看来，博士论文写出12万字就可以达到标准，而曾自卫不计功利地写出了60余万字的著作。这里体现出他的一种精神、一种追求。

我们今天捧读曾自卫的这本厚厚的著作，不仅要研读他对于斯特劳森哲学的深入解读和独到见地，更主要地要学习曾自卫身残志坚、孜孜不倦的求学精神。

感谢中国人民大学出版社出版曾自卫的这本著作，让人们永远记住在我国西方哲学界有过这样一颗刚刚升起就陨落了的新星！

2022年清明于北京西郊

前　言

　　形而上学，无论是作为探究和追问"存在本身"和"第一因"的哲学分支，还是以超验思辨、概念抽象研究世界的方法范式，始终在哲学史中占据着无可替代的重要地位。根据传统定义，形而上学即是哲学或哲学的代名词；根据当代理解，形而上学是认识、道德、历史的根据之所在，源头之所溯。奠基者亚里士多德在开端处以"四重根"的方式为"物理学之后"定下基调，宣告形而上学是第一哲学、第一科学、智慧之学，乃至神学；捍卫者康德将形而上学等同于"智慧的化身"，以来自纯粹理性，关乎人类理性之普遍命运的学问为"纯粹哲学知识"。回顾人类思想的伟大历程，形而上学与哲学共生共存，共荣共进，走过了辉煌璀璨的思想历程，其来路漫漫而修远，其内核历久而弥新。

　　然而，随着20世纪初实验心理学、形式逻辑、相对论、量子力学、生命科学的崛起，作为哲学基本形态和重要分支的形而上学，在早期分析哲学中权杖旁落，罗素、摩尔等分析哲学家都以背弃、拒斥、改造或重建等不同形式要求将各类传统形而上学从哲学中驱逐出去，曾经的"知识之树的根"沦落为知识的负累和理性的丑闻。正是在这一背景下，斯特劳森作为复兴形而上学的关键人物，通过提出"描述形而上学"整体方案，不仅使得分析哲学家们开始重新认同形而上学在哲学中的主干和核心地位，而且将形而上学引入语言哲学，实现了哲学传统与时代潮流的有机汇合，重塑了人类思想传统的伟大遗产，奠定了当代形而上学讨论的话语范式和理论框架。

　　斯特劳森在日常语言背景下，以先验论证为手段，以联结主义为模型，以自然主义为旨归，通过诉诸确认、个体化、同一性、殊相与共相、主谓语法等基本概念工具而建构的概念图式，与诉诸形式定义、真值条件、逻辑建构的逻辑形而上学特征殊异、差异明显。为全面反映斯特劳森形而上学捍卫常识、尊重语言现象和概念结构的特征，本书将"自然语言的逻辑图像"作为题旨，拟根据斯特劳森哲学的发展脉络和文本依据，对其形而上学思想的基本主题、理论基础、理论架构、后续发展和理论终局等进行全面系统的梳理，通过客观地分析、比较和判校斯特劳森本人主要著作以及相关代表性评述观点，力争达成对其形而上学思想的整体脉络和哲学面相的深度理解，在此基础上，尝试将斯氏思想放入当前形而上学建构和对话的论争语境，就其内容、特征、性质及定位等提出一系列论断，实现对斯特劳森形而上学思想读解范式的转换和创新。

根据前述题旨和思路，本书拟分为七章，就如下问题展开论述：

第一章介绍斯特劳森哲学的基本主题。"指称、述谓与对象"是斯特劳森哲学始终如一的主题，也构成了形而上学理论的语言哲学背景。本章以"指称如何实现"为线索，通过论述斯特劳森与罗素、塞拉斯、戴维森和奥斯汀等人的对话，认为斯特劳森开创了分析指称实现方式的语用维度；对指称实现机制——"预设"提出了语义解释和语用解释；对意义理论提出了"三分说"布局；对会话意义做出"交流意向论"分解。本章将进一步指出"预设"的本质是以概念图式为基础的语义-语用概念，并概括指称实现的若干语用原则。

第二章介绍斯特劳森哲学的方法论和具体方法。"形式逻辑与自然语言的联系和区别"是斯特劳森的逻辑哲学的核心关切，也是其论述哲学方法论和具体方法的理论基础。斯特劳森的立场可以被系统地总结为正反两方面的观点：在否定方面，认为经典逻辑、形式分析不是分析日常语言的可靠系统和工具；在肯定方面，要求捍卫传统逻辑，构建语言逻辑。以此为基础，斯特劳森通过扬弃经典分析、建构分析、治疗分析、描述分析等早期分析哲学的分析方法，将其安排到服务于阐释"概念图式普遍特征"的统一方法-任务系统，建立以概念联结为模型的综合分析观，并将"描述形而上学"刻画为综合使用各类分析方法的"哲学总任务"，使形而上学得以在方法论语境中"出场"。

第三章介绍斯特劳森对概念图式的基本概念和基本特征的描述。本章将围绕斯氏代表作《个体：论描述的形而上学》展开，并根据该书的结构分为两节。第一节对应《个体：论描述的形而上学》的第一部分"个体"，将着重讨论殊相的确认和描述，解决三个环环相扣的子问题：一是通过确认和再确认这一概念结构实际运作过程的讨论，论述斯特劳森确认基本概念的认识论过程；二是通过物质物体和人这两个基本概念，论述斯特劳森对概念结构基本概念的描述；三是通过对实体和同一性关系的讨论，说明斯特劳森将"确认"当作论证概念结构的语言学方法的理论依据。第二节对应《个体：论描述的形而上学》的第二部分"逻辑主词"，将着重讨论概念图式的描述和解释，同样解决三个环环相扣的子问题：一是通过对主谓区分的语法标准和范畴标准的介绍，说明斯特劳森对概念结构基本特征的描述；二是通过对将殊相概念引入命题和引入话语的方式的讨论，在解释主谓区分的经验基础的同时，阐释概念结构的优先性特征；三是通过对存在与殊相的关系的讨论，明确主谓区分的形而上学目的是将"实体"作为"基本逻辑主体"和"基本指称对象"，以逻辑和语言的方式确证亚里士多德有关"个体"是"第一实体"的主张。

第四章介绍斯特劳森对概念图式的先验解释，本章将首先对解释性任务所涉及的客观性论题及先验论证方法做概括性论述，然后分别阐述斯特劳森的经验解释和概念解释。第一节介绍解释性任务的基本任务、论证策略、论证方式、论证目标以及论证的实际展开情况。第二节关注斯特劳森依据"听觉世界"思想实验所提出的经验解释，详细论述他对听觉世界的构造，与埃文斯的理论交锋，以及对时空观念的概念重构，评价经验解释的论证力量和理论得失。第三节集中关注斯特劳森围绕康德的"先验演绎"所提出的概念解释，在说明概念演绎的理论任务的基础上，通过阐释斯特劳森对先验论证的概念重构，对先验观念论和"先验自我"的拒斥，对感觉材料理论的证伪，表明斯特劳森在概念性确认经验的客观性的同时，也肯定了经验主体的具身性、经验过程的直接性以及经验对象的因果性等特征，从而以整全的方式为概念图式提供完整的客观性解释。

第五章介绍斯特劳森对概念图式的系统建构，本章也主要分为两节，第一节将阐述斯特劳森对《个体：论描述的形而上学》第二部分

"共相"已经有所讨论的主谓结构的重新阐述，重点介绍斯特劳森放弃语法标准的原因，对基本主谓语句逻辑特征的强调，以及对主谓语法理论基础的分析，揭示他对于概念图式的基本特征、形式表现和理论基础的全新认识。第二节将阐述斯特劳森对具有形而上学意义的普遍语法模型的建构，在明确他与乔姆斯基有关普遍语法的争议的基础上，介绍"显明语法"的建构过程并说明其理论本质，揭示斯特劳森对普遍语法的独到见解。本章将揭示两个重要问题：一是考察斯特劳森对"主谓区分"的立场和策略的改变。本章指出，斯特劳森不再强调主谓结构是所有语言实际上共有的普遍结构，而是认为它只是在基本结合中得到反映，经由理论构建而确立的普遍语法模型，另外，斯特劳森也不再直接强调语法系统是自然语言的表征系统，转而认为主谓结构具有类似经典逻辑的形式区分。二是透视显明语法的理论本质，指出显明语法是具有形而上学意义的元概念，它以阐明主谓结构的逻辑-语法特征为理论内核，是揭示人类概念图式普遍特征的结构语义学，也是统摄所有人类语言类型和语系的普遍语法。

第六章介绍斯特劳森形而上学思想以"自然主义转向"为标志的晚期动向，论述自然主义思想孕育的理论背景、基本内容、与先验论证的结合方式及其定论和地位。本章将重点指出，斯特劳森转向自然主义，从表面看是由于斯陶德对先验论证提出批评后，斯特劳森对论证"世界指向"的特征和过于激进的立场有所反思后做出妥协的理论回应；从深层次看是由于先验论证在论证内容和论证方法等诸多方面遭遇困难，不能实现从概念到实在的过渡，无法完成解释性任务，而且会引发对图式合理性的怀疑，因而斯特劳森不得不放弃概念分析，复归常识辩护。进一步说，如果把自然主义当作应对怀疑主义的"新工具"，那么无论将其视为"适度先验论证"，还是当作"认识论自然主义"，都不足以驳斥怀疑论。本章将指出，自然主义本质上是一种元概念策略，具有调和主义色彩，并向有原则的立场后退，其目的在于，即便放弃有关概念图式的概念解释的有效性，仍旧继续坚持关于概念图式的基本概念和基本特征的相关论述，使描述形而上学以"双图式论"的形式，在极具张力的理论平衡中得以有效存续。

第七章转向对描述形而上学的判校与评价，尝试从规范性维度揭示其理论本质，甄别其基本立场并界定其理论意义。通过明确图像论解释的理论依据和实际过程，对比斯特劳森的显明语法与维特根斯坦的逻辑图像论，本章将指出，以物质物体和人为基本概念、以主谓结构为基本模型的关于世界的概念图式，是对维特根斯坦逻辑图像论的改造和修正，本质上是反映日常语言行为及其形式特征和本体论基础的逻辑图像。而在分析描述形而上学作为理论规划和具体实践的可能性、现实性，处理苏珊·哈克和斯特劳森对描述-修正区分的批评之后，本章将从方法、内容、任务和过程等相对独立的评价维度指出，斯特劳森的立场是一种介于"描述"与"修正"之间的综合性、超越性的立场。最后，根据提供指称理论的"新范式"，重构"分析"概念，实现对形而上学的"再发现"，复活哲学传统和历史意识等多方面的理论影响，文章将把斯特劳森当作牛津哲学在 20 世纪 60 年代的主要代表，认为描述形而上学是以非典型形态呈现的最激进的日常语言哲学。

目 录

导 论 ·· 1
　一、斯特劳森的生平与著作 ··· 2
　二、国外研究综述 ·· 33
　三、汉语学界的成果 ·· 64
　四、研究思路、篇章结构与创新点 ·································· 71
第一章　指称、述谓与对象：形而上学的基本主题 ··············· 76
　一、指称理论的基本原则 ··· 77
　二、预设理论的发展 ·· 93
　三、斯特劳森的意义理论 ··· 101
　四、预设的语义性质与指称的语用实现 ························ 132
第二章　分析与建构：形而上学的方法论和具体方法 ········· 146
　一、论两种逻辑 ·· 148
　二、分析与建构 ·· 180
第三章　共相与殊相：概念图式的系统描述 ······················ 213
　一、论个体：概念图式的基本概念 ······························· 215
　二、概念图式的基本特征：主谓结构 ··························· 266
第四章　客观性论证：概念图式的先验解释 ······················ 323
　一、概述 ·· 324
　二、经验解释 ··· 329
　三、概念解释 ··· 367
第五章　主语与谓语：概念图式的系统建构 ······················ 413
　一、重释主谓区分 ·· 414

二、建构显明语法 ································· 435
第六章　自然主义与怀疑主义：描述形而上学的理论终局 ·········· 459
　　一、"自然主义转向"的理论背景 ······················ 460
　　二、自然主义与怀疑主义 ···························· 492
　　三、自然主义与先验论证 ···························· 507
　　四、描述形而上学的理论终局 ························ 519
第七章　在"描述"与"修正"之间：对斯特劳森形而上学思想的
　　　　判校与评价 ·································· 536
　　一、描述形而上学的理论本质：自然语言的"逻辑图像论" ····· 539
　　二、斯特劳森的形而上学立场：在"描述"与"修正"之间 ··· 570
　　三、描述形而上学的理论意义 ························ 593

参考文献 ··· 609
出版后记 ··· 639

导 论

彼特·弗雷德里克·斯特劳森爵士（Sir Peter Frederick Strawson，1919—2006）[①]，是与赖尔（Ryles）、奥斯汀（Austin）、汉普夏尔（Hampshire）、格莱斯（Grice）等齐名并称的日常语言学派哲学大家，也是"牛津哲学黄金时代"的中坚代表。在当代英美哲学中，斯特劳森是参与哲学议题制定、主导分析哲学发展的少数几位主要哲学家之一，在形而上学、认识论、语言哲学、哲学逻辑和道德哲学等多个领域都有着卓越的贡献。其中，斯特劳森在形而上学领域的贡献尤为瞩目，其阐述自身整体哲学规划的《个体：论描述的形而上学》（*Individuals: An Essay in Descriptive Metaphysics*，1959）一书，被认为是二战以来分析哲学的最大成就之一，他在该书及相关后续著作中所阐发的以语法逻辑为核心的自然语言分析，成为与形式语言分析并驾齐驱的竞争性理路；斯特劳森提出的在日常语言背景下，以先验论证为手段，以联结主义为特征、以自然主义为旨归，通过诉诸指称识别、个体化、同一性及殊相与共相等基本概念工具而建构的概念图式，奠定了当代形而上学讨论的话语范式和理论框架。基于如上理论背景，本书写作主要有三方面的考虑：

首先，国内的斯特劳森研究起步较早，亦已取得若干丰硕成果，例如应奇的《概念图示与形而上学》（著作）、《斯特劳森的哲学图像》（论文），从不同侧面、层次、主题对斯特劳森哲学思想和相关代表性观点做了一定的阐述，但对斯特劳森形而上学方案的基本主题、理论基础、

[①] 又作"斯特劳逊"（据洪谦等部分早期中国大陆研究者）或"史陶生"（据台湾地区研究者）。

整体架构、后续发展和理论旨归等尚未形成系统的理论追溯和全面阐述。本书将在借鉴前辈学者相关研究成果的基础上，通过系统梳理斯特劳森的形而上学理论方案，深入考察该方案的背景、内容、特征和性质，尝试深化对斯特劳森形而上学思想的理解，理清相关误读和错判，就斯特劳森哲学思想达成全面而不流于表面的整体把握。

其次，英美分析哲学以"语言学转向"为重要特征，牛津日常语言哲学是这一转向的重要组成部分。斯特劳森的形而上学思想在继承牛津哲学传统的基础上，致力于革新语言分析方法，扩展语用分析的对象和领域，丰富日常语言哲学的历史脉络和逻辑层次，从而为我们重新认识和了解日常语言哲学的哲学面貌，改变那种认为其过于琐碎且仅专注于哲学批判和提供"负能量"的既有观点提供了有利契机，对自成传统、独具风格的"牛津转向"的考察，也必然将对"语言学转向"和分析哲学史的理解推向纵深。

最后，作为哲学理论形态基本或重要分支的形而上学，在早期分析哲学中失去了"第一哲学"的至尊地位，罗素、摩尔、维特根斯坦等早期分析哲学家都以背弃、拒斥、改造等不同形式要求将各类形而上学从哲学中驱逐出去。斯特劳森作为复兴分析哲学的关键人物，通过提出"描述形而上学"整体方案，不仅使分析哲学家开始重新认同形而上学在哲学中的主干和核心地位，而且将形而上学引入语言哲学，实现了哲学传统与时代潮流的有机汇合。探讨他的形而上学思想，使我们能够深入洞察当代分析形而上学复兴的内在机理和发展路向，进而把握当代形而上学的前沿动态和热点问题，深化对自然主义、迈农主义、反实在论和模态形而上学等当代形而上学潮流中各类概念图式的理解，以更加积极的姿态参与到世界范围内的相关形而上学议题的对话和建构。

一、斯特劳森的生平与著作

与摩尔、维特根斯坦、奥斯汀等人通过授课、讲学和小范围讨论的方式建立哲学声誉不同，斯特劳森主要通过《论指称》（"On Referring"）、《个体：论描述的形而上学》等极具影响的论文和重要著作成长为英语世界的主要哲学家；但与前面几位哲学家的共同点在于，斯特劳森的相关著作、论文及观点和论证引起了哲学家同侪大范围、长时间的热烈讨论，同样形成了文化界一道靓丽的光谱。因此，对背景文献的梳理，一方面需要厘清斯特劳森提供的一手文献及其所呈现的逻辑线索和结构特征，另一方面也要厘清其他主要哲学家围绕相关论题的二手文献所呈现的研究概况，把握其中的重点、热点和难点问题，总结相关研究的特点和脉络，兼顾两类文献之间的对照和互动。

1. 生平述略

斯特劳森 1919 年 11 月 23 日出生于伦敦郊区伊灵（Ealin）的教师之家，父亲西瑞尔·斯特劳森（Cyrill Strawson）是一所私立学校的校长，母亲原本也是教师，婚后放弃事业成为全职居家女性。斯特劳森成长于芬奇利郡（Finchley County），先是在芬奇利郡小学（Finchley County School）就读，后于初中一年级转入男校"芬奇利基督学院"，斯特劳森在这里选择英语、法语、拉丁语和历史作为主修科目，在老师泰勒（J. H. Taylor）的鼓励和引导下，对语法和诗歌产生并保持了毕生的兴趣。

由于父亲不幸于 1936 年离世，斯特劳森一家在经济上一度十分拮据。所幸斯特劳森获得了一笔公开奖学金，加上中学考试成绩优秀而获得国家奖学金，得以于 1937 年 10 月进入牛津大学圣约翰学院，作为 PPE（Philosophy, Politics and Economics）学生在马博特（J. D. Mabbott）和格莱斯指导下研修政治、经济和哲学。斯特劳森对逻辑学和《纯粹理性批判》颇感兴趣，这为此后他对哲学逻辑、形而上学、认识论和哲学史的研究打下了坚实的基础。1940 年从牛津本科毕业后，斯特劳森像当时很多年轻哲学家一样应征入伍，先后供职于皇家炮兵部队（1940—1942）和皇家电子机械工程部队（1942—1946），战后曾短暂驻扎意大利和奥地利，1946 年以上尉军衔退役。

在导师马博特的推荐下，斯特劳森于 1946 年以助理讲师身份短暂执教于北威尔士的班戈大学学院（University College Bangor），一年后即因受到赖尔赏识，获得约翰·洛克奖（John Locke Prize）并返回牛津大学，开始了在牛津长达四十年的执教生涯。斯特劳森先是作为学院讲师入职牛津大学学院，1948 年被选为学院的研究员。1950 年斯特劳森在《心灵》（*Mind*）发表了批评罗素摹状词理论的著名论文《论指称》，赢得了世界性声誉。

除了六年军旅生涯，斯特劳森的私人生活波澜不惊，没有大起大落。在学术风格上也满足于欣赏掌声，不招揽追随者。但是，作为职业哲学家和当代哲学专业化、学院化的践行者，也免不了为"学院政治"所累。1940年斯特劳森本科毕业的成绩是一个著名的B，尽管两名评阅人中的以赛亚·伯林对毕业论文评价颇高，毫不犹豫地给了A，但贝利奥尔学院的院长林赛（Sandy Lindsay）作为当时牛津观念论的支持者，认为斯特劳森的论文过于碍眼，没有对她所尊重的前辈哲学家给予足够尊重，因此判了C，两人协商的结果是给论文评级为B。此事成为斯特劳森在牛津的一大"丑闻"。伯林在多年后仍然为没能坚持自己的意见而颇为懊悔。（但20世纪60年代牛津本科生中盛行的"流言"认为，原因在于粗心的伯林将论文遗忘在了出租车上。）1959年斯特劳森受到同事鼓动与逻辑实证主义的英国代表艾耶尔竞争温克汉姆逻辑学教席（Wykeham Chair of Logic），但最终未获任命，由此引发赖尔和奥斯汀等人的极大愤慨，斯特劳森本人将此事当作一大憾事，但认为这也是一种解脱，多年后回顾此事时，斯特劳森轻描淡写地认为，"只不过是未被任命而已"。

在上述两个"挫折"之外，斯特劳森的哲学事业进展相当顺利。他于1960年被选为英国皇家科学院院士，1968年接替赖尔担任温弗莱特形而上学教授（Waynflate professor of Metaphysics），转入马格达伦学院（Magdalen College）任教；1969年被选为英国最大的哲学学会亚里士多德学会（Aristotle Society）主席；1971年获选美国科学与艺术学院外籍院士；1977被英国女王伊丽莎白二世封为爵士（DBE）。

斯特劳森作为"导师"的身份和"哲学家"同等重要，他坚信教学相长，乐于参与和主持讨论班，始终坚持亲自修改学生习作，以启发性、创造性的方式开展个别指导。根据斯诺顿（Paul Snowdon）回忆，参加斯特劳森的课程指导像是"与神对话"（interview with god）①，认为他是"最好的哲学向导"。斯诺顿所言非虚，牛津大学于1965年设立

---

① Paul Snowdon. Strawson on the Concept of Perception//Lewis Edwin Hahn. The Philosophy of P. F. Strawson. Chicago：Open Court，1998：293.

的旨在奖励期末考试表现优异的本科生的亨利·王尔德奖,在奖项设置的前四年(1965—1969),斯特劳森的学生曾两次斩获头名,两次占据次席(根据斯诺顿交代,斯特劳森1969年后不再指导本科生)。另一位著名哲学家沃克(Ralph Walker)也指出:"斯特劳森不曾在哲学和教学之间做出明确区分,在这一点上,他甚至可以与苏格拉底相提并论。"[1] 斯特劳森作为教师成就斐然,埃文斯(Gareth Evans)、塞尔(John Searle)、卡萨姆(Quassim Cassam)等在当代哲学舞台上十分活跃的重要哲学家皆出自斯氏门下。

斯特劳森不是书斋中的哲学家,其哲学足迹遍及世界各地,除了美国和西欧、北欧各国外,阿根廷、墨西哥、南斯拉夫、以色列等国都留下了哲人的学术印记。斯特劳森先后在杜克大学(1955)、普林斯顿大学(1977)、法兰西学院(1985)做访问教授,主持了哥伦比亚大学的伍德里奇讲座(Woodbridge Lecture,1983)和慕尼黑大学的康德讲座(1985),并被慕尼黑大学授予了该校的荣誉博士(1998)。

斯特劳森极富教养,注重文化品位,衣着考究、形貌俊朗,是典型的英国绅士,堪称"最英式的英国人"。在哲学之外,他的最大爱好是诗歌,年轻时曾一度认为只有伟大诗歌才是人类的伟大成就。在《理智自传》中他曾写道:"如果可以选择天赋,我更愿意成为诗人。"[2] 斯特劳森不仅能背诵大量诗歌,而且自己写诗,在哲学写作中,同样注意写作风格和句式变化,前期常常使用长句,喜好复杂的细节论证。除此之外,他对建筑、地理、徒步旅行等都很有热情,经常组织自己的家人和另一位牛津哲学家沃克一家外出远足。斯特劳森的另一特殊爱好是军事游戏,在相当长一段时间内,他每年都会与皇家学会的秘书卡斯威尔(John Carswell)在自己家的花园里将锡制的士兵排成阵形,用迷你玩具加农炮的子弹对射,根据预先商定的规则判定输赢,据说斯特劳森好胜心极强,从未输过任何一场战斗,而且极为专注,如果他的孩子们打扰自己的士兵,这位英国绅士会极其罕见的暴怒。

1987年,斯特劳森因年龄原因退休,但仍然在牛津哲学系授课、

---

[1] C. Y. Ferdinand. A Tribute to Sir Peter Strawson. Oxford: Magdalen College, 2008: 1.
[2] P. F. Strawson. Intellectual Autobiography//Lewis Edwin Hahn. The Philosophy of P. F. Strawson. Chicago: Open Court, 1998: 5.

开展讲座和继续从事哲学思考，直至 2006 年 2 月 13 日因病于牛津的一家医院内逝世，享年 86 岁。为了表彰斯特劳森的哲学贡献，牛津大学三个他生前曾学习、执教的学院都通过不同形式的制度安排来表达纪念。圣约翰学院将 PPE 学生的哲学协会命名为斯特劳森学会（Strawson Society）；大学学院设立了斯特劳森研究员（Strawson Fellowship in Philosophy），马格达伦学院从 2004 年开始设立彼得·斯特劳森论文奖，专门奖励优秀本科论文和暑期学校的优秀论文。这些制度安排，不仅是对这位哲学巨擘的永久纪念，也使斯特劳森成为牛津哲学传统的重要组成部分。

在家庭生活方面，斯特劳森是父母的四个子女中第二个孩子，上有长兄，下有弟妹。他的弟弟约翰·斯特劳森（John Strawson）曾担任英国皇家陆军参谋总长，受到皇室多次晋封，退役后成为颇有名气的英国军事史专家。斯特劳森 1945 年与霍尔·马丁［Grace Hall Martin，也称作安（Ann）］结婚，育有两子两女，长子盖伦·斯特劳森（Galen Strawson）子承父业，现执教于美国得克萨斯大学奥斯汀分校，在心灵哲学、哲学史等领域颇有建树。

尤其值得指出的是，作为"西方"哲学家的斯特劳森，对"东方"也有着浓厚兴趣，与宣称"除了太阳从东方升起之外，东方哲学家不值一提"的赖尔不同，斯特劳森对东方思想和学界——尤其是印度和中国有着异乎寻常的兴趣。在 1998 年召开的波士顿世界哲学大会上，斯特劳森公开承认他的晚期自然主义思想受到印度哲学，特别是正理派（Nyaya School）的影响。斯特劳森甚至戏谑自己是"印君子"（Indiaddict），生前曾先后三次（1975、1979、1987）造访印度，在新德里、加尔各答等地讲学，在印度哲学期刊发表论文，广泛游历了南亚次大陆的各处名胜。

对于中国，斯特劳森不仅是分析哲学的播种者，也是养护者。斯特劳森 1988 年在第一次中英暑期哲学学院宣讲了"分析与形而上学"（Analysis and Metaphysics），随后接替艾耶尔作为中、英、澳（美）暑期哲学学院的英方名誉主席（1991—2006）。此外，斯特劳森与余纪元、林允清、江怡等中国学者都有着良好的私人关系，其学生格雷林博士（Dr. A. C. Grayling）负责了多届访英中国学者的接待，另两位高徒约翰·海曼（John Hyman）和约翰·普勒斯顿（John Preston）不仅先后参与了暑期学院授课，而且是笔者所参与的"中英分析哲学研究生项目"的英方导师和项目管理者。由此观之，斯特劳森之于中国，可谓斯人已逝，斯风长存。

2. 脉络与节点

斯特劳森是一位勤于写作、笔耕不辍的哲学家，毕生撰写著作 10 部，主编书籍三部，各类论文超过 90 篇（详情参见"参考文献"）。在各类著作中，《逻辑理论导论》（*Introduction to Logical Theory*，1952）、《个体：论描述的形而上学》（1959）、《感觉的界限》（*The Bound of Sense*，1966）、《逻辑与语法中的主语和谓语》（*Subject and Predicate in Logic and Grammar*，1974）、《怀疑主义与自然主义及其变种》（*Skepticism and Naturalism：Some Varieties*，1985）等五部著作底色鲜明、主题统一，尽管部分著作，比如《个体：论描述的形而上学》是由一些论文修改和整理而成，但确属真正意义上的"著作"，基本上反映了斯特劳森在各个不同阶段对哲学逻辑、形而上学、康德哲学、语言逻辑和自然主义等不同领域的思考，是本书第二至六章依次论述的主要文本。另外三部著作《逻辑语言学论文集》（*Logico-Linguistic Papers*，1971）、《自由与怨恨》（*Freedom and Resentment*，1974）和《实体、同一性与其他论文》（*Entity and Identity and Other Essays*，1997）是斯特劳森本人甄选部分论文编辑而成的论文集，关注的主要是语言哲学、伦理学和形而上学等方面的论文。斯特劳森试图将这些著作当作围绕一系列关联主题的论文汇编，强调相关文献之间的逻辑联系，三部著作都有介绍各篇目文献在主题和内容方面关联性的引言（2004，再版时添加）、序言（斯诺顿，2008 年再版添加）和导言（1997）。《分析与形而上学》（*Analysis and Metaphysics*，1992）是介于这两类文献之间的著作，该书有部分内容是根据已发表论文修改而成，主题也相对独立，但总体上是介绍形而上学的任务、方法、性质和重要主题的哲学导论，形式上是一本教科书性质的入门读物，实际上是斯特劳森对自己哲学观的概括。最后一本《哲学写作》（*Philosophical Writings*，2011）某种程度上算是"遗作"，它是由盖伦·斯特劳森和米歇尔·蒙塔古（Michelle Montague）根据部分斯特劳森的重要论文整理的论文集。

借助于各种论文集性质的著作，斯特劳森的多数散见于刊物和他人著作中的文献基本上都得到重印，但仍有部分关键论文，比如《卡尔纳普关于分析哲学中的构造系统和自然语言的观点》("Carnap's Views on Constructed Systems versus Natural Languages in Analytic Philosophy"，简称《卡尔纳普》）没有被重印，介绍各部著作内容的"导论"也不足以反映文献在斯特劳森思想发展的整个过程中的地位。因此，要追溯斯特劳森的思想轨迹，两篇学术自传性质的论文《我的哲学》("My Philosophy"，1995）和《理智自传》("Intellectual Autobiography"，1998）显得尤为重要。这两篇论文以学术自述的方式，历时态地回顾了各篇文献的成文过程。下面，我们根据这两篇文献和相关"导论"的交代，以服务后续正文的论述为目的，根据文献主题和内容之间的逻辑线索，重构它们在斯特劳森思想发展中的地位，展现斯特劳森哲学思想的整体脉络和部分理论节点。

（1）指称与意义。斯特劳森起初并始终持续关注的问题是指称问题，《论指称》是一系列哲学思考的理论起点，该文分为五个部分：第一部分在介绍斯特劳森对指称表达式和指称功能的理解后，阐述并批评了罗素将指称实现当作定义摹状词真值条件的意义指称论；第二部分着重讨论对语句（及表达式）的意义、指称和说出方式的三重区分，初步论述了对意义的"约定解释"；第三部分提出了指称实现的"预设"方式，并据此分析以"论断"说明指称实现方式的问题；第四部分更为深刻地从语言观和方法论的角度指出指称的逻辑语义分析的问题，介绍意义和语境的语用功能；第五部分通过讨论非限定指称、确认陈述和主谓逻辑，对与指称相关的逻辑和语用问题做了进一步观照。

斯特劳森是指称的语用理论在当代的重要奠基者，《论指称》也获得了普遍关注，但他随后直接讨论指称问题的文献却只有两篇：一篇是《信念、指称和量词》("Belief, Reference and Quantification"，1979)[①]，另

[①] 根据《实体、同一性与其他论文》（1997）一书的"致谢"，斯特劳森认为该文发表于 1982 年的《一元论者》(*Monist*)，但该文实际上刊登在 1979 年的《一元论者》第 2 期。因此斯特劳森的记录有误，该文的成文和发表时间要早于《直接单一指称、意指与实指》。唯有如此，我们才能将后面这篇文章看作斯特劳森对指称问题的最终论述。

一篇是《直接单一指称、意指与实指》("Direct Singular Reference, Intended Reference and Actual Reference")。在前一篇文章中，斯特劳森为了处理内涵语句中从句的指称问题，避免"信念之谜"，基于行为理论构造了不同于奎因-戴维森记法系统的形式系统，但这个系统基本上未引起关注。在后一篇文章中，斯特劳森不再坚持作为索引词使用的指称表达式没有给出真值条件，而是认为它的指称性使用需要满足必要的语义条件。斯特劳森将这些可以作为指称表达式真值条件的语义条件分为最低条件、扩展条件和完全条件等三类，认为如果三类条件都满足，意义指称和说话者指称以及实际指称就会彼此重合，但在各类条件没有得到满足的情况下，就会出现直接指称的异常情况。斯特劳森分别列出了五种异常情况并就各类情境提出了三类不同的理论回应，其目的是说明即便指称表达式能够被真值条件刻画，由于语境因素的存在，真值条件也不是完备的。

斯特劳森对指称理论的后续发展主要是在探讨"预设"和"确认"这两个概念的语境下展开的，由于对"确认"的讨论涉及形而上学，我们这里按下不表，暂时只讨论与预设有关的论述。在《逻辑理论导论》的第七章"主语、谓语和存在"的第三部分，斯特劳森分两条路径明确了对预设的语义解释：一条路径强调预设语句是特殊的"前置条件"，当它为假会引起特定的"逻辑荒谬"；另一条路径强调形式为"x存在"的预设语句不是做出经验描述的主谓语句，因为预设不是逻辑的谓词。在《存在不是一个谓词吗？》一文中，斯特劳森发展了存在不是谓词的观点，指出预设最多可以被称为逻辑谓词而非实际谓词，这一解释已经相当接近康德对"存在"的谓词性质的判断。

斯特劳森对预设的上述形式刻画引发了摹状词理论支持者的反弹，塞拉斯颇具代表性的论文《预设》("Presupposing"，1954)认为，预设对象不是特殊的逻辑条件，而是参与论断，但被当作"会话共识"的语用约定。斯特劳森在《答塞拉斯》("A Reply to Mr. Sellars"，1954)一文中继续保持了《逻辑理论导论》的论调，坚持认为预设不仅是会话约定，而且关系到真值指派，但这个回复没有产生更强的论证力量。倒是在《个体：论描述的形而上学》的第六章，通过讨论将语词"引入语句"和"引入话语"的问题，斯特劳森从三个方面发展了预设理论：一是通过对预设功能的语用说明，正式将预设当作语用预设；二是通过对名称的簇摹状词分析，解释了名称与摹状词之间不是"一对一"的关系，而是"多对多"的关系；三是通过强调预设的层次性，指出作为"x 存在"等价命题的特征-位置语句是蕴藏在会话语句之下的终极语句。尽管这里斯特劳森已经区分了"引入"的两种方式，也有发展语用预设的倾向，但终究没能说清楚预设对象的理论性质。在 1964 年的论文《识别指称与真值》("Identifying Reference and Truth-values") 中，斯特劳森突破性地给出了预设的语用解释，该文以重审摹状词理论为契机，重点说明了两方面的问题：一是明确了说话者的语用预设是与恰当使用表达式有关的"确认知识"；二是指出真值空隙理论与虚假理论并不矛盾，而是对陈述语句的不同解释方式。但对于做出确认指称以及在具体会话中使用而言，真值空隙理论对陈述的语用特征做了更为精当的刻画，由此斯特劳森提出了系统的语用预设。

斯特劳森发展指称理论的另一种方式是将指称现象纳入会话交流的完整过程，将预设理论当作意义理论的一部分加以考虑。对于意义理论，斯特劳森的工作主要集中在三个方面：

一是批评以戴维森为代表的真值条件理论，与这一问题相关的主要有三篇论文，其中最重要的一篇《意义与真理》("Meaning and Truth", 1969) 通过对比意义的交流意义论和形式语义论，分析两者围绕"语言意义"与"交流意向"之间概念关系的争议，指出交流意向是比语言意义更加基本的概念，形式语义学对真值条件的刻画没有说明语言意义的一般特征，因而没有对意义做出彻底清晰的阐明。该文的建设性意义在于明确了语义条件不是真值条件，反而是真值条件本身还有待被解释为语境条件，因而明确了意义和意义理论的理论性质。斯特劳森对此得到的结论是："我们在探究意义的性质时容易忽略语句的用途是什么。我们把意义和真相联系，然后又过于简单地把真和语句相联系，而意义又属于语言。但是，作为理论工作者，除非我们理解了人类的言语(speech)，否则我们便对人类语言(language)一无所知。"[1] 另外一篇文章《论理解一个人的语言结构》("On Understanding the Structure of

---

[1] P. F. Strawson. Meaning and Truth//Logico-Linguistic Papers. Aldershot: Ashgate, 1971: 146.

One's Language", 1974)和《分析与形而上学》第八章"意义与理解"以"戴维森纲领"为批评对象,根据交流与理解的实际过程,从必要性和现实性方面说明了真值条件语义学的问题。其中,前一篇文章主要分析长句和语句间的语义推理,论述更为透彻;后一篇文章是将批评与形而上学关联起来,指出替代真值条件论的方案是某种"结构语义学"。

二是提出类似于奥斯汀言语行为三分说的"意义三分说",在《意义和语境》("Meaning and Context", 1970)中,斯特劳森提出了作为松散意义规划的意义三分说及其使用范围,在《奥斯汀与"言语意义"》("Austin and 'Locutionary Meaning'", 1973)的第一部分,斯特劳森以介绍背景理论的方式应用了三分说模型。

三是论述了会话意义"交流意向论"。《言语行为中的约定与意图》("Intention and Convention in Speech Acts", 1964)围绕会话"约定"的本质和会话的意向结构两个问题展开。斯特劳森认为,奥斯汀没有对"约定"做出合理解释,在他看来,由于表达式本身的意义在会话中表现为约定,因而语言行为才能成为遵守约定的行为,施事话语才能获得约定力量,即便是依赖于社会约定的话语,也同样以表达式的意义约定为基础。对于话语的意向结构,斯特劳森倾向于修正格莱斯对"非自然意义"的意向结构的分析,在"说话者意向"之外添加"会话意向",以便提出更为可靠的意向结构模型。在稍后的论文《奥斯汀与"言语意义"》中,斯特劳森分析了奥斯汀"话语意义"和"施事意义"的区分,认为后者没有对会话意义做出可靠的解释。

(2)方法论与哲学方法。在20世纪50年代,斯特劳森关注的另一个领域是哲学逻辑,在相当时段内,《逻辑理论导论》所提出的关于"形式逻辑与自然语言的联系和区别"成为斯特劳森哲学的焦点问题。斯氏在该书中试图完成两个任务:一个是明确形式逻辑的本质,另一个是说明逻辑系统与自然语言系统的联系和区别。《逻辑理论导论》全书共分为九章,前五章主要探讨经典逻辑的系统、公式、真值表、常项、联结词、量化改写等问题。斯特劳森将对自然语言进行精致分析的方法推进到对形式分析及其理论基础的考察,据之说明了语言分析的必要性。通过对比语言分析与形式分析的评价方式、语言结构和分析方法等不同方面,斯特劳森分别给出逻辑评价的非可靠性、联结词的语义非对称性及量化方法的固有局限性等三方面的理由，以论证形式分析对自然语言的非基本性和非适用性，因而也表达了对经典逻辑和形式分析的拒斥态度。第六章介绍了传统逻辑的公理和演算系统，分析了来自经典逻辑的批评，并提出了回应批评的形式方案和实质方案为传统逻辑辩护。第八章"两种逻辑"通过对比形式逻辑和语言逻辑所遵守的两类不同规则——蕴涵规则与指称规则，及公式规则与类型规则，强调语言现象的丰富性、多样性、流动性，并表达了建构语言逻辑的初步构想。该书第七章探讨普遍陈述与关系陈述，第九章专门讨论归纳推理①，都与本书没有本质关联，此处不再赘述。

《逻辑理论导论》对经典逻辑的拒斥，对传统逻辑的捍卫，以及对语言逻辑的构想，基本上明确了斯特劳森强调语言分析、拒斥逻辑分析的方法论倾向。在该书之后，斯特劳森又先后写下了《卡尔纳普》、《建构与分析》（"Construction and Analysis"）和《分析、科学与形而上学》（"Analysis, Science and Metaphysics"）等三篇文章，讨论具体"分析"方法。其中，第一篇文章写于1954年，是提交给"当代哲学家文库"系列的《卡尔纳普的哲学》一书的论文；第二篇文章是为20世纪50年代中前期在法国举行的旨在沟通分析哲学与欧陆哲学的论坛"罗亚蒙座谈会"（Colloques de Royaumont）准备的论文；最后一篇文章是斯特劳森在BBC电台的演讲稿，收录于艾耶尔主编的《哲学中的革命》（1956）。由于后面这两篇文章的具体成文时间不详，本书倾向于将其当作1954—1956年的文献。从实际内容看，《卡尔纳普》延续了《逻辑理论导论》的思路，批评了卡尔纳普对自然语言的逻辑建构，认为该方法体现了科学主义、还原主义和逻辑主义三大错误倾向，在结论部分提出了将逻辑分析和语言分析融合起来的"三步走"方案。《建构与分析》更为全面地梳理了逻辑分析和被称为"用法描述"的语言分析，指出各自优劣之处后，提出了将分析任务和分析手段相结合的、更为复杂的"四步骤"方案，而且着重强调了两种分析路径并非相互对立，而是彼此互补的方法。《分析、科学与形而上学》一方面延续了对过往分析方法的批评，另一方面更为详细地论述了"分析"的方法-任

---

① 有关斯特劳森对归纳问题的讨论，请参见：曾自卫，高新民. 斯特劳森论归纳问题. 福建论坛（人文社会科学版），2013（2）：85-90.

务系统，将其总结为"五步骤"方案，并将"描述形而上学"当作在"四步骤"之上的总括性任务，借此完成了从"方法"到"任务"的过渡，实现了"描述形而上学"的"出场"。必须指出，这三篇文献存在大量雷同和相似的论述，也体现出对哲学方法和任务进行澄清、丰富的意图，因而值得归并起来统一阅读。另外，根据任务系统的"方案"内容，从"三步骤"到"五步骤"是在逻辑上逐渐由对分析的批判性"分析"，转向对分析的建设性"建构"，进而导向对"描述形而上学"的任务和方法的规划。本书认为我们前述的顺序大致上反映了这三篇文章在时间上的成文先后顺序，也反映了逻辑上的功能和地位的差别。

其他一些文献对于讨论斯特劳森的方法论和具体方法也有着极为重要的作用。《斯特劳森的〈分析、科学与形而上学〉研讨》("Discussion of Strawson's 'Analysis, Science and Metaphysics'")作为讨论记录，比较忠实地反映了前述三篇文章成文期间斯特劳森对于部分方法论问题的思考。《个体：论描述的形而上学》的引言部分大概完成于1958—1959年，其中部分段落对理解斯特劳森的形而上学规划极有帮助，从引言中我们可以看到斯特劳森对于"描述形而上学"的方法究竟是什么仍然没有形成成熟的认识。《后语言缓和期》("The Post-Linguistic Thaw", 1960)介绍了发生在牛津的语言运动的概况，说明了牛津哲学与逻辑实证主义、维特根斯坦哲学的复杂学脉继承关系，以及该运动的成就和发展取向。在方法论领域，斯特劳森强调了牛津分析方法的独立性，肯定了牛津学派在分析方法上由个例分析到系统分析的理论走向。《分析与形而上学》的第二章"还原还是联结：基本概念"("Reduction or Connection? Basic Concept")大致成文于1968年或更早的时间，反映了斯特劳森对方法论问题的成熟思考，除了继续批评还原分析，斯特劳森首次将早已普遍使用的建构分析方法总结为"联结分析"，也指出了选择基本形而上学概念的标准。此外，《分析与形而上学》第一章"分析哲学：两个类比"批评了维特根斯坦的治疗分析观，提出了反映语法结构的"结构性分析"的要求，这对我们全面理解斯特劳森的分析态度也有一定的帮助。

（3）共相与殊相。根据斯特劳森本人介绍，《个体：论描述的形而上学》一书的基本内容先是作为1954—1955年在牛津的讲座的讲稿，随后在 1955—1956 学年又当作在杜克大学的讨论班的教材。该书在内容上主要以《殊相与共相》("Particular and General"，1954)、《专名》("Proper Names"，1957)、《逻辑个体与时空殊相》("Logical Individual and Spatio-Temporal Particular"，1958) 和《人格》("Persons"，1958) 为基础，尽管在书稿编辑过程中内容都有不同程度的改动，但前面三篇文章基本构成了该书第二部分"逻辑主词"的第五至第八章，而最后一篇是第三章"人"的底稿。据说该书终稿是斯特劳森在 1958 年上半年写成的，耗时仅 6 个月，斯特劳森也说自己只是重写了"第一章"和随后极为著名的"导言"。因此，我们可以认为，《个体：论描述的形而上学》基本上反映了斯特劳森 1954—1958 年的思想成果。

《个体：论描述的形而上学》全书共分为两个部分——"殊相"和"逻辑主词"，每一部分又分为四章。其中，第一部分着重论述概念图式的基本概念，第一章通过讨论殊相的确认和描述，将人和物质物体确认为基本殊相；第二章"声音"构想了"听觉世界"的思想实验，试图通过解决纯粹无空间世界中的确认问题，探索并论证概念图式客观性的可能性；第三章"人"批评了二元论和无物主理论，强调他人归属是个人归属的必要条件，意在描述"人"作为谓词归属者的特殊本体论地位；第四章"单子"批评了莱布尼茨的单子论，意在论证殊相不是具有心灵属性、彼此孤立的超经验形而上学实体。第二部分围绕关于主谓区分的"传统观点"展开，第五章论述了主谓区分的语法标准和范畴标准，将区分当作语法-逻辑区分；第六章论述了"引入"的两种不同方式，通过发展预设理论和阐明特征-位置语句的预设功能，试图将主谓区分的两条标准融合为统一的"间接标准"，解释区分有效性的形而上学根源；第七章"没有殊相的语言"根据对特征-位置系统中进行殊相确认的可能性的论述，强调了基本殊相作为"基本主语"的必要性；第八章"逻辑主词和存在"论证了主谓区分的形而上学后果，强调"基本殊相"的基本"逻辑主词"地位，而且表达了倾向于实在论的理论态度，有限度地承认了共相的存在地位。

《个体：论描述的形而上学》是我们研究描述形而上学的主要文本，但该书不能完全代表斯特劳森的成熟思想，除了第三、第八章具有明显的非结论性特征外，斯特劳森对于该书的若干思想也有重大的后续发展，最具代表性的是对于第二部分有关主谓区分的讨论，斯特劳森 15 年后专门写下《逻辑与语法中的主语和谓语》一书对相关论述做出了更加清晰、可靠的表述。由于该问题涉及了对概念图式理论系统的建构，我们随后将专门讨论。这里只满足于指出斯特劳森对相关思想的两个比较重要的发展：一是在论文《感知与识别》("Perception and Identification", 1961) 中，针对汉普夏尔所提出的"非承诺描述"现象，斯特劳森强调了"知觉"与描述之间的形而上学关联；二是在《实体与同一性》("Entity and Identity", 1976) 以批评奎因"没有同一性就没有实体"的口号为契机，提出了"相对主义统一标准"，将确认理解为把特定时空轨迹归入基本类概念，从而揭示了确认、时空框架与概念图式之间的理论联系。

《个体：论描述的形而上学》没能有效处理的关键问题是"概念"与"对象"的区分，尤其是对于性质、状态、过程等世界中的真正"存在者"与表述它们的概念之间的关系没有得到合理说明。《共性》("Universals", 1979) 以"同一性"标准为标尺，指出两者之间的区别在于：共相的本质是被例示，而殊相的本质是存在于时空之中。《一个殊相范畴》("A Category of Particulars", 2006) 分析了复杂自然性质和非基本殊相的存在方式，指出实在论态度与"自然主义"的唯名论立场并不冲突，因为共相是思想对象，其概念结构是逻辑建构的结果，而殊相则是自然中的真正存在。

（4）客观性论证。斯特劳森在学生时代已经对《纯粹理性批判》和康德哲学表现出浓厚的兴趣，《个体：论描述的形而上学》无意识地表现出了接近康德主义的态势。该书上半部分不完全地使用了康德的先验论证，以寻找普遍条件的方式讨论了"（指称）何以可能"的问题。在《个体：论描述的形而上学》完成之后，斯特劳森着手系统梳理自己对康德的理解，并在牛津隔年（1959，1961，1963，1965）开设以《纯粹理性批判》为主题的课程。书评《康德〈实践理性批判〉述评》("A Commentary on Kant's *Critique of Practical Reason*", 1960) 可以被看作斯氏理论旨趣发生历史主义转换的可见标志，但相关思考直到 1966 年《感觉的界限》一书的发表，才最终以系统性的方式展示出来。

《感觉的界限》的总体目标是"为《纯粹理性批判》的思想系统提

供一个得到强力文本支持的、清楚、整洁且统一的解释"。斯特劳森认为《纯粹理性批判》呈现出两种截然不同的理论面相,他试图区分"经验形而上学"、"超验形而上学"和"先验观念论的形而上学",进而将"积极形而上学"(经验形而上学)从"形而上学的黑暗面"——先验观念论的形而上学中分离出来。这里,前者包含了先验感性论和真理逻辑中的"先验演绎"、"驳斥唯心论"和"第二类比"等被称为先验论证的内容,斯特劳森希望对它们加以分析性的修正和重构;后者包括了幻象逻辑中的"谬误推理"和"二律背反"等内容,斯特劳森希望揭示其错误根源并加以拒斥。

在对待康德的态度上,斯特劳森也采取了"一分为二"的方法。一方面,他将康德当作描述形而上学的重要先驱和同盟者,这是因为,康德至少在两个方面可以被称为描述形而上学家。一是康德要求为经验划定界限,认为"哲学的第一要务是为自己设限";二是因为康德要求捍卫常识。从否定方面看,斯特劳森对于康德哲学强烈的先验观念论色彩,概念演绎中的心理主义成分,以及过度使用逻辑分析方法都不太满意,这使得他要求采取先验观念论与先验论证的"分离论"。

《感觉的界限》与概念图式的解释有关的核心内容是"客观性论证"。严格以"客观性"为论证主题和目标的文本是该书"经验形而上学"部分的第二章的第七节"统一性与客观性"(第 97—112 页)。这部分文献的目的是:在不受先验心理学和综合原理干扰的前提下,以纯粹概念分析论证自我意识归属给自己的经验是关于客体(对象)的(客观)经验。作为对康德"先验演绎"的赞同性概念重构,该论证以经验的概念化能力为基础,从自我意识的必然同一性出发,通过强调经验的自我归属性质,论证作为经验过程的"看"与作为经验对象表现形式的"看作"之间的一致性,最终论证自我意识中的经验就是关于对象的经验这一康德式论题。

斯特劳森在《想象与感知》("Imagination and Perception",1970)一文中进一步发展了对康德先验心理学的批评。该文一方面对比了休谟、康德、维特根斯坦对"想象"概念的不同用法,区分了想象的认识论用法、形而上学用法和拓展用法;另一方面又通过对维特根斯坦将想象理解为"概念化综观"的支持,试图将康德的先验想象转化为以概念方式把握赋予知觉对象的概念化想象。在《感性、理解和综合的教条》("Sensibility, Understanding and the Doctrine of Synthesis", 1989)一文中,斯特劳森认为康德将"综合原理"当作"不可解释的初始原则",不足以说明直观与理解相互合作发挥认识功能的机制,因而对待综合原理的最好办法是放弃这一原理,而不是进行无谓修补。

《感觉的界限》出版之后,斯特劳森继续并长期在牛津开设康德哲学的讨论班,参与各类聚会,因而也写下了一些新的作品,它们包括:《本内特论康德的分析》("Bennett on Kant's Analysis", 1968)、《康德的形而上学新基础》("Kant's New Foundations of Metaphysics", 1987)、《康德的悖论:自我意识与"局外人观察者"》("Kant's Paralogisms: Self-Consciousness and the 'Outsider Observer'", 1987)、《康德的回声》("Echoes of Kant", 1992)、《实在论与先验问题》("The Problem of Realism and A Priori", 1994)、《康德论物质》("Kant on Substance", 1997)、《知识分子小传》("A Bit of Intellectual Autobiography", 2003)。

(5) 显明语法。斯特劳森所谓"显明语法"是以主谓结构呈现的殊相-共相结构,这也是概念图式普遍结构的特征,而关于"主谓结构"和"显明语法"的提法也已经有所显露。在《论指称》的第五部分,斯特劳森就谈到了"主谓逻辑"(logic of subject and predicate),指出预设思想可以解决亚里士多德逻辑中包括对当方阵、三段论在内的理论系统所遇到的"存在悖论"。《逻辑理论导论》的第五章强调经典逻辑量化改写的前提条件在于肯定主谓区分,而在第六章又发展了《论指称》中的有关思想来为传统逻辑辩护。《个体:论描述的形而上学》第二部分以论述"主谓区分"的"传统观点"的形式,较为系统地论述了主谓结构的理论表现——语法标准和范畴标准,论证了主谓结构的理论基础——统一两种标准的"间接标准";揭示了主谓结构的形而上学意蕴——基本逻辑主词指称基本殊相,非基本逻辑主词指称非基本殊相和共相。在此之后,由于形而上学思想转向对概念图式的解释,有关主谓结构的讨论暂告一段落。

斯特劳森在讨论分析具体方法的语境中继承了维特根斯坦对分析任务的看法,将分析活动当作对语言的"阐明",为了反对卡尔纳普等人的建构性"解释"（explication），斯特劳森将"阐明"解释为理解概念结构，亦即通过系统分析"使之显明"（make it perspicuous）。《建构与分析》首次提到要将日常语句翻译为结构更加明确的"显明形式"（conspicuous form），稍晚的《分析、科学与形而上学》进一步提出了"语言的显明模型"（perspicuous model of the language）概念，该文认为，我们在语言的描述性研究之外，需要使用系统性方法构造显明模型，以此明确日常概念之间的核心逻辑关系。在前述两个概念的基础上，斯特劳森提出了"显明语法"（perspicuous grammar）这一关键概念。但是，随着形而上学进入实质性的系统描述，有关显明语法的方法论问题也被暂时搁置。

时隔十年之后，斯特劳森重新燃起了对"主谓逻辑"和"显明语法"的关注，而且明确要求将"主谓结构"当作"显明语法"的核心内容。这主要得益于两个方面的原因：一是随着《感觉的界限》的发表，概念图式的解释性任务基本完成，斯特劳森的思考转向描述形而上学的建构性任务，有必要重新讨论概念图式的基本特征。二是斯特劳森阅读了乔姆斯基的《句法理论的若干问题》（Aspects of the Theory of Syntax），也参加了1968年他在牛津的洛克讲座，对于后者所讨论的普遍语法问题表现出浓烈的兴趣，产生了将概念图式的普遍特征当作普遍语法、将"主谓结构"当作"显明语法"的想法。

斯特劳森介绍显明语法的核心著作《逻辑与语法中的主语和谓语》以两篇重要论文为底稿。一篇论文是《语法与哲学》（"Grammar and Philosophy"，1969），该文是斯特劳森在亚里士多德学会担任主席时的致辞，着重于批评乔姆斯基的普遍语法及其生成-转换模型，为《逻辑与语法中的主语和谓语》建构显明语法做必要的理论准备。斯特劳森的不满有两个方面：一是乔姆斯基的生成-转化模型不足以体现普遍语法与实际语言结构之间的经验关系，因此有必要以核心-派生模型加以取代；二是生成语法作为深层语法是纯粹语形系统，不足以说明语形结构与语义内容之间的关系，因此有必要在主语、谓语等语法概念之外，增加本体论词汇、语义词汇、功能词汇和工具词汇，建立普遍语法的语用-语义模型。另一篇论文是《主谓不对称》（"The Asymmetry of Subject and Predicates"，1970），该文从对语句的否定为起点，认为主语与谓语的区分表现为运算的非平衡性，概念兼容、概念蕴涵等逻辑关系都是谓词之间的概念关系，而不是主语及其对象之间的概念关系，其原因在于主谓区分体现的各自指称对象是占据实际空间还是逻辑空间的差异，亦即体现的是殊相-共相区分，该文矫正了斯特劳森将主谓区分当作实际语法区分的既有看法，转而以强调主谓区分的范畴标准，重塑了主谓区分的外在形式。

《逻辑与语法中的主语和谓语》以形式建构的方式将"显明语法"落实为"主谓结构（语法）"。全书分为两个部分。第一部分"逻辑主语"，重新梳理了主谓区分的表现形式和本体论基础。第一章"基本结合"将主谓区分当作具有逻辑意义的"基本结合"，揭示了结合的形式表现和形而上学基础；第二章"专名及其他"从语法角度考察了占据主语的专名，发展出关于名称的语用学理论。第二部分"共相中的主语"，通过以不同方式拓展"基本结合"所囊括的语句类型，将其刻画为适用于所有经验语句的"显明语法"。第三章"语言类型与明晰语法"以丰富简单主谓语句成分的方式将所有单称句的核心语法概括为主谓结构；第四章"实体化及其模式"将主语执行指称功能的单称句当作主语执行实体化功能的全称语句的特殊情况，认为这两类语句都是实体化语句的不同模型，从而将前者所具有的结构当作后者语句结构的特例，将主谓结构推广为单称语句和全称语句所共有的核心语法；第五章"主语的一般化"（The Generalization of Subject）处理了派生语法中的一些异常情况，将显明语法的本质概括为高度抽象的逻辑-语言模型。

（6）理论终局。根据描述形而上学的基本规划，建构性任务的实现意味着哲学总任务的完成，描述形而上学的描述、解释和建构工作也基本上臻于完善。在《逻辑与语法中的主语和谓语》之后，斯特劳森的原创性思考也基本趋于停滞，但其理论工作却并未停止，而是走向了对更普遍问题的整体思考。这些晚期思考主要体现在《分析与形而上学》和《怀疑主义与自然主义及其变种》两部著作中。其中，前者是斯特劳森1968年后在牛津开设的"哲学导论"课程的讲稿，阐述了他对哲学的任务、方法、性质及各个重要主题的基本看法，是我们理解其整体哲学观的可靠的文本依据。但是，《分析与形而上学》所讨论的问题基本上超越了与概念图式有关的具体问题，因此我们这里仅指出其文献构成情况。尽管该书的英文版发表于 1992 年，但大多数内容先于 1985 年在法兰西学院讲授，随后又以法文版率先推出，因此它反映的基本上是斯特劳森在 1968—1985 年这段较为漫长的时期内对普遍哲学问题的成熟观点。从内容构成方面看，除了斯特劳森公开承认的最后两章"因果与解释"（1985）和"自由与必然"（1983）已经公开发表外，第一章"分析哲学：两个类比"与"分析哲学的不同概念"（1973），第四章"逻辑学、认识论与本体论"与"语义学、逻辑学与本体论"（1975），第七章"真理与知识"与"知识与真理"（1975），第八章"意义与理解：结构语义学"与"论理解一个人的语言结构"（1974），在基本主题、论证方式、具体内容方面都大同小异。

另一部著作《怀疑主义与自然主义及其变种》体现了斯特劳森晚期思想"破"的一面，其目的是应对斯陶德（Barry Stroud）等人对先验论证所提出的批评。《个体：论描述的形而上学》和《感觉的界限》对先验论证的广泛使用，引起了巨大反响，支持者有之，比如本内特、皮特·哈克（Peter Hacker）等，但反对的声音更大，也更有影响。斯陶德在 1968 年的论文《先验论证》（"Transcendental Argument"）中宣告了"否定的潮流"的到来。但是，就该书实际内容看，真正使得斯特劳森认真对待各路反对者则另有原因，1978 年比里（P. Bieri）、霍斯曼（R. P. Horstman）和柯吕格（L. Krüger）共同编辑的论文集《先验论证与科学》（*Transcendental Arguments and Science*）出版。该书不仅收录了本内特、罗蒂、博姆（Manfred Baum）、科纳（Stephan Körner）、亨里奇（Dieter Henrich）和罗森博格（Jay F. Rosenberg）等人的讨论文章，而且收录了斯陶德的论文《怀疑主义的意义》（"The Significance of Scepticism"），该文认为过往应对怀疑主义的策略，无论是摩尔直接诉诸经验证据的反驳，还是卡尔纳普区分"内在问题"和"外在问题"的语义学方法，以及斯特劳森本人诉诸先验论证说明怀疑主义在逻辑上不自洽的策略，都不足以解决怀疑主义者的理论关切，因而要求重视怀疑主义的挑战。对斯特劳森而言，该文造成的困难在于将原本并不紧要的怀疑主义推向前台，因为要证明图式的客观性，也就需要成功应对怀疑主义的挑战，但斯陶德的两篇文章归并在一起就意味着，先验论证不仅难以完成解释性任务，即先验论证不能推导以"必要条件"的方式说明概念图式的客观性，而且无力解决怀疑主义的侵扰。在1982年为该书所写的书评中，斯特劳森对相关问题做了部分"就事论事"的回应，也提出了以"自然主义命题"回应怀疑主义的构想[①]，但要彻底解决问题，需要对新方案做出更为详尽的阐释。

《怀疑主义与自然主义及其变种》一书大致可分为两个部分，第一部分是第一章"怀疑主义、自然主义与先验论证"（Skepticism, Naturalism and Transcendental Arguments），主要处理的是怀疑主义、自然主义与先验论证三者之间的理论关系。斯特劳森在此肯定了怀疑主义的理论价值，区分了自然主义的两种形态——还原自然主义和开明自然主义，而且指出还原自然主义是与怀疑主义珠胎暗结的理论伙伴，只有开明自然主义才能真正应对怀疑主义的挑战。斯特劳森通过分析休谟和维特根斯坦对自然主义的理解，指出开明自然主义的核心内容是对于概念图式有关的基本信念，而且开明自然主义对怀疑主义的驳斥方式是非论证的、间接的，但绝对有效的方式：自然权威迫使我们相信与图式有关的基本命题，除此之外我们没有选择余地，因此怀疑主义在自然信念面前是虚弱的，缺乏理论力量的，甚至是不可能做出的理论选择。

《怀疑主义与自然主义及其变种》的第二部分是该书的后三章。第二章"道德与感知"（Morality and Perception）确认了自然主义的"两副面孔"，指出对于与图式本身无关的论题，如道德价值和知觉对象的实在性问题，可以采用"内在相对主义"策略，即我们可以承认，科学世界观和常识世界观虽然是不可通约的两种系统，但通过"相对主义滑动"，我们可以在各个图式内部承认相关论述的真实性。后两章继续使用这一策略来处理作为图式内问题的身心问题和意义问题。第三章"心与身"着重批评身心同一论，为谓词二元论和知觉因果性辩护。第四章"意义的重要性"在肯定意义作为抽象实体具有存在地位的同时，强调"实在"的歧义性，认为意义不是类似于物质物体的客观实在。

（7）节点文献。斯特劳森的文献中另有大量与哲学逻辑、认识论、道德哲学、美学有关的文献，但它们与形而上学的关联不甚密切，我们不做梳理。这里只挑选部分重要节点文献给予额外关注。所谓节点文献

---

① P. F. Strawson. Review of Transcendental Argument and Science. The Journal of Philosophy, 79 (1), 1982: 49-50.

是指在斯特劳森的思想发展过程中占有突出地位，或有重要影响的文献。这样的文献大致有五篇，分别是：批评罗素摹状词理论的《论指称》(1950)；批评奥斯汀"真理符合论"的《真理》(1950)；在英国皇家学术院的就职演讲《自由与怨恨》(1962)；在牛津大学接任温弗莱特形而上学教席的就职演讲《意义和真理》；就任亚里士多德学会主席的致辞《语法与哲学》(1969)。前两篇文章为斯特劳森赢得了英美哲学界的世界性声誉，后三篇文章是斯特劳森人生"巅峰"的见证，而且本身都具有重大理论意义和影响。出于梳理斯特劳森哲学思想脉络的目的，我们这里只讨论第一篇和第三篇在其思想发展中的地位与作用。

《论指称》是斯特劳森最具代表性，也最为人熟知的论文。理解这篇文章的理论地位，以下四点不容忽略。

首先，《论指称》不仅反映了斯特劳森对罗素摹状词理论的批评，也是他对自己早期不成熟观点的自我矫正。在第一篇公开发表的论文《必然命题和蕴涵命题》("Necessary Propositions and Entailment Statements", 1948) 中，斯特劳森将附带蕴涵关系的陈述（比如 p⊃q）当作内涵偶然陈述，区分了表达式与概念，但他试图用这些内容来解决"蕴涵悖论"。在回顾这篇文章时，斯特劳森做了如下评述："该文虽然包含了一个丰饶想法的胚芽，但也犯了严重错误，因而没有完成我宣称要完成的目标。"[①]《论指称》接受了该文强调表达式使用的语用思维，但不再拘泥于与"内涵偶然陈述"有关的分析，而是用预设理论来解释逻辑蕴涵关系。

其次，《论指称》的建构意义不容忽视。该文因对罗素的批评而声名远扬，但也实现了为语义问题添加语用思维的目的，提出了预设理论，对意义和语境提出了语用解释，这都表明，斯特劳森的目的不仅是要对罗素发起挑战，而且是要建立自己的指称理论。林斯基（Leonard. Linsky）在分析该文的意义时即指出：斯特劳森的目的是"用新范式代替旧范式"，用语用的指称理论代替语义学的指称理论。

再次，《论指称》的后续影响不容忽视。该文前四节的内容获得了不同程度的关注，第五节却容易被忽略。斯特劳森在这一节提出了若干

[①] P. F. Strawson. Intellectual Autobiography//Lewis Edwin Hahn. The Philosophy of P. F. Strawson. Chicago：Open Court，1998：6.

在后续文献中得到充分发展的思想。该节关于"确认陈述"(identification statements)的论述,与《个体:论描述的形而上学》第一章关于再确认的论述、第八章关于同一性命题的论述都有不同程度的关联。最后一部分对"主谓逻辑"的讨论认为主语以预设方式指称对象,相同内容在《逻辑理论导论》第六章有关传统逻辑的论述中得到展开,该部分的结论认为:"对于日常语言中的任何表达式,无论是亚里士多德还是罗素,都没有给出精确的规则,因为日常语言没有精确逻辑。"[1] 这一论述与《逻辑理论导论》第八章的立场高度一致,既体现出明确语词行为的逻辑特征的意愿,也否定了给出严格逻辑刻画的可能,都只是表达了对语言逻辑的初步构想,但并不打算做出进一步改进。

最后,《论指称》没有提出完整的指称方案。对于指称的实现方式,预设的语义性质、意义的结构性本质,该文都没有做出全面而透彻的理论安排。尤其是在对核心概念"预设"的分析中,斯特劳森一方面将预设当作与正确用法有关的约定,另一方面提出预设为假时会出现真值空隙,这两种解释在理论上难以协调。对预设语义解释的关键表述也不在《论指称》中,而是出现在《逻辑理论导论》第六章。由此可见,《论指称》既是过渡性文献,也是讨论指称问题的起点文献,由于斯特劳森试图为指称问题提供语用视角的策略,使得该文没有提出完整的指称理论,而且这种完整理论在斯特劳森哲学的框架之内也是不可能的。

另一篇得到分析哲学家广泛讨论,在国内却鲜有人关注,因而呈现出"外热内冷"研究态势的文献是《自由与怨恨》。该文主要探讨道德责任与自由意志的关系,对于我们追溯斯特劳森的形而上学思想,也有着极重要的理论意义。

斯特劳森在《自由与怨恨》中认为,我们对于他人的态度通常是一种反应态度(reactive attitude),例如受到夸奖会感到开心,受到侮辱会产生愤怒情绪等,在这个意义上我们的道德态度和倾向都是被决定的。但是,对于这些态度我们也有选择的空间,因而也受到自由意志的支配。斯特劳森借此阐述了自己关于决定论与自由意志的兼容论思想,对于描述形而上学问题,这一论述的意义体现在两个方面:

---

[1] P. F. Strawson. On Referring//Logico-Linguistic Papers. Aldershot: Ashgate, 2004: 20.

一是有助于说明"自然主义"的理论根源。在 1958 年讨论归纳问题时，斯特劳森表达了某种接近休谟的立场，认为归纳不是任意信念，而是"自然所强加的信念"①。在对"反应态度"的讨论中斯特劳森再次强调了这一点，而且反应态度作为对行为的反应本身也是"自然的"。如果注意到斯特劳森对休谟哲学的关注，就不难发现，"自然主义"和休谟哲学是斯特劳森描述形而上学的一条暗线，且早有伏笔，斯特恩（Robert Stern）所谓的"自然主义转向"并不突兀。

二是有助于理解"自然主义"立场的丰富性和复杂性。斯特劳森对"自然权威"的使用方式有着自己的理解。在基本理论立场上，他认为自然应该是比理性更高的权威，但也反对将自然等同于休谟式不可辩护的"本能"，他说："所谓直觉只是哲学家用来阻止认识其人性的可怜的理智主义配件。"② 在道德哲学的语境中，斯特劳森倾向于认为自然主义应该是更为复杂的、局部的内在主义辩护策略："辩护的问题内在于这一结构，或与内在于这一结构相关。……这一事实作为一个整体，既不要求，也不允许，任何外部'理性'辩护。"③ 由此可知，斯特劳森诉诸自然的根本目的并非否认理性的作用，而是要反对理性的无限制使用，但从根本方法上，它不愿意通过宣布"这是自然的"这种窃取论题，或者颁布原初事实（brutal fact）的独断论方式解决问题。这种"内在辩护"的策略也使判断《自由与怨恨》的论证方法变得相当困难，后来的部分研究者将其总结为温和（适度）先验论证，也有些人认为这是在强调实践道德态度不可辩护的"自然主义"方法。我们可以确定的是，斯特劳森的先验论证与自然主义作为论证手段不是截然对立的，一方面，斯特劳森不要求绝对的、普遍的，外在于人类中心主义的客观性，为之服务的先验论证也不是根据"纯粹理性"的超验论证；另一方面，自然主义不是无底线的"救急原则"，而是对包括人类理性在内的"人性"的普遍认可。就此而言，从先验论证到自然主义的转向也不是彻底的或根本的研究范式和基本立场的转变。

---

① P. F. Strawson. On Justifying Induction. Philosophical Studies, 1958（9）: 21.
② 彼得·斯特劳森. 自由与怨恨. 薛平, 译//应奇, 刘训练. 第三种自由概念. 北京: 东方出版社, 2006: 31.
③ 同②30.

诚然，在 20 世纪 50 年代末 60 年代初，斯特劳森认为自然主义只适用于对归纳问题和反应态度的分析，适用于知识论和道德哲学领域；而在《逻辑与语法中的主语和谓语》之前，斯特劳森在形而上学领域主要使用的是先验论证和概念分析。但是，随着《怀疑主义与自然主义及其变种》的发表，自然主义被推进到本体论领域，成为普遍的哲学方法。根据《自由与怨恨》，这一转换是将本已有之的次要方法转换为主要方法，是自然主义由"暗线"升格为"明线"的过程。如果将形而上学当作一把锁，那么先验论证、自然主义分别是常备钥匙、备用钥匙。转换过程无非意味着常备钥匙生锈报废之后，备用钥匙变成常备钥匙罢了。在更深的层面，我们也可以发现，斯特劳森所理解的"客观性"比语用性质的"约定"更具规范性，但比传统的"客观"较少先验气质，而先验论证是建构的、适度的，而非批判的、激进的。正是基于这一理解，笔者在第六章才得出如下结论："自然主义转向"不是哲学立场的彻底转向，只是在方法论层面用自然主义代替了先验论证。如果这称得上是"转向"的话，也只是一种有原则的、局部的立场倒退。形而上学大厦并未因此倾覆，而是在极具张力的理论平衡中得以有效存续。

3. 交锋与对话

斯特劳森在哲学舞台上活跃的 20 世纪 50—70 年代，是日常语言学派走向极盛，随后又由盛转衰的时期。作为学派的主要代表之一，斯特劳森既对外批评逻辑实证主义及其理论盟友，捍卫语言分析的基本教条，又对内与其他领导人争夺统领学派的话语权，试图重塑日常语言哲学的风貌。两相叠加，就使得他的哲学始终在"对话"语境中展开和发展，充满了与其他哲学家思想的碰撞和交锋。回顾斯特劳森的理论对手，几乎包含了 20 世纪下半叶所有主流分析哲学家，其中不乏罗素、奎因、奥斯汀、卡尔纳普、艾耶尔、怀特海等前辈，也有塞拉斯、皮尔斯、达米特、罗蒂、戴维森、普特南、麦克道尔（John McDowell）、埃文斯、本内特等同辈和后辈。可以说，这份不完全名单的分量，足以从侧面佐证斯特劳森作为 20 世纪下半叶主要哲学家的地位。这里，在林林总总的各类争论中，我们选择两个最主要也最著名的争论，就其基本情况做一些扼要论述。

（1）罗素-斯特劳森之争。这是当代分析哲学史上围绕指称问题的最重要争论。罗素的《论指示》("On Denoting",1905)和《摹状词》("Descriptions",1919)以对定冠词"the"的逻辑定义为主题,阐释了指称的摹状词理论,该理论认为,包括限定摹状词在内的所有指示表达式之所以能够指称对象,是因为它们作为隐蔽的摹状词对指示对象做出了一定描述。分析这类表达式是否指称只需要将其拆分为表示唯一性条件和存在条件的命题,再分析这两个命题的真假即可。摹状词理论的内核是利用逻辑分析方法,将语词和命题的定义、命题的意义与命题的真值条件三者联系起来,坚持意义或真值条件对指称的严格决定(详情参见本书第一章)。

由于摹状词分析将形式逻辑引入分析哲学,提供了具有严格性和可靠性的分析范式,因而获得广泛接受,被拉姆塞(Frank Ramsey)称为"分析哲学的样板"。但是,斯特劳森在执教班戈大学期间阅读罗素的相关理论之后,产生了不同想法,并最终在赖尔的鼓励下将批评罗素的《论指称》发表在《心灵》上。斯特劳森的批评在于,他认为指称语句或指称表达式不是以充当真值条件的方式发挥作用:"如果说通过把这种以唯一指称方式所使用的语词称为'摹状词'意味着它们应该根据罗素的摹状词理论所提供的模式加以分析,那么,这种语词就绝不是逻辑专名,也绝不是摹状词,在这种含义上,也没有逻辑专名,也没有摹状词。"[1] 为证明这一点,斯特劳森从两个方面分析了原因:一是罗素对意义和指称的关系做出了错误理解。由于他没有区分语句本身、语句的使用和语句的说出方式,因而没有意识到语句意义是语句本身的功能,而语句指称则是语句使用所发挥的功能。这是罗素混淆意义与指称的根源。二是罗素对指称表达式与指称对象之间的逻辑关系做了错误理解。斯特劳森认为,指称表达式仅仅预设,而非断定指称对象,两者之间是预设关系,而非真值判定关系。当指称对象不存在时,语句的使用虽然仍然有意义,但由于语句有真值的预设条件没有得到满足,因而就既不真也不假,遭遇了"指称为空"的例外情况,语句的真值表在逻辑取值上也就有了三种可能——真、假或无指称。罗素从论断关系出发,认为指称对象不存在时语句没有意义,因而呈

---

[1] P. F. Strawson. On Justifying Induction. Philosophical Studies,1958(9):14.

现出语句有意义（真或假）与无意义的区分，但在斯特劳森看来，"指称为空"不代表无意义，因为意义不等于真值条件，而是语句本身固有的属性，它在会话中表现为约定和会话指导原则。斯特劳森还挖掘了摹状词分析之所以错误的逻辑根源。在他看来，一是由于逻辑学家过分专注于定义，没有照顾到语境因素，但定义只能处理语言的意义，不能处理意义之外的语用维度。二是逻辑学家忽视了逻辑的应用问题。他们由于过度沉溺于对形式的关注，因而既不关心有关事实问题的陈述，又带着逻辑的偏见来看待逻辑的应用问题。罗素的方案实际上是要净化语言中的指称功能，这种"清除殊相"的计划，是要清除语用特征。概而言之，包括罗素在内的逻辑学家的根本错误是在语义分析中剥离了语用问题。

针对斯特劳森的批评，罗素在论文《斯特劳森论指称》（"Mr. Strawson on Referring"，1957）中做出了回应。他认为关于指称的语用分析和语义分析是两个相对独立的问题——自我中心问题和描述问题，斯特劳森不应该将其混为一谈，而且斯特劳森对"自我中心"问题没有"专利权"，《关于意义与真理的探讨》的第七章和《人类的知识》的第二编第七章对此已经有所讨论，其实斯特劳森对他人就自己没有关注语用问题的指责，表现并不客观。罗素进一步指出，两人之间的分歧反映的是对于自然语言与形式逻辑之间关系的看法的根本不同，斯特劳森强调自然语言和语用特征，而自己更重视严格的、科学化的形式逻辑和逻辑分析，目的是想求得一种更加精确细密的思想，从而替代大多数人在脑中常有的那些混乱思想。①

罗素对自己赖以成名的理论受到挑战颇为不满，其回复不仅言辞峻切、略显刻薄，而且很有嘲讽戏谑意味，比如在举例中假设斯特劳森指责自己的女佣偷东西等。据华裔美籍哲学家王浩记载，罗素对斯特劳森没有就自己的答复做出正面回应也很是不满。但是，从斯特劳森的立场来看，《逻辑理论导论》的出版意味着，他与罗素一样意识到两人之间的分歧源于对形式逻辑和自然语言之间的关系有不同的理解。在1956年的《建构与分析》一文的结尾，斯特劳森也指出：对语言分析与逻辑

---

① 伯特兰·罗素. 我的哲学的发展. 温锡增，译. 北京：商务印书馆，2015：243.

分析的不同看法本质上只不过是"个人偏好"的差异，尽管"某些偏好，还是表明了新世界与旧世界的明显区别"①。依笔者所见，斯特劳森此处已经基本表明了自己的态度。在 2005 年给维拉努埃瓦（Valdes-Villanueva）的信中，斯特劳森将立场表述得更加清楚。由于内容不多，我们将信件全文翻译如下：

我对罗素摹状词理论的批评

亲爱的维拉努埃瓦教授：

罗素的《论指示》以强有力的方式论述了后来的"摹状词理论"，随后我在《论指称》一文中也批评了这一理论。但是罗素的目的和我完全不同。他关注的是形式逻辑和数学哲学；我仅仅关注限定单称词项在日常语言交流中的实际用法和功能。就对后面这种研究的贡献来说，我认为摹状词理论是错误的；作为对前面这种研究的贡献，我没有任何异议——实际上，除了钦佩之外，我无话可说。实际上在我们之间没有真正的争论，只是研究兴趣的方向不同罢了。

我认为绝大多数语言学理论家会根本上同意我的观点。但对于为罗素的理论辩护的那些逻辑哲学家，我也抱有完全的同情。

这些评价丝毫不能构成对你的问题的回答，但它们实际上是所有我想说的内容。

斯特劳森
2004 年 9 月 26 日②

根据上述引文可知，斯特劳森坦诚承认自己对摹状词理论的批评不是"内部批评"，而是理论上错位的"鸡对鸭讲"。批评本身只是"噱头"，其目的是为建构新的语用学指称理论扫清障碍。

另外有必要说明两点，一是斯特劳森和罗素没有在各类名称之间做出绝对区分，而只是做出了相对区分。但两人对于表达式的关注重点差

---

① P. F. Strawson. Construction and Analysis//Galen Strawson, Michelle Montague. Philosophical Writings. Oxford：Oxford University Press，2011：38.

② P. F. Strawson. My Critique of Russell's Theory of Descriptions//Teorema，XXIX (3)，2005：171.

异明显。尽管两人都区分了专名和摹状词，都认为两者之间只是在描述内容的丰富性上有程度不同的差别，而没有根本区分。罗素关注的主要是以"the"起首的摹状词，斯特劳森关注的则主要是专名。在《逻辑与语法中的主语和谓语》中的第二章，他写道："在主谓命题中占据主语位置的最明显的范畴是关于殊相的专名范畴。"[①] 他进一步指出专名起源于交流的需要，还对比了专名与可变名称（variable names）和描述名称（descriptive name），认为专名的主要功能是用来指称，只有在考虑完善、丰富名称理论和指称理论时，才考虑其他指称表达式类型。另外，斯特劳森的指称理论由于涉及要素过多，因而呈现出多层次、多维度的复杂面相。就实际语用情况而言，斯特劳森与罗素一样接受直接指称论，但他扩大了直接指称的范围，认为不仅罗素支持的逻辑专名，而且所有专名和摹状词本质上都当作索引词使用，发挥着直接指称的功能。就符号与描述内容的关系而言，斯特劳森同意两者之间存在对应关系，但反对罗素所给出的严格对应模型，而是认为名称与摹状词之间存在着开放的对应关系，因而是簇摹状词理论的支持者。

二是斯特劳森与罗素的争论还停留在分析方法和哲学逻辑层面，属于"新逻辑"与"旧逻辑"之争，两人在本体论和认识论的基本立场上有着相当共识。罗素秉持传统实在论立场，强调亲知知识的直接性，斯特劳森以物质物体和人作为基本殊相，试图刻画以常识实在论为基础的概念图式；在确认殊相的认识论过程中，强调以知觉为基础的指示性确认的优先性和可靠性。虽然理论呈现方式不同，但两者在立场上的一致性不容忽略。

（2）奎因-斯特劳森之争

1953 年 9 月，奎因作为乔治·伊斯顿访问教授（George Easten Visiting Professor）开始了在牛津大学为期一年的教学和研究，其间他与斯特劳森成为好友，写下评论《逻辑理论导论》的书评《斯特劳森论逻辑理论》（"Mr. Strawson on Logical Theory"，1953）。奎因在该文中提出了若干不同意见，其中主要内容包括：斯特劳森所否认的"蕴涵"（entail）和"前后矛盾"都是摩尔所承认的概念；斯特劳森对逻辑

---

① P. F. Strawson. Subject and Predicate in Logic and Grammar. Aldershot：Ashgate，2004：35.

学的理解依赖于"分析性"概念的有效性，但分析-综合区分本身并不可靠；语词可以被翻译为符号，逻辑学将所有语句都当作非时态语句，因而时态问题对量化分析不构成挑战；斯特劳森没有认识到逻辑学对于哲学的重要地位，也没有意识到摹状词理论的真正价值；另外，斯特劳森没明确批评对象，因而削弱了《逻辑理论导论》一书的批评价值。

奎因的上述批评中规中矩地表达了来自对立理论阵营的逻辑学家的不同意见。对于刚刚在哲学界崭露头角的"新人"斯特劳森而言，奎因的评论文章可谓是一种莫大的支持。但让奎因多少没想到的是，这一批评大有"引火烧身"的意味，引起了斯特劳森长期的关注。在最早的论文《一个逻辑学家的视野》（"A Logician's Landscape"，1955）中，斯特劳森对包括《论经验主义的两个教条》（"Two Dogmas of Empiricism"）、《指称与模态》（"Reference and Modality"）、《逻辑方法》（"Methods of Logic"）等奎因早期的著作"一视同仁"地予以批驳，指责奎因的本体论承诺过于宽泛，因为并非所有话语都需要承诺作为保障。斯特劳森指出，奎因的量化分析之所以难以处理模态语句和量化语句，并不是语句有问题，而是量化方法本身有缺陷。单从后续文献来看，斯特劳森与奎因的争议主要集中在三个方面：

首先，"分析-综合"区分。在与格莱斯合作的论文《一个教条的辩护》（"In Defense of a Dogma"）中，斯特劳森指出，该区分提出的批评不能为他对区分的拒绝提供辩护。理由在于：一是分析-综合区分的存在有一个支持性的普遍前提，这个前提以分析性词组的日常用法和哲学用法为基础；二是虽然分析性词组中的概念没有得到有效的形式定义，但通过对概念的语用分析，我们可以提出有效的非形式定义，而且任何定义都应当以语用实践为依据；三是接受整体论与接受分析-综合区分是一致的，两者之间不存在矛盾。另一篇论文《命题、概念与逻辑真理》（"Propositions, Concepts and Logical Truths"，1957）变换了批评角度。该文认为，奎因关于同义性、逻辑可能性和逻辑必然性的讨论涉及了对"真"的讨论，而要使相关论述成立，奎因必须使用诸如"同义性"等被他归入"分析性"词组而加以抛弃的概念。

其次，单称词项是否可消除。这是双方争论的焦点问题。奎因根据语义上溯策略认为，单称词项可以被变元替换，因而是不必要的或可以被消除的。斯特劳森先是在《一个逻辑学家的视野》中对奎因在《指称与模态》一文中对模态语句中单称词项进行改写的可靠性和理论后果表达了不同意见。在一年后的《论单称词、本体论与同一性》（1956）中，斯特劳森又对奎因在《逻辑方法》和《从逻辑的观点看》中的相关论述做了相当全面的考察，不仅修正了奎因对单称词项的论述，分析了奎因提出消除单称词项的理论根源，而且就相关后果做了更加详细的说明。《个体：论描述的形而上学》第五章的第一节第四部分维持了此前的基本立场，但认为奎因的做法没有为主谓区分提供一条有效解释。在1961年发表的最后一篇集中讨论单称词项问题的论文《单称词与谓词》("Singular Term and Predication")中，斯特劳森的态度有所倒退，不再纠结于单称词项在模态语句等复杂语句中的语词行为，而是认为奎因对单称词项的消除依赖于主谓区分这个更为根本的基础。在《逻辑与语法中的主语和谓语》第一章强调主谓非平衡性的第四个特点中，斯特劳森更为温和地指出，奎因不应该将主谓非平衡性当作纯粹形式特征，而应该考虑其背后的形而上学意义。

抛开技术性细节，斯特劳森对奎因消除单称词项的批评与他对罗素摹状词理论的批评在本质上并无区别，都是反对逻辑分析方法对自然语言的干涉。具体来说，奎因等逻辑学家没有将以单称词项作为主语的主谓区分当作语句的真正的逻辑结构，因而我们有必要寻找真正指称了世界中对象的逻辑表达式，比如逻辑专名、逻辑变元等来代替单称词项，构造命题的逻辑结构。斯特劳森的批评在于：一是奎因认为单称词项可消除的想法预设了真正的逻辑单称词项（比如约束变元）；二是消除单称词项既不必要，也不可能，因为无殊相的语言是不实用的；三是单称词项具有提供确认知识的功能，而主谓区分的基础就是功能区分，奎因舍弃单称词项是没有意识到主谓区分理论基础的表现。从根本上说，主谓区分是一个集功能、语形、逻辑和对象为一体的区分，消除单称词项只是局部坚持主谓区分，但在斯特劳森看来，主谓区分本身是一个语言-逻辑区分[①]，不能因为其逻辑方面而牺牲语言方面（详情参见本书

---

① 尼古拉（Nikolay）指出，对斯特劳森来说，逻辑和语法是同一件事物的两个不同方面。参见 Milkov Nikolay. A Hundred Years of English Philosophy. Dordrecht：Kluwer Academic Publishers, 2003：187。

第三章）。

最后，本体论的立场与标准。奎因坚持除了类和集合之外，意义等其他抽象实体都不存在，因而坚持唯名论立场。斯特劳森则认为概念、内涵实体、意向对象等都有存在的地位，因而坚持实在论立场。在《个体：论描述的形而上学》第八章"逻辑主词与存在"，斯特劳森批评了奎因的唯名论立场。在本体论标准问题上，双方同样存在分歧，斯特劳森强调基本殊相的优先性、概念结构的等级性，而奎因则强调本体论的相对性与知识系统的经济性和可化约性。但这两方面基本上是自说自话，没有形成明显分歧。斯特劳森对奎因特别关注的是"没有同一性就没有实体"的著名口号。在《实体与同一性》中，斯特劳森指出，这个口号意义不明：同一性标准应用范围有限，并非所有事物的本体论地位都依赖于其自身同一性被确认，且艺术品等共相对象缺乏抽象同一性，同一性标准本身不是客观的，它依赖于我们的价值体系和科学知识的系统。由此，斯特劳森反对像奎因那样将同一性关系当作严格的同一性标准，而是提出了以"确认"事物时空轨迹和概念归属为重点的相对主义同一性标准（详情参见第三章）。

奎因作为较年长的成名哲学家，面对斯特劳森的诸多批评可谓虚怀若谷，颇有君子之风，在《语词和对象》等中后期著作中，适当照顾了斯特劳森对语用功能的强调，但没有全面修改唯名论基本立场和量化分析方法。实际上，奎因的直接回应不多，因而两人的直接交锋也相当有限。在1955年争论真正开始之后奎因写下的唯一回应性质的论文《变量及其在指称中的位置》（"The Variable and its Place in Reference"，1980）中，奎因也不过是对自己的理论做了进一步澄清和说明。可以说，在奎因这里，他满足于亮明观点，陈述理由，在细节上让步。

但是，斯特劳森的早期立场颇有些咄咄逼人，如果将20世纪50年代末60年代初的斯特劳森称为"好辩者斯特劳森"一点都不过分。此后斯特劳森也对前几篇文章中颇有些过于激进的态度有所反思，认为自己不应该对相关论证的技术性细节过于吹毛求疵。根据这一态度，在早期论文结集出版时斯特劳森只选择了将《单称词和谓词》收入《逻辑语言学论文》（1971），舍弃了主题不明确的《一个逻辑学家的视野》和过于纠结于细节的《论单称词、本体论与同一性》。1973年斯特劳森发表论文《量词的位置》("Positions For Quantifiers", 1973), 指出如果主语可以被量化, 谓语也可以被量化。但在学术回顾中他却如此反思: "随后我认为当时我没有完全理解这篇文章的内涵。实际上, 充分发展的观点会在某个方面使我和奎因的立场更为接近(即所有这样的位置都是指称性的); 但在另外的方面又使我同样远离奎因(因为性质和其他意向实体可以占据这一位置)。"① 由此可见, 双方关于本体论——唯名论与实在论——的分歧才是根本差异所在。而在此之后, 除了为"在世哲学家文库"(the Living Philosophers)的"奎因的哲学"撰写论文《指称及其根源》("Reference and Its Roots"), 斯特劳森基本上停止了与奎因的对话, 戴维森成为新的交锋对手, 意义理论成为日常语言哲学与其对手的主要争论议题。

奎因-斯特劳森之争可以看作罗素-斯特劳森之争的继续和深化。双方不仅在研究方法, 而且在本体论立场上都有难以调和的矛盾。但是, 两人之间也存在一些容易被忽略的共同点, 比如都反对真理符合论和还原论, 斯特劳森从奎因那里接受了"本体论承诺"的概念, 都要求以认识论和语言学贯通本体论, 避免独断论形而上学; 都坚持整体论和自然主义等。但在几乎每一个理论侧面和细节方面, 双方都是针锋相对的理论对手。

二、国外研究综述

斯特劳森是20世纪下半叶最具代表性的英国哲学家。由于他理论兴趣广泛、视野宽阔, 对几乎所有议题都有自己的见解, 因而在分析哲学界引起了巨大反响和广泛讨论。斯诺顿在为斯坦福哲学百科撰写的词条"斯特劳森"中指出: "斯特劳森是在20世纪50—80年代最为著名, 被讨论最多的英国哲学家。"② 鉴于二手文献众多, 试图提供一个完备

---

① P. F. Strawson. Intellectual Autobiography//Lewis Edwin Hahn. The Philosophy of P. F. Strawson. Chicago: Open Court, 1998: 15.
② Paul Snowdon. Peter Frederick Strawson. Stanford Encyclopedia of Philosophy. 2009: https://plato.stanford.edu/entries/strawson/.

无遗的研究综述是不现实的。这里，本文作者满足于扼要介绍研究概况，分析和梳理其中具有一定代表性、影响力，以及在主题、立场、方法、视角等方面较为独特的文献，以反映国外（主要是英美）和国内斯特劳森研究的基本情况。

(一) 会议与文集

从 20 世纪 80 年代开始，以斯特劳森哲学为中心召开的会议不下 10 次，并出版了几本论文集。其中比较重要的包括：

斯曲腾（Zak Van Straaten）编辑的《哲学主题：提交给斯特劳森的论文》（*Philosophical Subject：Essays Presented to P. F. Strawson*，1980）。该书是为祝贺斯特劳森 60 岁生日推出的纪念文集，所收集 12 篇论文的供稿者既包括奎因、艾耶尔、皮尔斯等在当时已成就斐然的哲学领袖，也有麦克道尔、威金斯、塞尔等在当代哲学舞台上声名卓著的后起之秀。在所有论文中，埃文斯的《无心之物：评斯特劳森〈个体〉第二章》（"Things Without the Mind—A Commentary Upon Chapter Two of Strawson's *Individuals*"）尤为重要，是研究"听觉世界"思想实验和知觉哲学的经典文献。

著名哲学杂志 *Philosophia*（vol.10，issue 3-4）于 1981 年推出专刊讨论斯特劳森哲学。该专刊收录的 12 篇文章集中于讨论斯特劳森早期哲学思想中的相关问题，由于这些文献都有一定的重要性，但往往不容易被搜索，我们这里将全部文献翻译并罗列出来：(1)《未来的现实》(J. J. Smart)；(2)《殊相与共相》(Julius M. E. Moravcsik)；(3)《笛卡尔式的人格》(Annette C. Baier)；(4)《自我归属与客观性》(Nathan Rotenstreich)；(5)《斯特劳森论归纳》(George Schlesinger)；(6)《行动（和其他）句子的基本语法》(Gilbert Harman)；(7)《名称与谓词》(Addy M. Zemach)；(8)《真》(Dorothy L. Grover)；(9)《指称与介绍》(Zero Vendler)；(10)《关于言外之意的问题》(G. J. Warnock)；(11)《陈述及其他形式的赞同》(Julie Jack)；(12)《评论与回应》(P. F. Strawson)。

森（Pranab Kumar Sen）和威尔玛（Roop Rekha Verma）编辑的《斯特劳森的哲学》（*The Philosophy of Strawson*，1995）是由印度哲学

学会资助出版的论文集,其中包含了斯特劳森论述自己思想发展历程的《我的哲学》(1995)和回应各篇论文的《回应》(1995)。该论文集反映的基本上是印度哲学家对斯特劳森哲学的理解,但也收入了普特南的《逻辑实证主义、康德的传统和感觉的界限》("Logical Positivism, the Kantian Tradition and The Bound of Sense")、卡萨姆的《先验自我意识》("Transcendental Self-Consciousness") 和达米特的《力量与习俗》("Force and Convention") 等三篇重要分析哲学家的论文,因而具有一定的参考价值。

三年后哈恩(Lewis Edwin Hahn)为"在世哲学家文库"编辑的《斯特劳森的哲学》(1998)是研究斯特劳森哲学必不可少的二手参考书。除了斯特劳森的学术自传《理智自传》(1998)之外,该书共收入了20篇文章,斯特劳森对每篇论文也都给出了长短不一的回应和评论。在有关形而上学的讨论中,引用频率比较高的是麦克道尔的《指称自我》("Referring to Oneself")、普特南的《斯特劳森和怀疑主义》("Strawson and Skepticism")、斯诺顿的《斯特劳森论感知概念》("Strawson on the Concept of Perception") 以及恩斯特·索萨(Ernest Sosa)的《斯特劳森的认识论自然主义》("P. F. Strawson's Epistemological Naturalism")。

为了彰显斯特劳森对康德研究所做出的卓越贡献,并庆祝这位重要英国哲学家的80周岁寿辰,英国康德协会于1999年9月17—19日在雷丁大学举办了以"斯特劳森与康德"为主题的学术会议。此后格洛克(Hans-Johann Glock)将参会论文汇编成论文集《斯特劳森和康德》。根据格洛克的介绍,该书的14篇论文大致包含三个部分:第一部分是对斯特劳森的康德主义的本质,以及复兴形而上学的讨论;第二部分聚焦于康德哲学的具体问题;第三部分则关注斯特劳森哲学中与《纯粹理性批判》关系不大,但仍与康德哲学有关的问题。全书讨论的议题涉及分析哲学史、康德主义、哲学逻辑、形而上学、心灵哲学、认识论和美学等诸多方面,是研究斯特劳森哲学,尤其是研究他与康德哲学之间关系不可或缺的文献。由于后续文献介绍和正文部分我们也将更详细地介绍相关文章,因而这里不做赘述。

《向斯特劳森爵士致敬》(2008)是一部有着特殊意义的文集。该书根据 2006 年 7 月 8 日在牛津莫德林学院（斯特劳森生前所在学院）纪念活动的演讲和其他文章集结而成。该书第一部分是学院院长大卫·克莱里（David Clary）的简单致辞。第二部分包括了拉尔夫·沃克博士、布罗克韦尔的巴特勒勋爵、阿维沙伊·马加利特教授、托马斯·纳格尔教授、卡西姆·卡萨姆教授、约翰·塞尔教授、约翰·斯特劳森少将（斯特劳森弟弟）、威克的沃诺克男爵夫人（著名日常语言哲学家，牛津大学前校长沃诺克遗孀）等人的回忆与演讲，为从亲属、同事、朋友和学生的角度全方位了解斯特劳森的生平、喜好、品格、贡献和影响提供了重要的第一手文献。该书第三部分包含五篇体例较为庞杂的文章。《我的哲学》（1995）和《理智自传》（1998）是斯特劳森回顾自己思想发展历程的学术自传，《论指称》（1950）和《自由与怨恨》（1962）是斯特劳森最重要的两篇学术论文。除了这四篇重印的文章之外，在中英暑期学校，布宁（Nick Bunnin）根据两次哲学对谈还做了相关记录，也一并收入了本文集。

布朗（Clifford Brown）撰写了两部研究斯特劳森哲学的专著，在《彼得·斯特劳森》（2006）一书中，布朗以浅显易懂的笔调忠实而精确地介绍了斯特劳森的主要著作。全书共分五个部分，分别围绕《论指称》、《逻辑理论导论》、《个体：论描述的形而上学》、《感觉的界限》和《怀疑主义与自然主义及其变种》展开，是目前解读和解释上述著作的可靠的导读性著作。布朗的另一部著作《莱布尼茨和斯特劳森：论描述形而上学新论》（*Leibniz and Strawson：A New Essay in Descriptive Metaphysics*，1990）是第一部研究斯特劳森哲学的专著，该书围绕《个体：论描述的形而上学》第四章对莱布尼茨单子论的批评，认为斯特劳森误解了莱布尼茨本人的理论，全书将斯特劳森对单子论的论点总结为七个观点并逐一加以批驳，在结论部分围绕"历史上真正的莱布尼茨单子论为何"提出了自己的理解。总体来说，这是一部为莱布尼茨辩护，对斯特劳森进行反批评的著作，其重要性在于关注了我们较少讨论的《个体：论描述的形而上学》第四章。

2007 年 9 月 22—23 日，在金山大学和南非国家研究基金的资助下，金山大学召开了主题为"纪念斯特劳森"的学术会议，相关论文随后发表在《南非哲学杂志》2008 年第 3 期（总第 27 期）上。除了马滕斯（David B. Martens）所撰写的与会议主题同名的介绍性论文之外，另有四组8篇论文。卡萨姆的论文《知识、感知和分析》运用斯特劳森的联结分析模型讨论了"知觉"与"知识"之间的概念关系，斯诺顿的《斯特劳森论哲学：三幕》（Strawson on Philosophy—Three Episodes）分析了斯特劳森对于方法论问题的早期思考，指出斯特劳森有关"描述""修正"区分的无效性；斯泰普福德（Scott Stapleford）的《斯特劳森和邵曼论先验观念论的形而上学》（"Strawson and Schaumann on the Metaphysics of Transcendental Idealism"）和舒尔特（Dennis Schulting）的《论斯特劳森论康德的知觉》（"On Strawson on Kantian Apperception"）关注斯特劳森对康德哲学所做解读的可靠性，前者认为斯特劳森的"分离论"抓住了康德形而上学的基本真理，而后者则认为斯特劳森误解了"意识统一性"的概念。拉马钱德兰（Murali Ramachandran）和比约森（Gunnar Bjornsson）比较一致地为斯特劳森哲学与"语言描述"之间的关系做了辩护，前者的论文《一个斯特劳森式的描述理论》指出，尽管"描述"有指称用法和述谓用法，但这两种用法的预设不同，由此使得斯特劳森可以通过排除部分例外语言现象来坚持自己对摹状词理论的批评；后者的论文《斯特劳森论后果论辩护中的"如果"和"实质蕴涵"》（"Strawson on 'if' and '⊃' in Defense of Consequentialism"）认为，斯特劳森对联结词意义非对称性的论述是对条件句的激进语境论解释，并认为这种解释可以囊括更多语言素材，是比其他竞争性解释更优的解释框架。最后一组两篇文章是梅茨（Thaddeus Metz）的《被动反应实践的本质：斯特劳森表达主义批判探索》和阿莱斯（Lucy Allais）的《化解被动反应态度：宽恕和理解》（"Dissolving Reactive Attitudes: Forgiving and Understanding"），探讨了与"反应态度"有关的道德哲学问题。

麦肯纳（Micheal Mckenna）和拉塞尔（Paul Russell）编辑的《自由意志和反应态度》（*Free Will and Reactive Attitude*，2008）不仅重印了斯特劳森的《自由与怨恨》以及艾耶尔的经典反驳《自由意志与理性》，也收入了盖伦·斯特劳森、本内特、齐默曼（David Zimmerman）、柯利（Erin Kelly）以及两位编者的新近讨论，共计15篇文章，围绕道德责任和反应态度的可解释性、自然化转向、认识论地位等做了深入讨论，是当前讨论自由意志和道德决定论，尤其是在道德哲学中讨论兼容论、自然主义和先验论证的重要文献。

2009年5月21—24日，捷克科学院（Czech Academy of Science）为纪念《个体：论描述的形而上学》出版50周年，组织召开了题为"感觉的基础"的学术研讨会，斯特劳森遗孀安和长子盖伦·斯特劳森也应邀参会。会后有12篇论文结集出版，其中比较重要的是盖伦·斯特劳森的《反对身体主义："我"的两种用法》和斯诺顿的《人与人格》("Person's and Persons")。

在英国心灵哲学学会资助下，2009年11月5日在牛津布鲁克斯大学召开了纪念《个体：论描述的形而上学》发表50周年的学术会议。五位重要的斯特劳森研究者围绕主题"重思斯特劳森的《个体：论描述的形而上学》"做了五场专题报告。

2012年9月27—28日在威廉玛丽学院召开了纪念《反应态度》发表50周年的研讨会，该会议以"责任与关系"为主题，参与者包括了盖伦·斯特劳森、苏梅克（David Shoemaker）、阿莱斯（Lucy Allais）等16位哲学家，围绕与《反应态度》有关的主题展开了八场专题报告。随后这些论文与另外两篇论文一起都收入了苏梅克和托纳奇尼（Neal Tognazzini）编辑的《〈自由与怨恨〉发表50周年》（2015）一书。

葛姆斯（Anil Gomes）于2016年4月2日在牛津组织了题为"感觉的界限：50周年"（The Bounds of Sense: Fifty Years）的工作坊，笔者当时在英国访学，有幸躬逢盛会。该工作坊的参与者和报告的题目包括：沃克的《斯特劳森和康德论先验观念论》，斯诺顿的《斯特劳森的康德：朴素、客观与自我》，葛姆斯的《统一性、被动性与客观性》，马汀（M. G. F. Martin）的《难以捉摸的客观性》。

著名哲学期刊《欧洲哲学杂志》在2016年（vol. 24，issue 4）开辟了纪念《感觉的界限》的专栏[①]，刊登了阿莱斯、卡萨姆、阿利森（Henry Allison）、摩尔和葛姆斯等五位重要研究者的研究论文，关于论文的主题可参见本文的参考文献。

---

① Symposium: 50th Anniversary of P. F. Strawson's The Bounds of Sense. European Journal of Philosophy, 2016 (4): 892-969.

（二）特点与趋势

如果将斯特劳森哲学作为特定研究对象，那么过去 70 年，尤其是近 30 年的相关学术对话和研究，呈现出以下特点和趋势：

一是研究领域拓展。对斯特劳森的描述形而上学、哲学逻辑、认识论和哲学史等领域的研究在 20 世纪 80 年代之前的文献中占据了相当大的分量。但此后研究者们的理论视野和兴趣不断扩展，斯特劳森哲学中原有的一些不太受重视的方面，比如美学等也得到了一定的关注。在《斯特劳森和康德》中，阿利森和福斯特（Eckart Förster）都探讨了斯特劳森对康德"第三批判"的论述。彼得森（Anders Petterson）的《斯特劳森和戴维斯论艺术本体论》（2009）则回顾了《个体：论描述的形而上学》一书与美学有关的内容，认为斯特劳森对"音乐""文学"等概念存在论地位的讨论构成了特殊的艺术本体论。根据斯特劳森的理解，这类概念类似于类概念或抽象实体，它们可以被具体的音乐作品和文学作品例示，但不能被彻底取消和还原。彼得森指出，尽管斯特劳森的这种立场通常不会直接与艺术本体论相联系，但他所持有的概念论立场在当前的分析美学中有着广泛共识，甚至戴维斯的《艺术本体论》（2003）也表达和论证了相似观点。但彼得森认为，从艺术交流和文学交流的角度看，采取更为谨慎的唯名论立场，接受这些概念的可还原性，对与之有关的概念框架做必要修正要更为可取。

二是比较研究兴起。随着斯特劳森的思想原创性在 80 年代之后走向停滞，围绕其思想的对话和批评逐渐被更为深入的梳理和比较代替。这其中最具代表性的当属在斯特劳森与维特根斯坦之间的比较研究，具有代表性的论文包括：钱德拉（Suresh Chandra）的《维特根斯坦与斯特劳森论经验的归属》("Wittgenstein and Strawson on the Ascription of Experience"，1981）；金迪（V. Kindi）的《柯林伍德、维特根斯坦、斯特劳森：哲学与描述》("Collingwood, Wittgenstein, Strawson: Philosophy and Description"）等。其他一些比较文献也同样值得关注。瑞尼（Stephen Rainey）的《奥斯汀、格莱斯和斯特劳森：对匹兹堡和法兰克福的影响》("Austin, Grice and Strawson: Their Shadow From Pittsburgh to Frankfurt"，2007）考察了奥斯汀的施行-记述区分及斯特劳森、格莱斯的批评,分析了争论所涉及的意义、交流意向、会话、理解、解释等概念如何影响了当前的理解,尤其是对于罗蒂、塞拉斯、布兰顿和哈贝马斯等人的影响。平德(Mark Pinder)的《论斯特劳森对哲学解释方法的批判》("On Strawson's Critique of Explication as a Method in Philosophy")重新梳理了斯特劳森对卡尔纳普的"同义替换"的"解释"方案的批评,指出斯特劳森没有完全拒绝替换,并认为替换在哲学中有一定的用武之地。柏恩(Patrick H. Byrne)的《关联分析:亚里士多德和斯特劳森》在梳理亚里士多德的"分析"概念的基础上,指出了斯特劳森和亚里士多德对"分析"有着相似的理解,而且亚里士多德的分析对于斯特劳森"联结分析"模型起到了支持性作用。萨克斯(Mark Sacks)的《萨特、斯特劳森和他人》("Sarte, Strawson and Others",2005)考察了斯特劳森对"他心"和萨特对"他者"的论述,认为尽管两者都采用了先验论证的方法,论证也有着一定的相似性,但分析传统和现象学传统的先验论证终究还是有着根本的理论差异,而萨特根据现象学传统的先验论证得到的结论更强。格劳伯曼(Mark Glouberman)的《斯特劳森和布拉德雷的幽灵》("P. F. Strawson and the Ghost of H. Bradley"),则比较了先验论证与布拉德雷的新黑格尔主义的异同,从宏观层面看,上述各类比较研究的滥觞,标志着斯特劳森研究走向深入,日趋成熟。

三是《自由与怨恨》成为新的研究重点。斯特劳森对伦理学的关注相对有限,但论文《自由与怨恨》却得到越来越多的关注和讨论。在为论文集《自由与怨恨》所写的序言中,斯诺顿根据2008年前的研究情况指出:《自由与怨恨》是"斯特劳森得到最广泛讨论的论文之一"[①],此后,对该文的讨论更趋热烈,在过去十年已先后出版了《自由意志与反应态度》(2008)和《〈自由与怨恨〉50周年》(2015)两部论文集,独立发表的论文更是无法统计。笔者在英国访学时,英方为"中英分析哲学项目"所准备的斯特劳森哲学的论文就是《自由与怨恨》,而非国内研究者更为熟悉的《论指称》,由此可见该文的重要性。在独立发表的众多论文中,具有一定代表性的论文是下面这两篇:一篇是科茨

---

① Paul Snowdon. Foreword//Freedom and Resentment and Other Essays. London and New York: Routledge, 2008: xii.

(D. Justin Coates)的《斯特劳森的温和先验论证》("Strawson's Modest Transcendental Argument",2017)。与认为《自由与怨恨》提出了关于道德责任的自然主义框架不同,该文认为斯特劳森实际上是给出了先验论证,从道德主体的角度对与道德责任有关的伦理实践的先验论证。作者认为,这种论证对于反驳佩雷伯姆(Derk Pereboom)为代表的道德责任怀疑论有着特殊的重要作用。另一篇是斯特恩(Robert Stern)的《他人作为我们存在的基础》("Others as the Ground of Our Existence",2016),斯特恩用先验论证反驳怀疑论,但他的策略并不是直接采用先验论证作为道德怀疑论的对手,而是通过阐释与道德责任有关的概念之间的先验联系,来表明怀疑论者的某些基本概念之错误并削弱其立场,同样将先验论证作为间接策略。

四是读解与应用并重。斯特劳森哲学作为日常语言哲学的经典理论,不可避免地在分析哲学的前进历程中被一再被重述、修正、批评和涂改,但作为具有多方面影响力的理论传统,它也会以不同形式被后辈哲学家接受和应用。截至目前,不仅在塞尔、埃文斯、麦克道尔和皮考克等分析哲学家与哈贝马斯等欧陆哲学家,以不同方式应用了斯特劳森的方法和观点,一些来自不同学科、不同传统的研究者也参与到这股接受潮流中。来自土耳其的阿克曼(Varol Akman)和阿帕斯兰(Ferda Nur Alpaslan)的论文《斯特劳森论意向意义和语境》("Strawson on Intended Meaning and Context")接受了斯特劳森的意义三分说,试图以此为基础提供更为可靠的意义模型,并为这一基本意义框架辩护。伯明翰大学的计算机科学家斯洛曼(Aaron Sloman)以"描述形而上学"为基础,正在筹划发展一种超越这一理论的"元-描述形而上学"(Meta-Descriptive Metaphysics)。

(三) 重要文献

下述文献是具有较大代表性、与正文关系较为密切的,此处挑选部分列出以便读者理解各章节内容。

(1) 介绍性文献。目前斯诺顿是为斯特劳森撰写介绍和导读性资料的主要哲学家。《20世纪:奎因以降》(2006)中的"斯特劳森:个体"("Strawson: Individuals")和《分析哲学指南》(*A Companion to An-*

alytic Philosophy）中的"斯特劳森"都由他执笔。在网络资源方面，斯坦福哲学百科和劳特里奇哲学百科的词条"斯特劳森"也都出自他的手笔。但是，这位哲学家对于斯特劳森的生平和文献并不十分谙熟，因而所提供的内容大同小异，信息量和新意略显不足，要详细了解斯特劳森的为学与为人，其他参考资料也颇为重要。

布朗的《斯特劳森》（2006）是读解斯特劳森主要著作的最重要二手文献，该书的亮点不在于创新，而是对斯特劳森思想的概括和复述，对于阅读某些较为难懂的著作，比如《个体：论描述的形而上学》与《感觉的界限》，该书颇有裨益。由格洛克主笔，收入《存在范畴：关于形而上学和逻辑的论文》（Categories of Being：Essays on Metaphysics and Logic）的《斯特劳森论描述的形而上学》（"Strawson's Descriptive Metaphysics"，2012）是另一篇比较重要的文章，其特点在于关注面相对广泛，疏解了《逻辑与语法中的主语和谓语》等后期文献中的部分过于繁复的论证。尼古拉的《百年英语哲学》（2003）的第六章"斯特劳森——辩护转向"（"P. F. Strawson—The Justificational Turn"）不仅关注了《形而上学》（1957）等通常被忽略的文献，而且讨论了维特根斯坦、奎因和艾耶尔等人对于描述形而上学思想的影响，是梳理和讨论斯特劳森思想形成和发展不可多得的重要文献。

《个体：论描述的形而上学》是斯特劳森最为重要的著作，对该书的几篇书评不仅对理解这本书极为重要，也有相当全局性意义。这些评论性文章包括伯格曼（Gustav Bergmann）的《斯特劳森的本体论》（"Strawson's Ontology"，1960），皮尔斯（David Pears）的《批判研究：第一部分》（"Critical Study：Part 1"，1961）和《批判研究：第二部分》（"Critical Study：Part 2"，1961），乌姆森（J. O. Urmson）的《批判笔记》（"Critical Notes"，1961）；以及威廉姆斯（B. A. O. Williams）的《斯特劳森论个体》（"Mr. Strawson on Individuals"，1961）。

（2）指称理论。围绕指称理论的论文可谓汗牛充栋，但如下几篇颇有代表性。在讨论罗素-斯特劳森之争方面，经常被忽略的林斯基的《指称》（1967）一书是笔者所读到的所有评论中较为中肯，也极富洞见的一本。林斯基在该书中指出，斯特劳森与罗素的争论实际上是某种"双重错误"：一方面，罗素对迈农（A. Meinong）用来解决认识对象的

"对象理论"错误地做了本体论解读,指责前者"实在感不足",但斯特劳森也没有看到罗素理论的语义学价值,其批评并不是要对罗素提出有说服力的批评,而是旨在建立自己基于语用分析的指称理论。另一篇影响更大的评述是唐纳兰(Keith Donnellan)的《指称和确切描述》("Reference and Definite Descriptions",1966),该文认为斯特劳森和罗素对于限定摹状词指称功能的理解都过于极端,提出了居于两者之间的解释,即限定摹状词既可以像专名一样被索引性、指称性使用,也可以以非指称性的方式给出描述。唐纳兰的解释尽管突出了语境对限定摹状词使用方式的影响,但基本上忽略了斯特劳森和罗素都已经对摹状词的不同用法做出论述的事实,也没有深入分析两人所关注的"指称如何实现"这一关键问题。

塞拉斯(Wilfred Sellars)是在20世纪50年代为罗素辩护的代表性哲学家,在论文《预设》("Presupposing",1954)中,塞拉斯指出斯特劳森所提出的预设条件在会话过程中发挥了作为"共同信念"和"会话约定"的特殊语用作用,但不代表它们是不参与真值判定,与论断条件不同的预设条件。在塞拉斯看来,当我们把陈述的指称部分当作预设对象加以分析时,实际上是认为该部分同时预设并且断定了预设对象,它与纯粹断定部分的区别在于它作为预设参与真值判断的方式略有不同。在考察论断分句时,我们主要关注它对原有陈述真值的贡献情况,在考察预设时,我们更关注信念对会话的参与和影响程度,以及说话者和听话者对信念的持有方式的区别,但这只是说明预设分句在语用过程中的特殊性更值得注意,而不意味着预设与陈述有着特殊的逻辑关系,或者预设没有参与论断。尽管在斯特劳森写作《答塞拉斯》(1954)之后,两人对预设思想的后续发展和修正都不再提到对方,但塞拉斯的批评可以看作斯特劳森由语义预设转向语用预设的推动因素。

对于斯特劳森坚持认为指称是以非论断(真值判定)的方式实现,而意义也不等同于真值条件的看法,麦克道尔在70年代表达了反对意见,在论文《意义、惯例和知识》("Meaning, Convention and Knowledge")中,麦克道尔指出斯特劳森的预设条件并非完全排除了知识内容的语用条件,而是与事实或事态有关的特定知识。但是,如果任何语句要表征事态或者事实，就必定会呈现出真假二值性，因而也就能够被真值条件语义学刻画。

另有两篇不甚知名的论文也值得提一下。卡顿（Charles E. Caton）在《斯特劳森论指称》（"Strawson on Referring"，1959）中指出，斯特劳森的早期文本将"指称"局限于严肃用法，认为我们只是"提到"但没有"指称"虚构对象，恰恰违背了"指称"的日常用法，因为在日常的使用中，"指称"与"提到"并无区别，当我们说到指称某物时不会根据指称对象的存在类型对指称概念进行限制，斯特劳森实际上是对"指称"这个日常概念做了非日常理解。达兰特（M. Durrant）的《斯特劳森论"谓词"的观念》（1966）[1] 对于斯特劳森将"指称"与"述谓"对立的看法提出了质疑，认为"述谓"并不是与"指称"对立的对象概念，因为既然述谓是统摄了描述、分类等不同功能的类概念，那么它本身就应该是一个元概念。一方面，形容词和动词等通常的"谓词"并不会对主语做出具体述谓，因而语法谓词就不是述谓表达式的一般类型；另一方面，述谓的行为方式是复杂多样的，不存在一种作为"描述"或"陈述"的普遍功能。

（3）"听觉世界"思想实验。唐·洛克（Don Locke）的论文《斯特劳森的听觉世界》（1961）是讨论听觉世界思想实验的最早文献。唐·洛克认为斯特劳森的策略和结论都不可靠，他主要通过对斯特劳森就"客观殊相"（OP）与"持续存在但未观察到的殊相"（EUPP）之间关系的理解提出了质疑。从形而上学立场看，所有的 OP 都是可再确认的殊相（RIP），但是，为了强调再确认在听觉世界中的作用，斯特劳森不仅认为只有可再确认的殊相 RIP 是客观殊相 OP，而且，"重新确认概念似乎蕴涵着存在但未被观察的殊相概念"[2]。这个论断会导致如下结论：

   （1）RIP→EUPP=OP   （2）RIP→ EUPP→ OP

这两个结论都不可接受。我们既不可能接受 OP 的范围等于 EU-

---

[1] M. Durrant. Mr. Strawson on the Notion of "Predicate". Philosophy, 1966, 41 (155): 84.
[2] P. F. Strawson. Individuals: An Essay in Descriptive Metaphysics. London: Methuen and Co., Ltd., 1959: 81.

PP，也不会认为 OP 的范围会比 EUPP 更小。因为恰恰是客观殊相 OP 的实在性，保证或蕴涵了对殊相进行再确认的可能性，也保证或蕴涵了那些未被观察到的殊相是存在的。因此，唐·洛克认为，我们不仅应该拒绝"RIPE → UPP"的推导过程，而且要否认作为推导关键的概念蕴涵关系。

另一位早期研究者科瓦尔（S. Coval）的论文《人与声音》（"Persons and Sounds"，1963），通过将"声音"和《个体：论描述的形而上学》第三章"人"结合起来讨论听觉世界的概念融贯性。根据斯特劳森的定义，人作为 M-谓词和 P-谓词的归属者，才使他有资格成为经验归属者。但是，在听觉世界中，一方面，我们难以找到形容物理特征的 M-谓词，不能确认作为人的必要构成部分的"身体"的存在，这就使人可能成为笛卡尔式的"自我"；另一方面，如果找到了可以被 M-谓词所限制的声音殊相，也不会出现客观性难题。如果把人的概念作为私人经验的前提条件，听觉世界中就不存在听觉殊相，再考虑确认和再确认是殊相确认乃至建立客观世界的前提条件，那么缺乏客观听觉殊相的听觉世界不仅缺乏客观性，而且根本就不可能存在。据此，科瓦尔认为，在听觉世界中论证客观性不仅是一个操之过急的论证，而且注定难以奏效，听觉世界本身也成为难以澄清的概念设定。

奥尼尔（Onora O'nell）的论文《空间与物体》（"Space and Object"，1976）肯定听觉经验具有空间性特征，但认为"主音"作为类概念不是确认声音殊相所必不可少的概念，另外，声音需要在空间中确认，但不意味着必须接受空间的三维模型和主音概念。罗森博格（Jay F. Rosenburg）在《论斯特劳森、声音、怀疑主义和必然性》（"On Strawson, Sounds, Skepticism and Necessity"，1978）中指出，斯特劳森的论证虽然依赖于对概念框架的形而上学预设，但其论证和结论也难以避免唯我论，不能反驳怀疑论，因而面临不可克服的双重困难。

对听觉世界思想实验最为著名的批评来自埃文斯的《无心之物：评斯特劳森〈个体〉第二章》，在埃文斯看来，斯特劳森的听觉实验包括了两方面的客观性论证：一是论证空间概念是客观性概念的必要条件，二是论证客观性包含了自我意识对象与非自我意识对象的区分。只有这两个方面都得到有效阐释，客观性概念才能得到确立。但埃文斯则认为这两方面的论证都不成功。

埃文斯认为第一个论证是不必要的,原因在于:(1)主音是以音调为标准刻画的抽象概念。如果音调不能完成对个别对象的数的同一性的确认,主音也难以实现区分具体声音殊相的目的;即便音调可以区分个别声音殊相,成为确认其数的同一性的标准,我们也可以把音调作为类似于经验世界的"位置",根据它进行声音殊相的再确认,无须诉诸主音概念。(2)再确认要求的经验者与经验对象的相互关系并非必须以三维空间系统为模型。在听觉世界中根据三维空间模型进行类比已经预设了绝对空间的概念,这一预设导致听觉类比无异于循环论证。(3)确认声音殊相连续性就是确认声音在时间中的展开情况,被确认的对象是声音过程(sound-process)而非声音事物(sound-thing),因此,再确认不是对完全相同事物的重新认定。对声音殊相的再确认不同于对物质物体的区分,不涉及所谓数的同一性问题。

在埃文斯看来,第二个论证的问题在于听觉世界本身不具备客观性,因而听觉经验不可能是客观的。对此,他也给出了三条理由。首先,实体(或物体)作为空间占据者是有关第二性质的经验的因果基础。但在听觉世界中,由于不存在物质实体,听觉者只能获得关于第二性质的倾向性经验,但无法界定这些经验,也无法说明他的经验是被处于何地的物体以何种方式引起的。这时,他的经验命题只能是对自己过往经验的总结,而不是对经验情况的因果关系的报道。命题不可能反映感受经验与客观经验事实之间的因果关系,只能是作为报道了"观念的恒常汇合"的概括命题,不能成为表达客观经验的命题。

其次,一旦我们接受对声音产生过程的物理学解释,认为声音是由物质对象的碰撞所引起的空气振动,那么,在听觉世界中要有声音殊相,就需要考虑空间维度。"位置的力量与任何连续占据它们的对象相等同,在解释听觉者的经验时,在某个特定位置是一个基本的因果性要素。"① 在这个意义上,纯粹的听觉世界不仅不客观,而且根本不可能。

最后,通常的"空间"实际上包含了序列空间和共时空间两重含

---

① Gareth Evans. Things Without the Mind—A Commentary Upon Chapter Two of Strawson's Individuals//Zak Van Straaten. Philosophical Subject: Essays Presented to P. F. Strawson. Oxford: Oxford University Press, 1980: 103.

义。前者根据主体的知觉经验的次序或序列特征来解释，它是伴随着经验主体的身体运动而获得的感觉，不能作为客观经验的概念依据；后者是关系性概念，它表达的是各个成分在同时出现或者被同时知觉到的空间关系，是"客观经验"概念所需要和依赖的"空间"概念。由于斯特劳森坚持空间概念的关系论解释，认为空间概念是表达个别物体间关系的序列空间，那么听觉世界也是只存在相对线性关系的世界，不存在共时空间的维度，不可能存在可确证的客观性。

在埃文斯之后，开始出现一些为听觉世界思想实验辩护的文献。卡萨姆的《空间与客观经验》("Space and Objective Experience"，2005)根据该实验的先验论证背景，对康德与斯特劳森思想中的若干异同之处做了有益对比。范·克里夫（James Van Cleve）的论文《触觉、听觉和无心灵之物》("Touch, Sound, and Things Without the Mind"，2006)对于理解"听觉世界"思想实验具有三方面的启发意义：一是认为思想实验应该被理解为说明"应该"有关的规范命题，而非"将要"或"能够"有关的先验模态论证；二是指出只有对"经验"概念做出关系论的理解，类似听觉者的经验主体才能拥有与"广延"和"客观性"概念有关的客观经验；三是将斯特劳森强调"客观性"与"空间"之间关系的理论当作"里德论题"而非"康德式论题"。

最近十年，随着对听觉经验和声音知觉的研究走向深入，开始出现一些对斯特劳森有利的新文献，具有代表性的是如下两篇。努兹（Matthew Nudds）在论文《听觉现象》("Auditory Appearances"，2014)中指出，如果我们不再将注意力集中于听觉知觉与视觉和触觉的对比，而是认为它是一种特殊且独立的知觉形式，而且将对作为声音源的"发声事件"（sound-producing event）进行恰当分析，根据纯粹听觉知觉获得特定的客观经验是可能的。奥卡拉翰（Casey O'Callaghan）在《感知声音的位置》("Perceiving the Location of Sound"，2010)中认为，听觉是一种"附带空间性现象的知觉定位模型"①，以此为依据，作者提出了三个理由：首先，听觉过程为声音知觉者提供了与周遭环境中的事物和事件有关的信息，因为听觉经验本身包含了空间内容，或者

---

① Casey O'Callaghan. Perceiving the Location of Sound. Review of Philosophy and Psychology, 2010, 1 (1): 123.

说听觉经验包含了对空间的意识；其次，我们通过听到声音的位置来确认发出声音的事物或事件的位置；最后，我们通常把声音本身知觉为具有稳定位置的经验。以此为基础，作者否定了对《个体：论描述的形而上学》中有关空间听觉和听觉经验的怀疑，指出空间性听觉经验为我们经验事物和物体提供了可靠的手段。

(4)"人"的概念。斯特劳森的"人论"涉及二元论、无物主理论、第一人称代词"我"的用法、经验归属、他心问题等哲学史、语言哲学、形而上学等方面的问题，引起了广泛的关注和争议。在众多二手文献中，下面这些比较有代表性。

首先必须提到的是日本哲学家石黑·海德（Ishiguro Hide）的两篇文章：《人的未来与身心问题》("A Person's Future and Mind-Body Problem"，1972)和《人的概念的原始性》("The Primitiveness of the Concept of a Person"，1980)。在前一篇文章中，石黑的主要目的是将斯特劳森的"人论"和海德格尔有关"此在"自我筹划、自我实现的生存论分析相结合，其本意是要用概念分析的方法来强调"未来"对于理解作为行动者的人的根本作用。但斯特劳森以石黑对人的行动主体身份的强调为契机，发展了《个体：论描述的形而上学》第三章结论部分未充分阐释的关于特殊P-谓词的理论。在后一篇论文中，石黑讨论了人的优先性的确切意义，对我们理解和定位"人论"的形而上学立场很有帮助。

"人论"对笛卡尔式二元论和无物主理论的反驳，通常被当作类似于维特根斯坦"私人语言论证"先验论证。但是，斯特劳森的论证也遇到一定反弹。菲利普斯（R. L. Philips）的《描述的与修正的形而上学和心身问题》("Descriptive versus Revisionary Metaphysics and the Mind-body Problem"，1967)和拜尔（Annette C. Baier）的《笛卡尔式的人格》("Cartesian Person"，1981)试图为笛卡尔主义辩护。泽马（Eddy. M. Zemach）的《斯特劳森的先验演绎》("Strawson's Transcendental Deduction"，1975)将《个体：论描述的形而上学》第三章当作先验演绎，通过综合考虑这一章与《感觉的界限》中的客观性论证，从而为"无所有者理论"辩护。

马汀（C. B. Martin）的论文《人》(1969)是对"人论"的一个

比较重要的早期评述，他是较早认识到斯特劳森的"人论"是一种特殊二元论的哲学家。他指出人、身体和意识三者之间呈现出的特殊三元论（tripleism）中存在着"潜藏的二元论模型"①，马汀通过"花园类比"（garden analogy）对"人论"中的身心关系做了新的理解：人的身体和意识的关系有如花园中的土壤与植物的关系，花园必定处于一定的土壤状态，但未必总是栽种植物而呈现植物状态，类似地，人是由身体构成，只是我们未必始终处于有意识状态之中，人应该有意识，或在过去、现在或将来的特定时间应该有意识的意义上，人才不等于身体。就此而言，人和身体都是基本殊相，而意识则不是基本殊相。马汀进一步指出，斯特劳森认为"人拥有身体"是概念真理，因而拥有关系只是偶然实施的立场，会导致两个人拥有相同身体的"身体共享"（body shared）和"身体交换"（body exchange）等异常情况，并且在此情况下，人格同一性和再确认标准的可靠性等都会遇到问题。

对于如何使用第一人称代词"我"有两篇相对重要的文献。一篇是麦克道尔的《指称自身》（1998），该文以为安斯康姆关于所有对"我"的使用都是非指称性使用的辩护为起点，借助康德对"先验统觉"的分析，指出"我"不是真正的指称表达式。麦克道尔的结论是："当斯特劳森讨论自我指称如何可能的问题时，他对康德的解读很有启发性。但当他讨论自我指称如何实施，即当某人使用'我'表达了何种表现形式时，他的论述就变得没什么帮助。"② 另一篇论文是盖伦·斯特劳森的《反对身体主义："我"的两种用法》（2009），该文承认"我"是发挥指称作用的指称表达式，且它指称的也是"人"，但是，对于人是什么，小斯特劳森提出了一种被他称为"笛卡尔物理主义"（Decartes Materalism）的泛心论解释③，而且认为这种解释与斯特劳森本人对"人"的理解是兼容的。

有关经验归属问题具有相当大的争议。科瓦尔的论文《斯特劳森的人和标准》（"Persons and Criteria in Strawson"，1964）认为斯特劳森

---

① C. B. Martin. People//Robert Brown, C. D. Bollins. Contemporary Philosophy in Australia. London: George Allen and Unwin, 1969: 158.

② John McDowell. Referring to Oneself//Lewis Edwin Hahn. The Philosophy of P. F. Strawson. Chicago: Open Court, 1998: 143.

③ Galen Strawson. Against "Corporism": The Two Uses of "I". Organon F, 2009, 16 (4): 428.

一方面要求部分P-谓词可以被先验地自我归属和他人归属，但与此同时认为这两种归属的具体标准却不一致，使得"人"的概念和论证难以成为反驳怀疑论的有效手段。皮特·哈克的论文《斯特劳森的人概念》("Strawson's Concept of a Person"，2002)则试图以维特根斯坦的准行为主义为依据，为斯特劳森辩护。

伯纳德·威廉斯的论文《人是身体吗？》("Are Person Bodies?"，1973)是对斯特劳森"人论"的一个比较重要的反驳，该文继续发展了威廉斯在《斯特劳森论个体》(1961)中关于两种谓词的区分不是可靠区分的论断，他的论证过程大致如下：假定我们肯定存在除了我的身体之外的其他身体，而这些身体本身不是人，也不能作为任何P-谓词的归属对象，但是这类物体必须有一类指明其性质的谓词，而这些谓词却不能被归入P-谓词，由此所引发的问题是没有任何人类可以被当作人，因为如果"人类"是"人"，那么指明身体性质的谓词必定可以被当作P-谓词，但事实情况并非如此。威廉斯进一步认为，人应该被理解为一种特殊的物质物体，他坚持将身体同一性（body identity theory）作为人的同一性标准，并回应了以下四种对于这一理论的反驳：(1)我们可以认为存在非具身的人；(2)"詹姆斯"和"詹姆斯的身体"不是可互换的词项；(3)如果人是物质物体，那么人的所有属性都是物理属性，但事实上这个论断是假的；(4)人的同一性不是身体的同一性。威廉斯认为第四个标准可以得到辩护，因为各种心理同一性标准必然包含了身体统一的标准，以记忆的连续性标准为例，假定我记得昨天我打牌了，那么我必然记得与打牌有关的行动或身体状态，比如我坐在牌桌旁边，看过特定的牌等。威廉斯的结论是，在决定人的同一性时，身体是一个必要的，虽然可能不是充分的要素。

针对威廉斯的批评，格洛克和海曼在论文《人及其身体》("Persons and Their Bodies")中做出了应答。两位作者认为，斯特劳森的"人论"是一种既不同于传统笛卡尔主义实体二元论，也不同于当代流行的物理主义的"第三种选择"，斯特劳森的意图是将"人当作独立的殊相范畴，而不是当作物质物体的子类"[①]，而且物理主义也不是独立

---

① Hans-John Glock, John Hyman. Persons and Their Bodies. Philosophical Investigation, 1994 (2): 365.

于二元论的唯一选择。两人给出的论证大致如下：首先，斯特劳森关于P-谓词和M-谓词的区分不是对立的，或逻辑上互斥的区分。其次，我们通常采用的是多重标准或复合标准来确定人的同一性，而不是仅仅满足于身体标准或心理标准。两人进一步指出，在身心问题中真正导致问题的是来自语言使用的语义规则，而非实质性的社会规则，因此斯特劳森的论证具有相当强的说服力和必要性，对于威廉斯的身体标准，他们则指出尽管人是具身性存在，但人不等于他的身体。

斯特劳森将经验的他人归属当作自我归属的必要条件，这一论述引起了关于"人论"是否能够处理他心问题的讨论。最先提出异议的是艾耶尔，他在《人的概念》（*The Concept of A Person*，1963）中指出，斯特劳森将多个关联领域联系起来，通过语词分析的方式所给出的论证固然精巧，但"走钢丝"的策略要么是缺乏本体论基础的"语言游戏"，要么无法摆脱传统的类比论证。后续有两篇论文将这个问题论述得更加清楚，一篇是普兰廷加（Alvin Plantinga）的《上帝和其他心灵》（*God and Other Minds*，1967）一书的同名章节（Part Ⅲ），另一篇是史密斯（Joel Smith）的《斯特劳森和其他心灵、先验哲学和自然主义》（"Strawson and Other Mind, Transcendental Philosophy and Naturalism"，2012）。两人都注意到将"他人归属"加入对自我与对象之间经验关系的讨论会导致概念演绎是否可靠的问题，但得出的结论不同，普兰廷加认为由于没有提出可靠论证，因而斯特劳森既没能摆脱他心问题的类比论证，也没有有效论证他心存在，史密斯则强调如果我们将斯特劳森的论证作为强先验论证，自然会面临一系列问题，但可以将斯特劳森的论证当作温和论证，其目的是反驳休谟式怀疑论，而非建立可靠的形而上学结论，这个改造不能说是符合斯特劳森的本意。

（5）《感觉的界限》与先验论证。《感觉的界限》及其所提供的客观性论证通常被当作先验论证的经典实例，在当代分析哲学中引起了强烈反响和争论，本书对此略做发挥，将比较重要的讨论总结为以下几个问题：

一是对《感觉的界限》的评论。瑟夫（Walter Cerf）的《感觉和理性的界限》（1972）是解读《感觉的界限》的早期文献中较为重要的一篇，在该文第一部分，瑟夫指出，《感觉的界限》是根据康德在"沉默的十年"（1770—1781）试图规划的著作《感觉和理性的界限》而写作的，康德曾赋予"界限"三重意义：感性与理性的界限、可感世界与可知世界的界限、现象界与本体界的界限。但斯特劳森对康德的"界限"做出了倾向于分析哲学的自由主义解读，忽视或拒绝三重区分，从而给出一个完全分析性的"界限"概念。在论文的后三部分，瑟夫对比了斯特劳森和康德关于时间与空间、几何学、先验演绎以及幻象逻辑等方面，对斯特劳森的解读做了颇有裨益的扬弃。摩尔（A. W. Moore）在《感觉的界限》（2006）中申述了将该书翻译为"意义的界限"的理由，他以维特根斯坦关于"意义"的理解为依据，回顾了康德和斯特劳森对"意义界限"的划分方式并做了部分回应。盖耶尔（Paul Guyer）在《感觉的界限与分析的限度》（"The Bounds of Sense and the Limits of Analysis", 2017）中认为，斯特劳森的分析先验论证旨在说明我们拥有"自我意识经验"这一概念的条件，在盖耶尔看来，斯特劳森也成功给出了这一条件的论证，但是不能完成康德更为雄心勃勃的目标。盖耶尔是"分离论"的最重要支持者，认同斯特劳森对先验观念论的拒绝，但认为如果要论证我们拥有"自我意识"概念的条件，就必定涉及有关我们的心理（认知）能力的论断，而将这些论证当作先验心理学，而非经验心理学的讨论对象似乎更为可靠，由此我们可以拒绝先验观念论，但不应该拒绝康德的先验心理学。

二是探讨先验论证的可能性、可靠性和有效性。在围绕先验论证的性质的讨论中，否定意见占据了较大话语权。据福斯特观察，当代有两条驳斥先验论证的标准路线，一条是由斯陶德所提出，在著名论文《先验论证》（1968）中，他根据《个体：论描述的形而上学》上半部分对殊相确认的概念分析过程指出，斯特劳森的先验论证糅合了概念分析和经验推导这两种异质方法，因此，先验论证如果不只是证明"特权类命题"的虚假论证，就是可以通过证实原则直接确认的多余论证。

另一条是由科纳围绕唯一性问题提出的对先验演绎可能性的质疑。在对先验论证的早期研究中，科纳的两篇论文《新近期哲学中的先验倾向》（"Transcendental Tendency in Recent Philosophy", 1966）和《论先验演绎的不可能性》（"The Impossibility of Transcendental Deductions", 1967）也颇有影响。在他看来，包括康德的范畴演绎在内的所有先验演绎都是一种旨在提供"可靠逻辑理由"的论证方法：先验演绎完全能够被一般性地定义为一个关于可靠逻辑理由的证明，即证明一个特殊的范畴图式在区分特定经验域时，不仅在事实上，而且必然的被使用的理由。但是，由于先验演绎不能提供对"唯一性条件"这个关键前提的论证，因而根本上是不可能的。

另一位先验论证的重要批评者是查尔斯·泰勒（Charles Taylor），他所讨论的核心问题是"先验论证何时，以及何以有效"，通过分析先验论证的目的、方式和效果，泰勒指出先验论证的目标是得到关于经验主体以及其在世界上的地位的强结论，但经验主体是具身主体却没有得到论证，从论证方式看，先验论证试图给出某些自明的自我知识，但我们是否拥有这些知识，以及如何拥有它们都是极为困难的事。因此，泰勒在《先验论证的有效性》一文中认为："一个有效的先验论证当然是无可置疑的，但何时我们拥有这样的先验论证，至少是拥有一个带有有趣结论的先验论证，对此我们很难说清楚。但对哲学中的绝大多数的先验论证来说，情况恰恰是不清楚的。"[1]

先验论证在当代并非没有支持者和捍卫者。皮特·哈克在《先验论证是证实论的一个版本吗?》（"Are Transcendental Arguments a Version of Verificationism?", 1972）中依托对维特根斯坦关于经验归属标准，以及康德关于经验必要条件的讨论，他对先验论证做出了积极辩护。在皮特·哈克看来，斯陶德将先验论证等同于证实原则是没有认清先验论证的本质。不过，他正确指出怀疑论者的理论关切是：在承认我们拥有经验的主观内容的前提下，我们为何有权利认为它们会成为关于客观殊相的知识。对此，独断论、描述分析和证实原则都不能给出完美答案。先验论证通过给出先验概念联结的方式解决了问题。具体来说，（1）先验论证证明的是，怀疑论者可以怀疑关于对象的知识的可能性，但他不能在确认自己知道内在经验的性质时，却否认自己关于内在经验的知识不足以成为他知道世界存在状况的充分证据，因此怀疑论者不能有效提出怀疑，这是先验论证与证实原则的区别所在。（2）先验论证明

---

[1] Charles Taylor. The Validity of Transcendental Arguments. Proceedings of the Aristotelian Society, Vol. 79 (1978 – 1979): 165.

确了"确认经验是以特定概念化直观",说明了经验的概念结构,这使得先验论证不能被等同于证实原则。(3)先验论证虽然是基于概念联系的条件论证,但它没有为斯陶德所指责的约定主义留下理论空间。本内特是斯特劳森先验论证的重要支持者和盟友,他在《斯特劳森论康德》("Strawson on Kant",1968)中认为,"斯特劳森从根本上解决了先验论证的主要问题",因而将两人的分歧当作论证细节的问题,也将自己的批评当作"中等程度的批评"。本内特在论文《分析的先验论证》("Analytic Transcendental Argument",1979)中也提出了若干辩护意见,认为先验论证相对于实证主义在解释人类认识基础方面具有较大优势。

三是发展新的先验论证模型。面对斯陶德等人的批评,更多的人都试图寻找应对、化解和避免证实原则的先验论证。本内特在《康德的分析》("Kant's Analysis",1966)和《分析的先验论证》中试图发展论证效果更好的"分析的先验论证"。威尔克森(T. E. Wilkerson)的《先验论证》("Transcendental Argument",1970)通过考察先验论证的几个经典版本——康德的先验演绎、斯特劳森的客观性论证和本内特的分析的先验论证,根据前提与结论的非分析关系,提出了与斯陶德类似的结论,即先验论证不是一个纯粹的分析论证,不能提供具有必然性的概念真理,但威尔克森却试图发展出一套经验上有效的"综合先验论证"。

进入20世纪80年代之后,先验论证的整体发展方向是论证的适度化。早期批评者斯陶德在《先验论证的目标》("The Goal of Transcendental Argument",2000)中颇具代表性地提出了"适度先验论证"策略,此后,布鲁克纳(Anthony Brueckner)在《温和的先验论证》("Modest Transcendental Argument",1996)中,斯特恩在《先验论证和怀疑论:回应辩护问题》("Transcendental Argument and Skepticism: Answering the Question of Justification",2000)中,都提出了类似的看法。先验论证适度化的策略要么在论证目的方面让步,将论证目的由与"世界"有关的事实变成"自我"有关的自我知识,要么不再强调论证是以必要条件的方式展开概念演绎,认可非概念演绎性质的分析过程的有效性。

在适度化的大背景下,先验论证的实践者和支持者提供了各种新的论证版本。皮科克（Christopher Peacocke）在《客观性》（2009）等一系列文章中提出了构成性先验论证。萨克斯（Mark Sacks）在《先验论证的本质》（2005）中提出了"情境论证"，认为我们不应该将先验论证理解为对命题内容或概念间关系的澄清，而应该将其理解为对现象的描述，萨克斯所提供的是一种说明情境思想或语境思想的先验论证[①]，其目的是说明具体经验，而非普遍经验概念的一般性特征，说明具体经验的结构性特征（尤其是时空特征），这样，先验论证就由高阶规范性论证变成对象性经验描述。雷德（Patrick J. Reider）的《哲学需要一种弱先验方法吗？》试图提供"弱先验论证"，他认为康德的"先验精神"而非康德的"先验实践"对于哲学仍旧是必不可少的，试图发展一种不以获得先天综合知识为目标的弱先验论证。普特南（Hilary Putnam）的《怀疑主义、斯陶德和知识的语境主义》（"Skepticism, Stroud and the Contextuality of Knowledge", 2001）强调意义的语境敏感性，其所主张的论证模型大致可称为"语境化先验论证"。卡萨姆的"自我-定向的先验论证"（Self-Directed Transcendental Argument）强调先验论证只能被用来说明自我的知识结构，因而是一种提供自我知识的"自我指向的先验论证"。哈索科·张（Hasok Chang）在《形而上学原理的偶然先验论证》（2008）中则提出了偶然先验论证的策略。

除此之外，罗蒂对先验论证的立场值得关注，对于他到底是先验论证的斯特劳森-康德路线的挑战者还是反对者，情况始终不太明显。罗蒂最早集中讨论先验论证的论文《斯特劳森的客观性论证，形而上学述评》（"Strawson's Objectivity Argument, the Review of Metaphysics", 1970）对斯特劳森通过论证"感觉材料经验是不可能的"来说明经验中的概念与对象区分很是不满，给出了一个更为紧凑的推导模型，与此同时，他也对斯特劳森的康德主义基础，即经验内容的直观-概念区分提出质疑，认为直观作为"未被意识到的意识"是不可接受的。在《证实主义与先验论证》（"Verificationism and Transcendental Argument", 1971）中，罗蒂一方面回应托马森和斯陶德的批评，为先验论证辩护，

[①] Mark Sacks. The Nature of Transcendental Arguments. International Journal of Philosophical Studies, 2005, 13 (4): 443.

另一方面也指出"好的先验论证只能是一种寄生性论证"①。论文《世界消失了》("The World Well Lost", 1972）延续了这种左右开弓的态势，一方面批评了奎因和斯陶德对先验论证的批评，另一方面认为将先验论证用于讨论"世界存在"和"客观真理"也是不可靠的，表现出了对"镜式"反映论的和传统认识论的批评。在《先验论证、自指和实用主义》("Transcendental Arguments, Self-reference and Pragmatism", 1979）中，罗蒂指出传统的标准反怀疑论的先验论证都存在自反问题，试图将先验论证的概念分析策略和历史意识引向新的方向，并重新梳理先验论证与哲学之间的关系。由此可见，罗蒂并非对先验论证的细节不满，而是不认可它在哲学中的地位和所依赖的基础，罗蒂曾不无赞许地指出，戴维森找到了"终结所有先验论证的先验论证"②，并且认为，拒绝内容形式区分，接受实用主义，就意味着哲学的终结。罗蒂肯定先验论证对于哲学的重要性，指出如果哲学被当作对文化的非经验批评，那么它的存在就依赖于先验论证，因此拒绝先验论证就意味着哲学的终结；另外，如果我们接受另一种由海德格尔、杜威和维特根斯坦所提出的哲学概念，认为它与知识论断的合法性毫无关联，那么，先验论证对于哲学就不是不可或缺的。

四是讨论斯特劳森对先验观念论的解读。阿利森是先验观念论的重要支持者。阿利森对先验观念论的辩护可谓不遗余力。在与斯特劳森对话的语境中，他在论文《先验观念论和描述的形而上学》(1968）中亮出了为观念论辩护的基本态度，认为先验观念论并非一无是处，也不应被弃之如敝屣，而是应当给予适当改造，使观念论能够以改头换面的方式重见天日。在代表性力作《康德的先验观念论：一种解读与辩护》(1983；2004）中，阿利森在系统阐述对先验观念论的本质、功能和意义的理解的同时，回应了盖耶尔和朗顿等人对观念论的责难。在论文《先验演绎与先验观念论》(2016）中，阿利森又对哈里森（Ross Harrison）和卡萨姆的反观念论立场做了进一步回应（阿利森的观点详情

---

① Richard Rorty. Verificationism and Transcendental Argument. Nous, 5 (1), 1971: 5.
② Richard Rorty. Transcendental Arguments, Self-reference and Pragmatism//P. Bieri, R. P. Horstmann, L. Krüger. Transcendental Arguments and Science. Springer Netherlands, 1979: 78.

参见本书第六章)。

尽管斯特劳森试图重构演绎,拒斥先验观念论的"分离论"是分析的康德主义的主流解释,得到了盖耶尔、本内特等人的支持,但阿利森也并非孤军奋战。

阿莱斯在《斯特劳森与先验观念论》("Strawson and Transcendental Idealism",2016)中,拉尔夫(C. S. Ralph)、沃克在《康德》("Kant",1978)中,都对先验观念论给予了一定支持。另外,卡萨姆的《先验论证、先验综合和先验观念论》("Transcendental Argument, Transcendental Synthesis and Transcendental Idealism",1989)也注意到先验观念论的重要性,但认为在拒绝这一理论之后,先验论证的前途不容乐观,在论文《先验认识论可以被自然化吗?》(2003)中,卡萨姆指出"分析先验认识论"的替代方案只能是"自然化先验论证",即将概念分析当作对人类认知工具的描述,而该方案必须基于概念分析与经验研究之间的依赖关系,然而,卡萨姆认为说明依赖关系的"依赖论题"不能得到有效证明,因而自然化认识论的前景仍旧不甚明朗。另外,哈里森也同样是先验观念论的支持者,他在《先验论证与观念论》("Transcendental Arguments and Idealism",1982)中肯定了先验观念论对于"客观性论证"的重要作用,要求改造观念论,以更为精巧的方式提供了包含先验观念论的先验论证。

五是读解客观性论证。在《斯特劳森论外在对象》("Strawson on Outer Object",1970)一文中,哈里森对斯特劳森认为"感觉材料经验理论是不可能的"这一激进立场表示怀疑。他指出,一种感觉材料的经验理论不仅是可能的,而且具有重要的认识论价值。相反,斯特劳森否证这一理论的关键证据,关于经验中存在"接受成分"是什么却含糊不清,没有做出令人满意的融贯性的交代,没有说明它到底是来自对象的"所予成分"还是自发性"概念成分"。特鲁玛克(Jeffrey Tlumak)的《斯特劳森反怀疑方法的若干缺陷》("Some Deffects in Strawson's Anti-Skeptical Method",1975)是对斯特劳森客观性论证的重构,该文根据罗蒂的批评意见,提出了一般性方法批评。罗腾斯特莱希(Nathan Rotenstreich)的《自我归属与反对》("Self-Ascription and Objection",1981)是一篇围绕自我归属来讨论客观性的论文,论证精当,批评客观，理解透彻，是理解客观性论证的很好的二手资料。库恩斯（Jan Kunes）的《斯特劳森和康德论我的存在》（"Strawson and Kant on Being"，2009）批评斯特劳森对"我"的理解过于简单，他所要求的"自我"只是拥有自我知识，对经验进行归属的自我，而非作为主体的"自我意识"。

最后值得一提的是葛姆斯的《同一性、客观性与经验的被动性》（"Unity, Objectivity and the Passivity of Experience"，2016）。该文独辟蹊径，不再拘泥于经验主体的感受性和自发性这两种认识能力，而是逆转"哥白尼革命"，通过论证"经验的被动性"，而非意识统一性，来说明经验的客观性，相当程度上避免了先验观念论和综合原理的问题。

（6）主谓区分。斯特劳森对主谓区分的讨论最先比较集中地出现在《逻辑理论导论》与捍卫传统逻辑和构想语言逻辑有关的论述中，因此，评价斯特劳森的逻辑立场是观照这一问题的最初理论形式。贾维斯（Judith Jarvis）的《斯特劳森逻辑学笔记》（"Notes on Strawson's Logic"，1961）围绕"严格逻辑可能性"等问题提出了一些批评意见。斯迈利（T. J. Smiley）在《斯特劳森论传统逻辑》（"Mr. Strawson on the Traditional Logic"，1967）中指出，斯特劳森通过"预设"概念为传统逻辑辩护的策略没有成功，而且他对于"蕴涵"概念的理解是歧义性的、不稳定的，从整体上看，斯特劳森对范畴形式的理解与传统逻辑不一致，但这并不意味着斯特劳森的理解有误，而是可以被当作一种新的逻辑系统的理论基础。贝林（Richard Behling）的《两种逻辑？》（"Two Kinds of Logic?"，1998）坚持对逻辑本质的形式主义解释，认为斯特劳森对形式逻辑过于苛刻的态度会损害逻辑规律的普遍性，斯特劳森在回应中指出他对逻辑本质的看法不是形式主义，而是将其当作对语词行为，乃至其背后本体论结构的刻画。

弗雷德里克（Danny Frederic）讨论了斯特劳森在后续文本——主要是《个体：论描述的形而上学》和《逻辑与语法中的主语和谓语》对主谓区分的讨论。在《斯特劳森论谓词》（"P. F. Strawson on Predication"，2011）中，弗雷德里克指出，斯特劳森对于单称陈述的语句结构做出了三种解释：语法解释、间接解释和范畴解释。但是，语法解释和间接解释都会遭到不可消解的反例，而且后者从本质上看是一个完全空洞的解释。弗雷德里克进一步认为，斯特劳森在《逻辑与语法中的主语和谓语》中放弃了前两种解释，转而强调范畴解释，但这一解释所依据的"确认"概念并不足够清晰，弗雷德里克由此尝试以更为清晰的方式来刻画范畴解释。另一篇论文《单数名词、谓词和伪同一性的"是"》("Singular Terms, Predicates and the Spurious 'is' of Identity", 2013) 基本上维护了斯特劳森的立场。弗雷德里克根据密尔对谓词、内涵和外延的理解，反驳了被逻辑学家们普遍奉为正统的"单称词项不能做谓词"的看法，认为原子语句中的单称词项也同样可以充当谓语，而且认为"is"表"同一"的用法在日常语言中是不存在的，现代形式逻辑的错误在于不能确认单称词项做谓语的情况，而且没有根据表达式的逻辑作用，而是根据逻辑范畴来确认它的语义功能。

丘奇和斯特劳森被普遍认为是关于主谓区分的传统立场的支持者，丘奇同样认为坚持主谓区分是名称与谓词的区分，也认同单称词项"代表"了对象，但他局部接受了罗素的摹状词理论，因此坚持将主谓区分与殊相-共相区分的对应关系限制在简单谓词和指称个体的单称语词的范围内，反对过分强调两者的关联性并进行普遍形式刻画，由此就与斯特劳森根据主谓区分探讨殊相-共相区分的理论发生冲突。丘奇本人关于名称与对象之间关系的论述可参考《主语和谓语》("Subject and Predicate", 1950)，他在这篇文章中表明了对量化分析的部分接受，以及对单称词项外延的严格限制，在《指称和共享》("Reference and Generality", 1980，第17—19节，及第26—33节) 中，丘奇进一步分析了名称与对象之间的关系，论述了"谓词"与"谓语"的区别。丘奇对斯特劳森的批评首先出现在《斯特劳森论符号逻辑和传统逻辑》("Mr. Strawson on Symbolic and Traditional Logic", 1963) 中，他在该文中认为斯特劳森的《逻辑理论导论》对于形式逻辑过于苛责，而对于传统逻辑又过于袒护，当我们把斯特劳森对形式逻辑的批评应用到传统逻辑时，就会发现后者也难以经受检验，更糟糕的是，斯特劳森对于传统逻辑的态度是不融贯的，一方面他认为传统逻辑不是反映语词行为的可靠表征系统，另一方面又对其有效性给予过分承认，试图从传统逻辑符号系统与语词结构的局部相似性总结出整体的系统相似性和一致性。在《斯特劳森论主语和谓语》("Strawson on Subject and Predicate",1980)中,丘奇对斯特劳森没能区分"谓词"和"谓语"等一系列问题提出了进一步的批评。

在所有对《逻辑与语法中的主语和谓语》的讨论中,巴顿(Thomas E. Patton)的评论是唯一获得答复的书评。他先是在《分析哲学杂志》(1976)上写了《逻辑与语法中的主语和谓语》的书评,围绕斯特劳森建构显明语法的普遍实体化方案提出批评,斯特劳森在《回应巴顿教授》("Reply to Professor Patton",1976)中对相关问题做出了回应。随后巴顿在《论斯特劳森对范围的替代》("On Strawson Substitute for Scope",1978)中对斯特劳森构造显明语法的方案提出了更加全面的批评,但这些批评似乎没有发挥实质的影响。

在讨论主谓区分的文献中,比较重要的还有如下几篇。黑尔(Bob Hale)的《斯特劳森、丘奇和达米特论单称词项与谓词》("Strawson, Geach and Dummett on Singular Terms and Predicates",1979)考察了三种主谓区分的解释方案:第一种是斯特劳森将主谓区分与殊相-共相区分作为对应区分的激进解释,第二种是丘奇将部分简单谓词与个体殊相对应起来的温和解释,第三种是达米特将主谓区分当作语句表面特征,反对做进一步本体论的分析。黑尔认为斯特劳森的解释过于激进,且没有得到有效说明,因而对丘奇和达米特的温和方案更加同情,但他同时指出,两人的简单方案的使用范围都相当有限,不能被看作解释主谓语法的普遍理论。罗斯(Gregory A. Ross)的《斯特劳森的形而上学语法》("Strawson's Metaphysical Grammar",1974)一文的特点在于通过分析《逻辑与语法中的主语和谓语》第一章关于主谓区分与殊相-共相区分对应关系的推导过程,指出斯特劳森不仅对于主谓区分没有给出完整的融贯解释,而且这个区分本身是局部的、含混不清的,因而对主谓区分持批评态度。韦尔克(David Welker)在《主语、谓语和特征》("Subject, Predicates and Features",1979)中指出了类似问题,认为主谓区分不能成为反映语言、经验和思想的结构性特征的外在表现。布拉德雷(M. C. Bradley)在《丘奇和斯特劳森论否定名称》("Geach and Strawson on Negating Names",1986)一文中比较了两人关于"否定名称"是否可能,以及对之进行谓词运算的可能性。沃尔夫(George Wolf)的《斯特劳森论乔姆斯基》("Strawson on Chomsky",1998)考察了斯特劳森对乔姆斯基的批评,指出斯特劳森的"核心-派生模型"是斯特劳森版本的普遍语法,并且通过分析乔姆斯基的相关文本指出斯特劳森提出了一些乔姆斯基不能也没有做出有效回应的批评。

(7)自然主义与怀疑主义。对于如何对待斯特劳森以"自然主义"为核心的晚期思想,研究者们的理解有着相当大的分歧。主要的读解路线有三:第一种理解方案是将其当作与怀疑论者和解的实用主义方案,认为自然主义方案接受先验论证的失败,满足于与怀疑论者的和睦相处。卡萨姆在为《怀疑主义与自然主义及其变种》所写的前言中认为,斯特劳森的实在论是一种"宽松实在论"(relaxed realism),斯诺顿在为斯坦福哲学百科所写的词条中也认为斯特劳森在80年代走向了"宽松主义"。另外,格雷林(A. C. Grayling)的《对怀疑论的驳斥》("The Refutation of Scepticism",1985)也接近于这一立场。

第二种理解方案是将自然主义理解为温和先验论证。斯特恩的《论斯特劳森的自然主义转向》就持有这种看法。但对此表达得更为清晰的是斯陶德,他在《先验论证的目标》(2000)中认为我们可以通过论证某些概念图式的组成要素作为概念条件的"不可或缺"(indispensability),并且因此足以保证作为反怀疑主义基础"无懈可击"的性质。

索萨倾向于第三种理解方案,认为自然主义是驳斥怀疑主义的特殊方式,但又不足以对怀疑主义做出有效回应。索萨主要通过《超越怀疑论,尽我们所知》("Beyond Skepticism, to The Best of Our Knowledge",1988)和《斯特劳森的认识论自然主义》("P. F. Strawson's Epistemological Naturalism",1998)两篇文章阐述了自己的立场。前一篇文章中,索萨对自然主义策略的批评集中在两个层面:一是质疑"怀疑主义是空洞的"这一论断的清晰性和可靠性,二是对自然主义论证对抗认识论怀疑主义的成效有所怀疑。后一篇文章中重构了斯特劳森的论著,认为我们不能有效处理怀疑论问题,索萨的核心论断是:如果把自然主义当作对怀疑主义的回应,就显然没有击中要害,如果将其当作寂静主义或另类的认识论基础主义,它作为形而上学的元立场又过于强硬,且将自身陷于不可辩护又无法摆脱的尴尬处境。

由于自然主义是应对怀疑主义的手段,因而部分关于怀疑主义的讨论也很值得关注。斯陶德的《哲学怀疑主义的意义》("The Significance of Philosophical Scepticism"，1984）不仅肯定了怀疑主义的价值，也解释了包括先验论证在内的应对方案的问题。该文是斯特劳森放弃先验论证，走向自然主义的关键文献，具有相当重要的理论意义。布莱克（Andrew G. Black）的《自然主义与笛卡尔怀疑主义》("Naturalism and Cartesian Skepticism"）也表达了对作为问题意识的怀疑主义，尤其是笛卡尔式怀疑主义的支持，认为对于"合理性"的严肃追问是可能的，肯定了笛卡尔主义。普特南的《斯特劳森与怀疑主义》("Strawson and Skepticism"，1998）坚持认为自然主义与先验论证不可调和，在斯特劳森的康德主义与"休谟式同情"之间存在着不容忽视的紧张关系。卡拉南（John J. Callanan）的《理解怀疑：斯特劳森的反怀疑主义》("Making Sense of Doubt：Strawson's Anti-Scepticism"，2011）也有一定分量，该文的新意在于否认斯特劳森由先验论证的强论证走向了以自然主义为代表的弱论证，认为这种理解误解了斯特劳森早期哲学中先验论证的功能，而是认为先验论证与自然主义之间具有融贯性和连续性的反怀疑主义策略。

（8）形而上学的"描述"与"修正"之争。在所有讨论斯特劳森的形而上学立场，及描述-修正可靠性的文献中，苏珊·哈克（Susan Haack）的《描述与修正形而上学》("Descriptive and Revisionary Metaphysics"）最为重要。在她看来，尽管斯特劳森试图坚持的描述形而上学是激进"全局描述形而上学"，但它实际上应该是"局部描述形而上学"，而且，斯特劳森没有在"描述"与"修正"之间做出有效区分，两者之间的关系是对"《个体：论描述的形而上学》一书的根深蒂固的混淆"，而如何理解这一关系也构成了形而上学思想的"难问题"。与苏珊·哈克一样，斯诺顿对描述-修正区分也颇为不满，但与苏珊·哈克批评斯特劳森没有做出有明确标准的区分不同，在论文《斯特劳森论哲学》("Strawson on Philosophy—Three Episodes"）中，斯诺顿倾向于认为斯特劳森做出了明确区分，但这个区分是无效的，因此，如果不考虑描述-修正区分本身颇具才情且很有吸引力，那么它就应该被严肃地加以修正。在《本体论优先：对"描述的形而上学"所宣称之目标的批判》("Ontological Priority, A Critique of the Announced Goal of 'Descriptive

Metaphysics'"，1975）中，库伯根据对概念图式基本特征具有普遍性这一"基本假设"的有效性的分析，表达了与上述两人相似的立场。

有部分哲学家试图从元哲学立场的角度分析描述形而上学。谢恩贝里（Fredrik Stjernberg）的《斯特劳森的描述形而上学、范围及限度》（"Strawson's Descriptive Metaphysics, its Scope and Limits"，2009）以《个体：论描述的形而上学》为文本依据从三方面讨论了斯特劳森形而上学的某些理论困难。首先，描述我们关于世界的思想的理论活动，应该是一种经验活动，而非先验反思和系统建构。其次，概念图式的明确性和融贯性值得商榷，概念图式可能缺乏融贯性，图式也可能没有明确的结构性特征，如果我们拥有这种融贯的概念系统，很可能是理论反思的结果，而不是描述所能达到的目标。最后，描述形而上学的普遍性有限，认为存在以主谓结构为理论内核的显明语法至多只能适用于英语或印欧语系，而不适合于其他象形文字和没有获得充分发展的语言系统。但是，尽管面临种种问题，作者仍然认为，形而上学，不论是修正的还是描述的，作为一个研究主题是可能的，但其实践和实现的难度要超越斯特劳森本人的构想。麦克杜格尔（Derek A. McDougall）的《"描述的"和"修正的"形而上学》（1973）认为，要描述概念图式，我们就需要某种"批判性策略"，而非单纯描述，这就意味着，描述形而上学不可能是纯粹的描述理论，而是特定形而上学问题意识主导下的局部范畴描述，或者说范畴不是日常语言词汇，范畴描述不是被动观察，"修正形而上学在立场上至少与描述形而上学一样好"①。

另有部分文献根据实证材料讨论形而上学。较早的讨论主要围绕沃尔夫（Benjamin Lee Whorf）在《语言、思想与实在》（*Language, Thought and Reality*，1956）中提出的"霍皮语"问题展开。沃尔夫认为，霍皮人没有斯特劳森意义上的"实体"概念，而是将所有事物都表述为类似于怀特海的"过程实在"。贝里曼（W. A. Berriman）的《斯特劳森的个体作为描述的形而上学》（"Strawson's Individuals as Descriptive Metaphysics"，1967）否定了两种应对问题的主要路线，第一种被称为"期望解释类型"，即经验证据所提供的解释与我们的期望

---

① Derek A. McDougall. "Descriptive" and "Revisionary" Metaphysics. Philosophy and Phenomenological Research，1973，34（2）：215.

是一致的，换言之，解释表达了我们认为应该如此的解释。但是，这个解释是窃取论题。第二种被称为"必要事实类型"，即不管实际情况如何，解释表达了我们认为必然如此的事实。这种解释实际上认为，形而上学论断比经验证据有着更大的可靠性和客观性。其缺陷在于，如果接受这种解释类型，形而上学将难以成为描述的。贝里曼的结论是：拥有共同概念图式的"我们"指称的只是英语和类似语言的使用者，描述形而上学的图景也是对英语这种对象语言有效的图景。因此，"当我们把那些结论扩展到所有时代的所有人时，必然性就不复存在"[①]。

根据语言学证据质疑描述形而上学的最新成果来自佩莱第（Francis Jeffrey Pelletier），他在《描述性形而上学，自然语言形而上学，萨皮尔-沃尔夫，以及所有这些东西：来自可数-不可数区分的证据》("Descriptive Metaphysics, Natural Language Metaphysics, Sapir-Whorf, and All That Stuff: Evidence from the Mass-Count Distinction", 2011) 中指出，斯特劳森诉诸普遍概念图式的描述形而上学是自然语言形而上学的最激进的形态。但是这一理论难以应对语言学事实的检验，佩莱第的关键语言材料是语言系统中名词的可数-不可数区分（mass-count distinction）。佩莱第指出，这种区分不仅不能严格适用于英语，而且对于所有的语言并不普遍有效，有部分语言没有这种区分，有部分语言虽然有类似区分，但缺乏适当语法的表现形式，因此，在语言与实在的关系上，佩莱第倾向于支持在语言相对论和绝对论之间的第三种理论——德性论（moralism）：一方面，既承认多数概念在日常语言中拥有其对应表达式，但认为我们不能从语言事实推导出概念结构或元概念；另一方面，否认这种对应关系的严格性和必然性，倾向于区分语义值和本体论实体，但认为还是存在客观真理和实在的。

三、汉语学界的成果

斯特劳森是具有世界性影响的重要哲学家，其思想光芒不仅照耀了

[①] W. A. Berriman. Strawson's Individuals as Descriptive Metaphysics. Austrian Journal of Philosophy, 1967, 45 (3): 292.

英美分析哲学界,也对中国学界和华人学者产生了一定的辐射效应。中国大陆学者、港台地区学者和旅居海外的华人研究者,在对斯特劳森哲学的追踪、梳理、对话和交锋方面,也做出了一定贡献,形成了颇为可观的成果。

众所周知,日常语言哲学是在20世纪50—70年代盛行于英美分析哲学的主流理论。但国内未能在该流派拥有哲学话语权的黄金时期展开追踪与对话,改革开放之后,除了维特根斯坦哲学所引起的"热潮"之外,过于琐碎和技术化的语言分析也不如存在分析、现象透视、启蒙规划、现代性批判、文艺批评等问题更鼓舞人心、吸引眼球,因而也没有获得系统研究和全面梳理。对比现象学、存在主义、诠释学、逻辑实证主义和实用主义等新老"显学",以牛津学派为代表的日常语言哲学(维特根斯坦哲学除外)在国内哲学话语中缺乏必要深入的论述。然而,这不意味着"斯特劳森在中国"完全是无人问津的学术荒漠,经过几代人的辛苦耕耘,形成了一定的解释传统,也有了相对丰厚的学术积累。

《世界哲学》1962年刊登的《现代外国资产阶级哲学杂志1961年论文目录选译》提到了斯特劳森的论文,这大概是这位哲学家与中国学术界第一次有据可循的"亲密接触"。1979年陆象淦翻译了卢·格伦贝格的《要不要科学哲学?——第十六届世界哲学大会述评》,该文以介绍分析哲学内部对逻辑实证主义的批评的方式,首次论述了斯特劳森哲学的实质内容,并正确指出他关于"主谓区分"的思想不仅是语法区分和逻辑区分,而且是本体论区分。

20世纪80年代出现了多篇介绍性论文,对斯特劳森的哲学理论,尤其是他在逻辑学和语用学等领域的工作,给予了相当的关注。这一时期,陆晓禾和周昌忠翻译了斯特罗尔的《同一性》(1981),邱仁宗翻译了L.J.科恩的《战后的英国哲学》(1983),这两篇文章都对斯特劳森哲学有所介绍。郑杭生的《从日常语言哲学到哲学逻辑》将哲学逻辑的发展归结为人工语言学派与日常语言哲学融合汇流的结果,介绍了斯特劳森在哲学逻辑领域的工作。涂纪亮的《语言哲学研究新进展》(1986)相对具体地论述了斯特劳森的指称理论和意义理论,王靖华和胡泽洪的《"预设"研究》(1988)认为,斯特劳森"是第一个赋予预设概念以科学含义"①,并介绍了《逻辑理论导论》的预设理论。司亮的《中英暑期哲学学院第一期纪要》(1988)介绍了斯特劳森的《分析与形而上学》第一章与"治疗类比"和"语法类比"有关的内容。牟博的《真理冗余论评述》不仅介绍,而且批判性地评述了斯特劳森的真理概念,这篇论文可以看作大陆哲学界对斯特劳森哲学从"引述"到"研究"的开始。

进入90年代后,形而上学代替逻辑学和语用学成为新的核心关注点。周斌的论文《斯特劳逊的逻辑理论述评》(1992)根据《逻辑理论导论》梳理了斯特劳森的预设理论。魏小萍的论文《谈谈时空主客体关系问题》(1990)已经着手讨论时空框架等形而上学问题。周晓亮的《休谟的怀疑主义和自然主义》(1995)对比了休谟对"虚假的形而上学"与"真正的形而上学"的区分和斯特劳森关于"描述形而上学"与"修正形而上学"的区分,颇为新颖地指出两者之间存在理论上的类似关系。

随着江怡、应奇和余纪元等重要学人相继进入对斯特劳森的研究,国内学界开始了系统地引介和吸收斯特劳森哲学的进程。江怡教授通过翻译名著《个体:论描述的形而上学》(2004),为国内学界读解斯特劳森提供了最重要的中文资料,除了访谈《哲学的用处在于使人有自知之明——访斯特劳森教授》(1996)之外,论文《康德的"图式"概念及其在当代英美哲学中的演变》(2004)考察了斯特劳森对康德"图式"概念的理解和应用;另一篇论文《论斯特劳森的描述的形而上学》(2005)作为《个体:论描述的形而上学》中译本的译者序,对该书中描述形而上学思想的基本内容和理论意义给予了详细论述。90年代中后期,应奇在准备博士论文的过程中,先后撰写了《斯特劳森论识别与本体论的优先性》(1997)、《斯特劳森对身心问题的消解》(1998)、《本体论的相对性与优先性——从奎因到斯特劳森》(1998)、《斯特劳森的哲学图像》(1998)和《"斯特劳森-罗素之争"的本体论旨趣》(1999)等多篇论文,随后又以这些论文为基础出版了《概念图式与形而上学》(2000),对斯特劳森哲学的基本方法、主题、布局、特点、斯特劳森-罗素之争、斯特劳森-奎因之争等问题做了精细梳理,从研究方法和基

---

① 王靖华,胡泽洪."预设"研究.哲学动态,1988 (7):13.

本论域等方面奠定了此后国内斯特劳森研究的解读范式。余纪元教授是少数对斯特劳森哲学做系统理解和应用的学者，在论文《存在的语言：在亚里士多德与中国哲学之间》（"The Language of Being: Between Aristotle and Chinese Philosophy"）中，他指出斯特劳森基于主谓语法的形而上学只适用于印欧语系，而不适用于汉语；在受命与布宁（Nick Bunnin）一道编辑的布莱克维尔出版社出版的《西方哲学词典》（2004）中，余纪元大量引用了斯特劳森的论述作为解释和印证。

1990—2006 年是中国斯特劳森研究的起步阶段，除了上述几位重要学者的理论工作，斯特劳森的许多重要论文也在这一时期被翻译为中文。在牟博、杨音莱等人翻译的 A. P. 马蒂尼奇《语言哲学》（1998）一书中，牟博根据 1956 年版的 "On Referring" 翻译了《论指称》（徐友渔校），牟博根据 1969 年版的 "Meaning and Truth" 翻译了《意义与真理》。陈波编译的《分析哲学——回顾与反省》（2001）收入了肖阳翻译的《分析哲学的两种图像》（据 1988 年斯特劳森在"第一届中英暑期学院"讲稿译出，是对《分析与形而上学》第一章的节译），欧阳康编译的《当代英美著名哲学家学术自述》（2005）收入了斯特劳森介绍自己学术思想历程的论文《我的哲学》（1995）。应奇和刘训练编译的《第三种自由概念》（2006）收入了薛平翻译的《自由与怨恨》（1962）。

2006 年斯特劳森驾鹤西去，《世界哲学》先是发表了江怡教授代表中国学者撰写的讣告《悼念斯特劳森》，向这位对中国分析哲学发展做出重要贡献的哲学巨擘表达敬意和哀思，随后又开辟斯特劳森专栏，邀请余纪元、江怡和应奇三位学者分别撰写专题文章《通过斯特劳森而思》《斯特劳森思想的启发》《我与斯特劳森的哲学因缘》，从斯特劳森哲学的启发性、对中国学人的影响等方面回顾其理论贡献。

斯特劳森本人的故去也意味着一个新的研究阶段的开始，国内研究从介绍与引述走向了解读与拓展。这一时期既继续了之前的某些讨论，也开始发掘新的问题，展现新的研究特点。在 2006 年之后的十年，有两个问题得到了比较突出的持续性讨论。一个是先验论证问题，程炼《先验论证》（1998）和唐热风的《私人语言论证与她心问题》（1998）着重以《个体：论描述的形而上学》为基本文本讨论先验论证，而徐向东的《先验论证与怀疑论》（2005）、陈嘉明的《先验论证刍论》（2009）

等则着重以《感觉的界限》为基本文本讨论先验论证的有效性。另一个得到持续关注的问题是斯特劳森的语用学和指称理论，陈晓平、赵亮英的《斯特劳森与罗素的指称理论之比较》（2009）、梁雪梅的《奎因与斯特劳森的"存在"与"共相"之争》（2009）、周璇的《摹状词理论：从语义到语用》是这类文献的代表。而这些文献也体现了国内斯特劳森研究的连续性和持续性，尤其是比较研究的出现表明相关研究已经走向深入。

进入发展阶段（假如这一说法成立的话）的斯特劳森研究呈现出许多可喜的变化和鲜明的特征。这体现在：

一是出现了一系列新的动向。首先是研究视域的扩展，比如骆长捷的《斯特劳森的反怀疑主义观点——从先验论证到自然主义》（2015）关注了斯特劳森晚期与"自然主义转向"有关的问题，高丽、李红的《论斯特劳森对殊相-共相的解析及其意义》（2011）关注了《逻辑与语法中的主语和谓语》对主谓区分的重述，刘金山的《西方哲学中国化历程的"三阶段说"与斯特劳森"描述的形而上学"概念》（2015）以斯特劳森对两种形而上学的区分为依据分析了国内学者对西方哲学的接受情况。

二是比较研究兴起。陈治国的《海德格尔与斯特劳森：形而上学的同一种读法？》（2013）比较了海德格尔的生存论世界观和斯特劳森的常识世界观，试图为前者辩护。聂敏里在《分析哲学与古希腊哲学——以斯特劳森的〈个体〉为例》（2015）中指出，斯特劳森将人与物质物体作为基本殊相与亚里士多德将可感物体作为第一实体的思想有内在的契合关系，但也批评前者缺乏反思性，因而只是一种经验形而上学。

三是方法论问题得到重视。对方法论问题的关注，是将斯特劳森研究推向新的境地的宝贵契机。江怡的《语言分析与概念分析》（2011）、黄远帆的《论两类概念分析——关联式与分解式》、曾自卫和李瞳的《语言分析何以必要——论斯特劳森的辩护及其意义》都对方法论问题做了有益的观照。

四是伦理学讨论逐步展开。国内学者原本对斯特劳森以"反应态度"问题为核心的伦理学理论不太关注，但随着这些问题成为国外伦理研究的热点问题，国内学者也做了必要跟进，刘洁予的《当代英美道德责任理论中争论的主要问题——基于彼得·斯特劳森反应性态度理论的研究》（2016）和姚大志的《我们为什么对自己的行为负有道德责任？——相容论的解释及其问题》（2016）是此类研究的代表。

另外值得指出的是，方红庆在这一时期做了大量相当重要的工作。他发表了一系列论文，包括《斯特劳森的客观性论证》（2010）、《斯特劳森的先验论证》（2010）、《斯特劳森的基础主义》（2010）、《自然主义、先验论证与怀疑主义——论斯特劳森的自然主义转向》（2012）等。根据其博士论文出版的《先验论证研究》（2012）对斯特劳森先验论证的目的、结构、概念推导过程以及晚期自然主义转向的原因、效果等问题都给出了具有一定创新性的解读。

除了大陆学者，台湾学界的斯特劳森研究也同样硕果累累，而且达到了相当高的水平。台湾东海大学谢仲明（Chung Ming Tse）撰写的专著《史陶生》一书不仅言简意赅地对斯特劳森哲学做了极为准确的介绍，还指出斯特劳森哲学的"朝向"是以形而上学为主题，其本质是要形成认识论、逻辑学和本体论基本概念之间的结构性对照关系。谢仲明的其他论文也同样值得关注，《斯特劳森主谓词形而上学理论》["Strawson's Metaphysical Theory of Subject and Predicate"收入了《彼得·斯特劳森的哲学》（*The Philosophy of Peter Strawson*），1998]指出，斯特劳森主-谓理论具有认识论、本体论和逻辑学三个相辅相成的维度，强调主谓理论的形而上学价值，认为"主谓理论是斯特劳森哲学的灵魂"[①]，这一判断极为精准，得到斯特劳森本人的高度评价。《斯特劳森论主词和谓词》（"Strawson on Subject and Predicate"，1985）通过批评拉姆塞为主谓区分做了一定辩护。另外两篇早期英文论文《殊相本体论：斯特劳森形而上学批判研究》（"The Ontology of Particulars: A Critical Study of Strawson's Metaphysics"，1986）和《共相的地位：斯特劳森形而上学批判研究》（"The Status of Universals: A Critical Study of Strawson's Metaphysics"，1987）都是比较准确的介绍性文献，中文论文《现象与物自身——从康德到史陶生》为康德的先验观念论做了一定辩护。台湾的另一位重要的斯特劳森研究者是阳明大学的王文方，他于

---

① Chung Ming Tse. Strawson's Metaphysical Theory of Subject and Predicate//Lewis Edwin Hahn. The Philosophy of P. F. Strawson. Chicago: Open Court, 1998: 381.

2016年出版了《个体：论描述的形而上学》一书的繁体字新译本《个体论：一本描述性形上学的论文》，该书是目前通行的繁体字版本的一个极好补充。

与大陆、台湾学者专注于译介和解读不同，海外华人学者加入了与斯特劳森思想不同程度的学术对话。这当中最有分量的当属著名语言学家梅祖麟（Tsu-Lin Mei），他的论文《汉语语法与哲学语言运动》("Chinese Grammar and the Linguistic Movement in Philosophy"，1961）旨在通过揭示汉语语法与英语语法的差异来说明哲学与语法的关联性。在论文最后一部分，梅祖麟讨论了斯特劳森有关主谓区分语法标准的问题，指出这一标准对于中文是不适用的。在《主词和谓词：语法初探》("Subject and Predicate: A Grammatical Preliminary"）一文中，梅祖麟专门考察了斯特劳森对于主谓区分的讨论，指出斯特劳森以完全性-非完全性为核心的语法区分，源于英语的两个特定语法事实。第一个事实是，充当谓语的表达式具有时态（过去时态、现在时态和将来时态）、人称（第一人称和第三人称）和数量（单数和复数、可数和不可数）的敏感性，因而必须以一定时态或语态形式来实现与主语在上述方面的一致性。第二个事实是，一般现在时的第三人称单称语句在英语中具有普遍性，因而使第三人称单称语句的主语和与之相适应的谓语形式也获得了特殊的理论地位。梅祖麟指出，这两个语法事实在中文中都不具有普遍有效性。汉语语法中谓语不会根据主语在人称、时态和数量上的变化而发生变形，因此不存在谓语表达式必须以一定谓词形式成为谓语的问题，也不存在它必须被专名等补充的问题。

其他华人学者，尤其是年轻的华人学者的工作也颇有亮点，约瑟夫·吴（Joseph S. Wu）的《斯特劳森的形式逻辑批判》("P. F. Strawson's Criticism of Formal Logic"，1998）对斯特劳森批评形式逻辑的《逻辑理论导论》一书给予了相当高的评价。王新立（Xinli Wang）的《语义预设概念是空的吗？》("Is the Notion of Semantic Presupposition Empty"，1999）从为语义预设辩护的立场出发，尝试建立一个非庸俗、有内涵的语义预设。韩小强（Han Xiaoqiang）的《汉语中可能不存在主谓句》("Maybe There are No Subject-Predicate Sentences in Chinese"，2009）试图论证通常被翻译为英语主谓语句的中文语句，应该被翻译为缺乏主语的特征-位置语句，因为如果将某些语法标准当作主语"完全性"和谓语"非完全性"的关键标准，那么中文中就缺乏类似的标准，无法找到完全性-非完全性区分的理论标准，从而不能将中文语句翻译为英语主谓语句。黄伟雄（Wai-Hung Wong）的《斯特劳森的反怀疑论：批判重构》（"Strawson's Anti-skepticism：A Critical Reconstruction"，2003）重构了斯特劳森《怀疑主义与自然主义及其变种》一书中以自然主义反驳怀疑主义的论证结构。

如果我们从一个最宽泛的意义上，将海内外华人当作能够使用汉语研究斯特劳森的"共同体"，那么汉语学界的研究工作就早已走出了单纯翻译和论述的起步阶段，进入比较、对话和互鉴的拓展阶段，以达成对斯特劳森哲学的深度理解、谙熟应用为目标。目前的汉语研究，尤其是国内研究在如下方面仍有较大发展空间。一是缺乏系统性、代表性的解读，现有研究成果多数以论文或论文集方式呈现，没有专著对斯特劳森哲学进行系统、全面的梳理，相对于国内对奎因、维特根斯坦等人的研究，斯特劳森研究略显边缘。二是存在大量"盲区"和"误区"，比如对以《逻辑与语法中的主语和谓语》为代表的中后期著作，对于《个体：论描述的形而上学》以"听觉世界"思想实验所展开的客观性论证，国内都尚无探讨；而对于自然主义与怀疑主义、先验论证等理论关系，既有解读都存在不同程度的偏颇之处。三是解读不够深入彻底。对于斯特劳森与当代分析哲学家，如麦克道尔、塞尔等人的理论继承关系，通常没有得到深度挖掘，而对于他与罗素、奎因的争论，当前讨论也满足和聚焦于单称词项等细节方面，没有注意到逻辑分析与概念分析在操作方式、方法论背景上的宏观理论差异，对于斯特劳森与维特根斯坦在世界图式问题上的异同之处，也有待发现和揭示。根据国内研究的成就和问题，本书拟以现有研究成果为基础，尝试从梳理、解读和比较等不同方式，对斯特劳森哲学做一全面而系统的考察，以实现重构和再现斯特劳森哲学逻辑面相的整体目的。

四、研究思路、篇章结构与创新点

本书拟根据斯特劳森哲学的发展脉络和文本依据，对其形而上学思想的基本主题、理论基础、理论架构、后续发展和理论终局等进行全面系统的梳理，通过客观地分析、比较和判校斯特劳森本人主要著作以及相关代表性评述观点，力争实现对其形而上学思想的整体脉络和哲学面相的深度理解，在此基础上，本书尝试将斯氏思想放入当前形而上学建构和对话的论争语境，就其内容、特征、性质及定位等提出一系列创新性观点，实现对斯特劳森形而上学思想读解范式的转换和创新。

根据上述思路，本书将分七章，共三个部分。

第一、第二章介绍斯特劳森形而上学思想的理论背景。第一章关注斯特劳森哲学，也是描述形而上学的基本主题"指称、述谓与对象"，围绕"指称如何实现"这一根本问题，介绍指称理论、预设理论、意义理论等语言学和语言哲学方面的内容，为进一步分析指称实现的普遍必要条件和形而上学后果奠定基础。第二章关注描述形而上学的方法论背景和具体方法，介绍斯特劳森对经典逻辑的拒斥、对传统逻辑的辩护以及对语言逻辑的基本构想，在此基础上论述斯特劳森对"分析"方法的梳理和规划，并最终揭示形而上学理论规划的形成过程。

第三、第四、第五、第六章介绍斯特劳森对概念图式的描述、解释和建构过程，从历时态视角追踪形而上学思想的发展过程。第三章介绍概念图式的系统描述，梳理斯特劳森将人和物质物体确立为图式基本概念，将主谓结构确立为图式基本特征的描述和论证。第四章介绍概念图式的先验解释，通过分析听觉世界思想实验和重构客观性论证，揭示斯特劳森对图式有效性和客观性的理解。第五章介绍概念图式的系统建构，指出斯特劳森是以基本结合为依据，以核心-派生结构为模型，通过逻辑概括和语法概括建构了概念图式的普遍结构——显明语法。第六章介绍斯特劳森思想的晚期动向，分析描述形而上学由先验论证转向自然主义的原因、过程和效果，梳理形而上学的终局情况。

第七章是对斯特劳森形而上学思想的判校和评价，本章将指出描述形而上学本质上是以显明语法的形式呈现的自然语言的逻辑图像，斯特劳森本人的形而上学立场是一种介于"描述"和"修正"之间的综合性、超越性立场，而描述形而上学本身则是以最为形而上学的形式体现最激进的日常语言哲学。

本书是对当代分析哲学中重大基础问题的前沿性研究，创新之处主要有以下三个方面：

一是领域创新。本书既注重对国内相关已有成果的吸收和借鉴，同时也广泛涉及并深度挖掘斯特劳森哲学中诸多未曾"开放"的领域。文章所涉及的新的论域包括：其一是众多斯特劳森未被关注的一手文献，这些文献不仅包括《逻辑与语法中的主语和谓语》等中后期文献，《殊相与共相》等长期未被关注的文献，也包括《哲学写作》等新发现的文献、斯特劳森与维特根斯坦哲学之间的关联性等。其二是斯特劳森与其他哲学家的思想继承关系，尤其是与维特根斯坦的图像论理论的比较关系。其三是各种对话、评论和代表性二手文献，分析斯特劳森与罗素、奎因、塞拉斯、戴维森、乔姆斯基等人的思想交锋，考察埃文斯、麦克道尔、斯诺顿、苏珊·哈克等人对斯特劳森的评论，从思想史的维度厘定和评判斯特劳森的形而上学思想。

二是方法创新。本书在方法上着重从三个方面有所突破，其一是文本追溯，这一方法集中体现在对"描述形而上学"概念的梳理中，本书将根据《建构与分析》等论文所确立的方法-任务系统追溯"描述形而上学"的起源和基本规划，将"描述形而上学"当作康德"哲学总任务"的类似概念，从而突破将《个体：论描述的形而上学》当作斯特劳森形而上学思想主要文献的方案，而是将其置于斯氏思想发展的整体脉络中，综合考虑其主要哲学文献间的历史和逻辑关系，通过对其思想的产生、形成、发展和定论等整个过程的考察，展现斯特劳森形而上学图景的全貌。其二是比较研究，本书将在查校相关文献依据和脉络的基础上，对比描述形而上学与逻辑图像论，指出前者作为自然语言的逻辑图像的本质。其三是兼顾逻辑脉络与历史线索的统一，本书在整体上围绕斯特劳森形而上学思想孕育、提出、发展、转向的历史顺序展开，但这一顺序在逻辑上也表现为对形而上学的主题、方法、架构（描述、解释和建构）的辩护，因而总体上是一个逻辑-历史结构，而且，在每一个章节内部，都围绕具体问题展开逻辑梳理，力求在使每一部分都成为一个相对完整的主题讨论的同时，全文实现对形而上学思想的整体把握。

三是观点创新。本书将围绕斯特劳森形而上学思想的多个方面提出创新性的观点。这里我们挑选部分观点略加例示：

（1）斯特劳森的意义理论的基本布局是"意义三分说"，即意义理论是由结构语义学、指称理论和交流意向论组成的三元结构，这不仅使语词意义呈现出三个层次，与他批评形式语义学的两条路线一致，也与形而上学的认识论、本体论和逻辑学的三重奏响契合（参见第一章）。

（2）预设不是非论断的前置条件，而是以概念图式为语义基础，以确认知识为语用表现的语义-语用结构（参见第一章）。

（3）从方法论的角度看，罗素-斯特劳森之争的分歧在于逻辑分析与语言分析两种方法论的对立（参见第二章）。

（4）将基本指称对象确认和基本殊相确认为主要逻辑主语，是为了以语言学的方式重述亚里士多德有关可感实体是第一实体的理论，其目的是强调第一实体或基本殊相，必须在认识论上被确认为基本指称对象，在逻辑学中被确认为基本主语（参见第三章）。

（5）"听觉世界"思想实验是非结论性的客观性论证，它对康德时空观给予了一定修正，但未能证明客观殊相与客观经验的客观性。

（6）客观性论证得以实现的核心是用维特根斯坦的概念化想象代替康德的先验想象，强调"想象"的形而上学意义和概念化结果，抑制和排除它的认识论地位与实际经验过程（参见第四章）。

（7）显明语法是具有形而上学意义的元概念，它以阐明主谓结构的逻辑-语法特征为理论内核，是揭示人类概念图式一般特征的结构语义学，也是统摄所有人类语言类型和语系的普遍语法（参见第七章）。

（8）"自然主义转向"从表面看是由于斯陶德对先验论证提出批评后，斯特劳森对论证"世界指向"的特征和过于激进的立场有所反思后做出妥协的理论回应，从深层次看是由于先验论证在论证内容和论证方法等诸多方面遭遇困难，不能实现从概念到实在的过渡，无法完成解释性任务，而且会引发对图式合理性的怀疑，因而斯特劳森不得不放弃概念分析，复归常识辩护的必然选择（参见第六章）。

（9）自然主义本质上是一种元概念策略，是具有调和主义色彩的有原则的立场后退，目的是指出：即便放弃有关概念图式的概念解释的有效性，仍旧继续坚持关于概念图式的基本概念和基本特征的相关论述，使描述形而上学以"双图式论"的形式，在极具张力的理论平衡中得以有效存续（参见第六章）。

（10）描述形而上学是以物质物体和人为基本概念，以主谓结构为基本模型的关于世界的概念图式，是对维特根斯坦逻辑图像论的改造和修正，本质上是反映日常语言行为及其形式特征和本体论基础的逻辑图像。

（11）斯特劳森的形而上学立场是一种介于"描述"与"修正"之间的综合性、超越性立场。

（12）斯特劳森不仅是隐藏于赖尔、奥斯汀之后的日常语言哲学在20世纪50年代的"第三代表"，而且是其在60年代转向历史主义、整体主义和形而上学的主要推动者，是该学派在60年代的最重要代表，描述形而上学也是以非典型形态呈现的、最激进的日常语言哲学。

完成上述略显冗长的导论之后，接下来我们转向对斯特劳森哲学的正式讨论。

第一章
指称、述谓与对象：形而上学的基本主题

在1998年写下的学术自传中，斯特劳森对自己哲学思考的主题做了如下道白："那时（20世纪40年代末）我深入关注的是单称指称、述谓及其对象的问题，在我的整个学术生涯中，这个问题也始终在我的思想中占据着中心位置。"①《彼得·斯特劳森》（Peter Strawson）一书的作者布朗认为，这个主题至少在三个方面起着"打牢地基"的基础性作用。一是通过考察单称词项指称物质对象和人等指称对象时所做的预设，我们会触及对逻辑学、本体论和认识论中的诸多最根本问题的讨论，预设问题成为拆解哲学线团的总线头。二是对这个主题的持久关注和持续讨论是斯特劳森哲学发生、发展和转向的一条内在主线，基本主题为描述形而上学的广阔论域，以及为此后对当代自然主义与怀疑主义的诸多新颖且具有批判性的观点提供了理论切入点。三是对基本主题的讨论本身有着重大的语言哲学和逻辑学的意义，它们为斯特劳森的所有著作提供了一个"内在的观点"②。

在"指称、述谓与对象"这个基本主题中，指称问题无疑有着"重中之重"的特殊及基础性作用，这种基础性在文献方面突出地体现为作为阐述指称原则的《论指称》一经发表就奠定了其在分析哲学中的经典文献的地位。要理清斯特劳森对基本主题的讨论，必须明确他对于指称问题的观点。而对于指称的观点，首先表现为一种基于语言哲学和逻辑学的讨论。正是基于基本主题，尤其是指称问题的关键基础作用，以及

---

① P. F. Strawson. Intellectual Autobiography//Lewis Edwin Hahn. The Philosophy of P. F. Strawson. Chicago：Open Court，1998：7.

② Clifford Brown. Peter Strawson. Stocksfield：Acumen，2006：4.

斯特劳森将语言哲学和逻辑学讨论当作处理问题的基本方式的问题意识，本章将通过论述斯特劳森与罗素、塞拉斯、戴维森和奥斯汀等人的对话，指出斯特劳森开创了分析指称实现方式的语用维度；对指称实现机制——"预设"提出了语义解释和语用解释；对意义理论提出了"三分说"布局；对会话意义做出"交流意向论"分解。本章将进一步指出"预设"的本质是以概念图式为基础的语义-语用概念，并概括指称实现的若干语用原则。

一、指称理论的基本原则

斯特劳森作为后起之秀受到广泛关注，相当程度上得益于论文《论指称》的发表。该文不仅对罗素摹状词理论提出了颇为新颖的批评，而且阐发了基于语用分析的指称观念和指称原则。因此，下面不考虑斯特劳森-罗素之争的交锋细节，而是将两人的相关论述当作两种并行的分析范式和指称理论进行介绍：先介绍罗素的意义指称观，指出罗素将指称实现当作定义摹状词真值条件的逻辑分析；然后讨论斯特劳森对指称表达式、指称功能和预设概念的语用分析，介绍他对预设的语义解释。

（一）罗素论指示：逻辑分析与摹状词的定义

罗素对指示现象与摹状词的关注有着本体论和逻辑学两方面的原因。在本体论方面，罗素主要是为了应对奥地利哲学家迈农的"对象理论"引发的一系列问题。迈农的理论涉及两个方面：（1）肯定非存在对象的理论地位。在迈农看来，"没有被认识的某物，认识就是不可能的"[①]，即认识对象的存在是知觉、表征和判断等认识活动得以进行的先决条件，这使得所有可以被认识的事物都可以被归并到"对象"（object）范畴之下。所谓对象，不仅包含实存的具体的人、物质物体等事物，还包括作为理论实体存在于思想之中的观念对象（ideal object），甚至包括金山、方的圆等在逻辑上不可能存在的虚构对象。（2）区分各

[①] 迈农. 对象理论//陈启伟. 现代西方哲学论著选读. 北京：北京大学出版社，1992：212.

类对象的不同存在方式。迈农主要区分了对象的两类存在方式：一类是对象的实存（existence），另一类是对象的潜存（subsist）或现象式存在，前者是殊相个体等基本对象出现在世界中的存在方式，后者是理论实体和虚构对象以概念等抽象形式存在的存在方式，两相比较，迈农承认实存是更为基本的存在方式，实存对象有着更高的实在性和存在地位，但潜存也不是不存在，而是不可忽视的存在方式，甚至以潜存方式存在的包括虚构对象在内的非存在对象领域比实存对象的范围要更为广阔，忽视潜存对象的传统只不过是"钟爱实存事物的偏见"①。

罗素曾一度持有这种颇具唯心主义色彩的对象理论，但随着他对新黑格尔主义的反叛以及此后新逻辑系统的建立，罗素在放弃对象理论的同时，也发现了这一理论的问题。在他看来，对象理论首要的问题在于虚构对象"实在感不足"，因为潜存对象没有真正的实在对象的那种实在存在性质，违背了我们判断事物是否存在及追问其存在标准的实在感。像独角兽这类虚构对象固然可以存在于文学和梦想中，成为虚幻的修辞和思想中的概念，但它只能成为文字或图像的描述，不能成为一只有血有肉、能呼吸、会奔跑的动物，也不能被归入任何动物的种属当中。所谓虚构对象的存在，只是人类心灵中的某种情绪或思想，但并没有与之对应的具体事物，承认虚构对象存在就在本体论上"没有遵从实在意识"②。

罗素更注重从逻辑角度分析假设虚构对象存在的理论根源和逻辑后果，对"the"的逻辑作用的讨论起初就是《数学原理》的一章。在著名论文《论指示》（"On Denoting"，1905）中，罗素将非存在对象的悖论总结为三个逻辑难题：（1）同一悖论。按照同一律，如果 A 与 B 在逻辑上等值，A 和 B 之间的任何替换都不会引起其所在命题在真值上的变化。但假如现在乔治四世想知道司各特这个人是谁，并问"司各特是不是《威弗莱》的作者？"，我们可以推断乔治四世想知道有关司各特这个人的某些情况，但如果用"司各特"来替换问题中的"《威弗莱》的

---

① 迈农. 对象理论//陈启伟. 现代西方哲学论著选读. 北京：北京大学出版社，1992：214.

② 罗素. 摹状词//A. P. 马蒂尼奇. 语言哲学. 牟博，杨音莱，韩林合，等译. 北京：商务印书馆，1998：402.

作者"，乔治的问题就变成"司各特是司各特吗?"，与原有的问题相比，这个问题根据同一律就能够得到回答，而不必诉诸经验事实，乔治四世的问题也就没有价值。（2）排中律失效。根据排中律，命题 A 是 B 和 A 不是 B 之中必有一个为真，但就命题"现在的法国国王是秃子"和"现在的法国国王不是秃子"来说，排中律不大适用。因为法国国王不存在，就不存在法国国王是或者不是秃子的事实，所以两个命题中没有任何一个可以为真。（3）非存在悖论。假设 A 是与 B 不同的事物，那么 A 与 B 的区别存在"就是另外一个既不同于 A 也不同于 B 的事物"。但如果 A 与 B 完全相同，命题"A 与 B 的区别存在"本身就是悖论性的。因为当 A 与 B 完全相同时，"A 与 B 的区别"没有指示任何东西，而"A 与 B 的区别存在"的意思就指示了某个是"A 与 B 的区别"的东西，这实际上就是说存在某个不存在的东西，或者说某个不存在的东西存在。

罗素进一步认为，虚构对象以及与之相关的各类逻辑悖论根源于哲学家对自然语言的盲目信任，在语法和词汇两个方面都受到了误导。从语法角度看，过分相信语句的语法结构，从而将它当成了意义分析的可靠向导，在这些哲学家看来，不仅"我遇见了一个人"和"我遇见了那个人"这类命题由于形式的一致性而可以被归为一类，而且认为我们能利用"金山"作为主语写出"金山上堆满了金子"这样的命题，就认定作为主语的"金山"有着某种存在地位，否则将会面临命题意义无法解释的问题；在词汇方面，相信虚构对象存在的人错误地将意义赋予了原本没有意义的符号，进而将有误的意义符号串当作有所言说的命题而做了错误分析。在独角兽这个例子中，"一只独角兽"原本应该是一个形容值域为空，因此无所指的摹状词，而非一个指称了某个非存在对象的表达式。

如何避免对象理论或者说承认虚构对象存在所导致的这些逻辑后果呢? 罗素诉诸摹状词（descriptive expression）分析的方法，通过定义限定摹状词"the"来解决这些问题。在论文《摹状词》中，罗素通过对比专名和摹状词，说明了为什么包含摹状词的命题是进行分析的恰当对象。罗素所理解的专名，是在逻辑上最为简单的符号，或者说是组成部分不再是符号的符号。对专名来说，其意义是"只能作为主词而出现的东西"①，即专名的意义就是它的指称。当语词或符号作为专名发挥作用时，其功能是直接指出某个个体或殊相作为指称对象。而罗素所谓的摹状词，是指对指涉对象有所描述，具有"so-and-so"结构的指示性词汇，罗素所经常讨论的此类表达式有"当今的法国国王""查尔斯二世的父亲""太阳系的中心""一个人"等，前面三个指示了特定对象，以定冠词"the"起始，被称为限定摹状词；最后一个虽然指示了某个对象，但并不指示特定的某个人或物，以不定冠词"a"起始。罗素认为摹状词与专名不同，它本质上是有着复合逻辑结构的符号串，其意义和指称及其相互关系也更为复杂。简单来说，罗素对摹状词的理解大抵如下：

（1）摹状词不是简单符号，而是由简单符号所构成的符号结构。这些简单符号本身是有所意味的，而且它们的意义在摹状词中得到保留，并因此决定了摹状词的符号意义，比如"查尔斯二世的父亲"就包含了"查尔斯"和"父亲"两个语词，而且这两个语词的意义一起构成了表达式的整体意义，在这个意义上，罗素认为，"一个语词是不是摹状词取决于它的形式，而不取决于是否有一个其所描绘的确定事物"②。也就是说，作为"相对的专名"的摹状词在概念上是有意义的，但它的意义不直接来源于指称对象，而只是语词结合的结果。

（2）摹状词的指示对象是存在于符号之外的东西，并且摹状词与指示对象之间不是直接指示，而是对指示对象进行描述。一个带有摹状词的命题，往往因为包含了摹状词结构而对对象有所描述，要知道摹状词的指示对象，就需要分析命题的逻辑结构，作为分析结果，指示对象不是具体的、实在的殊相或个体，而只是相对的殊相或个体。要说明摹状词语句的逻辑结构，弄清摹状词的指称和意义，我们就需要对语句的逻辑结构进行分析。

在罗素看来，由于摹状词的结构复杂性以及摹状词的指示与意义彼此分离的特征，我们可以将包含了摹状词的语句当作复合命题进行

---

① 罗素. 摹状词//A. P. 马蒂尼奇. 语言哲学. 牟博，杨音莱，韩林合，等译. 北京：商务印书馆，1998：406.

② Bertrand Russell. The Philosophy of Logical Atomism. London and New York: Routledge, 2010: 80.

分析。在具体的分析中，罗素遵循弗雷格的语境原则，认为"指示表达式本身没有任何意义，唯有指示表达式出现于其中的命题才是有意义的"[①]。因此，罗素根据对命题的定义分析摹状词的定义。如果我们将限定摹状词的结构记作"the so-and-so"，那么一个具有"p is F"形式的命题可以被写成"the so-and-so is F"。罗素认为，分析这样的命题，就是要明确它的逻辑结构或真值条件，也就是把它改写成为具有 F(x) 结构的命题函项并给出真值条件，要实现这一目标，需要三个步骤：

（1）对命题进行形式化改写，用变元来取代具体的描述对象，将 the so-and-so 的描述对象替换为变元 x。代换的理由在于，摹状词 the so-and-so 作为命题主词指示了命题所要断定的指示对象，同时整个摹状词又描述了指示对象可能具有的 so-and-so 性质，在功能结构上有可分解的复杂性。而最终的命题函项是一个关于指示对象 x 的函项，因此可以将摹状词的描述对象作为逻辑变元独立出来。在形式上，通过代换摹状词"the so-and-so"就变成摹状词结构"x is so-and-so"，整个命题变为"x that is so-and-so is F"。

（2）刻画命题的逻辑结构。这是摹状词分析的关键，要分析摹状词"x that is so-and-so is F"的逻辑结构，必须着眼于其所在命题的意义。对于"当今的法国国王是秃子"这样的以摹状词为主词的命题，首先我们必须承认它说出了某些带有经验事实的内容，而不是什么也没说的废话（nonsense）。具体来说，这个经验命题说出了三个与"法国国王"有关的经验事实：

（a）至少有一个人是法国国王；
（b）至多有一个人是法国国王；
（c）是法国国王的那个人是个秃子。

用形式化方式来表述这三层意思，就构成了三个逻辑条件：一是存在性条件。这个条件说的是，至少有一个可能的值 c，当 x=c 时，x is so-and-so 能够为真。二是唯一性条件，它说的是至多有一个可能的值 c，当 x=c 时，使得 x is so-and-so 能够为真，或者说如果哪个对象 x 具

---

① Bertrand Russell. On Denoting. Mind, 1905, 14 (56): 480.

有 so-and-so 的性质，那个对象就是 c。三是真值条件，即当 x＝c 且 c is so-and-so 为真时，c is F 也为真。罗素认为 x is F 的意义就是命题函项 F（x）的这三个意义条件的析取，而明确了 F（x）的这三个真值条件，就理解了命题的逻辑结构，也就是知道了命题的定义。对于经过改写的语句 x that is so-and-so is F，通过代入对逻辑结构的分析，原有命题就可以写成：There is at least one and only one x that x is so-and-so and x is F。如果进一步用变元 y 代替 c，包含命题真值条件的命题函项也相应地可以记为：

$$(x)(y)(x=\text{so-and-so}(y)(y=\text{so-and-so}), x=y, x=F)$$

（3）定义摹状词。因为构成命题意义的三个条件中的前两个条件都来自命题主语，限定摹状词 x that is so-and-so 实际上就意味着 There is at least one and only one x that x is so-and-so.，将上面的（1）和（2）析取就得到了限定摹状词 x that is so-and-so 的逻辑结构：

$$(x)(y)(x=\text{so-and-so}(y)(y=\text{so-and-so}), x=y)$$

罗素强调，限定摹状词之所以具有上述逻辑结构，主要在于它与非限定摹状词的区别。当我们说出带有非限定摹状词的语句，比如"我遇见了一个人"时，不包括有关断定成分，没有提到具体的哪一个人。当我们说出某个带有限定摹状词的语句，比如说"法国国王是秃子"时，我们必定要对特定指示对象"法国国王"的相关事实有所断定，限定摹状词所做出的断定不仅是明确诸如"法国国王是谁"这类事实情况的真假，而且要对事实情况的存在性质本身即"有没有法国国王"有所判断。也就是说，定冠词"the"是语义信号，功能在于提示所在语词和命题的逻辑结构的复杂性，由"the"所引出的摹状词也是没有完全表现语词意义的"不完全符号"（incomplete symbol），因而需要对其结构进行逻辑分析。

对于包含摹状词的语句，罗素的分析似乎不无道理，但为什么对包含专名的语句也需要进行摹状词分析？罗素本人也注意到这两类语句在意义上的差别，认为对包含了专名的命题来说，专名没有作为真正的专名发挥作用，原因在于："如果当一个专名只是直接地仅仅用来指我们所说的，它就不是我们所断定的事实的一部分，如果我们的断定碰巧是假的,它也不是假的一部分,它仅仅是我们用来表达我们的思想的符号表达式的一部分——在另一方面,当我们就被称为'司各特'的人做出一个命题时,司各特这个真正的名字不只是用来做出论断的符号的一部分,而且是我们论断的一部分。"① 出现在命题中的专名不能是直接指称符号,因为构造有关某个专名的命题确实是做出论断,或者说具有可以成真或者成假的真值属性,而专名作为论断的一部分参与到对命题的分析,看起来真正是专名的语词,在直接指示断定对象的同时,也做出描述,以摹状词的方式发挥作用。在这个意义上,专名并非纯粹专名,而是"缩略摹状词"(abbreviation of descriptive)。

由此,我们论证了如何定义摹状词,以及如何分析包含限定摹状词和专名的语句的逻辑结构,在罗素的意义上说明了语句的"定义"和"意义",这一分析过程也就是说明指示语词(denoting phrase)如何确定指示对象的过程。根据目前的这个解释,我们可以认为限定摹状词是通过描述指示对象来确定指称,以摹状词和普通专名起首的语句是通过对逻辑主词意义的分析来把握指示对象,这就解释了绝大多数的指示现象,这一分析也通常被当作指称理论中的摹状词理论(descriptive theory)。但就理解而言,还有两点尤为值得注意:

第一,摹状词理论以直接指称论为基础。罗素不认为所有的指示过程都是描述性的,他还提出了另一类因为包含逻辑专名(logical proper name)而不需要进行描述分析的直接指称现象。逻辑专名是像"this""that"等自然语言中的索引词,在使用这些语词指示对象的过程中,我们是在未经描述的情况下直接指示了经验对象。因而这类在逻辑上最为简单的索引词,不仅同样具有指示语词的地位,而且以真正专名的方式发挥作用。罗素认为他关于摹状词理论的分析以及在逻辑专名和摹状词之间所做的区分,与我们两种知识类型——亲知知识和描述知识的区分是一致的。其中亲知作为"经验的最简单最普遍的方面"②,它与经验的所予对象——感觉材料有关,是呈现在当下知觉

---

① 罗素. 摹状词//A. P. 马蒂尼奇. 语言哲学. 牟博,杨音莱,韩林合,等译. 北京:商务印书馆,1998:407-408.

② Bertrand Russell. The Philosophy of Logical Atomism. London and New York: Routledge,2010:155.

中的直接经验，所有非亲知知识都必须以之为根据。但亲知只能局限于当下经验，更大范围的知识都必须通过语词描述的方式获取和呈现，并表现为某种具有经验内容的描述知识。就指示现象来说，逻辑专名和直接指称也同样有着基础性地位，但描述指称范围更为广泛。

第二，描述理论以逻辑分析为背景。作为在数理逻辑领域取得巨大成功的逻辑学家，罗素受到新逻辑方法的启发和鼓舞，试图将在逻辑学和数学领域中行之有效的定义方法推进、应用到对命题的意义的考察，并将考察命题意义理解为给出命题定义。在此基础上，罗素试图在命题的意义和定义与命题的真值条件之间建立联系。他认为理解意义和给出定义，就是要给出命题和表达式等值的定义。由此，摹状词理论表现为摹状词寻找唯一性条件和存在条件的过程，这种逻辑分析主导下的方法引起了包括塞尔、克里普克等后辈哲学家的激烈反弹，而各类批评的开启者正是来自牛津的斯特劳森。

（二）斯特劳森论指称：语用分析与预设的语义解释

斯特劳森认为我们使用语言的最主要的目的是陈述有关事物、人和事件的事实。要陈述这些事实，需要以某种方式回答下面两个问题。第一个是"你正在谈论什么"的问题，它问的是我们语言所论述的对象，即我们说的是哪一个或者是谁。第二个问题是关于"对于这个对象我们正在说些什么"的问题，要求回答我们所谈论的对象的内容。回答第一个问题是要完成指称任务，即以语言来确定谈论的对象。回答第二个问题要完成归属性的或描述性的、归因性的或分类性的任务，由于这些任务都是对对象的描述和刻画，因而可以被统称为描述性任务。斯特劳森所讨论的指称问题是与回答第一个任务有关的语言现象，当我们用语言对世界中的事件、状态或过程进行报道或描述时，不可避免地会提到或指称（mention or referring to）某个人、单个对象、特定性质以及具体的事件或过程的语言现象。对这些具体对象的"提到"和"指称"，就是指称这个具体对象。

斯特劳森如何讨论指称呢？在回忆《论指称》的写作初衷时，斯特劳森认为罗素的错误在于忽视了表达式在使用中与语用、语境和交流有关的方面，因而他的目的是"将语用考虑引入语义问题"①。尽管该文的主要目的是批评罗素的摹状词理论，但其作为斯特劳森最重要的文献，对其本人的哲学发展，尤其是指称理论的发展也发挥着根本的奠基作用。因此，我们这里根据《论指称》的内容和结构，建设性地将斯特劳森对指称现象的讨论分解为对指称表达式、指称功能和指称实现方式等三个方面的语用分析。

（1）指称表达式（referring expression）。斯特劳森认为，如下四类表达式是最典型也最基本的指称装置。第一类是单称指示词，如"this""that"；第二类是专名，如"苏格拉底""柏拉图"；第三类是指称具体某个人或事物的人称代词和非人称代词，如"你""我""他""它"等；第四类是其他单称词项，这其中就包含了以定冠词"the"起首的，带有定语修饰或不带定语修饰的词组。实际上也就是罗素所关心的限定摹状词，比如"这张桌子""当今的法国国王"等，从构成成分上看，这类表达式也是前面三类表达式相互叠加构成的一类基本装置。斯特劳森将这类表达式也当作基本的指称表达式，是因为在语言实践中它们与专名和代词一样，都有着广泛而多样的应用，虽然在构成结构上它们要更为复杂。

斯特劳森认为，上述四类表达式成为指称表达式需要满足两个条件：一是语用条件，即只有当该表达式以唯一的指称性用法（uniquely referring use）使用时，亦即当这些词在使用中提到或指称了某个具体对象时，它们才成为指称表达式；二是语形标准，在他看来，"其中任何一类的任何一个词语，都是作为传统上被当作单称的主谓语句的那种语句的主词而出现；并且，当它们作为语句主词而出现时，它们就会作为我希望加以讨论的那种使用的例证"②。也就是说，由于指称现象大多出现在对世界进行描述或报道的过程中，指称表达式一般会作为语句的组成部分——具体来说是主语部分而出现。

斯特劳森对这两个条件，尤其是对语用条件的规定，源于他对单称词语用功能的多样性、主谓语句语法特征和逻辑特征复杂性的敏锐洞

---

① P. F. Strawson. Intellectual Autobiography//Lewis Edwin Hahn. The Philosophy of P. F. Strawson. Chicago：Open Court，1998：7.
② P. F. Strawson. On Referring//Logico-Linguistic Papers. Aldershot：Ashgate，2004：1.

察。斯特劳森注意到，对于同一个单称词项，既可以做指称性的使用，也可以做描述性的使用。以摹状词"最伟大的法国军人"为例，当它在具体的语言实践中不是要提供说明和报道，而是要挑选具体对象，比如当我们说"拿破仑是最伟大的法国军人"时，表达式"最伟大的法国军人"不是要挑选出特定个体，而是为了说明所提到的这个个体"拿破仑"的某件事情，报道有关"拿破仑"的某些事实，在这个意义上，"最伟大的法国军人"当然是做出了描述，但在语句"最伟大的法国军人死于流放之中"时，表达式"最伟大的法国军人"就是要提及某个是"拿破仑"的个体，而不是进行某些描述。此外，语形条件，亦即指称表达式作为语句主语出现的要求在语言实践中也存在着例外情况。在有人说出语句"鲸鱼袭击了那条船"（The whale attacked that boat.）中，不仅主语"鲸鱼"，而且"那条船"都指称了具体的指称对象。斯特劳森认为，在这个语句中就存在着两个指称表达式。但是当我们说"鲸鱼是哺乳动物"（The whale is a kind of mammal.）时，语句主词"鲸鱼"没有提到一条特定的鲸鱼，更为困难的情况是，它也没有做出描述，这种情况在单称词作为类名词、自然种类词的情况以及在表达非对象语言的元语句或高阶语句中有着更为广泛的表现。① 这些例外情况的存在，也说明语形条件和语用条件都只是表达式成为指称表达式的必要条件，指称表达式和述谓表达式的区分也不是根据语词的意义做出的区分，而是根据语用功能做出的区分。

（2）指称功能。斯特劳森首先通过对语句和表达式（语言类型）三个层次的讨论来说明作为特定语用功能的表达式指称。对于语句，他区分了作为语言符号的语句（sentence）、语句的使用（use of sentence）和语句的说出（utterance of sentence）三个层次。其中，语句是像"法国国王是贤明的"这样作为语言交流基本单位的有意义符号串，或者

---

① 这两种例外情况中的前一种固然照顾了事件语句的特殊性，但显然不符合斯特劳森随后对语句的指称表达式和述谓表达式的规定，一个更为恰当的说法认为，这个语句中的"那条船"在发挥描述作用的过程中，附带了指称因素或者是经由指称环节而实现的。斯特劳森随后也改变了这里的错误论述。后一种情况则是语句的表达式功能缺乏分析的结果，斯特劳森在《殊相与共相》中通过区分专名的不同功能类型，说明了此类语句作为特定语句所属的语句类型。但这两类语句的存在充分说明，斯特劳森并不像唐纳兰批评的那样"忽略了摹状词的描述用法"，而是对表达式的功能复杂性更为警惕。

说，语句是在自然的会话情境中得到正确使用的符号串，是在不同场合所正确而自然地说出的相同东西，在斯特劳森看来，这些相同的东西就是语句的意义（meaning of the sentence）。所谓语句的使用，是指说话者将符号串与具体语境相结合，用语句做出某种论断，比如"法国国王是贤明的"如果是两个不同的人同时在路易十四时期说出的，我们就说这是对相同语句做了相同使用，如果其中一个人在路易十四时期说出，另一个人在路易十五时期说出，我们就说他们对相同语句做了不同的使用。语句的说出是指语句被使用的方式。典型地使用有书面的使用和口头的使用两种方式。如果两个人同时在路易十四时期使用了"法国国王是贤明的"，但其中一人仅仅说出这个语句，另一个人却将这个句子写下来，他们也就是以不同方式说出或使用了同一语句。对表达式来说，也同样存在着类似于语句的三重区分，即表达式、表达式的使用和表达式的说出。以"我感到热"的主语表达式"我"为例，表达式是符号"我"，它的意义是指称某个特定的人，表达式的使用就是在某个人说出"我感到热"时，指称说出这个语句的具体说话者，它的使用方式是一种口头表达。

斯特劳森的上述三重区分，不是为了强调存在着不同语言现象或者语言事实。他说："我并不是如同说'船存在、鞋子存在并且蜂蜡存在'那样强调'存在着语句和语词类型，并且存在着它们的使用，也存在着它们的表达。我是说，我们不可能就类型、类型的使用和类型的表达这三者说出同样的事情。'"[1] 斯特劳森想要强调的是语句真值，以及表达式指称与意义的区别，进而将它们作为独立的语用特征从语句意义中分离出来。对于整个语句，当它在具体情境中被使用时，就会做出报道事实的论断，会面临语句"如此这般"的陈述是否应对了世界中的"如此这般"事实的问题。当"法国国王是贤明的"在路易十四时期被说出时，这个句子可能为真，而在路易十五时期说出时反而可能为假。如果报道正确，就说做出了真论断，而错误就说是假论断。因此，语句的真值问题实际上是语句所做论断的真假问题，它并不取决于语句本身的意义，而取决于使用语句所做出的论断。类似地，表达式的指称也是使用

---

[1] P. F. Strawson. On Referring//Logico-Linguistic Papers. Aldershot: Ashgate, 2004: 7.

的功能，而非表达式意义所履行的功能。因为"语词本身谈不上指称什么东西，正如同一语句可以被用来做出具有不同真值的陈述，同一表达式也具有不同的指称使用，'提到'或'指称'并不是语词本身所做到的事情，而是人们能够用表达式所做到的事情，提到某个东西或指称某个东西，是语词使用的特征，正如'论述'某个东西与或真或假是语句的使用的特征"①。

在承认指称是语用特征的基础上，斯特劳森将指称功能规定为语言的"严肃用法"或"真实用法"。由于语句的首要任务是报道事实，当语句谈论"如此这般"的某个东西，我们就对语句做了真实的使用，但当我们没有用语句谈论某个东西，如为了说明句法而说明某个语句、讲故事、创作文学作品等，我们就没有真实地使用语句，或者说对语句做出了虚假的或虚伪的使用。斯特劳森所谓语言的虚假的或虚伪的用法，并不是说我们在使用语言时撒谎或者不严肃，而仅仅是说语言没有被用来报道事实，实际上是一些语言的非基本或高阶、或次要的用法，或者是语言的非实质用法。但与所谓"真实用法"相比，这些"虚假用法"由于没有谈论对象，或者说成为对象语言而不存在是否做出指称的问题，因此斯特劳森的"指称"概念就不仅仅意味着要"提到或者指称"某个对象，而且必须是"提到或指称"世界中的某个具体对象，这样他就大大缩小了指称的语用范围。

（3）指称实现方式。在《论指称》中，斯特劳森从两个方面讨论了指称的实现问题：一是提出"预设"（presupposition）概念，说明说话者与指称对象之间的语言关系；二是对意义做出具有语用功能维度的约定揭示，并将调节意义约定的语境作为实现指称的必要条件接受下来。

我们先来看有关理论。众所周知，分析哲学的缔造者弗雷格早已讨论过预设问题，当前对预设的讨论也通常将斯特劳森和弗雷格并列，认为存在作为背景理论的"弗雷格-斯特劳森传统"②。在论文《意义与指称》一文中，弗雷格发现意义与指称之间有着明显的非对称性，"我们

---

① P. F. Strawson. On Referring//Logico-Linguistic Papers. Aldershot: Ashgate, 2004: 6.

② P. A. M. Seuren. Presupposition//K. Brown. Encyclopedia of Language and Linguistics. Amsterdam: Elsevier, 2006: 83.

可以认为语法合式的表达式，比如专名总是有含义的，但这并不是说它因此就有与之对应的指称"①，亦即我们对意义的把握不能保证相应表达式指称的存在。然而我们在谈论表达式时，会不满足于仅仅谈论意义，而是希望讨论它的指称。这就使得弗雷格承认"我们预设它（专名）有所指称"②。在语句层面，弗雷格认为我们主要关注的也是作为语句指称的真值，但要考察语句真值，也必须首先假设语句的指称表达式指称了某个对象，并且这个假设的指称关系要作为语句真值的预设条件而产生特殊的逻辑作用，具体来说，就是要成为语句及其否定句有意义的前提条件。以语句"开普勒悲惨地死去"为例，主词"开普勒"指示某人既是"开普勒悲惨地死去"这个断定的前提，又是其否定的前提。弗雷格的上述阐述在引入预设概念的同时，也奠定了预设概念的基本内核。

斯特劳森在《论指称》及后续相关文献中对预设问题有着更为详尽的说明。在他看来，预设问题源于和罗素"法国国王"的例子有关的如下会话情境：有人说出"法国国王是贤明的"并询问其真假时，语句主词引入的对象"法国国王"不存在，但我们不会直接回答他这个语句是假的，而会倾向于告诉他"现在没有法国国王"。斯特劳森认为，我们对判断这类语句真值的犹豫不决有着逻辑的原因：一是表达式尤其是主语表达式作为论断的一部分不能进行真值判断，"指称或者提到某个特定事物这一点不可能被分解为任何一种断定，指称不等于断定，尽管做出指称是为了继续做出断定"③。二是对这类语句进行逻辑处理时，否定逻辑主词并不等于否定语句本身。语句"法国国王是贤明的"的否定是"法国国王不是贤明的"，亦即对谓项的否定，而不是直接否定主词并得出"法国国王不存在"，在这种指称对象不存在的情况下，语句实际上"既不真也不假"（neither true nor false），出现了特殊的"真值空隙"（truth value gap）。

根据真值空隙，斯特劳森认为，在语句主词引入指称对象时，我们

---

① G. Frege. On Sense and Reference//P. Geach and M. Black. Translations from the Philosophical Writings of Gottlob Frege. Oxford: Blackwell, 1960: 58.

② 同①61.

③ P. F. Strawson. On Referring//Logico-Linguistic Papers. Aldershot: Ashgate, 2004: 11.

不是经由"断定"(ascertain),而是通过"预设"(presuppose)该对象来实现指称,即我们需要假定使用者"认为存在某个殊相的类"。由于他讨论的指称表达式大多是具有主谓结构的简单陈述,其预设陈述就是通过将原有陈述主词与词项"存在"联结所形成的存在陈述。在《逻辑理论导论》中,斯特劳森通过明确阐释像"法国国王存在"这类作为预设的存在陈述的语句结构,对预设语句进行预设的方式做了说明。对存在陈述来说,(1)陈述语句的主词不指称特定殊相,而是指称了殊相的类,它是作为类表达式或性质名词,而非对殊相的个体名词或具体专名进行指称,"法国国王"指称了一个法国国王的集合或类;(2)陈述中的"存在"不是逻辑谓词,它表示在类中有成员因而不是空集合,但不将任何"存在"性质作为经验属性归属给特定集合成员;(3)预设陈述不是做出断定的主谓陈述,其意义"不过是意味着集合表达式或者属性名称,以及所有其他的同义词,是有所意味的"①。在《存在不是一个谓词吗?》一文中,斯特劳森有所让步地接受了"存在"作为某种"异类谓词"的地位,但认为它不是例示了属性概念的逻辑谓词,而是说明预设类型的语法谓词。此外,他在这篇文论中还更加直观地说明了两类陈述功能的区别:做出预设类似于以不同方式画出或大或小的圆圈,主谓陈述则相当于在圆圈中根据量词的限制切分出比例不同的阴影部分,其中阴影面积由量词决定,其大小就代表了所指称个体的数量。② 换言之,即便承认存在陈述是描述了经验事实的断定句,它断定的也是预设对象的类存在这一经验事实,而不是断定个别预设对象存在。

理解语义预设的另一关键之处是理清陈述语句主词(存在陈述)与陈述真值的关系。如果将陈述"法国国王是贤明的"记为 S,将预设陈述"法国国王存在"记为 S',那么,预设关系可以表述为:(1) S 非逻辑地蕴涵 S'。斯特劳森强调这里"蕴涵"不等于一般意义上的"衍推"(entail)或"逻辑蕴涵"(logically imply)。其特殊性在于,当说出 S 时,我们不能衍推出作为唯一性存在命题的 S',S' 不是 S 的逻辑后承

---

① P. F. Strawson. Introduction to Logical Theory. London:Methuen and Co., Ltd.,1952:192.

② P. F. Strawson. Is Existence Never a Predicate//Freedom and Resentment and Other Essays. Routledge, 2008:208-217.

或者说S'不是S的断定内容的部分；（2）S'是S进行真值判断的一类特殊必要条件。斯特劳森在《逻辑理论导论》一书中提出了"前置条件"（precondition）的概念来说明S'的真值对S所产生逻辑影响的特殊性。他说："如果陈述S预设了陈述S'，就意味着S'为真是S可以为真或者为假的前置条件。"① 当S'为假时又会怎样呢？斯特劳森明确指出，在指称对象不存在时，我们不是将原有陈述判定为假，而是提出一条理由来说明陈述为真或者为假的问题根本没有出现，这也就是我们上文所说的"真值空隙"。斯特劳森还通过区分两类逻辑谬误（logical absurdity）说明了S'作为前提条件的特殊性，即如果我们把S'当作对有关殊相个体的经验事实有所断定的主谓陈述，那么S就逻辑地蕴涵S'（S'是S的逻辑必要条件），而S与S'否定－S'的析取（S∧－S'）会是一个直接的矛盾式，但如果S'是提供意义内容的语义预设，S也没有逻辑地蕴涵S'，那么S∧－S'只是出现了真值空隙，而不必被看作矛盾式。由于斯特劳森这里仍然是围绕与语句"真值"的关系来刻画预设的语义内容，《预设》和《逻辑理论导论》中的预设理论也通常被称为"语义预设"或"预设的语义解释"。

在语义预设的基础上，斯特劳森讨论了影响指称实现的另外两个要素——意义和语境。斯特劳森对意义做出了约定解释，明确地将预设对象当作与"正确使用"有关的语义设定。他说："无论哪个人在何时使用什么表达式，我们都必须假定他认为他在正确地使用语词。"② 这里，"正确使用"指的是意义约定，斯特劳森在区分意义和使用的基础上，把意义当作为使用提供一般指导的语言约定，在他看来，"当你知道了语句的含义，你就知道了该语句被如何正确地用来谈论事物"，还有，"语句是否有意义，是否存在与之有关的语言习惯，约定或规则使它能被逻辑地用来谈论某个东西有关的问题"③。斯特劳森强调知道语句的意义与谈论语句的特定使用毫无关系，语句有意义仅仅保证了我们能够通过对语句的正确使用来做出有真值的论断，但本身与论断的真假没有

---

① P. F. Strawson. Introduction to Logical Theory. London：Methuen and Co.，Ltd.，1952：175.
② P. F. Strawson. On Referring//Logico-Linguistic Papers. Aldershot：Ashgate，2004：10.
③ 同②8.

关系。这意味着语句意义作为一般性用法指导，与语境以及对表达式的使用无关，是或独立、或中立、或完全非语境敏感的东西，因为它"是谈论在所有的场合下正确地把它用于指称或断定时所遵循的那些原则、习惯和约定"①。

除此之外，斯特劳森还特别强调作为调节手段的语境的重要性，由于表达式的意义类似于语句的意义，是在不同用法中所表达的某种共同的东西，因而它是否指称对象，不能通过考察表达式本身，或探讨它的意义而得到解答，只能通过对表达式的使用的考察才能得到解答。由此，表达式的指称用法需要以某种手段来表明说话者想要做出唯一指称，同时也表明这一指称是什么样的，这种手段既要求听者或读者确认，并能够使得她们确认正在谈论的东西以某种调节手段来加以说明，而这样的手段恰恰就是语境。"为达到这个结果，表达的语境是很重要的。语境的重要性不论怎么说都几乎不过分。"② 什么是语境呢？斯特劳森说："我用'语境'这个词至少是指时间、地点、境况、说话者身份，构成直接的兴趣所在的论题以及说话者和听者双方的个人历史。"③ 他进一步指出，"支配这些语词的使用的那些约定的用处，正在于那些约定连同表达这些表达式时的境况会保证指称的唯一性"④。也就是说，意义作为约定性的指导在具体语境条件的调节下满足实现指称的唯一性条件，由此指称对象的说话目的才得以实现。

尽管《论指称》是斯特劳森最为著名的论文，也已成为当代分析哲学的经典文献，但斯特劳森在该文中所阐述的指称理论远未成熟，更谈不上完备。不仅该文发表在《心灵》的最初版本在随后重印时增加了若干重要注释，而且斯特劳森在这里给出的相关论述是不恰当、不可靠的，尤其是对于为强调语用学而增加的"预设"，斯特劳森一方面将其解释为"约定"，另一方面又强调它是作为"前置条件"的语义预设，这无疑是南辕北辙。接下来我们将看到，在塞拉斯的提示下，斯特劳森将抛弃上述论调，转向预设的语用解释。

---

① P. F. Strawson. On Referring//Logico-Linguistic Papers. Aldershot：Ashgate，2004：7.
② 同①14.
③ P. F. Strawson. On Referring. Mind，1950，59（235）：336.
④ 同③12.

二、预设理论的发展

斯特劳森和塞拉斯曾围绕"预设对象是什么"有过一番短兵相接的争论。塞拉斯在著名哲学期刊《哲学评论》[*The Philosophical Review*，1954，63（2）]发表论文《预设》("Presupposing")对斯特劳森将预设理解为"前置条件"提出批评，认为预设不是特殊的、不参与论断的逻辑条件，而是参与论断，但承担特定语用功能，是作为"会话共识"的约定。斯特劳森在同刊同期的回应论文《答塞拉斯》("A Reply to Mr. Sellars")对塞拉斯的回应颇为有限，反倒是在十年之后没有明确提到塞拉斯的论文《识别指称与真值》指出预设不仅是"会话约定"，而且反映了会话参与者与表达式之间理解关系的"确认知识"，由此提出了预设的"语用解释"。

（一）塞拉斯论约定与真值

美国哲学家塞拉斯的论文《预设》从为摹状词理论辩护的立场出发，对斯特劳森把预设对象解释为非断定的语义约定提出了质疑。在塞拉斯看来，摹状词分析整体上是正确的，我们只需要在其基础上补充一个"有关话语动态约定的解释"，便足以说明预设对象及其逻辑特征。虽然斯特劳森区分断定和预设，提出预设作为存在陈述的语境功能是必要的，但不能就此将两者当作互相排斥的功能，从而认为预设没有参与对陈述话语的逻辑赋值以致肯定真值鸿沟的存在。

塞拉斯质疑的基础是根据"系统歧义"提出的温和摹状词理论。这里的系统歧义，是包括罗素意义上的逻辑专名在内的指示词，比如"this""here""I""now"等所具有的一种指称可变性特征，根据语法规则的要求，这些表达式在不同场合下能够指称不同殊相，这种根据语境而确定指称的特征也就是罗素所说的"自我中心"性质。塞拉斯认为系统歧义性质是指示词确定指称的方式，但对于专名和摹状词，指称确认过程除了遵循系统规则的约束外，同时受到符号所具有描述内容的影响，因此指称表达式在具有系统歧义的同时，也体现出省略的特征，作为缩略摹状词起作用。塞拉斯的这一区分意味着，罗素意义上的逻辑专名是通过系统歧义发挥作用，而摹状词和普通专名则是通过系统歧义和描述内容共同确定指称。根据上述区分，斯特劳森对预设关系的刻画总体上就是将所有指称表达式当作自我中心词，塞拉斯同意这固然体现了指称可变性的语境特征，但将预设对象作为非断定内容的做法却不符合确认指称的语言实践。

塞拉斯通过分析复杂陈述说明预设是否有所断定，看下面的例子：

S：詹姆斯不再打他的祖母。（James has stopped beating his grandmother.）

S1：詹姆斯曾经殴打他的祖母。（James once beat his grandmother.）

S2：詹姆斯现在没有打他的祖母。（James does not at present beat his grandmother.）

按照斯特劳森对断定与预设的区分，S1 和 S2 可以分别被当作预设分句和纯粹断定分句。这样，考察预设是否断定的问题就落实为 S1 以何种方式成为预设条件。塞拉斯认为 S1 成为 S 的预设可以有两种情况：一种是将 S1 解释为必须得到满足的特定事态。这样做的好处是无论说话者是否相信 S1，S1 作为对相关事实的描述足以使它成为 S 的断定内容参与对 S 的赋值。但这种解释面临着两方面的问题：一是 S1 是对陈述事实的直接报道，无法说明它如何对 S2 发挥预设作用，难以反映 S1 与 S2 在语言使用过程中传递的功能差别。二是如果不将 S1 归属为与说话者相关的语义内容，S1 就成为直接断定分句，说话者说出 S1 的方式只能是做出论断，由此 S1 就可以成为断定对象且可能是为假，失去作为预设的资格。

如果 S1 不是作为直接的断定内容，我们应该如何理解 S1 的语义性质呢？塞拉斯认为第二种情况是将 S1 当作说话者信念（speaker belief），即当说话者说 S "詹姆斯不再打他的祖母"时，他相信詹姆斯曾经打过他的祖母。塞拉斯认为这个解释不能满足斯特劳森赋予"预设"关系的语义力量所达到的强度。因为如果 S1 是参与论断的说话者信念，那么 S1 作为信念可能为假，此时它作为断定内容的一部分会导致"S1

∧S2"为假，由此 S 所做出的陈述为假。但斯特劳森对预设的解释从根本上拒绝了 S 由于 S1 为假而为假的情况。因此预设条件不能被简单地归属为说话者信念。那么，说话者信念是否有机会成为预设条件呢？这样的可能性并非不存在，对于预设条件来说，其要求是 S1 为真时保证整个语句有真值，这就意味着 S1 必须作为说话者的某种真实信念或者他正确相信的东西来参与断定，亦即 S1 作为说话者信念必须为真。由此我们大致可以说 S1 为真是 S 有真值的预设条件，但是，当 S1 为假时，我们却并不能就此认为 S 没有真值，因为"说话者不相信詹姆斯曾经打过他的祖母"作为信念内容，不等于詹姆斯实际上没有打过他的祖母，信念内容表述的是可能事态，而不是描述经验事实，因此如果作为信念状态的 S1 为假，即当说话人不相信詹姆斯打过他的祖母甚至不具有任何此类信念状态的情况下，只要事实上詹姆斯打过他的祖母，我们就能够对 S2 进行真值判定。此外，我们还可以将 S1 作为信念内容，但认为 S1 仅仅做出预设而没有断定 S1，这将导致更严重的问题，因为 S1 作为预设条件会失去对 S 的逻辑约束力，说话者的信念内容如果不以世界中的相关事态为根据，即便在说话人虚假地相信 S1 的情况下，S2 为假就已经可以完成对整个语句的赋值。因此，这种理解也不可取。

上述分析表明，我们不能按照斯特劳森的理解将预设条件排除在语义断定内容之外，必须承认 S1 和 S2 都是语句断定的一部分并对陈述真值有所贡献。此外，无论将 S1 规定为对特定事实的描述，还是说话者（真）信念，都不能满足 S1 作为预设条件的要求。那么，我们是否能够找到对特定事态有所断定的预设对象 S1 呢？塞拉斯认为，对 S1 语义内容及逻辑功能的分析，最终需要回到对陈述 S 的会话情境的考察。

塞拉斯将说出 S 的会话情境，即当说话人说出 S 时，听话人回答说"不，这不是真的"。所经历的推理过程概述如下：

(1) 说话人说出在 S 说出时持有信念 S1 和 S2；

(2) 说话人不仅自己持有信念 S1，而且假设听话人也相信 S1，或者说话人将 S1 当作两人的共同信念，因为如果说话人认为听话人不具有信念 S1，说话人会先说出 S1，而不会说出 S；

(3) 说话人说出 S，是希望听话人在认可 S1 的基础上，进一步认可信念 S2；

（4）听话人确认 S1 是共同信念，根据 S2 的真值情况来分析判断 S 的真值，如果 S2 为假，他就说出"这不是真的"来否定 S 所做出的论断。

根据这一推理过程，塞拉斯拒绝了斯特劳森对真值空隙的解释。其理由在于，在说出 S 时，说话者需要同时对 S1 和 S2 做出断定，在 S1 为假的情况下，S 所做出的论断在逻辑上为假。只是由于说话人和听话人都将 S1 当作共同信念和会话前提，才导致如果听话者根据 S1 为假而否定 S，他就没能领会说话者的说话意图，也没能把握 S 的意义重点。在这种情况下听话人为了表明他理解说话者的会话意图，可能会说"詹姆斯从来都没有打过他的祖母"从而通过直接否定 S1 来否定 S，如果他说"这是假的"，就意味着他忽略了 S1 而是根据 S2 的真值情况对 S 进行判断。由此，塞拉斯认为，斯特劳森预设关系反映的是信念内容在会话过程中发挥功能的差异，而不是真值关系的差异，预设关系也不应当被直接定义为特殊的非蕴涵逻辑关系，因为我们不愿意根据 S1 为假将 S 判定为假，这并不取决于逻辑原因。他说："即便许多话语本身是真实的，仍然有很多原因使我们就这些话语说出错误的东西。这些原因中有一些是伦理原因，另一些则与说出的方式有关，但是，也有一些原因与支配语言的约定有关，而这些约定则是在交流和论证中达成目的的手段。"[①]实际上，不仅斯特劳森的真值空隙不存在，而且认为存在"真值空隙"的陈述是混淆陈述的实际真值和对真值的接受，或者说混淆陈述"为假"（being false）和"接受为假"（willing to say it is false）的结果。

同样，根据前述推理，塞拉斯也提出了预设的替代性解释。由于预设部分所具有的断定性质以及摹状词理论的支持，塞拉斯认为对预设的替代解释可以通过给出罗素式的充要条件来加以阐述。塞拉斯的逻辑工具是集合论，在将具有"P is Q"形式的陈述改写为 P⊃Q 基础上，他把作为会话条件的预设"P 存在"改写为如下两个条件：

（1）"P 存在"是会话参与者的共同信念；
（2）"P 存在"和"P⊃Q"逻辑地蕴涵了"PQ≠O"。

[①] Sellars Wilfrid. Presupposing. The Philosophical Review, 1954, 63 (2): 205.

这里（1）和（2）一道构成了预设的完整解释或充要条件。其中，（1）表明预设本质上是会话参与者的共同信念，其作用是在会话过程中充当会话前提而成为会话得以进行的语用约定；（2）则表明说出"P is Q"需要预设的内容是至少有一个适用的对象（PQ≠O），但共同信念"P 存在"作为前提的重点不是要断定适用对象，而是和话语"P is Q"一起对之加以断定。至此，塞拉斯说明了当我们把陈述的指称部分当作预设对象加以分析时，实际上是认为该部分同时预设并且断定了预设对象，它与纯粹断定部分的区别在于它作为预设参与真值判断的方式略有不同。在考察论断分句时，我们主要关注它对原有陈述真值的贡献情况，在考察预设时，我们更关注信念对会话的参与和影响程度，以及说话者和听话者对信念的持有方式的区别，但这只是说明预设分句在语用过程中的特殊性更值得注意，而不意味着预设与陈述有着特殊的逻辑关系，或者预设没有参与论断。

（二）斯特劳森论预设的语用解释：确认知识

斯特劳森对塞拉斯的批评做了迅速回应。在论文《答塞拉斯》中，他承认自己先前对预设的表述是"不合格的预设教条"（unqualified doctrine of presupposition）①，尤其是对真值空隙的阐述是将其视作"固定且严格的规则"②。但这篇以自我解辩为目的的文献对于预设理论的发展相当有限，在十年之后的论文《识别指称与真值》中，斯特劳森根据以提供确认知识为中心的语用原则，将预设刻画为会话参与者与表达式之间的理解关系，在此基础上，以区分"缺乏真值"和"论断为假"为重点，对真值鸿沟做了局部限制（minor qualification）和修正。

斯特劳森认为说话者做出确认指称，或者说出涉及具体殊相的断定性语句必须考虑一对假设原则。一是无知假设原则（principle of presumption of ignorance）：说话者说出断定性陈述的首要目的是想要向听话者传达有关殊相的信息，他必须假设听话者不知道将要说出的事实。二是知识假设原则（principle of presumption of knowledge）：当说话者

---

① P. F. Strawson. A Reply to Mr. Sellars. The Philosophical Review，1954，63（2）：228.
② 同①。

带着传递信息的意向说出有关殊相的经验陈述时,他至少要假设听话者对与陈述内容相关的经验事实有着特定知识,并且,说话者在意向中想要传达的内容,必须接近听话者对该信息所拥有的这种知识。斯特劳森将这类特殊知识定义为确认知识(identifying knowledge),并详细讨论了它的理论内涵和性质。

所谓确认知识,首先是指说话者所具有的对存在对象进行区分的知识。假设我们都知道真实存在的各类不同殊相事物并知道它们彼此可以区分,比如假设当某个人能够从其知觉的当前范围内选择特定殊相 A,或者知道某个描述适用于 A 而不适用于其他殊相,或者只是知道 A 的名称并能在另外的场合对 A 进行再确认,即便这个人只知道这个殊相是 A 但不能做出其他描述,我们也说他具有关于 A 的确认知识。在斯特劳森看来,这类作为识别个体对象之条件的特定知识类似于我们的地理知识和历史知识。但它们不是精确的、高度专业化且具有系统特征的概念知识,而是我们日常所使用的,用来和世界打交道的那些有关方位、日期等具体知识及其所形成的知识网络。另外,确认知识是说话者对听话者知识状态的假设。斯特劳森强调,确认知识作为说话者的对听话者认知情况的假设,是反映听话者认知状态的知识预设,说话者对听话者的知识状态的把握,除了"知道"这种情况外,还有其他不直接把握的情况,比如猜测等。一个显著的例子是,说话者认为识别对象存在于听话者的知觉范围之内,但听话者由于没有注意到(因为并没有关于识别对象的经验),因而就不能理解说话者的确认知识而导致指称失败。因此,确认知识虽然是听话者识别对象的根据,但它源于说话者的预设,不等于说话者有关指称对象的知识,也不等于听话者的实际知识状态。

根据上述分析,如果指称得到实现,确认知识就可能成为会话参与者的共有知识,由此它就类似于塞拉斯的会话共识。但这类共识是否可供做出论断或者可以被解释为逻辑蕴涵关系呢?斯特劳森的答案是否定的。在他看来,确认知识与指称实现并没有逻辑必然性。两者之间存在的是具体语境之中的功能关系,而这种关系则通过专名等指称表达式的功能得到定义:"当这类表达式中的某一个被如此使用时,我将会说它是被用来在听话者那里产生某种知道或者被假定知道的确认知识。由此我们也很容易对确认知识做如下定义：只有将表达式用来产生识别知识时，它才会发挥识别指称的功能。"① 斯特劳森强调，确认指称的成功条件，依赖于确认知识携带信息在会话参与者之间的成功交流，而成功交流的关键，则取决于两者对专名等指称表达式的理解，而非根据表达式与事实之间的逻辑关系："在完整会话情境中，当说话者认为某个表达式足以向听话者指出其确认知识中的某些'如此这般'的殊相特征时，他就会确认并使用这些表达式。"② 这样，斯特劳森就用表达式与会话参与者之间的理解关系代替了表达式与事实之间"如此这般"的事实关系。

斯特劳森对确认知识的讨论，主要还是为了将其作为澄清真值空隙的背景条件。在对塞拉斯的回应中，斯特劳森指出真值鸿沟之所以重要，不仅是由于它影响对真值的接受，更重要的是它影响真值指派。他说："当一个陈述预设了另一个陈述时，除非第二个命题为真，否则第一个命题就不应该进行真值指派。"③ 在确认知识的语境中，斯特劳森区分了两类指称失败的情形：第一类是由于信息交流不畅，如说话者对听话者的知识状态做了错误假设，或使用不恰当的表达式而产生的与确认知识有关的失败，这类失败被称为有缺陷指称；第二类是由于指称对象不存在而导致的指称失败，这类与确认知识无关的情况被称为彻底的指称失败（radical reference failure）。斯特劳森将真值空隙归咎于指称的彻底失败，认为其根本原因是当指称对象不存在时，任何被说出的话语都没有做出可供评判的论断，或者说真值鸿沟只是不能进行真值指派而出现的真值匮乏，而不是成为某种"真值匮乏"的特殊真值。

塞拉斯否认真值鸿沟的根本原因是因为真值鸿沟只是不被接受的"虚假"真值，作为疑似第三逻辑值的"不真也不假"根本就不是独立逻辑值。罗素也认为，只要我们承认对"假的"的日常使用有着一定的

---

① P. F. Strawson. Identifying Knowledge and Truth-values//Logico-Linguistic Papers. Aldershot：Ashgate，2004：59.
② 同①.
③ P. F. Strawson. A Reply to Mr. Sellars. The Philosophical Review，1954，63（2）：218.

弹性，就可以将所谓真值鸿沟还原为"一类特殊的虚假情况"①，斯特劳森集中将前述两者的这种理论称为虚假理论（falsity theory），并且针锋相对地将自己承认真值鸿沟的理论称为真值空隙理论。真值鸿沟原本是斯特劳森借用自奎因的概念，在奎因那里，真值鸿沟是在指称为空或假言推理等条件句情况下出现的真值匮乏情况，奎因一方面认为真值鸿沟需要三值逻辑来加以刻画以作为权宜之计，同时也要求根据语义整编来对此类情况加以剔除。斯特劳森更为彻底地拒绝了对真值鸿沟的逻辑解读，他认为自己所讨论的真值鸿沟类似于奥斯汀所说的"缺乏指称而为空"的情况。斯特劳森坦言："奥斯汀的这个概念要比奎因的'真值鸿沟'要好一些，因为后者可能或已经暗示了要寻找某种可以填平鸿沟的东西，比如某种中间值。虽然我们也会用到'大致为真''半真'这样的表达式，但不存在作为第三值、第四值或者其他多值情况的真值。"② 也就是说，真值空隙只是意味着缺乏指称，而不是缺乏真值。同样不可忽视的是，三值逻辑尤其是在其提出者卢卡希维茨那里被当作一个非亚里士多德逻辑（non Aristotelian logic）的系统，真值匮乏是作为沟通真和假的"可能值"（possibility）或"二分之一值"被提出的。③ 而预设和真值空隙的部分功能，是要作为实质方案来解决四谓词理论在面临谓词演算遇到的问题。因此，无论是作为亚里士多德逻辑传统的支持者，还是拉姆塞意义上的真理紧缩论者，斯特劳森不仅不支持三值逻辑，反而是两值逻辑的捍卫者。因此他不同意把真值匮乏当作一个独立逻辑值。

在论文《识别指称与真值》中，斯特劳森也部分参考了塞拉斯的批评，不再将预设和断定当作互相排斥的功能，转而从一个更为宽广的视域来处理断定与预设，以及虚假理论与真值鸿沟理论之间关系的问题。斯特劳森试图在承认两类立场有别的基础上，指出其各自的合理性，并说明这两种观点是对陈述语用功能的不同层次的考察：一方面，如果我

---

① Bertrand Russell. Mr. Strawson on Referring. Mind, 1957, 66 (23): 388-389.

② P. F. Strawson. Introduction//Logico-Linguistic Papers. Aldershot: Ashgate, 2004: xi.

③ J. Lukasiewicz On Three-Valued Logic//L. Brokowski. Selected Works. North-Holland Publishing Company, 1970: 87-88.

们把所有陈述看作对经验事实的描述和报道，并且将陈述与事实是否有一致性关系作为逻辑判断的标准，那么假如陈述没有提供必要的经验对象，或是没能刻画对象的经验特征，都没有正确反映经验事实，在这个意义上，虚假理论就足以对所有陈述进行评价；另一方面，如果就陈述语句报道事实的方式，或陈述语句的各个部分的语句功能来看，陈述的指称部分确定了殊相的存在性条件，而述谓部分是作为对指称部分的补充，说的是有关对象的"如此这般"的事实，对于判断对象有无该特征来说，对象存在是进行判断的前提条件。因此，当指称对象不存在时，我们当然不能说陈述为假或对象没有"如此这般"，在这个意义上虚假理论就不足以反映指称表达式通过真值空隙所体现的功能。斯特劳森进一步认为："如果有人对实际的言说环境，以及在此环境中人们交流所使用的陈述感兴趣，他就会发现简化的虚假理论的不充分性并对此抱以同情，当然他不必就此倒向真值鸿沟理论。但如果有人对陈述有着非人称性的立场，并且抱有这样一幅图景，在其中说话者和听话者的需要、目的和预设都不怎么重要，并且在其中只剩下陈述及其所反映的世界，那他自然就会抛弃真值鸿沟理论并坚持虚假理论。"[1] 概言之，真值鸿沟理论对于反映语言的逻辑特征来说，是更为恰当的选择。

三、斯特劳森的意义理论

斯特劳森无意构建完整的意义理论，而是要处理意义理论中堪称"荷马史诗般的斗争"[2]。这场斗争的一方是形式语义论（theorists of formal semantics），其主要代表人物有弗雷格、乔姆斯基、前期维特根斯坦等人；另一方为交流意向论者（theorists of communication-intention），主要包括了日常语言学派的奥斯汀、格莱斯以及后期维特根斯坦和斯特劳森本人。斯特劳森在这一领域的主要工作表现在三个方面：

---

[1] P. F. Strawson. Identifying Knowledge and Truth-values//Logico-Linguistic Papers. Aldershot：Ashgate，2004：66.
[2] 斯特劳森. 意义与真理. 牟博，译//A. P. 马蒂尼奇. 语言哲学. 牟博，杨音莱，韩林合，等译. 北京：商务印书馆，1998：184.

一是以语言行为理论为基础驳斥形式语义学；二是构造类似奥斯汀"语言行为三分说"的"意义三分说"；三是以格莱斯的"非自然意义理论"修正语言行为理论，丰富和发展会话意义的交流意向论。

（一）驳形式语义学

1. 形式语义学概览

罗素将理解意义当作给出与命题函项逻辑等值的充要条件，并将该过程解释为对命题的定义。因此，意义就等于命题的逻辑充要条件，对意义的刻画就是分析其真值条件并给出可以作为等值条件的逻辑定义。随着摹状词分析方法被确立为"分析哲学的样板"，以定义真值条件为特色的意义理论也得到广泛的传播和发展。根据对摹状词分析强调重点的不同，这一着眼于形式分析的意义理论分为两条不同的路径。其中，奎因强调将形式定义作为判定意义的标准，根据同义性的不可定义性走向了意义的怀疑主义；戴维森（及塔斯基）着眼于为意义提供可靠的真值条件模型，提出了系统的真值条件语义学。

奎因把意义当作与表达式的外延或指称相对立的内涵之物，认为它是类似于亚里士多德意义上的本质之物的语词表达。"当本质由所指对象分离出来而同语词相结合时，它就成了意义。"① 奎因也将语义理论分为作为外延理论的指称理论和作为内涵理论的意义理论，并尝试用前者来解释后者，要求在"逃离内涵"的口号下摒弃对意义的内涵理解，而这一理解相当程度上是通过对同义性和分析性的讨论实现的。

在奎因看来，意义理论的重点是要解释作为意义理论"孪生子"的两个问题：第一个问题是有意义的（significant）语词序列问题，这是作为经验科学家的语法学家的工作，其任务是在同义性基础上将语词有规律地编写成特定语词类。相对来说，这类工作是意义理论的一个形式的、非语义学的部分，也是较为浅显且容易完成的部分。第二个问题是同义性问题，奎因认为这是作为哲学家或词典编辑学家的工作，任务是给有意义序列的一般概念下定义，相对来说，这类工作是一个不易触碰但也更加重要的方面，因为语法学家只是想知道哪些概念是同义的，只

---

① 蒯因. 从逻辑的观点看. 江天骥，等译. 上海：上海译文出版社，1987：21."奎因"，也译为"蒯因"。

有词典编辑学家才关心这些语词的序列和其他序列之间的同义性关系，也就是发现规则性。如果后者不能对同义性下定义，语法学家就只能列出任意序列，或没有得到有效说明的音素序列，就不能称为有意义的表达式序列，而且用同义性来解释有意义序列的目标也没有实现。但是，奎因认为，恰恰是对同义性的形式定义成了一个"伤透脑筋而又难以回答的问题"①。

在奎因著名论文《论经验主义的两个教条》的前三节，他考察了两种给出同义性形式定义的可能性。第一种是直接根据字典定义对同义性做出形式定义，比如我们可以把"单身汉"的字典意义确定为"未结婚的男子"，奎因认为这种方式无疑是本末倒置，作为经验科学家的词典编辑学家只能在业已存在的同义性关系基础上进行定义，在说出如此定义之前，它需要确认在日常的用法中已经有了将"单身汉"解释为"未结婚的男人"的常规用法，定义应该是对经验事实的确认，因此，"定义是词典编辑学家对观察到的同义性的报道，当然不能作为同义性的根源"②。在形式研究中，像卡尔纳普那样为了解释概念意义而进行定义是存在的，但当这种定义是为了修正、精练概念意义时，同义性关系已经被破坏了，在定义忠实反映被定义概念同义性关系的情况下，定义仍然依赖于既有用法；此外还存在为了引入作为缩写形式的新符号而进行定义的极端情况，但这种定义不符合定义的日常意义。因此，在所有形式和非形式研究中，定义都不能是同义性的来源。

第二种是根据同义代换来给出同义性的形式定义。奎因认为，这种方法缺乏可靠性，一方面，有些同义性的概念不能参与同义代换，比如"单身汉是一个三字词"就不能在将"单身汉"代换为同义词"未结婚的男人"之后得到"未结婚的男人是一个三字词"；另一方面，在外延语境下某些可以彼此代换的概念并非同义词，"有心的动物"和"有肾的动物"可以在语句"所有的哺乳动物都是有心的动物（有肾的动物）"中进行代换，但它们却只是外延相同，彼此并不是同义的，即便是在代换有效的情况下，代换有效的根据也在于语词之间的同义性，用前者解释后者同样会陷入循环论证。

---

① 蒯因. 从逻辑的观点看. 江天骥，等译. 上海：上海译文出版社，1987：56.
② 同①33.

在奎因这里，同义性是考察意义的关键标准，他指出："只有当我们面前有一条标准来规定何时说命题是同义的，何时说命题是不同的，才能说我们懂得了'命题'一词的意义。"① 由于缺乏同义性的定义，奎因倾向于将意义当作"假想的东西"并拒绝对意义本身进行讨论，转而将意义理论局限为对具体陈述的意义的讨论："只有语言形式的同义性和陈述的分析性才是意义理论要加以探讨的首要问题；至于意义本身，当作隐晦的中介物，则可以完全丢弃。"② 换言之，奎因的策略是拒绝作为抽象的内涵实体或理论实体的意义概念，但承认具体陈述仍然是有意义的，在怀疑和否定意义概念的同时，继续使用意义对象进行语义分析，奎因认为这是一种甚至无须解释的理论调和，因为谈论意义时，我们讨论的固然是不可含糊其词的关键概念，但对于那些缺乏深度的偶然情况，则可以适当放宽限制，因为我们对于意义概念和意义对象的态度差异只是体现了"严格性的等级区分"③。

与奎因不同，戴维森致力于用"约定 T"模型来处理自然语言的意义问题，从而为弗雷格和罗素所倡导的真值条件语义学提供作为现实模型的"真理定义形式的意义理论"④。在戴维森看来，我们的语言是有着形式结构的符号系统，这也就保证了我们从有限表达式为起点理解无限语言结构。因此，意义理论就要反映作为形式结构的整体特征。戴维森认为，这个任务可以通过对"s 的意思是 p"提供构造性解释得到实现。在具体操作上，戴维森将塔斯基的约定 T 作为定义模型，所谓约定 T 模型，按照塔斯基的说法就是"一个实质上适当的、形式上正确的关于'真语句'这个词的定义"⑤，实际上也就是根据真理的恰当性条件提出真之定义的形式结构。作为恰当性条件的要求，塔斯基认为任何可接受的真之定义都应该以 T 模式的全部实例作为后承。其中，约

---

① 蒯因. 语词和对象. 陈启伟，朱锐，张学广，译. 北京：中国人民大学出版社，2005：231.
② 蒯因. 从逻辑的观点看. 江天骥，等译. 上海：上海译文出版社，1987：56.
③ 同①240.
④ 戴维森. 真理与意义//真理、意义与方法. 牟博，选编. 北京：商务印书馆，2008：29.
⑤ A. Tarski. Logic, Semantics, Metamathematics. Oxford: Clarendon Press, 1956: 152.

定 T 的形式如下：

（T）s 是真的当且仅当 p。

这里 p 可以被代换为被定义语言 L 中的任一语句，s 被代换为任何代换 p 的语句的名称。由此，约定 T 的一个著名实例是："雪是白的"是真的当且仅当雪是白的。塔斯基强调约定 T 不是真理定义，只是真理定义应该满足的最低形式要求。它只规定真理的外延，而不关心真理定义的内容或者意义。

戴维森明确承认他的意义理论对塔斯基真理观有着继承关系，他说：塔斯基意在表明构造公式的那种真理定义与意义概念之间的明显关系，那种关系就是，那种定义通过对每个语句的真实性给出充分必要条件而起作用，而给出真值条件也就是给出语句意义的一种方式。知道一种语言的语义性真理概念，就是知道一个语句为真是怎么回事，这也就等于理解了这种语言。塔斯基式的真理定义提供了我们迄今对意义理论所要求的全部东西。① 正是意义与真值条件之间的这种紧密关系，使戴维森认为可以将"s 的意思是 p"中的"意思是"代换为"是 T 当且仅当——"。这里的 T 可以被替换为任何真值谓词，由此戴维森就将塔斯基式的形式约束条件引入意义领域，并将意义理论理解为对真值谓词的定义。换言之，定义语句真值也就是一个要给出在形式上与约定 T 无区别的形式定义。

接下来的问题是，在意义理论的范围内约定 T 意味着什么呢？在这里戴维森与塔斯基有了明显分歧。戴维森同意在约定 T 中 p 是对 s 的理解或翻译，但他并不将 p 当作 s 的元语言形式，进而根据 p 的形式正确性来定义约定 T 并将其当作真理概念的形式恰当性标准。按照戴维森的理解，p 是 s 的真值条件，是用来与事实进行比照的对象语言语句。对于任何一个语句，我们是否能够为其提出正确的约定 T 定义，取决于 p 是否描述了 s 所陈述的事实。因此，在"雪是白的"为真当且仅当雪是白的这一定义中，元语言语句"雪是白的"是否能给出 T 形式的真定义，就取决于对象语句 p"雪是白的"是否提供了可进行经验

---

① 戴维森. 真理与意义//真理、意义与方法. 牟博, 选编. 北京：商务印书馆, 2008：24.

检验的事实描述。概言之，戴维森将塔斯基的约定 T 的目的和评价手段都进行了颠倒，对塔斯基来说，约定 T 作为真理的形式条件，是要用意义说明真理，用元语言来刻画对象语言，但对戴维森来说，约定 T 作为意义的形式定义，是要用真值关系说明意义，用对象语言来刻画元语言。

戴维森希望将约定 T 用作对自然语言意义的形式定义。他说："一种意义理论就是一种经验理论，他的抱负便是对自然语言的活动方式做出解释。"① 但塔斯基对约定 T 的自然语言可实用性颇为悲观。因此戴维森的意义理论就需要说明约定 T 对自然语言的实用性并提出实际的理论刻画，这两部分构成了戴维森意义理论的重要部分。我们先来看实用性问题，塔斯基对约定 T 可扩展到自然语言的可能性持明显悲观态度的主要原因有二：一是自然语言包含了它自己的元语言，因此在此背景中构造形式结构会导致语义悖论；二是自然语言具有动态特征，普遍存在含混性、歧义性和索引性特征，因此不具有明确的形式特征，或者在进行刻画之前要求对自然语言进行改造。戴维森认为第一个问题可以直接忽略，对于第二个问题，我们确实需要做某些前期整理工作，但这些工作并不影响作为语言结构特征的逻辑形式，因为语句的真值仅仅为逻辑常项所决定，把握量词等逻辑常项足以分析语句的逻辑结构和语句真值，因此量化分析或标准记法对语言结构的处理并不会影响语言结构和真值条件。

在这一理论基础上，戴维森将形式分析方法普遍推广于自然语句，把传统上认为不应该或不能作为量化对象的时间、地点、事件、行动、信念和命题态度等对象按照标准记法进行形式化，试图建立起自然语言的逻辑结构图景。这方面的工作主要表现在，为了构造索引词，他对间接引语、行动语句、非陈述句提出了可归属于 T 结构的逻辑形式分析。

2. 斯特劳森对形式语义学的反驳

斯特劳森对形式语义学的批评可以扼要地总结为两个"不等式"。一是"有意义"不等于"可定义"，二是"意义条件"不等于"真值条件"。

---

① 戴维森. 真理与意义//真理、意义与方法. 牟博，选编. 北京：商务印书馆，2008：35.

先来看与"定义"有关的讨论。在《论指称》中,斯特劳森就对意义分析的定义方法提出了初步的批评,认为定义方法的问题在于忽略了对作为意义实现条件的语境进行分析。由于在大多数情况下语境条件难以得到清晰的定义,逻辑学家常常忽视或错误解释了作为指称条件的语境要求。斯特劳森认为,这一错误由两个原因导致。一是定义本身就忽略了语境要素。他说:"一个定义就是对一个词进行正确的归属性使用或分类使用的条件的说明。在这个意义上,定义就没有照顾到语境因素。"① 换言之,定义只能处理语言的意义,而不能处理意义之外的语用维度。定义不能反映意义对语境的依赖性以及由之所体现的语境要求。第二个原因是逻辑学家对形式的关注使得他们既不关心有关事实问题的陈述,而且带着逻辑的偏见来看待逻辑的应用问题。因此,从根本上说,像罗素这样的逻辑学家们没有注意到使用的问题比分析和意义的问题更为宽广。

斯特劳森对定义分析方法的批评在与奎因直接就分析性展开对话的《为一个教条辩护》一文中得到更为明确的表述。在该文中,斯特劳森的批评可以被分析为两个层次。首先,表达式或语词的使用是进行意义分析的理论前提。针对奎因认为不存在所谓分析-综合区分的态度,斯特劳森指出,哲学家们对"分析的""综合的"这两个词有着大致相同的用法,"他们在大致相同的场合使用语词'分析的',也在大致相同的场合对其使用持保留态度,同样在大致相同的场合对于是否使用它而犹豫不决。这种共识不仅扩展到他们被教导进行如此刻画的场合,也扩展到新的场合中去"②。斯特劳森认为,存在普遍接受的用法,这构成了承认某些区分的重要条件,并且认为对于做出区分来说也就不需要更多的东西。对于奎因就"同义性"所做的关键否认,斯特劳森也给予了足够关注,在他看来,同义性并不是不清楚的概念,当我们说两个表达式 x 和 y 是认知同义的,似乎至少就相当于说我们日常通过说 x 和说 y 所表达的东西有相同的意义,或者相当于说 x 和 y 意义相同。而且,我们对"意义相同"的理解突破了分析性哲学用法的范围,而进入了表达式

---

① P. F. Strawson. On Referring//Logico-Linguistic Papers. Aldershot: Ashgate, 2004: 15.
② 斯特劳森. 为一个教条辩护. 曾自卫,译. 世界哲学, 2015(3): 55.

的日常语言实践,因为在我们对语言的使用中,会大量涉及语句意义"相同"或者"不同"的理解。如果奎因不反对讨论某个语句的意义,他就不应该否认同义性概念以及作为理论实体的意义。因为,"如果对语句同义性的讨论是无意义的,那么对语句有任何所谓'意义'的讨论也似乎必定是无意义的。因为如果可以有意义地讨论语句是有意义的或有某种意义,那么问某个句子'它的意义是什么'大概也是有意义的"[1]。由此,奎因在意义概念和意义对象之间所做的区分似乎并不可取。

其次,形式定义不是意义分析的关键维度。奎因对表达式"分析的"所要求的定义,实际上是要在包括了"自相矛盾的"、"必然的"、"同义的"、"语言规则"、"定义"、"分析性"或"同义性"在内的表达式范围中,提供一个可接受的形式定义,并且这个解释要在不诉诸上述任何其他同类概念的情况下,提供具有逻辑充要条件的效果。奎因认为,如果有任何一个成员可以被认为是得到了充分理解或解释,那么以此为依据,以上的任何其他表达式就能得到语言上的理解,进而得到充分解释。斯特劳森的反对意见在于:

(1) 将提供上述形式的充分解释当作表达式有意义的充要条件是不恰当的。因为我们并不总是能够给出这种提供重要条件的形式定义,在某些条件下,比如对于包括了"道德上错误的""应受指责的""违背道德原则"等的一个表达式组,或者对于包括了命题联结词和"真""假""陈述""事实""否定""断定"这些词的另一个表达式组,没有人会因为表达式没有得到形式定义,或者因为不可能对它进行形式定义而否认它们有意义。同样我们也不能认为这些语词是具有特殊重要性的技术性哲学语词而提出作为更高要求的形式定义,因为所有技术性用法都是以日常用法为根源并间接地体现其日常用法。

(2) 不以奎因要求的方式给出的非形式定义是可能的。斯特劳森以区分"逻辑不可能性"和"自然不可能性"(或因果不可能性)(natural or causal impossibility)之间的差别给出了非形式定义的例子。对于意义分析来说,语言实践是更为根本的维度。

斯特劳森对以戴维森为代表的真值条件语义学给予了更多关注。在

---

[1] 斯特劳森. 为一个教条辩护. 曾自卫,译. 世界哲学,2015 (3): 57.

他看来，对语句或陈述进行真值分析不仅是语言分析的合理维度，而且对语句真值与语境条件的说明一样，构成了意义分析的必要维度。但他极力反对的是，对语句意义的分析就是给出语句的真值条件。斯特劳森的反对意见沿着两条路径展开：论文《意义与真理》主要围绕真值条件与交流意向的关系来进行分析，指出人类使用日常语言的最主要目的是在会话交流中公开和传递意向，因此"交流意向"是比"意义"更为基本的概念，用真值条件说明意义不能表达意向，也不能说明意向是如何传递的，具体来说：

（1）真值条件理论的适用范围有限。第一是真值条件不适用于祈使句、疑问句等，其中，疑问句没有做出断定，因而给出真值条件。祈使句有着某种满足条件，但是这类条件不能被称为真值条件。要满足祈使句，需要的是某个作为语言后果的具体行动，而不是意义条件。第二是真值条件难以满足对符合语句的分析，比如对于"不幸的是苏格拉底死了"和"幸运的是苏格拉底死了"这两个语句都陈述了相同的语句内容。作为语义事实，"苏格拉底死了"可能会成为一个真值条件，但是提出真值条件似乎不能解释这个语句的意义。第三是不能处理特定复合谓词。虽然戴维森大大扩展了进行形式分析的语句数量和类型，但他还是承认我们不能处理掺杂了表达说话者态度的语词，比如，"好""坏"等语句。我们可以改写"约翰在午夜吻了玛丽"这样的事件语句，但对于处理如下复杂语句，就颇为困难。不能将"约翰是个好设计师"改写成"约翰是好的并且约翰是设计师"，戴维森认为我们应该满足于说出这类语句和形式化语句的区别，并对形式化做出某些限制，但斯特劳森认为我们没有任何理由可以将此类语句当作特定语句来处理，而对此类语句的处理困难恰恰说明了真值条件语义学的作用范围是有限的。①

（2）真值条件理论没有对意义提供一般性解释。如果要使得真值条件理论成为一般的意义理论，真值条件就绝不能只是某个具体语句

---

① 值得注意的是，斯特劳森并未纠结于这些反例，因为这些异常的意义情况只是一些边缘情况，在这些例子中，真值条件至少能够对语句的基本的核心意义做出理解和分析。我们可以通过真值条件，或经由真值条件所派生出的相关概念，比如祈使句的依从条件、愿望句的完成条件等，通过对真值条件添加一些其适用于特定语句和具体意义分析的补充理论，解释意义的工作基本上可以得到完成。因此，斯特劳森也将这类问题称为"内在困难"，认为可以通过技术手段的改进得到解决。

的成真条件,而是某一语句类型的成真条件。这里所谓的语句类型,是语言共同体的不同成员,在不同的场合,带着不同的指称目的和交流意向所使用的同一语句,比如"我现在感觉冷",在不同场合说出就会指称不同的主题,表达不同说话者的经验内容。在这种情况下,语句类型的真值就没有一种"自然的应用"的问题,当人们说到这些语句的真值条件,并不是说语句具有某种恒定不变的真值,而是说真值条件理论体现了语句在这些不同的场合和应用中表达了真值的系统变化。因此,真值条件理论要成为某种一般的意义理论,就必须说明真值条件适用于语句类型,而不是单个语句的情况。斯特劳森相信,"除非相信我们有一个关于真理概念的适当的一般性理解,否则的话,我们仍然无法相信,我们有一个关于意义概念的适当的一般理解"①,真值条件理论满足于对具体语句提出成真条件,对于语句的类型关系缺乏一般性考虑,或者说真值条件最多关注了断定形式的话语的逻辑特征,而忽略了更为广泛的非断定类型的话语所具有和反映的逻辑特征。

(3)真值条件理论缺乏彻底性。如果我们将真值条件理解为特定话语与可能事实的相互关联,在不涉及语境条件的情况下,只能给出相互关联的一般情况。斯特劳森认为真值条件论所要求的符合论真理观对于意义理论并不充分,其原因有二:一是关联关系并不明确,纯粹的断真关系不能说出我们的语言行为所应该具有的复杂特征。二是语句本身的行为没有得到全面的反映,比如对于话语的构成语句"我累了"来说,说话者和"累"之间具有某种关系,但是说话者和可能事态"不累"之间似乎也有类似的关系,所不同的是关联的种类不同。说话者可以在具有或缺乏这一事态的情况下说出相同的语句,这也意味着,诉诸真值的情况,不能解决话语的真假问题。因此,斯特劳森认为要解释意义,也必须解释真值条件,唯有如此,我们才能得到全面的一般性的意义理论。我们不能拒绝对真值条件进行解释,否则就只会使"意义概念和真理概念毫无帮助的互相指望"②。

---

① 斯特劳森. 意义与真理. 牟博,译//A. P. 马蒂尼奇. 语言哲学. 牟博,杨音莱,韩林合,等译. 北京:商务印书馆,1998:193.
② 同①195.

第二条路径要复杂一些，在《意义与理解》和《论理解他人语言的结构》中，斯特劳森围绕语言的概念结构与逻辑结构的关系来展开分析。这条路径主要涉及对如下语句的分析：

（1a）John kissed Mary at midnight in the garden.

（1b）There was a event x which is a kissing by John of Mary and which was in the garden and which was in the midnight.

这里，（1a）是一个事件语句，（1b）是戴维森给出的量化事件语句。斯特劳森认为（1b）的问题不仅在于可能被克服的语形方面，也面临语义和语用方面的困难。从现实性方面看，我们能够理解包括（1a）在内的各类无限多样的语句，是由于我们对语言的语法结构或者说结构性特征有着潜在的掌握，但是（1b）所代表的谓词演算系统却并不是日常语言使用者所熟悉的系统，而且在掌握语法结构后，语言使用者没有必要再寻求通过掌握量化系统来构造"双系统"，因此把谓词演算的逻辑系统当作我们理解语句意义的逻辑结构是不现实的。从必要性方面来看，由于我们生活在一个由各类殊相的相互关系构成的时空系统中，物理世界的时空性质决定了任何事件和行动都是在一定的时间和地点上发生，我们对于像"in the garden"和"in the midnight"这样的表达式意义的理解是直接领会的结果，而不是通过构造形式系统进行谓词演算的结果。恰恰相反，（1b）的构造，它与（1a）之间的同义性关系，以及对（1b）进行的更为复杂的谓词演算，都是在理解（1a）的基础上进行的。对于戴维森这样的逻辑学家来说，（1b）的必要性在于通过将事件和行动纳入量化范围，将事件和行动纳入了"本体论承诺"的范围，因而肯定了它们的本体论地位，这也正是戴维森语义学对奎因的标准记法的突破所在，但是，承诺事件本体论地位的代价是将二元谓词"kiss"变成三元谓词"a kissing by…"，改变了kiss的词性，也要求用它的次要用法来代替主要用法。对于斯特劳森来说，日常语言的使用者对事件的本体论地位的承认，可以根据事件发生于时空性的客观世界直接确认，不必以事件语句的可能性来确认其本体论的可靠性。因此，形式语义学根本上是"迫使所有或尽可能多的结构性语义原则放入标准逻辑的框架之内"，但以真值条件、量词、逻辑结构等为要素的分析作为对意义的解释却是不必要的。

如果真值分析是意义的合理维度，那么，真值评价应该如何融入意义理论呢？斯特劳森给出了一个解决真值条件理论的使用条件的一般思路，即真值条件不是语句据以为真的语义条件，而是必须系统地与语境条件联系起来，真值条件也就是简单表达了语句的语境条件，或者说是与语境条件系统地联系着。这样，真值条件就可以说明同一语句类型，如何在不同场合被说出时构成特定话语的一般性条件。在此过程中，我们也不可避免会涉及对会话参与者的目的和意图进行解释，从而有望提出一种彻底的意义解释。此外，由于我们是要对真值条件进行解释，而不是拘泥于对真值条件的形式特征进行刻画和完善，也能有效地避免操作上的必要性和现实性问题。

（二）意义三分说

斯特劳森用语境条件替代真值条件作为意义的形式规定，或者说要求将真值条件解释为语境条件实现"彻底解释"的策略，为进一步指明语境对于意义的重要性铺平了道路。在论文《意义与语境》（1970）和《奥斯汀与施事行为》（1973）中，斯特劳森先后以类似方式勾勒出基于语境依赖程度不同的"意义三分说"，较为明确地阐述了意义概念的外延，也为意义理论的可能布局提供了基本架构。

1. 意义三分说

在斯特劳森看来，对于任何理解特定语言 L 的听话人 A，当他听到语句 S 被严肃说出时，A 要理解 S"说些什么的意义"，他必须理解如下三层意义：

（1）语言意义，亦即意义的 A-涵义（linguistic meaning or sense-A-meaning）。这类意义指的是，如果 A 知道与语言 L 有关的所有语法知识，或至少理解 L 的所有语形规则和语义规则，在不考虑说话者意向和语境条件的情况下，A 按照字面意义知道 S 说了什么。斯特劳森认为考察对 A-涵义理解情况的标志是彻底翻译：如果 A 理解 S，他就能够摆脱 L 的语法规则，将 S 翻译为另一语言 N 的同义语句，新的语句则可以根据 N 的语法和句法表达出来。简言之，A-涵义就是字面意义，理解 A-涵义就是理解 S 的语法结构。但是，此类字面意义的主要用途是为了避免歧义，因而功能相当有限，因为有些语句不诉诸说出条件和说出方式，语形结构很难被彻底理解，另一些语句的语法结构本身带有"结构性歧义"，诉诸字面意义无法判断究竟哪种解释是对的（考虑实例"I stood on my head."）。

（2）指称意义，亦即 B-涵义（linguistic-cum-referential meaning）。这类意义是指当语句 S 被严肃说出时，语句本身不仅具有形式结构，而且明确了具体指称对象和语境要素，这要求 A 在理解字面意义的基础上，结合语句说出的特定语境和说话者意向，说明语句的指称对象以及所有与语境有关的指示性、索引性内容，从而知道 S 的意向内容。要理解指称意义，对语法结构的翻译不再是必要条件，语句与语境的互动成为理解的关键。相对于 A-涵义，B-涵义的重要性在于，某些语句，比如"约翰说他三十分钟后来这里"，听话人字面意义的理解不能解决意向内容是什么，唯有知道约翰是谁，理解状语"三十分钟后"和"这里"的意义，才能知道说话人的意义内容。另外，这些时间和地点完全是根据说出时间和地点决定的，因此索引性内容具有语境敏感性，对语法结构的考察不能对此有所贡献。

（3）完全意义或者说意义的 C-涵义（complete meaning or sense-C-meaning）。这类意义要求 A 解读 S 的说话意向，进而理解语句的施事力量。斯特劳森认为，听话人即使理解了 B-涵义，仍然不能完全理解说话者说出 S 说了什么。这是因为，对于部分语句，A 即便理解了它的指称意义，仍然不理解说话者借助话语表达的事情，比如当说话者说"请先别走"时，听话者即便知道这个语句的说话对象是自己，表达了让自己留下的意向内容，但是语句本身的意向，或者说施事力量还不清楚，说话人有可能表达了命令、要求、建议、恳请或者也可能只是一句出于礼貌的客套话。另一个原因在于：由于斯特劳森扩大了"意义"的范围，将格莱斯的会话蕴涵（conversational implication）纳入"说些什么"的范围，但部分语句的字面意义和蕴涵内容并不重要，说话者往往想要表达某种"弦外之音"或者说是隐喻意义，这都需要通过分析说话者意向才能获得完全的意义。

在内容上，斯特劳森承认 A-涵义提供了所有的语义信息，因此另外两类意义是对语义信息的进一步加工和处理，A 从 A-涵义到 C-涵义的理解过程，是获得更丰富的会话知识的过程。在谈到从 B-涵义向 C-涵义的过渡时，斯特劳森就明言："只有当我们在理解 B-含义的基础上，能够完全理解话语被说出的方式，即说话人希望话语被如何理解，我们才算是完全理解了话语的意义。"① 就语义内容的丰富性而言，斯特劳森列出了下面的表达式：

$$A\text{-涵义} < B\text{-涵义} < C\text{-涵义}$$

但是，语义丰富性并不等同于话语知识的完整性，三类知识在内容上的区别构成了不同意义层次的最明显的特征，但却不是区分意义层次的充分条件和可靠标准。基于话语形式的多样性，内容上的区分不具有必然性特征，存在着多种例外和异常情况。例如 A-涵义与 B-涵义的相互重叠：当说话者说出的语句 S 是表达逻辑真理和物理法则的语句，因而具有极大普遍性和明晰性时，在 A 向 B 的转变过程中，就没有添加新的意义内容。在 B-涵义和 C-涵义之间，也同样有着类似情况，比如奥斯汀的显性施行公式，"我道歉"的施事力量能通过 B-涵义得到完全揭示。因此，不论是否增加新内容，三类涵义所发挥的功能的区分是比较确定的，比如 B-涵义确认指称，C-涵义理解施事力量。这才是区分三类意义的根源。

三分说的另一个更为关键的问题是考察语境是否影响听话人对各类意义的理解，如果确实产生影响，就需要说明影响的作用机制和限度。对 A-涵义来说，它与语境之间无明确关系，避免歧义通常需要诉诸对语法结构的考察。但 B-涵义对语境有一定的依赖性，除法则语句外，指称意义一般需要在语境中确定。对此，斯特劳森的态度相当明确：

当我们考虑如何决定 B-涵义时，除了某些被"理想语言"冲昏头脑的逻辑学家，我们都会认为，那些由 B-涵义在 A-涵义基础上所添加的意义内容，对于语言的或非语言的语境的依赖，不仅不是语言交流的某种缺陷，而且恰恰构成它的关键特征。此外，任何表述自然语言的语义规则的陈述，如果它不包含这种说明语境依

---

① P. F. Strawson. Austin and "Locutionary Meaning" //Entity and Identity and Other Essays. Oxford: Clarendon Press, 1997: 194.

赖性的语义规则，那它肯定是不完整的。①

斯特劳森进一步指出，指称意义对语境的依赖，无论如何都不能总是与自然语言中的话语的规则联系在一起。在具体语境中，当S说出一个包含了像"约翰"这种专名的语句时，A不能通过使用英语中的具体语言规则确认指称，从而知道约翰是谁。但是，"约翰"作为专名符号履行指称职能，需要借助其他一些特定规则（如描述意义）。总体来说，斯特劳森认为，"对于消除A-涵义的知识和B-涵义的知识之间的鸿沟来说，语境只是局部，而非完全受到语言规则的约束"②。

与B-涵义相比，语境对于理解C-涵义有着更为重要的作用，它是在B-涵义和C-涵义之间"闭合鸿沟"的关键因素。因为在自然语言中，我们没有任何规则系统可资利用。A要理解说话者意向和话语的施事力量，借助意向内容是远远不够的。A对话语及其力量做出"理智评价"的过程，实际上是"读解约定"的问题。语境作为话语的背景设定，为A理解S的意向和话语力量提供暗示，它实际上也充当了超越语言意义的语用条件。因此，语境对于理解C-涵义的影响虽然更为关键，但其作用过程与语言规则没有直接关系。

2. 意义理论的布局

《意义与语境》的另一个重要作用是为我们勾勒斯特劳森对意义理论的基本架构提供了必要的文献依据。我们以之为契机，结合其他相关文献，大致可以对他的意义理论做如下概述：

第一，意义理论的基本原则是"实践优先"。我们知道，在与奎因的争论中，斯特劳森强调了"实践优先"的基本意义原则。在《意义与语境》中，斯特劳森进一步强调，能否完全列出所有A-涵义的理想词典是颇为可疑的，即便语法学家能够给出这样的词典，语句或者表达式在特定语境中所具有的C-涵义会超越甚至违背A-涵义的语义范围，以派生用法的方式传递延展涵义（extended sense）、比喻涵义（figurative sense）、与字面意义不同的意义甚至是错误涵义（different or in-

---

① P. F. Strawson. Meaning and Context//Entity and Identity and Other Essays. Oxford: Clarendon Press, 1997: 218.

② 同①218-219.

correct sense)。当作为 C-涵义的"蕴涵"与 A-涵义发生分歧或矛盾时,斯特劳森认为我们有两种解决方案:一种是承认负载完全意义的派生用法已经在理想词典中"登记在册",从而保留理想字典,但这要求我们承认字典对意义的扭曲和错误表述,接受字典中同一表达式相互矛盾的意义,字典作为用法和意义汇编的作用也就不复存在。更重要的是,字典不可能在语言使用者说出和理解相关派生用法之前,将这些不符合字面意义的用法和涵义作为语言资源记录下来。因此,这是一种不切实际的选择。斯特劳森本人比较倾向于第二种方案,即在两类意义发生冲突时,我们肯定延展意义的异常性质,将其作为新的意义解释加入字典,或以之为根据对字典进行修订。在此情况下,斯特劳森要求"字典遵从理解"[1]。

第二,意义理论是对"理解"的描述或解释。对于意义理论要处理的基本问题,斯特劳森在《分析与形而上学》的"意义与理解"一章直言不讳地指出:意义问题是一个"自然的问题"[2]。在他看来,虽然我们只是曾经读过、听过或者用过相当有限的语句和语句组合,但我们却可以预先知道无限多的语句或语句组合的意义。我们能够理解听到或者读过的内容,能够构造或者说出新的语句,也理解我们自己在说什么。换句话说,对于语言的理解来说,我们确实已经理解了语言,也掌握或者潜在地理解其背后的结构,意义理论的任务就是揭示我们的理解,将潜在结构变成一种明晰的、可以用于构建广泛概念框架之普遍结构,而这恰恰构成了意义理论的最重要内容。

第三,意义理论是结构语义学(structural semantics)和交流意向论的叠加。驳斥以奎因和戴维森等人所代表的真值条件语义学是斯特劳森在意义领域最为重要也最为引人注目的工作。但我们已经看到,对于如何应对被他称为"形式语义学"(formal semantics)的挑战,建立反映牛津哲学风格的意义理论,斯特劳森在两个主要文本中提出了两类不同的理论路径。在《意义与真理》中,斯特劳森认为与戴维森式语义学针锋相对的意义理论是以奥斯汀、格莱斯以及他本人所主张的交流意向

---

[1] P. F. Strawson. Meaning and Content//Entity and Identity and Other Essays. Oxford: Clarendon Press, 1997: 221.

[2] P. F. Strawson. Analysis and Metaphysics. Oxford: Oxford University Press, 1992: 106.

论,该理论以强调说话者、语境和说出方式,尤其是强调交流情境和交流意向为主要标志(详见第一章)。在《意义与理解》中,斯特劳森提出了另一种基于对语言进行结构性解释的意义理论,该章节的副标题"结构语义学"则较为准确地概括了这一路径。

这里,在确定意义理论的两种版本或分支之后,说明这两种意义理论之间的相互关系就显得尤为必要。实际上,斯特劳森的两类意义理论分别对应的是意义三分说的两层意义——A-涵义和C-涵义。由于将"蕴涵"纳入"说些什么"的范围,斯特劳森无疑走向了意义的"宽内容"。与此同时,斯特劳森也强调,"在语言意义和完全意义之间的区分仍然有着极为关键的重要性"[①]。虽然两层意义之间的边界并非泾渭分明,可能相互重叠,甚至会随着人类语言能力的发展而有所滑动,但语言意义和范围更广阔的交流意义之间的区分却并不会因此消弭。根据意义理论处理意义内容的方式和三分说中不同意义层次的内容,一个大致不错的推论是:斯特劳森意义理论的两条路径应对的是三分说的不同意义层次的语义内容,其中,结构语义学旨在通过考察A-涵义发现语言意义的结构特征,而这种结构特征在自然语言中就是语法结构;C-涵义旨在通过考察"语境中的意义"发现语言意义在交流情境中表达和传递意向的使用方式。两类意义理论归于一处,结构语义学和交流意向论叠加,构成了一个较为完整的意义理论。由此,斯特劳森有关意义理论的基本布局大致如下:

表1-1 意义理论的基本类型及层次

意义类型	意义理论的层次
A-涵义(语言意义)	结构语义学
B-涵义(指称意义)	指称理论
C-涵义(完全意义或交流意向意义)	交流意向论

到此为止,我们已经基本描述出了斯特劳森的意义概念和意义理论的基本图景。其中,结构语义学的目的是揭示"整体意义"(unitary meaning)。作为涉及有关语法形式的结构语义学,相当程度上涉及对本

---

① P. F. Strawson. Meaning and Context//Entity and Identity and Other Essays. Oxford: Clarendon Press, 1997: 216.

体论的讨论，已经不属于纯粹的语言学问题，且与当前所要讨论的"指称如何实现"没有直接关联，我们将这部分留待后文另作阐释（参见第五章），但这里我们还是有必要了解一下结构语义学的基本目的，以便对斯特劳森意义理论的整体风格有更全面的认识。维特根斯坦的经典表述认为，"一个词的意义就是它的用法"①。按照这种理解，了解一个词的意义，也就是要了解它的用法。为了充分展示意义（用法）的复杂性，维特根斯坦倾向于展现"语言游戏"的多样性，从而在揭示各类用法之间"家族相似"的复杂关系的同时，达到"驱散语言中的迷雾"的治疗性目的。对于维特根斯坦的这一理解，斯特劳森是不予认同的。在他看来，上述意义-用法公式恰恰忽略了意义一词的用法，至少对意义在日常语言中的自然位置没有做出足够清晰的解释，因为在日常实践中，我们并不将意义和用法当作一回事。斯特劳森认为，维特根斯坦的前述经典论述应该表述为："在哲学研究中，即便你想知道的是用法，你也不可能对意义一无所知。"② 换言之，意义是用法能够得到辩护的必要条件。如果意义不等于用法，作为理解语言意义的语义学理论该如何展开呢？斯特劳森认为，我们在描述用法之余，应更加关注整体意义与包括说话者的意向和目的等语言外部条件，因为"这些表达式拥有某种整体意义，它们的那些引起哲学兴趣的用法的多样性和用法条件，可以被解释为整体语言意义与语言行为的主要目的，也是言说情境彼此互动的结果"③。因此，意义理论的目的不能拘泥于用法的描述，而是要通过"清晰展示概念"来把握整体意义。

（三）交流意向论

如果我们将意义的C-涵义当作语言交流中使用的表达式在特定语境中所具有的意义，亦即"使用中的意义"，那么被称为"语用的语义学"的意义理论需要解释的就是抽象层次的"意义"在会话过程中的表现形式、参与会话交流的方式，以及特定表现形式所接受的功能指派，

---

① 维特根斯坦. 哲学研究. 陈嘉映，译. 上海：上海人民出版社，2005：43.

② P. F. Strawson. Wittgenstein's Philosophical Investigations//Freedom and Resentment and Other Essays. Routledge，2008：149.

③ P. F. Strawson. Meaning and Content//Entity and Identity and Other Essays. Oxford：Clarendon Press，1997：229.

并解释此种表现方式和功能的理论来源。斯特劳森作为牛津日常语言哲学鼎盛时期相对年轻一辈的哲学家，在这个领域没有盲目追求原创性，而是尝试依据格莱斯的交流理论修正和拓展奥斯汀的语言行为理论，发展出一种既能说明会话意义的约定主义本质，又能解释语言约定参与会话交流的方式以及约定本身来源的交流意向理论。

1. 非自然意义的意向结构

我们先来看斯特劳森对意义的表现形式的讨论。与支持意义的"使用理论"的哲学家一样，斯特劳森也接受了奥斯汀"说话即是做事"的语言行为理论，且试图在此框架内说明"语境中的意义是什么"。在奥斯汀看来，说出话语的行为不仅是以特定方式说出语句的言语行为（locutionary act），而且是"以言行事"的施事行为（illocutionary act），斯特劳森对语境中意义的阐述相应地以明确施事行为的性质为起点。

在《如何以言行事》中，奥斯汀强调施事行为作为"我们通过说出某些事情时做出的行为"[①] 具有某种约定性力量，并认为约定性质是施事行为的根本特征。他说："施事行为甚至话语行为都包含约定。"[②] 如果没有这些约定，施事行为就不能被看作"在说话中做事"的语言行为。对于任何施事行为，如果要求听话者达成理解（secure uptake），就要求话语附带施事力量（illocutionary force），而约定恰恰是提供这种特定话语力量的规范性条件。然而，究竟什么是约定呢？奥斯汀对此语焉不详，在某些场合，他认为约定是存在语言之外的社会性规范，比如判决、婚礼等仪式性行为或礼貌性行为等，都是遵从既有社会规范的结果。除了这种明显具有"约定俗成"色彩的施事行为外，其他施事行为作为约定行为的标准可被化约为显性施行公式，比如表示道歉的"我很遗憾"（I am sorry that）可以化约为更正式的"我道歉"（I apologize that）的形式。

斯特劳森既不同意奥斯汀将所有施事行为当作约定性的，也不认同将约定当作社会性约定。在论文《语言行为中的意向与约定》中，斯特劳森认为要讨论施事行为的性质需要借助格莱斯所提出的"非自然意义"（non-natural meaning）概念以及他为解释这一概念对意向结构的

---

① 奥斯汀. 如何以言行事. 杨玉成，赵京超，译. 北京：商务印书馆，2013：103.
② 同①101.

刻画。根据格莱斯的区分，"意义"概念实际上包含了两类不同的"意义"：一类是通过字面意义或符号意义传递的自然意义，另一类是表达了说话者意向，通过对表达式在具体语境中的使用所传达的相对的"非自然意义"。与通常认为自然意义可以被当作标准意义的看法不同，格莱斯认为非自然意义才是"更为基本的概念"①。我们只有将自然意义还原为非自然意义，进而还原为说话者意向，意义概念才能得到彻底解释。格莱斯明确了作为对非自然意义解释项的意向的内在结构，即当说话者 S 通过说出话语 x 对听话人 A 非自然地意味着某事时，S 的非自然意义必须满足如下条件，或者说 S 必须持有以下意向：

（1）S 想使 A 做出反应 r。

（2）S 想使 A 确认（1）。

（3）S 想使 A 对（1）的确认成为他做出反应 r 的全部，或至少部分的原因。

斯特劳森有所保留地接受了格莱斯的非自然意义概念及作为解释项的意向结构。一方面，在交流会话过程中所使用的表达式并非必然是字面意义，而且，按照意义三分说，A-涵作为避免歧义的结构性意义，本身不能也不足以成为适当的交流工具，必须通过语义机制进行转换才能保证字面意义能够以适当方式对会话有所贡献，因此斯特劳森将非自然意义作为交流意义加以接受。另一方面，斯特劳森认为格莱斯的意向结构并不充分，表达说话者说话意向（以下简称"说话者意向"）的"使 A 做出反应 r"不能保证 S 说出的话语意向是交流意义，在特定情况下 S 以满足（1）（2）（3）的方式说出 x，却并没有真正参与会话交流。更重要的是，仅仅表明说话者意图不能对非自然意义做出完整解释。当 S 说出"不许动"（do not go）时，A 听到语句并确认意图［满足（2）］，在原地不动［满足（1）］，并且是因为听到这个语句而不移动［满足（3）］，我们仍然不能确定话语"不许动"是表达了命令、恳求还是要求。在此情况下不仅说话者的意向没有得到全面反映，语句的功能也没有得到说明，因而 S 说出 x 的非自然意义没有得到彻底解释。斯特劳森提议在条件（1）（2）（3）的基础上增加新的条件：

---

① Paul Grice. Meaning. Philosophical Review，1957，66（3）：381.

(4) S 想使 A 确认（2）。

我们可以将作为深层意向或者更复杂意向的（4）称为交流意向，以区别于作为说话者意向的（2）。斯特劳森虽然承认这个条件仍然不足以成为分析非自然意义的充分条件，但至少构成了理解 S 的非自然意义的必要条件。而且，交流意向为将交流理论和语言行为理论结合起来提供了理论支点。因为交流意向不仅对于分析非自然意义必不可少，而且对于交流意向的解释就意味着对说话者的话语的整体分析，也就不可避免构成了奥斯汀意义上的"达成理解"的解释条件，进一步地将达成理解与交流意向相联系，意味着"我们至少找到了对'施事行为'和'施事力量'进行至少是局部分析的可能起点"①。

具体来说，引入交流意向的一个重要的解释作用是对"显性施行公式的普遍的可能性和作用提供演绎的说明"②。斯特劳森提供的这个说明大致如下：对于任何参与交流会话的说话人，他都不仅对自己的交流意向有着第一人称权威，而且为了从听话者那里获得适当反应，他也有公开交流意向的动力和责任。要使公开交流意向成为可能，说话者需要知道或者找到表达意向的语言手段，而一旦存在这样的具有约定性的语言手段，说话者就有权利和动力对之加以应用。斯特劳森认为显性施行公式是能够明确话语力量的语言工具，它的作用是通过一种准评价的方式对语句施加力量，一个包含施行公式的语句可以被看作对具体意向内容的评价，其功能也并非将说话者意向进行归属，而是通过一种更简洁、更方便的方式公开意向。这一点通过（2）和（4）的对比能得到清晰的说明。作为"对确认意向进行确认的意向"，（4）是脱离了具体意向内容和话语的表达式意义的一个更为普通的意向，比如请求、警告等，一定程度上它可以看作对（2）的意向内容的概括，是涵盖了具体意向内容的意向类型，而显性施行公式可以被看作公开意向的方便手段，它们所表达的恰恰是某个意向类型（比如"我警告你"就表达了"警告"的意向类型），因而显性施行公式不仅是表达施行话语的方便模型，将其他表达式转化为或者为其添加显性施行公式，也能够说明通过

---

① P. F. Strawson. Intention and Convention in Speech Act//Logico-Linguistic Papers. Aldershot：Ashgate，1964：121.

② 同①123.

说明意向类型来说明施事行为具有哪种施行力量。

引入交流意向的更重要的目的是明确施事行为在遵守约定方面的不同。根据交流意向即条件（4）参与会话方式的不同，斯特劳森认为奥斯汀所谓遵守约定的施事行为实际上是以两种不同的方式遵守约定。在第一种情况下，说话人有责任公开意向并从听话人处获得适当反应，他通过使用包括显性施行公式在内的适当语句，将包括说话者意向在内的交流意向传递给听话人，使后者也根据对交流意图的读解做出适当反应。在另外的情况下，比如法官的判决和主持婚礼等，社会约定作为制度性策略对于说话人传递意向有着更重要的作用，这类行为的施行只是对约定的进一步实践，无须考虑将交流意向作为说出话语的必要条件和根本目的，也不必考虑听话人对说话者意向的读解和可能反应。斯特劳森认为，包含交流意向的施事行为，由于不涉及既定社会规范，因而在奥斯汀要求遵守社会约定的意义上是"本质上非约定性的"。斯特劳森进一步强调了意向在考察施事行为过程中的核心地位，在他看来，如果将交流意向和说话者意向都当作某种"指向听话者的意向"，那么，将这种意向当作公开的、可言说的意向，当作有待确认的意向，就是两类施事行为的共同要素。换言之，所有施事行为都是意向性行为，区别在于将传递条件（4）包括在内的言语行为是完全意向性的，而后者则满足于仅仅传递说话者意向，因而是局部意向性的。

2. 会话意义与语言约定

与对语言行为理论的广泛接受一样，批评奥斯汀"施事行为是遵守约定的行为"的教条，要求对不同施事行为的类型做出区分，在支持语言行为理论的哲学家们中间也同样普遍。米利肯（Ruth Garrett Millikan）指出了将施事行为区分为两个对应类的不同维度。[①] 其中，第一个维度是意向维度，他认为以此为依据进行区分的代表性哲学家是斯特劳森；第二个维度是以塞尔为代表的以根据语言约定的范围所做的区分，按照这种区分方法，施事行为可以区分为仅仅包含社会规范的施事行为与同时包含了社会性约定和语言约定的施事行为。我们已经看到，在斯特劳森对施事行为性质的讨论中，意向尤其是交流意向占据着核心

---

① Ruth Garrett Millikan. Proper Function and Convention Speech Act//Lewis Edwin Hahn. The Philosophy of P. F. Strawson. Chicago: Open Court, 1998: 25.

地位。那么，斯特劳森按照意向性维度所做的区分，是否能够体现塞尔意义上的某些类似语言学特征呢？更具体地说，斯特劳森认为"本质上非约定性的"施事行为，是否在传递交流意向过程中遵守了其他约定规则，从而可能是约定性的呢？目前这个问题的合理性在于：一方面，无论是以指向听话者的意向的功能还是以语言约定的范围作为标准，两类区分都是要对奥斯汀所论及的两类明显不同的施行行为——作为遵守社会约定的行为和并非明显遵守社会约定的行为进行区分。从结果来看，两条标准也基本都能将婚礼、判决等行为和能够给出显性施行公式（比如，我警告你——）划入不同行为类型。因此，我们有在这两条标准之间寻找契合性的事实依据，从这一依据出发，合理的推断也会认为包含了条件（4）的彻底的意向性施事行为应该是，或者至少很可能是一个遵守语言约定的行为。另一方面，要说明语言意义在会话交流中的表现方式，弄清施事行为对语言约定的关系也至关重要。斯特劳森对于施事行为的约定性质与语言约定之间关系的理解，涉及如下三个问题：一是说明意义是否构成了独立的特殊约定种类；二是如果将语言意义接受为特定约定类型，施事行为是不是遵守意义约定的行为；三是需要明确两类约定行为之间的关系。

第一个问题的答案相对明确，在论文《论指称》中，斯特劳森已经对意义做了功能主义的解释。他说："提出语词的意义，就是为了把这个语词使用于指称或者提到一个特定对象或特定的人而提出一般的指导。提出语句的意义，就是为了把这个语句使用于勾出某些真的或假的论断而提出一些一般的指导。"[1] 进一步地，"意义是谈论在所有的场合下正确地用于指称或者断定时所遵循的那些原则、习惯和约定"[2]。概而言之，意义是"提供一般指导"的"约定"。

对于第二个问题，斯特劳森的答案颇有些反复。首先，斯特劳森一般性地承认存在遵守语言约定的特定施事类型，对此他有一个极为关键的论述：

（奥斯汀可能会说）我们必须诉诸语言约定来确定在说出话语

---

[1] P. F. Strawson. On Referring//Logico-Linguistic Papers. Aldershot：Ashgate，2004：7.
[2] 同[1].

时我们实施了何种言语行为，以及确定话语的意义是什么。我们面前的这个观点是一个进一步的观点，即当力量没有被意义所穷尽时，话语有未被穷尽的力量这个事实是个约定问题，或者，当力量被意义穷尽时，话语有可以被意义穷尽的力量是另一个约定问题。①

这里，斯特劳森经由赞同性地推测奥斯汀的观点确认了两类不同"约定问题"，从而确认了遵守语言约定的施事行为作为独立施事类型的地位。但是，斯特劳森所认定的遵守语言约定的行为类型相当有限，唯有像"我承诺"这样的显性施行公式因为"力量被意义穷尽"才是遵守语言约定的行为。与此同时，对像"我承诺我会来"这种由普通语句加上施行公式的语句，一方面，斯特劳森承认，由于施行公式的存在，它们是局部遵守规则的；另一方面，他坚持认为："在这些情况下，施事行为本身不是一个约定性行为，对任何施事行为的施行也并没有遵守规则——当我们仅仅谈到语言手段作为约定手段时，语言行为遵守规则的程度完全取决于语言的约定性手段穷尽意义的程度。"② 在对米利肯的回应中，斯特劳森也坦承："对于我们是通过使用显性施行公式将施事行为本身变成完全而彻底的约定行为，还是说我们只是在做出施事行为的过程中利用了语言性的约定手段，我（和米利肯）当时并没有对此做出明确区分。"③ 斯特劳森随后从保证"达成理解"的结果出发，认为不仅像带有"telling that""asserting that…"等语形结构的语句是约定性的，而且包括"I warm you that…"等其他施行句式可以在听话者那里表达确定的施事力量，本质上也是遵守语言约定的行为。非常明显，这类施行语句和施事行为在遵守约定的程度上打了折扣。但是，由于为普通语句增加显性施行公式，或者将非显性施行语句改写为显性施行公式总是可能的，因此，包含交流意向［包含条件（4）］的施事行为总体上可以被认为是遵守语言约定的行为。

---

① P. F. Strawson. Intention and Convention in Speech Act//Logico-Linguistic Papers. Aldershot：Ashgate，2004：117.

② 同①126.

③ P. F. Strawson. Reply to Millikan//Lewis Edwin Hahn. The Philosophy of P. F. Strawson. Chicago：Open Court，1998：45.

对于第三个问题，斯特劳森强调语言约定的基础性和独立性，认为遵守明确社会约定的施事行为是人类语言交流的重要组成部分，在存在社会约定的领域，社会规则发挥着比交流意向更为重要的作用，像宣判这样的施事行为本质上是依赖社会既定的制度性策略进行的语言行为。但是，遵守社会约定的施事行为不是交流行为的全部，也不构成最为基本的交流类型，而且社会约定本身就是"在意义约定之上的另外的既定约定策略"①，或者是"具有重要作用的额外要素"②。这也就意味着语言约定是更为基本的约定类型，而遵守语言约定更是语言行为的一种普遍现象，斯特劳森强调，"实施任何语言行为都至少包含了遵守和利用语言约定"③。以此为基础，社会约定只是附着于语言约定之上的约定，而且其适用范围相当有限。另外，当不存在一般的或者普遍的社会约定时，语言意义或者说语言约定就构成了施事行为的约定，并成为施事力量的关键。比如当有人在溜冰场上通过大喊"那边冰很薄"施行施事行为，所有溜冰者将该语句作为一个警告，其原因除了说话人所在的溜冰场和大家都在溜冰这些作为背景的情境之外，最重要的是话语本身所带有的施行力量给出了警告，而不是由于遵从了某种一般的作为警告的约定原则。斯特劳森甚至认为，"话语的施事力量没能被它的意义穷尽时，我们也不能将其指派给除了意义之外的其他任何约定"④。换言之，即便在缺乏社会性约定的地方，仍然有语言约定发挥作用。

对于这两类约定之间的关系，塞尔说得更加清楚。他将规则（rule）区分为规约性规则（regulative rule）和构成性规则（constitutive rule）。前者是对先在于或独立于规则的既定行为进行规范、说明和评价的规则，典型形式是"Do X 或者 If Y do X"；后者即构成性规则是"使游戏成为可能"的规则，经典形式是"X counts as Y in context C"，它不仅规范着，而且也构成了各种新的语言行为的必要条件，而这些行为逻辑上也依赖于规则。塞尔进一步认为，"语言结构可以被看作一系列深层构成性规则的约定实现，由此语言行为的典型施行方式就

---

① P. F. Strawson. Intention and Convention in Speech Act//Logico-Linguistic Papers. Aldershot：Ashgate，2004：117.
② 同①129.
③ 同①.
④ 同①118.

是以符合这些构成性规则的方式说出表达式"①。而像承诺这样的行为，在塞尔的语境中就是"在某种语境中说出如此这般的表达式被当作做出承诺"。因此，语言行为就是不同于作为自然进程的基本事实（brutal fact），而是负载人类的交流目的的制度性事实（institutional fact）。塞尔强调兼具规范性和生产性的构成性规则不仅不可或缺，而且发挥着更为关键的作用。由于斯特劳森没有区分规则和约定，或者说将两者当作同义词进行替换，那么根据塞尔的思路，可以得出一个斯特劳森本人会赞同的推论：语言结构是语言行为这种制度性事实的构成性条件，语言的结构性意义（A-涵义）是语言行为得以可能的基本条件，同时它也是施事力量的来源；社会性约定是独立于语言行为的规约性规则，它是在既有语言行为进行规范、评价和描述的有效工具。

3. 意义约定的发生学描述

到目前为止，我们已经大致说明了施事行为，或者更广泛地说语言行为是遵守语言约定的行为，语言意义作为约定为语言行为附加了约定性质。但是语言约定如何赋予施事行为约定意义，从而使它具有约定性施事力量呢？鉴于我们在上述分析中主要通过显性施行公式或施事词来进行论证，这里我们也继续延续这一路径，通过说明施行公式为施行话语执行施事力量的方式说明语言意义发挥约定意义的方式。

在斯特劳森看来，虽然区分了"意义"和"用法"，但奥斯汀在语言行为三分说框架中对作为"意义"同义词和"施事力量"对应词的"言语意义"的阐释并不明确。根据意义三分说，斯特劳森在《奥斯汀与"言语意义"》中为"言语意义"提供了三种可供选择的解释：

解释 1（interpretation 1）
言语意义＝B-涵义。
（理解言语意义就是理解包括了 A-涵义的 B-涵义，理解施事力量就等于理解包含了 B-涵义的 C-涵义。）
解释 2（interpretation 2）

---

① John Searle. Speech Act: An Essay in the Philosophy of Language. London and New York: Cambridge University Press, 1969: 37.

言语意义＝A-涵义

（理解言语意义等于理解 A-涵义，施事力量是包括了 B-涵义的 C 涵义。）

解释 3（interpretation 3）

〔言语意义＝话语内容（A-涵义的类似物）＋话语类型。〕

奥斯汀通过言语意义想要表达的是我们在"说些什么"的过程中通过言语行为所传达和呈现的语义内容。虽然解释 1 和解释 2 都是根据奥斯汀的某些论述做出的，但也都会因为奥斯汀的其他论述而显得不那么可靠。以解释 2 为例，如果我们将言语意义当作 A-涵义，那么奥斯汀的言语意义并不涉及有关语法结构的结构性意义，因而只是借去了 A-涵义中结构性要素的更为稀薄的"符号意义"，同时，"说些什么"的内容包括了指称表达式，因而部分地要求将 B-涵义纳入进来。如果我们将奥斯汀的言语-施事区分当作他有关记述-施行区分的进一步细化，那么言语意义就类似于弗雷格意义上的"思想"（thought）。但是，言语意义的这个相对清晰的概念仍然是不完备的。由于弗雷格的思想是表征了内涵对象的抽象存在，如果我们将表示逻辑关系的联结词"因此""但是"等加入被说出的话语，就会面临相同思想表达了不同言语内容的不利结果。而且，思想作为概念内容是确定的断真对象，但断真却并非我们评价言语意义的普遍维度。因此，这种主要以包含了传统意义上的"指称"和"意义"的作为内容的话语意义概念就不能被放入弗雷格的"思想"概念之中。

斯特劳森比较倾向于解释 3。因为按照奥斯汀的基本区分，言语行为除了包括发音行为和发语行为两个基本层次，还包括"以带有确定涵义和指称的方式使用词汇"的发言行为（rhetic act）。[1] 与前两个层次分别要求发出声音（发音行为）和以符合语法的方式使用特定词汇"发出特定类型的声音"（发语行为）不同，发言行为更强调以特定方式，比如断定、命令、请求等说出语句，也就是更加关心言语行为的话语类型。因此，"知道'说些什么'的言语意义，包括了知道有关说些什么的最低意义-指称内容，也包括知道通过说些什么施行了何

---

[1] 奥斯汀. 如何以言行事. 杨玉成，赵京超，译. 北京：商务印书馆，2013：93.

种发言行为"①。换句话说,作为言语行为所表达命题内容的言语意义,包括了作为语句基本内容的意义和指称以及明确语句说出方式的话语类型。

将发言行为作为言语意义所表达命题内容的必要成分,对于说明话语行为的约定性质意义何在呢?对于言语意义来说,强调"说出方式"的话语类型作为意义内容的部分,使得所说出的语句总是具有特定施事力量。当约翰以承诺的方式说"我会来"时,约翰做出"承诺"这一施事行为的言语意义所表达的命题就是"约翰许诺他会来"。这里,以许诺的方式说出语句,或者说作为语句"我会来"的说出方式的话语类型"承诺",赋予言语行为某种做出承诺的力量,从而进一步使得以"承诺"的方式做出的言语行为成为做出"承诺"的施事行为。概而言之,作为话语类型(as a specific utterance type)就类似于"以……的方式说出"(by way of)或者"带有……的施事力量"(with the force of)。②施行特定施事行为也就类似于带有特定力量说出适当的语句。

按照上述分析,如果言语意义是通过明确话语类型的方式将言语行为转化为带有施事力量的施事行为,并就此限制和影响施事力量,那么,通过将所有施事语句化约为显性施行公式,或通过为它们增加明确话语类型的意义元素,我们至少能说明为何显性施事公式是约定性的。因为"我道歉"中的"道歉"规定说话方式的话语类型,整个公式是表达话语类型的语句,公式的言语意义(以道歉的方式说出)和施事力量(表达道歉)的语义内容完全重叠,由此显性施行公式就是一个完全由语言约定决定的施事行为。同样地,我们也能够以相似方式说明一般性施事行为为何是局部约定性的。

但是,当前的这条论证路径虽然不违背斯特劳森的本意,却有着明显的缺陷:第一,是否所有施行语句都可以化约为显性施行公式,或者可以为所有施行语句添加规定说话方式的话语类型,这一点并非无可争议。第二,上述论证的论证力量有限。话语类型对施事行为及其施事力量的限制相对有限,在不使用显性施事公式的情况下,不能完全说明施

---

① P. F. Strawson. Austin and "Locutionary Meaning" //Entity and Identity and Other Essays. Oxford: Clarendon Press, 1997: 201.
② 同①207.

事话语的约定性质。即便说明了"我承诺"的施事力量,我们仍然不能确定表达最低指称-意义的言语内容"我(约翰)会来"是否同样会施加施事力量。根据常识性的语言直觉,此类话语必然会在施事行为中接受功能指派,而前述分析则无法解释这部分言语意义的约定性质,甚至完全忽略了其话语功能。因此,要完全说明语言意义的约定性质,以及约定意义发挥作用的方式,我们需要一个更具普遍性的论证。

在论文《意义与真理》中,斯特劳森重拾交流意向概念,通过讨论交流目的与规则和约定的优先性问题,在说明交流意向作为意义理论的初始概念的同时,为语言意义及作为语言意义的规则和约定提供了发生学解释,说明了"约定从何而来"的问题。

在不对"语言意义"概念做出假设的情况下,我们已经知道,说话者说出表达式是要公开意向,听话者则是要理解意向。意向交流不必以语言意义为媒介,而且对语言意义的理解不是理解意向和说话者意义的关键,而只是在解释说话者意义的过程中附带地得到解释。因此,语言意义实际上服务于意向的交流和传递。从交流过程看,言语意义也不是必需的,一方面,说话者表达意向的方式,不必一定是出声(vocal)的话语,也可以是一个手势、一幅图画或者以某种方式移动或放置对象等非出声的话语,说出话语并不等于必须说出语句。换言之,作为语言意义载体的表达式并非必不可少。另一方面,即便是在说话者说出表达式的情况下,说话者意义也不等于语言意义。如果我们把说话者通过表达式"说些什么"或所意味的"某些东西"当作表达式的语言意义,说话者说出表达式的意向可能是要听话者相信某个命题 P,也可能是让听话者完成某个行为 A。在前一种情况下,听话者理解了命题 P,确实也就理解了说话者的意图;后一种情况下,听话者在理解话语的情况下,如果不做 A 的决定,他就不能算是理解了说话者意图。由此,斯特劳森认为交流意向概念相对于语言意义概念更为原始,也更为重要。

接下来的问题是,我们如何根据说话者意义来分析语言意义?如果我们根据句法和语义的规则来谈论意义,那么对初始的交流境况的刻画就必然以约定和规则的语用目的作为分析基础:"这些规则是用来交流的规则,说话者可以通过遵从这些规则而达成目的,实现其交流意向,这也正是规则的本质特征。这也就是说,这些规则允许被用于这种目的，这不只是一件偶然的事实，更确切地说，只有把所论及的那些规则看作是可以达成目的的规则，才能理解这些规则的性质。"① 这也就意味着，语法规则和语义规则的交流性特征，构成了规则的本质特征。甚至，我们可以把整个语言系统看作帮助我们实现交流意向的规则系统。但是，要说明复杂交流意向与可供选择的语言手段之间的关系，必须根据前约定的交流概念来说明交流约定的概念。换句话说，就是要根据交流情境的基本情境，来说明语言意义。斯特劳森由此给出了语言意义的发生学描述。在他看来，作为规则和约定的意义形成至少要经历如下四个步骤：

步骤一：前约定交流。某个说话者 S 有特定的复杂交流意向 I，他通过说出意味 P 的话语 x，特定的听话人 H 根据某个理由 R 将 x 理解为 P，从而理解 P 的意图 I 且使 I 得到实现。

步骤二：再次交流。如果说话者 S 和听话者 H 再次遇到相同的意向交流难题，S 再次说出话语 x，听话者 H 根据相同理由 R 理解 x，理解并实现说话者意图 I，话语 x 就成为听话者 S 和说话者 P 之间的一个具有约定意义 P 的语言工具，x 意味 P 就成为一个原初的意义约定。

步骤三：共同体之间的交流。交流情境从 S 和 H 扩展为某个语言共同体 U，如果 U 中的所有成员在说出意向 I 时都会说出话语 x，而听到 x 的成员都会以理由 R 理解并实现交流意向 I，语言共同体 U 中的成员就是在按照约定进行交流。x 约定地意味 P 成为公共的有关某类话语的意义约定。

步骤四：共同体的系统交流。将 x 由代表单个话语变为具有结构特征的特定话语类型。

由于前约定的话语 x 不具有语句的复杂结构特征，但话语类型具有语言结构与语言系统的基本特征。我们将单个话语 x 替换为代表话语结构的话语类型 X。X 的语言结构使得它有着下面的复杂性：如果 X 在共同体 U 中得到一次成功交流，那么当 X 的一部分在其他场合被改变的情况下，X 仍然可能达成成功交流。如果 X 能够再次获得成功交流，我

---

① 斯特劳森. 意义与真理. 牟博, 译//A. P. 马蒂尼奇. 语言哲学. 牟博, 杨音莱, 韩林合, 等译. 北京：商务印书馆, 1998：186.

们就可以说，有关话语类型 X 有一个初步的约定系统，或者说 x 系统地约定意味 P。

斯特劳森进一步指出，意向交流的具体情况无限复杂，这对初始的约定系统造成压力，系统又会在语言实践的压力下不断进行修正、补充和发展，从而满足交流意向的实际需要。概括而言，"初始的交流意向和成功促使出现一个有限的约定性的意义系统，这个系统使得自身的丰富和发展成为可能，而这种丰富和发展本身又使思想的扩大以及交流需要的扩大成为可能，以至于再一次对现存的语言手段造成压力"①。由此，斯特劳森就说明了初始的交流意向如何孵化出作为交流手段的意义约定，并进一步说明了两者之间在语言实践中的复杂互动关系。

根据对语言意义的发生学描述，我们可以认为，作为约定的意义是表达式在共同体的系统交流中的"正确使用"，更具体地说，是说话者在交流特定交流意向时，会按照交流习惯和过往经验选择适当表达式，而听话者也根据相同原因知道说话者如何使用表达式，从而理解说话者的意向并做出反应。由此，我们可以进一步认为，所有的语言行为都是依据有关"正确使用"的约定做出的行为，不仅显性施事公式"我承诺"，而且"我会来"都是遵守语言规则的约定性语言行为，因此，语言在普遍意义上是约定性的。

尽管斯特劳森强调他无意提供一套完整的意义理论，这里所呈现的并非浅陋的意义理论更应该被看作某种规划，而不是一种全面的意义解释，但是，我们大致可以将前文对于语用学意义理论的三个问题扼要作答如下：(1) 语言意义（A-涵义）在语用过程中表现为与"正确使用"有关的语言约定，即语言意义就是用法约定；(2) 用法约定的作用是传递意向，某些特定表达式——施事公式的作用是明确话语的说出方式，因而体现出更为明确的约定性质；(3) 用法约定起源于语言使用者交流意向的语言实践。将 (1)(2)(3) 归于一处，我们就大致完成了对斯特劳森交流意向论的描述性重构。

---

① 斯特劳森. 意义与真理. 牟博, 译//A. P. 马蒂尼奇. 语言哲学. 牟博, 杨音莱, 韩林合, 等译. 北京：商务印书馆, 1998：188.

四、预设的语义性质与指称的语用实现

在完成对有关预设的语用解释、意义理论的基本布局和会话意义的交流意向理论的讨论之后，我们进一步探讨斯特劳森关于预设语义性质和指称实现方式，以期对"指称如何实现"这一问题做出更为明确的解答。

（一）预设的语义性质

除了少数反对预设理论的哲学家外，大多数哲学家通常对指称理论持有所保留的积极态度。他们大多聚焦于斯特劳森将预设规定为"前置条件"的论述，较为典型的态度是在将其视作某种逻辑预设或逻辑条件的同时，通过更为精致和专业的形式刻画对预设条件做更合理的逻辑解释，从而将作为前置条件的预设解释为语义预设。例如：N. B-罗伯茨认为斯特劳森和弗雷格提出的是"语义预设的标准逻辑定义"[1]，但认为这个定义会导致三值语义学，因而提议在承认逻辑空隙的两值逻辑基础上提出更具普遍性的弱定义；王新立则希望在保留三值语义学的基础上，将预设图式刻画为语句之间的形式蕴涵关系[2]；另有一些研究者，像 K. 特纳注意到斯特劳森对预设理论态度的变化和有关"确认知识"的论述，认为斯特劳森没有提出融贯性的彻底解释，而是从语义预设转向了语用预设。[3]

面对上述各类不同解释路径，笔者认为要明确预设的性质，必须先对两类预设进行区分。在斯特劳森提出"预设"概念时，将预设区分为语用预设和语义预设的做法尚未出现，直到 E. L. 基纳（Edward. L. Keenan）发表论文《自然语言中的两种逻辑》，对两种预设的区分才有

---

[1] Noel Burton-Roberts. The Limits to Debate: A Revised Theory of Semantic Presupposition. Cambridge: Cambridge University Press, 1989.

[2] 王新立. 语义预设概念空泛无物吗？//留美哲学博士文选：当代基础理论研究. 北京：商务印书馆，2003：190-222.

[3] Ken Turner. Defending Semantic Presupposition. Journal of Pragmatics，1992（18）：456-537.

了较为明确的表述。基纳首次在自然语言论域内区分了语义预设和语用预设，并分别给出了分类的标准和定义以及各自的适用对象和具体实例。在他看来，所谓语义预设表达的是"预设的逻辑概念"，它根据数学逻辑中的基本概念，如逻辑真值和逻辑后果来定义预设。其中真值被认为是作为语形对象的语句和世界状况之间的形式关系，因此世界状况能够通过语句的真值条件来加以刻画和描述。此外，基纳提供的语义定义也与斯特劳森对前置条件的定义基本一致。所谓语用预设说明的是作为语言行为或时空事件的话语和作为说出条件的殊相个体，会话参与者以及话语的物质设定和文化条件等语境条件之间的关系。基纳将语境条件看成使话语可理解的实践性"可理解条件"（understandable condition），反映的是特定话语在说出语境中的恰当性（appropriateness）。基纳认为，我们不能严格定义语用预设，只能给出一个一般定义："即一个话语在语用层面预设了它的语境是恰当的。"[①] 下面，我们按照基纳的这个定义来说明斯特劳森所做预设的性质。

如果将预设条件作为"前置条件"，斯特劳森的预设概念就满足作为语义预设的条件，但是，如果将"确认知识"作为对"前置条件"的修正和标准阐述，预设就是一个语用概念，因为确认知识强调的是会话参与者与表达式之间的理解关系，符合语用预设的一般要求。现在的问题是，我们该如何判断这两种不同论述之间的关系。笔者认为：

首先，作为指称实现之局部条件的预设条件不是作为前置条件的逻辑预设或语义预设。与斯特劳森对他本人和罗素的争论的认识有一个逐步觉醒的过程一样，斯特劳森对预设的性质及其在自然语言中的地位的认识也有一个逐渐觉醒的过程。在最早发表的论文《必然命题与蕴涵陈述》中，斯特劳森追随摩尔，认为蕴涵命题本身不是必然命题，但当这个命题为真时，"任何真的蕴涵陈述（表达蕴涵关系的陈述）都对应着一个必然陈述"[②]，亦即任何表达"P entail q"的命题为真时，就逻辑

[①] E. L. Keenan. Two Kinds of Presupposition in Natural Language//Charles J. Fillmore, D. Terence Langendoen. Studies in Linguistic Semantics. New York：Holt，1971：49.

[②] P. F. Strawson. Necessary Propositions and Entailment Statement. Mind，New Series，1948（57）：185.

地等值于"p-q is necessary"。这就意味着,逻辑符号和逻辑蕴涵关系可以评价自然语句之间的逻辑关系。但这篇文章中所阐述的观点很快被抛弃,论文也没能在斯特劳森本人和其他人选编的任何论文集中被重印。此后,斯特劳森倾向于与该文所阐述的不成熟观点划清界限,继在《论指称》中否认了指称表达式即语句的主语不是论断对象,而是以预设的方式发挥作用之后,斯特劳森在《逻辑理论导论》中进一步扩大了预设理论的适用范围,认为预设是解决"存在悖论"的有效手段,也正是在这一语境下,斯特劳森提出了作为"前置条件"的预设概念。但与此同时,斯特劳森不再认为衡量自然语言之间的逻辑关系的基本原则是蕴涵规则(参见本书第二章),转而认为是考虑具体说出条件和语境因素的指称规则,而且否认了逻辑符号和自然语言之间的语义对称性。

上文论证了斯特劳森强调作为指称匮乏的"真值鸿沟"理论优于"虚假理论",然而,论证至多说明了斯特劳森反对以"蕴涵关系"刻画语句结构,而且语句间真值关系不是考虑自然语言中语词行为的适当方式。但是,论证本身不能说明预设条件不应当被构造成作为特定逻辑条件的前置条件。在与麦基(B. Magee)的对话中,斯特劳森给出了关键证据,他承认它对预设的论述是一个"真正的弱点"。他说:"在那时(指与罗素发生争论的 1950 年),我使用的某些概念——比如预设——肯定没有得到足够的澄清,并且实际上它们是被错误表述的。这个概念是非常技术性的,但是现在愿意将其当作一个真正的弱点,我相信现在我能给出一个更好的解释。"[1] 这里,斯特劳森在承认预设作为"技术性概念"的同时,认为对该概念做了错误表述,如果我们将"技术性的"理解为"逻辑的"(按照他的思路),实际上就是认为将作为逻辑概念的预设错误理解为特定前置条件。这种诊断的合理性可以从两个方面得到说明:其一,预设作为取代断定的实现指称的方式,在《论指称》中不仅没有被当作实质性逻辑条件,而且斯特劳森明确拒绝了对预设的罗素式理解,反对将其当作提供唯一性存在条件的真值条件。没有理由认为这个用来反对对话语进行真值评价的条件,本身构成了特定的逻辑

---

[1] Byran Magee. Conversation with Peter Strawson//Bryan Magee. Modern British Philosophy. New York: St. Martin's Press, 1971: 118.

条件。斯特劳森说,"至于是哪个特定个体被确定,则是由语境、时间、地点以及表述这个语句时的境况所具有的其他任何特征所决定的事情"①。根据这段引文,预设得到确认的过程是一个对意义进行评价的会话过程,预设条件是作为话语条件之一的理解条件,而非真值条件起作用的,因此,预设不应该被解释为作为存在于特定真值关系中的前置条件。其二,如果拒绝将"真值空隙"理解为三值逻辑中的第三值,不接受"既不真也不假"作为独立逻辑值,那么,为解决"真值空隙"而提出的预设条件本身也不应该被当作独立的逻辑条件。笔者认为,将预设解释为前置条件,实际上暴露了斯特劳森思想的某种"转型"特征,一方面,预设被当作代替真值条件的会话条件;另一方面,斯特劳森又对预设条件做了形式语义学的解释,试图将其解释为具有特定逻辑力量的真值条件。

不可否认,预设条件或者作为预设条件的存在语句"X存在"可以有真值评价,尤其是斯特劳森在承认"存在"有作为谓词的资格并提出"预设论断"的概念之后,预设已经被纳入经验陈述或主谓命题的范围,具有成为真值条件的可能性,在此情况下,一个比较合适的方式是接受王新立的解释,将预设表达的特殊逻辑关系刻画为形式蕴涵关系,这也符合斯特劳森将预设当作所代表的蕴涵(imply)"不同于一般意义上的'衍推'(entail)和'逻辑蕴涵'(logical entail)的奇特的特殊涵义"②。但笔者认为,即便接受前置条件可以被解释为形式蕴涵,也必须对这一逻辑解释的适用范围做出限制:作为逻辑解释的前置条件用于分析传统逻辑的"存在悖论",也可以使用于对作为预设对象的"存在语句"与做出预设的语句之间逻辑关系的讨论,实际上这两者也是一回事。对于此后其他研究者来说,对预设做逻辑讨论或支持语义预设都无可厚非,但是,规定预设的真值性质,强制性地将它与其他语句之间的逻辑关系刻画为标准模型,实际上并不是斯特劳森提出预设概念的主要目的,甚至相当程度上超越了斯特劳森本人的考虑。应该看到,当斯特劳森强调预设作为实现指称的局部条件时,它不是通过作为逻辑条件,而是作为

---

① P. F. Strawson. On Referring//Logico-Linguistic Papers. Aldershot:Ashgate,2004:10.

② 同①9.

会话条件起作用的。相比于作为逻辑条件的预设，斯特劳森更加关注预设作为会话条件的运作方式。在一个相当不同的语境下，柯林伍德曾对预设的作用和真值有着这样的表述："一个预设的逻辑效力并不取决于所预设的东西的真理性，甚至也不取决于被认为是真的东西，而仅仅取决于它所预设的东西。"① 实际上，斯特劳森关注的也主要是预设的"逻辑效力"而非"真理性"，将预设刻画为特定真值条件实际上是混淆预设的"会话效果"和"逻辑真值"的恶果。就此，我们大致说明了为什么作为指称条件的预设不是作为前置条件的逻辑条件或语义条件。

其次，作为指称实现之局部条件的预设条件不仅仅是语用预设。如果按照将预设解释为"确认知识"的路径，预设是否可能成为某种作为"权宜之计"的语用预设，或者确认知识仅仅是在语境中有用的语境知识呢？语用预设的支持者斯托尔内克指出："一般而言，在既定语境中表达的任何命题的语义预设，都会成为该语境中的人所持有的语用预设，但反之则不然。"② 按照这一理解，语用预设就是包含了比语义预设的范围更为广阔的预设类型。但是，斯特劳森在肯定预设是比断定更为恰当的指称实现条件的同时，没有走向语境主义。确认知识作为关于意义约定的知识的一部分，固然是语境知识，但斯特劳森既不像奥斯汀那样强调约定的主观性，也没有像格莱斯那样对意义做心理主义的解释，而是将约定和习惯、规则当作相同或类似的东西。如果将意义当作规则，就意味着约定是与语言规则，具体来说是与语言（语法）结构有关的客观构成性规则。另外，斯特劳森在根据意向性对约定意义做了经验说明之外，还有对语言的结构性意义进行先验说明的结构语义学，而且将这种结构语义学当作概念结构的普遍特征，或者使用中的概念的一般结构，是作为本体论或形而上学的一部分（参见第七章），从而使得意义理论超出了语境解释的范围，也就使得作为意义理论的一部分的确认知识的解释不可能是完全依据语境的过程。因此，斯特劳森对意义理论的布局，以及结构语义学的存在使得作为约定意义之部分的"确认知识"不能被完全解释为语境知识。这使对预设做进一步解释有了另外的

---

① 柯林伍德. 形而上学论. 宫睿, 译. 北京：北京大学出版社，2008：22.
② Robert C. Stalnaker. Context and Content. Oxford：Oxford University Press，1999：38.

可能性。

最后，作为指称实现之局部条件的预设条件是语义-语用条件。实际上，在《论指称》中斯特劳森已经给出了预设作为语用条件的必要暗示。他说："无论一个人何时使用什么样的语词，都要假定他认为他正在正确地使用该语词。因此，当他以唯一指称方式来使用'该如此这般的东西'这个语词时，就要假定，他既认为存在着那一类的个体，又认为使用该语词的语境会足以确定他心中所指的是哪一个个体。"① 这里的假设发展成后来的两个假设原则——前面提到的无知假设和知识假设，而知识假设原则的关键内容就是对"确认知识"的规定。因此，从作为"假设"的"预设"早已在《论指称》中有所论述而言，不存在所谓的从"语义预设"到"语用预设"的转向。但是，就将对预设的刻画方式，从被错误地解释为逻辑条件到被解释为确认知识而言，所谓"转向"也并非不可接受。现在的问题是，在将预设接受为语用预设的同时，如果存在将预设当作语义预设的必要性，语义预设究竟预设了什么呢？我们不妨对作为真正"预设"（presupposition）的"预设"的词源梳理开始。如果我们将 presupposition 作为具有哲学重要性的技术性词汇，而非得到普遍使用的日常词汇，那么这个概念除了被解释为前置条件被逻辑地使用之外，具有其他含义的较为突出的用法是在《感觉的界限》中，被当作概念的一般条件来使用。在该书中，斯特劳森多次提到像"经验科学的先验预设"（p. 28）、"概念预设"（p. 42）、"经验的预设"（p. 87）、"科学的预设"（p. 148）等。这里提到的预设都是指"概念预设"，或者说是作为经验之可能性条件的概念预设。因此，我们有理由认为，语义预设是某种不同于形式逻辑条件的概念条件或者概念预设。

一种可能的反对意见可能会认为，斯特劳森不仅对"假设"和"预设"做了不同的理解，而且对作为概念预设和逻辑预设的"预设"也做了不同的理解。笔者认为，斯特劳森明显是将 presupposition 和 presumption 当作同义词，在《论指称》中主要使用的是 presupposition，在《识别指称与真值》中主要使用 presumption，但在《意义与语境》

---

① P. F. Strawson. On Referring//Logico-Linguistic Papers. Aldershot: Ashgate, 2004: 10.

中，这两个概念是不加区别地作为同义词使用的。至于对 presupposition 的理解，斯特劳森的理解前后确实差异较大，但笔者倾向于认为这个差异与斯特劳森对 presupposition 的逻辑理解的反思一样，是其思想内在发展的一种反映，用概念预设代替逻辑预设，是斯特劳森的理论兴趣从逻辑学、语言哲学转向本体论和形而上学的一个重要标志。同样值得注意的是，作为概念条件或"概念预设"的语义预设与作为"确认知识"的语用预设在时间上都是在 20 世纪 60 年代中期同步发展起来的。我们可以说，斯特劳森在 50 年代初期提出了预设概念和基本设想，但对其做了错误的逻辑刻画，在进入 60 年代中期之后，预设思想从语用和语义两个层面展开，从而标志着预设思想的成熟。

诉诸词源分析的策略的解释力量毕竟有限，但这个解释的论证力量在于它与斯特劳森对意义理论的理解和布局的一致性。我们知道，抛开指称理论，斯特劳森的意义理论包含了将意义解释为约定的交流意向论和将语言意义解释为语法-逻辑结构的结构语义学，而这两个意义理论的层次恰恰构成了一个统一的语义-语用模型。按照这个模型，确认知识可以毫无困难地归入交流意义，被看成是约定，因为说话者假设的由说话者和听话者所共有的关于如何使用和理解特定表达式的知识，当然是一种约定知识。另外，以概念结构为内容的概念预设可以被纳入结构语义学的范围。在建构结构语义学的《语言与逻辑中的主语和谓语》中，结构意义被刻画为具有形而上学性质的特定语法结构——显明语法，斯特劳森强调，这种显明语法是人类概念框架的一般特征，但是它并不是任何语言中实际存在的真实结构或对所有语言类型的共同特征的抽象和概括，而是被预设存在的人类思维结构的普遍概念特征。由此，显明语法就既是被预设的，又是被结构语义学所要求的结构性意义。按照这一解释路径，我们大概可以说：

语用预设＝确认知识　　语义预设＝显明语法

由于斯特劳森并不区分约定和规则，也不同意在表层语法（作为约定的规则）和深层语法（作为概念结构的语法规则）之间做出区分，所以，以语义-语用模型呈现的预设是一个一体两面的单一概念，而不是一个由两个不同概念层次复合而成的层次性概念。接下来，我们将看到，斯特劳森的这种理解与他对指称问题的处理是一致的。

（二）指称的语用实现

在进入对"指称如何实现"的实质讨论之前，我们需要明确两个理论事实。第一个理论事实是指称理论是意义理论的组成部分。根据意义三分说，指称被当作意义的一个子类，具体来说是由指示性、索引性表达式引入的指称意义或意义的 B-涵义，相应地，指称理论被归并在意义理论之下，意义理论除了为说明指称理论提供语言背景和理论依据外，它本身就构成了一幅更为广阔和全面的语言行为的逻辑图景。在意义理论的背景下，指称理论是语言的结构性意义与作为调节原则的语境条件交互影响，往复运作最为频繁也最为复杂的领域，说明了指称理论的作用，从根本上理解了语言的运作方式，这也从侧面再次证明了何以"指称如何实现"有资格成为斯特劳森最关注的语言问题。第二个理论事实是意义理论不是封闭的理论体系，而是一个表明意义的必要条件的理论纲领。斯特劳森十分强调理论的开放性特征，在讨论意义布局时，他注意到"三分说"可能因过于简单而面临各种困难。在阐述意义的意向结构的《语言行为中的意向与约定》中，斯特劳森也强调即便加入了交流意向，也不意味着提供了会话的意向结构的足够完善的要素和层次，而是可以通过继续增加新的必要条件，构建更为复杂的意向结构来服务于明确说话者意向的理论目的。斯特劳森还一再强调作为意义理论分支的结构语义学"与其说是计划（prospect），不如说是规划（program），因为完成这项工作需要将语言知识、哲学视野、逻辑专长，以及勤勉且坚持不懈的工作努力等要素无与伦比地结合起来"[1]。这也就意味着意义理论的分支也不是完整的理论，而只是给出基本图谱的意义纲领。实际上，保持意义理论的纲领性存在与斯特劳森对意义理论的整体设想具有内在契合性，因为"我们不能期望对语言交流的一般性解释能够产生超过概略图景的理论，而当我们为了忠于语言事实而为图谱增加所有的限制条件时，图谱本身

---

[1] P. F. Strawson. Analysis and Metaphysics. Oxford and New York：Oxford University Press，1992：108.

反而变得模糊不清"①。由此，斯特劳森认为对语言的研究中要在"尊重事实"与"理论需要"之间保持平衡，而意义理论及其各个分支不仅事实上不是完整的，而且也应该不是提供完全条件或充要条件的封闭理论体系，而是提供必要的基本意义条件的开放理论纲领。② 按照这一理解，我们有理由不将指称理论理解为提供了完全条件的封闭理论，而是既提供了指称实现的基本条件，又对事实有所描述的理论纲领，也恰恰是指称理论的这一特征，使得斯特劳森的指称理论在难以做出明确说明而体现一定复杂性的同时，也为埃文斯、塞尔、唐纳兰等哲学家的后续讨论提供了广阔的发挥空间。

以上述理论事实为基础，笔者拟根据指称理论兼顾"理论"和"事实"的理论特征，将"指称如何实现"分解为讨论"理论"的指称原则问题和讨论"事实"的指称实现问题。

先来看指称原则，笔者认为斯特劳森至少确认了以下原则：

原则一，指称实现的基本方式是预设-确认模式（presupposition-identification model）。通过引入格莱斯的会话理论，强调语言交流及公开意向对于语言行为的重要作用，斯特劳森排除了任何进行私人指称的可能性，也不认为说话者通过表达式自行挑选和固定指称对象是实现指称的基本方式。相反，他认为指称活动作为意义交流的语言行为的组成部分，是说话者和听话者在会话语境中共同合作完成的语言行为。从说话者的角度看，想要实现指称对象的目的，就要进行预设以便给出会话条件；对于听话者来说，理解说话者要说的是"哪一个"，需要根据说

---

① P. F. Strawson. Intention and Convention in Speech Act//Logico-Linguistic Papers. Aldershot: Ashgate, 2004: 130.

② 日常语言哲学的新近支持者巴兹指出了两个重要结论：一是日常语言哲学不预设一套完整的预设理论，而只是预设"在一个相当广泛的语境中，知道一个语词的意义就是知道如何在一个相当广泛的语境中合格地使用他们，以及在其他人使用或打算使用这个语词时，知道如何合格应答"（p.81）。但这个预设不是"意义理论"，而是"我们知道一个语词的意义"的常规的日常标准。二是日常语言哲学家对于意义理论的兴趣是"脆弱且缺乏雄心的"，他们不准备提供一套完整的意义理论，但他们对于意义的说明和解释恰恰由此是有力量的，有说服力的。就此而言，斯特劳森的意义理论当然也不应该是一套完整的意义理论，虽然他的理论的完整性、系统性要比维特根斯坦、奥斯汀都更强，但这不意味着他想要提出完整的意义理论。巴兹的相关论述，可参见 Baz Avner, When Words Are Called For: A Defense of Ordinary Language Philosophy. Cambridge and London: Harvard University Press, 2012: 81-82.

话者提出的会话条件来进行确认,指称的实现是以说话者提出预设,进而听话者通过理解预设确认说话者的指称对象的方式实现的。本章对预设的强调,只是主要从说话者的角度说明了会话条件是如何运作的,在第三章,我们将从听话者的角度进一步说明指称实现的确认问题及其形而上学意义,但是,笔者仍要强调,预设-确认模式只是说明指称实现的基本原则或基本模型,而并非实际运作的语义-语用实际条件或具体的话语结构。在预设-确认的基本架构下,我们可以分别就指称实现的语用和语义方面提出进一步的原则。

原则二,指称在语用实践中以直接指称(direct reference)的方式实现。在20世纪80年代之前,斯特劳森满足于默认或倾向于承认直接指称并提供论证,直到在1979年发表的《信念、指称与量化》中,斯特劳森才明确地说:"我将假设指称个体殊相的确定单称词项,某些时候是以完全指称的方式使用的,或者我会说它们是以发挥直接指称的方式被使用的。"① 这里,斯特劳森将"完全指称的方式"等同于"直接指称",或者说指称表达式以直接指称的方式发挥功能。在7年后的《直接单称指称、意向指称和实际指称》(Direct Singular Reference, Intended Reference and Actual Reference,1986)中,斯特劳森通过将单称指称这一"争议假设"当作"某些语言交流的实际特征"②,进一步确认了直接指称论。

从对指称理论的理解来说,对直接指称的确认是此前长期论证的一个水到渠成的结论。在此前的论证中,斯特劳森至少从两个方面就指称发生的直接指称方式做了论证。一是在驳斥形式语义学,尤其在与戴维森的对话中,指出我们对于像表示时间、地点等的谓语的理解,不是一个构建逻辑的语义结构的过程,而是根据我们的概念框架或者结构语义学形成"比'(逻辑)结构'概念更为简单直接的语词"③,并以此来回答有关事件和行动发生于何处或何时的"where问题"和"when问题"。这一观点的意义在于,时间和地点是重要的语境条件,如果它们

---

① P. F. Strawson. Belief, Reference and Quantification//Entity and Identity and Other Essays. Oxford: Clarendon Press, 1997: 100.
② 同①92.
③ P. F. Strawson. Analysis and Metaphysics. Oxford and New York: Oxford University Press, 1992: 104.

是以"直接领会"的方式被理解的，我们在时空中指称殊相个体的语言行为从局部看就已经是一个直接指称的过程，而且一旦我们说明了说话者与意义约定之间的同样的"直接领会"的理解关系，就能证明指称在语用过程中是直接实现的。这一论证的另一个重要意义在于，对于指称实现的各种具体情况来说，时间和空间的直接"领会"，会使得某些以时空系统为语境条件的指称是直接实现的。斯特劳森倾向于认为，至少对处于时空系统中的指称对象来说，我们是以直接指称的方式来指称对象的。

斯特劳森对直接指称的另一方面的论证来源于他有关指称表达式发挥功能的讨论。相对来说，这个论证更为直接，也更具普遍性。我们已经知道，在与罗素的争论中，斯特劳森认为定冠词"the"在使用中是"一个信号，而不是一个伪装的论断"[1]。这里的"信号"是指提示进行唯一指称的标记。通过强调"the"的"信号"，斯特劳森是要说明指称表达式不是作为意义条件，因为它是对指称对象的描述进行指称，并作为索引词来起作用。斯特劳森认为，包括限定摹状词在内的所有指示时空殊相的表达式"总的来说都是索引词"[2]。这也就从根本上否认了表达式的描述意义在指称过程中的作用，而将所有的表达式都当作在语境中直接指称的工具。据此，由于我们对作为指称之实现条件的语境条件和作为预设条件的指称表达式的理解都是非经意义参与的直接理解或"直接领会"，直接指称对于时空殊相的普遍适用性就得到了彻底确证。

原则三，确认知识的普遍有效性是指称或直接指称得以实现的语义保证。无论是从强调理解的优先性的理论目的出发，还是从强调指称实践的实际情况出发，认为指称表达式是作为索引词进行直接指称，都有着一定的合理性，因为我们在指称实践中无论是作为说话人还是听话人，使用和理解表达式选择或确认指称对象都是一个自然且顺畅的过程。罗素与斯特劳森的关键区别也不在于限定表达式是作为描述词还是作为索引词起作用，而是承认限定摹状词作为指称表达式的情况下，到

---

[1] P. F. Strawson. On Referring//Logico-Linguistic Papers. Aldershot：Ashgate，2004：10.

[2] P. F. Strawson. Introduction//Logico-Linguistic Papers. Aldershot：Ashgate，2004：xii.

底以何种方式，以及为何以此种方式发挥指称功能。罗素认为，限定摹状词是描述词通过提供意义（真值）条件来实现指称，从而提出了意义严格决定指称的意义指称论。斯特劳森在针锋相对地指出限定摹状词是作为索引词进行指称的同时，也相当关心对直接指称的合理性的讨论。在他看来，由于进行明确指称的单称词项是索引词，因此单纯的意义分析不足以决定指称，而是要考虑语境条件的影响，因而意义指称论不可取。按照斯特劳森的理解，在兼顾语境条件的情况下，作为约定的结构性语义条件，具体来说是作为意义之组成部分的确认知识足以和语境一道说明直接指称是何以可能的。由此，确认知识是我们进行直接指称的意义条件，也是用来说明指称实现的理论预设，它在使用中成为选择和评价适当表达式的公共约定，这是直接指称具有理论可能性的语义保证。但是，在确认指称的具体实践中，确认知识由于是一种公共的约定知识，它本身是否实际参与指称活动不具必然性，至少在某些随意的指称行为或异常情境中，说话者不会，甚至也不能假设听话人能够理解有关特定表达式的确认知识。

现在我们来看指称实践的实际情况。斯特劳森在说明指称原则的同时，也很关注指称在具体语境中如何实现。他根据指称原则认为，我们在实践中主要是根据指称意义在语境中确认指称，从意义理论的角度看，就是作为意义的语境条件的 A-涵义和其他语境条件一道确定指称。但是在确认指称的过程中，存在着例外情况。这里我们主要关注两类例外情况，以便说明斯特劳森对会话实践中指称实现方式多样性的"指称种种"现象的关注。

第一类现象是在三分说框架下，由于打破意义层次之间的联系而造成的例外情况。斯特劳森列举了两种例外，第一种是在说话者做出间接语言行为，以隐喻的、错误的等方式使用语言时，B-涵义超出了 A-涵义的既有范围，因而 B-涵义主要是在语境中确立的，与表达式字面意义给出的确认知识无关。比如当某个房间里除了一个苹果外空无一物，说话者由于记忆错误，认为房间里有香蕉并说"去房间里拿香蕉"时，听话者根据语境为说话者拿来了苹果，而说话者不能认为听话人错误地理解了他的要求，甚至会认为他的会话目的已经达成。在此情况下，"香蕉"的实际指称就是"苹果"。与此类似的情况是，由于 C-涵义的加入，在部分情况下我们不仅要考察语句的 A-涵义，而且要在确定语句 C-涵义，也就是确认说话人的会话意图的话语效果的情况下才能确认指称，这种情况在被称为"指称不透明"的内涵语句中表现得尤为明显。当有人说"史密斯希望你弟弟当选"（Smith hopes that your brother will be elected.）。我们对这个句子做两种理解，一种认为史密斯希望"Your brother is the person who would be elected."，但是按照另一种理解，该语句的意义可以是史密斯希望"the person whoever would be elected is your brother."。虽然后面这个理解不常见，但我们要明确这个语句的意义，乃至作为从句主词的"your brother"是不是一个真正的指称表达式都需要借助于考虑对说话者的话语目的，他与听话人的关系等要素。如果这个语句表达了要求听话人与将当选的人保持良好关系的命令或恳求，"your brother"就是未执行指称功能的限定摹状词"whoever is elected is your brother"的缩写；如果话语表达了对听话人的弟弟的欣赏或良好祝愿，从句主词就是一个真正的指称表达式。

第二类现象与专名有关。斯特劳森在《论指称》中对指称表达式与语言约定以及语境之间的复杂关系有着敏锐洞察，并从三个维度对此做了详细说明：一是肯定指称表达式的"描述性意义"（descriptive meaning）的程度不同。斯特劳森用"描述性意义"表达的是"对属于某一种类或具有某一特征的事物在应用上的常规限制"，实际上是表达式作为语言符号本身所具有的符号意义，当这些符号意义是表达式作为指称表达式的意义，它可以作为一般性语言约定发挥指导作用。描述意义的程度越高，我们在指称过程中对语言意义的依赖就越高。在斯特劳森看来，日常语言中所使用的专名，如"人""狗""摩托车"等，尤其是纯粹的专名，如"贺拉斯""苏格拉底"等，除了在指称某个具体对象从而获得该对象所具有的那种描述性意义外，本身不具有任何描述性意义。相比之下，代词有着最低的描述性意义，像"圆桌"这样的描述性名称有着最高的描述性意义，而以大写字母开头的不纯的专名或准专名，如"圆桌骑士"（The Round Table）的描述性意义则介于代词和描述性名称之间。这一细致划分也就意味着在表达式做指称性使用的过程中，固然存在着描述性意义的强弱程度的过渡，但不同表达式的描述性意义多数只是程度上的差别，完全缺乏描述意义和彻底被描述意义所决定的指称表达式都只是这一区分的极端情况,因此意义指称论的分析只是解释了实现指称的一种极端情况。斯特劳森进一步肯定了描述性意义与表达式指称之间的关系,他说:"这种功能上的区别并非独立于每一个语词所特有的描述力(descriptive force),一般说来,我们应当对名词的描述力寄予这样的期望:在唯一指称被表示出来时,它们能成为胜任这样一项工作的更有效工具,即表明所意指的唯一指称是什么样的;并且,我们还应当期望,我们自然地和普遍地用来做出唯一指称的表达式所具有的描述力,能反映出我们对于事物所具有的显著而又持久的行为特征的兴趣所在。"[1]

二是对语用约定的要求不同。根据这个标准,指称表达式分为两类:一类是摹状词、代词等所有的一般意义约定,它们可以作为表达式的描述意义发挥描述力量,也可以作为公共的意义条件在语境中发挥调节作用;另一类是专名所具有的特殊的意义约定,它们并不是公共约定,而且专名本质上也不具有描述意义,因此,在承认专名比其他表达式"自然地、普遍地被用作是指称的"的同时,斯特劳森注意到专名的指称与它所具有的字面意义(A-涵义)所具有的一般意义约定没有关系。在这种情况下,名称的选择或者命名系统的构造不是进行意义考虑的结果,而是任意性和考虑法律法规、社会约定等社会性要素共同作用的结果。概而言之,摹状词的指称意义(B-涵义)依赖于它的字面意义(A-涵义),但专名的指称意义(B-涵义)不依赖于它的字面意义(A-涵义)。

三是指称表达式对语境的依赖程度不同。代词,如"你""我"等有着最高的语境依赖性,摹状词如"《威弗利》的作者"等的语境依赖性较低,而专名则有着最低的语境依赖性。

对具体指称实践的考察,对于平衡指称原则来说有着至关重要的作用,这种平衡表现在指称理论作为意义理论的部分,本身也是具有开放性特征的理论纲领。指称问题中的部分关键问题,像作为结构性的"语言规则"的意义何以成为会话进程中的公共"约定"、作为指称实现之标志的"确认"的理论性质等问题,都有着进一步解释和发掘的余地,其能为本主题的清楚阐述,由此能为后续论述,尤其是对有关形而上学的论述铺平道路。

---

[1] P. F. Strawson. On Referring//Logico-Linguistic Papers. Aldershot:Ashgate,2004:6.

第二章
分析与建构：形而上学的方法论和具体方法

对基本问题"指称、述谓及其对象"的语言哲学讨论是斯特劳森哲学思想的出发点，也是其理论思考的一条主要线索。但在 20 世纪 50 年代，得到同等关注的另一个领域是哲学逻辑，在一个相当长的时段内，《逻辑理论导论》（1952）所提出的关于"形式逻辑与自然语言的联系与区别"① 成为斯特劳森哲学的一个极为重要的问题。对这一问题的回答，一方面关系到形式逻辑的本质为何是这一哲学逻辑乃至当代分析哲学的根本问题，另一方面如果我们按照亚里士多德和培根所确立的传统，将逻辑或逻辑学当作"准备"或者"工具"，那么对该问题的回答也牵涉到哲学（语言）分析究竟如何展开的方法论问题。在《逻辑理论导论》之后，斯特劳森又先后写下了《卡尔纳普》（1954）②、《分析、

---

① P. F. Strawson. Introduction to Logical Theory. London: Methuen and Co., Ltd., 1952: preface 1.

② 为明确斯特劳森的哲学方法与形而上学之间的关系，有必要说明这一时期相关文献的成文时间。在本段正文中列出的所有文献后括号内时间为文献成文时间，（并非所有文献的成文时间都能够得到精确认定，我们这里尽量确认其实际成文时间，部分文献的成文时间仍旧不可考证。）但在本章及其他章节注释中提到这些文献时，仍因循惯例列出其出版时间。（大部分文献的成文时间与发表时间可以看作一致的，或者文献成文时间不影响对理论关系的判断。但部分文献，尤其是《卡尔纳普》和《分析、科学与形而上学》两篇文章的成文时间与发表时间差异较大，而且会对我们正确梳理这一段时间斯特劳森思想的转变有关键影响。如果按照成文时间，这两篇文章成文于《个体：论描述的形而上学》之前，可以看作对该书的思想准备或者两者是同时孕育的，但如果根据其出版时间，这两篇文章就只能看作对《个体：论描述的形而上学》的补充，但这明显不符合斯特劳森思想的实际发展进程。在后续讨论中，我们将看到《还原还是联结：基本概念》乃至《分析与形而上学》一书也会面临类似情况。）根据斯特劳森在《理智自传》中的交代，《卡尔纳普》一文是作为希尔普 (P. A. Schilpp) 主编的《卡尔纳普的哲学》(The Philosophy of Rudolf Carnap) 一书的评论文章，写于 1954 年，但论文直到 9 年后的 1963 年随着书的面世才得以出版。相关详情参见：P. F. Strawson. Intellectual Autobiography//Lewis Edwin Hahn. The Philosophy of P. F. Strawson. Chicago: Open Court，1998: 10.

科学与形而上学》(1954)①,《斯特劳森的〈分析、科学与形而上学〉的研讨》(1954)②、《建构与分析》(1956)、《个体:论描述的形而上学》(导论,1959)③ 以及《还原还是联结:基本概念》(1968)④ 等文献,就形式逻辑与自然语言、逻辑分析与语言(概念)分析之间的关系做了更为细致的说明。在对这些问题的讨论中,尤其在围绕哲学分析的任务、对象、方法、步骤和模式的讨论中,斯特劳森对其哲学思考的方法论倾向和具体方法做了清晰而全面的阐述,形而上学也从哲学方法的语境中初露峥嵘并变得日益清晰。可以说,斯特劳森在哲学逻辑领域的工作,为形而上学奠定了可靠的方法论和具体方法两个方面的基础。

根据斯特劳森思想的这一内在脉络,本章将主要讨论斯特劳森以哲学逻辑为基本问题域对方法论和具体哲学方法的阐述。其中,第一部分主要讨论方法论问题,阐述斯特劳森对形式逻辑的拒斥,对传统逻辑的捍卫以及对"日常语言逻辑"的基本构想。第二部分主要讨论具体方法

---

① 根据《哲学写作》中该文编者的"编者注",本文是由罗蒂根据法文版(最初发表于1962年)译出的,后收入:R. Rorty. Linguistic Turn. Chicago: The University of Chicago Press, 1967: 321-330。但罗蒂只是说明该文与《卡尔纳普》内容有重合,未说明具体成文时间。"编者注"将该文成文时间确定为1958年。相关详情参见:P. F. Strawson. Analysis, Science and Metaphysics//Galen Strawson, Michelle Montague. Philosophical Writings. Oxford: Oxford University Press, 2011: 78。但根据斯特劳森本人的回忆,这篇论文宣读于英国哲学家与欧陆哲学家在20世纪50年代的一个交流性质的学术论坛罗亚蒙座谈会,文章应该与《卡尔纳普》属于相同时期的文献,应该写于斯特劳森访问美国杜克大学(1955年)之前,最晚不迟于1956年的《建构与分析》一文,这里,我们将该文当作与《卡尔纳普》同期的文献,将它的成文时间确定为1954年。相关详情参见:P. F. Strawson. Intellectual Autobiography//Lewis Edwin Hahn. The Philosophy of P. F. Strawson. Chicago: Open Court, 1998: 10。
② 本文收录于《语言学的转向》(Linguistic Turn),是罗蒂对围绕《分析、科学与形而上学》所作讨论的整理。根据罗蒂的记录,该讨论发生于1961年的罗亚蒙座谈会,有关罗蒂的记录情况,参见:R. Rorty. Linguistic Turn. Chicago: The University of Chicago Press, 1967: 312,论文全文参见Linguistic Turn, 1967: 321-330。
③ 本文是对何谓"描述形而上学"的一个全面却不完整的介绍,只能局部地被当作阐述方法论的文献。
④ 在《分析与形而上学》的序言中,斯特劳森介绍说该书的前七章是他自1968年开始在牛津大学以"分析与形而上学"为题所讲授的导论性哲学课程的讲稿,而且这些讲稿(该书前十章)在收入该书时未做实质性修改。"还原还是联结:基本概念"是该书第二章,我们大致可以认为它成文于1968年或更早的时间。因此本文在此处默认其成文时间为1968年。相关详情参见:P. F. Strawson. Analysis and Metaphysics. Oxford: Oxford University Press, 1992: vii。

问题，阐述斯特劳森对两种主要分析方法——逻辑分析和语言分析的批评，以及对具体分析方法的阐述和在方法论语境下转向形而上学的具体过程。

一、论两种逻辑

作为"方法"的元问题，对方法论的讨论不是要说明哲学家在具体理论实践中的方法"是什么"，而是要从理论的高度，尤其是从逻辑的视角说明某种方法的"合理性"所在。对斯特劳森来说，对具体哲学方法的讨论是在有关"自然语言分析何以必要"的方法论说明之后逐步发展起来的。而他的方法论倾向的形成又是在说明"形式逻辑与自然语言的联系和区别"这一问题的过程中，通过拒斥形式逻辑对自然语言的适用性，重拾传统的主谓逻辑与构想"日常语言逻辑"等一系列复杂过程形成和发展起来的。

（一）拒斥经典逻辑

我们知道，在 20 世纪上半叶的分析哲学中，逻辑分析或形式分析被看作哲学分析的标准范式，形式逻辑尤其是经典逻辑也被当作分析哲学的标准工具和理论基础。弗雷格、罗素、前期维特根斯坦及一众逻辑实证主义的追随者不仅普遍相信将形式分析应用到自然语言的合法性和有效性，而且试图以某种形式系统（如概念文字、理想语言、逻辑句法等）来分析和消解传统哲学问题，甚至建构形而上学的逻辑图像和逻辑结构。除了推广逻辑分析方法和进行分析实践，这些哲学家也积极为逻辑分析的合理性进行辩护。罗素旗帜鲜明地认为，"逻辑是哲学的本质"[1]，而且认为"如果我们的逻辑是要发现日常的世界是可理解的，那么就绝不能对这个世界抱有敌意，而是必须真诚地接纳它"[2]。逻辑实证主义在英语世界的鼓吹者艾耶尔甚至要求"哲学必须发展成为科学

---

[1] 伯特兰·罗素. 我们关于外间世界的知识. 陈启伟, 译. 上海：上海译文出版社, 2006：24.

[2] 同[1]35.

的逻辑"①,按照这一规划,哲学家要对人类的知识做出贡献,他只需要揭示陈述的逻辑关系,并给出陈述中的符号的定义即可,这也就意味着,逻辑不仅是哲学的基础,而且是哲学作为一个学科的最高目标和哲学活动的全部内容。

但这种哲学逻辑化的论调在二战后遇到相当大的阻力。一方面,来自非经典逻辑的各类系统,如认知逻辑、相关逻辑、模态逻辑、道义逻辑等不断冲击经典逻辑的"正统"地位,使其作为有效形式系统和方法论的局限性逐渐显示出来。更重要的是,随着日常语言哲学的兴起,分析哲学家们对形式逻辑分析自然语言的适用性和可行性,乃至形式化的能力和目的都提出了质疑。其中,奥斯汀主要根据语言分析的具体实践来反对逻辑分析,在与艾耶尔对话的《感觉与可感物》中,奥斯汀指出,我们对于"猪"这等专名是以实指定义的方式习得的,而不是通过定义陈述之间的逻辑关系得到的,对于类似于"那是一头猪"的事实,我们有着相当确定的看法,艾耶尔等逻辑实证主义者要求的逻辑证实,"我们不知道从何处开始,怎么推进,也不知在何处停止"②,证实即使不是"不可能之事",也至少是"矫揉造作的"。另一位牛津哲学家赖尔从更为系统的方面对逻辑方法的局限性做了说明。在他看来,逻辑学家的研究要求将"not""and""if…then…""only…if…"等逻辑常项——部分"论题中立"的日常表达式——从日常语言中分离出来,再研究其局部意义,虽然这些表达式的逻辑意义是它们的核心意义,但当它们丰富的日常意义被剥离后,只具有核心意义的表达式不过是"皮包骨头的概念"(meatless concept),而非"有血有肉的概念"③。与逻辑学家不同,哲学家们研究的是"看见"(seeing)、"快乐"(pleasure)等概念在语言实践中的日常意义,他们关心的"绝不是关于孤立的单个概念的逻辑静力学问题,而是彼此联结的概念系统的逻辑动力学问题"④。在这个意义上,赖尔

---

① A. J. 艾耶尔. 语言、真理与逻辑. 尹大贻,译. 上海:上海译文出版社,2006:141.
② J. L. 奥斯汀. 感觉与可感物. 陈嘉映,译. 北京:华夏出版社,2010:104-105.
③ G. Ryle. Formal and Informal Logic//Dilemmas. Cambridge:Cambridge University Press,1964:118.
④ 同①125.

认为逻辑学家的工作类似于金融学家对货币的研究,而哲学家的工作则类似于会计对具体账目的梳理,虽然金融学是会计的必备知识,但会计的工作与金融学家是完全不同的,哲学问题也不能被还原为逻辑学家关于逻辑演算的标准问题。总体来说,赖尔接受的是某种"双重逻辑观",即如果逻辑学家对特定概念形式特征的探究可以被称为"形式逻辑",那么,哲学家对更广泛的日常概念的探讨可以被归为"非形式逻辑"的范畴。这两种逻辑各司其职,互有损益,都是进行哲学分析的有益手段。

在上述两人基础上,斯特劳森更进一步,通过将语言分析方法(奥斯汀)系统地推进(赖尔)到对形式分析,尤其是对作为其理论根据的形式逻辑的考察,说明了形式分析及其所依赖的形式系统对于自然语言的非基本性和非适用性。在完成这一工作的《逻辑理论导论》一书的序言部分,斯特劳森开宗明义地指出:"逻辑学的专门性文献在说明逻辑的技术性和系统性方面常常颇为出色,也相当详尽,但在说明逻辑形式系统和日常语言逻辑特征之间的关系方面,却往往是误导性的。"[1] 因此,斯特劳森将自己的任务规定为如下两个方面:一是说明形式逻辑的符号行为(behaviors of symbols)和日常语言的语词行为(behaviors of words)之间的固有联系与区别,二是解释形式逻辑的本质特征。从《逻辑理论导论》及后续相关文献所反映的情况看,斯特劳森的比较至少集中在逻辑系统、逻辑语言和逻辑方法等三个主要方面。

1. 评价系统与可靠性问题

斯特劳森认为,形式逻辑在确定评价对象、决定评价方式及系统构造模式上没能有效处理自然语言的逻辑特征,因而不能作为评价自然语言的可靠形式系统。

斯特劳森列举了大量的实例说明语词行为和符号行为之间的区别,以"矛盾"关系为例,按照通常看法,语言中彼此矛盾的表达式和逻辑中的矛盾式都表达了某种"自相矛盾"关系因而是自我取消或无意义

---

[1] P. F. Strawson. Introduction to Logical Theory. London: Methuen and Co., Ltd., 1952: preface 1.

的。因此,"自相矛盾相当于写下某些东西然后用橡皮擦掉,或者画上横线加以否定,它是自我取消的并且不留下任何意义内容"①。但对于日常的语言行为而言,情况似乎并非这么简单。当某人被问到"你现在高兴吗?"时,可以非常自然地回答"既高兴又不高兴",合格听话人可能会认为回答者表达了"悲喜交加"或"无关喜怒"的特定心情,因此该回答者仍然做出了一个语义清晰的陈述而不是什么也没说。从根本上说,"既高兴又不高兴"在日常语言中并不是表达矛盾关系,而是一种经由"非兼容陈述"表达的"不一致"关系,但是将其理解为特定语言行为还是当作"不一致"的话语,是一个特定的具有任意性的会话选择,因此,斯特劳森认为,"不一致"的不是语句,而是在特定语境经由所处特定语句所构成的"陈述"。

认为"陈述"而非"语句"可以是"不一致"的,也就间接将陈述当作对语言进行逻辑评价的对象。按照逻辑学家苏珊·哈克的理解,选择逻辑评价对象的问题由三个彼此相关的问题构成:一是在语形上选择什么作为自然可接受的有意义表达式串或什么是形式逻辑中"p"和"q"的类似物,二是语义上选择对何种对象进行真值判断或者什么可以是真的或者假的,三是语用上选择什么可以是知识、信念、假定的对象或者什么可以成为命题态度词"知道""相信""假定"的述谓对象。②早期分析哲学家曾普遍认为合适的评价对象是语句或命题,其中罗素的态度就具有相当代表性。他说:"被逻辑学家们当作科学的前提的东西,不是最先被认识或者最早知道的那类东西,而是有着极大客观性和严格性,有着演绎力量的命题。"③维特根斯坦在类似的意义上说:"我们用以表达思想的记号我称为命题记号。"④斯特劳森根据语词行为和符号行为的区别指出,将语句和命题当作逻辑评价的对象,实际上只重视了语形要求,至多在局部层面顾及了语义要求,而完全忽略了语用维度。逻辑评价的对象固然应该是语法合式的自然语言表达式串,但语句或表

---

① P. F. Strawson. Introduction to Logical Theory. London:Methuen and Co., Ltd.,1952:3.
② 苏珊·哈克. 逻辑哲学. 罗毅,译. 北京:商务印书馆,2003:93-95.
③ Bertrand Russell. The Philosophy of Logical Atomism. London and New York:Routledge, 2010:4-5.
④ 维特根斯坦. 逻辑哲学论. 贺绍甲,译. 北京:商务印书馆,2010:32.

达式串只是提供内容的子句和构成项，除了语句外，说话者的会话条件也是影响真值判断的重要条件。对于语句"我比六英尺高"而言，A（"高于六英尺"）说出为真。而 B（"矮于六英尺"）和 C（"刚好六英尺"）说出则为假。因此，斯特劳森将逻辑评价的对象确定为语言实践中的话语行为，更明确地说是描述事态，说明事实和表达意向的陈述行为。逻辑评价是对陈述的评价，而非对构成陈述的语句及其诸成分的评价。因为"我们不能将可以成真或成假的陈述与构成该陈述的语句混作一团，因为相同的语句可能被用来构成非常不同的陈述，而这些陈述有些为真，有些则为假。并且这种真值上的差异也不是语句意义模糊不清的结果"[1]。

对于逻辑评价的依据，罗素等人的既有意见认为，由于语法结构常常掩盖了隐藏于命题背后的逻辑结构，逻辑分析的工作应该找出作为语句真正的结构特征即决定语句意义的逻辑结构。斯特劳森则认为，当我们对陈述进行评价时，涉及反映语法规则的语言陈述（linguistic statement）和反映陈述逻辑结构的逻辑陈述（logical statement）；而在自然语言范围内，语句的语法结构起码应该是独立的，因为"逻辑陈述说出的东西不同于语言陈述所说出的东西，逻辑陈述的真值独立于语言陈述的真值。从这一点出发，就很容易发现逻辑事实独立于语言事实，也因此会改变逻辑学家们过于推崇逻辑事实的态度"[2]。用逻辑结构代替语法结构的方法，就至少忽略了语法结构的独立性。更重要的是，将逻辑陈述和语言陈述相等同存在以下困难：一是将二者相等同的过程中，逻辑学家必须断言构成逻辑陈述的语句与构成语言陈述的语句是同义的，但语法结构与逻辑结构事实上并不一致；二是等同处理容易导致认为存在着独立的逻辑事实空间，进而把语言规则当作逻辑事实的语言外壳的错误观点。

斯特劳森注意到，形式逻辑在选择评价对象和评价方式方面的非可靠性，最终是源于逻辑系统的构造过程牺牲了自然语言的语义丰富性。由于日常语言的逻辑行为类型极其多样，内容又极为丰富，因此逻辑学家在构造逻辑的形式系统的过程中，就必须将个别陈述行为加以概括，

---

[1] P. F. Strawson. Introduction to Logical Theory. London: Methuen and Co., Ltd., 1952: 4.

[2] 同[1]11.

以形成普遍陈述，在此基础上，将普遍陈述进行形式化处理形成逻辑公式，进而将逻辑公式进一步抽象处理使其形成一个有序的形式系统。构造逻辑系统的过程就表现为一个将语言陈述概括化（公理化）、形式化、系统化的过程，但斯特劳森认为，这一过程不可接受，构造出的形式系统也缺乏可靠性。具体来说：

（1）公理化是对语言的扁平化处理。斯特劳森的理由主要有两条：一是公理化存在量上的不对等关系。逻辑学家通过对个别陈述加以概括而刻画出有限数量的逻辑公理，从而实现以较少的逻辑公理统摄大量语言事实的目的。但日常语言的个别陈述无限多样，逻辑公理就不能包含个别陈述的所有情况，存在着数量上的不对等关系。二是公理化颠倒了元语言与对象语言的关系。做出陈述或者使用语言的主要目的在于对世界中的人或者事物做出描述，而非对陈述进行评价，因此语言使用者首先关注的是对象语言层次，而非元语言层次，但逻辑学家不关心语言实践活动，而是关心元语言的研究，由此忽略了语言与世界的实际关系。普遍化过程忽视了语言用法的层次性和语义的丰富性，将语词用于描述世界状况的一阶用法和用于评价语句和陈述的高阶用法相等同，其使用的语词，要么是具有特殊用途的高阶的纯粹逻辑概念如必然性、有效性、同一性、真值、命题等，要么像"蕴涵"（entail）这样的伪装成日常表达式的逻辑概念。进一步地，用"蕴涵""同一"等关系来表达的陈述之间的关系是逻辑关系，而非陈述与世界之间的实际关系，这也就意味着逻辑评价是对日常语言的二阶评价。但逻辑学家们却错误地将"蕴涵"、蕴涵关系当作经验世界和日常语句之间的实际关系，实际上是因为混淆了对象语言和元语言而造成的"范畴错误"。

（2）形式化是对陈述语句逻辑特征的错误类比。斯特劳森从对自然语言表达式的逻辑评价是对逻辑陈述的考察出发，认为"在有效的推导之间存在的相似关系，并不是主题或样式的相似性，而仅仅是一种语言的相似性，即在反复出现的语言模型的语词之间出现的相似性"[①]，而且他认为："不同推导之所以能够以一种非常明显的方式分享共同的语言模式，其原因就在于语言模式构成了反映同类语词间占据相同的相对

[①] P. F. Strawson. Introduction to Logical Theory. London: Methuen and Co., Ltd., 1952: 45.

位置的语言结构。"① 从陈述之间的有效推论关系也只应该总结出反映语法结构的句法相似性作为形式特征,而不是根据逻辑主题或具体内容抽象出逻辑结构。但是,形式化过程将语言模式的相似等同于逻辑结构的相似,因而对语言的逻辑特征做出了错误的相似性类比。斯特劳森更为具体地说明了这种错误类比是如何发生的。他说:

> 最后,我们大致有理由说,在如下情况下,陈述的语言形式被错误地(至少在可能的层面上)当作其逻辑形式:(1) 构成该陈述的语句与大量其他语句具有共同的语言模式;(2) 绝大多数,或者很多具有共同语言形式的语句构成的陈述彼此之间有着某种形式的相似性;(3) 被用来做类比的陈述与类比陈述之间不具有那种形式的相似性。事实上,关于"语言形式被误认为逻辑形式"的观念在更为广阔和宽泛的意义上被使用着。这一观念与如此多的错误和不融贯的东西纠结在一起,我们最好还是直接抛弃它可能更为妥当。②

由此可知,错误类比是由于将对语词行为的评价对象当作了陈述的符号载体——命题形式,而不是反映行为结果的陈述。从根本上说,斯特劳森认为,错误类比是由于经典逻辑的支持者认为推理的"形式"特征只是"逻辑"的,而忽视了"语法特征"也是一种形式特征。

斯特劳森进一步说明了上述错误类比的后果。错误类比的第一个后果是会导致某些语词作为自然语言表达式的表达力量乃至意义的缺损。比如对关系语句进行形式化的逻辑公式 aRb 就不能反映意向性关系语句的逻辑结构,不能反映"love""hate""amuse"等语词所具有的意向性质,因为"a love b""b love a"完全是两回事儿,另外这些语词所表达的关系也没有传递性。我们不能根据"aRb"和"bRc"推出"aRc"。实际上,由于斯特劳森坚持意义的整体性和语词"具有联结性意义"③,用符号替代自然语词的过程,就是排除表达式意义的过程,

---

① P. F. Strawson. Introduction to Logical Theory. London: Methuen and Co., Ltd., 1952: 45.
② 同①51.
③ 同①2.

这至少会忽略合式问题。例如，当有人说"x是弟弟"的时候，"汤姆"可以代入该表达式，但数字"2的平方根"却不能，区别就在于"汤姆"作为指称某个人的名词表达式代入后可以产生一个合式语句，但"2的平方根"代入之后则会出现语义错乱。进一步地，有些看似逻辑有效的推理实际上恰恰是取决于表达式的意义，陈述"汤姆是弟弟"实质蕴涵着"汤姆有个哥哥"，但这个有效推理不是基于对"蕴涵"的形式有效性，而是因为"弟弟"的意义保证了哥哥的存在，"蕴涵"在这里并不具有逻辑力量。

错误类比的另一后果是导致"逻辑常项的神话"。类比过程不仅需要排除自然表达式意义，而且也需要通过重新规定形式符号的意义，来实现对自然语词的重新赋值，从而使得日常表达式具有形式系统需要的意义。但这个过程是对解除了语词和陈述语句对语言系统的依赖关系，而且在事实上扭转了表达式的自然意义和它在形式系统中的意义，这也意味着，形式化过程颠倒了自然语言与形式系统的关系，使得符号仅仅具有规则系统所规定的意义，日常语言仅仅被允许使用逻辑公理和推理规则所规定的用法。而这一过程的结果，就是根据形式系统定义的逻辑常项。但是，这就使逻辑常项是人为规定的结果，因而它不仅不是一个自然事实，甚至可能不是一个可靠的逻辑事实，而只是主观理论约定的产物。"非常明显，逻辑常项并不具有任何逻辑上的神圣色彩，包含逻辑常项的推导（假设有效）并不比不包含逻辑常项的有效推导有更高程度或者其他类型的有效性。"[1] 斯特劳森的意思是说，逻辑常项是一种人为的规定。"蕴涵"也不比"假设""假如""在——情况下"在逻辑上更具基础性，但形式化过程却使逻辑常项成为具有特权的表达式类。

错误类比的第三个后果是颠倒推理的形式关系与事实关系，在斯特劳森看来，"逻辑形式不是用来解释或说明陈述具有某种形式力量的逻辑特性，而恰恰是用来解释或说明陈述所具有逻辑力量的形式特性"[2]。而说一个推理具有某种形式关系，并不是说该推理因为具有如此这般的

---

[1] P. F. Strawson. Introduction to Logical Theory. London：Methuen and Co.，Ltd.，1952：47.

[2] 同[1]56.

形式特征才是有效的，而是说该推理因具有某种逻辑力量而获得具有某种形式特征的系统位置。但逻辑学家，尤其是经典逻辑的支持者由于对语言的过度形式化处理，以及由此导致的对形式特征的过分强调，从而认为只有符合系统形式特征的推理才是有效推理，认为推理的有效性存在于"逻辑形式"当中。对此，斯特劳森指出，非形式有效的逻辑推理是多样的，"推理"概念本身也就具有歧义性。斯特劳森还指出，人们通常将逻辑当作研究有效推理（reasoning）的原则的想法"过于狭隘，也传递了很多毫不相关的错误观念"[①]。实际上，论证（arguing）、证明（proving）、推导（inferring）、总结（concluding）甚至解决某一数学难题，都可以被当作不同的有效推理过程，只不过这些有效推理的目的和用途各不相同，比如论证的目的在于说服，只要能够建立前提与结论间的可接受性关系，就能实现论证的初衷，而无须考虑被引证内容本身的真假情况和"有效性"。同样地，某些看似构成推理的语言行为却并非真正做出了推理，而仅仅是作为语句联结的工具，这一点在语句联结词的使用过程中表现得非常明显。

（3）系统化是自演绎过程。建立一个完整的、可靠的逻辑系统是形式逻辑学家的最高理想，传统的三段论系统与命题逻辑和谓词逻辑为代表的经典逻辑系统都是这样的逻辑系统。要构建逻辑系统，就必须对各种不同类型的蕴涵关系和各种各样的推理规则进行整合。但这一过程是对形式逻辑形式特征的失真处理，其代价至少是值得考量的，而作为构造系统的演绎方法也并不可靠。斯特劳森的批评主要来自两个方面：一是系统性要求对日常语言做进一步扁平化的处理，在日常语言中，量词的种类是多样的，但在形式系统中只有"全部"（all）和"至少有一个"（at least one）作为基本量词，斯特劳森的问题是：为什么在形式逻辑中"全部"（all）和"至少有一个"（at least one）更受青睐，而"许多"（many）、"有点"（a few）、"几个"（several）、"几乎"（almost）却无立锥之地？就推理的实质而言，下面的推理是有效的：

Most f is g,

[①] P. F. Strawson. Introduction to Logical Theory. London: Methuen and Co., Ltd., 1952: 12.

Most f is h,

At least one f is both g and h.

但这种形式有效推理却被逻辑学家们拒绝,斯特劳森分析了这种模糊逻辑的推理类型不受经典逻辑学家欢迎的原因,其一在于其未能将公理系统扩大到涉及逻辑中值的情况,因而不能有效处理此类推理的逻辑性质。更为根本的原因在于,逻辑学家们希望构造一个具有逻辑可靠性和完整性的封闭系统。对中值情况的讨论将大大增加逻辑常项的数量,甚至导致部分逻辑规则失效和更为复杂的逻辑规则。

斯特劳森的第二个批评针对的是构造逻辑系统的形式演绎方法。他认为:"演绎方法至少有一个明显缺点,对于任何由系统常项构成的形式公式来说,它都没有提供进行检查的有效机制,以便我们能够决定拒绝接受该公式作为既成系统的分析公式是否会导致矛盾。"① 他的意思是说,经典逻辑构造系统是依据数学模型进行形式演绎的过程,但演绎方法通过对基本规则的推导演化出派生规则和替代性规则,从高阶公式推导出低阶公式,没能考虑到基本公式乃至整个形式系统的可靠性问题。而且,正是逻辑学家把"系统"当作逻辑的理想,才使得在形式化过程中出现的、存在于自然表达式和逻辑常项之间的裂痕,发展成为两个系统之间的彼此冲突。

斯特劳森的上述论证旨在表明,形式逻辑本质上是对日常语言中语词行为所反映出的形式特征进行公理化、形式化和系统化的产物。形式逻辑中的符号行为或形式特征是对我们的语词行为或语法特征的理论抽象。但这一公理化、形式化和系统化的过程会面临语言的扁平化、错误类比和形式自演绎等多重错误,因而形式逻辑对自然语言的形式抽象,实际上给出的是一幅扭曲的和错乱的逻辑地图。从整体上看,形式分析从选择评价对象到决定评价方式,再到构造评价系统的过程中都没能有效处理自然语言的语用特征和复杂语义,形式系统也不是评价自然语言的可靠参照系。

2. 联结词与语义对称性问题

对于联结词的意义,赖尔和斯特劳森有着极为不同的理解。赖尔倾

---

① P. F. Strawson. Introduction to Logical Theory. London: Methuen and Co., Ltd., 1952: 61.

向于将逻辑联结词当作包含了自然联结词功能的"最低力量"①，认为逻辑学家对它们的研究是对自然语言的某些共同形式特征的研究。但斯特劳森的观点更加激进，他认为：（1）联结词是系统选择的结果。（2）逻辑联结词的意义是根据系统定义而获得的形式意义，并且这种意义是单一的、确定的。与赖尔从宏观上根据"双重逻辑"否定将逻辑系统与自然语言系统等量齐观不同，斯特劳森倾向于从细节方面说明两种系统的差异所在。必须说明的是，斯特劳森这种抽丝剥茧的分析方式，在他对联结词的分析中表现得淋漓尽致。

在斯特劳森看来，逻辑语言的差异性突出地反映为逻辑联结符号与自然语言联结词用法和意义的非对称性。形式逻辑的联结符号如"→""·""∨""⊃""≡"等与自然语言中的相应联结词"并非（not）"、"并且（and）"、"或者（or）"、"如果……那么……（if…then…）[缩写为（if）]"、"当且仅当（only and if only）"在用法和意义上不存在严格对应关系。形式逻辑符号没能表现出自然语词的复杂特征，自然语词解释形式符号的逻辑特征所达到的逻辑强度，也没有人们期望的那般准确。其中，将"not"与"→"、"and"与"·"相等同产生误解较少，但至少也是有误导性的，将其他联结词相等同则"不仅是误导性的，而且是错误的"②。由于"并非"和"并且"的情况极为相似，"∨""⊃""≡"等符号联结的陈述子句可以通过补充条件句的方式进行转化，我们这里仅仅讨论"and"和"(if)"这两种较为典型的情况。

在将"·"与"and"相等同的过程中，已经包含了对语言事实的语义扭转。具体来说，"and"的意义更为丰富，但"·"也有若干"and"不能承担的逻辑作用：

首先，"并且"除了作为陈述语句联结词，还可以作为词项联结词，用来联结作为语句成分的各个语句部分，如联结单称词、谓词、形容词等。在陈述 S1 "Tom and William arrived."中，"and"就充当了主词联结词。一种可能的反对意见是，作为词项联结词的"and"实际上并

---

① G. Ryle. Formal and Informal Logic//Dilemmas. Cambridge：Cambridge University Press，1964：118.

② P. F. Strawson. Introduction to Logical Theory. London：Methuen and Co.，Ltd.，1952：78.

不是词项联结词，而是缩略的语句联结词，如 S1 可以逻辑地分解成两个独立语句 S2："Tom arrived and William arrived."。但斯特劳森强调，S1 与 S2 并不是相同的陈述，如果将 S1 和 S2 理解为同义的，S2 就不是一个自然的日常陈述，在语言实践中我们并不这样报道事实，如果将 S2 理解为一个自然语句，其强调重点就落在"汤姆和威廉分别来了"，而不仅仅是"汤姆和威廉来了"，S2 传达了更为丰富的自然意义。因此，"and"作为词项联结词，特别在联结复数主语（plural subjects）和复合谓语（compound predicates）的情况下，不能被当作缩略语句联结词。深层次的区别在于，作为语用事实，自然语言中不存在"·"的类似用法和语用规则，且"and"在具体语境中使用所具有的功能也是"·"所不具备的。

其次，"·"所具有的逻辑作用不能被"and"的语义解释完全传递。根据交换律可以得到 p·q≡q·p，但在自然语言中 S3 "Tom got married and had a child." 的语序则不能调整，否则报道的就会是另外的逻辑事实。在形式系统中，真值判定往往是根据真值特征矩阵决定的，但自然语言中陈述真值的判定方式要更加复杂，陈述及其组成部分的语词位置都对真值有所贡献，语序表征了实际语言过程的某些语境因素。"事实的情况是，书面语言和日常口语中的语句和函项对所论述事实的真值条件的贡献，是以一种更为微妙、更为多样和复杂的方式实现的，而绝不是像形式逻辑的真值表所描述的二元联结或者非真即假的简单方式所进行的判定。"[1] 也就是说，这两种联结词的逻辑作用方式不同。

虽然具有"p·q"形式的逻辑陈述不等同于"p and q"，但至少部分传递了相似的意义，我们可以说，"p·q"是对日常表达式"p and q"的各种用法的合理抽象。而对于被称为实质蕴涵记号（material implication sign）的"⊃"，情况就更不乐观。一般而言，"p⊃q"语句可以被翻译为"if p then q"或者"p entail（蕴涵）q"。由于"蕴涵"概念不是典型的日常语词，我们先来看"(if)"作为自然语词联结词的情况。当作为自然语词的联结词时，"(if)"的蕴涵真值情况和评价

---

[1] P. F. Strawson. Introduction to Logical Theory. London: Methuen and Co., Ltd., 1952: 81.

方式都与"(if)"充当形式逻辑联结词时有所不同。在具体的会话蕴涵情况下,"(if)"可能以非常规方式表达语句真值。下面是一个典型实例。S4:"如果本杰明能通过考试,我就吃掉我的帽子。"在正常语境中,S4 的说话者意义重在强调本杰明不能通过考试,因此陈述后件"吃掉我的帽子"实际上并没有作为结论句的重要性。在逻辑结构上,S4 是一个双关语句,因为前件为假,所以后件也为假,但实际上恰恰是"吃掉我的帽子"的不可能说明了"本杰明不能通过考试",表达的是倒置的实质蕴涵关系,这与陈述的表面逻辑结构也不一致。再来看会话语句的真值评价问题。根据奥斯汀的语言行为理论,会话蕴涵的评价不在于其真值情况,而在于其适切与否的问题,这类话语是"不能用真和假来描述的话语"①。对于某个用来做出许诺的陈述 S5"如果明天不下雨,我就去散步"来说,如果说话者没有去散步,我们不会认为说话者做出了错误的陈述,而会说他改变了主意或者说话不算数。

更为困难的问题在于,将"(if)"和"entail"作为"⊃"的自然语言对应词或者语义解释,会面临意义的不确定性和翻译的不准确性。斯特劳森注意到,面对如何翻译实质蕴涵符号"⊃",实际上存在两种语义解释的理论。一种被称为真值函项论(truth-functional view),这种观点认为"(if)"是与"and""or"等相同的判断联结词,具有"(if)"结构的陈述的真值可以被有序排列在真值表中,通过分别判定单个陈述分句就能判定"(if)"结构的真值。对于任何"p⊃q",只要先考察 p 和 q 的真值,然后直接根据两者的真值情况在真值表中找出对应的 p⊃q 的位置就能完成对该陈述整体的赋值。另一种被称为效果论(consequentialist view),即"(if)"类似于自然语词"所以"(so, therefore),"(if)"陈述的前件与后件之间也类似于"所以"结构,即表达前提与结论之间的条件推导关系。"(if)"作为推导记号反映的是前件对后件的可衍推性和蕴涵关系。斯特劳森认为,上面的两种理论都有各自的问题:

对于真值函项论,(1)将"(if)"陈述当作断真结构没有表现推导

---

① J.L. 奥斯汀. 如何以言行事. 杨玉成,赵京超,译. 北京:商务印书馆,2013:15.

关系，明显不符合"⊃"作为推导符号的功能规定。(2)"(if)"陈述把逻辑前件和后件当作同质的陈述分句，实际上两个语句的断定程度不同，前者属于语义内断定或者语义预设，后者则不具有这种语义性质，而往往表达了这一预设的结果。断真处理要求对作为语义基础的预设进行赋值，对前件的要求过于严格。(3)真值函项论适用范围有限。在有时态算子（尤其是将来时态）和命题态度词以及以虚拟语态出现的陈述语句中，实际上不可能对前件进行语义外的真值判定。如当某人说出陈述 S5 时，他就并没有对明天的天气情况做出推断。

对于效果论，情况可能更糟。(1)是效果论所要求的蕴涵关系是不清楚的，"所以"所联结的陈述分句除了严格逻辑蕴涵关系外还包括严格蕴涵、相干蕴涵、形式蕴涵、反事实蕴涵以及各类蕴涵关系的符合叠加，蕴涵不意味着必然是实质蕴涵。(2)推导关系同样没有注意到前件与后件的断真强度的区别，忽视了条件句对结论句所具有的语义预设性质；另外，根据真值表的要求，if p then q 的真值在特定情况下不受 p 的真值的影响。当 p 为假 q 为真的情况下，我们仍然会认为"if p then q"，当 S5 的说话人在"明天"来了一场雨中漫步，根据真值表，我们还是认为 S5 是真的，在这种情况下，"如果明天下雨"不仅是假的，而且它没有作为真值条件参与到推导进程中来，我们完全是根据说话者是否"散步"来确定 S5 的真值。(3)推导关系不可逆向传递。按照"p ⊃ q"的变形规则可以得到 p ⊃q≡¬q ⊃¬p，但对于 S5 我们就不能自然地说，"如果我不去散步，明天就会下雨"。

斯特劳森意在说明，逻辑连接符号"⊃"自身不是一个可靠的单义符号，其含义包含两个相互关联的方面：一方面，它被当作真值函项联结词对"(if)"结构进行真值运算，另一方面，它也被用作推导符号表达蕴涵关系。因此，与"⊃"同义且有着相同语用效力的对应词，既含有"并且"也含有"所以"的意思。由之联系的陈述语句之间既非纯粹的断真关系也非纯粹的假言关系，而是基于语义预设的根据-结论关系（ground-consequence relation）。由于这种关系的特殊性，形式符号"⊃"就既是准推导记号，也是准真值判断记号，其具体作用是用来进行推导，还是判定真值，取决于具体使用中的理论目的。也就是说，"被指派给 p ⊃q 的约定性意义本来就不稳定，在自然语言条件下的用法中，这种意义也不能被认为是未经改动的"①。由此，翻译不准确性就出现在两个方面：一是符号意义本身的不稳定性，二是对于符号的每一个方面，"(if)"都没有完整而详尽地表现符号的语义性质，因而在整体上也就未能反映符号的语义性质。

必须指出，斯特劳森对语义非对称性的说明，相当程度上是为了论证罗素、奎因等哲学家将逻辑联结词和自然联结词的意义混为一谈是不恰当的，因为一旦像赖尔那样承诺了两类联结词意义之间的重叠性和相似性，类似于摹状词分析或根据标准释义进行逻辑改写在相当程度上都应该是可接受的。奎因所奉行的标准记法，事实上也正是以此为理论基础。在他看来，"but""and""although"等联结词在自然语句中体现的区别仅仅是"修辞问题"，但是"逻辑概念不考虑修辞上的区别"②。以此为根据，奎因将两类联结词联系起来，认为逻辑释义只需要对联结词所连接的谓词变元、个体变元和语句变元进行形式改写和重新释义即可。由此可知，斯特劳森的批评并非无的放矢。但是，斯特劳森对非对称性的讨论，更重要的目的是要说明日常语句的语词行为和形式逻辑的符号行为的表现是根本不同的，因此不能将日常语句当作真值函项，按照真值表赋值。

3. 量化方法的局限性

在有关对形式语义学的批评中，我们已经局部说明了形式分析对于意义理论和语言理解的非充分性、非必要性，也就其面临的"内在问题"和"外在问题"有了比较清晰的交代。在这里，我们将仅从方法论的角度，说明斯特劳森在《逻辑理论导论》一书中对早期分析哲学中通行无阻的、以量化改写为实质的形式分析的批评。在斯特劳森看来，量化分析在形式层面至少面临如下问题：

首先，量化处理改变了陈述语句的意义类型。按照经典的翻译，量化式 $(\exists x)(fx)$ 读作"至少存在一个 x 且 x 具有 f"。但"至少存在一个是 x 的 f"这一说法在自然语句中并不常见，甚至量词"至少有一个"也很难说是一个真正的作为量词的自然表达式。因此，量化的结果不仅

---

① P. F. Strawson. "If" and "⊃" //Entity and Identity and Other Essays. Oxford and New York: Oxford University Press, 1997: 177.

② W. V. O. Quine. Methods of Logic. New York: Holt, 1959: 41.

将原语句形式化了，而且对其意义做了非自然化处理并改变了语句的原有语法结构；在将原有语句量化之后，对非语法合式的量化式进行自然语言的翻译，做出的实际上还是一个看似是自然语句的逻辑语句，由此，量化处理是对语句自然意义的双重破坏。虽然每一个简单主谓陈述语句都存在相应的（∃x）（fx）结构，但量化处理会导致语义的不自然情况。例如，对于有形式主语的语句"It is raining."，我们似乎不能将其翻译为"There is at least one thing which is raining."。

其次，语句量化改变陈述子句的语义性质。量化处理是以一种更为系统的方式反映语句逻辑结构，进而对语言意义进行逻辑整编的过程。但量化代入却改变了语句的逻辑结构。且看下面两个陈述。S6："法国国王是秃子"，量化处理后可表示为"有且只有一个 x，x 是法国国王且 x 是秃子"，其逻辑结构为（∃x）（fx, gx f＝是法国国王，g＝是秃子），对 S6 同义转述可以得到 S7："不存在不是秃子的法国国王。"即"不存在任何的 x，x 是法国国王且 x 不是秃子"，其量化结构为−（x）（fx，−gx）。由于 S6 与 S7 同义，可以得到（∃x）（fx, gx）＝−（x）（fx，−gx）。但这两个公式却恰恰是非同义的。对于 S6 和 S7，预设"法国国王"是语句具有真值和量化演算的预设条件。但 S7 的量化式还可能预设了"不存在任何的 x"，也就是说，当"法国国王"不存在时，S7 仍然可以被改写为−（x）（fx，−gx）结构。或者说−（x）（fx，−gx）实际上还对应了 S8：不存在任何是法国国王并且不是秃子的人（因为法国国王不存在），也就是说带有否定预设的量化式对应了 S7 和 S8 两个具有不同语义预设的语句。由于否定预设的语义性质并不稳定，在量化 S6 的过程中就实际上改变了语句真值条件。进一步地，谓词演算将使用并不总是有效的变形规则和派生规则，演算过程会导致真值条件的进一步改变。

除了直接改变语义性质所造成语义内容的改变外，量化改写在更多的情况下对语义的不利影响是模糊陈述语句的意义。在多重量化（multiple quantification）和关系量化（relational Quantification）等复杂量化改写中，这种情况尤为明显。这里我们来看对 S8 和 S9 的改写情况：

S8：No one loves without suffering.

S9：Tom loves Mary.

S8 是一个具有结构歧义性的语句，按照形式分析的标准理解，我们可以将其翻译为"There is no one who loves and does not suffer."。但是这个语句按照自然理解的意思是，"Anyone who loves would suffer."。按照这种理解，我们分别可以得到 Q8 的两种量化结构，但是，S8 的歧义性还表现在它没有说明"love"和"suffer"的主体是同一个人，在这种情况下，我们对 S8 进行关系量化似乎更加合适。根据前面两种非关系量化的语义解释，我们也可以得到两个对应的关系量化结构 Q'8。这样 S8 的两个量化结构分别是：

Q8：－（∃x）（fx・－gx）or（x）（fx ⊃－gx）

Q'8：（x）（∃y）（－fx ∨gy）or（x）（∃y）（fx ⊃gy）

无论是 Q8 还是 Q'8，都不能反映 S8 的结构性歧义特征，S8 的意义是说"每个施爱者都同时是被爱折磨的人"还是"凡有爱，必有人被爱折磨"往往是根据语境来解读的。Q8 和 Q'8 看似语义清晰的理解恰恰是剥夺了 S8 语义的双关性质。另外，由于 S6 的量化问题，Q8 和 Q'8 中的两个量化式实际上也并不是同义的。但就反映 S8 的可能意义来说，Q8 还是 Q'8 都不能说是毫无贡献，尤其是 Q'8，可以解决 Q8 中－（∃x）（fx・－gx）的形式意义无法得到自然解释的问题。但是，Q'8 也会导致进一步的问题。这一点可以通过 S9 的两个量化式得到说明：

Q9：（∃x）（∃y）（x loves y）or（∃y）（∃x）（x loves y）

Q'9：（f）（f Tom・f Mary）（f＝love）or－（∃f）（f Tom・－f Mary）（f＝love）

这里，Q9 是对 S9 的个体变元所进行的关系量化，Q'9 是将谓词"love"当作变元做出的量化结构。Q9 面临的是包括 Q'8 在内的所有关系量化的问题。根据奎因等人对语句量化结构的理解，关系语句中仅仅存在关系"R"和关系项（如 a，b，c）的区别，各个关系项之间可以被看作完全独立的，它们在量化结构中的顺序是任意的，因此，S9 中的两个量化语句实际上是同一个量化式。但在自然语句中"Tom"和"Mary"作为关系项明显对"love"有着两种不同关系——主动和被动。Q'9 则在谓词量化的背景下放大了 S6 的问题，因为－（∃f）（f Tom・－f Mary）（f＝love）可以读作"There is nothing which is true of Tom and which is not true with Mary."。这样"f＝love"的取值没有任何意义，或者更彻底地说，Q9 中的两个公式不仅是非同义的，而且它们之间根本就不可能，也不应该在自然语言的范围内进行有效语义推演，甚至－(∃x)(fx・－gx)不应当被当作可适用于自然语言的形式结构。

再次，量化过程忽略了陈述子句的语句类型。量化分析最为重要的作用在于解决像"独角兽存在"这类存在语句及否定存在句的指称难题。但斯特劳森认为，通过将存在语句量化忽视了语句的类型结构。存在语句并非表面看起来的那样是一个平常的简单主谓句，而是一种特殊的存在语句结构。像"独角兽存在"这样的语句一般是作为某个主谓陈述（如"独角兽有一个角"）的预设语句而存在的。要说明"独角兽存在"的语句性质，就必须先弄清楚语义预设。所谓语义预设是指当陈述 S 预设了 S_1 时，S_1 为真就成为 S 为真或为假的前提条件，并且 S 与 S_1 的否定的合取在逻辑上是不可接受的。由于 S_1 仅仅是作为 S 的语义预设，"S_1 为真"也就只是相对于 S 有效。斯特劳森指出，一旦将像"独角兽存在"这样的存在语句作为简单主谓句，我们就会面临两个困难：一是必须预设另外一个 S_2 "独角兽存在"作为 S_1 的语义预设，对于 S_2，我们又需要预设 S_3 以致无限倒退；二是对于任何一个以"独角兽存在"为内容的简单主谓句 S_n，其预设语句 S_{n-1} 就会预设"独角兽存在"这一相同的语义内容。因此不能认为任何具有"x 存在"类型的语句就是陈述语句，"存在"也不是逻辑的谓词。

语句量化忽略语句类型的另一个重要标志是忽略了谓词的时态问题。① 先来看如下两个陈述：

S10：There is at least one prime number between 16 and 20.

S11：There was at least one woman among the survivors.

上面两个陈述的区别在于，S10 的指称对象与陈述的说出时间和陈述谓词无关，但 S11 的指称对象是否存在对语句说出时间有依赖关系，它实际上是一个"时间性指称"（time-reference）。斯特劳森认为量化改写

---

① 这是一个相对技术性的"内在困难"，主要针对奎因的标准记法，因为奎因认为所有的语句都应该被看作时态中立的。对于戴维森和时态逻辑的支持者，这个批评并不构成问题。

适用于 S10，但对于 S11，直观的改写方法是将时态标记放在个体变元之后的谓词部分，如果这样，我们可以将 S11 改写为"(∃x) (x is a woman and x was among the survivors.)"。这个改写至少意味着当 S11 被说出时，那个幸存的女人至少还活着，但 S11 只是暗示这个幸存者在说话之前的某个时间是存活的，并不涉及话语说出时的时态。斯特劳森继续论证说，将量化结构中的"is"改为"was"也不能解决问题，"she was a woman."作为自然语句似乎有暗示她有改变性别的意思。同样地，将(∃x)当作时态中立（timeless）的论断似乎也不合理，因为这个论断所涉及的事实的真值只在一定时间内是真的。由此，斯特劳森建议，我们在此情况下可以将它当作具有"时态模糊性"的量化。但是，在日常语言中，当我们说出与 S11 时态相同的 S8 时，我们的意思并不是说这个句子的时态是不清晰的，而是暗示它没有时态限制，在所有的语境中都是真的。因此，"量化工具仅仅适用于时态中立语句（如数学语句）和无时态限制的语句，但它并不能恰当地适用于那些经由选择动词时态而给出的、带有时间性指称的语句"①。

最后，量化处理忽略了主谓区分。个体表达式和述谓表达式存在某种区别的观点为逻辑学家所普遍接受。但斯特劳森认为，这种区别绝不仅仅是语形或形式层面的区分，而有着更为丰富的内容。在《逻辑理论导论》中，斯特劳森着重从语形和语用的角度阐述这一区分。在他看来，主谓区分首先是基于表达式结构功能的区分。"存在于个体表达式与述谓表达式之间的这种区别，或者说存在于个体变元与述谓变元之间的这种区别可以通过诉诸如下区别，即表达式在语言中可以承担的指称角色与其所承担的描述性、归属性或者分类性角色之间的区别来得到解释。"② 亦即语形或形式区分是功能区分的外显表现。在语用功能的层面，主谓区分集中表现为表达式对语境的依赖关系的不同，单称词项尤其是限定摹状词和专名是语境指示词，表达了指称关系的语境依赖性，述谓表达式没有语境的依赖性。主语表达式和谓语表达式的区分表现为指称与描述的区分，或者说表现为"指称"与"意义"的区分。"只有

---

① P. F. Strawson. Introduction to Logical Theory. London：Methuen and Co., Ltd., 1952：81.

② W. V. O. Quine. Methods of Logic. New York：Holt, 1959：41.

当语词、短语乃至语句用来指称陈述和指称某个东西时，它们才是有意义的。语句的意义并不同于语句的使用所构成的陈述，语词和短语的意义也不同于其使用所指称的对象，'指称'和'意义'的区分只是在最为模糊的意义上反映了这一语言事实。"① 因此，量化方法所提出的消除或化约限定摹状词或主语表达式的方法，将取消表达式之间指称和描述的区别，进而取消语句的指称部分与述谓部分的功能区别。这就消除了语句固有的语境可识别性。这种对主谓区分不予重视的方法最终是混淆了指称语词的意义和指称对象，也就是混淆指称和意义的逻辑表现。

概而言之，以指称表达式和述谓表达式的区别为基础的主谓区分兼具形式-功能的特征和本体论的重要性。在经典逻辑的量化分析方法中，逻辑学家们对日常语言做了类似于形式语言的处理，试图将对语言的分析转化成对语言的逻辑运算。这种对语句主项的量化处理只是将指称表达式与述谓表达式的区分当作纯粹的语法或形式区分，因而是不可接受的。一方面，是否可被量化仅仅是主谓区分的一种形式表现，对主词量化的强调夸大了主语和谓语之间在形式上的区别，忽略了其他方面的形式区别。实际上，如果主语可以被量化处理，就必须在类似的意义上承认谓词也可以被量化处理。因为如果"someone"可以被改写为（∃x）(Fx) 结构，"somewhere""nowhere""sometime"等时间状语和地点状语也可以做类似处理。"量词不仅仅出现在主语部分，也可以出现于谓语部分。"② 另一方面，将指称表达式以量化代入的方法加以消除，就难免对指称表达式和述谓表达式做均衡化处理，既取消指称与述谓的结构区别，也忽略指称表达式所反映的本体论的等级性和优先性，因此不能接受对自然语言的全面量化处理。量化方法也最多只能做方法论的使用，而不能被"形而上学"地使用。

由此，斯特劳森在以更为严整的方式重述相关反对意见的基础上，力图通过对逻辑方法的讨论进一步扩展和深化相关论点，不仅将与罗素

---

① P. F. Strawson. Introduction to Logical Theory. London：Methuen and Co.，Ltd.，1952：11.
② P. F. Strawson. Positions For Quantifiers//Entity and Identity and Other Essays. Oxford and New York：Oxford University Press，1997：64-75.

的争论落实为分析方法的根本差异,而且奠定了与奎因围绕单称词性质、本体论结构和分析方法等主题更为广泛的哲学争论的理论基础。斯特劳森的主要观点是:

(二) 捍卫传统逻辑

在《逻辑理论导论》的前五章,斯特劳森从系统可靠性、语义对称性和方法有效性等方面对将形式逻辑用于处理自然语言的"理论僭越"做了相当中肯的批评,基本完成了对现代形式逻辑的考察。在随后的第六、第七章,斯特劳森转而将讨论重点集中在亚里士多德式逻辑或传统逻辑。① 与对形式逻辑的"拒斥"不同,斯特劳森对作为形式逻辑"古典形态"的传统逻辑却很是"袒护",他承认传统逻辑作为表现自然语言逻辑特征的表征模型仍然是基于错误类比所构造的形式模型,但是,并不像现代形式逻辑的支持者否定三段论或四谓词理论作为推理规则的有效性,或要求按照经典逻辑对传统逻辑进行改造。斯特劳森试图在自然语言的范围内为传统逻辑中有效推理的逻辑规则进行辩护,在这个意义上,他可以算作传统逻辑在当代哲学中的"辩护人"。从当代形式逻辑和哲学逻辑的理论版图来看,斯特劳森的辩护立场具有高度识别性,不免出乎大多数哲学家和逻辑学家的"意料之外",但从他本人的问题意识来看,辩护态度却又在"情理之中"。究其原因,不外乎如下两个方面:

首先,传统逻辑是以自然语言为基础建立的有限形式系统。一般认为,亚里士多德逻辑与现代形式逻辑的一个根本区别在于两者与自然语言之间关系的差异。王路教授将这种区别总结为:"亚里士多德从自然语言出发,在自然语言基础上建立起三段论系统——而现代逻辑是从人工语言出发,运用形式语言建立演算。"② 在《论题篇》中,亚里士多德认为,对"四谓词"的讨论是为了"寻求一种探索的方法",目的是"我们能从普遍接受所提出的任何问题进行推理,并且,当我们提出论

---

① 这里我们暂时按照斯特劳森的思路将"亚里士多德逻辑"与"传统逻辑"当作没有本质区别的形式系统,忽视后者对前者的重要发展和改进。
② 王路. 亚里士多德的逻辑学说. 北京:中国社会科学出版社,2005:6.

证时,不至于说出自相矛盾的话"①。亚里士多德暗示,"四谓词"属于"辩证的推理",而三段论主要是一种"证明的推理"(也可以是辩证的),区别在于,前者的前提是众人普遍接受的建议,而后者的前提则是"自身具有可靠性的东西"。但是,两者都是一种通过自然语言进行实践的"论证的技艺"。在构造可以"必然的得出"的推理规则方面,亚里士多德也保留了自然语言的痕迹。四谓词理论、命题的定义和分类,乃至三段论系统等都可以在自然语言的范围内得到说明。在进行有限形式化分析方面,亚里士多德没有彻底脱离自然语言,在将全称肯定命题概括为"所有的 S 是 P"时,他不仅保留了系词"是",也保留了量词"所有"以及它们的自然意义。传统逻辑虽然在形式化方面有了较大进步,将全称肯定命题定义为"SaP",将四种基本命题形式定义为 A、E、I、O 形式并提供了对当方阵和三段论的拉丁文记忆歌诀,但仍保留了系词和量词的自然意义。另外,与当代形式逻辑中形式规则、系统规则、派生规则和变形规则等一系列复杂的演算规则相比,传统逻辑中以交换律、对当方阵和三段论在内的有效推理规则也显得极为有限。因此,从形式化的程度和形式规则的丰富性方面,传统逻辑都显得相当粗糙和贫乏。

经典逻辑的支持者通常认为,传统逻辑依赖自然语言的特征是研究逻辑的一大障碍。弗雷格指出,自然语言不能作为代表概念的符号,一方面,自然语词不能提供符号所要求的单义要求,语词"马"既能代表作为共相概念的"马",也能表示这个概念之下的某个殊相"马",因此,自然语词就难以区分概念和个体事物。另一方面,表达推论的方式无限多样,它们极其不严格而且具有伸缩性,造成某些中间步骤和必要条件被省略,从而使得"逻辑关系总是被语言暗示了出来,任凭人们去猜测,而并没有真正表达出来"②。但是,对于将逻辑系统当作评价自然语言的"语词行为",而非逻辑符号的"符号行为"的表征系统来说,对自然语言的依赖性恰恰使传统逻辑可以更大程度上反映自然语言的逻辑特征,也更少扭曲和背离这一特征。以作为逻辑常项的量词为例,与

---

① 苗力田. 亚里士多德全集:第一卷. 北京:中国人民大学出版社,1990:353.
② 弗雷格. 弗雷格哲学论著选辑. 王路,译. 北京:商务印书馆,2013:41.

现代逻辑将"some""all"都刻画为存在量词结构（∃x）（fx）和（x）（fx）不同，在传统逻辑中，虽然"some"不得不按照现代逻辑翻译为"至少有一个"来使用，这就使"some"所表现的"某一个"和"至少多于一个"的歧义结构无法得到彻底反映，但"all""a""the""no"量词都是在日常语词的意义上使用的，从而避免了在语词和形式结构之间的翻译过程及语义对称性问题。再如传统逻辑中"所有的 S 是 P"，斯特劳森否认它们是在日常陈述中得到例示的某种普遍句法结构，且看 S13：

  S13：All the guests have sat down.

看起来 S13 还是一个典型的具有"所有的 S 是 P"的全称命题，但 S13 中却有某些不可忽视的结构性区别：第一，代替主词 S 的"guest"是可数名词，这里需要将 S 添加复述结构变为 Ss，严格来说，这个命题的句法结构是所有的 Ss 是 P；第二，S13 没有系词，而是一个直接由偶量词、主词和谓词构成的语句；第三，S13 的谓词经历了时态变化，但"所有的 S 是 P"忽略了这个变化。因此，斯特劳森认为，像"所有的 S 是 P"这样的命题形式"不是作为由具体陈述严格例示的对应形式，而是被当作为追述大量各种类型的陈述逻辑关系而得到的表征模型（representative pattern）。通过这些模型，陈述之间的相似性得到暗示，但没有被严格定义"[①]。由此可见，传统逻辑的形式结构也同样会忽略和扭曲日常语句的某些特征，但是它们可以被当作某些非严格的"表征模型"，对说明陈述的"相似性"或形式特征有所帮助。

  斯特劳森坚持辩护立场，另有一个在目前看来还不明显的原因源于传统逻辑中以主谓结构为基础的形式特征。亚里士多德逻辑经常被称为词项逻辑，他认为简单肯定命题是由主词"S"和谓词"P"加上系词构成的，其他命题是通过为"S 是 P"加上量词和否定词构造出来的。因此，简单命题"S 是 P"的主谓结构是所有命题的普遍形式特征。由于这些命题是自然语言的语句，主谓结构就不仅是命题的普遍形式结构，也是日常语句的形式句法。因此，主谓区分就是一个逻辑-语法区

[①] P. F. Strawson. Introduction to Logical Theory. London：Methuen and Co.，Ltd.，1952：153.

分。实际上，罗素对主谓区分的批评不仅仅是因为语法结构遮蔽了真正的逻辑结构，更是因为主谓结构是传统逻辑的形式结构，要建立以谓词演算和命题演算的形式系统，必须突破这种传统的逻辑-语法区分。但是，对于说明"语词行为"的一般特征，以传统逻辑中的主谓结构这一基本语法-逻辑特征，无疑要比经典逻辑的（∃x）（fx）和（x）（fx）等形式结构更能反映日常语言中语词的逻辑行为。这个原因就目前来看还不重要，稍后我们将做更加细致的讨论。

在明确斯特劳森的辩护立场的两个原因之后，我们来看斯特劳森是如何为传统逻辑辩护的。在《逻辑理论导论》第六章，斯特劳森将经典逻辑对传统逻辑的批评总结为两个正统批评（orthodox criticism）。其中，第一个批评涉及传统逻辑的系统解释的融贯性问题。按照传统的朴素论解释，除了对"some"的解释有些保留外，传统逻辑中的所有公式和推理规则都可以在自然语言中得到解释，其根据在于这些公式中除了主词和谓词外的逻辑常项——量词所具有的自然意义保证了公式和规则作为推理规则的有效性。但是，按照经典逻辑的理解，如果将量词当作自然语词，无论是否对它们做对象解释，即无论"all"和"no"是否做出了某种"存在承诺"，传统逻辑中包括对当方阵在内的所有逻辑规则无法获得融贯解释，传统逻辑也会失去作为融贯逻辑系统的地位。

为了理解这个批评的细节，我们将全称肯定命题"所有的 x 是 y"按照传统逻辑的记法改写成 A 形式的普遍命题 xAy，这样 A、E、I、O 四种普遍命题形式就可以写作 T（A）。为了明确有关"存在承诺"的情况，我们权且忽略量化方法的局限性，将 T（A）中的命题形式按照经典逻辑的标准记法改写为 T（B）中的对应量化式[①]。

Table A　T（A）	Table B　T（B）
xAy	~（∃x）（fx・~gx）
xEy	~（∃x）（fx・gx）
xIy	（∃x）（fx・~gx）

[①] 为了清晰表现两类逻辑系统的形式区别，这里省略 T（A）和 T（B）中的部分同义形式结构。对两类记法的完整形式列表，请参见《逻辑理论导论》第六章的"table 1"（p.167）。对有关第一个"正统批评"的讨论，请参见 P. F. Strawson. Introduction to Logical Theory. London：Methuen and Co.，Ltd.，1952：163-170。

xOy   (∃x)（fx·gx）

根据 T（A）和 T（B），T（A）中的 xIy 和 xOy 中的量词"some"可以被看作做出了对象解释。因为无论是"有些 x 是 y"还是"有些 x 不是 y"，都断定了"某些 x 存在"的经验事实。但是，经典逻辑的批评在于，对于 T（A）中的另外两种命题形式 xAy 和 xEy，无论是否对其量词"all"做对象解释，传统逻辑的推理规则都只是部分有效的。如果"all"没有做出对象解释，我们就可以得到 T（A）中的前两个量化式。在这种情况下，传统逻辑中包括交换律和对当方阵在内的许多公式是无效的。斯特劳森尤其强调 T（B）对对当方阵中推理规则的冲击。按照对当方阵，xAy 和 xEy 是反对关系，命题"所有的 x 是 y"和"所有的 x 不是 y"不能同时为真，但可以同时为假。但是根据 T（B），在~（∃x）（fx）为真的情况下，~（∃x）（fx·~gx）和~（∃x）（fx·gx）可以同时为真，即当 xAy 和 xEy 的论断对象不存在或 x=0 时，对当方阵中的 xAy 和 xEy 之间的反对关系是不成立的。实际上，如果全称量词没有给出"存在承诺"，对当方阵中除了论题间的两类矛盾关系"A=~O"和"E=~I"能够成立外，包括反对、下反对、等差等其他三类关系都不能成立。① 斯特劳森也以类似的方式做过论证，对量词做对象解释或者说量词给出"存在承诺"的情况下，传统逻辑的部分规则会失效。限于篇幅，我们这里不予详述。

斯特劳森提出了两条避免传统逻辑规则失效的辩护。第一条他称为形式主义方案（formalistic solution）。这条路径在接受量化改写的情况

---

① 斯特劳森没有进一步讨论在量词没有给出存在承诺，但所有公式和规则都有效的情况下，传统逻辑是否能够得到融贯的解释。我认为下面两个问题会使得这种情况无法实现解释的融贯性。第一，如果 I 和 O 两种形式的命题中的量词"some"做出了存在预设，认为 A 和 E 两种形式的命题中的"all"没有做出存在承诺是不合理的。只要 I⊃A 和 O⊃E 这两对蕴涵关系还成立，"all"就必须看作做出存在陈述。而且，对"some"做对象解释，对"all"却不做对象解释，在形式上也不能算作对 A、E、I、O 四种命题形式做出了统一解释，这不仅缺乏简洁性，而且是以一种彼此对立的解释将命题系统分裂为两个不兼容的子系统。第二，认为对"all"没有做出"存在承诺"违背了"all"作为自然语言表达式的日常用法，以此为根据对 A 和 E 两种命题形式的解释是以"all"的非日常用法为基础的，此时不能认为逻辑连接词"all"是以日常语词参与逻辑推理，这与传统逻辑对联结词的朴素观点是不一致的。另外，笔者认为"some"和"all"在对象解释方面是对立的，"all"没有做出存在承诺，也违背了日常的语言直觉。

下，通过增加形式条件，从而使传统逻辑的推理规则都得到保全。对于 T（A）中的"xAy"，我们可以改写成~(∃x)(fx·~gx)·(∃x)(fx)(∃x)(~gx)。在增加了（∃x）(fx) 和（∃x）(~gx) 两个条件之后，包括~(∃x)(fx) 在内的其他例外情况就会被排除，这样，对当方阵和其他所有推理规则可以保留。在承认量化改写的基础上，通过对量化进行修正，传统逻辑可以作为融贯系统纳入经典逻辑，从而成为后者的一部分被接纳下来。但是，斯特劳森对此并不满意，因为在日常语言中，并非所有普遍陈述"所有的 x 是 y"被说出时都意味着说话人和听话人否认了条件~(∃x)(fx)。当有人说出"所有物体在不受外力的情况下保持匀速直线运动"的时候，没有人会认为存在任何不受外力影响保持匀速直线运动的物体。在这种情况下，我们至少应该承认，形式主义方案的适用范围并非没有限制。

斯特劳森将第二个方案称为实在论方案（realistic solution）。他认为传统逻辑的推理规则失效，乃至"存在悖论"出现的主要原因是，当"S 是 P"的主项为空的情况下，即当出现~(∃x)(fx) 时，命题失去了判断对象。在这种情况下，如果仍然将主项或~(∃x)(fx) 当作论断的一部分，纠结于量词是否做出存在承诺，我们就无法彻底解决问题，要彻底解决这个问题，就需要突破传统的讨论范式。对于这一论断，斯特劳森有着清晰的表述。他说：

> 这个悖论是清楚的。它所依赖的假设在于系统只有两种非歧义的解释，因为系统常项的意义与它的日常用法类似，而在日常用法中我们只考虑两种用法。除非这个假设能够被证明是错误的，否则我们就必须接受如下结论，即不存在对传统逻辑系统的一致的且可接受的整体解释。[①]

这里的两种用法，是指"all"和"some"等常项做出或不做出存在预设的两种不同情况。斯特劳森提出的替代办法即命题主项是预设了而非断定了主项存在，当主项不存在时，我们会认为说话者"说错了话"或

---

① P. F. Strawson. Introduction to Logical Theory. London：Methuen and Co., Ltd., 1952：170.

者有关真值的问题"有些时候没有成功出现"①。实际上，这是我们上一章已经详细说明的预设理论。这里，我们只做两点补充：第一，与《论指称》中处理的像"法国国王是秃子"这样的单称语句不同，《逻辑理论导论》处理的是全称命题的预设问题，由此，斯特劳森不仅扩大了预设理论的适用范围，而且由于单称命题和全称命题的主项都被当作是预设的，这就使得预设主项变成了所有陈述主项的说出方式。第二，斯特劳森强调经典逻辑学家没有注意到预设现象的原因在于他们忽视了语句和陈述的区别，将陈述当作理想语句，从而陷入了"真、假或者无意义"的三分法泥淖。由于相同的原因，斯特劳森认为我们不应该将存在语句当作对简单句的析取或者合取形式，因为当"所有的 x 是 y"被写成 (x)(fx⊃gx) 时，xAy 的预设条件 x 被当作进行断定的断定条件 (x)(fx)。也就是说，预设理论从根本上否定了进行量化改写的作为普遍方法的可能性，否定了量化式作为一般的自然语句的形式替代结构的恰当性。

现在我们来看第二个批评，这个批评涉及特称命题的归属问题。传统逻辑认为，像"恺撒死了"这种带有明确个体变元的特称命题可以被当作具有 xAy 形式的全称命题。但经典逻辑的支持者认为，特称命题和全称命题是完全不同的两类命题，两者不应该归为相同类型，因为前者的逻辑结构是 (∃x)(fx·gx)，后者的典型结构形式是 (x)(fx⊃gx)，而区分全称量词和存在量词是进行谓词演算的重要基础。而且，将特称命题归入单称命题是区分包含关系和归属关系的结果，因为单称陈述是表达归属关系的陈述，而全称命题是表达包含关系的名称。将特称命题归入全称命题无疑是混淆了归属关系和包含关系。

斯特劳森肯定这个批评有一定的道理。如果将特称命题当作全称命题，那么对当方阵中的"A⊃I"关系就不适用于特称命题，我们不能说"(所有的)恺撒死了"蕴涵着"(至少有个)恺撒死了"。传统逻辑在考虑命题相似性时做了错误的形式类比。但是，斯特劳森认为传统逻辑的选择并非毫无根据，如果我们把这种将特称命题当作全称命题子类的做

---

① P. F. Strawson. Introduction to Logical Theory. London: Methuen and Co., Ltd., 1952: 175.

法看作对两类命题的局部形式相似性的考虑，那么，特称命题确实可以归入某种普遍形式特征，问题的关键在于，我们在进行类比时如何处理两者的关系，以及如何解释全称命题所具有的这种普遍形式特征。

斯特劳森认为，经典逻辑的支持者（比如罗素）提出上述批评的目的绝不仅仅是要指出传统逻辑的系统错误，而是认为经典逻辑所提供的人工语言系统是分析自然语言的充分工具，它可以用来处理所有的日常语句，而且，自然语言中看似是特称语句的主谓语句，实际上只是量化语句，而除了真正表达归属关系的语句可以被当作主谓语句，其他语句实际上都是明确的或隐蔽的。实际上，我们知道，真正表达归属关系的单称语句是非常有限的，如果剩下的语句都是存在语句，量化分析实际上仅仅是将不明显的量化结构转化为明确的量化结构。这样，包括摹状词理论在内的逻辑分析方法和理论就得到了极大支持。

斯特劳森试图通过指出单称命题与全称命题的真正区别来进行反驳。在他看来，这两类命题的真正区别在于：前者需要指称确定的个体对象，而后者则需要明确提到指称对象的整体，但不必提到特定的个体殊相。因此，"无论是夸大两类命题的相似性，将提到整体的全称语句等同于提到个体的单称语句，还是夸大和扭曲两者的差异性，宣称它们都是存在陈述，两种做法都是错误的"[1]。按照这个理解，无论是传统逻辑，还是经典逻辑，都犯了"以偏概全"的错误，不同的是前者误将特称命题当作全称命题，后者则将包括全称命题在内的所有自然语句当作量化语句。进一步，斯特劳森认为存在于全称命题和单称命题之间的"局部形式相似性"实际上是这两类命题都具有某种"主谓结构"，它们都够得上"主谓陈述的逻辑称号"[2]。实际上，包括单称陈述、全称陈述、特称陈述等日常语句中的具有不同句法形式的大量陈述都是主谓陈述，而恰恰是存在陈述不是主谓陈述[3]，因为根据预设理论，"每个陈述都负载了存在预设，但没有任何陈述是存在陈述"[4]。

斯特劳森通过分析全称陈述的复杂性，说明将陈述当作包含陈述或

---

[1] P. F. Strawson. Introduction to Logical Theory. London：Methuen and Co.，Ltd.，1952：184.
[2] 同[1].
[3] 参见本书第一章.
[4] 同[1].

者单称陈述的有穷或无穷析取是不合理的,从而说明了包含-归属区分并非正统批评的可靠理论基础。这里,我们将斯特劳森在第七章的讨论当作对这一问题的解答。按照斯特劳森的思路,将全称命题当作内涵陈述至少要考虑如下三方面的问题:(1)真值判定的标准问题。并非所有的普遍陈述都会因为例外情况而为假,当我们在普遍陈述加上"general speaking"或者"in normal circumstance"时,陈述对反例有不同程度的免疫性。此时,当我们将一个作为反例的个体加入普遍陈述,陈述的真值就不发生改变。(2)普遍陈述的类型问题。考虑以下四个陈述:

S14:等边三角形的三个角是相等的。

S15:所有的侵略者都会被消灭。

S16:所有运动的物体在不受外力影响的情况下保持匀速直线运动。

S17:金属遇热会膨胀。

这里,S14是个表达必然真理的分析陈述,它作为陈述的真值情况不取决于主词预设的对象是否存在,它是恒真的。S15可能是游行中表达愿望和信念的口号,也可以是刻在界石上表示警告的公告,在这种情况下,S15不能被当作陈述,而是宣誓或警告,没有真值。S16是表达自然律的理想法则语句,实际上宇宙中不存在不受外力影响的物体,也没有物体能保持匀速直线运动,但S16根据牛顿力学却是真的,因此它的真值情况与S14一样不取决于是否有指称对象,不同在于S14可以有指称,但S16不可能有指称。在上述三种情况下,我们都不应该将它们理解为单称陈述的析取。(3)法则陈述(law statement)的真值判定问题。部分法则语句S17作为理论语句的真值依赖于经验观察,而另一些理论语句如S16的真值则取决于系统的规定和融贯性,取决于它和其他理论陈述的关系,一旦系统发生改变,法则陈述就失去了真值。对于S16来说,将它理解为单称命题的析取是无意义的,而且这样的析取也不可能进行。因此,综合(1)(2)(3),就会发现,除了"所有的猫都爱吃鱼"种种经验语句和S17这样的经验法则语句,像分析陈述、理想法则陈述、表达游戏规则和制度规则的陈述都不能被当作标准的包含陈述。

到目前为止，我们基本说明了对传统逻辑的辩护。需要强调的是，斯特劳森对传统逻辑的辩护是局部的，其论证重点并非落在说明形式逻辑学家们所普遍关注的"有效性问题"，他对传统逻辑有效推理规则的有效性的论述，主要目的还是要说明，对于反映日常语言的形式特征方面，传统逻辑的推理系统是比现代形式演算系统更可靠的理论工具。总体来说，斯特劳森将传统逻辑当作表现语言结构的某种有限系统，希望在对传统逻辑的讨论中推进对日常语言的逻辑结构的说明。从《逻辑理论导论》的布局来看，论述传统逻辑的第六、第七章也起着"承上启下"的过渡性作用。在完成对形式逻辑的考察，部分说明和暗示了语言逻辑的某些普遍特征后，我们转向他对语言逻辑的直接说明，以更加清晰和直接的方式把握语词行为的某些一般特征。

（三）构想语言逻辑

我们已经知道，斯特劳森对形式逻辑的两种理论形态有着截然相反的态度，对于经典逻辑，他的态度是"拒斥"，对于传统逻辑，他的态度是"捍卫"。看似矛盾的立场反映了有着内在一致性的逻辑诉求和评价标准。对斯特劳森来说，真正值得关注的是日常语言中"语词行为"的逻辑特征，评价形式系统的逻辑标准也在于它作为表征模型，是否能够反映语言的逻辑行为。由于传统逻辑是以日常语言为基本模型的有限形式系统，局部表现了自然语言的逻辑特征，能够作为有用的系统工具而得到局部支持，相反，经典逻辑面临系统可靠性、语义对称性和方法局限性等理论缺陷，不仅不能作为系统工具，反而妨碍了对语言特征的揭示，因而必须有所扬弃。

但是，想要弄清语词的逻辑行为特征，分析形式逻辑的利弊无异于"隔靴搔痒"，不能从正面对之有所揭示。对此，斯特劳森没有无动于衷。在《逻辑理论导论》一书中，他不仅在说明语言行为和符号行为的"联系和区别"的过程中，将语词行为的某些特征作为对比的一方有所阐述[①]，而且在全书第八章中做了较为全面的交代。在这一章，斯特劳森像赖尔一样打出了"两种逻辑"的旗号，但与赖尔不同的是，斯特劳

---

① 这里所说的特征是指作为语法-逻辑区分的主谓特征。由于这一特征涉及论域较广，也牵涉对形而上学问题的讨论，我们将在下一章详细论述。

森没有满足于将日常语言逻辑当作某种"非形式逻辑",而是认为语言中就存在着"语言逻辑"或者"日常语言的逻辑",且要求对这种逻辑的某些规则和特征有所规定。

在与形式规则进行对比的语境中,斯特劳森说明了自然语言的两个基本规则。第一个规则是补充蕴涵规则的(entailment-rule)指称规则(referring rule)。蕴涵规则可以简要概括为如下方面:(1)对语言行为的考察就是对陈述子句(statement-making sentence)的考察,语句的真值判定是语言的逻辑评价重点;(2)考察真值即是要知道在何种条件下陈述语句的使用能够构成真陈述,对语句意义的解释即给出语句陈述为真的具体条件;(3)陈述子句的语义说明等同于语句间关系,特别是语句间必然性蕴涵关系的说明,其目的是说明陈述语句之间存在着怎样的双向蕴涵关系或逻辑必然性关系。"说一个句子蕴涵了另一个句子就是说只有第二个句子构成的陈述为真时,前一个句子构成的陈述才是真的;说一个句子蕴涵了且同时蕴涵于另一个句子,就是说当且仅当第二个陈述为真的时候,前一个陈述才是真的。"[①] 斯特劳森认为,蕴涵规则作为形式规则系统中最为重要的基础性规则,对于考察自然语言是非充分的,因为它只是说明了在某种"一般语境"中语句构成真陈述的必要条件,没有给出如何在具体语境中判定真值的逻辑标准。由此,斯特劳森提出了指称规则来进行补充,在他看来,"指称规则解释了蕴涵规则所抽离的那些东西,比如话语说出的时间、地点以及说话者的身份等"[②]。具体来说,这一规则通过说明"the""a""over there""he""they""now""here""this"等指示性、索引性语词的行为方式来对话语的语境要求或者话语的背景条件进行说明。从形式上看,这一规则通过时态算子、单称词项和状语类型等语句要件的差异性表现出来,这就要求我们对语句要件的诸语法规定进行语形、语用和语义层面的说明。例如,时间条件可以表现为语词和语句的时态特征,时间条件的差异体现为语词和语句的时态差异,说话者语法地表现为语句主词,说话者的不同表现为作为语句主词的单称词项的区别,斯特劳森强调,这类语境

---

① P. F. Strawson. Introduction to Logical Theory. London: Methuen and Co., Ltd., 1952: 211.

② 同①213.

要求是语句说出的背景条件,它们是作为预设条件的一部分,被预先假设得到满足,而不是作为真值条件的一部分通过论断得到满足的。

斯特劳森认为自然语言中的第二个逻辑规则是与形式逻辑的形式规则（formation-rules）相对应的类型区分（type difference）。所谓形式规则,是指在逻辑系统的构造过程中必须首先说明哪些符号表达式的结合是被允许的。其中,与形式规则一致的符号规则是有效规则,而违背形式规则的符号表达式的联结是无效结合。当系统被翻译时,无效结合不会收到任何意义指派。简言之,形式规则规定了基本的符号表达式类型以及合式的形式结构。直观上看,斯特劳森认为语言中的类似规则是语法规则（rules of grammar）,因为语法规则像形式规则那样说明了基本的表达式类型和合式语句的形式要求。但是,斯特劳森强调语法规则的非严格性和非充分性,一方面,语法规则对合式的要求并不严格,我们可以有意义地说出没有结构的单个表达式作为语句,也可以在特定语境中说出非合式语句。另一方面,语法规则并不充分,它无法避免合式表达式的歧义性,在语法规则之外,还存在着非语法的类型限制。因此,斯特劳森倾向于认为,我们在自然语言中认可语法规则作为基本形式规则的同时,更重要的是要区分不同的话语和表达式的不同类型,而语法规则正是因为表现区分不同话语和表达式类型的形式表现才得到认可。

明确两个基本规则之后,斯特劳森转而讨论日常语言逻辑的特征。在他看来,在讨论语言的规则或逻辑特征时,我们需要注意语言的流动性。对此,他说:

> 在讨论日常语言逻辑时,我会时不时地用到"规则"一词,我已经先后提到了蕴涵规则、指称规则和类型规则等。我不认为对"规则"一词的这种讨论有任何不适当的地方。因为讨论这样或那样的规则,实际上是在探讨语言被正确地或错误地使用的各种不同用法。虽然无有不妥,但这个词可能会产生一些误解。我们对语言实践的评判实际上并不是根据前面的这些规则进行的。我们恰恰是在对语言实践的考察中建立了上述规则。进一步地,我们的实践是极具流动性的事情。如果我们一定要提出某种规则,那么,我们应该将这些规则当作那种任何人都能违背的规则,只要他能够对他违背规则的语言实践给出解释,他就能不按规则办事儿。为了描述那

些新的经验，我们持续以新的用法来使用语言，虽然这些新的用法与熟悉的用法是有联系的，但它们绝不因此等同于那些熟悉的用法；为了言说那些与我们的已有经验有些相像，但又不完全相同的新的事态，我们将已有的最熟悉的用法使用到新的对象上去。①

这里，我们可以看到后来"实践优先"意义原则的模型。但就语言逻辑的考察而言，斯特劳森意在强调，正是因为语言的实践性质和流动性特征，使得我们不能像形式学家那样建立全面的逻辑系统，也不能将语言规则当作严格的精确的语言规范，而只是一个以模糊性和差异性为基础的、具有家族相似性的松散的描述系统。

至此不难发现，斯特劳森对日常语言逻辑的构想还停留于概略地说明某些基本语言规则和语言逻辑的非系统性特征，落脚于强调语言的流动性和模糊性、话语类型的多样性和丰富性、语言规则的非严格性和非精确性以及语言逻辑的非系统性和描述性等方面，而没有想要构造一幅具体的逻辑图景或者语言的逻辑地图。在这个意义上，我们认为，斯特劳森只是提出了语言逻辑的构想，而并没有开始对语言逻辑网络的编织。但通过批评形式逻辑，指明日常语言逻辑的特征和规则，斯特劳森已经为后续可能的工作打牢了地基，也指明了方向。

二、分析与建构

斯特劳森 1956 年之前的三篇论文的《卡尔纳普》《分析、科学与形而上学》《建构与分析》标志着对方法论和哲学逻辑的讨论暂时告一段落，在此基础上，对具体方法的讨论成为他在 20 世纪 50 年代末和 60 年代初期的一条重要线索。与《逻辑理论导论》一书对形式逻辑和传统逻辑的争论"拉偏架"的做法不同，斯特劳森对中前期分析哲学中的两种主要分析方法——逻辑分析和语言分析——的态度要更加"公正"。一方面，他认为以罗素、卡尔纳普、奎因为代表的逻辑分析和以维特根

---

① P. F. Strawson. Introduction to Logical Theory. London: Methuen and Co., Ltd., 1952: 230.

斯坦、赖尔、奥斯汀等人为代表的"语言分析"都有各自的局限性，因而采取"左右开弓"的批评策略，要求对"分析"概念，尤其是卡尔纳普的建构式分析观和维特根斯坦的治疗式分析进行再分析；另一方面，他也肯定这两种分析方法各有其可取之处，因而采取"左右逢源"的"拿来主义"，尝试对"分析"进行建构，发展一种兼具两者之长的综合分析观。①

（一）对"分析"的分析

"分析"通常被理解为分析哲学的某种共同的方法论范式，但这个表达共同特征的"分析"概念本身却是个有歧义的概念。牛津哲学家厄姆森（J. O. Urmson）指出："'分析方法是什么'不再是个有意义的问题，因为不存在一种，而是好几种分析哲学。"② 皮特·哈克也在类似的意义上认为："有许多不同的事情冒充了'分析'之名。"③ 厄姆森提出了四种不同的分析模式。第一种是由罗素所提出的、被前期维特根斯坦和维也纳学派学者共享的分析自然语句逻辑结构的经典分析（classical analysis）；第二种是卡尔纳普、奎因和古德曼所坚持的以发展人工语言为重点的更为激进的建构式分析；第三种是以维特根斯坦及其学生为代表的以考察日常用法解释"语言幻象"的治疗式分析；第四种是赖尔等牛津哲学家所坚持的专注于揭示语言日常用法特征的非治疗式的牛津分析。斯特劳森认为上述四种分析方法都各有缺陷，只有在对它们进行批评性考察的基础上，一种真正可靠的分析方法才是可能的。

在《建构与分析》和《分析、科学与形而上学》中，斯特劳森主要考察厄姆森的第二种和第四种分析方法。在《建构与分析》中，他以地域为限，分别将这两种分析方法称为美国学派和英国学派，在《分析、

---

① 这里的三篇文献成文时间彼此接近，具体先后顺序不可考证，在内容上也有较大重叠。一种比较可靠的处理办法是将它们统一纳入我们的讨论主题，考察其在内容上的变化和差异，以及各自对本节主题的理论贡献。因此这里我们不再拘泥于它们在逻辑和历史方面的关系，而是根据行文需要灵活使用这些文献。

② J. O. Urmson. The History of Analysis//Richard Rorty. Linguistic Turn. Chicago：The University of Chicago Press，1967：301.

③ Peter Hacker. Analytic Philosophy：Beyond the Linguistic Turn and Back Again//Micheal Beaney. The Analytic Turn. New York and London：Routledge，2007：127.

科学与形而上学》中,他将美国学派的方法称为"语言建构论"(linguistic reconstructionism),将英国学派的方法称为"用法描述"(linguistic description of usage)。从两篇论文对两种方法的讨论篇幅来看,斯特劳森的关注重点还是落在对以"理性重构"为特征的美国学派的讨论。考虑到《分析、科学与形而上学》基本是在批评卡尔纳普以科学主义导向的系统分析观,而且该文与同期的另一篇论文《卡尔纳普》在内容上的部分重叠关系,我们可以认为斯特劳森对逻辑分析的批评主要是对卡尔纳普系统分析观的批评。

斯特劳森选择卡尔纳普作为突破点,最主要的原因是卡尔纳普分析方法的特殊性。在《逻辑理论导论》中,斯特劳森已经从方法论的角度说明了为什么不能对自然语言做逻辑分析。这些分析可以看作是对《论指称》中反对罗素式经典分析的一种较为系统的方法论阐述。与此同时,对于奎因以数学逻辑的符号系统为标准记法对自然语言进行全面语义整编,以及通过对量词做对象解释提出本体论承诺的激进逻辑分析来说,《逻辑理论导论》的分析也是基本适用的。因为奎因的方法虽然更加激进,但基本上还是以数学和逻辑的形式系统为基础,仍然属于对"语言的逻辑分析"。

卡尔纳普的分析方法比罗素要激进,这表现在如下两个方面:一方面,他试图把逻辑分析当作建构人工语言系统为最终目的的逻辑建构,因而分析就属于对"语言的逻辑建构"。对于罗素来说,逻辑分析是他"从一而终"的逻辑方法,但将其用于建构逻辑原子主义哲学,却仅限于从《我们关于外间世界的知识》(1914)到《心的分析》(1921)这一并不太长的时期,而且,罗素对这种方法的应用还是有限度的。在他看来,至少像电子、质子、中子、介子、光子等不可感知的实体是某种"推论的实在",只能把它们"说明到能够加以推论的程度"[①]。只有像触觉、听觉、嗅觉等可以觉察到的感觉才能构成"所予"和"材料",而世界也只在这个意义上通过逻辑建构方法成为"感觉材料的逻辑构造"。卡尔纳普认为罗素对逻辑分析的使用不彻底,在《世界的逻辑构造》中,卡尔纳普要求比罗素更彻底地应用这个原则,以原初经验和经验间的相似性关系为基本要素和基本关系,通过用法定义,依次构造出

---

① 伯特兰·罗素. 我的哲学的发展. 温锡增,译. 北京:商务印书馆,2015:14.

自我心理对象、物理对象、他人心理对象和精神对象等所有认识对象。另一方面,卡尔纳普对语言形式有着更加逻辑化的理解。对于是否对"some"等自然量词做对象解释,罗素并非没有犹豫,他在处理"意义指称"的同时,也强调自己对"自我中心"的性质有相关表述,对于语言的形式特征,罗素只是认为它们"不可靠",并没有否认其作为语法特征的合理性。另外,罗素还强调他的思想的发展是一个逐步"放弃毕达哥拉斯"的过程。与罗素相比,卡尔纳普在《世界》一书中实践了彻底的系统构建方法之后,在《语言的逻辑句法》中对这种方法做了更为激进的解释。在他看来,形式逻辑的发展不仅要求关心日常语言,而且要求"发展一套关于'语句的语句'的严格方法"。这里"语句的语句"是指句法,而关于句法的更严格方法就是"逻辑句法",所谓特定语言的逻辑句法,是指"语言形式的形式理论"①,它包括对语言中的形式规则,以及由这些规则推出的其他规则的系统阐释。卡尔纳普认为,逻辑是句法的一个组成部分,两者的区别仅仅在于形式规则与变形规则的区别。而且,由于句法理论关注的是表达式在何种情况下可以被归为某一范畴,或者在何种情况下可以被转化为其他表达式,句法理论在本质上也类似于演算系统,也就是说,逻辑句法是对语言规则的演算。由此,卡尔纳普认为,"在最宽泛的意义上,逻辑句法与演算系统和演算操作是一回事"②。由此可见,卡尔纳普不仅对逻辑建构方法做了极大发挥,而且在将语言逻辑化的方面也比罗素激进。

针对卡尔纳普的这种建构分析观,斯特劳森提出了三方面的批评。他的第一个批评聚焦于建构分析观的逻辑主义倾向,他认为以形式逻辑为框架语言(skeleton language),对自然语言的逻辑特征做了错误的处理。卡尔纳普建构方法的理论基础是弗雷格和罗素所提出的形式逻辑,他承认,"构造系统的真正的语言是逻辑斯蒂的符号语言"③。在他看来,新逻辑所提供的形式系统不仅基本元素是有限的,而且意义清晰且结构简单。通过比照这样的形式系统,包括日常语言系统在内的其他系统的概念结构,也可以通过具有相同清晰性和明确性的相互关系而建立

---

① Rudolf Carnap. Logical Syntax of Language. London:Routledge,1937:1.
② 同①5.
③ 卡尔纳普. 世界的逻辑构造. 陈启伟,译. 上海:上海译文出版社,2008:178.

起明确的概念系统。斯特劳森认为形式系统本身以之为模版建构起来的系统不是一个自然的符号系统,而是一个人工系统。这种对于自然语言的建构性系统重视系统的建构性而甚于对自然语言的分析,也自然会被自然语言的丰富性、松散性、多样性和流动性的特征困扰。因此,从整体上看,"日常语言拒绝简化阐释"① 或者说逻辑分析并不是处理自然语言的适当工具,这一点与《逻辑理论导论》一书的立场基本一致。

卡尔纳普作为以经典逻辑为形式模型建构句法系统(人工语言)的实践者,其分析方法有着一定的特殊性。为了照顾表达式的日常行为特征,卡尔纳普肯定系统分析的基本方式是"通过定义建构系统"的同时,强调除了在简单情况下可以用一个具有"同义性"的概念代替被分析的概念,即提供"显定义"的方法外,在复杂情况下主要是采用"用法定义"的方法,与"显定义"相比,用法定义"对这个并不具有任何独立意义的新符号本身不做任何解释,而仅说明它在整个语句中的使用"②。为了使建构系统对日常语言有解释效力,卡尔纳普强调任何概念和概念的逻辑行为受到系统规则支配的同时,也提出系统外解释(extra-system explanation)作为建立系统与自然语言的关系的理论手段。对于卡尔纳普想要通过"准定义"和"系统外解释"建立起逻辑系统与自然语言关系的努力,斯特劳森认为是无效的。对于"准定义",其实日常语言表达式之间根本没有定义关系,建立准定义的过程是为了对基本概念及其相互关系进行清晰说明,排除其他次要概念和对系统造成困难的概念。更重要的是,认为表达式之间存在"定义关系"坚持了一种过于狭隘和严格的分析概念。"说这种分析概念过于严格,是因为它假定在概念类型之间存在着本不具备的准定义关系。说它过于狭隘,是因为它完全忽视了语言在发挥其功能时的各种极为不同的特征,而如果我们想要解决哲学问题,对这些特征的关注和描述就有着头等的重要性。"③ 对于"系统外解释",斯特劳森给出了两点批评:第一,卡尔纳普对"系统外解释"的解释不融贯。因为卡尔纳普认为系统外解释在理

---

① P. F. Strawson. Construction and Analysis//Galen Strawson, Michelle Montague. Philosophical Writings. Oxford: Oxford University Press, 2011: 32.
② 卡尔纳普. 世界的逻辑构造. 陈启伟, 译. 上海: 上海译文出版社, 2008: 76.
③ 同①34.

论上不是必要的,它只有"实践的用处",提出系统外解释,类似于物理学家将"空气原子"比作"做高速圆周运动的微粒",目的是要使初学者理解"空气原子"这个物理学概念。斯特劳森指出,如果卡尔纳普接受存在真正需要解决的哲学问题,那么系统外解释就不仅仅是实践策略,而是有着理论重要性,系统外解释与系统规则之间也不是"理论"与"实践"之间的类比关系。第二,系统外解释关注的仅仅是像逻辑常项这种关键概念之间的可翻译性,并不能对符号系统与自然语言之间的关系做出"一一对应"的解释,解释即便有效,仍然是不充分的。

斯特劳森的第二个批评集中于建构分析观的科学主义倾向。卡尔纳普不仅提出了"统一科学"和"物理主义"等构想,在解释句法与哲学的关系时他也要求以"科学逻辑"取代"哲学",并且认为"科学逻辑就是科学语言的句法"[①],这里,卡尔纳普无疑是想要强调逻辑分析的科学性,他的理由在于,形式逻辑和数学是自然科学的基础、典范,用系统建构的方法来分析日常语言,就可以推进和加速哲学的科学化进程,或加速对哲学的科学化改造。斯特劳森对此不以为然。在他看来,科学化的概念分析,如量化分析等,对于考察自然语言来说有着两方面的作用:一是对语言行为的检查,二是建构揭示语言结构的形式系统。斯特劳森倾向于认为,系统建构方法不太可能完成第一个任务,对于第二个任务,逻辑学家们也往往夸大了系统建构发挥作用的范围和限度。卡尔纳普强调,分析"科学性"的另一个表现是引入科学概念来澄清哲学概念,比如为了澄清前科学概念"温暖"(warm),卡尔纳普引入了科学概念"温度"(temperature),斯特劳森对此也持否定态度。他说:"非常明显,对于概念在自然科学中的使用,建构技术所形成的观点不管是对是错,似乎都只是为科学理论中的核心概念提供了形式解释。对于那些想要对非科学话语的本质概念进行哲学澄清的人来说,建构技术与哲学澄清之间没有任何关联。这就好比某个人说他想要理解人类的心脏的结构,而另一个人却递给他一本物理学课本一样,完全是一种误解。"[②] 具体来说,斯特劳森认为用科学概念解释日常概念的困难在于:

---

① Rudolf Carnap. Logical Syntax of Language. London: Routledge, 1937: 281.
② P. F. Strawson. Analysis, Science and Metaphysics//Galen Strawson, Michelle Montague. Philosophical Writings. Oxford: Oxford University Press, 2011: 81.

(1) 科学概念与日常概念并非一一对应，对于很多概念来说，我们很难知道到底应该到哪里去找到另一个能在对应性和相似性方面能加以替代的适当科学概念。(2) 即便这种对应概念是存在的，科学仍然不能参与对哲学概念的澄清。对于说明有关"温暖"的特定情况，即当某个物质对象对某个人是温暖的，而对另一个人是凉的，我们是认为这个物体既冷又热，还是说它既不冷又不热呢？对这个问题的解决不是诉诸温度、波长、频率等科学概念，而是诉诸具体的说话者使用感觉概念对具体感觉的报道。此外，科学概念的引入还会加剧解决问题的难度，因为我们谈论物质世界所使用的两种不同语言方式之间的关系，或者说量化词汇与感觉词汇的关系是不清楚的，而对量化观念的形式结构的澄清，也仍然无法明确两者之间的关系。

斯特劳森的第三个批评集中于建构式分析的还原论倾向。严格来说，这个批评对于所有逻辑原子主义和包括卡尔纳普在内的逻辑实证主义者都是适用的。按照"分析"概念最广为接受的普遍意义，分析活动是要将某种复杂对象分解为构成该对象的简单要素，并说明这些要素通过何种方式相互联系起来构成了这个复杂对象，因而分析是一种还原模型，是将复杂对象拆卸为简单对象的过程。在卡尔纳普的构造方法中，分析虽然是建构，但建构却以还原为基础。卡尔纳普认为，"还原"意味着可以根据某些翻译规则对概念进行释义和改写，因此"还原"是进行构造的前提条件，"如果一个概念能够被还原为其他一些概念，那么它原则上必可由这些概念构造出来"[①]。斯特劳森对还原性的批评并非主要针对卡尔纳普，但对后者还是适用的。斯特劳森在《分析与连接》中提出了两条理由来反对分析的还原模式：(1) 分析的方法、任务和模式依赖于分析的目的，取决于所要解决的哲学困难的性质。因此，什么被看作一个不可分析的简单要素，就自然地取决于我们所做的分析以及这类分析的目的是什么。即使在语言分析中，基本对象的识别也同样依赖于分析的类型。对语形分析来说，其基本单元是作为基本意义单位的语素（morphemes），但语素对语音分析的目的来说仍然是有着某种复杂性的语言单位，因为它包含了语音和意义两方面的内容，唯有仅仅包

[①] 卡尔纳普. 世界的逻辑构造. 陈启伟, 译. 上海：上海译文出版社, 2008: 69.

第二章　分析与建构：形而上学的方法论和具体方法 | 187

含了语音要素的音素（phonemes）才有作为最基本语音分析要素的资格。（2）还原分析会导致循环论证，斯特劳森给出了循环论证的实例，按照分析的还原模型，要对"知识"概念有所说明，就不得不涉及"感觉""知觉"等概念，要说明后面这两个概念的所有概念特征，又不得不诉诸"知识"概念。鉴于"分析"一词过于强烈地暗示了分解模型，斯特劳森认为"阐明"可能会是一个以替代分析来做概念说明工作的更合适的概念。只是由于分析毕竟是一种约定俗成的哲学用法且意义也更为丰富，因此才得以选择予以保留。

至此，我们已经详细说明了斯特劳森对以卡尔纳普的建构分析观为代表的激进逻辑分析的批评。通过这些批评可以发现，由于建构式分析的逻辑主义、科学主义和还原论等内在倾向，使得逻辑分析脱离了日常语言的概念事实。因此，"对于形式语义学家来说，摆在他们面前的是这样的一个两难处境：如果要保留语句的原有意义，他们就不能完成简单分析的任务，如果他们要达成某种简单分析，就必须付出丢失语句意义的代价"①。但是，斯特劳森并不因此否认建构系统的合理性，在他看来，系统建构"不仅可爱，而且可信"。因为这种方法所形成的系统内各概念的位置和相互关系是确定的，在缺乏清晰性的秩序的地方也提供了清晰性和秩序性，因而能达成对语言更好的理解和整体性把握。因此，对于系统建构方法不是全然予以否定，而是要对它进行改进，并为其制定一个不同的理论任务，以便使得系统建构方法以新的方式加入对语言的分析中来。

与主张逻辑建构的系统分析观相比，斯特劳森对"英国学派"的讨论要更为简练。在他看来，前者和后者之间的优缺点是换位的。如果说建构分析观保留了最初的分析计划，但偏离了对语言形式的关注，因而导致"水土不服"，那么以赖尔等人为代表的牛津学派的日常语言分析则是对语言的逻辑行为的深度观察，相当程度上扩展了对于分析概念和技术的理解，本质上是一种"并非制定规则，而是在记录传统"的工作，是一种"接地气"的分析方法。但是，这种方法也面临某些难以解决的困难。一方面，由于用法描述缺乏元概念（meta-vocabulary）工

---

① P. F. Strawson. Construction and Analysis//Galen Strawson, Michelle Montague. Philosophical Writings. Oxford: Oxford University Press, 2011: 32.

具,赖尔等人虽然描述了语言多样性,却受限于仅仅能够发现某种并列和具体的实例,只能表现"快乐""责任""心灵""错误"等概念的个别特征及与相关概念的关系,难以对语言的一般特征有所描述;另一方面,赖尔等人用来进行具体分析的实践手段,比如联想和类比等方法,由于仅仅对个例分析有效,会导致过于琐碎的分析风格,使分析只能以零敲碎打的方式展开。因此,用法描述必须加上系统分析的成分,才能对语言特征有更具宏观性的把握。

要进一步理解斯特劳森对语言分析方法的批评,就不得不考虑他对维特根斯坦治疗分析观的讨论。这是因为,牛津日常语言哲学往往被看成是受到维特根斯坦哲学影响的结果。但是,至少就分析方法而言,这两种分析方法的区别还是明显的。厄姆森作为日常语言哲学的参与者和亲历者,曾经明确指出:"牛津式分析和维特根斯坦式分析并非不可兼容,它们可以携手前进以达成某些共同目标,但它们不应该被彼此混淆。"① 厄姆森认为维特根斯坦对清晰性的要求源于他对数学和逻辑的掌握,他对语言分析的目的是要求进行哲学治疗。但牛津哲学家普遍的哲学背景是古典学,这就使得他们自然对语词、句法和术语感兴趣,而且"他们进行分析的目的也不仅是要消解哲学问题,而且是从对语言本身的兴趣出发来研究语言"②。厄姆森认为,"维特根斯坦式分析和牛津式分析在很多地方是重叠的,在另一些地方则是互补的"③。赖尔被认为是受到维特根斯坦的影响,但赖尔本人指出了自己与维特根斯坦在分析问题上的分歧。首先,与维特根斯坦将哲学理解为"针对借助我们的语言来蛊惑我们的智性所作的斗争"④ 不同,赖尔要求找到引起"哲学病灶"的确切患处,要求对具体的错误概念比如"心灵"进行纠正,因此,赖尔认为自己是在"更少治疗的意义上使用语言"⑤,而且强调在我们"不痛不痒的地方",不要求进行普遍的哲学治疗。斯特劳森对

---

① J. O. Urmson. The History of Analysis//Richard Rorty. Linguistic Turn. Chicago: The University of Chicago Press,1967:299.
② 同①.
③ 同①300-301.
④ 维特根斯坦. 哲学研究. 陈嘉映,译. 上海:上海人民出版社,2005:55.
⑤ Richard Rorty. Discussions of Urmson's "The History of Analysis"//Richard Rorty. Linguistic Turn. Chicago: The University of Chicago Press,1967:305.

"治疗"的理解与赖尔基本是一致的。他对治疗式分析观的批评也主要落在维特根斯坦对"治疗"的膨胀式理解。由于维特根斯坦认为哲学就是一种通过治疗逃离语言幻象的活动,而脱离语言幻象就意味着传统哲学问题的消解,因此斯特劳森对维特根斯坦分析观的批评就落实为对治疗哲学观的批评。①

斯特劳森认为视"哲学"为"治疗"是一种提供既浮夸又片面的不可靠的图景的哲学观。因为哲学可能起源于悖论和混乱,但不能以悖论为结论。在《分析哲学》一文中,斯特劳森写道:

> 他(维特根斯坦)没有提供学理(doctrine),也没有提供理论,而仅仅停留于展示一种技术。根据对哲学的这种看法,当我们试图在哲学层面进行思考时,我们很容易就跌进某种偏执的泥淖或者混乱之中,我们会认为自己是在理性的引导之下得到了某些既不可接受又无力逃避的结论,我们会提出似乎无法回答或者只能给出荒谬答案的问题,对于我们知道的很清楚的东西,我们会不明白它们究竟为何会如此。②

斯特劳森指出了治疗式哲学观的危害。由于过度夸大"治疗"的范围和语言的欺骗性,维特根斯坦将哲学的全部任务当作一种治疗。他说:"哲学家诊治一个问题,就像诊治一种疾病。"③ 在《建构与分析》中,斯特劳森指出,维特根斯坦的过分"治疗"的分析观作为具体方法的使用效果是"令人失望的",而且认为这种方法"将哲学的全部任务当作对哲学困惑的解决,这本身就是一个悖论"④。在晚期的论文《20世纪哲学的经验与教训》("What Have We Learned from Philosophy in

---

① 由于牛津式分析与维特根斯坦式分析只具有"部分重合,部分互补"的关系,斯特劳森对牛津式分析的批评,有一些是不适用的。我们不能认为在维特根斯坦后期哲学中没有元词汇,像"语言游戏""家族相似"等概念都不是日常概念,明显具有元概念的性质。但是,斯特劳森的另一些批评,尤其是对于牛津式分析过于琐碎的风格的批评,对维特根斯坦也同样适用。

② P. F. Strawson. Analysis and Metaphysics. Oxford and New York: Oxford University Press, 1992: 3.

③ 维特根斯坦. 哲学研究. 陈嘉映,译. 上海:上海人民出版社, 2005: 106.

④ P. F. Strawson. Construction and Analysis//Galen Strawson, Michelle Montague. Philosophical Writings. Oxford: Oxford University Press, 2011: 35.

the Twentieth Century")中,斯特劳森进一步指出,维特根斯坦的治疗分析观作为分析方法窒息了他的哲学任务。在他看来,维特根斯坦所要求的"澄清""阐明"实际上都是要求对于我们的概念及其结构有更加清晰的理解,但由于维特根斯坦过分强调要将人类从哲学理论的虚妄、神话和幻象中解脱出来,受到解释哲学错误的思想焦虑所困扰,因而没能完成这一工作。他认为这种情绪从两方面影响了维特根斯坦的工作。一方面,对哲学错误的警惕使维特根斯坦选择不信任一般的系统理论,而且抛弃建立哲学理论的可能性;另一方面,相同原因导致维特根斯坦拒绝承认像主观经验、内在对象这些我们的思想和经验的某些普遍特征。斯特劳森认为,这些特征在哲学思考中确实容易过度膨胀而蜕变成为某种哲学神话,并成为某种虚假的想象图景。而这些也是维特根斯坦所敌视和批评的标靶。但这并不妨碍这些思想或经验特征成为某种无害的且不可避免的理论性质,这也不能为维特根斯坦没有给予它们足够的承认进行辩护。

在《分析哲学》中,斯特劳森将代表治疗式哲学观的"治疗类比"(therapeutic analogy)的问题总结为"气质"和"目的"两个方面。在气质上,治疗式分析受控于一种负面情绪;在目的方面,治疗式分析满足于揭示不同的用法,拒绝对语言特征做整体思考。但是,斯特劳森认为治疗式分析也有其优点,因为这种旨在"治疗"的分析方法通过对语言用法的细致考察至少指出了哪些表达式是有问题的,它们的问题是什么以及进行纠正的可能方法。斯特劳森认为,在哲学思考中,这种方法不仅是有用的,而且在哲学思考的最初阶段占据着中心地位,提供了哲学分析的最初动力。治疗式分析的问题仅仅在于将"治疗"当作唯一的哲学目的,将"分析"当作纠错的手段,从而忽视了对于语言的整体特征的把握。因此,对待治疗式分析的正确方法是在弱化其负面气质和极端性的同时,将其纳入更加广泛的理论图景。

现在,我们完成了对经典分析、建构式分析、治疗式分析和牛津式分析这四种分析方法的考察,可以说是完成了对"分析"的分析。在结束本部分讨论之前,我们需要指出,斯特劳森对于上述四种在某种程度上相互竞争的分析观的考察,不是要说明各种分析方法孰优孰劣,也不是要说明各种分析方法都是不可靠的,而是想要在分析各种方法及其局限性的基础上，博采众长，兼收并蓄，从而提供一种更具包容性和适用性的综合分析观。因此，在完成对"分析"的分析之后，我们转向对"分析"的建构的讨论。

(二) 对"分析"的建构

在《建构与分析》《分析、科学与形而上学》的后半部分和《卡尔纳普》的最后一节"哲学与日常语言"中，斯特劳森将逻辑分析和语言分析当作两种彼此可兼容的方法纳入统一的分析框架之下，提出一种更具包容性的综合分析方法。这里所说的"综合"，在最直观的意义上是对逻辑分析和语言分析两条分析路线及四种具体分析方法的"综合"，是对中前期分析哲学中分析方法进行梳理后推陈出新的"综合"，也是一种融逻辑分析与语言分析为一体的逻辑-语言方法。斯特劳森对这种分析方法的阐述可以看作以经典分析、建构式分析、治疗式分析和牛津式分析为基本材料，通过"综合"处理后对全新分析方法的"建构"。下面，我们依次从任务、步骤、方法、对象和模式等方面说明这种综合分析方法，揭示斯特劳森对"分析"的方法论建构。

对于分析作为方法或手段所要达到的任务，一种较为普遍的看法认为是要达到某种清晰性或获得某种哲学理解。卡尔纳普将完成这种任务的工作规定为"解释"（explication）和"启蒙"（enlightenment），维特根斯坦则将其当作"阐明"（elucidation）和"澄清"。对于这样的理解，斯特劳森并不反对。但是，对于为何需要完成此等任务，斯特劳森与他们并不一致。卡尔纳普认为分析的必要性产生于自然语言的缺陷，比如非严格性和非系统性等，维特根斯坦认为分析源于我们对语言的"误用"。斯特劳森则认为，日常语言虽然是可错的，但它作为表达思想的工具却是充分的，对语言的日常使用不是造成哲学问题的根源，他说："作为一种表达和传递我们思想的媒介，日常语言在其通常的用法中，受到了最为严格的有效性检查。"[①] 如果错误和混乱不是来自日常语言及其使用，它的根源何在呢？斯特劳森认为哲学中的混乱、困惑、困难和悖论来自我们对日常语言的反思。他认为当我们舍弃对概念结构

---

① P. F. Strawson. Construction and Analysis//Galen Strawson, Michelle Montague. Philosophical Writings. Oxford: Oxford University Press, 2011: 34.

和语言形式的日常用法的理解,转而反思这些用法并加以非常规的普遍化,就不可避免会得到一些极其怪诞且违背常识的,因而也是不可接受的结论,它们之所以既不可避免也不可接受,是因为我们表达这些结论必须用到日常语言的表达式,但它们又违背了其日常使用的范围和日常意义。在此类结论出现的地方,就会发生概念扭曲,也产生混乱、困惑、困难和悖论。在排除其他因素的情况下,概念扭曲是我们用以表达相关概念的语言具有的特征产生的非必要压力的理论后果。概言之,哲学问题源于对日常语言的普遍性的、系统性的反思。要纠正这种错误,一方面需要纠正这些概念扭曲现象,另一方面需要彻底澄清语言的普遍性、系统性特征,以"釜底抽薪"的方式解决哲学问题。在这个意义上,分析的任务是对语言整体特征的普遍性、系统性阐明。由于斯特劳森将语言表达式当作表达思想的概念工具和手段,分析的主要任务也就是要阐明我们的概念结构。在晚年的《20世纪哲学的经验与教训》一文中,斯特劳森对此有过明确的表述。他说:"我并不是说我们应该转向心理学或社会科学,我的意思是,我们的核心任务,如果不是唯一任务的话,是要对最普遍的概念或概念类型以及它们在我们生活中的位置达成一个清晰的理解。我们应该致力于从概念上达到对人类的普遍自我理解。"[①] 据此可知,分析(哲学)的任务是对概念框架的系统阐明。

　　如何完成系统阐明概念框架(结构)的任务呢?在《卡尔纳普》中,斯特劳森提出了"三步骤"方案,在《建构与分析》中,斯特劳森提出了"四步骤"方案,该方案将阐明概念框架的任务分解为两个部分:一是分析性任务,二是想象性任务。对于每个部分,斯特劳森又分别将其分解为两个更次一级的工作或子任务。我们现在依次将总共四种工作列举如下:(1)治疗性工作,它要求我们展示被扭曲的概念的逻辑

---

① 原文是 "we should aim at general human conceptual self-understanding",这里处理起来比较困难。江怡教授提出的"自知之明"(参见:江怡. 哲学的用处在于使人有自知之明——访斯特劳森教授. 哲学动态,1996(10):28)概念大致出于对这个复杂表达式的翻译。"自知之明"的译法简洁流畅,但容易使读者将该概念当作与"知人者智,自知者明"有关的人生哲学或伦理学概念。实际上,斯特劳森在《为什么是哲学?》("Why Philosophy?")一文中指出,"如何达到自知之明"是与"我们应该如何生活"或者"认识的范围和限度为何"等不同的问题,它强调的是概念上的系统澄清,本质上是一个作为形而上学或哲学分析的整体目标的概念,没有伦理学甚至认识论的意义。参见:Why Philosophy?,p.225。

结构，以及其他相关概念的类似结构，并且在可能的情况下界定概念混乱的来源。（2）系统性工作，这是对语言的一种"更加纯粹的研究"，它旨在对语言形式、话语和概念的类型进行更加细致的检验，进行更加系统化的定位和描述。这实际上是要求说明我们的概念工具和思想形式究竟是怎么实际运作的，是对"怎么样"问题的解决。（3）解释性工作，这部分工作旨在解决"为什么"的问题，它是为了说明我们的概念工具何以按照它实际的工作方式来进行运作，目的是要充分理解我们的概念工具。要做到这一点，就不仅是要知道或者能够说我们的概念工作是如何工作的，而且想要知道它为何能够如此这般的运作。"询问这一点也就是要求说明，我们的思维本性是如何植根于世界的本质和我们自身的本质之中。"① 这一研究的可能性在于，我们可以设想我们的经验在其基本方式上是极为不同的，但我们的概念工具则可以通过自然调整就能适应这些不同的方面，看到这一点，我们也就看到了我们的概念工具是如何植根于世界的，我们所发现的也恰恰是概念依赖于世界的实际方式。（4）创造性工作或建构性工作，这方面的工作的任务是要考虑"在世界的本质不存在基本差别的情况下，我们如何能够以不同的概念工具为媒介来看到它，我们又是如何使用与我们实际使用的形式不同的，尽管是与之相关联的形式来指导我们对这个世界的本质进行论说"②。换言之，就是要通过构想以实际概念系统为基础，同时又比实际概念系统更加简洁有效的"系统模型"来说明概念结构的本质。

斯特劳森接着讨论了完成四种任务所需要的理论方法。正是在对这四种方法的讨论中，斯特劳森将以牛津式分析为代表的语言分析方法和以系统建构为代表的逻辑分析方法结合起来，实现了方法论的"综合"。对于治疗性工作，斯特劳森认为主张"用法描述"的英国学派的方法有着头等重要性，建构式分析最多只有次要的帮助作用。因为混乱和悖论的根源在于它们对实际运作的概念提供了"一幅生动但却不完美的图景"③，这幅图景在逻辑特征上类似于漫画，它不是对语言事实的真实

---

① P. F. Strawson. Construction and Analysis//Galen Strawson, Michelle Montague. Philosophical Writings. Oxford：Oxford University Press，2011：36.
② 同①.
③ 同①37.

反映，而是对语言运作机制的夸张、扭曲的反映。治疗性工作需要通过对概念的日常运作提供一幅更加精确和真实的现实主义画卷，以便说明漫画式图景在何处扭曲、在何处夸张以及在何处有所遗漏。这幅现实主义画卷只有在以表达概念的日常语言的实际用法为素材才是可能的。对于系统性认识，斯特劳森认为它只不过是"区分和描述概念和话语形式逻辑特征的更具系统性和普遍性的尝试"[1]，除了不再聚焦于对混乱和悖论的治疗，它在素材和方法上与治疗性工作是一致的，仍然是以用法描述为基本方法。与此同时，斯特劳森倾向于认为系统建构不仅仍然是有用的，而且其作用似乎分量更重了，他强调我们通过用法描述得到的语言实际运作的系统本质上是一种"系统描述"，而非"建构系统"。对于解释性工作，斯特劳森在《建构与分析》中没有明确表态，只是说"无论是系统建构的技术能力，还是对语言事实的热切关注都不会对解释性工作有直接帮助"[2]。对于建构性工作，斯特劳森认为系统构建者会受到准数学的优雅特征和严格性的影响，构建一种更少层次性和更加简单的系统模型，以直接或间接的方式对我们是如何说话和思考予以揭示，从而表现实际运作的概念框架的某些最基本特征。

　　理解"四步骤"方案有两点需要特别注意。一是上述四个方面的工作都服务于对概念框架进行系统说明的总任务。四个步骤虽然可以彼此区分，但是它们并不是彼此分离的；将整体任务分割为四方面的次要工作不免有着人为性质，但对于不同哲学家或者不同的哲学著作来说，总是会比较明显地聚焦于某一个子任务，因此将总任务区分为四个不同步骤又不是完全没有根据。二是斯特劳森强调在每一个次一级的工作中，用法描述和系统建构方法都有发挥作用的空间，只是各个工作所使用的主要方法不同。总体上来说，四个步骤的工作是一个从描述概念系统到解释概念系统的过程，也是一个系统构建方法逐步代替用法描述作为主导方法的过程。尤其是对于解释性工作的方法，我们可以暂时认为它需要同时使用到用法描述和系统建构，但也会用到目前这两种方法之外的

---

[1] P. F. Strawson. Construction and Analysis//Galen Strawson, Michelle Montague. Philosophical Writings. Oxford: Oxford University Press, 2011: 36.
[2] 同[1]。

其他方法。① 在注意到这两点的基础上，我们将斯特劳森有关哲学任务和方法之间的关系总结为图 2-1。

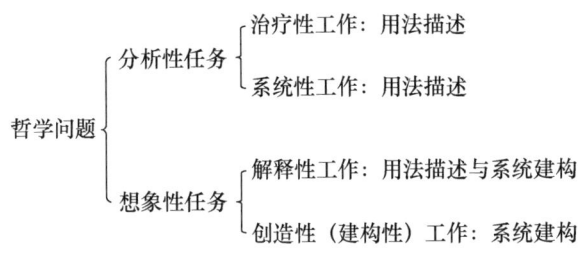

```
                    ┌ 分析性任务 ┌ 治疗性工作：用法描述
                    │           └ 系统性工作：用法描述
    哲学问题 ┤
                    │           ┌ 解释性工作：用法描述与系统建构
                    └ 想象性任务 └ 创造性（建构性）工作：系统建构
```

图 2-1 哲学任务和方法之间的关系

根据图 2-1，我们可以发现系统建构方法和用法描述被整合到完成哲学问题的两类任务中。但是，对于在具体的子任务中究竟如何使用这两种方法，仍然需要进一步说明。因为斯特劳森对于过往的分析方法的"综合"不是"照单全收"，而是在有所取舍和改造的基础上才将它们作为可使用的方法加以接受。

对于如何进行用法描述，除了维特根斯坦强调个例分析，通过举例和类比将其用于语言的纯粹治疗性分析外，被斯特劳森称为"英国学派"的两位代表赖尔和奥斯汀都分别有着自己的理解。赖尔对用法分析的理解有两个重要特征：一是要求从概念的系统分析来揭示个别概念的正确用法，比如他认为将"心灵"当作与"身体"对应的实体是"范畴错误"，而不是"个别错误"，在他那里，分析大致等同于系统治疗；二是强调日常的非技术概念及其惯用法（stock use）对技术性概念及各种非惯用法（non-stock use）的优先性，认为"非技术性术语是技术性术语的基础"②，要求对日常语言进行"日常分析"和"描述"。相对于赖尔，奥斯汀则强调通过展示用法的多样性来解释概念的误用，在《感觉与可感物》中，

---

① 对于第三个子任务——解释性工作的方法问题，应奇教授根据周昌忠的理解，认为解释性工作应该采用日常语言的方法（用法描述），因为"这里仍然要求对语言在实际作用环境中的作用加以刻画"（第 9 页）（参见：应奇. 概念图式与形而上学. 上海：学林出版社，2000：7-9）。张蕴博士也在应奇解读的基础上接受了这种理解。另外，两位研究者提供了基本相同的方法论图式（形式上略有差异，相对而言，应奇教授的图式更加接近斯特劳森本人的理解）。但是，两位研究者对第三层次任务的方法的理解明显得不到文本支持，在《建构与分析》中，斯特劳森对于本阶段的方法没有给出明确的说明，由于没有参考后续文本，他们所给出的方法论也不免有所偏差，这里的图 2-1 是对两位研究者图式的一个纠正，随后笔者将给出一个更为详细的修正版图式。

② G. Gyle. Ordinary Language. The Philosophical Review, 1953, 62 (2): 170.

奥斯汀就通过区分"实在的"(real)的四种用法说明对"实在的"存在某种唯一的普遍用法是错误的,在进行纠正的同时,奥斯汀也试图通过对用法的描述获得某些局部的一般结论。在《为辩解进一言》("A Plea for Excuse")的最后一部分,奥斯汀提出了十一条并不具有连续性和融贯关系的评语,并认为它们可以被当作"重要结论和一般教训"[1]。奥斯汀对分析的另一个独特理解是强调技术性词汇,他认为日常语言及其用法不是"定论"(the Last Word),而是"导论"(the First Word)。对于"辩解"的研究需要以字典中的定义、法律和心理学的术语为依据,以便通过提出"形式定义"促进对"自由"和"自然"等道德哲学的基本概念的理解。在这个意义上,奥斯汀的分析虽然强调不要践踏、扭曲、捏造和忽视日常语言及其用法,但更注重以技术性分析对语言进行"改良"和"修正"。

从整体上看,斯特劳森更加倾向于赖尔的分析方法,认为治疗应该以系统性的方法展开,但他也突破了治疗哲学观,要求通过分析达到一般的而非局部的正面结论。在治疗性工作中,斯特劳森认为旨在消除哲学混乱的用法分析在目的上与维特根斯坦是一致的,但在方法上却不是像维特根斯坦那样抓住个例进行类比或举例,也不是像奥斯汀那样根据某种专业用法进行校准,而是要求说明概念混乱在语言系统中的结构性原因,在这个意义上,斯特劳森的治疗性方法是一种结构治疗。同样地,系统描述的工作也是一种结构性描述,但是,这种工作不仅超越了维特根斯坦对语言的处理,也超越了赖尔所主张的系统治疗的范围,它比较类似于奥斯汀想要达成某种正面结论的想法,但就系统性的程度比奥斯汀有些随意的个别结论要更具普遍性。

对于系统构建方法来说,情况有些复杂。斯特劳森在这一时期对于如何进行系统构造不是没有困惑。除了没有明确第三个子任务的具体方法,斯特劳森在《分析、科学与形而上学》中承认:"我不能提出任何普遍的方法来达到我心里的这种理解。"[2] 当然,这里斯特劳森指的是有关描述形而上学的结论。实际上,在形而上学的语境中,斯特劳森对

---

[1] J. L. Austin. A Plea For Excuse//The Proceedings of the Aristotelian Society, Vol. 57 (1956-1957): 15.

[2] P. F. Strawson. Analysis, Science and Metaphysics//Galen Strawson, Michelle Montague. Philosophical Writings. Oxford: Oxford University Press, 2011: 89.

于如何系统建构的矛盾态度表现得更加明显。一方面,他认为:"在某种程度上我们相信对语词用法的细致考察,是哲学上的最好方法,也肯定是唯一的方法"①。按照这一理解,系统构建是否必要是成问题的。但另一方面,他也注意到,要揭示概念框架的一般特征,就必须放弃在日常用法中寻找答案,因为"他所寻求的概念的结构并没有明显地表现在语言的表面,而是深藏其中的。一旦他唯一确信的向导无法把他带到他所希望的地方,他就必须放弃这个向导"②。斯特劳森对于说明概念框架一般特征的方法讨论戛然而止。虽然这里他也认可了超越用法分析的某种方法——系统建构——是必要的,但是对于如何进行系统建构,斯特劳森在这一时期所写下的与方法论有关的文献中始终没有给出答案。因此,要说明斯特劳森如何使用系统建构方法进行系统建构,我们需要走一条迂回的论证路线。这里,我们先说明斯特劳森所关注的作为建构素材的分析对象是什么,然后说明他如何处理这些对象。

斯特劳森曾在《逻辑理论导论》中将陈述作为逻辑评价的对象,在《建构与分析》中,斯特劳森的态度有所转变,认为"分析对象是什么"这个问题的三个候选答案——语句、命题、陈述对于说明分析对象的本质都各有侧重,比如对于语句的分析有利于揭示语法结构,对命题的分析可以说明意义,对陈述的分析可以阐明意向等。斯特劳森认为,一方面对分析对象的确定不影响分析实践,因而并不重要,另一方面上述三种答案都因有所偏颇而存在误导性。③ 但是,斯特劳森还是表现了一定

---

① 斯特劳森. 个体:论描述的形而上学. 江怡, 译. 北京:中国人民大学出版社, 2004: 2.

② 同①.

③ 此处虽然斯特劳森讨论的是罗素等早期分析哲学家的分析对象问题,但他在这里所给出的答案对于他本人也同样是适用的。一方面,斯特劳森对语句、命题、陈述的使用谈不上严格,甚至有着一定的随意性,时常将其当作相同或类似概念加以替换;另一方面,斯特劳森也明显意识到三者之间,尤其是语句与命题和陈述的区别,其中,有关语句和陈述区别的讨论可参见本书第一章第一节对《论指称》的论述,有关语句与命题之间区别的讨论参见 P. F. Strawson. Proposition, Concept and Logical Truth//Logico-Linguistic Papers. Aldershot: Ashgate, 1971: 89—100. 斯特劳森在该文中认为,语词和语句的外延只有一个,或者说语词"就其最有限的可能意义来说,不是那种作为外延的东西"(p. 95),而命题或陈述作为内涵实体存在着"它的外延是什么"的问题。总体来说,斯特劳森倾向于认为语句是语言结构的表现形式,命题是真值承担者,陈述是揭示包括语境条件在内的话语条件的指示项。但是,需要注意的是,斯特劳森虽然不再强调陈述作为真值评价对象,而是将真值判定的对象当作命题,但他在命题和陈述之间似乎没有做出彻底的区分。在很多地方,他似乎认为"陈述"和"陈述表达的命题"似乎是一回事,就这一点来说,我们认为斯特劳森对两者之间的关系的理解和论述并不是完全清楚的。

倾向性,他说:"正如摩尔通常所说的那样,我们最好把命题当作分析的对象。无论这个答案有着何种缺陷,就对意义的关注而言,它强调而且也没有过分强调这项活动的语言本质。"这里,斯特劳森似乎暗示要把命题当作揭示语言意义和语言本质的分析对象,在《20世纪哲学的经验与教训》中,斯特劳森从"什么应该作为真值判定的对象"的角度进一步强调了命题的基本地位。在他看来,命题或命题形式有资格在近似的意义上成为真值判定对象,最根本的原因在于,命题作为"内涵实体",不会被当成语句或话语的具体类型,一旦承认了命题是内涵实体和分析对象,我们可以接着承认包括意义、概念、性质和共相等其他内涵实体。由此,命题超越语句和陈述,其作为分析对象的地位得到确认。

虽然命题作为分析对象的地位得以确立,但命题毕竟过于复杂,明显不是实际运作的概念工具的基本要素,反而是概念工具的结构性对象,要明确概念结构,需要对命题进行拆卸。因此,作为命题成分的概念或语词成为系统建构的可能对象。斯特劳森认为,从早期分析哲学的发展来看,用概念代替命题,用语词代替语句作为分析对象是非常合理的。他进一步指出,从分析的目的来看,某些基本概念无疑有着极大的重要性,"因为是那些最普遍的、最基本的,也是最日常的观念引起了那些重要的哲学问题"[①]。到此为止,在这一时期的论文中,我们大致可以说某些基本概念作为揭示概念结构的工具,可以被当作基本对象。但这些概念是什么,我们如何获得这些概念,以及如何用它们构建系统,我们仍然一无所知。

斯特劳森在《分析与形而上学》的第二章"还原还是联结:基本概念"中对确认基本概念的方法和使用基本概念建构系统的方法做了比较清晰的说明。斯特劳森在这篇文章中给出了确认基本概念的三条标准:(1)普遍性。斯特劳森认为,作为基本哲学概念的候选概念必须是日常的一般概念,而不能是过于具体的技术性概念。斯特劳森从语言习得的依赖关系说明了日常概念相对于技术性概念的基本地位。他说:"我想论述的是一个非常简单的观点,即我们对于特定学科的理论概念的掌

---

① P. F. Strawson. Construction and Analysis//Galen Strawson, Michelle Montague. Philosophical Writings. Oxford: Oxford University Press, 2011: 33-34.

握，预设并依赖于我们对日常生活的前理论概念的掌握。"① （2）非偶然性。斯特劳森认为，在日常语言的数量众多且充满异质性的概念中，我们对基本概念的确定并不是要制定一个随机概念列表。我们不能把猫、雪、汽车、吉他、踏板、街道、音乐会、大使馆等概念凌乱地放在一起，并宣传它们是有着特殊概念地位的基本哲学概念。在确定基本哲学概念时，我们无须动用想象力去设想不曾发生的生活形式和经验，以及自然或人类社会中的偶然情境，而是要找出反映现实世界的不同历史阶段和区域的、具有某种必然结构性特征的概念。（3）不可还原性。日常概念中有些概念可以被非循环地彻底分析为更为一般的概念，这就剥夺了它们作为基本哲学概念的可能性。斯特劳森强调概念可还原性与它的复杂性不是一回事。一个概念是复杂的，是指在对它进行哲学阐明的过程中需要将它与其他概念联系起来，但与此同时它也可以仍然是不可还原的，只要在阐明概念的过程中，这个概念不能非循环地被这些与之联系的概念定义。

在满足上述三个条件的概念中，斯特劳森认为表述了物质物体或物体的概念有作为基本概念的资格。那么，我们应该如何使用这个基本概念进行系统建构呢？根据斯特劳森的论述，系统建构工作可以分为两步进行：第一步，我们需要考察基本概念的专业用法，因为物体虽然可以被当成日常语言的概念，但是哲学家所提供的具有高度普遍性的用法却不是日常用法。虽然一把椅子、一座山确实都是一个实体，但是在日常情况下，我们基本不会说"一把椅子是一个物体"。因此，对基本概念的研究不是要找出各种基本概念的实例，而是要说明基本概念的基本特征，说明"基本的"一词的一般意义。按照这个思路，对基本概念的讨论，首先要赋予日常概念非日常的且更为宽泛的意义，要研究其哲学用法，其目的是对世界上的事物类型进行更具一般性的分类。

建构方法的第二步，也是关键且实质性的一步，是如何根据基本概念建构反映概念结构性特征的概念系统。与卡尔纳普采用显定义和用法定义的方法不同，斯特劳森则是希望根据基本概念和其他次要概念的技

---

① P. F. Strawson. Construction and Analysis//Galen Strawson, Michelle Montague. Philosophical Writings. Oxford: Oxford University Press, 2011: 21.

术化的哲学用法发现概念之间的依赖性，以一种概念联结的方式编织概念之网：斯特劳森将他的分析系统称为分析的联结模式，以区别于传统的还原模型①。对于这种联结模式的运作方式，斯特劳森指出：

> 让我们——想象一个有关连接着的子项或概念的复杂网络，或复杂系统的模型。从哲学的观点来看，只有通过理解系统或网络中的每个概念或子项与其他概念或子项的联系，理解它们在系统或网络的位置，或者再好一点，理解由这些相互连接的系统所构成的图景，我们才能恰当地理解这些概念或子项本身。在从网络的一个节点探寻它到其他节点的联系的过程中，我们发现我们会回到或者经过原先的起点。如果这个网络就是我们的模型，那就没有必要担心循环问题——由于我们已经转移到了一个更为宽泛，也更具启发性的阐明循环当中，有关循环性的一般指责也就不再造成困扰。②

根据引文可知，斯特劳森建构系统的方式是先说明概念之间的关系，进而在概念之间反复运作和多次往返后形成概念网络或概念系统。这与卡尔纳普以基本概念为基础，通过定义拓展整个概念系统的方式是不一样的。在最终所形成的概念系统的结构上，网络结构是一种松散且不完整的离散型的拓扑结构，而由定义得到的概念系统则是严格的积累性的层次结构。

至此，我们说明了斯特劳森如何将逻辑分析和语言分析纳入一个统一的分析框架，并在对传统的四种分析方法有所取舍和改造的基础上，建立起一种"综合分析观"。接下来，我们将转向形而上学的讨论，说明斯特劳森如何在方法论的背景下提出了"描述形而上学"概念，又对其做了怎样的筹划和布局。

---

① 在正式提出分析的"联结模型"之前，斯特劳森已经对该分析方法有了广泛而充分的实践。这种寻求概念依赖性和概念关系的工作，往往以"x and y""x, y and z"的形式展开。无论是在《个体：论描述的形而上学》还是在此后的其他著作中，以这种形式为题的论文或者章节题目比比皆是。其中，《逻辑语言学论文集》的 12 篇论文中有 8 篇的题目具有"x and y（and z）"形式（另有两篇是 1950 年发表的论文），另一本文集《自由与必然》的 11 篇论文中，有 5 篇的题目具有该形式，如此可知联结分析的重要性。

② P. F. Strawson. Analysis and Metaphysics. Oxford and New York：Oxford University Press，1992：19-20.

(三)"描述形而上学"的"出场"

我们在本章已经就斯特劳森的方法论和哲学方法做了相当详尽的介绍,其目的当然是说明斯特劳森的方法论立场和分析方法。但更重要的原因在于,有关方法论,尤其是分析方法和哲学任务的讨论不仅为"描述形而上学"准备了主题和方法上的背景,"描述形而上学"概念及其规划本身就是在对哲学方法的讨论中获得理论雏形,也是在《建构与分析》等文献中"出场"的,因此,依据有关文本就描述形而上学的"出场学"略加论述,能够使后续讨论有所依凭。

斯特劳森早年的研究兴趣一直集中在语言哲学和哲学逻辑方面,从1946年到1956年这十年的时间里,他对形而上学的关注和论述屈指可数,这段时间可以被看作斯特劳森思想发展的"前形而上学"时期。从仅有的几处论述来看,斯特劳森对形而上学的态度,与其说是漠不关心,不如说是更加激进的"反形而上学"。在1950年发表于《心灵》的最初版本的《论指称》中,斯特劳森认为主谓语句如何"陈述事实"不需要给出"先验解释"。虽然他注意到语句主谓结构以及主语表达式和谓语表达式分别用来"指称"和"描述"的功能之间,存在着一个有关主谓区分的语形特征和语用功能的契合性,但他否认语法区分有着某种形而上学意义的观点,认为对语法区分进行先验解释的做法,在哲学上是有害的,他说:"这种功能性区分在哲学上造成了长久的消极影响,殊相与共相、实体与属性等区分,就是由传统语句的语法所造成的消极影响。而在那种传统语句中,可区分的语词发挥着明显不同的作用。"[1]在随后的《逻辑理论导论》中,斯特劳森继续秉持反形而上学的态度,但将标靶瞄向了奎因和逻辑实证主义的形而上学,在该书第八章名为"对基本类型的形而上学信念"一节,斯特劳森认为奎因等人要求将量化分析推广到对自然语言的做法忽视了自然语言逻辑的中"非语法的类型限制",而且是将主谓结构当成了不可还原的语法特征,因为量化分析在将各类语句还原为普遍量化语句的过程中,预先承诺了由作为主项的个体变元和作为谓项的述谓变元构成的量化语句具有主谓结构。斯特

---

[1] P. F. Strawson. On Referring. Mind,1950,59(235):336.

劳森进一步认为："还原方法和相信真值函项及量化系统可以对量化语句意义提供充分的解释的信念，一道使形式逻辑获得了最大的形而上学拉力。"① 这里，斯特劳森似乎对形而上学本身不再有敌意，只是认为奎因所代表的实证主义形而上学因为对语言的逻辑特征做了错误预设，因而是不可靠的。此后的一段时间（1952—1956年），斯特劳森基本维持了这种对实证主义形而上学的拒斥立场，但态度更趋温和。在《分析、科学与形而上学》和《卡尔纳普》中，斯特劳森对卡尔纳普所代表的以建构式分析方法构造形而上学概念系统的做法抱有相当的好感，认为系统建构论者有成为"开明的改良形而上学家"的资格："系统建构论者以极不寻常的简化方式看待我们的情境的可能性和交流需要，认为支配这两者的都是有序的概念系统，从这一点来看，或许系统建构论者可以被当作开明的改良形而上学家。"② 斯特劳森认为，只有当系统建构论者忽视日常语言的非系统特征，强行将强调系统方法作为排他性方法，或者将特定系统当作唯一可靠的系统时，我们才不得不质疑这种形而上学是不是仍然具有启发性。值得注意的是，即使在这种情况下，斯特劳森还是倾向于认为对系统的过分偏好可以被归结为理论倾向和旨趣的不同，而非不可谅解的哲学错误。

通过上述分析，我们发现斯特劳森走在一条逐渐由"反形而上学"导向形而上学的道路上。在1956年收入安东尼·弗卢（Antony Flew）主编的《观念分析论》（*Essays in Conceptual Analysis*）一书的修订版的《论指称》中，斯特劳森对第四节有关"先验解释"的段落增加了一个极为重要的脚注。他说："在本段最后两句话所说或所暗示的东西，在我看来似乎不再是正确的了，除非对它加以相当多的限制。"③ 在同年发表的《建构与分析》的结论部分，斯特劳森将"四步骤"的最后一个子任务想象性工作当作哲学任务的"形而上学方面"④。这里，"形而

---

① P. F. Strawson. Introduction to Logical Theory. London: Methuen and Co., Ltd., 1952: 230.

② P. F. Strawson. Analysis, Science and Metaphysics//Galen Strawson, Michelle Montague. Philosophical Writings. Oxford: Oxford University Press, 2011: 89. 斯特劳森在两处的表述略有差异。在《卡尔纳普》中，他没有提到"改良"，只是认为系统建构论者是"开明的形而上学家"，参见：Carnap's Views on Constructed Systems versus Natural Languages in Analytic Philosophy//Schipp Paul Arthur. The Philosophy of Rudolf Carnap. Chicago: Open Court, 1963: 516。

③ P. F. Strawson. On Referring//Logico-Linguistic Papers. Aldershot: Ashgate, 1971: 14.

④ P. F. Strawson. Construction and Analysis//Galen Strawson, Michelle Montague. Philosophical Writings. Oxford: Oxford University Press, 2011: 37.

上学"首次作为积极的哲学概念和哲学任务的必要部分被提出来。从"形而上学方面"与"启发性改良形而上学家"两个概念并行这一点来看，斯特劳森无疑是既肯定了形而上学作为值得研究的领域和哲学任务，也对形而上学的具体研究方法和路径的合理性有所不满。在一个不是太重要的意义上，我们可以将"形而上学方面"概念当作斯特劳森从"前形而上学"转向"形而上学"的一个标志，或者说，提出"形而上学方面"概念是斯特劳森"形而上学转向"的一个外在标志。

虽然"形而上学方面"表明了斯特劳森对形而上学的兴趣，但"描述形而上学"概念及其规划却是在《分析、科学与形而上学》才得到明确阐述的。在这篇文章中，斯特劳森在修正和拓展"四步骤"方案的基础上，通过提出"五步骤"方案，对"描述形而上学"做了一定的理论刻画。我们先来看斯特劳森是如何对"四步骤"方案进行修正和拓展的。对于治疗性工作，斯特劳森除了在措辞上有所改变，将混乱和悖论等当作"概念失衡"，将治疗当作"恢复概念平衡"外，没有做其他实质性修改。对于系统性工作和解释性工作，斯特劳森做了较大的改动。在"四步骤"方案中，描述性工作只是治疗性工作在更普遍层面的延续，目的是说明概念工具的实际运作情况，是对"为什么"问题的回答，在第三个子任务解释性任务中，包括了对概念运作方式的经验基础和概念基础两个层次的说明，换言之，要说明我们概念工具何以如此运作的"为什么"问题包括了说明概念工具如何植根于经验世界的本质和如何植根于我们的概念结构的本质两个方面。在"五步骤"方案中，斯特劳森对描述性工作和解释性工作做了重新安排，一方面，他要求将系统描述划入解释性工作的范围之内，因此解释性工作的范围包括了"不仅解释我们的概念和话语类型是如何运作的，而且解释为什么我们会拥有我们实际使用的这些概念和话语类型，以及是否存在其他的可能性"[1]；另一方面，斯特劳森强调解释概念的经验基础和概念基础的工作仍然是不同的，它们是属于解释性工作之下的两个分支。对于第四个子任务的建构性工作，斯特劳森在"五步骤"方案中将其任务规定得更

---

[1] P. F. Strawson. Analysis, Science and Metaphysics//Galen Strawson, Michelle Montague. Philosophical Writings. Oxford: Oxford University Press, 2011: 86.

加清楚，总体上来说，它关注的是"话语特定区域的逻辑-语言特征"①，是要发现"这种特征的范围到底能延伸到何处，以及还有哪些其他可兼容的特征能被发现"②。

以此为基础，斯特劳森提出了作为描述形而上学任务的第五步骤，在他看来，描述形而上学与前面四个子任务是彼此交错、不可分割的，更明确地说，前四个子任务是从属于描述形而上学的子任务，对此，斯特劳森有着明确表述："在我看来，存在着应该将我前面所讨论的四个任务置于其下的第五个任务。"③ 在这个意义上，"描述形而上学"任务与"哲学任务"在范围上是一致的，这一点从任务的内涵方面也能得到体现，我们已经知道，哲学的任务是语言（或概念结构）的整体特征的普遍性和系统性阐明。那么描述形而上学的任务是什么呢？斯特劳森将其规定为"揭示概念框架的一般结构"④。由此可知，描述形而上学在概念的外延和内涵方面与作为总任务的"哲学"没有区别，它可以被当作哲学总任务的代名词。

如果我们要"五步骤"方案给出类似于图 2-1 的整体描述，需要就以下方面略做解释。（1）对于第五个子任务或者说作为整体任务的描述形而上学的方法，正如我们已经指出的那样，斯特劳森的态度很是暧昧，一方面他认为我们不能提供任何可靠的方法，另一方面他也暗示某种寻求概念之间联系的方法是合适的。但总体上来说，斯特劳森倾向于认为，描述形而上学的方法问题在目前还没有得到彻底解决。（2）描述性任务与解释性任务的两个层次之间不是平行关系，斯特劳森倾向于认为前者是后者的基础："除非在对比、比较和区分等活动的基础上加入这些研究，否则我们不可能获得对概念的完全理解。"⑤ 也就是说，系统解释必须以对系统的描述为前提；与此同时，应该承认，将系统性任务降格为解释性任务的组成部分是合理的，因为要完全展现概念的实际

---

① P. F. Strawson. Analysis, Science and Metaphysics//Galen Strawson, Michelle Montague. Philosophical Writings. Oxford: Oxford University Press, 2011: 87.

② 同①.

③ 同①86.

④ P. F. Strawson. Individuals: An Essay in Descriptive Metaphysics. London: Methuen and Co., Ltd., 1959: 15.

⑤ 同①86.

使用情况并不可取，对概念系统的彻底描述和对用法的彻底记录毫无区别，如果哲学家的工作不同于语法学家和字典编辑学家，那么对用法的描述不仅是局部的，而且是具有某种特定目的的，而对系统的解释则可以有效解释系统描述所选择的那部分语言特征的根源。因此，我们可以将系统性任务当作"系统描述"，将原来的解释性任务当作"系统解释"，并将它们归入新的解释性任务的范围内。（3）对于"系统解释"的两个层次，我们可以分别将其称为"经验解释"和"概念解释"，以表明它们是用来说明概念系统的经验基础和概念基础的作用。在五步骤中，斯特劳森说明了在"四步骤"方案中没有详细说明的有关解释性任务的方法问题，在他看来，一种较为普遍的方法是想象，无论是对于经验基础还是概念基础的说明，想象方法都是适用的，他说："在这个哲学分支中，命题通常以如下形式展开：如果事情是以如此这般的方式展开，我们可能就会缺乏某些如此这般的概念或话语类型，或者我们会有如此这般的其他概念或类型，或者当前的某些核心概念会变成次要概念，而其他概念会获得核心地位，又或者我们会以其他不同的方式拥有这些概念。"[①] 与此同时，斯特劳森继续认为，无论本质上是用法分析的"描述分析"，还是系统建构，对于经验解释来说都不充分，但对于概念解释来说却是充分的，因此，在"五步骤"方案中，他实际上承认了概念解释的两种方法。由此，如果我们只是强调五步骤而不是步骤间的逻辑关系，"五步骤"方案可以按照图 2-2a 的方式展示如下：

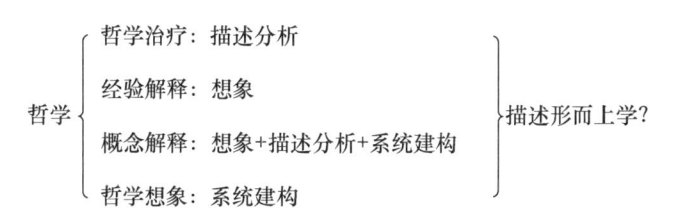

哲学 { 哲学治疗：描述分析; 经验解释：想象; 概念解释：想象+描述分析+系统建构; 哲学想象：系统建构 } 描述形而上学？

图 2-2a 描述形而上学的五步骤方案（1）

如果我们进一步要求明确步骤之间的逻辑关系，"五步骤"方案可以更

[①] P. F. Strawson. Analysis，Science and Metaphysics//Galen Strawson，Michelle Montague. Philosophical Writings. Oxford：Oxford University Press，2011：96.

清晰地展示为图 2-2b①：

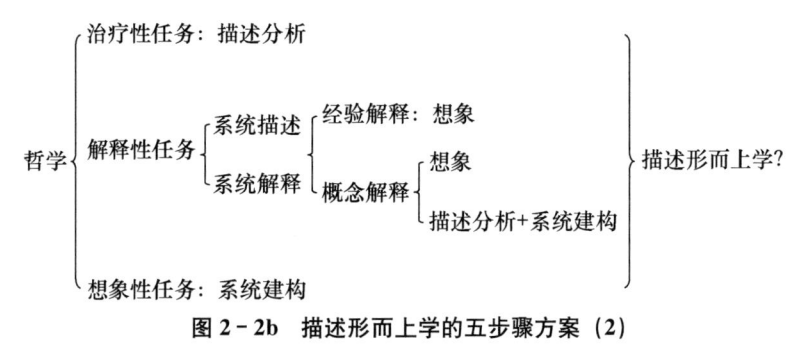

```
           ┌ 治疗性任务：描述分析
           │                  ┌ 系统描述 ┌ 经验解释：想象                        ┐
哲学 ──────┤ 解释性任务 ───────┤          │                                       │
           │                  └ 系统解释 │          ┌ 想象                       ├ 描述形而上学？
           │                             └ 概念解释 ┤                            │
           │                                        └ 描述分析+系统建构          │
           └ 想象性任务：系统建构                                                 ┘
```

图 2-2b　描述形而上学的五步骤方案（2）

至此，我们在"五步骤"方案范围内，说明了描述形而上学是如何"出场"的，并就其范围做了初步规定。但是，目前这种将描述形而上学等同于哲学总任务的解读会有一定困难，因为斯特劳森对描述形而上学的表述并不一致，除了目前的这个表述外，斯特劳森还有另外两种可以导致其他理解的表述同样值得注意。根据第一种理解，形而上学大致等同于"四步骤"方案的最后一个子任务哲学想象，或者说等同于"五步骤"方案中的"概念解释"。在提出"形而上学方面"时，斯特劳森想到的就是作为想象性任务的形而上学。本文认为，这种理解是不可靠的。其原因有三：首先，当斯特劳森在提到"形而上学方面"或者"很多形而上学最好被当作这种类型（概念解释）"②，斯特劳森提到的是"形而上学"，而非"描述形而上学"，这两者并不是一回事。其次，斯特劳森对"形而上学方面"的构想并不一致，因为斯特劳森在《建构与分析》中对建构性任务的认识尚不清楚，在他关于该任务的两个表述中，一处（第 36 页）将建构性任务当作构想与当下概念结构不同，但

---

① 在《卡尔纳普》一文中，斯特劳森对哲学总任务、子任务各个步骤的任务和方法，乃至步骤之间逻辑关系的理解与"五步骤"方案基本一致，甚至有相当部分的措辞基本都是相同的。重要的区别只在两个方面：一是斯特劳森在该文中提出的方案是"三步骤"方案，如果我们只强调图 2-2a 的第一列的哲学治疗、概念解释和哲学想象三个大步骤，那么图 2-2a 就接近斯特劳森在《卡尔纳普》一文中提出的更加粗略的划分；二是斯特劳森在《卡尔纳普》中没有提到"描述形而上学"，也没有将最后一个子任务当作形而上学任务。就这两点来看，《卡尔纳普》可能要比《分析、科学与形而上学》成文时间略早。"三步骤"方案可能是"四步骤"和"五步骤"这两种方案的一个早期版本。

② P. F. Strawson. Analysis, Science and Metaphysics//Galen Strawson, Michelle Montague. Philosophical Writings. Oxford: Oxford University Press, 2011: 87.

又有经验适用性的其他概念系统的可能性，按照这个理解，想象性任务确实类似于五步骤中的"概念解释"，在另一处（第37页）表述中，他将建构性任务当作构建具有经验根据的"系统模型"，这个解释就比较类似于五步骤中的"哲学想象"。最后，斯特劳森直接拒绝了将"形而上学"当作"概念解释"的做法。在他看来，"这种将神秘的实在和日常的妄想相对照的表征，包含了对日常概念，亦即日常表达式用法的无意识扭曲，而且也是这种扭曲的结果"[①]。他认为这种形而上学本质上"不仅毫无洞见，反而全是错误"[②]。那么，描述形而上学是否可以等同于"哲学想象"呢？非常明显，哲学想象或者说做如此理解的"形而上学方面"有成为描述形而上学子任务的资格，但它不具有成为全部描述形而上学的资格，根据《个体：论描述的形而上学》的论述，描述形而上学"满足于我们关于世界的思想结构"，如果剥离了"经验解释"，单独的"概念解释"不足以成为对世界的思想结构的解释。因此，旨在构造"模型系统"的"哲学想象"只有在概念结构的经验基础得到解释的基础上，才能够有所"描述"，以便成为"描述形而上学"的子任务，就此而言，作为"哲学想象"的"形而上学"也不能等同于作为哲学总任务的描述形而上学。

按照第二种理解，描述形而上学的理论范围以《个体：论描述的形而上学》一书的讨论为界限。这种理解并不直接关乎描述形而上学的理论范围，而是关乎斯特劳森著作的理论性质的判定。虽然这种理解看起来不太可能得到接受，也鲜有哲学家表示明确支持，但有大量的批评意见和论证实际上都以该书的论述范围为界限的，其中，巴里·斯陶德[③]和程炼等人对先验论证的论述就比较典型。这种假设的解读有其合理性，因为《个体：论描述的形而上学》是斯特劳森最重要的著作，也是形而上学得到最集中讨论的著作。要证明这种理解的合理性有两种方式：（1）《个体：论描述的形而上学》完成了图2-2b的所有规划，因而个体的论述范围与作为哲学总任务的描述形而上学是一致的。虽然我

---

① P. F. Strawson. Analysis, Science and Metaphysics//Galen Strawson, Michelle Montague. Philosophical Writings. Oxford: Oxford University Press, 2011: 87.

② 同①.

③ 斯陶德著名的《先验论证》（1968）一文就只是根据《个体：论描述的形而上学》第一、第三章的相关内容讨论先验论证的有效性。

们可以认为《个体：论描述的形而上学》对"五步骤"各个子任务都有所触碰，但两者之间还是有所差异的。单从形式上看，《个体：论描述的形而上学》分"殊相"和"共相"两个部分，每个部分都包含四章，因而其布局最初的"四步骤"方案有着一定的契合性，而不是与表达了明确形而上学构想的"五步骤"方案一致。即使将《个体：论描述的形而上学》当作仿照"四步骤"方案提出的形而上学方案也不合理，因为至少第一章和第五章明显都不是要完成"治疗性任务"，而更近于对某些经验事实进行描述。另外，《个体：论描述的形而上学》第二部分先讨论主谓区分的两条不同标准，继而讨论在主谓区分的基础上如何通过引入"逻辑主语"，在形式上更近似于还原式分析，而非系统建构。

(2) 承认《个体：论描述的形而上学》没有完成对图 2-2b 的讨论，但斯特劳森仅仅在《个体：论描述的形而上学》中讨论了描述形而上学，其后的其他著作都有较为独立的理论旨趣和目的，不具有形而上学的资格。这种方法也不可取。因为从斯特劳森本人的规划来看，一方面，《个体：论描述的形而上学》不是一本完全的关于形而上学的著作，按照他本人的说法，"本书只是部分的，以一种温和的方式讨论描述形而上学"[1]。斯特劳森不满的理由在于该书所讨论的有些问题是一般性的，而且是从有限的，而非全面的观点出发进行讨论，尤其是第二部分对于主谓区分的讨论只"具有相对的、暂时的意义"[2]。从后续思想发展情况来看，这部著作对描述形而上学的讨论并未终结，至少有两部著作的思想与《个体：论描述的形而上学》是密不可分的。第一本 1966 年的《感觉的界限》，斯特劳森本人承认该书是对《个体：论描述的形而上学》中相关讨论的继续，研究者 C. 布朗更明确地指出该书是对《个体：论描述的形而上学》主要问题的进一步深化，《个体：论描述的形而上学》中的主要论题仍然在《感觉的界限》中占有一席之地——虽然斯特劳森在这里就"人类经验的可能的普遍结构是什么"进行构想的限度问题表达了更为深刻的洞见。第二本是 1974 年出版的《逻辑与语法中的主语和谓语》，该书公认是对《个体：论描述的形而上学》第二部分的进一步

---

[1] P. F. Strawson. Individuals: An Essay in Descriptive Metaphysics. London: Methuen and Co., Ltd., 1959: 11.

[2] Clifford Brown. Peter Strawson. Stocksfield: Acumen, 2006: 91.

澄清和发展，因而可以被归入形而上学的范围。就此看来，《个体：论描述的形而上学》不是描述形而上学的全部内容，即使从作者的意愿来看，主观上也没有要以此书"终结形而上学"的目的。因此，接下来的工作就是要说明描述形而上学的范围以及相关著作及所表达思想在整个图 2-2b 中的位置。

排除了上述两种可能导致误解的解读后，我们认为图 2-2b 比较准确地反映了斯特劳森在《分析、科学与形而上学》对形而上学的理论规划。但该规划在实际实施时有所改动。这里，我们根据斯特劳森后续著作所反映的基本情况，对图 2-2b 做了必要修订，尝试说明作为规划的"描述形而上学"是如何展开的。从斯特劳森的思想发展情况来看，在提出"五步骤"方案时，斯特劳森已经基本完成了对第一个子任务"哲学治疗"的讨论。《逻辑理论导论》与包括《分析、科学和形而上学》在内的大量关于方法论和方法的文献在对形式逻辑的批评及过往分析方法的分析中，遵循的就是一种通过对比、类比来揭示逻辑分析和语言分析的非充分性、可靠性的系统治疗方法，与此同时，对传统逻辑的捍卫、对语言逻辑的构想以及对综合分析观的构建都可以看作对语言的逻辑特征的局部说明。因此，虽然斯特劳森出于对思想的完整性和连续性的考虑将"哲学治疗"纳入"描述形而上学"，但治疗分析起到的是扫清障碍和打牢地基的作用，可以看作描述形而上学的理论基础，但它本身并不是描述形而上学的主要内容和理论重点。

在"哲学治疗"基础上，形而上学成为不再受到"悖论的压力"所驱使的，旨在揭示概念框架一般结构的研究。这种研究如何展开呢？根据综合分析观，我们知道概念分析是在找到基本概念的基础上，通过联结式分析编织概念网络。对于描述形而上学，这种方法也同样适用。如果我们将"描述形而上学"当作"哲学"总任务的代名词，联结分析本身就应该是一种描述形而上学的方法。斯特劳森在《分析、科学与形而上学》中只是表明了不太清晰的"联结主义"态度，他说："它①将尝试说明我们思想的那些基本范畴是如何彼此融合形成一个整体，进而说明它们如何与那些适用于所有范畴的形式概念，比如存在、同一性、统

---

① 它指描述形而上学。

一性等彼此联系。"① 在晚年对牛津 PPE 学生宣读的论文《为什么是哲学?》中,斯特劳森指出要达成"普遍概念理解"需要"弄清楚实际运作的最普遍概念或概念类型,说明它们之间的基本关系和依赖性,以及明确它们在我们生活中的位置"②。这里,如果我们将"明确它们在我们生活中的位置"当作明确概念框架一般特征的范围和作用的类似说法,联结分析就包括了确认基本概念、联结基本概念以明确概念间关系以及建构概念网络这三个层次。

进一步地,我们认为图 2-2b 中有关形而上学的后三个子任务——系统描述基础上的经验解释、概念解释和哲学想象以及综合分析观所倡导的联结分析的三个层次——确认基本概念、联结概念和建构概念网络——是彼此契合的,而且,我们认为,这种内在的契合性是在相关形而上学著作中得到具体体现的。换言之,《个体:论描述的形而上学》等著作分别是以联结分析中的一种主要方法来完成描述形而上学的一个子任务。具体来说,本文认为,描述形而上学以如下方式在具体著作中展开:

(1)《个体:论描述的形而上学》的主要任务是在系统描述的基础上对概念图式进行经验解释。从方法层面看,该书旨在以明确基本概念的方式确认概念图式的基本支点和基本特征,进而通过分析基本概念的经验基础解释这些概念和特征在本体论上的优先性。按照图 2-2b 的标准,《个体:论描述的形而上学》需要完成系统描述和经验解释两个具有递进关系的任务,从实际情况看,《个体:论描述的形而上学》第一部分"殊相"的四章"物体""声音""人""单子"基本上都是要确认"物体""人""空间""时间"等概念作为概念框架要素和特征的基本概念,第二部分"逻辑主词"则是希望在描述主谓区分这一概念框架基本特征的基础上,通过对将"殊相"概念引入语句和话语这两种方式的说明,解释"殊相"作为"逻辑主词"的经验基础,从而说明"主谓区分"作为概念图式基本特征的经验基础。在确认基本殊相和"主谓区

---

① P. F. Strawson. Analysis, Science and Metaphysics//Galen Strawson, Michelle Montague. Philosophical Writings. Oxford: Oxford University Press, 2011: 88.
② P. F. Strawson. Why Philosophy? //Galen Strawson, Michelle Montague. Philosophical Writings. Oxford: Oxford University Press, 2011: 224.

分"基本特征的过程中,斯特劳森的主要方法是描述分析,他首先描述指称活动中确认和再确认的认识论过程及其基本条件,说明基本殊相对于确认活动的基本性,尝试从对指称这一认识论活动过程的描述中,抽象出基本殊相是识别活动的基础这一本体论结论,在确认主谓区分为概念框架基本特征时,斯特劳森也是描述主谓区分作为语法区分和范畴区分的表现形式,进而通过统一这两种标准来确认这一区分为基本特征。但是,斯特劳森在完成"经验解释"子任务时,一方面构想了作为具有不同经验条件的可能经验世界"听觉世界"和"无殊相的语言",使用了图2-2b中的想象方法,另一方面也使用了概念联结的方法,在第一部分,斯特劳森讨论了"人"与"M-谓词"和"P-谓词"之间的概念关系,在第二部分,概念联结方法成为主要的解释方法,斯特劳森根据概念联结讨论了"逻辑主词"与"殊相"和"存在"等概念的概念关系。因此,在《个体:论描述的形而上学》中,想象和概念联结是并行的解释方法,在第一部分,想象是主要方法,而在第二部分,概念联结是主要方法。①

(2)《感觉的界限》的主要任务是进行概念解释,其主要方法是概念联结。虽然《感觉的界限》主要是对康德《纯粹理性批判》的研究和解释,但是,如果将其纳入"描述形而上学"总任务的理论框架,该书的角色和方法就非常明确。从实际内容来看,《感觉的界限》中具有建构性意义的内容要解决两个问题,第一个问题是作为概念图式基础的"空间"的概念性质问题,斯特劳森通过对康德"先验感性论"的批评和发挥,指出"空间"既非先验唯心的主观概念,也不是经验实在的经验对象,而是"我们表征世界的经验方式"。第二个问题与"经验"的概念条件有关,要求说明"经验"的一般概念条件或概念预设是什么,亦即要求从概念上说明"经验何以可能"的问题。从描述形而上学的观点看,这两个问题都是《个体:论描述的形而上学》的遗留问题。其核心关注点都落在"客观性"概念上。其中,第一个问题旨在说明作为指称实现条件或语境条件的"空间"何以成为提供"客观性"保证的概念

---

① 《个体:论描述的形而上学》的讨论范围相当程度上超越了经验解释的任务与范围,如果就这两部分的各自的讨论来看,每个部分都可以被看作系统描述和系统解释的一个相对完整的"四步骤"过程,限于篇幅,我们此处不做详细解释。

条件，使得在概念上经由指称确认的基本殊相"物质物体"能够成为概念图式的基本概念；第二个问题旨在对基本殊相"人"作为经验归属者的地位进行概念阐明，指出"经验"概念内在蕴涵了"主体""对象""客观性"等概念，说明"人"作为经验主体所拥有的经验是关于经验对象的经验，进而说明"经验"是一种关于客观的主观经验这一概念真理。从方法上看，《感觉的界限》基本是依据"意义原理"展开"客观性论证"，通过联结"经验""主体""对象""客观性"等概念，明确概念之间的关系和依赖性，说明经验的概念条件和客观性的概念依据。

（3）《逻辑与语法中的主语和谓语》的主要任务是进行哲学想象，其主要方法是通过系统构建提出一个具有"系统模型"性质的概念框架的系统。从实际内容看，《逻辑与语法中的主语和谓语》在进一步明确主谓区分的基础上，经由构想作为"核心语法"的"第一类语言"和"第二类语言"，提供了一个表明概念图式普遍特征的"显明语法"系统。在对"主语的普遍性"的进一步说明中，斯特劳森将"显明语法"当作人类思想的具有普遍性的语法-逻辑特征，解决了概念框架一般特征的范围和限度问题。从具体方法看，系统构建方法本质上还是系统概念联结，不同的是系统构建是要联结一些更具基础性的系统要素——基本语义要素和基本联结，从而建立起一个最简单的语义-语形系统，并在这个基础上通过添加和解释其他语义要素和语形联结，建构更复杂的概念系统。由此，我们可以在仿照图 2-2b，给出一个说明斯特劳森形而上学思想实际展开情况的图 2-3：

描述形而上学 $\begin{cases} （系统描述\rightarrow经验解释）+ [描述分析+（想象+概念联结）] \\ =《个体：论描述的形而上学》 \\ 概念解释+概念联结=《感觉的界限》 \\ 哲学想象+系统构建=《逻辑与语法中的主语和谓语》 \end{cases}$

图 2-3 描述形而上学的展开

我们将基本按照图 2-3 来解说斯特劳森形而上学思想的展开和发展。但是，由于《个体：论描述的形而上学》一书容量过于宏大，我们将有关经验解释的讨论限制在对语言事实的经验解释，或者说限制在对语言事实的描述中。对于斯特劳森通过想象构造"听觉世界"所给出的真正的经验解释，我们将其放到有关概念解释的讨论中，在明确这一点之后，我们在下一章开始着手介绍和评价斯特劳森的形而上学思想。

第三章
共相与殊相：概念图式的系统描述

《个体：论描述的形而上学》通常被看作当代分析哲学的一个重要成就，该书出版不久，大卫·皮尔斯就极富预见性地指出，"《个体：论描述的形而上学》已经成为当代哲学经典"[①]。在陈波教授2004年组织的有关当代最重要（主要是分析哲学）哲学著作的评选中，根据戴维森、塞尔、苏珊·哈克等12位在世哲学家的投票，《个体：论描述的形而上学》仅以一票之差落后于维特根斯坦的《哲学研究》，与奎因的《语词和对象》并列当代最重要哲学名著的第二位。看起来并不复杂的问题是，为什么《个体：论描述的形而上学》能获得如此广泛的肯定和赞誉呢？得到较广泛认可的答案是，该书引人注目地提出了"描述形而上学"和"修正形而上学"两个重大而新颖的概念，也为描述形而上学立场提供了充分且合理的辩护。但是，这个答案难以令人满意。通过上一章的梳理，我们已经知道，"描述形而上学"不是在《个体：论描述的形而上学》一书中首次出现，也没有在该书中得到完全体现，如果根据《个体：论描述的形而上学》讨论何为描述形而上学，即使在词源学意义上也不尽合理。更为可靠的解答方式应该从《个体：论描述的形而上学》的实际内容出发，当代著名的斯特劳森解释者保罗·斯诺顿结合当时的哲学背景指出了该书的理论价值。在他看来，《个体：论描述的形而上学》的价值主要体现在两方面：一是提出并讨论了类似"指称具有何种形而上学意义"这类全新问题，不仅在问题意识上突破了奥斯汀所代表的经典日常语言哲学对传统哲学中

---

① David Pears. Critical Study：Part 1. Philosophical Quarterly，1961（43）：172.

普遍性问题的质疑，也以高度抽象的理论方式为这些问题提供了新的论证；二是该书体现出了超乎寻常的理论想象力、充分的理论自信以及对众多传统和当代哲学家的工作的深度再介入[①]。与斯诺顿不同，威廉斯（B. A. O. Williams）以更加直截了当的方式说明了《个体：论描述的形而上学》的重要性，他说："该书以精细、复杂且极富关联性的方式处理了一系列基本问题。它在系统统一性方面所获得的成就，比我们曾经可能设想的还要高。书中有相当多的精细论证，以至于我们不能轻易发现观点之间的系统性联系。除非写一篇和原书一样长的论文，否则不能指望我们能展现该书内容的丰富性和建设性，以及其论证结构的严谨性。"[②]

由此可知，《个体：论描述的形而上学》的理论贡献，相当程度上得益于内容的丰富性、结构的严谨性和论证的复杂性。相应地，这些具有高度识别性的理论风格，也为我们对该书内容的梳理造成相当的困难。为了在全面而不失准确地反映该书所讨论的问题同时，尽可能地再现相关论证的理论原貌，从而在"论题"和"论证"之间获得可能的平衡，本章一方面将主要立足于《个体：论描述的形而上学》所提供的文献依据，将斯特劳森在本书中的主要任务归结为对描述形而上学的解释性工作，认为他的理论意图在于通过对指称及其实现方式这一认识论问题的讨论，确认物质物体和人以及主谓区分等概念结构的基本概念和基本特征这一形而上学的结论。在论证方式上，本章也将基本遵循斯特劳森分别根据"个体"和"逻辑主词"两大主题进行论证的思路，分别围绕基本概念和基本特征来描述、解释实际运作的概念系统。另一方面，本章将根据论述的需要，暂时策略性地忽视本书的"康德主义"问题意识和论证方法，搁置斯特劳森对概念结构的语言外的、有关经验基础和概念基础方面的解释。具体来说，本章将不会讨论《个体：论描述的形而上学》中与概念结构的经验结构有关的第二章"声音"和与概念结构有关的第七章"无殊相的语言"，同样，本章也将永久性放弃对论

[①] Paul Snowdon. Strawson：Individuals//John Shand. The Twentieth Century：Quine and After. Chesham：Acumen，2006：41.

[②] B. A. O. Williams. Mr. Strawson on Individuals. Philosophy，1961 (36)：309.

述描述形而上学与莱布尼茨单子论之间关系的第四章"单子"的讨论[①]，因为这一章历来不仅不是《个体：论描述的形而上学》一书的重点，而且作为说明概念结构的理论特征的局部结论，不具有全局上的重要性。此外，为了说明"确认"的重要性及其理论标准，我们也将相应引入若干相关新文献对确认理论进行补充。

这样，我们大致可以将本章划入两个部分，第一部分对应《个体：论描述的形而上学》的第一部分"个体"，将着重讨论殊相的确认和描述，更具体地说，本部分将解决三个环环相扣的子问题：（1）通过确认和再确认这一概念结构实际运作过程的讨论，说明斯特劳森确认基本概念的认识论过程；（2）通过对物质物体和人这两个基本概念的讨论，说明斯特劳森对概念结构的基本概念的描述；（3）通过对实体和同一性关系的讨论，说明斯特劳森将"确认"当作确认概念结构的基本概念的理论依据。在第一部分的基础上，本章第二部分对应《个体：论描述的形而上学》的第二部分"逻辑主词"，将着重讨论概念图式的描述和解释，更具体地说，本部分也将解决三个环环相扣的子问题：（1）通过对主谓区分的语法标准和范畴标准的描述，说明斯特劳森对概念结构的基本特征的描述；（2）通过对将殊相概念引入命题和引入话语的方式的讨论，在解释主谓区分的经验基础的同时，说明概念结构的优先性特征；（3）通过对存在与殊相的关系的讨论，说明概念结构的等级性特征。

在说明本章的整体结构后，我们转向对描述形而上学的描述-解释工作的实质性讨论。

一、论个体：概念图式的基本概念

对于旨在"展现概念框架的某些普遍结构性特征"[②]的描述形而上学来说，首先需要解决的问题是，到底哪些概念是与概念框架的整体结

[①] 有关两者关系的讨论，参见 Clifford Brown. Leibniz and Strawson: A New Essay in Descriptive Metaphysics. Munich: Philosophia Verlag, 1990.

[②] P. F. Strawson. Individuals: An Essay in Descriptive Metaphysics. London: Methuen and Co., Ltd., 2011: 15.

构性特征有关，或者说作为概念框架的理论支点的基本概念是什么？斯特劳森在《个体：论描述的形而上学》的第一章通过对确认和再确认的讨论，说明了确立基本概念的过程，在第一章和第三章通过对物质物体和人的讨论，他也实现了与整体特征有关的概念——基本殊相的概念内涵的理论刻画。但是，一个更为根本的问题是，为什么确认过程以及对"确认"和"再确认"的讨论能够实现确定基本概念的形而上学任务？进一步地，究竟确认过程满足了何种形而上学标准从而使物质物体和人得以成为基本概念？这两个问题都关乎殊相确认的"认可标准"①，在《个体：论描述的形而上学》中我们又找不到合理的理论答案，这就需要我们通过其他文献的梳理来对《个体：论描述的形而上学》中的识别理论进行补充。因此，为了能够对概念框架的基本概念形成一个完整且合乎逻辑的认识，我们先根据《个体：论描述的形而上学》讨论斯特劳森进行基本概念确认的理论过程，继而介绍他对基本概念的概念内涵的理论描述，最后结合相关文本，介绍他对实体与同一性之间关系的理解，说明他确认基本概念（基本殊相）的认可依据。

(一) 确认与再确认

根据斯特劳森对描述形而上学的规划，阐明概念框架普遍结构性特

---

① 陈波教授将奎因有关本体论承诺的学说总结为三个递进标准：(1) 识别标准，即存在就是约定变项的值；(2) 认可标准，即没有同一性就没有实体；(3) 选择标准，即一切以方便和有用为转移。在奎因哲学中，将殊相个体当作逻辑语言系统中的个体变元是将其纳入本体论的基础，要求所有个体必须遵守作为逻辑关系的同一性标准是对个体变元的本体论地位的检验，而具有实用主义色彩的选择标准则是在检验个体之本体论地位之后，对本体论学说中各个命题的一项系统性审查。因此，对奎因来说，识别、认可和选择是一个合乎逻辑的本体论系统建构过程。（对这三条标准的概要阐述，参见陈波. 奎因哲学研究：从逻辑和语言的观点看. 北京：三联书店，1998：289，详细讨论参见同书第 265—288 页。）在斯特劳森的形而上学中，我们可以找到三条类似的标准：(1) 确认标准，在确认和再确认中具有基本地位的殊相是基本殊相；(2) 认可标准，具有时空特征，能够被归入实体和对象概念的个体殊相是基本殊相，或者说没有实体就没有同一性；(3) 选择标准，即一切以优先性和等级性为依据。与奎因本体论承诺理论三条标准之间的递进关系一样，斯特劳森的这三条标准之间在逻辑上也是递进的。在说明确认标准之后，如果不明确确认的"认可标准"，我们几乎不能理解对殊相的确认过程何以能够确认基本殊相，不知道殊相确认的目的和依据，也就不能理解为何从对指称的认识论过程的讨论何以过渡到确认基本殊相的本体论结论。因此，我们在按照通常做法介绍了斯特劳森的识别理论之后，进一步讨论斯特劳森认可标准的理解，最后再讨论等级性和优先性这一事关全局的选择标准。

征的工作应该以确定基本概念为起点，在《个体：论描述的形而上学》的开篇部分斯特劳森也提到"我们要先谈到殊相的确认"①，但是，对于作为确定基本概念之手段的"identify"和"identification"，斯特劳森既不愿做一般性解释，又宣称是以"相当不同又密切相关的方式来使用它们"②，这种模棱两可的态度造成的直接后果是某种"翻译的不确定性"。按照目前汉语学界的解释，"identification"分别被解释为"识别"和"确认"，而"reidentification"也分别被翻译为"再识别"和"重新确认"。应奇教授和《个体：论描述的形而上学》台湾繁体字版译者王文方教授以及大部分研究者都采用前一种译法，而《个体：论描述的形而上学》的大陆简体字版译者江怡教授采用后一种译法。就对概念内涵的理解来看，两种译法大体上都能把握其准确含义，也都能找到辩护理由，如果我们强调"identification"作为"referring"的同义词，把它当作从世界中挑选出指称对象的语言手段，"identification"无疑就是"识别"，除此之外，这种译法也能将斯特劳森和奎因本体论中有关识别理论的部分联系起来，以发现两者之间的区别和联系。但是，如果我们进一步考察斯特劳森指称概念的交流会话背景和预设-确认的指称实现模式，或者按照"identify"的字面意义，将它当作得到同一性"identity"的理论方法，"identification"就应该是"确认"，而后面的这种解释恰恰是江怡教授给出的理由③。在"正名"的意义上，本书认为江怡教授的译法更好地把握了斯特劳森提出"确认"概念的意图，"重新确认"也一定程度上避免了"再识别"所带来的将在说话者思想中确认殊相当作对听话者-说话者确认的进一步深化的理论误解，因此，我们这里主要采用第二种译法。与此同时，我们也需要澄清下面两个问题：一是确认在表达"根据某个标准和原则来确认某个东西就是这个东西"的同时，也有"根据个别对象（基本殊相）来确认标准和原则（概念框架）"的意思；二是"识别"和"确认"的区别不仅反映出对"identification"在概念理解上的差异，也体现了对描述形而上学理论性

---

① 斯特劳森.个体：论描述的形而上学.江怡,译.北京：中国人民大学出版社,2004：8.
② 同①9.
③ 同①译者序 17.

质的不同理解,"识别"倾向于强调概念框架的描述对象是"世界",而"确认"则容易使人联想到概念框架作为"思想结构"的概念融贯性,对于斯特劳森本人来说,"identification"既不是以认识论的基础主义和符合论为依据,也不是要满足于对"思想"的描述而舍弃对"世界"的讨论,因此,他对这个概念的理解应该是介于"识别"和"确认"之间,或者这两种意义兼而有之,而我们目下采用"确认"的译法,实际上是一种退而求其次的选择。

与选择"identification"(确认)的译名相比,明确其概念内涵要远为重要。一般来说,大多数斯特劳森研究者都默认"确认"是"指称"的同义词,斯诺顿则相当明确地指出"斯特劳森把'指称'叫作'确认'"①。这个理解虽然不能算错,却忽略了斯特劳森提出"确认"并用它代替"指称"的理论意图。在《论指称》中,斯特劳森曾经区分了表达式的"严肃使用"和"虚假使用",认为前者是指称表达式用来提到世界中实际对象的功能,而后者则是提到虚构对象、想象对象等非世界内实存对象所发挥的功能,换言之,斯特劳森认为指称只是严肃使用的功能,而表达式的虚假使用则不能被当作指称。但是,他的这个观点似乎难以应对外在批评②,在1956年重印的《论指称》中,斯特劳森不再坚持"虚假使用"的提法,转而认为所谓虚假使用不过是指称概念的"次要用法"③。由此,"指称"在使用范围上就类似于"提到"(mention),他对这个概念的理解也与当前大多数哲学家的理解保持一

---

① Paul Snowdon. Strawson:Individuals//John Shand. The Twentieth Century:Quine and After. Chesham:Acumen,2006:43.

② 查尔斯·卡顿(Charles E. Caton)曾指出,斯特劳森将"指称"局限于严肃用法,认为我们只是"提到"但没有"指称"虚构对象,恰恰违背了"指称"的日常用法,因为在日常的使用中,"指称"与"提到"并无区别,当我们说到指称某物时不会根据指称对象的存在类型对指称概念进行限制,斯特劳森实际上是对"指称"这个日常概念做了非日常理解。卡顿的这个批评颇为中肯,但由于他在1959年才提出这个批评,而斯特劳森在1956年就提出了"次要用法"的概念,我们不能把卡顿的批评当作斯特劳森改变看法的理论原因。有关卡顿的批评,请参见 Charles E. Caton. Strawson on Referring. Mind,1959,68 (272):541。

③ 根据本文作者的观察,"secondary use"这个概念相当程度上来源于罗素在《摹状词》一文中对摹状词的"primary occurrence"和"secondary occurrence"的区分,斯特劳森在《答塞拉斯》(1954:230)中针对"false"的不同用法提出了"primary use"和"secondary use",但他将"secondary use"与"referring"联系起来,用它代替"spurious use",这最早出现在1956年重印的《论指称》中。

致。按照得到扩展的指称概念，"指称"一词的用法就包括了：（1）指称的基本使用，亦即指称或提到世界中的实存对象。在基本使用中包括了提到"特定的某一个对象"和"提到某一类对象"两种情况，当使用单称词项作为指称表达式说出"拿破仑是伟大的军事家"时，我们只是提到了某个叫"拿破仑"的特定的人，但当使用普遍词项（无论是否添加量词）作为指称表达式说出"鲸鱼是哺乳动物"时，我们提到的则是作为动物种类而非某个特定个体的"鲸鱼"。（2）指称的次要使用，亦即指称或提到虚构对象、虚假对象等非基本适用的情况。

接下来的问题是，在扩展了"指称"的使用范围并将其等同于"提到"之后，斯特劳森是否不再强调只能当作基本使用的原始"指称"概念呢？答案是否定的，斯特劳森通过提出和规定"识别"，以一种较为隐晦的方式坚持了更加严格的"指称"概念。在与奎因对话的论文《单称词、本体论与同一性》中，斯特劳森区别了"指称"和"确认"，他说："确认不是要将事物当作某个类中的一个成员，而是当作类中的某个特定成员；在这个意义上，确认就是要将该事物从该类中的其他事物中挑选或分离出来。"① 按照这个理解，确认就不是那种以普遍词项作为指称表达式"提到某一类对象"的情况，而是通过单称词项"提到特定的某一个对象"或特定个体对象的指称，它在任何意义上都不同于分类和描述，不同于与"指称"相对应的"描述"，在这个意义上，我们可以说"确认"是纯粹的"指称"，是作为部分基本用法的指称。在《个体：论描述的形而上学》中，斯特劳森对识别又做了两处规定。首先，确认是一个听话者概念。我们知道，指称是在听话者和说话者之间进行的语言行为，而指称的实现不取决于听话者能否为自己挑选出指称对象，而是取决于听话者能否知道说话者谈论的是哪个对象。因此，斯特劳森认为当说话者挑选出具体指称对象时，他只是做出了确认指称（identifying reference），只有在听话者也确认了说话者所提到的那个对象时，斯特劳森才承认，"他不仅确认地指称了并且也确认了这个殊

---

① P. F. Strawson. Singular Terms, Ontology and Identity. Mind, 1956, 260（LXV）: 438.

相"①。这里，斯特劳森没有直接否认"确认指称"是"确认"，而是认为我们同时有了在说话者意义和听话者意义上的确认，但就指称实现的听-说模型以及《个体：论描述的形而上学》的后续讨论看，斯特劳森明显是认为，"确认指称"只是实现确认的一个基本条件，对于讨论指称问题没有重大的理论价值因而对其采取"存而不论"的态度。② 其次，斯特劳森强调确认作为基本用法的指称概念。与前述强调要确认的指称对象是个体对象不同，斯特劳森在《个体：论描述的形而上学》中强调"确认"不应该是以次要用法使用的"指称"，确认活动的对象也不应该是虚构对象，而是世界中的实际存在的对象。斯特劳森通过讨论"相对-故事性确认"来进行论证。他认为当某人以讲故事的方式说出"孙悟空是齐天大圣，他是那只大闹天宫后被压在五指山下的猴子"，听话人虽然能够知道"大闹天宫"的孙悟空是何许人也，但我们不能认为听话人确认了某个特殊生物，因为他对"孙悟空"的确认是根据说话人提供的限定了明确对象范围的确认，而且他的确认也只是"故事中的确认"，而不是挑选出世界中实存对象的"历史中的确认"，斯特劳森认为，这种相对确认的情况问题不在于听话者不能将说话者的所提供的会话图景纳入自己的世界图景，而是在于他"把说话者的图景的形式无差别地放入自己的一般世界图景中"③。与对待"确认指称"概念不同，斯特劳森认为对于"相对-故事性确认"，我们不应该存而不论，而是要提供严格标准，以便消除这种情况。

综合上述讨论可知，斯特劳森所谓的确认，是听话者对说话者所指称的世界中个别对象的确认。如果我们将确认当作指称，那么确认是斯特劳森在《论指称》中所坚持的最严格意义上的，只能按照（部分）基本用法使用的指称。更进一步的问题是，作为确认对象"世界中的个别

---

① 斯特劳森. 个体：论描述的形而上学. 江怡, 译. 北京：中国人民大学出版社, 2004：8.

② 从斯特劳森思想发展情况看，强调听话者意义上的"确认"概念还有另一方面的原因，在肯定指称实现的"预设-确认"模型基础上，尽管斯特劳森在《论指称》等早期文献中将预设当作前置条件的观点不尽可取，但他在《个体：论描述的形而上学》中仍然坚持了对预设的逻辑解释（详情参见该书第二部分对预设的讨论），因此，要进一步讨论指称理论，也应当从听话者角度展开。

③ 同①10.

对象"是什么呢？斯特劳森认为它们是"个体"或者传统意义上的"殊相"。对于殊相概念，斯特劳森认为自己的理解和使用与其他哲学家并无不同，他明确指出："在我的用法中，如同在大多数人所熟悉的用法一样，历史事件、物质对象、人以及他们的影子都是殊相，而质量和属性、数字和种类都不是殊相。"① 斯特劳森进一步指出，《个体：论描述的形而上学》的"殊相确认"一节要解决的问题就是通过对"指称如何实现"的必要条件的讨论，来说明作为最严格指称的"确认"如何能够为听话者确认作为殊相的指称对象。斯特劳森认为对听话者如何识别殊相的说明具有本体论意义，他从两方面给出了原因，我们先给出两条主要的引文：

> 我们认为世界包含了特殊事物，其中的某些事物是独立于我们的；我们认为世界的历史是由特殊的事件构成的，我们在其中可能有也可能没有地位；我们认为这些特殊的事物和事件包含在我们日常谈论的话题之中，是我们可以相互谈论的东西。这些认识就标志着我们思考这个世界的方式，标志着我们的概念框架。②

> 应该有可能去确认某种特定的殊相，这似乎是我们本体论结论中的必要条件。③

根据引文一可知，包括指称行为在内的以语言的方式谈论世界是我们接触世界的方式，如果不考察包括指称在内的语言行为，我们无法与世界上的事物建立起可靠的联系。换言之，语言是通达世界的手段，任何对世界的讨论都不能脱离对语言及其发挥作用方式的讨论，这是强调识别殊相的本体论重要性的大前提。通过引文二可知，识别殊相是我们将确认它们纳入本体论的必要条件，要讨论世界上的存在物及其结构，就必须确认某些基本概念，而确认基本概念也必须以确认概念所指称的对象为基础，这是识别具有本体论作用的具体原因。

明确了确认概念及其本体论意义之后，我们正式进入对"殊相的确认"的讨论。斯特劳森确定了两个可以被看作确认（指称）的普遍理论

---

① 斯特劳森. 个体：论描述的形而上学. 江怡, 译. 北京：中国人民大学出版社, 2004：8.
② 同①7.
③ 同①.

特征的理论条件,第一个理论条件是确认的依赖性特征。所谓依赖性是指"对一种殊相的确认依赖于对另一种殊相的确认"①。比如当我们想要确认"杰克建造的房子"所指称的那个殊相时,就必须首先确认谁是"杰克",斯特劳森认为确认活动的依赖关系既不是偶然的,也不仅仅存在于个别殊相之间,而是不同种类殊相之间的关系。如果个别殊相 a 和 b 分别是某类殊相 A 和 B 的成员,依赖关系就表现为对 a 的识别一般性地依赖于对 B 中的 b 的识别,在这个意义上,我们会说殊相类型 A 的识别依赖于殊相类型 B 的识别,但是,对 B 中的 b 的识别则不依赖于对殊相类型 A 的识别。斯特劳森认为,确认的依赖关系一方面体现了确认的等级性,即我们不能在不提到 B 类殊相的情况下确认 A 中的 a,另一方面也体现了确认的优先性,亦即 B 类殊相在本体论上优先于 A 类殊相,或者说它们更为根本或更加基本。

斯特劳森提供的第二个理论条件涉及时间和空间等语境条件,在《论指称》中,他曾经将时间和空间当作语境条件,并认为空间是最重要的语境条件。在《个体:论描述的形而上学》中,斯特劳森将与时间和空间有关的语境条件当作确认的"一般条件"或"必要条件"。在他看来,"我们不仅有理由认为,而且必须承认,存在着这样一个系统:即关于时空关系的系统,每个殊相都在这个系统中与其他任何殊相唯一地相互联系"②。在肯定单一时空系统的前提下,斯特劳森认为听话者确认殊相的一般要求是知道"有关这个殊相的具体事实",或者说,确认殊相就意味着"知道如此这般的某个东西对这个殊相为真,而不对其他任何殊相为真"③。在明确这两个理论条件的基础上,确认殊相也就是在认可殊相确认的依赖关系的基础上,说明我们如何确认有关某个殊相的具体事实,尤其是与时间空间条件有关的事实,斯特劳森将这样的事实当作个体化事实。

根据这两个理论条件,斯特劳森着手说明殊相确认的实际过程。在他看来,确认分为"指示性确认"和"非指示性确认"两种情况。在指

---

① 斯特劳森. 个体:论描述的形而上学. 江怡, 译. 北京:中国人民大学出版社, 2004:9.

② 同①12.

③ 同①13.

示性确认中，听话者可以根据当下的直接经验，通过触觉、听觉、视觉等方式直接确认说话者所指称的殊相，而且，听话者的确认是以直接定位的方式实现的。在语言手段上，直接确认往往依赖（但不限于）"this"、"that"和"it"等具有明确语境特征的索引词的帮助。斯特劳森强调指示性确认的重要性，认为这种确认的结果是对统一的时空框架的交叉点或者坐标轴的确认，换言之，这种确认是一种绝对确认，它对坐标轴或交叉点的确认为其他确认奠定了基础。

虽然指示性确认有着直接性和确定性的优势，但直接知觉和索引词的使用范围毕竟有限，听话者无法在缺乏直接经验的情况下，对超越给定范围的对象进行确认。对于任意听话者来说，如果他在当下或者此前不久曾经见到某辆飞驰而过的汽车，当有听话者说出"那辆车开得很快"时，他自然可以根据视觉或短暂记忆确认"那辆车"是指哪辆车，但当这辆车消失很久以致他不能根据语境和此前经验判断到底是哪辆车时，指示性确认就失去了作用。为了扩大识别的范围和作用，斯特劳森提出了非指示性确认。与前者相比，非指示性确认的一个重大困难在于，听话者和说话者难以对进行确认的殊相范围或宇宙区域达成一致。在指示性识别中，参与对话的听话人和说话者处于一个大致相同的感觉范围内，对双方进行挑选的殊相范围比较容易达成共识。而在非指示确认中，不存在作为共同确认基础的感觉经验。斯特劳森认为我们可以通过语言手段来说明确认范围的问题。通常而言，作为指称表达式的主要是具有高度语境依赖性的索引词、代词、摹状词和专名，前两种已经作为指示性识别的语言工具被排除，斯特劳森也排除了专名，因为任何专名在不说明描述背景的情况下也是高度依赖语境的索引词，无论是要说明殊相的具体事实还是确认范围，专名本质上都依赖于提供了语义内容的摹状词。按照这个思路，我们可以说我们是通过摹状词所提出的语义内容明确了确认范围从而提供殊相的具体事实。但是，摹状词在作为指称表达式时，不能保证它得到了"唯一的指称性使用"，虽然在某些情况下，我们可以根据摹状词的语义内容知道确认范围，但这不具有必然性，当某人说"桌子上的红苹果很甜"时，"桌子上的红苹果"并不必然指称单一对象，因为在世界上有无数的桌子以及放在桌子上的红苹果，即使无限扩大会话双方的知识范围，或者对确认对象提出更加细致的描述，我们仍然不能从逻辑上排除在世界的其他地方存在着符合特定摹状词的殊相对象，通过对摹状词的"唯一指称性使用"将其作为个体化手段的方法也不能得到保障。斯特劳森对此提出了两个答案，第一个答案被称为实践答案，即摹状词的"唯一指称性使用"的条件没有得到满足时，只要听话者知道，甚至是恰好偶然知道说话者所指称殊相的某个个体化事实，由此也就知道他所确认的殊相就是说话者所说的那个对象时，非指示性确认就得到实现。但是，这个答案只能打消对殊相的非指示性确认可能性在实践方面的怀疑，并没有回答非指示性识别的条件为何。第二个答案被称为理论答案。斯特劳森在这里给出了极为关键的说明。他认为听话者通过理解摹状词确认殊相，实际上并不是像指示性识别那样通过直接定位来进行确认，而是通过描述的作用将它与可直接确认的殊相联系起来。在这种情况下，不仅确认范围的问题得到解决，因为"要回答它占据了宇宙的哪个区域这个问题，就可以把那个区域与说话者和听话者眼下占据的区域唯一地联系起来"①，而且，殊相也以非指示性的方式得到确认。通过将待确认的殊相与直接确认所提供的坐标轴联系起来，以明确其相对于这些殊相的基本时空关系，以间接方式明确了这些殊相在时空系统乃至概念框架中的位置。

  在理论答案的基础上，斯特劳森继续论证非指示性确认的间接确认方式的有效性。这里的问题是，为什么将不能直接确认的殊相纳入时空系统，通过明确它与直接确认的殊相之间的关系就算是在认识论上确认了该殊相，进而是在本体论上将殊相纳入了概念框架呢？斯特劳森分三个层次加以说明：首先，人自身是概念框架的组成部分。他说："不可否认的是，我们每个人在任何时候都拥有这样一种框架，一种统一的关于殊相的框架，我们自己，以及通常还有我们的直接背景，在这个框架中都有自己的位置，其中每个成分都与其他成分唯一地联系起来，因而也是与我们自己以及我们的背景联系起来的。"② 正是由于人或确认者（听话者）在概念框架中有自己的位置，确认就等同于说明他本人与待确认殊相之间的相互（位置）关系，而将殊相纳入这个系统也就意味着

---

① 斯特劳森. 个体：论描述的形而上学. 江怡, 译. 北京：中国人民大学出版社, 2004：12.
② 同①14.

纳入了人所在的时空系统或概念框架，也就是确认了殊相。另外，听话者是使用概念框架（时空结构）来确认殊相，任何一次成功的确认实践也在概念上说明他本人在这个系统中有其位置，从而为确认提供了可能性。进一步地，人在时空系统（概念框架）中有一定位置的作用还在于，非识别确认不仅不需要以给出精确的时空定位的方式展开，而且直接定位本来也是不必要的，因为这两种确认方式本质上都是要明确待确认项与听话者的相互关系，区别只是在于，指示性确认是以直接定位的方式进行确认，而非指示性确认则是以明确待确认殊相与指示性殊相关系的间接方式实现确认，两者只存在确认的复杂性程度上的区别，而非在确认类型上有质的区别。

其次，时空系统是概念框架的基础。我们知道，殊相确认是要寻找概念框架中的基本概念，那么，为什么将殊相纳入时空系统就等同于将它们纳入了概念框架呢？这个问题关系殊相确认这一认识论过程的本体论意义，斯特劳森通过强调时空关系的基础性对此做了说明。如果我们将殊相确认看作本质上是要明确确认者与待确认殊相的相互关系，那么殊相确认"形式上所需要的一切就是一种关系"①，而时空系统恰恰是提供了可资利用的关系的系统。斯特劳森认为时空关系系统具有普遍性和唯一性，而每个殊相都在其中有自己的位置，这是进行确认的基础。更重要的是，时空关系是所有殊相之间的基本关系，这使得确认殊相的时空关系具有本体论意义。斯特劳森虽然不认为殊相之间的时空关系和其他关系是对立或互斥的，但他强调："时空关系系统依然是所有其他关系的基础；殊相之间大多数其他关系都包含时空成分，涉及或者用符号表示出物体的时空交换和相对运动。"② 因此，明确确认者与待确认殊相之间的时空关系，就为说明其他关系打下了基础，至少在这个意义上，我们可以说明殊相之间的时空关系，至少有着潜在的本体论意义。

最后，摹状词提供可靠的个体化知识。前面两条原因给出了殊相确认的形式化条件。如果它们得到满足，听话者就能够确认殊相。形式化条件如何在实践中得到满足呢？斯特劳森诉诸摹状词的功能来弄清形式

---

① 斯特劳森. 个体：论描述的形而上学. 江怡, 译. 北京：中国人民大学出版社, 2004：14.

② 同①15.

化条件的满足情况。对于确认来说，摹状词的功能是提供说明殊相具体事实的个体化描述。但是对于如何理解描述内容，斯特劳森坚持了反摹状词理论的立场。在他看来，我们可以认为存在着以"唯一的 X""首要的 X"这种被规定了要做唯一使用的"逻辑的个体化描述"或纯粹个体化描述的摹状词，但是这类摹状词将会导致两方面的问题，第一个问题是逻辑地个体化描述不能避免相对-故事性确认，当有人说"曾经活过的最高的人"时，假设听话人理解并与说话者一同接受了这个摹状词的描述内容，他们可以在不考虑殊相的统一知识框架的情况下相对地确认殊相，但却并没有指称或确认任何一个实际的"最高的人"。第二个问题是逻辑的个体化描述难以找到准确的使用范围。对于"海上出生的第一条狗"这样的摹状词，我们在设想可能以相对确认的方式解释描述内容外，还可以设想在海上最初同时出生了两条狗，这样纯粹个体化描述就不能在世界中确认单一的个体，从而使摹状词失去适用的范围。斯特劳森认为提供可靠个体化知识的只能是准纯粹的个体化描述。提供此类描述的摹状词是具有语境依赖性的摹状词，斯特劳森说："它们取决于说出它们以确定其应用的背景，但只有在这种意义上，就是说，它们的应用仅限于在说出它们之前存在的东西或在说出它们同时存在的东西。"[①] 斯特劳森认为提供个体化事实的摹状词不是做出纯粹逻辑个体化描述的那种不包含人名、地名和日期等的摹状词，而是像"在 19 世纪的英国出生的第一条狗"这种包含索引性标志的摹状词；个体化描述的功能也不是提供殊相在时空系统中的绝对位置，而是明确特定语境条件下殊相之间的相对时空关系，将待确认殊相与直接定位的殊相联系的工作也通过摹状词的索引性功能而得到实现，待确认殊相在获得其相对时空位置的同时也就被纳入了我们的时空系统和概念框架。概而言之，斯特劳森认为摹状词并非罗素意义上的作为唯一性存在条件的逻辑摹状词，而是充当特定语境条件的指示性表达式。

至此，我们比较完整地呈现了斯特劳森有关殊相确认的过程。总体来说，斯特劳森认为确认殊相需要明确确认范围和在该范围内确认具体殊相两个步骤，在指示性确认中，感觉经验和专名等索引词可以直接实

---

① 斯特劳森. 个体：论描述的形而上学. 江怡，译. 北京：中国人民大学出版社，2004：15-16.

现对确认范围和个别殊相的确认，确认殊相也等于在时空系统中直接定位特定殊相；在非指示性确认中，确认范围和个别殊相都是通过将待确认对象与直接确认的殊相相联系得以实现，摹状词以索引词的方式，通过提供个体化描述将待确认殊相与概念框架或时空系统联系起来，从而实现对更大范围内更多殊相的确认。

现在我们转向对重新确认的讨论，斯特劳森对重新确认的重视基于两方面的考虑。首先，我们在日常的指称实践中会面临着要将某物确认为"某个相同的东西"的情况，比如我们有时候需要确认"他手里拿的那本书就是我昨天买的书"，这就要求"我们必须拥有某些标准或方法，可以把在某个场合所遭遇的或对某个场合所描述的殊相，确认为在另一个所遭遇的或对另一个场合所描述的相同个体"[1]。其次，无论是指示性确认还是非指示性确认，都是通过明确待确认殊相与其他殊相的关系的方式将它们纳入概念框架，但是，这种方法并不总是有效的，也就意味着我们不能确认概念框架中的所有殊相。在脱离听话者-说话者确认结构的情况下，如果有人想要在自己的思想中，而非在指称的语言实践中确认某个事物与自身是相同的，我们上面依据殊相之间的关系、索引词和摹状词功能提出的解释就不再有效。因此，要寻找确认相同对象的"标准和方法"，就需要另辟蹊径。

重新确认所面临的主要问题是非连续观察的困难。作为确认者我们需要睡觉和移动，还有面临其他情况，这会使我们不能对所有对象进行连续观察，换言之，"我们无法在任何时候都观察到我们使用的整个空间框架；不存在任何我们可以持续观察的东西，我们自己在这个框架中并不占据固定的位置"[2]。非连续观察引起的直接问题在于我们无法对殊相的确认范围的变化和保留、殊相与其他殊相之间空间位置的持续变化以及殊相本身性质的变化形成连续的观念，只能以一种没有根据的方式确认殊相。这样做的后果会导致某种休谟式的怀疑论立场，因为缺乏连续观察不仅引起对殊相本身的怀疑论，认为殊相作为实体只是"质的重现"的后果，甚至会怀疑殊相就是捏造、想象乃至值得怀疑的东西。

---

[1] 斯特劳森. 个体：论描述的形而上学. 江怡，译. 北京：中国人民大学出版社，2004：19.

[2] 同[1]20.

进一步地，非连续观察会造成我们对确认实体的同一性标准的怀疑，以至我们不能区分质的同一性和量的同一性，从而失去确认某物是其自身的理论标准。

斯特劳森提出了解决有关殊相的实体性和同一性标准的怀疑论的三条相对独立的论证，第一条论证在同一性标准问题上有所让步，一定程度上接受对质的同一性和量的同一性的混淆，认为不可观察情况下的同一性就等于"不同种类的质的同一"。斯特劳森说："在非连续观察的情况下，我们拥有的完全是不同种类的质的同一，如果我们在非连续观察的情况中谈论同一性还意味着除此之外其他的事情，那么我们就不能确认同一性；如果我们可以确认同一性，那么我们不可能还意味着除此之外的其他的东西。"① 围绕同一性的这条论证路径是斯特劳森解决殊相确认问题的一条主要思路，有关内容在本章后面还会有进一步的发展和探讨。但就目前来说，斯特劳森认为将同一性等同于"不同种类的质的同一"在改变了我们对"同一性"概念的通常理解的同时，实际上近似于提供了一条同语反复的同一性标准，因而只能算是一个作为权宜之计的答案。

第二条论证围绕非连续观察与概念框架的关系展开。斯特劳森认为："我们拥有这一概念框架的条件，无疑就是接受了至少是在某些非连续观察情况中的殊相同一。"② 斯特劳森为此提出的论证采用了概念分析的方式。他认为如果我们假设在每个非连续观察的情况下所面对的是不同的时空系统，而且每个系统都是独立的，在这种情况下，有关殊相同一性的问题就是各种不同系统中的不同对象的质的同一性。要讨论同一性问题，就必须承认所有的子系统都从属于一个更大的同一时空系统，而承认这个系统的必要条件之一，就是承认某些各个子系统中存在着某些彼此同一的事物，而且它们的同一性存在着通常已经得到满足的标准。这个论证通常被称为先验论证，此后称为描述形而上学的一条主要的论证方法，但是这个答案却没有具体说明同一性的确认标准是什么，因此不能算作一个完全的答案，随后我们也将发现，它也难以应对

---

① 斯特劳森. 个体：论描述的形而上学. 江怡，译. 北京：中国人民大学出版社，2004：21.

② 同①.

批评者的各类责难。

第三条论证通过说明殊相与空间位置之间的关系，尝试提供一条具体的确认标准。斯特劳森认为我们拥有概念框架的条件不仅包含了说明某个殊相是"相同的事物"，还必须包含对"相同地点"的说明。他的理由在于，如果我们知道在某个对象 x 和 y 具体时刻 t 时的空间关系，也知道对象性 x 和 z 在另一时刻 t' 的空间关系，但这并不代表我们就知道 t 时的 x 和 t' 的 z 的空间关系。但是，如果要拥有统一的概念框架，我们需要说明 t 时的 x 和 t' 的 z 的空间关系，而要回答这个问题我们"必须不仅能够确认事物，而且能够重新确认地点"①。由此，对于殊相的重新确认，就依赖于空间位置和地点的重新确认，空间位置相应就成了重新确认或殊相同一性的最主要标准。斯特劳森将空间位置和殊相确认联系起来的原因有二：首先，他认为对殊相和时空系统的确认是一个交互运作的过程。他指出："重新确认地点并不是完全不同于重新确认事物，也不是独立于确认事物，两者之间有着错综复杂的相互作用。"② 具体来说，这种相互作用意味着确认和区分殊相等同于确认和区分不同的空间位置。斯特劳森认为只要稍微描述用于批评、修正和扩展我们把同一性赋予事物和地点的标准，就能够发现相互依赖关系的细节，因而它没有任何神秘性可言。其次，斯特劳森认为殊相的重新确认必须依靠时空系统中最为可靠的要素，他说："就整体而言，我们应该选择系统中的这样一些要素，它们可以被看作是构成了或者支撑着这个系统中的其他因素，或者它们可以被看作是这个序列的核心部分。"③在作为概念框架之基础的时空系统之中，空间要比时间更为基础，是空间而非时间构成了概念框架的基本坐标系统，对于殊相来说，空间特征也是更为基础的属性。因此，单独强调殊相的空间性质并没有改变殊相确认的理论标准，只是扩大了时空系统的使用范围。

斯特劳森将殊相和空间位置的重新确认当作统一过程的做法有着极为重要的形而上学意义。如果重新确认殊相就等于重新确认空间位

---

① 斯特劳森. 个体：论描述的形而上学. 江怡, 译. 北京：中国人民大学出版社, 2004：23.
② 同①.
③ 同①.

置,而确认殊相又是明确它在时空系统中的位置,那么,确认殊相的过程也就是说明空间系统的基本位置和其他次要特征的过程,确认和重新确认殊相也就等于搭建概念结构。进一步地,将殊相重新确认与位置的重新确认结合起来也表明时空系统不是独立的,而是一个由具有空间属性的殊相建立起来的关系系统,而空间关系也是殊相之间的相互关系。因此,我们可以说斯特劳森对时间和空间做了关系论的理解。

到目前为止,我们基本完成了对确认和再确认的考察。在转向下一个主题之前,我们需要对某些批评意见略做考察,以便对斯特劳森的确认理论有更加全面的理解。依本书所见,在围绕确认问题的诸多批评中,以下两个问题尤为值得注意:

第一,确认殊相的可能性问题。这个批评主要来自威廉斯,他不无正确地认识到斯特劳森的"确认"预设了"指称",但对于后面这个概念没有给出明确解释。他的批评主要围绕指称中摹状词的作用展开。在威廉斯看来,摹状词在非指示性确认中的功能是提供语言说明(verbal speculation),但是,如果承认重新确认需要判断 x 的同一性,并且承认所用到的表达式"他手里的 x 是我昨天买的 x"做出了存在预设,那么听话者-说话者语境中确认相同事物也需要做出同一性判断,用作确认的表达式(表达式 E)"他手中的那个 x 是如此这般的 x"就会面临是否做出存在预设的困难。因为确认和再确认都需要确认某个东西是"相同对象",我们不能否认后面这个表达式能做出存在预设,但如果它一旦做出存在预设,我们当然不能满足于它仅仅是一个句法合式的语用预设,对存在预设的稍强一些的理解应该是:如果某个说话者严肃地使用某个声称提到 x 的个体化表达式 E,当且仅当存在某个对应 E 中所包含摹状词的殊相时,我们才说存在着某个 E 所指称的 x。但是,如果一旦接受了对存在预设的这一解释,就会导致一连串的问题。(1)因为只能确认实际存在的东西,因此识别的范围就会受到限制;(2)有些情况下 E 中摹状词所对应的对象并不明确,听话人无法做出唯一确认;(3)如果听话者想要确认 E 所挑选的殊相,他必须知道 E 中的摹状词是什么,这就要求他必须有一个不同于 E 的摹状词才能确认 E 所描述的殊相。基于这些困难,威廉斯认为,识别概念不仅不够清晰,而且本质上是一个"不可接受的指称概念"①。

威廉斯的上述批评看似有理，但违背了斯特劳森殊相论证的一个关键前提，即无论是在确认和再确认中，摹状词都不是做出描述和充当真值条件"描述词"，自然也就不存在是否提出任何形式的存在条件。我们前面已经指出，摹状词在确认中的作用是当作索引词，而且能够参与确认的摹状词也只是那些包含了专名、时间、地点等具有索引特征的摹状词，在这个意义上，听话者对摹状词的理解是基于会话约定和结构意义，不需要预先掌握另一个摹状词。对于同一性问题，威廉斯显然与斯特劳森对于"同一性"究竟意味着什么有着完全不同的理解，相关情况我们会在下文讨论。但从根本上说，威廉斯的批评的潜在前提是罗素的摹状词理论，他以此为根据的批评不能算是对确认理论的内部批评，也不是有效的批评。

第二，再确认的必要性问题。对此提出质疑的是维也纳学派的支持者古斯塔沃·伯格曼（Gustav Bergmann）。他区分了"相同"（same）的逻辑学的、认识论的和本体论的三种用法。在他看来："说两个事物是否相同是一回事，而说我们是否知道它们是相同的则是另一回事。"②很明显，前者关注的是本体论问题，而后者关注的则是认识论问题。伯格曼认为本体论的同一性问题与认识论确认的"相同对象"是完全不同的论题：其中，本体论的"相同"是原初的，可以根据直接确认得到澄清，而认识论中对相同对象的判断取决于一定的理论标准，但一旦需要根据标准来确认同一性，就会出现有关"真理标准"的争论。伯格曼对重新确认提出了三个进一步的评价：（1）如果斯特劳森通过再识别是要确认某种"实在论"的本体论立场，他通过重新确认和明确本体论"同一性"的论证不会奏效；（2）本体论的"相同"只是一个"懒惰的单词"（lazy word），它作为理想语言的术语要么过于贫乏而没有理论意义，要么必须以极高的理论论证为代价；（3）逻辑实证主义者能够接受的所有殊相都只是瞬时对象，因此不存在重新确认的问题，如果一定要重新确认，它们只能被作为"纯粹殊相"（bare particular）加以确认。

---

① B. A. O. Williams. Mr. Strawson on Individuals. Philosophy，1961（36）：315.

② Gustav Bergmann. Strawson's Ontology. The Journal of Philosophy，1960，57（19）：605.

不难发现，伯格曼的批评是立足于逻辑实证主义的原子主义本体论立场，他的批评也体现出明显的"路线之争"的色彩。就重新确认在斯特劳森思想中的位置来看，其作用在于从具有浓厚指称性质的确认问题，过渡到对有关同一性问题的本体论讨论。在包括指称在内的日常语言经验中，我们面对的不是作为知觉对象的感觉材料这类直接可确认的对象，而是作为可通过语言通达的物质物体和其他作为指称对象的人，因而对于这些对象来说，讨论它们"相同与否"还是必要的。当然，伯格曼对是否可以从认识论的"相同"过渡到本体论"相同"的质疑，还是有着相当的理论分量，但他对斯特劳森论证路线的质疑，并不能得出不需要讨论重新确认的结论，只能说明斯特劳森重新识别获得本体论"相同"的结论有待商榷。因此，他的论证不应该针对重新确认的必要性，而是重在质疑其结果的合理性。（对本问题的进一步讨论参见第七章。）

（二）物质物体与人

殊相的确认和再确认关注的是我们究竟如何在语言，继而在思想中挑选并确定各种不同类型的指称对象，从所涉及问题的论域看，对确认和再确认的讨论仍然能被归入指称理论的范围之内。[1] 我们可以把《个体：论描述的形而上学》第一部分第（1）—（5）节看作对语言实践中的确认活动及其背后的理论机制的描述，但是，斯特劳森的兴趣并不在此，他对确认的讨论是要探寻和强调确认的形而上学意义。按照这条思路，斯特劳森在第一章的"基本殊相"部分通过讨论指称对象再确认活动中的依赖性关系，得出"物质物体是基本殊相"这个具有明显本体论色彩，被称为《个体：论描述的形而上学》一书"所要提出的第一个重要主张"的形而上学论断。[2] 在第三章，他又根据对经验归属问题的讨论，将人确认为基本殊相，从而确认了物质物体和人这两个概念图式的基本概念。

斯特劳森对作为基本殊相的人和物质物体这两个范畴的论证的方式

---

[1] Paul Snowdown. Strawson：Individuals//John Shand. The Twentieth Century：Quine and After. Chesham：Acumen，2006：43.

[2] 斯特劳森. 个体论：一本描述性形上学的论文. 王文方，译. 台北：联经出版事业股份有限公司，2016：20.

和关注的重点有着较大区别，对于物质物体，斯特劳森想要说明其基本性所在，重在强调为什么物质物体可以成为基本殊相，论证聚焦于阐释物质物体成为基本殊相的依据。对于人的概念，斯特劳森则力图强调"人"与"物体"的区别，重在揭示人是一种怎样的基本殊相，论证落脚于对经验归属情况的阐释。了解斯特劳森的理论思路之后，我们进入对基本殊相的具体讨论。

在《个体：论描述的形而上学》第一章的后半部分，斯特劳森围绕物质物体的基本性提出了两个论证。其中，第一个通过阐述物质物体与时空框架的关系来说明其基本地位。根据对确认问题的讨论，确认殊相最终是要将殊相纳入单一的时空四维框架之中，确认殊相也就是要以直接或间接的方式为其在时空框架中找到一个明确的位置。但是，我们已经知道，时空框架不是其中所包含的殊相之外的另一种事物，而是由某些可以直接定位的殊相所构成的一个普遍且可靠的关系系统。那么，究竟哪些殊相构成了这一系统？构成系统的基本殊相又需要满足何种条件才能成为时空系统的基本支点呢？在承认时空框架不是外在于实在对象这个一般特征的前提下，我们也需要承认并非所有的殊相都参与构成时空框架。由此，只有一部分殊相是构成时空框架的要素，而且，"只有能够构成这个框架的对象，我们才能去讨论它的基本特征"①。斯特劳森认为这些基本对象必定是具有时间连续性的三维对象，它们也必须是可以被观察手段所触及的，具有足够丰富性、多样性、稳定性和持久性的对象，唯有如此，它们才能"自然地带来单个的统一框架"②。在我们的认识中，满足这些条件的只能是物体或者拥有物质物体的东西，因此，斯特劳森在构成框架的基本要素的意义上认为，"作为物体或者拥有物体的事物就必定是基本殊相"③。

把物质物体当作时空框架的基本构成要素，并将其确认为基本殊相的做法，与斯特劳森将物质物体当作可直接定位的殊相进行直接确认，认为确认殊相的过程就是构造时空框架的过程的论点是一致的，因而没

---

① 斯特劳森. 个体：论描述的形而上学. 江怡，译. 北京：中国人民大学出版社，2004：24.
② 同①25.
③ 同①25.

有任何意外和新颖之处,但他对物质物体的理解却有着独特之处。按照斯特劳森本人的说法,他引入的是一个"弱意义上的物质物体"。这一点通过对"可观察性"的强调可以得到体现。在西方哲学传统中,从柏拉图的"洞穴比喻"到笛卡尔的"心灵之眼"都遵循的是一条视觉中心主义的路线,认为可感觉就是可以被看到。斯特劳森则坚持触觉中心主义,他认为触觉特征,即可以感觉到某种触觉上的压力的质碍性和不可入性是任何对象作为物体的必要条件。与"可见性"相比,"可触性"无疑是一条更加严格的要求,例如像鬼怪、灯光、有色气体等并不具有称为基本殊相的资格,但它们因为其可见性使得我们是否将其当作物体而犹豫不决,但根据触觉标准,它们就很容易被排除。因此,以触觉标准为依据的"可观察性"提出了比占据三维空间更加严格的要求,而且也是比笛卡尔的"广延"和洛克的"坚固性"更为可靠的标准。

诉诸时空框架构成要素的论证颇为简洁,但其所提供的论证力量却颇为有限。这条论证路径的最大缺陷是没有提到指称活动的依赖性,因而它即便证明了物质物体是基本殊相,却没有说明物质物体对于指称活动的理论意义。此外,它在论证细节方面也并非无懈可击。斯诺顿从三个方面指出了目前这个过于"暧昧且宽泛"的论证的问题所在:(1)当前论证没有说明为什么我们必须承认指称框架是由具有时间持续性的物体构成,而不会认为它是由事件的生成形式(recurring patterns of events)构成;(2)我们不清楚斯特劳森是将唯有物质物体构成的框架接受为可靠框架,还是他也愿意将某些公共过程的生成形式所构成的可接受框架当作时空框架;(3)即便认可由物质物体构成的基本框架是唯一可接受的,我们对这个框架的指称仍然可以依赖于,或者包含了对其他类型的殊相的指称,因为拥有两类互相依赖的指称范畴是可能的。[①]要解决斯诺顿的这三个问题,需要一方面弄清楚物质物体与事件、性质等之间的范畴关系,说明物质物体在概念结构上的优先地位,另一方面可以将物质物体与指称问题联系起来,说明物质物体在确认理论中的基本性。

斯特劳森的第二个论证通过说明物质物体与事件、过程等非实体殊相在确认活动中的依赖关系,从与第一个论证不同但相关的角度再次论

---

① Paul Snowdown. Strawson:Individuals//John Shand. The Twentieth Century:Quine and After. Chesham:Acumen,2006:46.

证了物质物体作为基本殊相的理论地位。根据殊相确认的依赖关系,对A类殊相的确认往往依赖于对另一B类殊相的确认。在实践上,这种依赖性的最明显表现是对A类殊相的确认不可能完全不依赖于对B类殊相的确认。斯特劳森虽然对实践中的这种普遍依赖关系有所保留,但还是认为在两类具有代表性的情况下,对前一类殊相类型或殊相范畴中成员的确认依赖于对其他殊相类型或范畴的确认。他所提到的第一类情况是"私人经验",如感觉、心理事件、感觉材料等。按照传统经验论和逻辑实证主义的理解,这种私人殊相具有本体论的基础性,但是,从确认的角度来看,属于私人经验的殊相明显依赖于作为经验主体的人这一殊相类型,任何对于私人经验的确认都必须以对经验者的确认为基础,比如当我们确认"苏格拉底的疼痛"时,必须先确认某个具体的人"苏格拉底",然后把疼痛归属给他。为了使得论证更加具体,斯特劳森也考虑了一些例外情况,比如在特定交流情境中,当医生按着病人的患处问"痛得厉害吗?"时,会话双方似乎自然而然地知道"疼痛"经验的主体是谁,也就跳过了对经验主体的探讨。斯特劳森认为,在这种情况下会话参与者省略了语句指示词,"痛得厉害吗?"实际上是指"你所经受的疼痛还厉害吗?",被省略的指示词仍然在发挥作用,它隐含地指称了一个具体的人,我们没有跳过对经验主体的确认。但是,在另一些情况下,我们着实跳过了对经验主体的确认,当会话参与者X和Y在讨论某个人Z的疼痛并说"病得很厉害"时,他们确实可能在未提到Z的情况下讨论Z的病情,这时,X和Y完全可以在确认Z的病情的同时对Z本人一无所知,他们也不需要有关Z的任何独立的经验知识,这就使得经验主体和经验之间没能出现相互依赖的可确认关系。在这种情况下,斯特劳森认为要使这个简短的表达式可以在特定语言情境中传递,像X和Y这样的说话者和听话者虽然没有直接确认经验者,但他们至少要有能力对其加以确认。因此,"虽然在某些具体的指称场合,对私人经验的确认并不需要直接依赖于对拥有这个经验的个人的确认,但它必须是间接地依赖的"[1]。综合考虑隐含指称和间接依赖的情况,斯特劳森认为私人殊相展现了对另一类殊相的指称依赖性。

---

[1] 斯特劳森. 个体:论描述的形而上学. 江怡, 译. 北京:中国人民大学出版社, 2004:27.

斯特劳森提到的第二类典型情况是被他称为"不确定殊相"（ill-defined particular）的"理论构造物"（theoretical constructs）。典型的理论构造物是物理学中的理论粒子，它的特殊性在于一方面不属于私人殊相，另一方面也是不可观察的，但由于它们对于思维经济原则有着重要作用，我们又必须承认它们是可确认的，至少是能够以成组的或聚合的方式得到确认。斯特劳森认为，对于这类殊相，我们可以以确认整个可观察物体的方式来确认粒子的组合，因而我们可以像洛克那样把它们当作"极小的且不可观察的组成部分"。当然，"理论构造物"的概念并不严格，也不限于不可观察的对象，它还可以包含像经济形势、政治危机这等复杂的殊相。斯特劳森认为，我们拥有这些复杂殊相的概念最终也还是依赖于我们拥有的那些不太复杂的殊相的概念，如果我们没有"工具""工人""工厂"等简单概念，就不可能拥有"倒闭"和"罢工"等复杂概念。这里，斯特劳森多少已经超越了实际的概念依赖性，而走向了对概念之间的理论依赖性的说明。

在讨论过具有浓厚实践色彩的确认依赖情况之后，斯特劳森继续从更广泛的领域对依赖确认的情形进行说明。在他看来，如果存在所谓的基本殊相，当然必须是那些可观察的、能够直接定位的殊相。但是，在可观察和直接定位的对象中，既包括具有时间延续性且存在于空间系统之内的物质物体或拥有物质物体的东西，也包括事件、过程、条件和状态，麻烦的是，在后一类殊相中，还可以区分出由物质物体所经历的事件和过程，以及不拥有物质物体或与物质物体无关的事件和过程。当我们说死亡时，一定是某个人的死亡，但当我们说"闪电"或"巨响"时，却不存在具体的某个物体在释放闪电或发出响声，后面这种与物质物体无关的事件和状态对确认的依赖性造成了严重挑战。因为当我们对它们进行确认时，明显不必考虑对物质物体的确认，闪电或巨响作为公共事件完全可以直接定位。以闪电为例，由于它是眼睛可以直接看到的放电现象，随后还可能引起雷声，确认范围能够通过听话人和说话人的视觉经验，以及可能的听觉经验的一致性得到确认。如果我们将所有的闪电都排在一个统一的时间序列中，那么，任意的第 n 次闪电都可以看作是此前 n-1 次闪电之后的那道闪电，这样，说话者和听话者就可以构造起一个关于闪电的"直接定位序列"（directly locatable sequence）。

在该序列中，任何闪电都可以仅仅根据闪电这一事件类型的序列得到确认，无须诉诸其他不是闪电的东西，更不用诉诸对物质物体的依赖。对于这种明显违背确认依赖性的情况，斯特劳森从强调"直接定位序列"的实践限制来进行质疑。

首先，当我们确认同类殊相时，我们并不是通过将它们放入定位序列进行确认，只有在确认不同种类的殊相时，我们才这样做。"在由大致相同的单一可确认序列中，除了简单的空间位置序列之外，还存在着另外的确认方法。"① 斯特劳森倾向于认为，对于可观察对象的确认，依靠的是直接定位而非在特定事件序列中的定位。

其次，将殊相放入同类序列的方法不适用于像闪电这种具有偶然性的殊相，对于日夜交替、四季循环这种具有极大普遍性的事件和过程，我们可以进行同质排序，但对闪电，我们不必要，甚至不能进行类似排序。比如，当英格兰破晓时，苏格兰也可以看到太阳升起，但伦敦发生的巨响，爱丁堡人却未必听得见。

再次，由同类殊相建立起来的事件序列难以给出区分序列中类似殊相的个体化原则。在诉诸空间等其他位置系统帮助的情况下，区分同质殊相仍然是可能的，但如果单靠时间中的事件序列，我们难以区分同类事件 E 中的 e1 和 e2（相关详细论证参见《个体：论描述的形而上学》第二章"声音"）。

最后，单独由事件、过程、状态和条件等无法建立起统一的指称框架。斯特劳森认为："拥有一个充分复杂的、广泛的、类型同质的公共指称框架是不依赖于其他殊相类型进行确认指称的必要条件。"② 但是，事件等非物质物体不能为自身建立起单一、广泛且持续有效的框架，更不能奢望它们能建立起稳定的指称框架。实际上，这条理由不仅对于与物质物体无关的事件等是有效的，而且对于物质物体所经历的事件也是有效的。

在从反面说明了与物质物体无关的事件和过程不能独立获得确认之后，斯特劳森转而从正面讨论事件、过程等的确认对物质物体的依赖关

---

① 斯特劳森. 个体：论描述的形而上学. 江怡，译. 北京：中国人民大学出版社，2004：30.

② P. F. Strawson. Individuals: An Essay in Descriptive Metaphysics. London: Methuen and Co., Ltd., 1959: 54.

系。对于正面说明，斯特劳森着墨不多，他只是认为在实践上"对大多数事件、状态或过程的确认，一定是通过属于其历史的某种其他种类的殊相的确认而实现的"①。也就是说，它们仍然是依赖于物质物体而得到确认的。斯特劳森对此未做过多解释，这一点并不奇怪，因为"私人殊相"和"理论构造物"就分别属于过程和条件之列，对它们的说明足以体现确认依赖关系。根据类似的思路，斯特劳森提出了一个通过对再确认进行讨论，从而强化物质物体作为基本殊相的论证，为了避免重复，我们在此一概不予赘述。在转向对人的讨论之前，我们需要就若干问题略做说明：

（1）指称依赖关系是范畴之间，而不是范畴中个别成员之间的关系。具体来说，由于确认实践中存在隐含指称和间接依赖的情况，殊相类型 A 中的 a 的确认可能在实践上不依赖于殊相类型 B 中的 b，甚至不依赖于 B 本身，但对个别 a 的确认不等于就确认了 A，要实现对 A 的确认，不能不依赖于对 B 的确认。只有在后面这层意义上，我们才会说殊相类型 A 的识别依赖于殊相类型 B 的识别，而不是说殊相 a 的识别依赖于殊相 b 的识别。B 类殊相作为基本殊相所拥有的确认优先性，也是指在不依赖于 A 类殊相之外其他殊相的情况下，B 类殊相本身可以得到确认和再确认，而其他殊相类型的确认和再确认，则依赖于对 B 类殊相的确认和再确认。

（2）成为指称框架的构成要素和作为识别其他殊相类型的必要确认条件是物质物体成为基本殊相的两个相辅相成的原因。斯特劳森一再强调，确认依赖性是将物质物体确认为基本殊相的原因，他也曾明确宣称："'基本的'一词的意义完全是由殊相确认所赋予的。"② 在这个意义上，斯诺顿认为，"在斯特劳森的术语中，'确认'概念占据了中心位置"③。相应地，说明物质物体作为确认事件、状态等的依赖对象的第二个论证要比说明它是指称框架构成要素的第一个论证更加复杂，斯特劳森给予的关注也更多，行文篇幅更长。但是，我们不能就此认为只有

---

① 斯特劳森. 个体：论描述的形而上学. 江怡，译. 北京：中国人民大学出版社，2004：32.
② 同①39.
③ Paul Snowdown. Strawson：Individuals//John Shand. The Twentieth Century：Quine and After. Chesham：Acumen, 2006：44.

第二个论证是重要的。就论证过程来看，第一个论证恰恰是第二个论证的基础，斯特劳森质疑事件"直接定位序列"的第四个理由恰恰是第一个论证的结论。换言之，"事件等不能够提供可供利用的指称框架，才是它们不能成为独立识别的殊相的根本原因"①。从逻辑关系来看，物质物体之所以能够成为不依赖其他殊相类型而得到确认，而且成为其他类型殊相得到确认的可能性条件，就在于它是构成统一的指称框架的基本要素，这使得它不仅可以得到直接确认，而且为进一步确认行为提供了坐标轴和理论支点。由此，成为指称框架的构成要素是更具基础性的原因。

（3）物质物体构成了指称框架的基本指称对象，是指称识别关系得以成立的基本条件。虽然斯特劳森对物质物体的关注主要是讨论它的基本性和成为基本殊相的依据，但这不代表我们不能对物质物体本身的本体论地位，或者说物质物体是什么做出必要的刻画。在（2）所给出的两个条件的基础上，我们可以认为物质物体是同时满足了"指称框架构成要素"和"指称依赖关系的承载对象"这两个条件的本体论对象。

现在我们转向对人的概念的讨论。按照将物质物体确认为基本殊相的论证方式，人要成为基本殊相类型，也需要从概念框架和指称依赖性两个层次展开论证。在讨论"私人殊相"时，斯特劳森已经指出任何对私人经验的确认都应该依赖于对经验主体的确认，但对作为经验者的人的确认却不依赖于对经验的确认，因此，人作为基本指称对象应该不会有问题。但是，人是否能够成为概念框架的构成要素呢？威廉斯对此颇有异议。他注意到，无论是说明确认问题，还是将世界构造为殊相构成的统一系统，都需要我们知道自己在时空系统中的位置，因为如果用来确认殊相的摹状词是要将指称对象与我们建立联系，而我们却不知道自己在系统中的位置，那么指称对象就无法与时空系统建立客观联系，确认也不能被看作对世界中实在对象的确认，因此失去其本体论的重要性；如果确认殊相的摹状词不需要与我们联系，确认只是对纯粹指称对象的指称，而与作为指称主体的我们毫无关系，确认也难逃"相对-故事性确认"的泥淖。正因为如此，威廉斯认为："斯特劳森明显对有关

---

① 张蕴. 斯特劳森的识别理论研究. 重庆：西南大学，2012：91.

'我们在世界中的位置'的知识赋予了特殊的重要性。"① 接下来的问题在于,我们是否能够拥有自己在时空框架内位置的真正知识呢? 威廉斯认为我们拥有这种知识的途径有两条:一是以知道我在这里(I am here now.)的方式明白我们在时空系统中的位置。这种具有亲知性质的知识不必诉诸其他任何要素,它是关于自身位置的真实知识,但问题在于斯特劳森否认仅仅根据"here"和"now"等纯粹时空特征,在不依赖基本殊相的情况下确认的有效性。二是根据我与物质物体的位置关系,通过对其他基本殊相的确认来确认指称者在系统中的位置,但如此一来,人作为基本殊相及其在时空中的位置所具有的特殊理论作用就不能得到体现。由此,威廉斯认为:"虽然有关'这里'和'现在'的知识被用来解释为什么,以及感觉定位和我们在系统中的位置如何能够具有那种假设的作用,斯特劳森却没有对此做出解释。"②

威廉斯的论证前提是认为殊相的基本性完全根据指称依赖性而获得,其用意旨在否认人作为基本殊相在时空系统中占有一个确定的位置并成为指称框架的构成要素。威廉斯还进一步指出,一旦接受人拥有确定的时空位置,我们必须抛弃"直接定位"和"指示性确认"等概念的基本性。按照斯特劳森的理解,"隐含地指称说话者和听话者包含在对呈现所指称对象所作出的指示性确认指称中"③。由于指示性确认普遍需要根据说话者和听话者的位置来建立起指称主体和指称对象的相对位置关系,斯特劳森认为我们不必考虑说话者和听话者的位置。但威廉斯认为,如果指示性确认预设了对说话者位置的确认,作为确认理论基础的"直接定位"就不能令人满意,任何以直接定位方式直接确认的基本殊相,本质上都是听话者理解说话者与指称对象的位置关系,并明白听话者与说话者位置关系后进而确认指称对象与自己相对位置关系的过程,如此直接确认就不再是一个简单的直接确认,其实它是复杂的指称策略运作的结果。

根据《个体:论描述的形而上学》提供的文献依据,威廉斯的这些

---

① B. A. O. Williams. Mr. Strawson on Individuals. Philosophy,1961 (36):317.
② 同①.
③ 斯特劳森. 个体:论描述的形而上学. 江怡,译. 北京:中国人民大学出版社,2004:27.

质疑基本上都能得到回应。首先，斯特劳森认为我们当然拥有自己在时空框架内位置的真正知识，只不过我们拥有的是实践知识，使用了这个框架，就基本上证明了我们知道自己在其中的位置。这种知识类似于赖尔所说的与"knowing how"有关的行动知识，而不是以"knowing that"形式存在的命题知识，威廉斯对我们是否有知识的怀疑只是因为他没有认识到这种知识的性质。其次，说话者在时空框架中拥有位置不妨碍"指示性确认"在殊相确认中的基础地位，因为所谓"确认"并不是将殊相定位在无原点的时空网络中从而实现"完全确认"，而是要以自我的位置为基础，通过某种"定向"和"去远"的方式，将殊相纳入以我的位置为原点的坐标系统中。当然，说话者的位置无疑是时空性指称框架的原点，也是指称实现的一个隐秘的必要条件。

　　根据威廉斯的质疑，我们可以提出一个真正的问题是：如果说话者在时空框架中有其位置，他如何能够获得位置呢？说话者或者所有指称活动的参与者如何能够成为指称框架的构成要素或基本坐标原点呢？斯特劳森在《个体：论描述的形而上学》第三章对有关"身体"概念的讨论或许能够有所帮助。他认为每个人的身体都在他的包括知觉经验在内的经验中有着特殊的作用，以视觉经验为例，我们要看到任何东西取决于：（a）眼睛的状态，即眼睛睁开与否；（b）眼睛的朝向；（c）身体的位置。也就是说，身体的状态、朝向和位置等决定了人可以拥有怎样的知觉经验。斯特劳森据此认为："我们可以把这些事实概括为，对每个人来说，都有一个身体，它相对于这个人的知觉经验占据着因果上的位置。"① 这里，人拥有一个身体不仅使人或者听话者在时空中占据位置，从而使指称框架的构成要素成为可能，而且决定了直接定位中所涉及的知觉经验的可能性和具体内容。按照斯特劳森本人的说法，"这里的事实说明了，为什么经验主体应该从其他物体中选择一个物体，或许给他一个尊称，赋予他这个物体的所有特征"②。根据这一引文，我们可以进一步推断，斯特劳森是将身体当作物质物体来看待的，实际上，他甚

---

① 斯特劳森. 个体：论描述的形而上学. 江怡，译. 北京：中国人民大学出版社，2004：63.
② 同①64.

至直接承认了"我们称为身体的东西至少是一个物体,一个物质物体"①。由此拥有身体的人这一经验主体起码能够以物质物体的方式在时空框架中占据一个位置,成为指称框架的构成要素。

但是,斯特劳森想要将人的概念确立为基本殊相不是因为人拥有身体而成为物质物体中的一员,而是因为人是所有指称活动,尤其是指示性指称的发动者和参与者,也是因为人是进行直接定位的知觉活动和所有经验活动的经验主体。斯特劳森认为,虽然人拥有身体是一个"概念真理",但是"它们没有解释我们拥有的人的概念"②。要确立人的基本殊相地位,还必须考虑"人"与"物体"的区别。

斯特劳森从我们谈论"人"的方式着手说明人的特殊性,他发现我们会将行动、意向、感觉、知觉、记忆、思想情感等与意识状态有关的属性归属于自己,同时也将位置、姿势、高度、颜色等属于身体的属性归属给自己。为什么会这样做呢?斯特劳森认为要对此做出解释需要弄清楚两个问题:(1)为什么人的意识状态一定要有所归属?(2)为什么意识状态要和某些肉体特征、某些物理性状一起归属给同样的东西?在进行正面论述前,斯特劳森先就对否认这两个问题的理论——无物主论(no-ownership theory)和笛卡尔式二元论——提出批评。

斯特劳森有些踌躇地认为无物主论是维特根斯坦在某个时期所持有的观点,而且也是石里克的观点。根据摩尔的记述,维特根斯坦曾经认为,表达式"我"在"我有一颗坏牙""我有一个火柴盒"中的用法不同于"我牙疼""我看见了一片红色",其中在前一种用法中,"我"仍然是一个指称表达式,它可以被替换为"我的身体",但在后一种用法中,维特根斯坦否认"我"是指称表达式,否认它指称了任何指称主体。③ 石里克在类似的意义上指出,除非我们把身体当作经验的直接材料的所有者或承担者,否则我们不得不说材料没有承担者或所有者。斯特劳森认为这两人的理解实际上否认了问题,因为当"我"在被用来进行作为心理状态的归属时,实际上并没有一个可归属对象来承载这些心

---

① 斯特劳森. 个体:论描述的形而上学. 江怡,译. 北京:中国人民大学出版社,2004:61.
② 同①64.
③ G. E. Moore. Wittgenstein's Lectures in 1930-1933. Mind, 1955, 64 (253):13-14.

理状态，既然归属主体不存在，也就不存在为什么意识状态有所归属的问题。

由于无物主论所引起的错误很有启发性，斯特劳森对此做了比较详尽的讨论。他注意到无物主论的核心论证是认为我们对"拥有"（ownership）概念做了错误的使用，从而引起"语言上的幻觉"，最终导致了认为意识状态也必须归属给特定主体的错误。按照无物主论的理解，身体与我们的具体经验之间存在着特定的因果依赖关系，我们就此认为经验可以被归属为具体的、单个的事物，或者认为经验为这个事物拥有或者占有。但是，这种关系却是某种表达"所有权关系"的"拥有"，一旦我们超出"拥有"一词相对可靠的使用范围，将它用作超越"经验属于特定的具体事务"的意义，赋予它空洞的意义和用法，进而认为拥有是指纯粹主体比如"自我"（Ego）作为经验所有者对经验的占有时，我们就不仅是在两类不同的意义上使用"拥有"概念，而且虚构了作为归属对象的"自我"。如果我们把第一种拥有的经验主体——身体称为"B"，"拥有"表达了实际的因果依赖，那么，"我的经验为 B 所拥有"表达的不过是具有偶然性的经验事实；而在第二种把拥有的主体——自我称为"E"的情况下，"拥有"表达的是空洞的所有关系，"我的经验为 E 所拥有"相应的表达的则是某种可疑的必然真理。

斯特劳森认为无物主理论虽然看到了身体在经验归属中的特殊作用，但它不能被看作一种内在融贯的理论。一方面，无物主论者的"拥有"概念的意义是不一致的，他们所使用的那种意义也正是他们所要拒绝的那种意义。对于任何无物主论者的论证可能会开始于陈述"All my experiences are uniquely dependent on the state of body B."，为了避免这个陈述滑向"拥有"的第二种意义，就需要避免对"my"的使用，这个陈述可以改写为"All experiences are causally dependent on Body B."。但是，这种改写会导致不一致的结论。不难看出，当经验因果性地依赖于身体 B 时，它实际上就是"我的经验"或"某个人的经验"，后面这个陈述表达的并非偶然的经验关系，而是具有因果依赖性的经验与经验归属者之间的"所有权关系"，这种关系恰恰是无物主论者想要拒绝的"拥有"的意义。另一方面，斯特劳森认为无物主论所面临的困难是不能解释我们对意识状态进行归属，而且是归属给自己这个事实。

任何经验要成为可识别的殊相，其同一性恰恰在于它是某个经验者的经验，而不是除此之外其他经验者的经验。因此，"事实上由某人所拥有的具体状态或经验，在逻辑上不可能会由其他人所拥有，确认的要求保证了拥有关系在逻辑上的可传递性"①。总的来说，斯特劳森认为无物主论的问题在于，虽然它看到了身体在经验归属中的特殊作用，而且意识到身体归属不足以解释为什么经验应当被归属于这个人，但在否认二元论的两难之下，它被迫从根本上否认了归属关系的可能性。

与无物主论否认归属的可能性不同，笛卡尔式二元论接受经验应该有所归属，但认为我的意识状态不应该与物理状态一样归属给具有物理特征的身体，而应该归属给与身体不同的精神实体。根据笛卡尔著名的身心二元论，心灵和身体具有两类完全不同的特征，广延和思想是其各自的本质属性。当我们讨论意识状态时，我们谈论的只能是精神实体的属性。在谈论"我"的指称对象时，笛卡尔也认为"我"指称的是一个"思考之物"（thinking thing）②，他分别用"soul""mind""rational animal"等不同概念来表达这个与身体不同的思维主体。从斯特劳森的角度看，笛卡尔式二元论无疑是否认了第二个问题，他虽然接受对"我"的指称用法和意识状态应该有所归属，但认为"我"指称的是一个个体意识（individual consciousness），因而意识状态也应该归属给这个个体意识而不是身体。

斯特劳森对笛卡尔式二元论的讨论不多，其原因在于他认为这一理论对身心问题的处理方式，并没有表达具有理论吸引力的解决方案，也不值得严肃地予以批驳，而"批评一个没有人会犯的错误是毫无意义的"③。话虽如此，斯特劳森还是提出了若干反对意见。他的批评依据的是这样的一个前提："人们应当把某人的意识状态、经验等同样赋予或准备赋予并不是自身的他人，这是他把意识状态和经验赋予自己的前

---

① 斯特劳森. 个体：论描述的形而上学. 江怡，译. 北京：中国人民大学出版社，2004：56.

② Rene Descartes. Meditations on First Philosophy with Selections from the Objections and Replies. Cambridge：Cambridge University Press，2015：37.

③ P. F. Strawson. Self, Mind and Body//Freedom and Resentment and Other Essays. New York and London：Routledge，2008：186.

提条件。"① 这就意味着某人如果想把自己当作经验主体，他必须把其他人也当作意识主体，他本人只是众多意识主体中的一个。在这个基础上，笛卡尔的错误非常明显，如果意识主体只是与身体无关的"纯粹自我"，我们就无法挑选、识别和区分除我之外的其他不同的意识主体，也就不能提供可靠的个体化原则，甚至不能进行有效的经验归属。相反，如果承认意识主体是拥有身体的东西，我们就可以根据经验与身体的特殊关系，将经验归属给他人，也能够根据对身体的区分和确认为不同的经验主体提供个体化原则。斯特劳森进一步认为，笛卡尔将"我"的指称对象当作与身体无关的个体意识在概念上也是不可接受的。我们固然可以想象一个作为"纯粹意识"的"我"的概念，但这个概念却是一个无法独立存在的概念，或者说它是一个仍然有待分析的概念。笛卡尔认为存在作为思维实体的我只是一个"作为原初概念的虚幻实体"，是过于沉溺于内省主义色彩的"我思"造成的概念恶果。概而言之，斯特劳森认为无物主论和笛卡尔式二元论有着内在的理论关联，其中，笛卡尔式二元论是两个主体，或者说两类经验主体之间的二元论。无物主论在相当程度上也可以被看作二元论，即一个主体和一个不是主体的东西——"非主体"的二元论，在这个意义上可以认为无物主论是从笛卡尔的经典二元论演化出来的。

综合对这两个理论所犯错误的批评，斯特劳森认为我们应该将"我"指称的对象当作某个具体的人，应该将"人"当作逻辑上的原初概念。那么，将人的概念确认为原初逻辑概念究竟意味着什么呢？换言之，作为原初逻辑概念的人究竟是什么？斯特劳森从如下三个方面的论述对于我们理解"人"的概念极为关键：

（1）人的概念的原初性意味着"人"是一个不可分析或解释的概念。我们已经知道，人是一种拥有身体的存在，但是人不能等同于他的身体，因此"人"的概念不能通过"身体"的概念得到完全解释。在批评笛卡尔式二元论时，斯特劳森又确认了"人"是比"个体意识"更加基本的概念，我们可以说"人"是比"身体"和"个体意识"更加根本

---

① 斯特劳森. 个体：论描述的形而上学. 江怡，译. 北京：中国人民大学出版社，2004：67.

的概念。斯特劳森认为，人的概念的逻辑优先性就意味着："人的概念不能被分析为有生命的身体的概念，也不能被分析为具体的灵魂的概念。"① 虽然我们可以像认识一具尸体那样想象一个灵魂出窍的离体心灵，但这样的个体意识只能在次要的概念意义上是存在的，而且它也失去了作为人的资格。斯特劳森对"人"的逻辑优先性的确认，实际上意味着人是既有身体，又有灵魂的特殊实体。

（2）"人"是物理特征和意识状态的归属者。斯特劳森对人的独特地位的强调源于他将人理解为经验主体或者说经验归属者。在他看来，"人"作为经验主体可以完美地解决前面提到的两个与归属有关的难题。具体来说，对于为什么经验必须有所归属和为什么有关意识状态的经验、有关物理特征的经验必须归属于相同的东西这两个问题，其解答并不是相互独立的。解决这两个问题的秘密恰恰就存在于经验应该被归属给人这个统一的答案中。斯特劳森认为，意识状态要有所归属的必要条件在于它们可以与物理特征和物理状态一道归属给人，而"人"作为有身体、有灵魂的实体也满足了同时作为两类经验进行归属的要求，这就意味着，承认物理特征可以被归属给身体有关的东西时，也必须承认它不是归属给身体，"身体"概念不能充当可靠的经验归属者。在承认意识状态有所归属的同时，又不能将它归属给个体意识和身体，意识状态必须拥有另外的归属对象，而这个归属对象最好有某种个体意识所具有的特征。综合这两个方面，人无疑就是最合适的归属主体，因为这个概念同时满足了拥有身体和拥有个体意识这两个条件。

（3）人是 M-谓词（M-predicate）和 P-谓词（P-predicate）的逻辑主词。斯特劳森注重从语词的逻辑行为来讨论经验归属问题。此前他对经验主体、经验归属等问题的分析，都落实为对"我"、"拥有"乃至"个体意识"的用法的分析。在说明人作为经验归属者这一论点时，他同样诉诸对相关表达式用法的分析。这里，M-谓词和P-谓词是两类表达不同特征的逻辑语词，其中，前者是表达物理特征的谓词，比如"10千克重"（weighs 10 stone）、"在画室中"（is in the drawing-room），我们会将这些谓词用于描述和刻画物质物体，却从来不会用它

---

① 斯特劳森. 个体：论描述的形而上学. 江怡，译. 北京：中国人民大学出版社，2004：70.

们来形容意识状态；后面这类谓词是用来指归属意识状态的谓词，包括"在微笑"（is smiling）、"去散步"（is going to walk）、"在疼痛"（is in pain）和"信上帝"（believes God）等，斯特劳森承认这两类谓词之间可能存在着部分的重叠和交叉，比如"去散步"就不能算是归属心理状态的 P-谓词，它表达的是与物理特征有关的行动，只是在行动中包含了意识状态的相关活动。更普遍的情况是，我们通常将 M-谓词应用于对物体的刻画，也用它们来刻画人的物理特征，但是绝大部分的 P-谓词却只适用于人，而不针对物体。对此，斯特劳森明确指出："人的概念意味着的是这样的实体，对这一实体来说，归属意识状态的谓词和归属物理特征与肉体状态的谓词能同时正确地应用于其上。"[①] 更简洁地说，"人"的概念同时可以成为 M-谓词和 P-谓词的逻辑主词。

根据（3）的区分，斯特劳森对经验归属问题的讨论相当程度上落实为归属意识状态的谓词的逻辑特征，更确切地说是落实为对 P-谓词的逻辑特征的讨论。接下来的问题是，要说人是 P-谓词的逻辑主词，我们需要说明 P-谓词在逻辑上是同种的，亦即给出一条对 P-谓词进行归属的"逻辑上恰当的标准"。这个问题之所以重要，其根源在于无论我们将这个词归属给任何主词，它的意义必须是稳定的。对于 P-谓词的日常使用来说，这不构成问题，"I am in pain."和"You are in pain."中的"be in pain"没有区别，但对于哲学家来说，"疼痛"在这两种应用情况下所依据的证实标准完全不同，前者采用的是所谓第一人称标准，我们作为经验主体可以直接"意识"到自己的疼痛，因此不存在是谁在疼痛的问题，但在后一种情况下，我们通过"观察"疼痛者的某些行为或可观察特征，然后把疼痛归属给他人。

P-谓词归属的标准问题之所以重要，也是因为它关系到身心关系中的他心问题。所谓他心问题是指我们如何知道世界上还存在着和自己一样的有感情、能思维的经验主体。传统的解决思路是不同形式的类比论证，这种论证认为我们根据自己在做出某种行为时具有特定的意识，推论出其他具有相同行为的人也具有类似的意识，我们根据自己是意识主体的事实推论出其他主体也同样具有心灵。斯特劳森坚决反对类比论

[①] P. F. Strawson. Individuals：An Essay in Descriptive Metaphysics. London：Methuen and Co.，Ltd.，1959：102.

证，他认为我们只能"意识"到自己的经验和行为，却无法进行第三人称的外在观察，或者我们只能观察到他人的行为，不能意识到与之相关的经验。我们不可能同时满足"意识"和"观察"两个条件。因此，一旦采用类比论证的策略，就不可避免要么倒向他心问题的怀疑论，要么倒向唯我论而无法自拔。相对来说，斯特劳森认为诉诸"观察"的行为主义标准是比较可靠的。他说："行为标准不仅是 P-谓词所意指的东西出现的标准，而且是适用于 P-谓词的逻辑上恰当的标准。"[1] 但是，他也意识到行为标准仅仅适用于对他人意识状态的归属，因为这只是"P-谓词的半幅图景"[2]。我们对于自己意识状态的归属（部分特定情况例外）是完全不会诉诸观察的。

对于目前这个关于 P-谓词归属的恰当逻辑标准问题，斯特劳森似乎办法不多，他尝试提出的应对策略似乎都不是很成功。斯特劳森论述的第一个策略旨在寻求协调"观察"与"意识"这两种情况。我们可以假设我们对第一人称经验的归属也采用了某种行为标准，我们是按照将行为归属给他人的方式进行经验的自我归属的。维特根斯坦在提出著名的私人语言论证时，采用的就是这条策略。他认为当某个人说"我牙疼"的时候，他不是在进行有关内部状态的描述或内省报告，而是做出了类似于哭喊、呻吟等痛苦行为。维特根斯坦还从语言的公共性质说明，包括"疼痛"所表达的意义是公开的，它不可能用来报道第一人称的私人经验。斯特劳森认为这条路径不太可取，虽然语言有公共性质，但维特根斯坦的论证明显有忽视"内在的东西"的倾向。斯特劳森强调 P-谓词的自我归属的特殊性不可被行为代替，他说："为了拥有这一概念，人们必须既是它的自我归属者又是他人归属者——这既是根据谓词的主体观察，又不是根据这种观察。"[3] 这里，斯特劳森坚持"双重标准"的立场非常鲜明，他不愿意扩大行为标准适用范围而完全倒向行为主义的态度也非常明显。实际上，维特根斯坦将行为当作可靠的标准也就是要强调"疼痛"等 P-谓词的第三人称用法是一种主要的用法，但

---

[1] P. F. Strawson. Individuals: An Essay in Descriptive Metaphysics. London: Methuen and Co., Ltd., 1959: 106.

[2] 同[1].

[3] 同[1]108.

斯特劳森则指出，在学习"疼痛"这类概念时，我们并不区分第一人称和第三人称的用法，不会将其中的一种用法当作主要的，而将另一种当作不可靠的、次要的和派生的。"疼痛"本身就同时意味着存在着两个层面：可观察的行为标准和只能被意识到的内在心理状态。由此，倾向于以扩大行为标准的办法也存在自身的缺陷。

斯特劳森进一步认为，一旦否认了维特根斯坦所提出的这条准行为主义策略，我们就会在他心问题上陷入哲学怀疑主义和这些怀疑论之间摇摆不定的状态。因为一旦我们把 P-谓词的第一人称用法当作主要的可靠用法，将判断某个人疼痛与否诉诸"意识"或内在观察，就会出现一条不可逾越的逻辑鸿沟，一旦鸿沟出现，无论行为主义提供的标准多么严格，我们都不能从作为外在标志的行为推论到内在的意识状态，而一旦认为这个推论不可靠，就会落入怀疑主义的陷阱。

斯特劳森随后提出了他本人更为青睐的另一种应对策略。他要我们考虑"playing a ball game"和"going for a walk"等行为，这些行为的特殊性在于它们既包含了身体运动，也明确包含了意向，或者某种明确的意识状态。在对这类 P-谓词进行归属时，我们会认为属于我的这类谓词和属于其他人的这类谓词在种类上完全是一致的，并且我们对它们的理解完全是基于某种普遍意向来进行的，亦即我们既需要根据对身体运动的观察，也需要理解其意识状态才能对行为获得理解，不论是我去散步还是别人去散步，对"散步"的归属都包含了对观察和意识的参与，这是个实践性的答案。在此基础上，斯特劳森提出"普遍人性"的概念来论证其理论基础。他说：

> 只要我们考虑我们的行为是相互的，是根据普遍人性的，就很容易理解我们如何把自己和对方看作是人。"互相看作人"包含了许多东西，但它们不是互不相关的、彼此分离的东西。我放在这幅图景中心位置的这些 P-谓词，也不是互不相关的，游离于与其无关的他人之外的，而是与他人紧密联系在一起的，与他们交织在一起。心灵问题并没有被区分为互不相关的主题。[①]

---

① 斯特劳森. 个体：论描述的形而上学. 江怡, 译. 北京：中国人民大学出版社, 2004: 76-77.

这里，斯特劳森强调了意向和行动有着某种"主体间性"和"交互性"的意味，认为诉诸同时可观察也可意识的意向性行动，就能够为解决他心问题，避免行为主义和哲学怀疑论的两难困境有所裨益。但是，除了指出普遍人性并不是"群体心灵"（group mind）这一负面规定外，斯特劳森没有继续提出更多的建设性论述。

总体来说，斯特劳森关于人的讨论是极有启发性的，但与其精细而复杂的论证相比，斯特劳森并没有提供任何具有结论性质的重要观点，甚至其论述自身观点的正面论述也显得过于单薄，这就不免使有些研究者认为论述人的概念的《个体：论描述的形而上学》第三章是最有价值的却同样是最缺乏结论的一章①。更麻烦的是，我们将会看到，这种精于论证、拙于结论的策略不仅无力回应各种批评，也难以实现既定的形而上学理论的目的。

（三）实体与同一性

在完成对殊相的确认方式和基本殊相的概念内涵的理论描述后，一个不可避免的问题是，如果我们把有关识别和再识别的讨论当作对我们在语言和思想中识别殊相的认识论过程的讨论，而把对有关物质物体与人等基本殊相的理论描述作为形而上学或本体论的论断，那么，斯特劳森实际上是从（有效的）认识论结论推导出了形而上学论断，实现了从认识论到本体论的理论跳跃。初看之下，这个理论跳跃似乎不仅有效，而且合乎常识。在识别指称中具有基本作用和优先性的物质物体与人自然应该是本体上具有基本性和优先性的对象或实体，但是，这个结论暗含了一个并未得到明确论证的前提，即作为认识论过程的"识别"或指称活动不仅具有根本的形而上学意义，而且有着满足识别基本本体论对象的理论作用。换言之，"识别"必须是具有本体论重要性，且能够产生本体论后果的概念，指称理论也必须是具有关键理论重要性的认识过程。斯特劳森注意到了"识别"的理论地位问题。对我们所提出的有关"理论跳跃"的问题，斯特劳森在讨论同一性和实体之间关系的过程中

---

① J. Urmson. Review of Individuals. Mind, 1961 (LXX): 260.

给出了一个直接答案①。他认为，可识别性不仅是特定的同一性标准，而且也是讨论实体同一性的唯一合理依据；实体的同一性不仅取决于它的可识别性，而且也经由识别得到确认。下面，我们通过同一性和实体之间关系的讨论，详细介绍他的这个直接答案。

斯特劳森对同一性的讨论最早出现在作为《个体：论描述的形而上学》准备性文献的《殊相与共相》一文中，在讨论共相与殊相区分的语境下，斯特劳森认为要拥有"作为共相之个例的殊相"概念，需要提供有效的区分性标准和同一性标准。所谓区分性标准，是指在特定的识别情境中，我们只需要将识别的对象从其他对象中挑选出来，而不用考察其自身的等同性问题。也就是说，要满足区分性标准，只需要实现 a≠b 即可。对于这条被他称为"数的标准"的区分性标准，对斯特劳森不构成任何困难，无论是听话者对说话者指称对象的确认，还是说话者本人对相同对象的再确认，都要求他们将特定指称对象从其他对象中挑选出来。但是，要使识别指称获得更大的理论重要性，就不能满足于区分性标准，而是应该转向对同一性标准的讨论。斯特劳森本人也注意到，"至少在某些场合，我们会在不考虑对象是否等同于，或区别于具有如此这般的历史的其他对象的情况下，单独考虑我们区分或计量相同对象的标准"②。

斯特劳森肯定同一性标准是一个更高的理论标准。但是，对于识别理论与同一性标准之间的关系问题，斯特劳森在相当时期内举棋不定，难以提供合理的理论解释。一方面，斯特劳森对同一性标准是否可以成为殊相标准抱有强烈的怀疑态度，在《殊相与共相》中，斯特劳森认为同一性标准因为缺乏客观性而不具备成为本体论标准的资格。斯特劳森的主要理由有两个：第一个理由是事实与概念之间的多元符合关系，在

---

① 在涉及"同一性"的直接答案之外，斯特劳森还通过对概念框架的经验解释和概念解释，提供了一个以说明"客观性"为核心内容的间接答案。比较而言，间接答案的论证更为复杂，论证范围更广，也有着更为根本的论证力量。我们将会看到，直接答案只是作为间接答案的一个步骤而存在。但是，间接答案不聚焦于"确认"的理论性质，也不拘泥于对确认理论的考察，因此，为说明"确认"的理论作用，我们这里只满足于对直接答案的讨论。在下一章我们再转向有关间接答案的问题。

② P. F. Strawson. Particular and General//Logico-Linguistic Papers. Aldershot: Ashgate, 2004: 27.

他看来，同一性标准是概念与事实的叠加结果。如果我们把概念本身当作某种分类原则或既定标准，殊相是否与自身同一就取决于其所对应的特征共相所统摄的概念内容和实际特征的符合情况，但斯特劳森出于对事实与概念之间的符合论的拒绝，倾向于认为概念与事实之间存在多元符合关系。第二个理由涉及同一性与主观认知兴趣的关系，我们是否将殊相看作同一对象，相当程度上被认识兴趣以及做出描述的实践决定，"在相当宽泛的意义上，如果给定了确定标准的其他两个要素，那么同一性标准就不过是一个事关选择的问题。同一性标准这个要素，也许会使我们有权利说，我们使用的这个标准中存在着某些武断的东西"①。另一方面，斯特劳森对识别过程的讨论似乎又不能达到绝对的同一性。我们已经知道，在讨论再确认时，斯特劳森一方面宣称："在这两种情况下②，确认就是认为某个东西是相同的。"③ 另外他也意识到在没有连续观察的情况下，要么我们在"没有连续观察的地方得到了连续观察的结论"④，要么就必须满足于"不同种类的质的同一"⑤，因而陷入"休谟式立场"并导致怀疑论。通过前面的讨论可知，斯特劳森为此提出的"确认殊相就是确认地点"的解决方案，只能被当作对认识过程的描述，一旦被看作对识别指称的解释，就能说明其非充分性和完整性，而且也不能逃脱怀疑主义的纠缠。

通过上述分析我们看到，斯特劳森在强调识别超越了"区分"，具有讨论"相同"的功能的同时，对作为"相同性"（sameness）的同一性本身表现出明确拒斥的倾向。但是，对于如何解释同一性，如何以"确认"讨论"相同"，进而如何在"确认"和"同一性"之间建立可靠的理论联系，斯特劳森的态度略显暧昧。在论文《实体与同一性》中，斯特劳森通过批评奎因的"没有同一性就没有实体"的著名口号以及"同一性标准"概念，进一步强调了拒斥同一性和强调"确认"的理论

---

① P. F. Strawson. Particular and General//Logico-Linguistic Papers. Aldershot：Ashgate，2004：35.
② 指确认和再确认。
③ 斯特劳森. 个体：论描述的形而上学. 江怡，译. 北京：中国人民大学出版社，2004：19.
④ 同③21.
⑤ 同③21.

倾向，而且提出了以"确认"和"可确认性"为核心的相对主义同一性标准，在"确认"和"同一性"之间建立起稳固的理论联系。

在讨论斯特劳森的批评之前，我们先来看奎因是如何论述同一性的。奎因把同一性当作表明某物与其自身是相同事物的逻辑关系，在他看来，"说 x 与 y 是同一的，就是说它们是相同事物，任何事物都只与自身同一，与除自身之外的任何其他事物相异"①。但是，奎因认为，我们讨论同一性，显然不是在 x 和 y 作为不同对象的名称时，讨论 x＝x 或者 x≠y，因为前者是一个明显的同语反复，而后者明显为假。对同一性的有意义的讨论，实际上恰恰是在 x 和 y 作为相同对象的两个不同名称时，讨论 x＝y 传递了它们所命名的相同对象所具有的特定逻辑关系。因此，奎因认为同一性关系起源于相同对象在自然语言中具有多个名称这一事实，"只是由于语言的缺陷，才使同一性变得必要起来，如果我们的语言是其素材的完美复制品，每一个事物都只有一个名称，那么，同一性就毫无用处"②。奎因强调，同一性是一种在量化理论基础上建立的逻辑等同关系，它是"量化逻辑和附加符号'＝'的复合"③，根据量化分析，如果我们认为表达同一性关系 x＝y 的语句具有 Gxx 的 Gxy 的形式结构，那么这些语句就可以被有效地替换成（∃x）（x＝y.Fy）⊃（∃y）（x＝y）或者 x＝x⊃（∃y）（x＝y）的形式，而根据这些公式，奎因认为同一性更像是适用于变元之间的逻辑关系，而不是名称之间的逻辑关系，因为代表个体对象的名称只是作为变元子集的约束变元。理解奎因的同一逻辑关系还需要注意的是，由于奎因将逻辑的范围理解为初等逻辑，认为量化改写和命题演算只能在一阶逻辑的范围内进行，因此，同一性是设定的一个外延标准，任何 x 和 y 之间是否具有同一关系，只需要检查它们所命名的对象是不是相同的，在形式方面，同一关系的标准也表现为进行保全真值的同义替换为依据的同一性标准。

奎因同一性理论的另一突出特点是强调同一性的个体化功能。他认为："同一性概念是我们语言和概念结构中的基本的东西。"④ 在稍早的

---

① W. V. Quine. Methods of Logic. Holt：Rinehart and Winston，Inc.，1959：208.
② 同①209.
③ 同①212.
④ 奎因. 语词和对象. 陈启伟，朱锐，张学广，译. 北京：中国人民大学出版社，2005：122.

论文《同一性、实指与实在化》中，奎因从两个方面说明了同一性的作用。在第一个方面，奎因认为同一性通过对实指的概念化处理，为我们将实指所指向的瞬间对象当作一个大的时空性的整体对象提供了归纳的基础，当我们以实指的方式说出"这条河流"时，"河流"概念作为具有同一性的特定类型瞬时对象的总和，使我们得以将对河流的实指当作"具有河流特征的综合"。因此，"当我们肯定一次次实指对象的同一性时，我们使得n次实指活动去指称相同的大对象，所以就为我们的听者提供了归纳基础，在这个基础之上可猜测所要求的那个对象范围"①。在第二个方面，奎因认为同一性也是我们拒绝将抽象概念等共相当作具有时空性质的实体的理论标准，奎因的论证沿着两条路线展开，第一条路线聚焦于同一性的概念化作用的两种不同方式，在"这是卡斯特河"这样的语句中，具有同一性关系的是作为单个整体的卡斯特河的各个部分，比如作为瞬间对象的河水或者河段等的等同关系，但是在"这是正方形"这样的语句中，概念"正方形"具有的是作为共相的正方形的各个单独示例的共同特征。奎因认为，在第一种情况下，我们可以认为实指所使用的单称词项"卡斯特河"引入了作为实体的某条特定的河流，但在第二种情况下，虽然看起来也是进行实指，实际上引入的概念"正方形"是一个一般词项，它并不指称特定的实体，而是指称了某种类似于"正方形性"的共同特征，因而只有在忽略了一般词项和单称词项在实指中作用的区别，才会将共相当作实体来看待。奎因否认抽象概念实体地位的第二条论证路线依据的是同一性的同义替换标准，根据可替换标准，说两个概念是同一的就意味着，当我们用其中一个概念替代另一概念时，原概念所在语句真值不变。但奎因发现在涉及可能个体和内涵实体等的语句中，同义替换标准得不到满足。

从奎因对直指的讨论就可以发现，同一性标准从正反两个方面为说明什么是实体奠定了理论基础。从正面看，同一性的概念化作用为确认实体提供了归纳基础，使我们可以通过结合瞬间对象得到具有时空性质的实体；从反面看，同一性通过排除共相概念、理论实体等共相的实在性，规定了实体的范围和限度，以间接的方式说明了究竟哪些对象可以

---

① 蒯因. 从逻辑的观点看. 陈启伟，等译. 北京：中国人民大学出版社，2007：60.

是实体。正是根据这两方面的功能，奎因才能在承认物质物体和类作为实体的同时，拒绝关系、函数、属性等作为共相的一般概念，以及内涵实体和可能个体等成为实体成员的资格。也正是在综合这两方面作用的基础之上，奎因才提出了"没有同一性就没有实体"的著名口号。

现在我们来看斯特劳森的批评。斯特劳森认为奎因对"没有同一性就没有实体"以及"同一性标准"的使用都有些过于宽泛，它们也没有表达清晰且有力的理论原则。因此，如果我们不想把它们从哲学专业术语的词汇表中彻底清除，就必须在明确其意义之后，对其做局部的使用。

在斯特劳森看来，"没有同一性就没有实体"可做以下三种解释：

（1）没有不是其所是的事物。

（2）没有不从属于某个特定类的事物，但从属于特定类或者作为类的成员意味着该事物遵守该类的普遍同一性标准。

（3）有些事物从属于特定的类，这些类都具有适用于类成员的普遍同一性标准，并且类中的成员具有成为实体或物体的资格，不属于该类的成员不受同一性标准的约束，也不具有成为实体和物体的资格。

在这三种对同一性和实体之间关系的解释中，（1）认为任何事物都有其个别本质，而同一性就等同于事物与其个别本质的拥有关系；（2）把同一性当作具有相对普遍性的类本质或共同特征，同一性等同于作为个体对象的实体与其他实体的共同特征；（3）把同一性当作认可标准，认为同一性是事物成为实体的必要条件，换言之，只有实体才具有同一性特征，而非实体则不具有同一性，由此，同一性才成为实体的认可标准。

斯特劳森认为上述三种解读都有问题。其中，（1）的问题标准太弱，不能充当将复合同一标准的事物确认为实体的认可标准。但是，斯特劳森在《实体与同一性》中对（1）着墨不多，而是重点分析后面两种理解。其原因在于，（2）和（3）比较准确地反映了奎因的同一性理论在理论标准和实际功能方面的缺陷。按照（2）的理解，同一性是必须得到遵守的普遍性质，奎因的"本体论标准"概念作为"同一逻辑"和同义替换的外延标准，在他所承认的殊相范围内就是一条具有严格性的理论标准。虽然（3）比（2）在严格性上有所让步，但它明确将同一性当作确认物体或实体这等特定类的认可标准，在功能上与奎因对同一性的理解毫无二致。因此，如果能指出（2）和（3）的困难所在，就等于在相当程度上批评了奎因的同一性理论。

斯特劳森从同一性标准应用范围的局限性和标准的非客观性两个方面反驳了奎因将同一性关系当作严格的同一性标准的做法。在应用范围方面,斯特劳森认为同一性标准不是我们确认对象是否具有实存地位,或者说成为世界中的存在物或殊相的普遍标准。对于颜色、音色、步态、文学风格、说话方式等特征-性质和情感态度而言,不存在客观的同一性标准,这里需要区分两种情况,对于特征-性质来说,表达该性质的形容词,比如"blue""witty"等,作为共相概念已经给予了这些性质个别的本质,不再需要普遍同一性标准,而对于表达行为特征和倾向来说,我们可以根据第一手的观察证据直接确定对象的"相同"关系,例如当我们根据两个人表情的一致性或者"神同步"等可观察情况判断他们正在做同一个表情时,我们不是依据同一性标准,而是通过经验观察进行判断。无论是依据概念意义,还是观察证据,同一性都不能发挥奎因所说的那种作为归纳基础的作用。

除了在适用范围上的限制外,斯特劳森也再次对同一性的客观性提出质疑。在奎因那里,同一性之所以具有严格性,是因为它是一种基于形式逻辑的客观标准。但斯特劳森认为同一性在实践中往往具有不确定性,我们什么时候说天空是蓝色的,什么时候在多大程度上会说"今天的天空和昨天一样蓝",取决于进行精确比较和进行识别的精确程度,当有人说"挑选出所有1.75米以上的男士"时,我们有理由将两个身高分别为1.78米和1.83米的人当作等高的。更严重的问题是,某些实际使用的同一性标准本身就缺乏客观性,它们不是自然现象中的事物之间的"从属"或"相同"关系,而是我们进行概念规定的结果,换言之,同一性也产生于概念系统的整体要求,这一点在动物种类、化学元素、建筑风格、文学风格等特征与性质方面表现得尤为明显。当我们说"猫"和"老虎"都属于猫科动物,因而承认它们是同一类动物时,我们依据的主要是动物学的分类方法,斯特劳森认为"是动物分类系统使得同一性标准的概念有意义,也是科学的发展支持了这种普遍标准的可能性"[①]。但由此得到的同一性,至少在人类学意义上具有约定性质,我们

---

① P. F. Strawson. Entity and Identity//Entity and Identity and Other Essays. Oxford: Clarendon Press, 1997: 28.

前科学的祖先和其他未接受科学理论的原始人就不具备类似的同一性标准，甚至即便承认了自然科学的理论部分地反映了自然中的某些事实，但是像建筑风格的识别及其同一性关系，完全是人为教化的结果，相应地，同一性标准和同一关系的确定也依赖于特定的人为约定。

对于奎因将同一性以严格标准的方式作为确认实体的个体化原则，斯特劳森表示了比较强烈的反对意见，他质疑有关同一性标准发挥功能的具体方式，这一点在对（3）的批评中得到进一步展开。根据（3）的要求，只有实体才满足同一性标准，同一关系也只是实体对象之间的关系，通过同一性标准，实际上将实体同非实体对象，比如概念、范畴、事件、过程、属性等区分出来。斯特劳森也认为，在殊相范围内讨论同一性就是要讨论"可确认性"。按照这个理解，斯特劳森根据可识别性与同一性标准的不同关系将实体的识别关系分为两类：一种是根据同一性标准进行讨论，另一种是不根据同一性标准，借助感觉观察的经验证据或者根据概念所提供的个体本质进行确认。斯特劳森将通过第一种情况识别的事物类型当作标准识别项，通过第二种途径识别的事物类型当作非标准识别项。斯特劳森的策略是，如果我们能够证明，所有的标准识别项都是实体，而所有的非标准识别项都不是实体或者物体，并且后者的识别依赖于对前者的识别，那么我们就能够证明，至少被理解为"可识别性"的同一性标准是有效的。

斯特劳森提出了两个具体的论证。第一个论证是直接证明标准识别项是实体的一个子类。斯特劳森认为这个论证明显不能成立。因为，(1)根据我们前面对识别过程的理解，实体或物体在识别中的作用不仅是为非基本殊相的识别的前提，而且基本殊相作为时空对象，本身就构成了作为识别条件的时空系统，如果按照这个逻辑，基本殊相或者说实体是进行识别活动的必要条件，那么就不存在任何完全根据识别标准进行识别的基本识别项，因为基本项本身就是同一性条件的构成要件。按照这条论证路线无限倒退，会导致根本就不存在作为标准识别项的实体或物体。(2)有一些无法处理的边界情况，比如当我们说"水量"时，这个概念作为表达有关水的多少的特征与性质是可以区分的，因而是非基本识别项，但它作为水的数量特征却是一种经验性质，因而有成为殊相的资格，也就是说，有些表示性质、属性和关系的真实存在，不具备作为基本识别项的资格,这表明基本识别项和非基本识别项的区分与实体和非实体的区分并不一致。

斯特劳森的第二个论证是通过引入"述谓价值测试"(predicate worthiness test),以迂回的方式证明标准识别项对实体的隶属关系。这里的"述谓价值"概念是斯特劳森对"本体论"和"实体"这两个概念进行术语的"保守改良"① 的结果,斯特劳森认为我们可以区分"实体"的逻辑意义和本体论意义,第一种意义上的物体是所有具有述谓价值的可识别项,第二种意义上的物体就是那种素朴意义上的具有时空性质的物质物体。以此为依据,斯特劳森提出了"述谓价值测试"的概念,他说:"物体是可识别项,它们是那些不可或缺的一阶述谓主语,这些述谓表达式的范围越大,其不可或缺的性质越明显,可识别项就能够越牢靠地有成为物体的资格。"② 非常明显,"实体"的逻辑意义要比它的本体论意义更为广泛,虽然实体不能直接等同于标准识别项,但实体可以轻而易举地通过述谓价值测试,进而所有的实体都可以通过述谓测试。如果我们能够证明标准识别项与通过述谓价值的对象具有相同的外延,那么我们就可以间接证明所有实体都是标准识别项。

斯特劳森以提出反例的方式否定了这条路线。首先,有部分非标准识别项可以通过述谓价值测试,我们能够以建筑风格、文学风格等特征与性质为主题展开广泛的讨论,但这些性质殊相却不是标准识别项。斯特劳森认为,这种反差情况可以充分说明,以述谓价值测试为中介的证明不仅毫无希望,而且也是不必要的。斯特劳森进一步认为,诉诸述谓价值测试的证明实际上是不可靠的,因为述谓价值本身就不是一个有效的绝对概念。他认为:"我们可以将述谓价值当作物体的标志,但它只是一个非排他性的标志。"③ 其实述谓范围的丰富性是一个与丰富程度相关的相对性概念,对于到底哪些述谓是必不可少的也不是没有争议,因此,哲学证明不能以述谓价值这种不可靠的概念为概念工具。更重要的是,标准识别项本身就是一个相对概念,对于游戏和运动有关的概念

---

① P. F. Strawson. Entity and Identity//Entity and Identity and Other Essays. Oxford: Clarendon Press, 1997: 38.
② 同①34.
③ 同①37.

来说，我们要么认为它们是具有述谓价值的非标准识别项，从而否定整个间接论证；要么承认它们是介于标准识别项和非标准识别项之间的其他概念，因而在两者之间的区分就不能涵盖所有情况，基本识别项也就失去了作为绝对概念的资格。

通过介绍斯特劳森对（2）和（3）的反驳，我们可以看到，他的批评重点落在同一性的严格标准及其理论后果。按照斯特劳森的思路，同一性既不构成"标准"，也不是确认实体的必要条件。因此，斯特劳森认为，"（奎因的）这个标准本质上和'废话'相差无几，它最多是表达了某种作为人为规定的同一性标准。往好处说它是规定，往坏处说不过是废话"①。这里我们应该注意到，斯特劳森的批评并不是立足于奎因同一性理论的内在批评，而是抽取奎因理论的部分观点做进一步发挥，他所提出的某些反对意见在奎因的系统中根本不构成问题，比如他提出的特征-性质和行为方式等非标准识别项，在奎因那里完全不具有实体的资格，而斯特劳森则倾向于将它们纳入实体的范围之内，这种区别源于两人对"何物存在"的理解的差异。另外，斯特劳森所讨论的"同一性"也超越了奎因对"相同对象的两个名称之间的关系"的范围，它涉及两个不同对象之间的共同特征，更加类似于奎因在共相之间的"相同特征"的关系，只是奎因根本就不将这种关系当作同一性。但是，我们并不就此认为斯特劳森有意曲解了奎因的同一性理论，至少他对同一性严格性的批评是抓住了奎因同一性理论的"牛鼻子"。另外，他们对同一性的理解也有着一定的共识，比如把同一性当作"个体化原则"或"可识别性"，都体现出将同一性和具有时空性质的物质实体相联系的倾向。那么，我们应该如何看待斯特劳森对奎因的批评呢？笔者认为，斯特劳森的批评目的不是对奎因的理论进行判校，而是要以对奎因的批评为基础，为提出自己的同一性理论扫除障碍。

理解斯特劳森的同一性理论，首先需要理解他对同一性问题的基本立场。从理论倾向看，斯特劳森支持"相对同一性"立场。要理解同一性的"绝对"与"相对"之分，适当回到对同一性的经典论述是必要的。在哲学史上，莱布尼茨是最早明确同一性的理论标准并进行广泛应

---

① P. F. Strawson. Entity and Identity//Entity and Identity and Other Essays. Oxford: Clarendon Press, 1997: 22.

用的哲学家，现在有关同一性的普遍标准也通常被称为"莱布尼茨律"。根据他的理解，同一性是区别某个事物是一个相同事物还是两个相异事物的手段。莱布尼茨规定了两条同一性原则。(1)"相同事物的不可分辨性"：如果 x 和 y 是一个相同的东西，那么它们共同具有一切相关性质，因而 x 和 y 彼此不可分辨。(2)"不可分辨事物的同一性"：如果 x 和 y 的一切可观察性质都是相同的，那么它们彼此不可分辨且 x 和 y 是同一个事物。莱布尼茨认为同一性是与时间和空间等外在关系不同的"内在的区别原则"①，就像不存在两片完全相同的树叶那样，世界上的所有事物都是互有差异的，因此不存在原则(1)中的相同事物之间的关系。他认为，"如果两个个体是完全相似或者相等的，并且是凭本身不能区分的，那就不会有什么个体化原则"②。莱布尼茨强调原则(2)的作用，认为确认"不可分辨"才是讨论同一性的正确方式。按照韩林合教授的理解，莱布尼茨"事实上坚持着最强形式的不可分辨事物的同一性原则"③。但是，如果我们将莱布尼茨通过坚持原则(2)而坚持的同一性的强硬立场称为"绝对同一性"，那么，斯特劳森和奎因的立场就要更弱一些，在这个意义上，我们将他们的立场称为"相对同一性"。对奎因来说，虽然他支持原则(2)，但明确宣称自己的同一性理论是一种"相对主义的同一性理论"。奎因所谓的同一性的相对性，主要体现在对同一性的实用性考虑。按照外延标准，只有具有时空性质的事物才有称为实体的资格，但在《语词和对象》最后一章的"类往何处去"一节，奎因出于实用考虑接受类作为实体。他指出："类概念在统一我们抽象本体论上的作用是如此之大，要放弃这些好处，重新面对古老的抽象对象及其全部的杂乱无序是可悲的。"④ 这也就意味着，虽然奎因承认并坚持了同一性的强标准，但对该标准的使用问题上保持了一定的弹性，也容忍某些违背同一性标准的结论。

斯特劳森的同一性立场要更弱一些。与奎因接受并明确规定了同一性标准不同，斯特劳森拒绝了具有严格性和普遍性的同一性标准，并要

---

① 莱布尼茨. 人类理智新论（上册）. 陈修斋, 译. 北京：商务印书馆, 1982：233.
② 同①234.
③ 韩林合. 分析的形而上学. 北京：商务印书馆, 2013：69.
④ 蒯因. 语词和对象. 陈启伟, 朱锐, 张学广, 译. 北京：中国人民大学出版社, 2005：303.

求对标准进行大刀阔斧的概念改良。具体来说，斯特劳森对同一性标准的改良包括两个方面：

（1）用"同一性原则"代替"同一性标准"。斯特劳森也强调标准的实用性，但与奎因从实际后果的角度进行强调不同，斯特劳森更强调"使用"（实用性）对同一性标准的理论重要性，他说："无论我们在何处设定同一性的普遍标准，我们都必须能够说明同一性标准是什么。并且，一个标准就是某种可以得到使用的东西，因此，说明标准是什么应该揭示我们如何使用它。"[①] 斯特劳森认为"使用"与"定义"的严格性和普遍性是不可兼得的两个理论目标。即便我们能够以给定理论标准的方式给出同一性关系的定义，但我们日常的识别活动并不具备定义所要求的严格性和普遍性。世界中的事物具有无限的多样性和连续性，我们在原则上找不到同一性标准适用与否的明确边界。因此当我们想要对某些物质种类的概念给出一个相对简单又不失完整和简洁的陈述时，我们要么根本找不到这个标准，要么就对它做了过分强调。斯特劳森强调，只有能够对"同一性标准"进行清晰而严格的表述时，它才是可应用的。除了像将"直线"的标准定义为"两点之间最短的距离"外，我们对于"人""狗"这种实际的个体殊相，并不能够给出标准和定义，也就是说斯特劳森认为"同一性标准"只适用于理论对象，对于确认实际的实体来说，我们只能给出一个更加宽松的"同一性原则"。在随后的论文《共相》中，斯特劳森进一步忽略了这个区别，并不要求完全用"同一性原则"代替"同一性标准"[②]。

（2）用"可分辨事物的非同一性"代替"不可分辨事物的同一性"。除了用形式上更加宽松的"原则"代替"标准"，斯特劳森对同一性概念的内涵也做了类似的"松绑"。按照莱布尼茨的要求，同一性标准的使用范围必须被限制在个体事物，对于具有时空性质的实体对象来说，我们需要讨论有关个别本质的问题。在《实体与同一性》中，斯特劳森

---

① P. F. Strawson. Entity and Identity//Entity and Identity and Other Essays. Oxford: Clarendon Press, 1997: 39.

② 在为1997年出版的《实体与同一性》一书所写的"引论"中，斯特劳森的立场有了较大倒退。由于他对"同一性标准"及其立场的批评没有得到广泛接受，这一概念仍然在职业哲学家的圈子里得到广泛使用，斯特劳森不再强制要求用"同一性原则"代替"同一性标准"，并接受和使用后一种概念。详情参见该书第3页。

虽然对殊相实体的个别本质没做详细讨论，但是在仅有的几处论述中，他还是说明了不根据个别本质讨论实体的原因。斯特劳森意识到，如果肯定作为个别事物"是其所是"的个别本质，我们可以更加方便有效地根据本质特征来说明殊相，但是如果我们不能说明这个本质特征是什么，那么质的同一性就是"不值一提的普遍真理"①。更重要的理由在于，斯特劳森认为殊相不存在个别本质。他说："对物体来说，不存在任何必须得到识别的，独一无二的特征或者关系。这也是为什么下面的问题是无意义的：即对于特定的人和物质物体来说，我们不能以非人称的或普遍的方式问什么使得他成为他所是的那个人，什么使得某个特定物体成为它所是的那个物体，在同样的意义上，我们也不能问为什么人和物体所具有的专名没有个别意义，而只具有和同类的物体与人共享的普遍意义。"②

大卫·维金斯（David Wiggins）通常被看作斯特劳森比较忠实的追随者，在同一性问题上，他坚持的是认可个别本质的个别本质主义（individuative essentialism）。按照维金斯的理解，任何自然事物 x 在其实存的所有过程中都必须从属于一个类型概念（通常是自然种类概念）D，即便 x 是某些必要条件得到满足才能存在的条件性存在，或者在 x 的状态和历史与其实际情况不符的反事实或可能世界中，x 仍然从属于这个 D。因此，"对于任何想要从世界中挑选出 x 的人，他必须认为 x 是一个不变的 D"③。斯特劳森认为维金斯的个体本质主义在自然种类及其本质的问题上走的是一条莱布尼茨-克里普克-普特南路线，是以科学发现为基础的本质主义，但如果认为作为个体本质的概念是一种具有科学性质的自然种类概念，那么，实际上就不存在作为必然属性的个别本质，因为本质究竟为何取决于自然科学所发现的物质结构。但是，在我们的概念工具中，实际上并不缺乏将某个自然事物个体化或者再识别为其他种类的概念资源，也就是说，我们可以不根据个体物的科学结构对其进行概念归属，因此，"认为个体从属于实体概念的必然性，在

---

① P. F. Strawson. Entity and Identity//Entity and Identity and Other Essays. Oxford: Clarendon Press, 1997: 47.

② 同①34.

③ David Wiggins. Sameness and Substance Renewed. Cambridge: Cambridge University Press, 2001: 123.

概念上包含了任何结构上的必然性，绝不会是一个普遍的必然真理"①。

斯特劳森对"不可分辨事物的同一性"的拒绝，不仅要求放弃殊相实体具有个体本质的论断，而且要求放弃对实体的内在同一性问题的讨论。我们已经知道，斯特劳森强调第一人称"I"指称了同时可以将M-谓词和P-谓词进行归属的"人"的概念，但是，对于人是什么，斯特劳森一方面坚持"身体论点"（corporeal thesis），认为人不是笛卡尔意义上的纯粹先验"我思"或康德意义上的先验统觉，而是具有物质身体的经验存在。据此我们可以认为，斯特劳森提供了人格同一性的经验标准。斯特劳森同时强调，对"I"的指称对象的解释不会涉及指称对象的内在同一性标准问题，因为对"I"的指称性使用不会引发指称对象究竟按照何种内在标准进行确定的问题，根据这个考虑，斯特劳森在经验标准之外坚持"无标准的自我归属论点"（criterionless self-ascription thesis）②，认为对人的语词归属不涉及内在的同一性标准。实际上，无论是奎因的外延标准（虽然他接受了强版本的莱布尼茨），还是斯特劳森的"无标准的自我归属"，都是以不同方式拒绝"不可分辨事物的同一性"和要求以外在的经验标准代替对事物内在本质的讨论。在这一点上，他们可以说都走在洛克所开辟的经验主义传统之下。洛克在提出并论述了多元论的同一性标准之后指出："在这方面一向所有的困难或混淆多半是由名词的误用引起的，少半是由事物的混淆引起的。"洛克接着写道："因为名词所代表的那个特定观念无论是如何形成的，你只要固守那个观念，则我们很容易想象到何为同一的，何为差异的，在这方面，并没有什么可怀疑的。"③ 洛克的上述说法，无疑是他以"名义本质"代替"实在本质"在同一性问题上的体现。斯特劳森拒绝个别本质的做法，显然是对"实在本质"的拒绝。

明确了"同一性"不是事物内在的个别本质之后，我们该如何看待同一性呢？斯特劳森认为，我们可以用"可分辨事物的非同一性"来代替"不可分辨事物的同一性"。从逻辑上看，这两个标准是等值的，但

---

① P. F. Strawson. Critical Notice. Mind. 1981：605.
② Maximilian De Gaynesford. Kant and Strawson on the First Person//Hans-Johann Glock. Strawson and Kant. Oxford：Oxford University Press，2003：162-167.
③ 洛克. 人类理解论. 关文运，译. 北京：商务印书馆，1983：324.

从实际效果来看，前者要更弱一些。因为说明了"可分辨事物的非同一性"，只是以反证法的间接方式表明"不可分辨事物的同一性"和"相同事物的不可分辨性"。从这个意义上说，我们可以认为，斯特劳森提供了一条更弱的同一性原则。根据他的理解，要说明"可分辨事物的非同一性"，就必须要理解我们如何将不同的事物区分开来，也就是要说明"确认"和"可确认性"。斯特劳森将"可确认性"当作殊相同一性标准的"绝对要求"，他认为"识别"为解决同一性问题提供的是一条略显暧昧却更具实用性的同一性原则，因为"除非你知道，或者至少原则上知道如何识别某个对象，否则你就不能有意义地谈论它"[①]。由此，"识别"成为相对同一性的原则，说明实体或物体的同一性就是要说明其"可识别性"，也就是要说明它是怎么被识别的。

接下来的问题在于，作为相对同一性原则的识别的目的何在，它为何具有形而上学意义呢？斯特劳森认为，识别的目的是要说明实体的概念归属和时空性质之间的结合情况。他说："标准的，也是最为重要的正确答案，会提到与该事物相关的时间及空间特征和可确认的普遍形式之间的特殊关系，对那些具有熟悉的性质的，也相对持续性的殊相，比如马、人、床、台球、山等，它们不过是可识别的普遍形式在时空区域中的持续表现所产生的殊相个体。因此，你能够识别殊相，是因为你能够识别形式，并且，你至少原则上可以追溯个别特征性持续表现的时空路径。"[②] 这里，斯特劳森将殊相当作"可识别形式在时空区域中的连续表现"的逻辑（概念）结果。要达到这个目的，需要一方面考察待识别项的时空特征，另一方面说明其概念归属情况。就目前论证而言，说明待识别项的时空特征并不是当务之急[③]，我们这里只讨论有关识别的概念归

---

① P. F. Strawson. Entity and Identity//Entity and Identity and Other Essays. Oxford: Clarendon Press, 1997: 21.

② 同①28.

③ 与目前论证有关的只是这样的一个问题：如果时间和空间特征是作为待识别项的基本殊相的共同普遍的特征，那么，为什么它们却不具有本质属性的地位呢？笔者认为其原因在于，斯特劳森对时间和空间概念做了类似于康德的解释，一方面，他认为时间和空间不是类似于广延性的本质属性，也不纯粹是个事物的本质属性，而是由基本殊相之间构成的外在关系属性，讨论实体的时空关系就是讨论它们与其他时空性对象的关系；另一方面，他认为时间和空间（尤其是空间）作为我们表征经验的方式，不是纯粹客观的实体属性，而是我们认识结构的一部分。有关斯特劳森对时间和空间的理解以及其形而上学意义，参见本书第四章。

第三章 共相与殊相：概念图式的系统描述 | 265

属作用。在斯特劳森看来，殊相识别包含了要将殊相归入特定概念之中："某种物质类型的殊相个体的可识别性，依赖并且预设了某些普遍形式的可识别性。"① 这也就是说，识别殊相包括了要将殊相放在普遍概念之下。

斯特劳森认为，普遍概念有两个作用：一是将物质实体同任意且无本体论意义的时空连续体加以区分，我们可以用录像机街拍得到某些影像片段，但我们不会说它是照片，只有被归为特定概念之下的时空对象才是实体；二是充当了同一性原则。斯特劳森说："当我们把对象放在某种有关物质种类的概念之下思考和感知对象时，我们就满足了这个要求。"② 换言之，拥有这些概念必然意味着拥有将概念中的一个个体和另一个个体区分开来的能力，也意味着可以将"同一个"概念应用于这个物质种类，因为物质种类概念所包含的个体事物都是那种时空实体和可持续性存在的事物。③ 概而言之，通过识别活动，将识别指称所涉及的那些殊相，尤其是具有时空特征的殊相，放入"物质物体"和"人"的概念，进而放入"基本殊相"的概念，就能理解待识别项同一性。斯特劳森进一步强调，识别的概念归属作用有着本体论上的重要性，我们可以说，每一个种类概念都是该类中的个体的一条同一性标准。错误在于假设我们可以将这些概念当作概念复合物，进而认为可以把它们分析为同一要素与其他要素的复合。也就是说，种类概念是不可再分的，是原初概念，识别是获得基本概念的方式，进行识别的认识最终是通过实现概念归属而获得相对同一性④，从而达到确认基本类型概念（或范

---

① P. F. Strawson. Entity and Identity//Entity and Identity and Other Essays. Oxford: Clarendon Press, 1997: 28.
② 同①39.
③ 同①42.
④ 这里提到的"相对同一性"是根据同一性立场的强度使用的概念，这种使用符合我们将奎因和斯特劳森的温和立场与莱布尼茨的激进立场相区分的理论目的。实际上，按照对"相对本体论"的更为通行的用法，我们的这个区分也是有效的。根据支持相对同一性的哲学家的理解，相对同一性是指，如果 x 和 y 是个体事物，而 F 和 G 是不同的表示类型概念的一般词项，那么，我们不能把"x 和 y 是相同的 F"当作"x 是 F 并且 y 也是 F"和"x 与 y 相同"的合取，因为 x 和 y 可以是不同的 F。在与殊相确认有关的同一性问题中，如果我们用表示某个具体的人的名称"玛丽"和表示某个物质物体的名称"桌子上的书"分别代替 x 和 y，用"基本殊相"代替 F，我们就可以得到"玛丽是基本殊相"和"桌子上的书是基本殊相"两个不同的语句，但我们不能说"玛丽和桌子上的书是相同的基本殊相"，非常明显，它们属于基本殊相的两个不同子类物质物体和人。由此可知，斯特劳森的相对同一性不仅在立场的强度上，而且在实际内涵上都符合相对同一性的理论规定。

畴）的理论手段。由此，我们也就说明了识别的形而上学意义。

二、概念图式的基本特征：主谓结构

上面我们依据对指称及其形而上学意义（亦即指称实现的一般必要条件）的讨论，说明了概念图式的两个基本概念类型——人和物质物体如何被确立为初始概念。接下来，我们将着手说明概念图式的基本特征——主谓结构。从斯特劳森的思路看，这部分旨在扩展和补充《个体：论描述的形而上学》第一部分的内容，它之所以重要，无外乎如下两方面的原因：（1）第一部分对指称理论的讨论不够完整。对人和物质物体的讨论未能为"指称如何实现"提供全面解释，反而默认了指称实现的预设-确认模式这一前提，有关对确认的讨论是以接受预设理论为基础，要实现对指称问题的全面阐述，就不得不对预设问题有所关注。（2）对初始概念的确认不足以实现对概念图示的系统描述，将人和物质物体确立为基本概念，只是给出了概念图式的初始概念，没有说明概念图式是怎样的图景，也没有说明它的基本特征是什么，因而未能完成"五步骤"方案中系统描述阶段所规定的任务。此外，对基本殊相的讨论虽然确认了人和物质物体对存在于世界中的殊相的基本性，但它们与包括共相在内的非殊相对象的理论关系尚不清楚。因此，无论是从完善指称理论，还是从描述概念图式的角度看，我们都有必要从对概念图式的初始概念的讨论过渡到对图式本身的讨论。

斯特劳森对概念图式的描述主要关注的是三个方面的问题：（1）主谓区分的理论标准，即我们以何种方式将概念图式的基本特征规定为主谓结构；（2）主谓区分的理论基础，即我们将概念结构规定为主谓结构的理论依据何在；（3）主谓区分的理论后果，即如果我们将概念图式接受为主谓结构，会导致怎样的形而上学后果。下面，我们分别围绕这三个问题介绍斯特劳森对概念图式的描述。

（一）主谓区分的标准

主谓区分是斯特劳森在哲学生涯伊始就注意到的一个语言现象。我们曾提到斯特劳森在《论指称》中提出了表达式中主语与谓语的区分，但他不仅拒绝对它做"先验解释"，否认它可能暗示更深的理论意义或具有规范性意味，而且认为哲学传统中有关殊相与共相、实体与属性等区分都是对主谓区分过度解释的后果。我们也曾指出，斯特劳森在捍卫传统逻辑时将主谓区分看作全称命题和单称命题等各类命题形式的"局部形式相似性"，间接肯定了主谓区分作为逻辑区分的理论地位，但认为以主谓区分为依据的传统逻辑不能算是对自然语言的逻辑行为做出精确刻画的有效表征系统。可以说，在这一时期，斯特劳森对主谓区分的认识还相当有限，在态度上也有所保留。

斯特劳森的态度在为撰写《个体：论描述的形而上学》做准备的《殊相与共相》一文中有了比较明显的变化。在该文中，具有形而上学色彩的殊相-共相关系问题成为毫不动摇的主题。在比较了知觉标准、空间标准、时间（历史）标准等区分共相和殊相的依据之后，斯特劳森倾向于认为语法-功能标准是"更具普遍性，也更有希望的标准"[1]，但是，他意识到这个标准通常没有得到清晰的解释，而且也面临一些疑难问题。假设我们把它当作"纯粹语法观点"（grammar point），认为这一区分表达的是个体事物的名称没有形容词或者动词的用法形式，而普遍物的名称则有相应的形式，那么这个标准明显是错的，因为与相反的语法事实不相容。如果认为个体物的名称不会成为语法谓词的组成部分，它也从来不会作为谓词的部分而出现在系词"is"之后，这同样不符合语言事实。考虑到单纯的语法标准很难成为一条基础性的标准，斯特劳森认为我们应该尝试以恰当的理论手段修补这条标准，从而区分殊相和共相，而且要求语法标准必须与某种进一步的范畴区分联系起来，以便成为真正有效的区分标准。

以前面这些论述为基础，斯特劳森在《个体：论描述的形而上学》第五章开门见山地指出，他希望说明主谓区分作为区分殊相与共相的依据"这个传统观点的合理之处"[2]。什么是传统观点呢？我们可以比较

---

[1] P. F. Strawson. Particular and General//Logico-Linguistic Papers. Aldershot：Ashgate，2004：23.

[2] P. F. Strawson. Individuals：An Essay in Descriptive Metaphysics. London：Methuen and Co.，Ltd.，1959：138.

准确地阐释如下：

> 传统观点：殊相只能是（语句或命题的）主语，而不能是谓语，共相则既可以是（语句或命题的）主语，也可以是谓语。

这里给出的传统观点是亚里士多德曾经清晰表达的包含了范畴成分的主谓区分关系。亚里士多德认为："实体，在最严格、最原始、最根本的意义上说，是既不诉说一个主语，也不存在于主体之中，如'个别的人'、'个别的马'，而人们所说的第二实体，是作为属而包含第一实体的东西，就像种包含属一样，如某个具体的人被包含在'人'这个属之中，而'人'这个属自身又被包含在'动物'这个种之中。所以，这些是第二实体。"① 这里，亚里士多德不仅确认了"个别的人"作为实体是"第一实体"的殊相地位，而且指出殊相"不诉说"主体，肯定了殊相不能成为谓语。与殊相相对应，"动物""人"等概念则是"第二实体"或共相，它们既可以作为主体，也可以作为谓语。在"单个的人"的例子中，"人"无疑既可以出现在"单个的人是个人"，也可以出现在"人是动物"两个不同类型的语句中，各自承担不同的逻辑功能。

在考察斯特劳森为传统观点所提出的实质性辩护之前，我们需要了解他对主谓区分的理解。在他看来，当哲学家们谈论主谓区分时，他们往往从以下四个层次进行讨论。

Level 1（L1）：功能区分，亦即指称-述谓区分。当我们提到指称某物时，其中表达指称功能的提法包括了"naming"（命名）、"indicating"（标明）、"designating"（指示）和"mentioning"（提到）等；当我们描述某物时，表达描述功能的提法包括了"characterizing"（刻画）、"ascribing…to…"（归属）、"predicating…of…"（断定）和"saying…about…"（谈论）等。根据斯特劳森在《论指称》中对语言中的"指称"和"描述"两个基本功能的区分，我们可以知道功能区分是主谓区分的最为基础的层次，也是后续层次得以可能的前提条件。

Level 2（L2）：表达式区分，亦即主谓区分的语言方面或主词-谓词区分。斯特劳森认为如果接受功能上的指称-述谓区分，同时接受有

---

① 亚里士多德全集：第一卷. 北京：中国人民大学出版社，1990：6.

两类大致不同的表达式来完成这两类功能，我们就可以得到单称词（singular term）和谓词表达式（predicative expression）两类不同的语言符号。前者的近似说法包括了指称表达式（referring expression）、主词（subject）、主词表达式（subject-expression）以及弗雷格的专名（proper name）等，后者包括了谓语表达式（predicate-expression）、谓语（predicate）和属性表达式（ascriptive expression）等。

Level 3（L3）：词项区分，亦即命题成分区分或主语-谓语区分。如果将 L2 中的单称词项和谓词表达式以恰当方式结合起来，使之成为具有真值的命题，L2 中的区分相应会成为有关词项与命题成分的主语（subject）和谓语（predict）的区分。与 L2 相比，这里的区分不是针对个别语言符号，而是对作为语言外事实有关的命题的逻辑成分的区分。因此，这个区分也可以被看作逻辑区分，或者是逻辑主语和逻辑谓语的区分。其中，表达主语的包括了主项（subject-term）、指称项（term referred to），表达谓语的词项包括谓项（predicate-term）、被断定项（term predicated）、被归属项（term ascribed）等。

Level 4（L4）：命题的非语言对应物（non-linguistic counterpart）即殊相-共相区分，或者说对象-概念（object-concept）区分。这个区分明显是来自弗雷格。斯特劳森认为，提出这个具有综合性的区分基于三方面的理由。首先，如果接受命题中的主项与谓项的这两个逻辑功能的区分，就会自然地想要寻找这一区分在语言外的对应情况。其次，功能区分 L1 和表达式区分 L2 不是排他性区分，某些用作指称的指称表达式可以用来进行断定，变成述谓表达式，反之亦然，但在命题成分区分 L3 中，作为主词的殊相却始终不可能作为谓词出现，这就需要一个进一步的、更具普遍性的区分来协调和解释这种不一致情况。最后，L3 中所做的区分实际上已经区分了词项和它们的功能，如果可能，我们希望提出一个不做类似理论预设的统一区分。

斯特劳森总结的这四个层次，不仅符合认为在语言中存在着某种形式的主谓区分的语言常识和语言直觉，而且与传统逻辑中认为存在语言-逻辑性质的主谓区分保持一致。亚里士多德分别通过范畴理论和逻辑学表达了类似的看法。亚里士多德虽然对功能层次的区分 L1 没有斯特劳森这样的明确意识，但他也区分了命题中表达式"表述"和"被表述"两种功能，在《范畴篇》中，亚里士多德提出了与 L4 中的弗雷格式殊相-共相基本一致的区分，他对"第一实体"和"第二实体"的区分被当作殊相与共相的区分是可靠的。除此之外，亚里士多德对 L2 和 L3 表示了比较明确的支持态度。他在《前分析篇》中分别指出，"所谓词项我是指一个前提分解后的成分，即谓项和主项，以及被加上去或去掉的系词'是'或'不是'"①。前提"是某一谓项对某一主项的肯定或否定"②。但是，在分别认可 L2 和 L3 的同时，亚里士多德对这两个区分与 L4 的关系有所保留。如果我们承认 L2、L3、L4 这三个区分不是矛盾的，那么表达殊相的单称词或主词应该有资格成为命题的主语，而表达共相或概念的谓词也应该有资格成为命题的谓语。要满足后面这个条件没有困难，但对于单称词是否可以成为命题主语，亚里士多德给出了颇为矛盾的答案。下面这段讨论究竟由哪类词项构造三段论的表述，具有相当的启发性：

> 大致说来，每个可感事物都是这样的，除非是在偶然的意义上，它们不能表述其他事物……指谓的进程亦有一个上限。现在姑且设定这一点。不可能证明其他事物能表述这类事物（除非是通过意见），但它们却可能表述其他事物。个体不能表述其他事物，而其他事物却能表述它们。居于普遍和特殊之间的事物显然具有这两种情形，因为它们既表述其他事物，其他事物也表述它们。大略地说，论证和研究的对象主要是这类事物。③

据此可知：一方面个体词（专名或单称词）可以作为主语，但不能作为谓语；另一方面构成三段论的只能是"既表述其他事物，其他事物也表述它们"的表达式，显然表达个体的个体词不在此列。这里的矛盾在于，虽然个体词能够成为主语，但包含个体词的命题似乎不能成为三段论的研究对象，因而不能作为有效的逻辑命题。根据王路教授的解释，亚里士多德不仅在讨论命题间推导关系的三段论中剔除了个体词，而且在讨论命题要素的四谓词理论中也没有给个体词留下位置。④ 这就意味

---

① 亚里士多德全集：第一卷. 北京：中国人民大学出版社，1990：84.
② 同①.
③ 同①149-150.
④ 王路. 亚里士多德的逻辑学说. 北京：中国社会科学出版社，2008：10-69.

着包含着个体词的表达式似乎没有成为命题和逻辑研究对象的资格。按照亚里士多德的理解，包含了个体词的表达式最多只能算作语句，而不能算作命题，因为命题只能是具有真值的语句，但我们对于个体对象只能产生"意见"而不能有"知识"，包含个体词的语句就可以理所当然地被拒绝于逻辑学的大门之外。

亚里士多德的理解并非没有问题，考虑到他将个体对象当作第一实体，与此同时却否认个体词的逻辑主语地位，我们不难在他的逻辑学和形而上学、范畴论和工具论之间找到一条重大的理论裂痕。即使如此，主谓区分各个层次之间的可能存在的困难在亚里士多德那里仍然处于隐而未发的状态。[1] 波尔费留等后辈承认个体词的逻辑地位，将"四谓词"扩充为"五谓词"，为三段论添加了第四格，发展出了一套以主谓区分为鲜明特色的亚里士多德传统逻辑理论。

然而，随着当代数理逻辑的兴起，有关个体词逻辑地位的问题在形式记法的显微镜下被无限放大。对于罗素等人来说，这个问题表现为下面这种悖论：如果承认个体词指称了个体对象，那么个体词就不必然是命题的逻辑主语，因为不仅未做出实际指称的空名和虚构名称能够成为命题主语，部分通名也能够成为命题主语；如果承认个体词的逻辑主词地位，就必须承认它们未必指称了对象（考虑空名和虚构名词），从而造成命题真值无法得到保障。换言之，在坚持主谓区分的 L2、L4 与坚持 L3 之间，存在着不可调和的矛盾。

面对这一困难，当代分析哲学家的普遍策略是接受 L1 至 L4 中的部分区分，忽视或拒绝其他区分。根据拆解悖论方法的区别，我们大致区分出三条路径。一条是由弗雷格、罗素、奎因和达米特等人所代表的形式主义路线，这几位哲学家倾向于认为 L2 中关于自然语言的主词表达式和谓词表达式是无实质意义的形式区分，由这些自然语言表达式所构造自然语句表达的命题的主谓结构也只是不可靠的语法结构，而不是命题真正的逻辑结构。因此，我们有必要寻找真正指称了世界中对象的逻辑表达式，比如逻辑专名、逻辑变元等，构造出关于对象的命题的逻辑结构。另一条路线是由丘奇（Peter Geach）所坚持的范畴路线。

---

[1] Jean Van Heijenoort. Subject and Predicate. Western Logic, Philosophy East and West. 1974, 24 (3): 256.

他倾向于认为自然语言中的主语表达式确实指称了世界中的对象,但对于如何看待命题的逻辑主词,丘奇采取了相对主义的多元论策略。最后一条路径是由拉姆塞所坚持的怀疑主义策略。他主张无论是主语-谓语的逻辑区分,还是主词-谓词的表达式区分,都是表达认识兴趣和目的的主观区分,与世界上的事实毫无关联。因此,我们不仅应该否认表达式区分,而且在命题区分的问题上也可以采取相对主义的多元论策略,甚至拒绝殊相-共相区分。概而言之,形式路线选择接受 L3 和 L4 而拒绝 L2,范畴路线接受 L2 和 L4 而拒绝 L3,怀疑主义路线选择同时拒绝 L2、L3 和 L4。

斯特劳森为传统观点辩护的第一步以对上述三条路线的批评为起点。对于形式路线,斯特劳森的批评集中表现在与奎因有关单称词项是否可消除的争论中。虽然弗雷格对形式逻辑与日常语言和语法纠结于一处表达了极大不满,但他提出作为"纯粹思维的形式语言"的概念文字的紧要之处也是要"以变元和函数的概念代替主词和谓词的概念"[①],在这一点上,他与罗素的立场几乎毫无二致,但是弗雷格对概念与对象的区分涉及了主谓区分最重要的部分。斯特劳森为了将弗雷格当作同道中人,有意忽略了他否认语词区分的相关论述,认为他的理论与丘奇更为接近。至于与罗素的争论,斯特劳森大致认为他在《论指称》和《逻辑理论导论》中已经有了比较详细的交代,而奎因的单称词项消除论在罗素的基础上有所发展,因此,选择奎因作为形式主义的代表似乎不错,此外,奎因作为斯特劳森复兴形而上学的主要竞争对手,给予特殊关注也是必要的。

奎因根据词项功能区分了两类词项,其中,单称词项是"想要命名唯一对象的词项"(purport to name one and only one object)[②],普遍词项则只是指称,但并不命名任何对象的词项。奎因认为自然语言中单称词项具有歧义性和模糊性,使用单称词项会导致存在问题、真值空隙问题等一系列理论后果,因此倾向于把它们当作普遍词项改写为命题谓语的一部分,用逻辑变元来取代原本单称词项的指称位置,从而消除单称

[①] 弗雷格. 弗雷格哲学论著选辑. 王路,译. 北京:商务印书馆,2006:5.
[②] W. V. Quine. Methods of Logic. New York: Holt, Rinehart and Winston, Inc., 1959:205.

词项。因此,"从逻辑结构看,说单称词项'想要指称唯一对象'不过是意味着,单称词项从属于可以融贯使用'x''y'等变元类型的位置"①。奎因认为消除单称词项的方法是所谓的"语义整编"策略,即用量化逻辑和一阶逻辑等现代数理逻辑的标准记法,对日常语言表达式进行释义性改写,从而消除表达式内部的冲突和矛盾之处,揭示命题的逻辑结构。从根本上看,无论是消除单称词项的原因还是方法,奎因的主张都与罗素无实质区别,他只是对摹状词分析做了更加系统化的彻底应用,因此我们这里不再赘述,而是直接讨论斯特劳森的批评。

由于消除单称词项是奎因语义整编的一个关键步骤,也是奎因通过"语义上溯"讨论形而上学问题的关键策略,他对消除方法和原因的讨论广泛散布在不同文本中。针对奎因的不同表述,斯特劳森也做了多轮批评。最早的批评意见出现在评论奎因《从逻辑的观点看》一书的论文《一个逻辑学家的视野》中,这里斯特劳森就奎因在《指称与模态》一文中对模态语句中单称词项进行改写的可靠性和理论后果表达了不同意见。在一年后的论文《单称词、本体论与同一性》中,斯特劳森对奎因在《逻辑方法》和《从逻辑的观点看》中的相关论述做了相当全面的考察,他不仅修正了奎因对单称词项的论述,分析了奎因提出消除单称词项的理论根源,也就相关后果做了更加详细的说明。《个体:论描述的形而上学》第五章的第一节第四部分维持了此前的基本立场,但认为奎因的做法没有为主谓区分提供一种有效解释。在1961年发表的最后一篇集中讨论单称词项消除问题的论文《单称词与谓词》中,斯特劳森的态度有所倒退,不再纠结于单称词项在模态语句等复杂语境中的语词行为,而是认为奎因对单称词项的消除是依赖主谓区分这个更为根本的基础。值得注意的是,在考虑将早期论文结集出版时斯特劳森只选择了最后一篇收入《逻辑语言学论文集》,此后在其他场合也对自己在前几篇文章中颇有些咄咄逼人的态度有所反思,认为自己不应该对相关论证的技术性细节过于吹毛求疵。根据他的这一态度,我们也忽略他对奎因论

---

① W. V. Quine. Methods of Logic. New York:Holt, Rinehart and Winston, Inc., 1959:205.

点的修正和澄清①，着重分析奎因的单称词项理论与主谓区分的传统论点之间的关系问题。

从说明主谓区分的各个层次之间一致性关系的角度看，斯特劳森对奎因的批评可以总结为三个相互联系的论点：

第一，奎因认为单称词项可消除的想法预设了真正的单称词项。斯特劳森注意到，奎因是在广义和狭义两个层次上讨论单称词项的消除问题。当奎因在广义上使用单称词项时，他认为包括量化变元在内的主词表达式都是单称词项，这时候单称词项"属于变元类型"，而当他从狭义的方式使用单称词项时，单称词项是除了量化变元之外的自然语言中的主语表达式。这时候单称词项就只是"命名唯一对象"的语言工具。奎因要求消除的实际上是狭义上的单称词项，而不是量化变元。他明确指出："除了作为与量词联系在一起的代词——即变元外，所有的单称词项都通过释义进行分离和消除。"② 既然消除单称词项不是要消除变元，那到底应该如何进行呢？奎因的方法分为两步：第一步是将以自然语词形式呈现的单称词项当作谓词的一部分，将原有的单称词项解释为普遍词项；第二步是用具有"（x）（－x－）"形式的量化变元填充原有的指称位置，并用它来代替原有的单称词项。奎因认为确认变元的单称词项位置极为关键，他说："只有变元是单称词项这一点可以看作是代词的优先性的证明。"③ 这样，经过量化改写后，任何语句都是由逻辑变元和作为普遍词项的逻辑常项所构成，单称词项也得以消除。

斯特劳森在《个体：论描述的形而上学》中曾直截了当地指出，奎因用约定变项代替单称表达式是预设了真正的单称词项："如果我们必须以所要求的方式理解它们，那么这些词就预设了主词表达式的存在，预设了语言中单称词项的存在。"④ 约定变项之所以能够履行指称对象

---

① 有关斯特劳森的立场，可参见应奇《概念图式与形而上学》第二章"斯特劳森与奎因"，亦可参见张蕴《斯特劳森的识别理论研究》第二章"识别的本体论依据：本体论的优先性"。
② W. V. Quine. Methods of Logic. New York：Holt, Rinehart and Winston, Inc., 1959：146.
③ 蒯因. 语词和对象. 陈启伟，朱锐，张学广，译. 北京：中国人民大学出版社，2005：212.
④ P. F. Strawson. Individuals：An Essay in Descriptive Metaphysics. London：Methuen and Co., Ltd., 1959：196.

的任务，也在于量化语句结构在自然语言中的地位和作用，语义整编也只是局部抽取了自然语言中量化表达式的日常意义。斯特劳森在《单称词与谓词》中提供了一个间接的但更具说服力的论证。这个论证认为，奎因对单称词项的态度，除了上一段提到的"消除论"的提法外，还有另一种接近于"冗余论"的提法。按照后面这种态度，奎因认为，"单称词项范畴在理论上纯粹是多余的，认为它们在理论上是可消除的有着很大的逻辑优越性"①。他还说："我们借助名称所说的任何东西，都可以在一个完全没有名称的语言中得到表达。"② 这里奎因假设了构造某种不包含殊相的语言的可能性。究竟该如何处理这两种表述呢？斯特劳森不同意奎因根据消除的可能性推导出了无单称词语言的可能性，反而认为奎因采用的是相反的策略，是从构造无单称词的语言的可能性推出了消除单称词的可能性。按照这个逻辑，奎因的理论根据是受到弗雷格引入量词概念的启发，认为可以对量词进行对象解释，然后才要求以量化变元代替自然语词中的指称表达式。

第二，消除单称词项既不必要，也不可能。奎因消除单称词项的目的是用量化变元取代日常表达式。斯特劳森则认为，使用"x""y"等变元是不必要的，一方面，变元仅仅是由逻辑系统所定义的符号，要弄清它的意义，就需要知道我们如何能够融贯地解释这些符号，而解释过程也是说明单称词项功能的过程；另一方面，量化改写面临着可能引起语义混乱的问题。奎因虽然认为只有单称词项才可以作为量化变元，但他也接受对不是单称谓词的其他表达式，如非限定摹状词的改写，这就可能造成语义模糊的问题。且看下面的句子：

S1：The advocate strode out of the court-room.

S2：An advocate strode out of the court-room.

S3：X strode out of the court-room.

奎因会接受将 S1 中的"The advocate"，而非 S2 中的"An advocate"当作单称词项，但他却不会反对 S2 可以被量化改写。如果用 x 作为命

---

① W. V. Quine. Methods of Logic. New York：Holt，Rinehart and Winston，Inc.，1959：211.

② 蒯因. 从逻辑的观点看. 陈启伟，等译. 北京：中国人民大学出版社，2007：13.

题主语，S1 和 S2 都可以被改写为 S3，这时，我们没有理由否认"An advocate"可以被用来代替 S3 中的 X。有鉴于此，斯特劳森指出："使用逻辑符号并不是一种自然馈赠，我们也需要对它们进行解释。在解释它们的用法时，我们也就解释了什么是单称词项。"① 斯特劳森还在《个体：论描述的形而上学》中就人工构造量词的做法提出质疑，他认为像"everything""something""nothing""nobody"等量化表达式可以根据它们的语法结构自然地成为指称表达式，而不是根据量化分析称为单称词项。由此，假定有日常量化短语的语法结构，奎因的论断可以从前面有关 A 类和 B 类表达式的语法结构得出；一旦我们以语法的角度去看待这个论断，那么，它相对于我们的刻画就毫无意义。这也就意味着，奎因的工作不仅是不必要的，而且只具有次要的理论意义。

斯特劳森将奎因的单称词项"冗余论"看作更强形式的"消除论"。他认为奎因的论点最终是否可能取决于无殊相语言的可能性。斯特劳森先后在《单称词、本体论与同一性》和《个体：论描述的形而上学》第七章论述了这个论点。由于罗素在《人类的知识》中已经就设计无殊相人工语言有所尝试。斯特劳森的批评可以看作对罗素-奎因共同路线的批评。在斯特劳森看来，奎因设计的是一种只包含量词、变项、谓词和逻辑联结词且根本不确认殊相的语言。在这种语言中，指称由"a man who so-and-so"和"a thing which such-and-such"等表达式给出。但是，斯特劳森认为，在这种语言中我们缺乏确认对象（尤其是殊相）的手段。根据 L1，在日常语言中谓词往往用来描述属性，但主词却是用来进行指称。在缺乏指称表达式的语言中，我们与经验世界接触的表达式有两类形式：第一类是"A is here."，第二类是"this A-es"形式。如果 A 不是殊相表达式，它就只能是表达属性的共相名称，比如"red"，我们无法给出就"red is here"中的性质进行区分和再确认的有效标准。因为对任何作为非基本殊相的确认都依赖于对基本殊相的确认，我们不能说"red"本身，而是说"Something red is here."，但是，在这种情况下"something red"已经成为殊相表达式，违背了不诉诸单称词项的要求。另一个缓解办法是将这个陈述的语序对调得到

---

① P. F. Strawson. Singular Terms, Ontology and Identity. Mind, 1956：440.

"Here is A."。这时候 here 完全作为指示词没有表达任何殊相,它的作用与"this A-es"起到的作用一样,都是作为实指活动的信号。斯特劳森认为,类似的表达式还包括了"now""there""sometime""whenever"等一大批时间副词和地点副词。现在的问题也变成:这些指示性副词是否可以作为主语。假使"here is A"可以确认殊相,here 在这里不能被当作确认了殊相,而只能当作确认了地点。但是,时空框架是由基本殊相构成的统一确认系统,框架内的任何地点都不能被单独确认。因此,here 和 now 就不能在不确认该坐标点上的殊相的情况下确认时间和地点,而且,对单纯时间坐标 t 和单纯地点 p 的确认,还面临无法满足确认原则和再确认原则的困难。任何 t 和 p 在不考虑填充它们的殊相对象的情况下,本质上既不能与另外的坐标点 t_1 和 p_1 相互区别,也不能把自己确定为独一无二的 t 和 p。因此,斯特劳森认为"here"这样的表达式"既没有引入词项,也不是逻辑上的主语表达式"[1]。

斯特劳森这个论证的精髓在于:任何不能对殊相做确认指称的语言将根本不能指称任何殊相。或者说,除非有"The thing has attribute A."形式的表达式,否则就不可能有"There is something or other has attribute A."形式的表达式。

第三,单称词项具有提供确认知识的功能。斯特劳森承认他对奎因式人工语言的批评只是说明了这种语言是不可能的,不能说明单称词项在任何语言的经验陈述中占了关键位置。但是,在《单称词与谓词》中,斯特劳森对单称词项在经验陈述中的地位做了说明。他说:"当且仅当说话者所使用的单称词项能够在听话者那里获得同一性,亦即说话者思想中想要通过单称词项提到的那个对象和听话者的经验、知识或觉中的那个对象之间的正确同一性,确认指称的功能才能获得成功。"[2]单称词项之所以具有如此功能,原因在于它作为语句主词表达了说话者的意向,为听话者提供了确认知识,也就是说,在语言使用中,主语的选择反映了说话者想要论述的"话题",也体现了陈述所关注的对象。

---

[1] P. F. Strawson. Individuals: An Essay in Descriptive Metaphysics. London: Methuen and Co., Ltd., 1959: 216.

[2] P. F. Strawson. Singular Term and Predication//Logico-Linguistic Papers, Aldershot: Ashgate, 2004: 48.

因此，主语体现出一种话题的关联性。斯特劳森在《识别指称与真值》中将这个功能总结为相关性原则（principle of relevance）：即主词或逻辑主语体现了会话的中心兴趣和与之相关的话题。因此，出于传达确认知识和明确说话主题的功能需要，单称词项不可能被消除。

概而言之，奎因单称词项消除论的关键是用逻辑变元代替指称表达式。从说明主谓区分的角度看，他的目的无疑要否认 L2，通过将日常语言中的单称词项吸收到谓词中，重新确立 L3，通过在逻辑变元与指称对象之间建立稳定的关系，以更合理的方式巩固命题主词和指称对象之间亦即 L3 和 L4 之间的联系。斯特劳森的回应则表明，奎因的方案是在承认指称表达式与述谓表达式（L2）这一根本前提下进行的，但一旦承认了 L2，奎因的消除工作就变得既无必要，也无可能，归根结底他只是因为没有看到指称表达式在指称活动中所具有的独特作用，也就是没看到 L1 和 L2 之间的紧密联系，才会导致否认 L2 的结果。

如果说斯特劳森与奎因围绕 L2 的争论反映的是日常语言学派和逻辑实证主义两条路线之间的原则对立，斯特劳森与丘奇围绕 L3 的争论反映的则是日常语言学派内部牛津学派和剑桥学派不同分支之间的分歧。根据斯特顿（William R. Striton）的介绍，当代分析哲学家对单称词项理论性质的理解可以历史地划分为两大传统：第一种传统可以称为普遍量化理论（generalized quantification theory）或达米特标准，其支持者包括达米特、怀特（Crispin Wright）和黑尔等；第二种传统可以称为亚里士多德路线或斯特劳森主义（Strawsonianism），代表人物就是斯特劳森和丘奇。[1] 其中，前者的支持者与奎因一样认为日常的单称词项只是语言表达式，真正指称世界中不同事物的是普遍量化式中的约束变元（bound variable）。丘奇和斯特劳森都追随亚里士多德的范畴理论，认为单称词项不仅是语言符号，而且是指称了不同词项的逻辑符号。按照这个理解，主谓区分不仅仅是语法区分，还是具有本体论意义的逻辑区分。也就是说，斯特劳森和丘奇都支持 L2—L4 层次的主谓区分。但是，对于如何解释各个层次及层次间关系，两人的看法不尽

---

[1] William R. Striton. Singular Term, Subject and Predicate. Philosophical Quarterly, 2000, 50 (199): 206.

一致。

丘奇的理论颇为简洁，在进行说明前，我们先给出几个相关的语句：

S3：Peter struck Malchus.
S4：John broke the bank died in misery.
S5：The man who broke the bank died in misery.

我们根据他的理论与前述主谓区分四个层次的关系来进行阐述：

（1）对于L3，丘奇认为"主语"和"谓语"始终都只能被当作语法词项来使用，当我们说这两个词的时候我们是在对"语句"或"陈述"而非"命题"的意义上进行结构分析。因此，L3中的主语-谓语区分只是语法区分，而非逻辑区分。对于主语-谓语之间的关系，丘奇也有自己的看法，他认为："当陈述为真时，谓语随附于（attach to）主语之上，它述谓了主语所代表（stand for）或适用（apply to）的那个东西，或者说对那个东西来说是真的。"[①] 对于主语和谓语与表达对象之间的关系，丘奇进一步解释说，谓语是要做出论断，而主语旨在说明论断是"关于"（about）何物，也就是指明论断对象是什么。丘奇认为对于一个命题可以进行不同的结构分析，谓语就是从命题中抽离主语所剩下的内容，比如在S3中，"Peter"和"Malchus"都可以称为主语，"struck Malchus"和"Peter struck"分别可以称为谓语，其原因在于抽离不同名词性部分做主语不妨碍S3表达相同命题。丘奇的这一解释意味着L3中的主谓区分只是语法区分，因而是相对的、不确定的形式区分，主语与谓语之间存在着有待分析的平衡性。

对于L2，丘奇认为我们应该区分谓语（predicate）和谓词（predicable），其中谓词是非名词性质的表达式，或者是除专名之外的表达式，而谓语则是语句中除了主语之外的语句部分。我们可以认为S4和S5中的"broke the bank died in misery"是相同的谓词，但它们不是相同的谓语，因为它们分别被添加给了不同的主语"John"和"The man

---

[①] Peter T. Geach. Reference and Generality. Ithaca and London：Cornell University Press，1980：49-50.

who"。丘奇强调谓词只是"潜在的谓语"①，我们可以认为 S4 中的"broke"和"died"都是谓词，但它们都不构成独立的谓语，而是统一谓语的一部分。至于名称，丘奇认为它是可以从命名活动中识别的东西，名称和谓语之间是一个绝对的区分。换言之，L2 是一个绝对的语词区分。

对于 L4，丘奇强调名称与对象之间的指称关系不因时间而改变，并且，名称可以由简单命名活动的支持而获得独立性和完全意义，但是，谓词却绝对不可能具有完全意义，因为它不能表明它所断定的对象是哪一个。当它出现在命题中作为谓语时，永远都有一个只能被主语填充的空位。正是这一功能上的区别，才使得名称和谓词有了绝对区分。更具体地说，名称只能作为逻辑主词，不能成为逻辑谓词，亦即词项之间存在着完全性与不完全性的非平衡关系。

丘奇的上述理解，表面上看是用更加直截了当的方式来为亚里士多德辩护，他通过说明 L2 中名称与谓词区分的绝对性（以接受 L1 为既定前提），达到强调 L4 中对象与概念的绝对区分的目的。即便这样做会跳过并牺牲 L3 的逻辑层面的主谓区分，斯特劳森对丘奇肯定 L1 和 L2 的态度都表示认可。他赞同性地引用了丘奇的如下说法："The name of object can…be used as logical subject of an assertion, it can not…be a logical predicate."②。这里，斯特劳森无疑认为丘奇肯定了 L2 中主词与谓词的表达式区分。但是，不得不说斯特劳森的"马屁"有些拍错了地方。丘奇本人明确区分而且强调"谓词"和"谓语"，斯特劳森出于发现理论相似性和一致性的考虑，没有对这两者做严格的实质区分。在他看来，"陈述中除主语外剩余的东西可以被称为 predicate-expression or predicate-term"③。这里，前面的 predicate-expression 属于谓词表达式（L2），后面的"predicate-term"属于谓语（L3）。丘奇在后续的回应和对话中指出了斯特劳森这种对表达式与命题成分加以区分的办法

---

① Peter T. Geach. Reference and Generality. Ithaca and London: Cornell University Press, 1980: 57.
② Peter T. Geach. Subject and Predicate. Mind, 1950, 50 (236): 463.
③ P. F. Strawson. Identifying Reference and Truth-values//Logico-Linguistic Papers. Aldershot: Ashgate, 2004: 66.

(参见本书第五章第一节)。从与亚里士多德主谓区分理论的关系来看，丘奇区分 L2 和 L3 的做法与亚里士多德本人的理解更为接近，在后者看来："动词本身便是个词，并且有一定意义——但是，动词既不表示肯定也不表示否定，它只是在增加某些成分，不定式'是'、'不是'、以及分词'是'才表示某种事实。"① 亚里士多德的这一态度也是丘奇不愿意将 L2 和 L3 混为一谈的理论依据。

斯特劳森的误判还源于他没有意识到丘奇局部接受了摹状词理论。实际上，丘奇所讨论的"logical subject"与他在语言学意义上区分的主语不尽一致。在丘奇看来，接受 L3 是传统逻辑对命题逻辑结构的误解。他说："我们应该拒绝传统词项逻辑，亦即拒绝那种认为词项不是主语就是谓语的看法。"② 丘奇讨论普遍名称如"man"做主语的情况，认为这时候通名是作为二阶谓语（second-order predicate），其意义也是不完整的，它只能被当作"being a man..."被添加给作为真正语句谓词的一阶谓词才能构成命题的真正谓语。只有在单称名词作为语句主词的情况下，我们才可以认为语句语法结构与命题逻辑结构是一致的，"逻辑主语"才等同于"主语"。

斯特劳森的批评关注的是丘奇对 L3 的解释，他认为将主语与对象的关系理解为"代表"和"关于"有待解释，因为丘奇引入这两个概念的方式是下定义，这就使它们只能互相解释而不能说明实质性区别。斯特劳森进一步认为，丘奇对主谓区分的理解一方面是狭隘的，另一方面则未加解释。前者表现在仅仅把 L3 当作语法区分，后者表现为没有说明词项引入方式的区别。遗憾的是，他在这里继续把"代表"和"关于"关系当作丘奇理论中"主语"和"对象"之间的关系。但丘奇的"主语"却不具有斯特劳森所强调的逻辑功能和意义，而丘奇强调的"逻辑主语"或名称与对象的"命名"关系则完全被忽视。而且，无论斯特劳森的批评奏效与否，他自己很快就倒向了这个由拉姆塞强调，也被丘奇坚持的论点。在 1964 年的论文《识别指称与真值》中，斯特劳森提出"相关性原则"时毫不掩饰地指出："陈述或者陈述所从属的话

---

① 亚里士多德全集：第一卷. 北京：中国人民大学出版社，1990：51.
② Peter T. Geach. Reference and Generality. Ithaca and London：Cornell University Press，1980：60.

语片段，不仅在相对严格的逻辑和语法的意义上，而且在我将与'话题'和'关于'等词相关的模糊意义上是有主语的。"① 这里，斯特劳森明显是认为主语具有话题相关性。

鉴于斯特劳森对丘奇理论的整体误读，我们暂不讨论他的论证细节，但其整体策略还是清楚的。按照丘奇将 L3 当作纯粹语法区分的做法，一方面，语法的"代表"关系无法进一步说明"命名"活动如何使得表达式区分被进一步解释为与对象之间的区分，从而无法建立 L2 和 L4 之间的逻辑联系；另一方面，将 L3 限制为语法区分，通过量化分析的方法明确命题逻辑结构的方法，是作为传统逻辑支持者的斯特劳森所无法接受的。

按照斯特劳森捍卫传统理论的整体策略，丘奇对 L3 给出语法解释的同时局部接受了摹状词分析，类似于奎因对 L2 的处理，不同在于，丘奇想用排除语法结构和说明逻辑结构的方法来捍卫 L3，而奎因则是在排除单称词项后引入逻辑变元来捍卫 L2。从斯特劳森的立场来看，他们无疑各自拒绝了主谓区分四个层次的部分内容，但就实际效果看，两人都是以局部接受摹状词分析方法，变向维护了 L1—L4。如果丘奇和奎因通过量化分析的策略不可取，是否能够在传统逻辑的范围内为主谓区分四个层次的统一性辩护呢？

斯特劳森认为这种分析是可能的。如果我们承认主词和谓词都是引入词项，那无疑是接受了 L3，在此基础上，如果我们把 L1 中关于指称-述谓的不同表达式联系起来，就会得到"指称某物和断定某物"，"提到某物和把某物赋予它"，这种结合就会形成可以被 L3 所区分的命题，比如"苏格拉底（指称功能）是聪明的（断定功能）"。因此，L1 中的功能区分对于构成 L3 的命题起到的作用就是引入词项，但是，指称与描述的区分意味着引入词项的风格或方式是不一样的。其中，指称某物意味着明确"话题"或者"对象"，而描述则意味着以断定式风格或命题式风格将"词项放入具有真值的东西之中"②。斯特劳森虽然认

---

① P. F. Strawson. Identifying Reference and Truth-values//Logico-Linguistic Papers. Aldershot: Ashgate, 2004: 69.

② P. F. Strawson. Individuals: An Essay in Descriptive Metaphysics. London: Methuen and Co., Ltd., 1959: 150.

为引入风格的不同不足以说明履行指称功能的一定是主语表达式，而履行断定任务的一定是谓语表达式，但是他认为日常分别履行指称和描述功能的名称与动词、形容词、关系词等语法区分可以作为有效的提示，使得我们可以认为进行指称的主词就是典型的命题主语，进行断定的谓词就是命题谓语。由此，在承认 L1 和 L2 的既有联系的基础上，L2 和 L3 得以联系起来。

斯特劳森固然强调引入风格的区别，但他对指称性引入和断定性引入词项的区分，相当程度上是为了重述亚里士多德"述谓"与"被述谓"的区分。奎因对量化变元和逻辑常项所做的区别，丘奇对名称与谓词及主语与谓语的区分，本质上也是要在形式逻辑的背景下重构亚里士多德的区分。奎因和丘奇这两位哲学家的处理相当程度上是受到了弗雷格区分对象和概念的启发。因此，斯特劳森极力强调它有关命题风格的区分与弗雷格所做区分的一致性。在他看来，弗雷格区分出对象与概念，本质上是要强调构造概念文字所提出的区分"判断"和"判断内容"的区别。在这个意义上，我们可以认为 L4 与前面三个层次是紧密联系的。

至此，我们已经说明，斯特劳森是如何从语法区分的角度为亚里士多德主义的传统观点辩护。从具体策略上看，斯特劳森主要是通过对奎因和丘奇的批评，强调主谓区分四个层次的重要性和层次之间的关联性，从而论证 L1—14 的整体性。在与奎因的对话中，斯特劳森强调 L1 的功能作用、L2 的不可通约性以及 L2 和 L3 的关联性。在与丘奇的对话中，斯特劳森强调了 L3 的逻辑性质以及 L2 与 L4 的关联性。总体来说，斯特劳森想要辩护的是一个综合性的主谓区分，其中，功能层次的指称-描述区分是理论前提，表达式层次的主词-谓词和逻辑层次的主语-谓语区分是主要内容，而范畴层次的对象-概念层次为最终依据。更简洁地说，斯特劳森的主谓区分是以功能区分所表现的，兼具语法-逻辑维度的形而上学（范畴）区分。这里，我们依据弗雷德里克所总结的"语法解释"概念做如下概括：

> 语法解释：单称述谓（singular prediction）是由两个表达式构成的语句。每一个表达式都指称一个对象（entity）。它们以命题性风格——亦即可以表达某个能够为真或者为假的东西的方式——结

合在一起。其中，主语是名词或名词性语词，指称实体对象（entity in the substantive style）；谓语是动词或者动词性语词，指称语词对象（entity in the verbal style）。①

对斯特劳森来说，目前这个语法区分不能完全令人满意，它最多描绘了主谓区分的部分基本图景，解释了亚里士多德传统观点的逻辑方面，却未能对其范畴方面做充分说明。从我们的论证过程来看，不完整性表现为两个有待解决的问题：(1) L4 没有得到清晰解释，它与前面三个层次的关系也不够清楚。弗雷格区分对象和概念的本意不仅是要区分判断的形式和内容，还有着鲜明的反心理主义的目的。要说明 L4，像语法标准那样只讨论词项引入方式，忽略对词项所引入对象的分析是不可靠的。(2) 丘奇对 L3 的确定性的质疑也未能得到有效处理。语法标准不能彻底说明为什么名称和名词性短语应该成为命题主语。

这两个问题在拉姆塞对罗素的批评中表现得更加明显。对于罗素有关"殊相-共相区分是依据主谓区分的终极区分"的论断，拉姆塞针锋相对地指出："在命题的主语和谓语之间不存在根本区分，也不能以此为基础提出任何有关对象的基本区分。"② 斯特劳森将拉姆塞的这一激进立场称为主谓区分的怀疑主义。在具体讨论拉姆塞的批评意见之前，我们也给出三个重要例句：

S6：Socrates is wise.

S7：Wisdom is the characteristic of Socrates.

S8：Either Socrates is wise or Plato is foolish.

拉姆塞认为 S6 和 S7 表达了相同命题。两者之间只存在文字风格，或者接近对象的兴趣不同的问题。如果对苏格拉底感兴趣，我们会说 S6；如果对"智慧"感兴趣，我们则会说 S7。他进一步认为主谓区分只是 S6 和 S7 这种原子语句的语言特征。在 S8 这种包含逻辑联结词的复杂语句中，我们无法做出主谓区分。如果我们认为"苏格拉底"是主语，谓语"is wise or Plato is foolish"是关系结构，对它进行解释需要引入

---

① Danny Frederick. P. F. Strawson on Predication. Polish Journal of Philosophy, 2011, V (1)：40.

② Frank Ramsey. Universals. Mind, 1925, 34 (136)：404.

复杂共相，但这会使得这个理论过于琐碎或者是无意义，因而不可取。到此为止，拉姆塞就主谓区分的相对性的理解与丘奇并无本质区别。

拉姆塞的独特之处在于他为否认 L3 所提供的论证。在他看来，我们接受主谓区分的最重要的原因来自构造命题函项所造成的想象困难。罗素将命题标准逻辑形式定义为 F(x)，其中 F 表示常项，x 表示变元。但是，塞拉斯认为，即便承认 F(x) 的形式，却并不因此就必须认为"x"代表对象或变元，而"F"表示的是性质或共相，也不必接受 F(x) 背后的本体论意蕴。他的初步理由是，命题的逻辑结构与语句的语法结构一样是相对的。我们可以让 F 指称对象，作为变元，让 x 作为常项，构造 x (F) 作为命题的标准逻辑结构。拉姆塞这一看法来源于他接受了维特根斯坦将经验命题当作复杂命题的看法。在维特根斯坦那里，我们实际上不认识任何对象和原子命题，认为它们是由其他命题所预设的。"因此，我们所感觉到的那种区分是有关两个不完全符号，或者逻辑构造的区分，我们不能不经研究就认为存在着和对应的对象名称的区分。"① 拉姆塞据此认为，像 S6 根本就不是一个关于对象的命题。"苏格拉底"和"聪明"也不是对象的名称，而是不完全符号。

拉姆塞提到的另一个原因是语言约定的作用。当我们使用任何表达式"x"时，由于语言约定的作用，我们会讨论"'x'的意义"。这时，出于简化思维的考虑，设想"x"是一个独一无二的东西要比设想它是由几个对象构成的复杂对象更简单。为了消除语言约定所造成的混乱，拉姆塞提议将罗素有关摹状词出现方式的区分推进到实践领域。他说："基本出现与次要出现的区别不仅展示了逻辑必要性，对于实践来说也是有效的。"② 具体来说，"对于非完全符号来说，基本出现与非基本出现之间，名词和形容词之间的区分并不是基本的。并且，名词只是在我们没有发现的基本出现和次要出现之间进行的逻辑构造。因此，作为名词不是客观性质，而是一个主观性质。在这个意义上，它不依赖于任何个别心灵，而是依赖于所有人类心灵和目的的共同要素"③。

必须指出，拉姆塞论证的关键是说明名词并不是完全记号，因此，

---

① Frank Ramsey. Universals. Mind，1925，34 (136)：410.
② 同①413.
③ 同①413.

不存在罗素所设想的那种在主语与谓语之间的完全性和非完全性的区分。如果罗素接受了摹状词"主要出现"和"次要出现"的区分，就不应该奢望还有任何单独的完全符号。根据维特根斯坦的说法，在原子事实中对象可以不经中介而彼此联结。那么所有出现在命题中的符号都只是不完全记号，而不是作为完整记号的名称。因此，"q 刻画 a"和"a 是 q"实际上是一回事，区别仅仅在于语法合式问题。

拉姆塞进一步认为，将命题区分为变项和常项的根源在于数理逻辑过于重视类和关系的范围的外延性特征。一旦我们用变项代替了单称词项，命题函项的剩余部分就可以定义一个类，不管是填入 F() 的语言符号是不完全符号还是名词，都不会影响命题的范围和定义。因此，数理逻辑只关心函项作为类定义的功能，而不需要区分这两种功能。因为这种区分在哲学上固然是极为重要的，但区分它们却不会在类中发现任何对应的区别。所以，某些 F() 是不完全的、不独立的，为了不必要的麻烦，所有的 F() 都看作相似的，唯一的解决办法就是让所有的 F() 都是不独立的。

如果拉姆塞的批评意见被采纳，主语-谓语的逻辑区分 L3 作为客观逻辑区分的地位就不再可靠，因为它是人为的逻辑构造的结果；由于所有表达式都只是不完全记号，也就不存在主语表达式和谓语表达式的区分，L2 也将被否定。以此为依据，拉姆塞认为，包括罗素本人在内的所有哲学家对 L4 的理解没有任何依据。他们不过是受到语言误导的结果，换言之，"有关殊相-共相区分的整个理论，不过是错误地将语言的特征当成了逻辑特征"①，拉姆塞还引入怀特海对名称的分析，以更加直接的方式否认了 L4。我们知道，罗素之所以认为主语具有完全性，其根本原因在于它指称了具体的经验对象，而按照怀特海的理解，物质物体这个"真正的亚里士多德式形容词"，本质上是它所在的事件的形容词。当一个物质物体 A 以基本方式出现在某个事件中时，我们可以说"A 在 E 中"，当我们说"A 是红的"时候，命题的逻辑结构可以被刻画为："对于所有的 E，A 在 E 中意味着红性（redness）在 E 中。"怀特海的用意在于强调我们称为物质物体的东西不过是过程事物。拉姆

---

① Frank Ramsey. Universals. Mind, 1925, 34 (136): 405.

塞显然是接受了这一本体论论断，这使得他认为世界中根本不存在真正的殊相，也自然不存在任何殊相-共相区分。

概言之，拉姆塞否认 L4 的理由包括：(1) 语言-逻辑原因，亦即主谓区分是逻辑构造的产物，不是自然的客观区分，因而不能成为 L4 的语言-逻辑证据；(2) 本体论原因，即不存在客观殊相，因而也就不存在殊相-共相区分。针对拉姆塞的这两条理由，斯特劳森分别在《个体：论描述的形而上学》第五章第二部分和第六章第一部分给出了回应。这里，我们先讨论主谓区分的语言-逻辑方面，然后再讨论本体论方面的问题。

要驳斥拉姆塞的第一个理由，首先需要说明 L3 的逻辑地位。在斯特劳森看来，即便语法-逻辑的主谓区分未必能够为殊相-共相区分提供相应的基础，但它至少是可靠的。即便承认主谓区分只是约定性的，也不应忽略约定的权威："任何约定必须通过长时间的观察才能获得影响力，而且最终会成为万物秩序中的一部分，甚至是表达了真理或必然性。"[①] 更重要的是，仅仅承认 L4 在理论上会显得过于单薄。"试图根据主谓区分去发现殊相-共相区分，这可能真的错了。但认为主谓区分可以独立地被解释为殊相-共相区分，这也可能错了。"[②] 斯特劳森倾向于认为虽然语法区分有它的局限性，比如不能解释 L3 中出现的相对性问题，但它在自然语言范围内至少是适用的，或者说它至少反映了具有普遍性的约定事实。对于说明殊相-共相的区分，它也至少提供了必要的经验证据。

根据语法逻辑区分 L3 推论出范畴区分 L4 是否就是错误的呢？不得不指出的是，拉姆塞对罗素论证策略的这个诊断本身是错误的。罗素的策略并非根据语法-逻辑区分推论得出范畴区分，而是以殊相-共相区分为既定形而上学的信念，通过诉诸摹状词分析来寻求逻辑证据。对此，罗素在论文《共相与殊相》中说得很清楚："关于事物和它们的性质的常识概念是主词和谓词概念的来源，也是为什么语言在如此大的程

---

① P. F. Strawson. Individuals: An Essay in Descriptive Metaphysics. London: Methuen and Co., Ltd., 1959: 164.
② 同①161.

度上依赖于这个概念的理由。"① 由此可知，范畴区分是语法区分的基础，而不是像拉姆塞所设想的那种情况。斯特劳森也采用了罗素的策略，认为要充分论证 L4，就必须不仅诉诸引入词项的方式的区别，而且要考察引入词项在类型上的区别。斯特劳森还认为，拉姆塞论证的另一个策略在于过度关注主谓区分的不确定性，致力于讨论殊相作为谓语的可能性和主谓平衡性，从而否认传统观点中"殊相不能成为谓语"的论断，反而忽略了对"殊相能够作为主语"的原因进行正面分析。

作为对拉姆塞的进一步回应，斯特劳森提出，可以用范畴区分来说明 L4。为了理解斯特劳森的范畴区分标准，首先要弄清他对"范畴"的理解。从理论渊源看，斯特劳森的"范畴"概念是对亚里士多德和康德就这一概念两种理解的综合。在亚里士多德那里，范畴是代表对象的形而上学概念，他认为："实在的种类刚好和范畴的种类相同，因为范畴有多少类，'存在'就有多少类。"② 在康德看来，范畴是表现先天认识原则的认识论概念，它作为"纯粹知性的主干概念"③，作用在于将感性认识提供的杂多表象进行贯通、想象和综合后产生经验知识。斯特劳森接受了亚里士多德将范畴理解为指向对象的"概念"（concept）而非具有内涵意义的"观念"（conception）④，也接受他将范畴分为实体（殊相）和属性（共相）两个大类的"二分法"，在此基础上，斯特劳森在对康德的认识论理解中抽取了概念作为"综合原则"的功能，但否认它是具有心理主义色彩的认识能力，拒绝康德对概念类型的"三分法"。两相结合，斯特劳森提出了作为区分对象类型的逻辑原则的"范畴"概念，并且将它们区分为殊相和共相两个基本类型。

将范畴当作区分对象类型的逻辑原则究竟意味着什么呢？斯特劳森认为，范畴作为区分原则，意味着它可以作为"聚合其他词项的原则"（principle of collections of other terms），即当范畴与其他范畴以恰当方式聚合起来时，能以断定性的方式构成一个真命题，在这个意义上，命

---

① 伯特兰·罗素. 逻辑与知识. 苑莉均，译. 北京：商务印书馆，1996：182.
② 亚里士多德全集：第七卷. 北京：中国人民大学出版社，2009：94.
③ 伊曼纽尔·康德. 纯粹理性批判. 邓晓芒，译. 杨祖陶，校. 北京：人民出版社，2004：73.
④ David Wiggins. Sameness and Substance Renewed. Cambridge：Cambridge University Press，2001：10.

题只是断定联结（assertive tie）。虽然在共相和殊相之间建立联结的方式包括了殊相聚合殊相、殊相聚合共相和共相聚合共相等三种情况，但是，第一、第三种情况不涉及对殊相和共相的区分，我们只需要考虑殊相联结共相的情况是否体现了主谓区分。斯特劳森认为共相可以区分为类共相（sortal universal）和特征共相（characterizing universal）两个基本类型，根据这个区分，斯特劳森列出了三种聚合共相和殊相的断定联结。

（1）例示某物（instances something as such and such）。比如在"菲多是一条狗"中，作为个体动物的"菲多"就例示了共相"狗"或者"狗"的概念。

（2）刻画某物（character a subject as such and such）。比如在"苏格拉底是聪明的"中，特征"聪明"刻画了某个叫"苏格拉底"的人。

（3）归属某物（attribute something to something else）。比如，在"苏格拉底是柏拉图的老师"中，谓语"柏拉图的老师"中的"柏拉图"是归属于"老师"的。

斯特劳森通过说明上述三种聚合词项的方式来说明L4。其中，（1）中的例示联结是类共相聚合殊相构造的表示"——是——的例示"的命题。其中，类共相区分并统计它们所聚合的殊相，但并不提供任何方法可供实现殊相的个体化。通常来说，这种共相是被表达式中的通名引入的（比如"狗"），例示关系可以表示为"X is instantially tied to y."（x和y中任意一个为殊相），或者"Y is an instance of y."（x是殊相，y是共相）。

（2）中的特征联结是特征共相聚合殊相构造的表示"——是——的特征"的命题。这里的特征共相的作用是划分（group）和统计由（1）中的例示方法给出的可区分的殊相，通常是引入动词（比如"smile"）和形容词（比如"angry"）等，这些共相例示关系可以表示为"X is joined by characterizing tied to y."（x和y中任意一个为殊相），或者"Y is characterized by y."（x是殊相，y是共相）。

（3）中的归属联结是殊相聚合殊相构造的表示"——是归属给——"的命题。这类联结之所以出现，是因为共相可以进一步被其他共相划分，比如"老师"可以进一步被刻画为"数学老师"；它们同时也可以被殊相进一步刻画，比如"老师"也可以被刻画为"柏拉图的老师"。换言之，特征共相和殊相都能够提供划分和统计功能。在这种情况下，归属联结是由带有专名的合成词、复杂表达式或从句等引入。归属关系可以表示为"X is attributively tied to y."（x 和 y 中任意一个为殊相），或者"Y is attributed by y."（x 是殊相，y 是共相）。

　　斯特劳森认为，如果我们对第一、第二种聚合词项的方式进行类比，就很容易得到 x 和 y 之间的述谓关系。他说："'y 述谓了 x'（y is predicated of x）这句话的初始意义是：x 是以作为 y 的例示，或者被 y 刻画的方式，被断定为非关系地与 y 联结在一起。"根据我们对"——是——的例示"和"——是——的特征"的解释，这就意味着"共相可以断定殊相，但殊相不能断定共相"①。进一步地，如果我们把殊相与共相之间的"例示"和"刻画"统一当作个例与种之间的关系，那么，不同种类的共相与共相之间的关系也可以理解为同一个属中的不同种和属本身的关系，因此，我们也可以认为共相与共相之间存在着某种类似的"例示"和"刻画"，这也就解决了共相为什么可以成为主语的问题。接下来，只要我们稍微扩展"y 述谓了 x"的意义，允许殊相作为被归属性地添加到第三种聚合词项中的归属联结，就能说明殊相可以成为被断定内容的一部分，同时也能说明为什么殊相不能被断定。至此，我们就在不考虑传统观点的前三个层次的情况下，通过考察殊相-共相结合对象的方式证明了 L4 是合理的。这里，我们仍然依据弗雷德里克所总结的"范畴解释"对斯特劳森的范畴标准做如下概括：

　　　　范畴解释：最基本的单称陈述是一个像"苏格拉底是聪明的"这样的语句，该语句包含了一个指称时-空殊相的表达式，它被命题性地与指称了该殊相的共相属性的表达式结合起来。当且仅当该殊相例示了这个属性，这个语句才能为真。②

　　斯特劳森认为，语法标准与范畴标准是两种彼此独立的解释。前者

---

① P. F. Strawson. Individuals: An Essay in Descriptive Metaphysics. London: Methuen and Co., Ltd., 1959: 164, 171.
② Danny Frederick. P. F. Strawson on Predication. Polish Journal of Philosophy, 2011, V(1): 42.

诉诸引入对象的方式,而后者则诉诸引入对象的类型,分别解释传统观点中的逻辑方面和语法方面。但是,这并不意味着范畴标准不会推进对传统观点的论证。由于范畴标准说明了为何殊相不能被断定,丘奇对L3的怀疑就可以得到局部解决。一旦证明了L4的合理性,根据它相对于L1-L3的基本性,它们也被间接地得到确证。由此,至少从正面论证的角度看,拉姆塞的怀疑可以得到答复。与此同时,我们也必须注意到,目前的这个论证仍然不是完整的,它在相当程度上沿着亚里士多德的思路重述了传统观点,却对于我们最开始提出的,存在于亚里士多德工具论和范畴论中的理论裂痕,没有做出实质性修补,同样地,它也没有从本体论角度回应拉姆塞的指责。对于这些问题,后面我们再讨论。

(二) 主谓区分的依据

斯特劳森提出语法标准和范畴标准的主要目的是描述概念图式的基本结构,说明它是以主谓区分所表现的殊相-共相结构。按照描述形而上学的展开路径,这一纯粹描述性工作只是反映了概念图式的实际运作方式,却没有反映其背后的理论基础。要进一步揭示概念图式的逻辑结构,需要解释为什么它具有如此这般的语法-逻辑特征。更具体地说,解释工作一方面需要明确两条独立的标准之间有着怎样的理论联系,另一方面也要说明主语作为表达殊相的基本语言单位的理论根据。

斯特劳森在《个体:论描述的形而上学》第六章分别依据"将殊相引入命题"和"将殊相引入话语"两个主题,就概念图式具有的主语-谓语(殊相-共相)结构做出了解释。其中,命题引入处理的核心问题是"引入殊相的单称命题如何可能",策略是寻找能够表现语法标准和范畴标准之间契合(correspondence)关系的综合性标准,通过对这条标准的解释说明命题范围内的主谓(殊相-共相)区分,亦即命题中主语与谓语之间的区分是以经验事实的预设为依据;话语引入处理的核心问题是"人类语言中的殊相概念何以可能",其所采用的策略是通过解释预设经验事实的理论语句,说明一般性殊相概念出现在人类话语中的概念条件。斯特劳森认为,这两条路径不仅彼此独立,而且是在不同的层面发挥作用。相对而言，有关命题引入的讨论包含了经验解释的思想精华，有关话语引入的讨论则可以被看作对命题引入问题的拓展。

我们来看有关命题引入的经验解释。首先需要指出，斯特劳森相当程度上是将"引入"（introduction）当作宽泛意义上"指称"的同义词，只是因为《个体：论描述的形而上学》下半部分不仅涉及对殊相对象的指称，同时也涉及对类、性质、关系等普遍词项的指称，斯特劳森才改用"引入"替代适用范围更窄的"确认"概念。斯特劳森的讨论以如下两个命题之间的区别为起点：

S9：John smokes.

S10：Generosity is a virtue.

这里的 S9、S10 分别是以引入殊相的单称词项和引入共相的普遍词项起首的陈述。斯特劳森认为，它们的区别在于：当谈论 S9 所引入的某个具体的人"约翰"时，我们必须考虑约翰是否存在这个特定的经验事实，只有在经验命题"John exists."或"There is a person called John."为真的情况下，理智的说话者才会说出 S9。因此，存在特定经验事实，或者作为语句预设的经验命题为真是我们引入殊相的必要条件。但是，对于引入 S10 中的共相属性"慷慨"，这样的条件却并非必不可少。首先，类似于 S9 的预设命题"Something generous exists."或"There is something generous."不构成表达经验内容的预设命题。在提供相反经验证据的命题"There is nothing generous."为真的情况下，我们仍然可以说出并断定 S10 为真。一个可能的解决办法是将正反两方面命题进行析取，认为"There is nothing generous or there is something generous."是预设命题，但是这个语句是重言式，本身不具有任何经验成分，不满足表达经验事实的条件。其次，即使接受"There is something generous."是预设命题，它也不能发挥预设作用。因为这个命题是一个表达不确定事实的命题，我们不能在相关的世界事实中找到具体什么东西是慷慨的，为命题提供经验事实的目的无法实现。最后，共相引入不依赖预设命题的真值，而是依赖于共相概念本身所具有的意义。对于引入共相，"所必需的一切是，使用者应当知道这些表达式意味着什么，而不是它们根据某些经验命题的真值而获得这些表达式的意义"①。或者说，"知道共相是什么，并不以同样的方式知道指称了经验事实，它只意味着知道了语言"②。斯特劳森认为 S9、S10 之间有关引入共相和殊相之间的区别，与 S9 中主语引入殊相和谓语引入共相的区别本质上是一样的，说明了前者，也就说明了单称述谓内部引入殊相和引入共相所需条件的区别。

根据殊相和共相在引入过程中与事实关系的不同，斯特劳森提出了一条新的"间接标准"，我们仍然根据弗雷德里克的表述，将这条主谓区分标准刻画为间接解释（mediating account）。

> 间接解释：在单称述谓中，主语是作为缩略命题的表达式，它以预设经验命题的方式确认对象；谓语虽然也是作为缩略命题的表达式，但它不以预设经验命题的方式确认对象。③

斯特劳森认为间接标准是一条更具普遍性和解释力的标准，因为它体现了语法标准和范畴标准之间的契合关系。在他看来，罗素曾经使用的"完全性"（completeness）概念是对契合关系的有效总结。在间接解释中，完全性是根据预设关系区分表达式类型的标准，由于主语以预设经验命题的方式引入对象，因而就是完整的，谓语不以预设经验命题的方式确认对象，因而是不完整的。

斯特劳森把间接标准提供的完全-不完全标准当作发现、解释语法标准和范畴标准的契合性的有效手段。根据语法标准的要求，谓语表达式是以断定方式引入对象，它本身必须和特定对象结合起来才构成一个完整的命题，因而谓语是不完全的，而根据间接标准，谓语没有预设经验事实，它必须与预设经验事实的主语结合起来才能构造出有意义的经验命题，从而也不能被看作完全的。因此，在语法标准和间接标准中，谓语都是不完全的。将语法标准纳入间接标准不仅"使新标准和语法标

---

① P. F. Strawson. Individuals: An Essay in Descriptive Metaphysics. London: Methuen and Co., Ltd., 1959: 185.
② 同①.
③ Danny Frederick. P. F. Strawson on Predication. Polish Journal of Philosophy, 2011, V(1): 42.

准达成了完美的和谐"①，而且揭示了语法层面的完全-不完全区分，还对弗雷格有关主语和谓语之间存在饱和与非饱和之分的隐喻的深层含义有了新的认识。

在语法标准之外，由间接标准所提供的完全性概念也可以实现统一间接标准与范畴标准的目的。对此，斯特劳森给出了两条理由。首先，根据间接标准的要求，引入殊相的表达式绝对不可能是不完全的，由于做出了经验预设，主语不可能成为谓语，这一点符合范畴标准强调主语引入殊相，谓语引入共相且殊相不能作为谓语的理论要求。其次，根据间接标准，引入共相的谓语本身是不完全的，但那些充当谓词的摹状词却可以作为主语，这满足了范畴标准中共相可以作为主语的要求。两个事实共同表明，间接标准与范畴标准是一致的。

斯特劳森认为语法标准与间接标准之间，以及范畴标准与间接标准之间各自有着内在的一致性，体现了语法标准与范畴标准之间的相似性和契合关系，正是因为这两个标准内部的理论同质关系，才使得间接标准成为可能。进一步地，语法标准与范畴标准之间的契合关系为传统观点提供了理论支持，按照布朗的看法，证明了契合关系也就等于为传统观点提供了辩护。他说："如果我们能够找到并解释这些标准之间的契合关系，我们就对认为殊相只能在话语中作为主语而不能作为谓语，而共相则既可以是主语又能是谓语的传统观点提供了一个辩护理由。"② 按照斯特劳森本人的说法，得到证明的契合关系的作用就在于，解释或者至少有助于解释共相与殊相、指称与描述以及主语与谓语之间业已存在的长久联系。

斯特劳森对契合关系的论证有着极为重大的理论意义。首先，契合关系的存在不仅使得更具普遍性的间接标准变成比范畴标准和主谓标准更为重要，而且意味着主谓区分四个层次中的 L1—L4 是一个完整的主谓区分系统，亦即主谓系统是一个集功能、语法、逻辑和范畴等诸维度为一体的融贯系统。更重要的是，包含四个层次的主谓区分的融贯性，不仅肯定了主谓系统的各个层次之间除了细节上的区别之外，没有根本

---

① P. F. Strawson. Individuals: An Essay in Descriptive Metaphysics. London: Methuen and Co., Ltd., 1959: 188.

② Clifford Brown. Peter Strawson. Stocksfield: Acumen, 2006: 79.

的矛盾和冲突，而且表明了亚里士多德的范畴论和工具论是融贯的，两者之间不存在理论断裂和根本矛盾。有关这一点，在后期的论文中，斯特劳森交代得很清楚。

虽然间接标准和完全性概念有着统一解释主谓区分的作用，但是，斯特劳森仍然清醒地认识到他对于这条标准的解释还相当有限。尤其是标准所倚重的"完全性"概念仍然是模糊的。按照前面的解释，说引入殊相的主语是完全的，就意味着它代表或表征了事实，或预设、呈现或携带了命题。但这些说法都显得有些可疑。斯特劳森认为真正的解释需要说明，事实与命题之间有着怎样的关系，或者说表达式如何确定事实。归根结底，解释需要对预设关系以及如何发挥作用做进一步阐释。

那么，《个体：论描述的形而上学》究竟对预设有着怎样的规定呢？斯特劳森的阐释集中在下面三个方面：

（1）预设功能的语用说明。斯特劳森延续了在语义解释中将预设当作特定真值条件的立场，认为预设是陈述特定经验事实的真命题。那么，对于预设的经验事实是什么呢？斯特劳森说："预设的事实是正好有一个人或物，他或它承担了这个名称，又是由目前这个名称所指称。"① 按照这一理解，说话者做出预设是在会话环境中恰好有特定经验事实的语境中进行的，这种"事实在先"的语境规定了预设只能为真而不能为假。但是，做出预设除了陈述"存在某物"外，更重要的是表明被预设对象就是说话者心中所想到的那个对象，由于表达式是说话者公开意向的语言工具，要表明意向关系就必须使得预设对象是对应说话者所使用表达式的对象，亦即预设虽然做出了存在陈述，但其主要功能是说明表达式与会话语境中特定表达式的对应关系。

（2）专名的簇摹状词解释。如果有人说出"苏格拉底是聪明的"，那么它的预设命题是"有个叫苏格拉底的人"。斯特劳森认为，当我们把这个陈述当作预设命题时，说话者和听话者心中都可以有一个关于苏格拉底的经验事实，但这两个事实不必是相同的。说话者认为"有个叫苏格拉底的人"时，他想到的是"柏拉图的老师"，听话者想到的可能

---

① P. F. Strawson. Individuals: An Essay in Descriptive Metaphysics. London: Methuen and Co., Ltd., 1959: 190.

是"雅典的哲学家"。但这不妨碍他们知道"苏格拉底"是谁,也不妨碍他们通过理解"苏格拉底是聪明的"达成交流。这里,斯特劳森接受了专名与摹状词之间的对应关系,虽然她解释为语用关系或理解关系,而非逻辑关系或判断关系,但斯特劳森终究是认可了将专名解释或分析为摹状词。此外,斯特劳森认为专名与摹状词之间不是一对一的投射,而是一个专名可以对应多个摹状词,给出一个专名的充分描述就是给出包含与之相关的摹状词的"命题集合"。塞尔根据他的这一思想,认为专名只是"挂钩",它实际上对应了一簇开放的摹状词。[①] 塞尔的这个理论被称为簇摹状词理论,斯特劳森无疑是塞尔理论的开创者。

(3) 预设命题的层次性结构。斯特劳森曾经认为把经验语句的主词与存在直接结合起来就能产生"x exist"形式的预设语句,但是,他在《个体:论描述的形而上学》中改变了这一看法,转而认为存在陈述是层层预设后得到的最终成果:"如果我们经过连续的预设,我们肯定会达到终点。但我们不可能认为,这样的终点必须或能够是一蹴而就的。"斯特劳森还认为,经过层层预设的最终语句的最简单形式是"There is just one so-and-so there."。在这个句子中,"so-and-so"没有引入任何殊相,而是整个语句作为真题引入了具有"so-and-so"特征的殊相。

这里需要解释的问题是,通常而言,我们把"so-and-so"当作特定殊相的名称,为什么它在预设命题"There is just one so-and-so there."中没有引入殊相呢?按照我们前面有关量化语句的分析,如果语言中不存在"so-and-so"形式的殊相表达式,带有明显量词符号的预设语句根本就不可能存在。这里如果我们认为先有"there is…"形式的预设语句,然后才能引入殊相,也会导致循环论证。斯特劳森认为,经过连续预设得到的预设语句只是适用于特定语境中引入殊相的情况,它充当的是会话条件。如果我们需要在一个更广泛的层次说明为何预设语句中的"so-and-so"没有引入殊相,就需要扩大讨论范围,在考察我们如何将殊相概念引入话语的背景下给予进一步说明。

在话语中引入殊相涉及的是将一般性殊相(particular in general)

[①] John Searle. Proper Name. Mind, 1958, 67 (266): 166-173.

或殊相种类（kinds of particular）引入自然语言，也就是将殊相概念引入语言。与在命题中引入个别殊相类似，斯特劳森认为将殊相概念引入话语也应该有类似的预设条件，而且这种预设必须是有关特定类型的经验事实的预设，而不是个别特定经验事实的预设。提出这种预设命题或语句需要满足两个条件：首先，预设语句不能带有量化结构或者量词符号，因为任何量词的使用都标志着对具体经验事实，而不是对有关经验概念的预设，如果说有关经验事实的预设的最简单形式是"There is just one so-and-so there."，预设概念类型的语句就应该是去掉量词"just one"后的语句"There is so-and-so there."；其次，预设语句中不能包含类共相和特征化共相的概念，这是因为我们要引入的概念本身就是共相，而共相的主要类型就是类共相和特征化共相，如果预设命题中的"so-and-so"是这两类中的任意一种，预设语句本身就已经引入了共相，而不是对共相概念的引入做出了预设。因此，我们必须找到特殊的"so-and-so"概念填入预设语句，并对它们的功能做出严格规定。

究竟哪些概念是共相概念，但本身既不是特征概念也不是类概念呢？必须首先肯定，这些表示殊相类型的概念必定是可以出现在主语位置的共相概念，而这类概念的典型代表是名词或名词性表达式。斯特劳森在《殊相与共相》一文中提出了名词的三种类型：

（a）用来命名物质对象的物质名称（material-name），如 god、water、music 等。

（b）命名实体对象的实体名称（substance-name），如 man、apple。

（c）命名性质或属性的性质-属性名称（quality or property-name），如 redness、roundness、anger 等。

非常明显，（b）中的实体名称和（c）中的性质-属性名称分别对应了类型共相和特征化共相，只有（a）中的物质名称是特殊的共相概念。斯特劳森认为这类物质名称是用来代替"so-and-so"的恰当概念，因为它们既不是类共相，也不是特征共相。以概念"water"为例，它没有提供任何对殊相进行区分、统计和再确认的原则，我们只能说"水量"（quantity of water）是类共相，它起到了与（b）中的"apple"类似地作为区分原则的类共相的作用，但"water"本身却不具有成为类共相的资格，虽然通过添加小品词或介词的方式可以将它进一步构造成为类共相。同样地，"water"也与（c）中的"anger"等特征共相不同，因为它没有引入可以被称为"waterness"的特征，而只是给出了某种物质对象"水"，当然，当"water"出现在语句中与其他成分一起指示物质特征是可能的。

实际上，斯特劳森这里利用了英语中名词的可数-不可数区分（Mass-Count Distinction，简称 M-C）。根据 M-C，部分类似于"water"的自然种类词本身不存在单称用法和全称用法的区别。当它们在不添加任何其他语言成分被使用时，一方面只能模糊地表述某种物质类型，不能对该物质类型的特征进行明确描述，也没有提供现实的个体化原则，即"water"只是水，而不是水的任何性质，也不代表"一池水"或特定数量的水；另一方面，它们在说明物质项时又对该物质类型的本质特征有所暗示，这为对它们进行描述和个体化提供了条件，亦即"water"就是"水"的本质，这是我们进一步在概念上讨论"水的颜色"和"一定量的水"的前提条件。

斯特劳森给出了用物质词项作为共相概念填充"so-and-so"位置的一类特殊语句。

(1) It is (has been) raining!（天在下雨！）

(2) Music can be heard in the distance.（在远处可以听见音乐。）

(3) Snow is failing.（天在下雪。）

(4) There is gold here.（这里有金子。）

(5) There is water here.（这里有水。）

这里的（1）—（5）被斯特劳森称为"属性＋方位语句"（property-location sentence）。由于"属性"和（物质）实体、"定位"和殊相确认之间的联系过于紧密，他转而用更加中立的概念"特征"和"位置"代替，这些语句也相应被称为"特征-位置语句"（feature-placing sentence）①。

---

① P. F. Strawson. Individuals: An Essay in Descriptive Metaphysics. London: Methuen and Co., Ltd., 1959: 202.

从语句性质上看，上面这几个单称陈述语句的特殊性在于：首先，语句主语部分的名词表达式都作为物质名词出现，它们各自都引入了一类物质共相，如雪、雨、金子等，但都没有提出此类物质的个体化原则，或者说没有谈论具体殊相，如没有谈到某一片雪、某块金子或某一滴水；与此同时，斯特劳森认为物质名词仍然具有部分性质-属性名称的作用，或者说具有成为这类名称的潜在可能性。尤其是在语句（1）、（4）和（5）中，物质名词出现在谓词位置，它们至少局部构成了表示特征共相的谓语。其次，这些语句都包含了某种指示结构，以便使该语句得以谈论其所指示的言说对象。在语句（1）和（3）中是表明时态的动词，在语句（2）、（4）和（5）中是表明地点方位的指示性副词和副词结构。斯特劳森认为这些指示结构是经验陈述的必要标志，将语句中的这些语言装置和陈述的言说环境联系到一处，就能够使我们谈论各个语句中提到的具体对象。概而言之，这类语句都是以指示结构作为引入概念的工具，被引入的概念都是某一物质类型，而非具体殊相。

斯特劳森进一步地论证并认为，这里的特征-位置语句是为殊相概念提供特定类型经验事实的预设语句。其合理性在于，这类语句一方面确实谈论或引入了物质对象，但又没有谈论具体殊相，也不是以指称的方式引入对象。语句所引入的物质对象的概念，如水、雪、金子等，当作自然种类的概念本身是作为共相被引入，却又指示了具体的物质对象，因而发挥了某种类似殊相概念的作用。正是这种既将共相与殊相归并于一处，又横亘于个别殊相与特征共相和类共相之间的特殊位置，使得这类语句有了分析和说明殊相概念的必要弹性，也有了进一步发挥和解释的理论空间。

那么，特征-位置语句究竟如何发挥作用呢？它的首要作用是提供了概念所对应的物质对象的特定种类。原因在于，"特征-位置语句虽然确实没有将殊相引入话语，但它提供了引入殊相所需的物质对象"[①]。虽然我们不知道"water"除了是"水"之外的任何特征，但知道"water"是什么已经为进一步描述和分类提供了概念依据。特征-位置语句的另一个作用是提供有效的个体化原则。殊相概念得以存在的必要条件

---

① P. F. Strawson. Particular and General//Logico-Linguistic Papers. Aldershot：Ashgate，2004：29.

是，殊相识别的区分性标准和同一性标准起码一般性地得到满足。在特征-位置语句已经引入了区分性标准，这类语句通过说明物质对象的位置和特征，已经满足了将一类对象从其他对象中区分出来，甚至将某些对象从其他对象中区分出来的要求。当我们说"这里有金子"时，我们当然可以说"这里有一些（或某些）金子"；当我们说"今天下了两场雪"时，我们当然也可以通过这两场雪之间的位置关系，乃至雪量大小，将"一场雪"和"另一场雪"，或者"第一场雪"和"第二场雪"区分开来，这也就等于为再确认提供了理论依据。

不得不说，斯特劳森的特征-位置语句有着非常可观的解释力和理论吸引力。但是，在完全接受特征-位置语句前，还有一个必须回答的问题：在我们的话语中，除了（a）类物质名称，还包括了（b）类的实体名称，这两类名称不仅可以当作主语，而且都包含了自然种类对象。特征-位置语句只能解释（a）类物质名称，却不能解释（b）类的实体名称，原因在于后者作为名词的逻辑行为与前者完全不同。以实体名称"cat"为例，它作为一个可数概念，一方面是作为物质种类词命名了作为一种猫科动物的动物属种，另一方面可以命名某只具体的猫。所以，"猫"的概念总是"一只猫"或"一种猫"的概念，它因为带有区分原则因而不存在作为物质名称，而不能作为实体名称的情况。更重要的是，当我们把"cat"放入特征-位置语句，得到的是"There is cat here."，它本身不是合式语句，我们只能说"There is a（one）cat here."。这时我们实际上是确认了猫的个体或种类，而根本不能为"猫"概念提供特征描述。其背后的困难在于，"猫"的概念不仅是一个可数名词，而且是表达了明确区分原则的名词。因此，我们不仅难以构造适当的特征-位置语句，而且"猫-特征"（cat-feature）概念在自然语言中似乎根本就不存在。当我们说到"猫"概念的时候，我们通常不是提到猫的特征，而当我们使用"猫-特征"时（比如当有人说"Girls always have cate-feature."），通常又意味着某些不是猫本身，而是类似于猫的特征。

这个问题对于解释殊相概念的引入极为关键，因为如果"猫"不能被解释为"猫-特征"，我们不能构造出猫的特征-位置语句，就意味着上面的解释只适用于不可数的物质名称，而不适用于可数的个体名称，特征-位置语句也就只有局部的理论解释力。

斯特劳森为此提出的解决方案是构想某种特殊的"命名游戏"并论证其融贯性。他请我们考虑像小孩子玩游戏那样在特定对象出现时用代表该对象的名称来命名它，当出现一个球时说出"ball"，当鸭子出现时说"duck"，这时，"ball"就代表"There is a ball."，"duck"就代表"There is a duck."。斯特劳森认为，这个游戏表明："承认对球和鸭子这种事物做出确认性指称的能力，包括了认识到对应特征的能力。"①也就是说，确认指称需要将对特征的确认作为必要条件。按照这个思路，我们也可以认为"cat"意味着"There is a cat."，并把这个句子当作特征-位置语句。斯特劳森认为我们不需要关心语言中究竟有没有这样的游戏，而是需要考虑这个游戏是否融贯。在他看来，这个命名游戏可以为确认和再确认提供可靠的理论资源，如果我们将"There is a cat."当作特征-位置语句，那么它由于"猫"本身有形状且占据了一定的空间位置，就使得确认和再确认都是可能的。按照这条思路，虽然自然语言中不包含作为引入"猫-特征"的"猫"概念，但只要我们承认殊相确认过程中包含了对地点和特征的确认，就可以把"cat"当作类似于"water"的物质概念，或者构造出"猫-特征"概念作为物质名称"water"的对应名称。

总体来说，斯特劳森倾向于认为物质名词和代表时空框架的时间（地点）副词一起构成了某种特征共相，作为其逻辑呈现方式的特征-位置语句起到了描述特定类型经验事实的作用。一旦接受语言中实际存在，或者至少可以构造出类似的语句，就足以表明殊相至少在概念上是可能的，而给出特征-位置语句也就是规定了语言中殊相概念的一般概念条件。

至此，我们已经比较完整地介绍了主谓区分的两种依据。斯特劳森在《个体：论描述的形而上学》中认为，第一种围绕预设和完全性的解释比较可靠，而围绕特征-位置语句的讨论则不那么令人满意。但是，第一种解释可以达到为主谓区分的复杂系统辩护的目的吗？从几位主要评论者的态度来看，情况并不乐观。

---

① P. F. Strawson. Individuals：An Essay in Descriptive Metaphysics. London：Methuen and Co., Ltd., 1959：206.

先来看间接标准。斯特劳森的本意是用它统一、解释语法标准和范畴标准的契合性，但这条标准的可靠性却饱受质疑。弗雷德里克指出，间接标准与范畴标准对语句进行实际区分的方式是不同的。根据范畴标准，语句的主语和谓语是相互决定的，我们根据它们在概念中的例示关系，亦即根据概念的等级性关系获得主语和谓语的相对范畴地位，其中，被例示的是谓语，进行例示的是主语。根据范畴标准，主谓区分的评价维度是概念与实在对象的相互关系，我们可以根据具体表达式是否预设经验命题独立地判断它是主语还是谓语。这样，依据间接标准认定某个表达式是主语就不必考虑其谓语的语句地位，反之亦然。根据目前的解释，我们来看下面两个语句：

S11：The rose is the color of the book.
S12：Courage is a virtue.

根据范畴标准，S11 和 S12 的主语分别是"The rose"（玫瑰色）和"Courage"，谓语分别是"(is the) color of the book"和"(is a) virtue"。根据间接标准，S11 中实际上有两个预设了经验命题的主语"The rose"和"color of the book"，因为这里的两个表达式都涉及经验内容，而 S12 中的两个词项"Courage"和"virtue"只能是谓语（或谓词）。斯特劳森可以通过"例示关系"避免这种棘手的情况，但是，弗雷德里克认为，诉诸例示进行说明采用的是范畴区分的规则，这就意味着 S11 和 S12 中的理论困难不仅难以根据间接标准本身得到解决，而且间接标准根本就是一条多余的标准。由此，弗雷德里克认为："间接标准时而能够给出与范畴标准相同的结果，时而不能给出相同的结果，当它不能给出相同的结果时，它就是错的，应该被忽视，当它给出相同的结果时，我们根本不需要它。间接标准看起来比流于空洞还要糟糕。"①

再来看"预设"概念。从思想发展的脉络来看，斯特劳森在《个体：论描述的形而上学》中对预设的讨论具有明显的过渡性质。他的理解既保留了早期语义解释的痕迹，也表现出向语用解释转变的痕迹。一方面，斯特劳森更加彻底地认为预设命题是经验命题（语义解释认为，

---

① Danny Frederick. P. F. Strawson on Predication. Polish Journal of Philosophy，2011，V(1)：47.

预设语句不是主谓语句,也不构成经验命题);另一方面,他认为预设提供了后来为他所提出的所谓的"确认知识",并将它放入对本体论问题的讨论,认为具有"There is (just one) such-and-such here."形式的语句不仅能够作为个别命题的经验预设,而且可以作为引入殊相概念的特征-位置语句。这里只考虑它作为经验预设的情况。斯特劳森所面对的问题主要是两个:一是谓词是否携带经验预设,斯诺顿认为部分谓词可能带有经验预设,比如当某人说"奖杯是金质的"时,我们表达的是奖杯的"金质"特征是存在于世界之内的东西,认为特征共相不是某种可以称为经验预设对象的东西是可疑的,我们对谓词的讨论虽然主要是关注它的意义,但这不是说我们完全忽视它与经验实在的关系;二是与"簇摹状词"有关的确认知识问题,斯诺顿否认指称必然依赖确认知识的看法,他认为说话者可以在对指称对象一无所知的情况下指称对象,确认知识也并非不可或缺。实际上,分离指称对象和有关指称对象的知识正是克里普克将专名当作固定记号的理论前提。

皮尔斯也从对包含"簇摹状词"的命题集合的语用价值的角度提出质疑。他颇为中肯地指出,有关簇摹状词的问题"不仅仅是一个术语问题"[1],而且还关涉实际的交流情境。这里的困难在于,会话参与者对确认知识的范围和内容没有明确的概念,如果承认有确定的命题集合,会话参与者无法说明它们如何被明确地预设,以及它们在具体语境中的作用,如果肯定命题集合的语用价值,我们又必须承认在具体会话情境中说话者和听话者并不实际知道确定的命题集合是什么,换言之,"簇摹状词"解释并不能满足"确认知识"的需要。

最后来看最为关键的"完全性"概念。研究者比较一致地认为,完全性是斯特劳森解释工作的关键。布朗就颇具代表性地指出:"完全性概念表达了《个体:论描述的形而上学》第二部分的核心观点,同时它也表达了作者对整部著作的真正理解。"[2] 但是,研究者也近乎一致地认为,完全性所提供的解释是不可靠的,这里的问题究竟在哪里呢?

围绕"完全性"进行论证的首要问题是基本概念缺乏原创性。概念

---

[1] David Pears. Critical Study: Part 2. Philosophical Quarterly, 1961, 11 (44): 270.
[2] Clifford Brown. Peter Strawson. Stocksfield: Acumen, 2006: 80.

上的"拿来主义"是斯特劳森哲学的一个基本特征，在主谓区分问题上，斯特劳森借用既有概念来阐发自己观点的态度表现得尤为明显，不仅共相、殊相、主词、谓词、主语、谓语等都是哲学中普遍使用的基本概念，对象-概念区分、饱和-非饱和区分也是取自弗雷格，更重要的是，连"特征联结""完全性"等关键概念也都来自其理论对手罗素。由此，斯特劳森对主谓区分的辩护就不可能是"另起炉灶"，而是建立来自既有概念之间的概念关系，这不免会给人留下爱好争辩，且变换观点的误解。借用罗素这一概念武器成功与否，取决于斯特劳森是否能对"完全性"做融贯地使用和解释。根据语法标准，谓语因携带命题符号而不完全，但是根据间接标准，主语通过预设经验命题获得完全性，谓语则由于没有预设经验命题因而不完全。按照斯特劳森的论证，语法谓语应该是间接标准中的不完整语句部分，携带命题记号的不完整语句部分也就是不预设经验命题的语句部分，这明显违背了解释的初衷。携带命题记号就意味着它可以潜在地被改写为可断真的完整命题，但我们怎么能够设想具有真值的语句部分不预设命题，或者说它不是经验命题呢？当然，我们可以认为携带命题记号的语法谓语等同于间接标准的主语，这样的好处是预设经验命题的语句部分就成为携带命题记号的部分，但缺点是语法谓语变成间接主语。由于斯特劳森对"完全性"的这一矛盾态度，弗雷德里克认为立足于完全性的解释也只是一种"虚假解释"[1]。

那么，主语的完全性究竟意味着什么呢？斯特劳森可以构造两种论证：一种是根据弗雷格意义上饱和的殊相的完全性，来论证它们是标准的逻辑主语；另一种是把殊相作为标准的逻辑主语是既定事实，用完全性关系解释饱和性。皮尔斯指出，由于《个体：论描述的形而上学》第二部分过于复杂，给出的论证过于抽象，因此斯特劳森的态度到底为何是不清楚的[2]。此外，皮尔斯还指出，通过完全性来论证语法标准和范畴标准之间的契合性可以考虑两种不同的方式：一种是先建立和构造这两条非关联的标准，然后论证其契合关系；另一种先将其当作彼此契合

---

[1] Danny Frederick. P. F. Strawson on Predication. Polish Journal of Philosophy，2011，V(1)：48.

[2] David Pears. Critical Study：Part 2. Philosophical Quarterly，1961，11 (44)：262.

的标准建立起来，再检验它们的关联程度。但是，斯特劳森的策略很可能是先设定了语法标准和范畴标准之间的符合关系，继而通过分别解释这两条标准，进一步推进符合关系。① 按照这一解释，间接标准和完全性概念都不是论证的结果，而是预先被设定的理论原则。由此，"完全性"不是描述了任何语言事实或概念真理的经验概念，而是出于理论需要而加以强调的先验概念。

这里，我们只是对斯特劳森自认为有把握的围绕"命题引入"的解释提出了部分反对意见，我们发现，这个论证所使用的"间接标准""预设""完全性"等关键概念，以及它所提供的论证策略难以实现为主谓区分的范畴标准和语法标准辩护的目的。对于斯特劳森本人对围绕"话语引入"的解释持保留态度，我们暂时不予追究，但这不代表它无可指摘，在后续的讨论中，我们将会看到，这个论证非常重要，却面临着严重的理论困难。

（三）主谓区分的形而上学意蕴

斯特劳森认为《个体：论描述的形而上学》是一部阐释描述形而上学主要思想的完整著作，在导言部分最后一段，他这样写道："本书的两个部分并不是完全独立的，第一部分的内容在某些方面预设并进一步解释和扩展了第二部分的观点，我认为在不考虑其中一部分主题的情况下，我们不能充分解释另一部分的主题。"② 按照这一思路，全书上半部分"个体"旨在确立物质物体在一般殊相中的核心地位，下半部分"逻辑主语"旨在确立和解释一般殊相概念与指称对象及逻辑主词之间的关系，而"完全性"则是解释两者之间的关系、联结两部分内容的枢纽。全书两个部分合起来所表达的核心思想则是：殊相是"逻辑主词的典范"（paradigm of logical subject），或者说殊相是标准的逻辑主词。如果我们把这个结论当作形而上学论断，那么，它究竟意味着什么呢？更重要的是，这个结论是通过梳理和解释主谓区分后得到的理论结果，解释其意义的工作也相应能够起到阐明主谓区分的形而上学理论后果的

---

① David Pears. Critical Study: Part 2. Philosophical Quarterly, 1961, 11 (44): 269.
② P. F. Strawson. Individuals: An Essay in Descriptive Metaphysics. London: Methuen and Co., Ltd., 1959: 12.

作用。

将殊相当作标准逻辑主词究竟意味着什么呢？回答这个问题非常困难。从研究者们提供的文献来看，根据《个体：论描述的形而上学》进行解释的理论障碍，主要表现在如下三个方面。

(1)《个体：论描述的形而上学》两部分内容之间的非平衡性。虽然多数研究者（如伯格曼、皮尔斯等）在书评和论文中对两个部分都有关注，但同样普遍的情况是，多数研究者（如厄姆森、斯诺顿等）倾向于认为上半部分的理论价值要远超下半部分。斯诺顿认为："《个体：论描述的形而上学》的第一部分，而非第二部分引起了普遍的关注和持续讨论。第二部分相对来说是被忽略的。"[1] 博尔曼（W. A. Berriman）也直截了当地指出："第二部分不应该被当作描述形而上学。"[2] 威廉斯干脆完全忽视了对第二部分的讨论。研究者们这种厚此薄彼的态度，相当程度上是因为上半部分讨论的物质物体、人、自我意识、空间和时间等基本上还是传统形而上学的基本论题，下半部分有关主语与谓语、预设与完全性、共相与殊相的讨论则有着更加浓厚的逻辑学色彩，传统上不构成形而上学理论的核心部分。但是，如果《个体：论描述的形而上学》下半部分没有充分的形而上学重要性，甚至不能被纳入描述形而上学的理论范围，那么，对殊相作为标准逻辑主词，乃至共相与殊相区分的形而上学意义的讨论就会沦为无稽之谈，成为没有理论意义的赘言冗语。

(2)《个体：论描述的形而上学》第二部分的理论缺陷。除了不关注下半部分，研究者们的另一个普遍倾向是认为下半部分在理论融贯性和结论性方面更不可靠。斯诺顿指责第二部分是在完成两个具有相当独立性的理论任务：刻画主谓区分和说明主语优先性。厄姆森等人则倾向于认为该部分的最大缺陷是缺乏结论。西姆科（Nancy D. Simco）将这种情况表达得最为清晰，他说："斯特劳森是以不无踌躇的方式来陈述结论，他对每一个联结都使用了语词'perhaps'并宣称只是给出了

---

[1] Paul Snowdon. Strawson: Individuals//John Shand. The Twentieth Century: Quine and After. Chesham: Acumen, 2006: 59.

[2] W. A. Berriman. Strawson's Individuals as Descriptive Metaphysics. Australian Journal of Philosophy, 1967 (3): 276.

'局部解释'。"① 从实际内容看，斯特劳森明显不信任围绕"话语引入"的解释，在规定了"殊相是标准逻辑主词"之后没能做出进一步的概念解释，这在更广泛的层面印证了西姆科的说法，成为我们把握全书主题的直接困难。

(3) 两部分论证方式自相矛盾。斯诺顿认为斯特劳森有关基本殊相也是标准逻辑主词的提法当然应该能统领全书的两个部分，但实际的情况是，"第一部分中有关确认与基本殊相的认识论和形而上学论点，并不依赖或预设第二部分有关主谓区分的讨论，反之亦然。因此，这本书实际存在着两个部分"②。更糟糕的是，伯格曼、西姆科、哈曼（Gilbert Harman）等研究者发现了两部分论证方式的内在矛盾。在第一部分，斯特劳森想要论证的是人和物质物体是基本殊相，但在解释"话语引入"时，斯特劳森却认为，特征-位置语句是将殊相话语引入概念的基础。虽然斯特劳森本人把这类语句当作不完全的理论句，但批评者则认为，一旦承认这类语句陈述了最低限度的经验事实，也就意味着任何一个特征-位置语句都报道了包括位置和特征在内的基本事实，按照斯特劳森所认可的结论，预设"事实"就变成了确立物质物体的概念的基础，更直接地说，"事实"是比"物体"更基本的形而上学概念，这就违背了把"物质物体"当作基本概念的原则③。另外，承认特征-位置语句引入了经验内容，至少意味着它是以非限定指称（indefinite reference）的方式引入了对象，但是，"把非确认指称和存在量化当作比确认指称更为基本和优先的策略，违背了斯特劳森所给出的指称图景"④。

上述三方面的问题，除了对我们理解《个体：论描述的形而上学》的最终结论造成困难外，也表明该书并不像斯特劳森所设想的那样是一

---

① Nancy D. Simco, Strawson's Ontology in Individuals. Southern Journal of Philosophy, 1971, 9 (4): 432.
② Paul Snowdon. Strawson: Individuals//John Shand. The Twentieth Century: Quine and After. Chesham: Acumen, 2006: 59.
③ Gustav Bergmann. Strawson's Ontology. The Journal of Philosophy, 1960, 57 (19): 616-617.
④ Gilbert Harman. The Essential Grammar of Action (and Other) Sentence, Philosophia, 1981, 10 (3): 214-215.

部完整的形而上学著作，而是一部有着恢宏理论构想，但在论证上不够严谨，而且相当程度上缺乏结论的著作。鉴于不能在《个体：论描述的形而上学》中找到理论资源阐释"殊相是逻辑主语的典范"的意义，我们尝试放宽理论视野，参考斯特劳森的其他论述来寻求解释的可能性。

要理解"殊相是标准的逻辑主语"的内涵，首先需要明确的是《个体：论描述的形而上学》一书的理论主题是什么。与多数评论者局限于根据实际内容进行讨论不同，斯特劳森的德国高足格洛克颇为敏锐地指出："《个体：论描述的形而上学》在内容上主要是亚里士多德主义的。"[①] 抛却斯特劳森当代重要亚里士多德主义支持者的标签，《个体：论描述的形而上学》第二部分有关"传统观点"的阐述和解释，是在坚持《逻辑理论导论》捍卫传统逻辑的立场基础上，进一步调和亚里士多德工具论和范畴论的理论尝试，可以把这部分当作对亚里士多德的当代解释。第一部分虽然涉及了物质物体、声音、人和单子等不同主题，但基本上还是讨论如何把物质物体和人确立为基本殊相并阐释它们与非基本殊相之间的关系。基本殊相和非基本殊相的区分类似于亚里士多德对"第一实体"和"第二实体"概念，亚里士多德本人也将"单个的人"和"物体"当作第一实体并讨论它们与种属等其他实体的关系。从这一点上来看，第一部分也可以看作延续对亚里士多德相关理论的讨论。

我们应该如何重新阐发来自亚里士多德的理论呢？斯特劳森认为，术语或概念的革新工作是必要的。"因为，虽然描述形而上学的核心主题没有改变，哲学的批判性和分析性用法却是恒常改变的，术语的关系是用非永恒的术语来描述的。"[②] 具体来说，斯特劳森认为他的工作是我们在讨论同一性问题时已经提到的"概念改良"，具体策略是把"物体"、"实体"和"基本殊相"等概念当作类似概念，认为它们之间的不同意义有着契合关系，然后从认识论、逻辑学和本体论等不同路径来解释概念的理论内涵。在《两种哲学概念》("Two Conceptions of Philosophy")一文中，斯特劳森给出了关键的文献依据：

[①] Hans-Johann Glock. Strawson's Descriptive Metaphysics, Categories of Being//Essays on Metaphysics and Logic. Leila Haaparanta (ed.). Oxford: Oxford University Press, 2012: 397.

[②] P. F. Strawson. Individuals: An Essay in Descriptive Metaphysics. London: Methuen and Co., Ltd., 1959: 10.

足够有趣的是——亚里士多德把第一实体,亦即那些例示了相关区分原则的、具有时空持续性的实体性个体,比如范畴意义上的"人"和"马"等,当作时空殊相的子类。这与下面这个简单却非常自然的想法是紧密联系的:世界中那些可区分的物质个体或物体(body)是真正实体,是原初的、突出的、不可否认的物体。亚里士多德也为第一实体提供了一个形式标准或逻辑标准:第一实体是不可还原的述谓主体,或者按我们现在的说法,第一实体是不可还原的指称对象。①

这三个特征,作为被我们非常自然且不可避免地接纳为真正实体或物体:作为实践中必不可少的述谓主语,以及作为根据同一性标准确认的真正指称对象,明确而且成功地融为一体。②

第一段引文表明了斯特劳森对亚里士多德"第一实体"概念的理解。他认为亚里士多德提出了存在论标准和逻辑标准。按照亚里士多德对于"第一哲学"的阐释,第一实体的基础地位是根据存在论标准进行解释。实体之所以是"真正实体",是因为它是具有更大实在性的属性承担者,是时空中的持续存在对象,因而具有本体论的优先地位,在这个意义上,亚里士多德的实体理论也可以被称为"存在论"。但是,斯特劳森强调并力图发展的是亚里士多德的逻辑标准,他认为我们可以根据实体的逻辑学和认识论意义来证明实体的本体论优先性,进而将亚里士多德的两条标准结合起来,建立一个内涵更为丰富的"实体"概念。

第二段引文表达的就是斯特劳森的更丰富的"实体"概念应该满足的三个条件。按照这条要求,任何对象要成为亚里士多德意义上的"第一实体"就需要满足:(1)本体论标准,成为真正实体或具有时空持续性的实体性个体;(2)认识论标准,成为会话活动中的真正指称对象;(3)逻辑(语言)学标准,成为标准的逻辑主语。一旦有任何对象同时满足了这三个条件,它就能成为真正实体或者斯特劳森意义上的"基本殊相"。

斯特劳森通过强调"本体论优先性"(ontological priority)具体阐

---

① P. F. Strawson. Two Conceptions of Philosophy//Galen Strawson, Michelle Montague. Philosophical Writings. Oxford: Oxford University Press, 2011: 174.

② 同①。为了叙述方便,笔者将原文中的"Q-certified object"直接意译为"根据同一性标准确认的真正指称对象"。有关同一性与实体之间关系的详细讨论,参见本章第一部分。

述了他对"基本殊相"概念的独特理解。在他这里,所谓本体论优先性,是指殊相概念在我们概念图式中的优先地位。但是,这种概念优先性却不是"存在"意义上的优先性。在他看来,本体论优先性固然表明了我们的"范畴偏好"(categorical preference),但是,范畴偏好不等于"存在偏好":

> 我要强调的是,可以展示这种概念偏好的方式有很多种,但我却没有用这些方式来展现它。假定 as 是这种偏好的实体,那么,这种偏好有时就表现为宣称"存在"一词具有首要的含义或意义,而只有 as 在这种意义上存在,其他事物只在次要的意义上存在;有时又表现为宣称只有 as 是真实的;有时表现为其他事物可以还原为 as,谈论其他事物就是谈论 as 的简化形式。我想强调的是,当我说物质物体在所有的殊相中是基本的,至少是在我们的概念图式中如此的时候,我并不是这个意思。①

那么,斯特劳森所谓的"本体论优先性"意味着什么呢?排除了"存在"意义上的优先之后,所谓本体论优先性就只具有认识论和逻辑学两重含义。就认识论意义而言,本体论优先性意味着殊相确认的基本性(basicness)。在 1992 年与玛伊特博士(PH. D Maite Ezcurdia)的对话中,斯特劳森接受了"basic"一词的不同用法和"对立意义"(rival sense)。② 斯特劳森认为他对基本性的确认,并不是在物质最终构成成分的意义上的优先性,作为最终成分的原子、电子、场、夸克等固然可以看作基本的,但它们必须以特定概念图式为基础,而斯特劳森本人的基本性概念是从指称经验与概念框架关系而言的,他的理由是,我们不可能在没有确认个别殊相的情况下就对它们加以谈论,因此,只有需要优先加以确认的指称对象才是基本的,而对具有时空持续性的基本殊相普遍确认才构成了概念图式。

在逻辑学意义上,本体论优先性表现为殊相作为逻辑主词的范畴。与认识论的基本性相比,逻辑学意义上的优先性所涉及的范围要更广一

---

① P. F. Strawson. Individuals: An Essay in Descriptive Metaphysics. London: Methuen and Co., Ltd., 1959: 59.

② C. Y. Ferdinand. Sino-British Summer School//A Tribute to Sir Peter Strawson. Oxford: Magdalen College, 2008: 77-78.

些。因为作为基本指称对象只是说明了殊相在各类殊相类型之间的优先性关系，但是殊相和共相都可以作为命题或陈述逻辑主语，因此，斯特劳森把殊相规定为标准的逻辑主语是要将殊相与共相区分开来，强调殊相作为逻辑主语的恰当性。

这样，我们大致厘清了斯特劳森对作为第一实体的"基本殊相"概念的解释和理解。如果将所有命题主语引入的对象当作述谓对象，确认指称所涉及的对象当作指称对象，而亚里士多德意义上的第一实体或物质物体当作基本殊相，那么，我们可以得到如下准定义：

$DF_{基本殊相}$＝物质物体＝第一实体

$DF'_{基本殊相}$＝述谓对象 ∧ 指称（确认）对象 ∧ 物质物体

$DF''_{基本殊相}$＝标准逻辑主词的述谓对象＝基本指称对象＝物质物体

$DF_{基本殊相}$是亚里士多德的论证策略和结论，而$DF'_{基本殊相}$和$DF''_{基本殊相}$分别是斯特劳森的论证策略和论证结果。根据$DF''_{基本殊相}$，我们很自然地认为，基本殊相既是物质物体（第一实体），也是标准逻辑主语，而且还是基本指称对象。这无疑体现了斯特劳森将本体论、认识论和逻辑学当作融贯的统一理论体系的要求。但是，理解这个定义的关键在于解释$DF'_{基本殊相}$的作用。笔者认为，如下三个方面尤其值得注意：

首先，斯特劳森没有否认物质物体的实在性特征，也没有否认亚里士多德对于第一实体的"存在标准"，而是将实在性和存在标准融入认识论与逻辑学的论证过程之中。实际上，不诉诸实在性标准基本不可能得到$DF''_{基本殊相}$。如果将基本殊相当作标准的逻辑主词，我们不能避免像"月亮上的人"这类虚假专名，但它们在充当命题主语的同时，却并无实际指称对象；同样地，我们也不能避免像"智慧"这种抽象专名，即便它们作为命题主语有所指称，但指称的对象是一种性质，而非物质物体。由此，斯特劳森在接受逻辑标准的同时也承认，"命题中出现一个个体或逻辑主词的语法向导是不可靠的"[1]。换言之，单一逻辑学标准既不能区分真实存在与虚构存在，也不能区分传统意义上的第一实体

---

[1] P. F. Strawson. Individuals：An Essay in Descriptive Metaphysics. London：Methuen and Co., Ltd., 1959：230.

和第二实体,它需要其他标准加以补充。相比之下,将殊相当作基本确认对象情况要好一些,通过拒绝相对-故事性确认,我们可以有效避免将非存在对象纳入概念框架,但是,它不能对殊相内的不同层次进行区分。斯特劳森将所有可以被确认指称的对象统称为个体,进而指出,"作为确认指称的可能对象,它没有把各类事项或实体区分开来"①。从外延的范围来看,述谓对象的范围最广,确认指称对象次之,而物质物体则又次之(详见图3-1)。无论是将对象当作述谓对象还是指称对象,都不足以保证它们是物质物体。

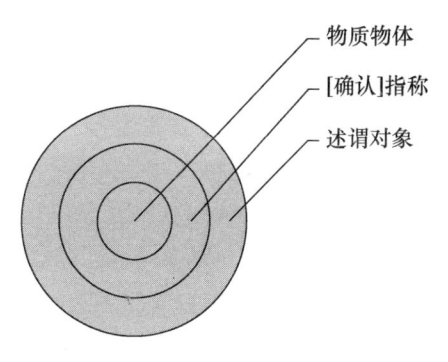

图 3-1

斯特劳森不仅一般性地认为个体中的殊相是具有时空性质,或者至少具有时间或空间性质的东西,而且明确指出物质物体是"真正存在者"(genuinely existent)和"实在之物"(the real)。② 现在的问题只是在于,斯特劳森是如何将实在性标准纳入后面两条标准的。说明这一点也不难,一方面,斯特劳森强调物质物体的基本性不仅表现为确认活动中的优先性,而且根本原因在于它是构成时空性统一指称框架的要素,这意味着具有时空性质的实在特征是物质物体作为基本指称对象的根本原因;另一方面,斯特劳森将提供经验实在性的特征-位置语句当作将殊相概念引入话语的可能性条件。这两方面的证据都表明,斯特劳森是将"实在标准"融入了认识论标准和逻辑学标准,而不是抛弃,或者直接论证物质物体的实在性。

---

① P. F. Strawson. Individuals: An Essay in Descriptive Metaphysics. London: Methuen and Co., Ltd., 1959: 137.

② P. F. Strawson. Analysis and Metaphysics. Oxford and New York: Oxford University Press, 1992: 58.

其次，斯特劳森的物质物体不是"纯粹殊相"（bare particular）或"假设基质"，也不是与属性、性质等特征相分离或对立的概念。自亚里士多德区分第一实体与第二实体以来，实体与属性（或性质）成为一对彼此分裂的形而上学概念，这种二元概念特征在经验论传统中导致了对实体概念理解的困难。罗素等原子主义经验论者将实体当作纯粹客观的、自足的、独立的隐蔽实体，认为它是脱离属性和认识范围的"纯粹实体"，进而指出实体只是"推论的存在"，甚至实体根本不可认识。洛克、休谟等传统观念论和经验论者则认为，实体是人为虚构的结果，它不过是"假设的或含混的实体观念"① 或者"一些特殊性质的集合体的观念"②。由于斯特劳森在"述谓"层面考察殊相，认为基本殊相必定要出现在命题中并作为逻辑主语，它就不能与特定的属性相分离，类似地，由于基本殊相必定是指称对象，指称又是更为普遍的述谓的子功能，指称实现也涉及描述经验事实的摹状词，亦即基本指称对象作为指称框架的构成要素必须具有时空持续性，这使物质物体不仅不能与地点和性质等非实体性质相分离，而且至少必须具有时间性质和空间性质。布朗就此指出，"斯特劳森的任何殊相都不是纯粹殊相"③。可以说，通过诉诸认识论和逻辑学标准论证物质物体的本体论优先性，斯特劳森有效避免了分离实体和属性，进而也避免了否认实体的实在性或认为实体不可认识的理论困局，以更为精巧的方式论证了实体的实在性。

最后，斯特劳森的基本殊相是概念图式或殊相-共相框架中的基本概念。与论证过程中对实在性和存在问题采取迂回策略的态度不同，斯特劳森认为将物质物体规定为基本殊相的目的是明确其在概念图式中的地位，他在讨论殊相确认问题时坦承："我关注的是研究主要范畴之间相互依赖的可确认关系。"④ 物质物体的本体论优先性不表现为某种实在性特征，而是表现为概念图式运作过程（作为基本指称对象）和概念图式普遍特征（作为标准逻辑主语）的概念特征。斯特劳森进一步认为，明确了基本殊相的主要概念类型（人与物质物体），以及它与其他概念（性质、殊

---

① 约翰·洛克. 人类理解论：上册. 关文运，译. 北京：商务印书馆，2015：141.
② 大卫·休谟. 人性论. 关文运，译. 北京：商务印书馆，2010：28.
③ Clifford Brown. Peter Strawson. Stocksfield：Acumen，2006：58.
④ P. F. Strawson. Individuals：An Essay in Descriptive Metaphysics. London：Methuen and Co.，Ltd.，1959：57.

相、过程、状态等）的概念关系，也就说明了基本殊相是什么。在这个意义上，斯特劳森无疑是想要用对"概念"的讨论代替对"实在"的讨论。

这一转向在斯特劳森对殊相的概念分析中表现得最为明显。经由讨论确认和再确认，斯特劳森全面阐述了我们如何从确认活动的认识论过程得到基本殊相，在解释特征-位置语句时，斯特劳森也明确了这类语句的功能和普遍适用的可能性，但是，对于如何从特征-位置语句构造出殊相概念，他在《个体：论描述的形而上学》中很是闪烁其词，一方面，他认为如何引入殊相是极为关键的问题，"引入殊相是根本的概念步骤，而最初前殊相的思想不过是语言的残余物"①；另一方面，他却认为这类问题只需要经过简单的概念步骤就能实现："从预设的命题所包含的特征化共相转化出作为特例的类共相，只是一种非常简单的概念转换。"② "如果预设$_2$的理论③可以一般性地建构起来，它与预设$_1$的理论④的关系可以留给它自己去处理。"⑤ 斯特劳森此处设想的概念转换可能是这样的：如果整个特征-位置语句"There is x here."被当作提供了地点和特征的特征化共相，我们可以将特征-位置语句转化为一般经验语句的预设语句，得到"There is just one (or some) x here."，作为提供部分特征的 x 成为类共相概念，我们据此可继续从类共相中选出作为特定个例概念 x 并给出日常的经验语句"The (some) x is such and such."。这样我们就可以将 x 当作殊相概念。

但是，上述概念转换有两个致命缺陷：一是没有在概念上解释特征共相如何转换为类共相，更没有解释转换的依据，对这两个问题进行解释恰恰是说明殊相与共相之间概念关系的根本所在；二是不能说明不同殊相类型之间的逻辑关系，如果所有概念都是直接从特征-位置语句转换出来，基本殊相与基本殊相之间的区别就没法得到阐明。

如何从概念分析的角度说明殊相的逻辑结构呢？斯特劳森在《殊相与共相》中提出了比较完善的答案。在他看来，我们是在殊相-共相的

---

① P. F. Strawson. Individuals: An Essay in Descriptive Metaphysics. London: Methuen and Co., Ltd., 1959: 206.
② 同①201.
③ 有关话语引入的理论。
④ 有关命题引入的理论。
⑤ 同①201.

既有概念框架中分析殊相概念。在这个框架中，两者之间的"例示"关系是一切概念分析的基础。"有无例示就是殊相-共相区分的一个先在标准，任何解释都必须以之为依据。"① 根据例示关系，有关某一个体的殊相概念就是有关某一共相事物的个别例示的概念，不存在所谓的纯粹殊相。斯特劳森认为这个真理是如此古老，以至于它根本就不需要任何详细证明，而进一步解释例示关系，只是为了展示殊相概念与包括共相概念在内的其他概念之间的复杂逻辑关系，这种复杂关系最终体现为不同类型的概念之间的相互依赖。要说明殊相概念的意义，就要说明它与共相概念之间的关系，这也就解释了为什么需要提供概念转换策略来说明殊相的逻辑结构。

对于如何从共相概念中分析出殊相概念，斯特劳森提供了一种构造理论（construction theory）。他说："实际上，我们可以发现这样的观点，或者说是非常重要的观点，即对逻辑构造（logical composition）进行操作的可能性，产生了殊相。"② 以特征-位置语句为基础，斯特劳森认为基本殊相是特殊共相概念之间的逻辑关系，更明确地说，作为示例的殊相概念是位置（概念）和特征（概念）的逻辑复合（notion of particular is a logical compound of notions of a feature and of placing）。斯特劳森从概念发生学的角度说明了逻辑复合的过程：

> 这种逻辑复杂性可以通过如下方式出现：在做出特征-位置陈述时，我们在不提及殊相的情况下做出了一个完整语句。但在某种意义上，特征-位置语句所做的不过是提及某物，但如果我们仅仅提到这种殊相，而不继续对它说出某些东西，我们实际上并没有说出一个完整的语句。因此，作为一个解释框架的基本步骤，我们可以将某种普遍之物的殊相示例，当作更简单的概念"特征"和"位置"所构成的逻辑复合物。③

根据逻辑构造方法，斯特劳森分三步构造出基本殊相概念，以及特征、过程、状态和性质等其他非基本殊相概念：

---

① P. F. Strawson. Particular and General//Logico-Linguistic Papers. Aldershot：Ashgate，2004：23.
② 同①32.
③ 同①29.

（1）有关物质和实体的殊相概念是特征共相与位置共相的逻辑构造。这种构造由特征-位置语句来执行。特征位置通过引入对象，并说明其特征和位置，使共相特征发挥殊相作用。

（2）有关性质和属性的殊相概念是特征化共相和表达归属关系的共相的逻辑构造。与（1）中的殊相稍有不同，性质或属性一般首先不被当作独立的殊相来看待，而是被当作人或事物的性质、属性、状态或条件，才被赋予殊相地位。譬如对于殊相愤怒（anger）和红性（redness）来说，我们赋予它们殊相地位，源于红色的（red）和愤怒的（angry）是一种具体可归属的状态。因此，在构造此类殊相的过程中，归属关系，或者说性质或属性与实体的关系，成为决定性因素。

（3）有关复合属性与其他性质的殊相概念是实体概念和属性概念的逻辑构造。斯特劳森认为这种新的逻辑复合物分为两种情况：一种是高阶性质或复合属性，如"苏格拉底的智慧"（Socrates' wisdom），斯特劳森认为它们是特征化共相"智慧"和实体共相"苏格拉底"的复合；另一类是事件、过程、变化等殊相概念，如"将死之人"（dying person），这类概念也同样是特征化共相和实体共相相符合的结构。至于更为高阶的概念，虽然其复合关系更为复杂，但从根本上说都是这两类殊相的逻辑构造。

斯特劳森在《个体：论描述的形而上学》及此后的其他文献中进一步发展了在殊相-共相框架下讨论殊相的基本思路，在《个体：论描述的形而上学》中也使用了特征-位置语句作为概念工具，但将它用作引入殊相概念，而非基本殊相的理论假设，与此同时，他完全放弃了根据特征-位置语句进行全面逻辑构造的方案，但是，后续的相关文献表明，他仍然认为殊相和共相之间有着等级关系，复杂特征殊相也有着更加复杂的逻辑结构（参见第五章第一部分）。放弃构造方法的原因大致有两个：首先，这一时期斯特劳森对于概念分析的使用范围、方法和效用都没有形成稳定的立场（参见第六章第一部分），因而不希望将过于激进的概念建构方法引入描述形而上学。其次，将殊相概念等同于特征概念和位置概念的逻辑复合，不免会使人想起罗素和维特根斯坦的逻辑原子主义和逻辑建构方法，尤其是罗素"经验是感觉材料的逻辑构造"的论断，作为罗素的直接理论对手和逻辑形而上学的反对者，逻辑建构方法也是斯特劳森所不能接受的。因此，虽然《个体：论描述的形而上学》第五、第六章相当程度上是以《殊相与共相》为理论基础的，同时斯特劳森在将后者整合入《个体：论描述的形而上学》时删除了有关逻辑构造的理论，但是，以特征-位置语句为基础的概念分析工作仍然保留了逻辑原子主义形而上学的关键内容和理论精髓（参见第七章第一部分），也会遭遇与罗素等人类似的理论困难（参见第七章第二部分）。就目前的论证来说，逻辑建构方法至少表明，逻辑分析或概念分析在斯特劳森对殊相概念的处理中占有相当比重，而殊相-共相框架或概念图式在作为分析背景的同时，实际上也是分析（建构）的逻辑后果。

现在，我们转向对共相概念的讨论。斯特劳森不把共相看成柏拉图式的"idea"，而是看作聚合殊相的逻辑分类原则，认为它是殊相确认过程中个体对象所归属的类概念，是可以被例示的概念或范畴。按照他将殊相和共相纳入统一概念图式，或者将它们当作对立概念的理解，我们可以对共相做如下阐述：共相既是作为逻辑原则的概念，也是不标准的逻辑主语（既可做主语也可做谓语），还是非基本的指称对象。要进一步理解共相概念，需要知道以下三点：

一是共相的种类，斯特劳森在《个体：论描述的形而上学》中大致给出了五种共相类型：（1）性质、关系、状态、过程、活动以及属；（2）语句类型与语词类型；（3）数；（4）类；（5）命题。

二是共相的指称。斯特劳森认为共相有指称，"对于共相来说，意义足以决定指称。但对于殊相来说，意义并不足以决定其表达式所指示的指称对象，在这种情况下，额外的语境因素则更为根本"[①]。意义决定指称导致两个重要的理论后果：一是例示只在其表达式完全脱离其指称对象的意义上才有意义。因此共相有其实例，而殊相则不可被例示。二则意义一旦决定指称，它的指称就只能是抽象对象，而不是像物质实体那样的具体对象。

三是共相的存在地位。20 世纪中叶，共相是否真正存在曾经是广泛讨论的热门问题。奎因、斯特劳森分别是两条竞争性理路唯名论和实在论的主要代表。在奎因看来，除了类之外的其他斯特劳森所列出的共

---

① P. F. Strawson. Particular and General//Logico-Linguistic Papers. Aldershot：Ashgate，2004：39.

相都不存在，其直接理由是，既然共相指称的是抽象对象，而我们又不能将抽象对象当作抽象殊相（obstruct particular），那么多数共相都不具备存在资格，类只是由于理论的实用性才"破格"享有存在地位。奎因否认共相是多方面原因共同作用的结果，在本体论方面，奎因区分了关于"何物存在"的"本体论事实"问题和"本体论承诺"问题。在他看来，"一个理论的本体论承诺问题，就是按照那个理论何物存在的问题"①。奎因采取语义上溯（semantic ascent）策略将语言中的存在问题转化为语言框架中承诺何物存在的问题。按照这一策略，哲学家的任务在于"解开细节，取出赘物，取除本体论的劣质品"②。有关逻辑学方面，奎因通过量化改写将语言中的单称词项从指称位置剥离出来，作为普遍词项而存在，真正承担指称任务的是以对象解释发挥作用的量词，因此名称等指称表达式完全被当作多余的东西予以消除。根据量化表达式，任何存在的东西都必须作为约束变元的值，而属性作为共相却无法成为量化变元，也就失去了存在的地位。在认识论方面，奎因一方面强调同一性是确认实体的依据，另一方面强调"表达物理对象的语词对我们的语言是基本的，它们处于极其成功的交流中心"③。由于共相对象不仅缺乏同一性，而且缺乏交流的实用性和可靠性，也就没有必要被当成真正的存在对象。

在斯特劳森看来，奎因的根本问题在于：追求严格性的逻辑经验主义和兼顾效用的实用主义哲学立场之间存在着不可调和的矛盾。如果坚持"没有同一性就没有实体"，包括类在内的所有共相都没有存在地位，如果承认类作为共相有存在地位，同一性的严格性就会遭到破坏。斯特劳森认为，奎因并没有完全否认殊相、关系、命题等对象的实际存在，只是对于如何将它们纳入本体论承诺的理论框架方面遇到了困难。而接受奎因的理论，就意味着要在逻辑经验主义和实用主义之间徘徊不前，最终不能对共相的存在问题提供融贯的解释。

斯特劳森从两个具体的方面批评奎因的唯名论策略，并借机论证了共相存在的理由。在他看来，唯名论的主要的理论支点是量化理论和对

---

① 涂纪亮，陈波．蒯因著作集：第五卷. 北京：中国人民大学出版社，2007：197.
② 同①311.
③ 同①273.

存在概念的特定理解。斯特劳森注意到，奎因使用量化理论讨论本体论问题的方法是将单称语句还原为带量词的存在语句，因此他把这种方法称为还原主义方案（reductionist programme）。与奎因接受普遍量化不同，斯特劳森认为，根据逻辑还原来确定共相的存在地位是不可接受的。一方面，还原不是普遍有效的策略："在某些情况下，提出一种还原似乎是很自然的，也可以得到满意的解释，但在另一些情况下不是如此，另外还有一些情况还原完全是做作的、过分的、荒谬的，甚至在某些情况下根本就是不可能的。"[①] 另一方面，即便承认还原主义方案对非殊相的各类概念的存在地位构成了压力，但是不同概念应对还原压力的能力是不同的。某些类共相在面对还原压力时，完全有理由证明自己的存在地位。对于类共相（尤其是作为人造对象的种类的类概念，比如汽车、旗帜等）而言，它们本身构成了一类特殊的殊相，或者说是满足了和殊相进行类比的最低条件，因而成为殊相得以存在的概念条件，"这些类型的非殊相的恰当模式就是典型殊相的模式，是殊相的原型或理想个例，它们本身作为殊相，可以被当作产生其他殊相的规则或标准"[②]。要描述作为个例的殊相，就必须充分描述这类作为非殊相的种类。对于不是作为类概念的殊相，比如数字、命题等，斯特劳森认为它们的存在不是作为对于个别殊相的类比对象，而是因为它们可以构成类似于殊相的时空框架的系统结构，一旦这种结构得以形成，它就使其中的成员可以根据非经验的关系得到确认，因此产生系统的自律性。斯特劳森认为，所有语言中的非殊相或"种类"概念，在语言中都有稳固的地位，无论是作为殊相的类型，还是作为语言的意义单位，它们都是语言中的支配性规则的成员，因而可以对抗还原压力。

斯特劳森进一步指出，奎因这样的唯名论者对非殊相个体的拒斥，还源于他对"存在"一词的狭隘理解。根据奎因的理解，作为量词符号"∃"的语义解释的"存在"是一个单义的、形式的且意义明确的概念，它表达的就是存在于自然中作为物质物体的存在。但是，斯特劳森认

---

① P. F. Strawson. Individuals: An Essay in Descriptive Metaphysics. London: Methuen and Co., Ltd., 1959: 230.
② 同①233.

为"存在"应该是一个有歧义的概念，我们不应该在接受其形式意义的同时，忽视其他意义和用法，比如作为预设对象的"存在"，作为抽象对象的"存在"。就共相问题来说，只要我们接受作为抽象对象的共相不是存在于自然中的抽象殊相，而是存在于思想中的思维对象，那就可以避免得出"抽象对象就是抽象殊相"的结论。对此，斯特劳森有着清晰的表述，他说："共相是一类特殊的抽象对象，它们可以称为思考对象，但不能称为知觉的对象，它们是存在的，但不占据时空位置，也没有因果性质，在这个意义上，概念是依赖于心灵的，而概念所表述的性质则不依赖于心灵，当然，它们也不像存在于我们之外的世界那样独立于我们的心灵。如果存在就是作为世界的部分而存在，那么共相就是不存在的——虽然它们的个例可能是存在的。自然世界是由殊相构成的，而作为殊相本质的共相，不论对应的殊相个例存在与否，它都会作为随附于思想的可能对象而存在。"①

由于承认了殊相的存在地位，我们不难将斯特劳森的立场概括为实在论（realism）或柏拉图主义（platonism）。斯特劳森的这一立场在《个体：论描述的形而上学》中交代得并不清楚，但在《殊相》（1979）等中后期文献中表现得颇为明显。对于"笛卡尔主义""柏拉图主义"等概念随着新黑格尔主义的式微而被庸俗化、污名化的倾向，斯特劳森颇为不满，在他看来，虽然作为哲学创立者的柏拉图和近代哲学之父笛卡尔在当代哲学中不受拥戴，但把某位哲学家定性为柏拉图主义者或笛卡尔主义者会是一件相当危险的事情。确实，"他们理论上或有夸大其词的地方，也会犯下一些严重错误，但他们的思想确实获得了对思想和经验的普遍特征的理解，不管这种理解有着怎样的不确定性，忽视、否认或贬低他们的理解，无疑是一个更加严重的错误"②。

在接受实在论的同时，斯特劳森并不是完全投入柏拉图主义的怀抱，而是采取更加温和的立场。用他自己的话来说，他只是接受了内涵实体的概念上的反最简主义者（anti-minimalist），以便区别于本体论的

---

① P. F. Strawson. A Category of Particulars//Philosophical Writings. Oxford: Oxford University Press, 2011: 205.

② P. F. Strawson. What Have We Learned from Philosophy//Philosophical Writings. Oxford: Oxford University Press, 2011: 195.

物理主义和认识论或语义论的外在主义。由于只是把共相或概念当作思维实体，他认为自己的柏拉图主义是"非神秘的柏拉图主义"（demythologized platonism）①。按照我们目前比较通行的说法，这种介于极端唯名论和极端实在论之间的立场，大致可以被称为温和唯名论或概念论。

需要注意的是，斯特劳森的立场要比一般的概念论弱一些，这一点在他对于唯名论和实在论争端的态度中表现得极为明显。虽然斯特劳森对奎因和唯名论多有指责，他却不认为实在论是比唯名论更可靠的哲学立场，而是认为两种立场之间不仅存在着"不可调和的区别或争端"②，而且没有哪一种立场是完全正确的。到底选择唯名论还是实在论完全是一个选择问题：

> 我的意思是，不论在自然世界之中还是在世界之外，不存在这样的有利立场——如果我是正确的，那么，有着巨大形而上学分歧的图景应该被一个选择问题替代：要么我们接受自然主义立场，将"存在"概念的意义限制在自然存在物的后果，要么我们把这个概念的意义扩展到可例示的思维对象……③

至此，我们分别说明了斯特劳森对殊相、共相以及两者之间关系的理解，也完成了对于《个体：论描述的形而上学》一书主旨思想的考察。对于讨论描述形而上学的系统描述这一理论任务，说明开篇提到的"殊相作为标准逻辑主词"到底有何价值已经不太重要，但是，根据上述分析，我们还是可以总结出如下三方面的理论意义：（1）主语作为逻辑主词的"标准"地位为对殊相进行认识论和逻辑学的解释提供了语法向导，也是这两条解释路线一致性的外在标志；（2）解释逻辑主词"标准"地位的特征-位置语句为阐明殊相的概念结构提供了概念资源，逻辑构造方法也在一定程度上揭示了描述形而上学的理论本质；（3）殊相只是"标准"逻辑主词，没有排除共相作为"非标准"逻辑主词的地

---

① P. F. Strawson. Two Conceptions of Philosophy//Galen Strawson, Michelle Montague. Philosophical Writings. Oxford: Oxford University Press, 2011: 175.

② P. F. Strawson. Introduction//Entity and Identity and Other Essays. Oxford: Clarendon Press, 1997: 2.

③ 同②63.

位，接受共相的主词地位为证明共相存在留下了理论空间和概念依据，客观上有助于揭示斯特劳森的概念论的形而上学立场。概而言之，将殊相与逻辑主词联系起来，是系统描述的核心任务。至于为何这种概念联系有着如此重要的理论地位，我们留待下一章讨论。

第四章
客观性论证：概念图式的先验解释

　　根据斯特劳森对描述形而上学的整体规划（参见第二章图 2-2b），阐明概念图式普遍特征的工作是按照描述-解释-构造的逻辑顺序展开。在上一章，我们明确了概念图式的基本概念（物质物体和人）以及基本特征（殊相-共相结构），完成了对于概念工具实际运作情况的描述，解决了有关"怎么样"的问题。接下来，我们转向对解释性任务的讨论，展开解释概念图式按照日常运作方式产生的经验解释和概念解释，回答概念工具何以如此运作的原因，从而对概念工具如何植根于经验世界的本质和我们的概念结构的本质这两个方面有所交代。

　　本章将首先对解释性任务所涉及的客观性论题及先验论证方法做概括性说明，然后分别阐述斯特劳森的经验解释和概念解释。其中，第一部分将介绍解释性任务的基本任务、论证策略、论证方式、论证目标以及论证的实际展开情况。第二部分着重关注斯特劳森依据"听觉世界"思想实验所提出的经验解释，通过详细论述他对听觉世界的构造，与埃文斯的理论交锋，以及对时空观念的概念重构等，说明经验论证的论证力量和理论得失。第三部分将集中关注斯特劳森围绕康德的"先验演绎"所提出的概念解释，在说明概念演绎的理论任务的基础上，通过阐释斯特劳森对先验论证的概念重构，对先验观念论和"先验自我"的拒斥，对感觉材料理论的证伪，说明斯特劳森在概念性确认经验的客观性的同时，也肯定了经验主体的具身性、经验过程的直接性以及经验对象的因果性等特征，从而以整全的方式为概念图式提供完整的客观性解释。

一、概述

对于如何完成附带经验解释和概念解释两个子任务的解释性任务，斯特劳森认为关键之处在于提出客观性论证，解释为什么概念框架的实际运作是对经验的客观报道。那么，什么是客观性呢？作为几乎与"哲学"同等古老的概念，我们可以把它当作"主观性"的对应概念，像内格尔（Thomas Nagel）那样将其解释为"本然的观点"或者"无中心的概念"[①]。但是，本质定义的方法不符合斯特劳森作为后维特根斯坦的日常语言哲学家的理解。因为他在引入"客观性"概念时，是要"赋予它更为传统的，或许不太严格的意义"[②]。在形而上学、认识论、科学哲学、伦理学乃至美学等广泛的论域中，客观性概念也有着颇为迥异的用法和丰富多彩的学科意义。穆德（Dwayne H. Mulder）建议我们在仔细甄别不同语境中各类用法的同时，将它当作"通常与'真理'、'实在'和'可靠性'等联系在一起的概念"[③]。这个理解符合斯特劳森的思路，与对"客观性"本身的强调相比，他对"客观殊相""客观经验""客观实在"的使用更为常见，甚至对"客观性"的强调也要放在"客观性论题"的范围之内。在这个意义上，斯特劳森并不强调一个具有普遍适用性的统一的"客观性"概念，而是要在对认识论、逻辑学和本体论的探索中发现客观性与其他概念的内在联系。

如果作为"客观性"之本质定义的"体"对斯特劳森来说不太重要，那么，作为客观性功能的"用"的方面则对于斯特劳森的认识论和形而上学有着极为重要的作用。本内特曾经在讨论听觉问题的语境下提出了"客观性"概念的三大功能：

（a）区分有关客观对象的知觉和关于非客观对象的知觉；

---

① Thomas Nagel. The View from Nowhere. Oxford: Oxford University Press, 1986: 60.

② P. F. Strawson. Individuals: An Essay in Descriptive Metaphysics. London: Methuen and Co., Ltd., 1959: 69.

③ Dwayne H. Mulder. Objectivity. Internet Encyclopedia of Philosophy, 2013. http://www.iep.utm.edu/objectiv/.

(b) 区分好的观点或坏的观点，即区分标准观点和非标准观点；

(c) 分离有关"物之所像"（what a thing is like）的问题和"物之所是"（what a thing is）的问题。①

在斯特劳森的描述形而上学理论框架内，本内特对三大功能的规定都有着一定的用武之地。其中，(a) 是一条区分唯我论和非唯我论的认识论标准。这条标准之所以不可或缺，是因为在《个体：论描述的形而上学》的第一章，斯特劳森只是论证并确认将殊相纳入"我"的统一时空性指称框架，但这种"以我为主"的图式，很可能导致"殊相是我的殊相"的唯我论的后果。要避免这种理论陷阱，至少需要说明时空性指称框架是某种"非我"的客观存在，而且"我"本人也不是局限于"我思"的笛卡尔式思维本体，唯有如此，才能将有关人和物质物体的理论作为客观知识建立起来。(b) 实际上是一条区分形而上学不同类型——描述形而上学与修正形而上学，乃至区分形而上学与怀疑论的标准。如果我们不能证明描述形而上学是比修正形而上学具有更大客观性的理论，我们就不能说描述形而上学是比修正形而上学和怀疑论更好或更标准的理论。

相对于 (a) 和 (b)，(c) 是认识论形而上学得以实现的关键条件。按照斯特劳森的论证策略，对确认指称的基本要素（人和物质物体）在形而上学意义的充分阐释，需要满足如下三个条件：

(1) 指称条件：听话者可以确认说话者所确认的对象。

(2) 同一性条件：听话者和说话者所确认的对象，或者说话者在思想中向他本人所确认的对象在认识上是某个相同对象。

(3) 客观性条件：在会话中，或在思想中确认的对象是客观对象，而不是纯粹的主观经验对象。

这里，指称条件最为基础，满足该条件是人类的语言活动或者说概念图式进行实际运作的基本条件，只有满足了指称条件，概念图式才是"实际运作"的图式，而不是更好的或修正的图式。通过描述听话者-说

---

① Jonathan Bennett. Kant's Analytic. Cambridge: Cambridge University Press, 1966: 34-35.

话者的指称图景（参见第一章和第三章），我们对斯特劳森的指称理论已经有了比较充分的认识，与指称条件相比，同一性条件有了比较明确的认识论色彩，满足这一条件是会话活动作为负载经验内容的有效认识活动的必要条件。在讨论实体与同一性关系的过程中，我们曾明确指出斯特劳森提出了以相对主义同一性标准为核心概念的局部论证［也就是满足了（b）］。但是，对于将指称活动的基本要素——作为参与者的听话者和说话者，以及作为基本指称对象的物质物体——确立为具有本体论优先性的基本对象来说，满足指称条件和同一性条件远远不够，尤其考虑到斯特劳森的相对主义同一性缺乏必要的理论强度，确认同一性条件不仅不能带来必要的本体论后果，而且就认识的有效性来说，同一性条件作为检验标准也是不够的。因此，我们需要提出进一步说明认识有效性，以及指称活动形而上学意义的客观性要求，这是我们不得不提出客观性条件的原因所在，因为如果不能说明作为认识活动的指称过程和确认结果的客观性，我们不仅无法说明指称这一语言经验活动的认识论作用，而且不可能从认识论活动和结果的分析中得出任何形而上学的结论。

根据本内特对客观性功能的理解，我们可以进一步总结出进行客观性论证的可能路径。在暂时不考虑（b）的情况下，要论证客观性无非两种论证策略：

  A1：空间的必要性论证（argument of the necessity of space）：我们的经验（感觉、知觉等）是对空间中的对象的经验。

  A2：非唯我论论证（argument of non-solipsism）：我们的经验（感觉、知觉等）是对独立于我的经验对象的经验。

斯特劳森试图将 A1 和 A2 结合起来，并给出一个更具综合性的论证。在《个体：论描述的形而上学》中，这两个论证结合得比较紧密，斯特劳森尝试在听觉世界中一方面论证空间和物质物体是实际概念框架的必要条件，另一方面说明区分"唯我论意识"和"非唯我论意识"也是再确认的必要条件。在《感觉的界限》一书中，这两个论证有着一定的独立性，斯特劳森分别把它们当作对康德先验感性论和先验演绎的概念重构，放在经验形而上学论题的第一部分"时间与空间"和"客观性与统一性"中进行说明。

从具体方法上看,斯特劳森基本采用先验论证(transcendental argument)的方法。在纯粹方法论维度,先验论证并不是别的,实际上就是概念分析的方法。罗蒂即指出:"这些论证只是把一些概念与其他概念联系起来,归结起来,这种论证说的不过是你不会理解'X 的意义',除非你理解了'Y 的意义'。"[1] 但是,先验论证要求的是一种寻求"必要条件"的特殊概念联结,按照斯特恩的说法,其标准形式是:"假定 X 是 Y 的可能性的必要条件,如果 Y 存在,那么从逻辑的观点看 X 必然存在。"[2] 按照这个标准,斯特劳森在《感觉的界限》中的讨论基本上可以被当作先验论证。因为《感觉的界限》中概念联结在论证风格上有着高度的抽象性,论证主题与康德先验哲学的关系也极为紧密,客观性论证更是直接对康德"先验演绎"的赞同性概念重构。但是,对于斯特劳森在《个体:论描述的形而上学》中围绕"听觉世界"的论证是否可以被称为先验论证则有待观察。虽然《个体:论描述的形而上学》的某些部分被接受为先验论证并不困难,比如斯陶德和皮尔斯分别将第一章中的有关再确认和第三章中有关"人"的概念分析当作先验论证的典型代表,但是,基本上没有研究者将《个体:论描述的形而上学》第二章以根据思想实验展开的论证称为先验论证,这就为我们将先验论证当作论证客观性的方法制造了困难。

必须指出,我们目前主要是从方法论和与康德哲学的相关性两个标准来理解先验论证。按照这两个标准,有关"听觉世界"的讨论都有资格作为先验论证的实例。首先,从与康德哲学的相关性来看,如果我们追随格洛克把《个体:论描述的形而上学》看作分析哲学中"康德计划的开幕",并且将"先验论证置于本体论、认识论和逻辑学争论的中心地带"[3],那么,第二章"声音"就天然地应该被看作采用了先验论证。更重要的是,第二章是《个体:论描述的形而上学》中提到康德最为集中也最具实质性意义的章节。斯特劳森在上半部分提到康德的总共有八

---

[1] Richard Rorty. Strawson's Objectivity Argument. The Review of Metaphysics,1970,24 (2): 24.

[2] Robert Stern. Transcendental Argument. Stanford Encyclopedia of Philosophy. 2015. https://plato.stanford.edu/entries/transcendental-arguments/.

[3] Hans-Johann Glock. Strawson and Kant. Oxford: Oxford University Press,2003: 1.

处，而第二章就有三处（p.62、p.63 和 p.82）①，而且，斯特劳森这里提到康德是要对后者的时空观提出质疑。在具体方法上，斯特劳森构造听觉世界的"想象"，在某种程度上也可以看作对康德整理杂多经验表象的"先验想象"的某种应用（或误用）。② 从方法角度看，经验想象在目的上是要论证空间概念是物质物体概念的必要条件，不同的是，空间世界想象给出的是一个更为复杂的联结模型，即假定空间 S 是现实经验世界 RW 中客观殊相 OB 可能性的必要条件，而 OB 又是 RW 可能存在的必要条件；如果没有 S，RW 就会变成听觉世界 AW，由于 AW 中不存在 OB，因此 AW 不可能存在，而 AW 不可能存在就反证了 RW 是存在的，从逻辑的观点看，这也就证明了 S 必然存在。毫无疑问，这个论证过程更加复杂，涉及的条件也更多，但它具备通过"必要条件"进行推演的基本形式。批评者可以不接受它的真实性或逻辑上的可靠性，但不能否认斯特劳森使用了概念联结的先验论证方法。实际上，斯特劳森的经验论证并非完全是脱离概念的经验想象，而是在考虑经验内容的同时，通过想象展示基本概念之间的联系。在这个意义上，以想象"听觉世界"为核心的经验解释可以看作非纯粹的先验论证（impure transcendental argument），以直接的概念推导对康德"先验演绎"的概念重构可以看作纯粹的先验演绎（pure transcendental argument）。在"想象"和"演绎"之间，固然存在着是否掺杂经验实际内容的区别，但部分掺杂了经验成分的概念推导不能就此被挡在先验论证的门外。

此外，先验论证还有论证目的作为更加关键的认可标准。斯陶德明确指出："我认为不是逻辑形式或者论证素材，而是论证目的或目标，使得论证成为'先验的'，在这个意义上，我更愿意将先验论证称为先验策略、先验方案抑或先验计划。"③ 按照斯陶德的理解，先验论证的根本目的是要驳斥怀疑论，而听觉世界假设的一个核心目的也恰恰在此，斯特劳森想要证明听觉世界中我们难以区分唯我论意识和意识对

---

① 其他五处的分布情况是，导言两处（p.9 和 p.11），第三章一处（p.103），第四章两处（p.119 和 p.134）。有趣的是，在通常被认为使用了先验论证方法的第一章，斯特劳森完全没有提到康德。

② 本章后面会有论证。

③ Barry Stroud. The Goal of Transcendental Argument//Understanding Human Knowledge. Oxford: Oxford University Press, 2000: 205.

象，因此空间和物质物体才获得了稳定的形而上学地位。由于斯陶德对先验论证目的的理解过于狭隘，从斯特劳森本人完成解释性任务的论证目的看，听觉世界假设也并没有确认什么新的真理，只是以更为精致和复杂的方式确认了《个体：论描述的形而上学》第一章的相关论点，而且在形式上，可以把《个体：论描述的形而上学》上半部分当作一个描述形而上学的次一级的"阐释之环"，居于第二个层次的"声音"一章的任务也刚好是进行经验解释。由此，我们大致可以比较可靠地将进行经验解释的"听觉世界"思想实验纳入先验论证的范围。

最后，我们要谈一下对客观性进行先验论证的解释性任务应该包含的理论要素。卡萨姆给出了以提出必要条件的方式论证经验客观性的"康德式论题"应该回答的问题。他认为这样的问题一共有三个：(1) 必要性问题，说明经验条件中究竟哪些是不可或缺的必要条件；(2) 基础性问题，说明客观经验必要条件的基础；(3) 方法论问题，说明发现或建立客观经验必要条件的适当方法或策略。[①] 考虑到解释性任务，尤其是概念解释过于抽象，本身所提供的概念推演在缺乏必要背景知识的情况下难以理解，而且《感觉的界限》的相关理论还有后续发展，我们将斯特劳森有关知觉理论的论文补充到概念解释中，作为对方法论问题的回答，说明解释性工作所提出的概念真理如何在实际的认识理论中得到实现。

二、经验解释

通常来说，哲学家们对经验普遍性条件和特征的分析会采用"去

[①] Quassim Cassam. Space and Objective Experience//Jose Luis Bermudez. Thought, Reference and Experience. Oxford：Oxford University Press，2005：259. 这三条标准是卡萨姆评论埃文斯对空间与客观经验之间关系时提出的问题架构，在评论斯特劳森的《感觉的界限》一书的最新论文中，卡萨姆在保留问题整体布局的基础上，对前两个问题有所改动，他将第一个"必要性问题"替换为"目的问题"，措辞上将第二个问题"基础问题"改成"来源问题"，但没有做进一步实质性改动，就本文对斯特劳森客观性理论的介绍而言，这个改动无伤大雅。改动情况参见 Quassim Cassam. Knowledge and Its Object：Revisiting the Bounds of Sense. European Journal of Philosophy，2017：907-908。

蔽"的策略，对于经验的条件、内容、范围、功能和本质等普遍性要素，他们或诉诸概念演绎建立先验原则（如柏拉图和康德），或通过实证分析描绘经验图谱（如亚里士多德和洛克）。但是，也有部分哲学家反其道而行之，试图根据"遮蔽"的策略来进行迂回论证。这种策略在具体论证方法上往往表现为思想实验。如果柏拉图的"洞穴比喻"是哲学史上第一个思想实验的光辉范例，洛克在《人类理解论》中给出的"莫利纽问题"（Molineux's question）① 则可以被看作投下了经验性思想实验的"司康石"；此后，贝克莱、休谟、里德和孔狄亚克等人薪火相传，将思想实验作为一条暗线始终埋藏于经验主义传统之中。

随着分析哲学的兴起，尤其是"语言转向"的完成和模态逻辑的滥觞，加上爱因斯坦等理论物理学家科学实践的助推，构造思想实验在当代哲学中一路高歌猛进，成为一种颇为时髦的、主流的，乃至最重要的论证方法。一时之间各类思想实验可谓"百花齐放"，杰克逊（Frank Jackson）的"黑白玛丽实验"、内格尔的"蝙蝠论证"、罗蒂的"对趾人"、普特南的"孪生地区"和"缸中之脑"、塞尔的"中文屋论证"以及查尔莫斯的"僵尸论证"等，皆是此中突出的代表。这类思想实验的一个重要的共同特征是：它们都出现于 20 世纪 70 年代之后，也大多出自美国哲学家之手（杰克逊除外），但是，对于来自英语哲学界另一重要阵营的斯特劳森在 1959 年提出的"听觉世界"思想实验，不仅闻者寥寥，除了埃文斯等少数学者有所论述外，几乎是无人问津。下面笔者本节将在概念图式的经验解释的语境下，阐述斯特劳森对"听觉世界"相关论述的理论原貌，概览思想实验的后续发展和论证得失，以期对这一略显冷清的哲学荒地有所开拓。

（一）斯特劳森论听觉世界

《个体：论描述的形而上学》第二章"声音"对"听觉世界"的构造，源于斯特劳森对物质物体本体论优先性的特殊理解。根据第一章"物体"的论证，物质物体作为基本殊相只是意味着它是基本指称对象，是指称框架的构成要素，但缺乏对实在性的规定，这会造成物质物体在

---

① 洛克. 人类理解论：上册. 关文运，译. 北京：商务印书馆，2015：119-120.

存在地位上并不比事件、过程、状态等非物质物体更加"真实",也使物质物体的客观性成了问题。换言之,我们可以想象如下可能性,即是否存在另外一个概念图式,它与我们的图式一样提供客观的可确认的殊相系统,但是不包括物质物体?抑或是否存在一个没有物质物体的客观概念图式呢?

上面这个问题有着两方面的重要性。首先,无殊相客观图式的可能性问题关系到确认殊相思想的条件问题。斯特劳森认为,如果我们要确认殊相,就必须在"主观经验"和"客观经验"之间,亦即在"属于某人自身的意识状态或经验的具体呈现"和"不属于某人或其他人的意识状态或经验的殊相"之间做出区分。这是因为,"确认"是最严格意义上的指称,它的对象必须是作为可能经验对象的"客观殊相",而后者又意味着是"由思考者所区分的殊相"[①]。在类似康德的意义上,构造无殊相客观图式的可能性关系到"物质物体作为基本殊相的地位是有关客观殊相的知识成为可能的必要条件"[②]。更具体地说,这意味着要回答两个更加具体的问题:一是关于客观殊相的知识的最普遍可陈述条件是什么;二是这些条件是包含了对物质物体应该成为基本殊相的要求,还是说这只是我们关于客观殊相的知识所在的图式所具有的专门性特征。

其次,无客观殊相的图式的可能性问题关系到概念图式本身的性质和结构。根据确认和再确认过程,作为客观殊相的物质物体构成了同样具有客观性的统一时空性指称框架,时间和空间是客观框架不可或缺的基本要素,而且空间比时间有着更加重要的本体论地位。但是,这一理解与康德在"第一批判"中所刻画的时空观有所出入。对于空间与客观性之间的密切关系,康德是充分认可的。空间作为外部直观之基础的先天必然表象,使得对象在空间中所表现出来的实在性能够表现为客观性,这是空间具有经验实在性的意义所在。但是斯特劳森与康德的共识也到此为止。康德进一步认为:"除了空间之外,也没有任何主观的,与某种外在的东西相关而称得上是先天客观的表象了。因为我们不能从

[①] P. F. Strawson. Individuals: An Essay in Descriptive Metaphysics. London: Methuen and Co., Ltd., 1959: 61.

[②] 同[①].

其它这些表象中,像从空间的直观中那样,引出先天综合命题。"(A28,B44)① 据此,康德认为作为内感知的先验原则的时间不被对象的关系或规定所限制,也不是保证客观性的直观形式。更重要的是,康德认为,作为外感知形式的空间只对部分接受外部刺激的感觉经验有效,对内省经验是不适用的,而时间不仅是内知觉形式,更是普遍的直观形式,这就意味着:"时间是为一切直观奠定基础的一个必然的表象——时间是先天给予的,只有在时间中现象的一切现实性才是可能的。"(A31,B46)② 斯特劳森的疑问在于,如果时间是比空间普遍的直观形式,我们是否可以在一个非空间的、纯粹时间性的世界中找到确认殊相的办法呢?在斯特劳森看来,这种非空间的世界至少是没有物质物体的世界,因为物质物体占据空间位置,是外在的对象,一个纯粹的非空间世界不应该包括具有空间位置和属性的东西。在与康德对话的意义上,构造非空间世界或非殊相世界的意义在于,如果我们能够在这样的世界中发现殊相,证明时间是比空间更重要的经验形式,那么康德就是正确的,反之,斯特劳森本人所支持的作为概念框架的时空观会更有说服力。

　　明确了问题及其理论意义之后,我们来看如何构造非空间世界。首先,斯特劳森指出了非空间世界应该满足两个条件:(1)区分主观经验与客观经验,这是避免该世界中的经验主体的意识彻底蜕化为唯我论意识的条件;(2)找到确认和再确认殊相的手段,这是在非空间世界中找到客观殊相的条件,也是该世界中经验主体能够具有关于客观殊相的知识或经验的条件,因为如果没有客观殊相,就不存在关于客观殊相的经验。在此基础上,斯特劳森着手说明为什么非空间世界是一个听觉世界。他考察了视觉、触觉、味觉、嗅觉和听觉等五种感觉能力。其中,嗅觉和味觉虽然很常见,但它们的缺失与否不会造成重大的概念差异,可以直接忽略;视觉通常被看作与广延性联系在一起,它也是联系对象的空间关系,如上下、左右、前后的主要感觉能力;触觉的情况虽然不太明显,但如果我们把它和运动联系起来,至少有了空间位置的材料。所以,要建立非空间世界,也必须去掉它们。而去掉其他所有感觉后,

---

① 康德. 纯粹理性批判. 邓晓芒,译. 杨祖陶,校. 北京:人民出版社,2004:32.
② 同①35.

一个只剩下听觉能力及其对象的世界就是斯特劳森想要构造的听觉世界。

> 我认为，感觉经验的唯一对象是声音，虽然它们之间有相互的时间关系，在特征上也会以某种方式发生变化：比如声音的大小、位置和音调。但它们没有内在的空间特征。[1]

必须指出，作为"无殊相世界"或"非空间世界"的听觉世界，不是在经验世界中排除触觉等其他经验能力后，通过发挥实际听觉能力构造的可能经验世界，而是彻底排除空间概念和空间维度的纯粹时间性一维世界。斯特劳森的理由在于，现实世界中的听觉是与其他感觉能力结合在一起发挥功能，即便我们不认为现实经验主体是以推理或归纳从听觉中推导出有关方向和距离等空间概念，但现实感觉能力的相互联系的特征至少构成了形成空间性经验的必要条件。在这个意义上，后天排除空间特征，不足以排除触觉等对听觉的经验渗透，也不能形成纯粹的听觉世界，而纯粹的"听觉世界"应该类似于纯粹时间性存在，在这个意义上，将它当作"听觉宇宙"（auditory universe）[2] 应该是妥当的。

理解听觉世界的另一关键之处是明确该世界中的听觉经验主体。斯特劳森本人原本未提出特别的概念，在埃文斯提出著名的"Hero"概念之后，斯特劳森和多数讨论者普遍表示接受。此外，本内特和部分研究者也给出了更加直接的"hearer"概念。在汉语中，我们可以将这两个概念统一翻译为"听觉者"，从听觉者的经验能力来看，他本质上是"只具备有限感觉能力和机会的存在者"[3]，但是，斯特劳森强调听觉者并非类似于"先天盲人"（the congenitally blind，以下简称"生盲"）。因为虽然没有视觉，生盲却可以根据触觉和运动所提供的经验对空间概念有所了解。他说："如果我们把触觉和运动结合起来，我们至少就有了空间概念的材料。就生盲是否知道一个东西在另一个东西上面，或者

---

[1] P. F. Strawson. Individuals：An Essay in Descriptive Metaphysics. London：Methuen and Co.，Ltd.，1959：65.

[2] Don Locke. Strawson's Auditory Universe. The Philosophical Review，1961，70 (4)：518-532.

[3] James Van Cleve. Touch, Sound, and Things Without the Mind. Metaphilosophy, 2006, 37 (2)：162.

某个东西在离第三个东西更远的地方而言,我们不会对此有所怀疑。"[1] 在对埃文斯的回应中,斯特劳森指出,盲人至少可以有对外部对象和自己身体的连续知觉能力,而听觉者则不具备这样的非听觉能力,因此,即便去掉盲人的味觉、触觉和其他感觉,也不意味着他就是听觉者。斯特劳森进一步指出:"听觉者倾向于通过构造有关可听对象的对象,以便对听觉印象做出具有正确复杂性的反映。"[2] 由此观之,听觉者是一个甚至不能对自己的身体性存在有所感知的纯粹听觉经验主体。

接下来的问题在于,听觉者能否构造有关客观殊相的听觉性概念图式呢?斯特劳森认为答案是否定的。由于这个问题过于复杂,他将其分为不同的子问题进行讨论。但对每一个子问题,他的答案都是否定的。具体来说,这些问题包括:

(1) 听觉殊相的概念可能性问题。在现实经验世界中,要成为殊相起码必须是某种"公共对象",声音能够成为公共对象是因为我们可以区分听觉经验的背景和听觉经验,也可以区分出作为听觉经验类型的声音共相和具体的声音殊相。比如,我们能够将两所不同剧院上演的贝多芬《第五交响曲》视为相同的旋律,也能够将同一座剧院上演的该曲目称为"命运交响曲"。而且,是在相同还是不同剧院上演决定了它是"异曲"还是"同工"。在听觉世界中,即便忽略声音背景,如果所能使用的只能是听觉术语,我们不能将作为公共对象的声音确认为公共对象,因为作为听觉背景的也是各类声音条件,这使我们不能将声音当作"其他听觉者在大致相同位置听到的相同东西"。这样,声音的公共性就得不到满足,它也就失去了作为"客观殊相"的资格。斯特劳森认为,这个困难的根源不在于声音本身不是公共对象,而在于我们缺乏必要的概念手段来表达和论证"公共性"。按照维特根斯坦"语言的界限就是世界的界限"的基本论断,斯特劳森进一步指出:"关于纯粹听觉概念的整个观念是空洞的,除非可以用纯粹听觉术语来谈论'公共听觉对

---

[1] P. F. Strawson. Individuals: An Essay in Descriptive Metaphysics. London: Methuen and Co., Ltd., 1959: 65.

[2] P. F. Strawson. P. F. Strawson Replies//Zak Van Straaten. Philosophical Subject: Essays Presented to P. F. Strawson. Oxford: Oxford University Press, 1980: 282.

象'这个概念。"①

（2）听觉殊相的确认问题。在悬置听觉殊相的概念可能性问题的情况下，我们可以认为声音殊相可以被确认，但再确认却成为新的难题。这是因为，再确认要求把某个具体的声音确认为某个相同声音的再现。但是可能的声音殊相可以是一首交响乐，也可以是一个乐章，还可以是一段随意的曲调。由于缺乏基本的殊相概念，我们不能确认殊相的范围和程度，因此不能确定在何种意义上将具体多长时间维度上的声音当作可确认的殊相。假定一段声音 M 包含了 A、B、C、D 四个不同音调的声音，我们在听到 A 时，不能确定自己是听到了可确认的声音 A，还是听到了 M 的一部分，因而是确认了 M。斯特劳森认为，这里的问题仍然是缺乏必要的殊相概念，但其造成的结果则是我们缺乏区分殊相和殊相类型的标准。

（3）客观性问题。这个问题最为关键。为了讨论方便，斯特劳森区分了唯我论意识和非唯我论意识："我用'非唯我论意识'指的是在自己的状态和自己经验中的、非自己和自己状态的东西直接做出了区分，而非唯我论意识没有做出类似区分的意识。"② 按照这一区分，客观殊相应该是"非自己和自己状态的东西"，而非唯我论意识的可能性是客观经验的必要条件。那么，在听觉世界中非唯我论意识是否可能呢？这个问题本身就难以处理。如果听觉宇宙只是一维时间的延续，听觉者有可能被消融在具体声音的经验序列之中，在不承认笛卡尔式先验主体"我思"的情况下，他无法区分出作为经验对象的声音和作为自我意识的声音，如果我们将听觉殊相中的再确认问题引入对客观性的讨论，会遇到更棘手的问题。由于"客观殊相"意味着存在独立于经验或意识的对象，而这类独立存在的对象很可能在超越观察的范围内继续存在。因此，声音世界中的两个殊相 X 和 Y 之间必定存在着某个不可观察的声音殊相 Z。但是，我们如何知道没有被听到的声音 Z 是存在的呢？反过来，如果 Z 存在，我们如何知道它是存在的呢？在这样一个纯粹时间性宇宙中，"未被听到的客观声音殊相"和"不存在的虚假声音"之间根

---

① P. F. Strawson. Individuals: An Essay in Descriptive Metaphysics. London: Methuen and Co., Ltd., 1959: 68.

② 同①69.

本不可区分。

本内特将听觉世界的概念困难总结为三个不可理解的概念：不可理解的"客观声音"、不可理解的"虚假声音"和不可理解的"相同声音"①。这个评价颇为中肯。斯特劳森基本上是将构想听觉世界的思想实验当作理解问题："所谓某个图式是否存在，不过是意味着我们是否可以理解这个图式的概念。"② 为了使这些概念变得可以理解，斯特劳森给出的解决办法是在概念上进行"空间类比"。因为在实际带有空间特征的客观殊相中，这些问题都可以得到解决。具体来说：（1）殊相之所以可能的概念条件是有"物质物体"这个基本概念；（2）确认是将殊相纳入我们的时空性统一概念框架，而再确认一方面是与物体与空间的相互确认，另一方面是根据它的空间轨迹将之归属于基本概念（物质物体），从而确定其相对同一性；（3）时空世界中的客观性通过物质物体占据空间位置得到解决，在空间中占有位置就意味着它是"外在于我的"，是"客观的"，判断非观察的殊相存在与否也在于考察它在空间中有没有位置，占据位置的就存在，不占据位置的就不是客观存在。概而言之，要解决听觉世界中的这些概念困难需要考虑两个条件：一是建立类似于具有三维特征的空间系统的更加复杂的确认系统；二是找到类似于物质物体这种占据空间位置的基本殊相概念。更概括地说，空间世界的可能性，依赖于某种具有空间性质的基本殊相概念的可能性。

斯特劳森根据声音具有音量（loudness）、音调（pitch）和音色（timbre）三个维度的特征，在听觉世界中构造出类似于具有空间性特征的基本声音殊相——主音（master sound）。③ 在他看来，声音的三个维度只有音调不仅涉及顺序问题，比如高音和低音，而且涉及音调之间

---

① Jonathan Bennett. Kant's Analytic. Cambridge：Cambridge University Press，1966：34.

② P. F. Strawson. Individuals：An Essay in Descriptive Metaphysics. London：Methuen and Co.，Ltd.，1959：60.

③ 这里的"master sound"不是指"主要的"声音，也不是特定声音殊相的主要成分，而是"作为原型"的声音。因此，将它翻译为"原音"似乎更符合作者的理论意图。鉴于现有两个中译本都将其翻译为"主音"（参见江怡译本第51页，王文方译本第129页），本书不想破坏译名统一性，仅在此处注释略做提示。

的区隔问题，我们可以把音调当作一个类似空间的维度，主音就是"音量和音色保持不变，而遍历所有可听到音调的连续声音"①。斯特劳森虽然曾将主音比作一阵连续的口哨，但主音并不是具体的某类一连串声音，而是类似于各个具体声音殊相的类概念或概念本质，它类似于我们经验世界中的物质物体，表达的是具体声音对象的归属情况。

对于主音如何确认和再确认殊相，斯特劳森并没有重复论证，而是直接认为这个类比具有很大的说服力和吸引力，但并不具有必然性。在与具有空间特征的实际经验世界进行类比时，听觉世界有两方面的明显不同：一是类比的完备性问题，二是非唯我论意识的条件问题。

第一个问题涉及再确认的可能性。经验世界中各类对象在视觉中的瞬间呈现能够反映它们的相互位置关系，这是再确认得以进行的必要条件。但在听觉世界中，声音片段或声音殊相之间只具有前后相继的特点，不存在瞬间并列，这样我们就难以实际进行再确认。斯特劳森认为解决这个问题的关键在于解释主音发挥作用的方式，与物质物体只是涉及中等大小的对象不同，主音是弥漫在所有可听对象之间的声音片段之间的相似性。要对声音殊相进行再确认，并不需要考察声音片段的短暂状态，而是考虑主音片段在时间中的增强或消失。换言之，"主音所做的所有事情不过是，为听觉者在不同的主音之间定义一种'在……中间'的关系"②。

第二个问题考虑的是，由于在听觉世界中听觉者不能知觉到自己的身体，任何报道经验的语句"我在 L 时听到 N 之后的 M"都不能被当作听觉世界的合适语句。因为不仅"我"是否存在有待证实，"听到"作为区分其他感觉能力的经验报道也是多余的，我们不可能以"听到"之外的方式经验到听觉世界的声音殊相。因此，听觉世界的报道语句就变成"N 于 L 时被观察到在 M 之后"。这样，我们就没有必要使用唯我论意识和非唯我论意识的区分，客观性命题也就被取消。对于这个问题，斯特劳森显得颇为踌躇，一方面，他继续在听觉世界中引入"故意引起的变化"、"被引起的变化"和"发生的变化"，假设每个人都有不

---

① Jonathan Bennett. Kant's Analytic. Cambridge：Cambridge University Press，1966：34.
② 同①.

同于其他人的"主音",并试图维护这一区分,以便将其作为客观性论证的必要前提;另一方面,斯特劳森倾向于将区分"自我"和"非我"的论证推迟到《个体:论描述的形而上学》第三章来解决,从而使得第二章成为联结"物体"和"人"的中间环节。

(二) 埃文斯论听觉世界的客观性

与《个体:论描述的形而上学》第一、第三章所引发的热烈讨论不同,厄姆森等评论者对构造听觉世界的第二章"声音"意兴阑珊,相当时期内也没有具备足够分量的专题研究。《个体:论描述的形而上学》出版后,两位康德研究专家本内特和沃克分别在《康德的分析》第三章"空间与对象"和《康德》第三章"先验时间与先验空间"中对听觉世界做了还算细致的论述,除此之外,唐·洛克、科沃尔(S. Coval)和奥尼尔(Onora O'Neill)等人虽然也撰写了专题论文,但他们对构造听觉世界的目的、方法和实际效果的考察都不尽全面,"声音"作为思想实验的重要性也没有得到足够重视。

埃文斯1980年发表论文《无心之物:评斯特劳森〈个体〉第二章》,标志着学界开始重新重视斯特劳森对"声音"的论述。通过系统考察"声音"中的论证,他对听觉世界中再确认的必要性、听觉宇宙的客观性都提出质疑,以"内在批判"的方式彻底否定了斯特劳森依据听觉世界论证客观性的构想。埃文斯的批评不仅得到斯特劳森的关注,也引起了包括卡西姆的"反批评"在内的后续一系列回应。随着韦斯特法尔(Kenneth Westphal)和范克里夫(James Van Cleve)等人相继加入讨论,听觉世界思想实验的理论意义、理论缺陷等问题得到了更多揭示。为了全面介绍听觉世界的理论作用,我们这里只介绍埃文斯的批评。在第四章中再进一步分析听觉实验的论证作用和理论得失。

埃文斯的论文起始于对空间和客观性之间关系的讨论。他注意到,我们根据感觉状态的变化做出的判断"warm now"只是对经验者知觉状态的报告,但我们根据相同变化做出判断"it is warm now here."却是对客观经验事实的判断。由此可知,在客观性和空间之间有着极为紧密的联系。一旦我们将"主观的"当作"与心灵有关的",将"客观的"当作"与心灵无关的",再将"与心灵无关的"解释为"外在的",很容易就会将"客观的"等同于"外在的"。埃文斯反对将它们当作具有相同内涵的概念,而是认为两者之间的关系应该在详细论证之后再做判定。对于轻易画等号的做法,他说:"在我们的概念图式中,空间和客观性之间的概念联系是如此之深,以至于很多哲学家在没有注意到他们所窃取的问题时,就将'客观的'等同于'外在的'。"①

将"客观的"等于"外在的"不是霍布斯、康德等前分析哲学家的专利,本内特也持有类似看法,他不仅将"外在的"定义为"我之外的东西"②,认为空间是将"混乱经验"变成"有序经验"的关键要素,而且认为斯特劳森和康德对空间概念的理解大致是类似的——外在经验必须是对空间中对象的经验。据此,本内特将斯特劳森的空间概念宣布为类似于先验感性论的"斯特劳森理论"③。埃文斯指出,斯特劳森对客观性的理解要更加复杂。一方面,他在承认空间与概念之间存在紧密联系的同时,否认这种联系是自明的,这是他极力构造空间思想实验论证空间与客观性之间关系的根源。而且,斯特劳森并未将空间与客观性完全等同,而是认为占据空间是经验具有客观性的必要条件,但空间性特征不保证经验的客观性。因此,斯特劳森并不会像康德那样将空间当作经验客观性的来源。另一方面,埃文斯不无正确地指出,斯特劳森的客观性既与主体间的普遍同意或约定无关,也没有将空间限制在现象范围内,且不考虑反事实条件等模态语境,而是将客观性理解为独立于经验的实在性,试图通过对自我意识与非自我意识对象的区分来取代经验与经验对象的区分,进而将"非自我意识的对象"当作客观实在对象。

由此,埃文斯认为斯特劳森的听觉实验包括了两方面的客观性论证:一是论证空间是客观性的必要条件;二是论证客观性包含了自我意识对象与非自我意识对象的区分。只有这两个方面都得到有效阐释,客观性概念才能得到确立。埃文斯针锋相对地指出,斯特劳森的这两个论证是不成功的。

我们先来看空间与客观性的关系。斯特劳森认为,在听觉世界中进

---

① Gareth Evans. Things Without the Mind-A Commentary Upon Chapter Two of Strawson's Individuals//Zak Van Straaten. Philosophical Subject: Essays Presented to P. F. Strawson. Oxford: Oxford University Press, 1980: 76.
② Jonathan Bennett. Kant's Analytic. Cambridge: Cambridge University Press, 1966: 42.
③ 同②41.

行空间类比主要是为了实现对客观殊相的再确认。埃文斯把斯特劳森为此提出的论证划分为两个步骤：首先，可再识别殊相的概念蕴涵了客观性概念，即任何客观殊相必须是可再识别对象；其次，在区分数的同一性和质的同一性的情况下，再确认的标准——确认数的同一性只能在空间或者准空间世界中实现。

埃文斯认为斯特劳森对这两个步骤的论证都不令人满意。对于斯特劳森把主音的变化当作再确认声音殊相的理论工具，埃文斯指出，主音是以音调为标准刻画的抽象概念。如果音调不能在区分质的同一性的基础上，完成对个别对象的数的同一性的确认，那么，以此为依据建构的主音也难以实现区分具体声音殊相的目的。退一步讲，即便音调可以区分个别声音殊相，成为确认其数的同一性的标准，那么，我们可以把音调作为类似于实际经验世界中的"位置"概念，根据它来进行声音殊相的再确认，无须诉诸主音概念。这就意味着主音要么是不必要的，要么根本就是没有适用范围的空概念。换言之，即便把音调或主音作为确认声音殊相的基本区分手段，认可空间类比的有效性，其结果不过是接受了客观性与空间之间的概念联系，但其代价则是声音殊相的再识别变得毫无可能。

埃文斯继续论证道，再确认要求的经验者与经验对象的相互关系并非必须以空间性的方向性关系为模型。在听觉世界中进行三维空间类比预设了绝对时空的概念，也就是说，"斯特劳森听觉世界中的空间是一个绝对空间，它不是由占据空间的殊相之间的相互关系所构造的框架。"[1] 埃文斯进一步指出："奇怪的是，斯特劳森既然已经在第一章中强调了地点和殊相的相互确认，而这种相互确认起源于空间不是内在可知觉的对象，他怎么能够在第二章中构想出这样的空间概念？"[2] 埃文斯认为这绝对不是斯特劳森的论证想要解释的东西，而是他在构想空间类比时不够严谨的结果。埃文斯强调，如果必须进行空间类比，我们可以像本内特那样把时间当作"可变空间"[3]（travel-based space），将时

---

[1] Gareth Evans. Things Without the Mind-A Commentary Upon Chapter Two of Strawson's Individuals//Zak Van Straaten. Philosophical Subject: Essays Presented to P. F. Strawson. Oxford: Oxford University Press, 1980: 81.

[2] 同[1].

[3] Jonathan Bennett. Kant's Analytic. Cambridge: Cambridge University Press, 1966: 37-39.

间序列作为确认和再确认的一维指称框架。声音殊相按照它们在时间轴上的相互关系进行确认,根本不需要复杂的空间类比和主音的参与。

埃文斯还指出,如果听觉世界中的再确认是时间与声音的互相确认,那么客观性与再确认之间的必然概念联系就变得不再可靠。根据斯特劳森对特征-位置语言的规定,经验世界中可以存在某些特定经验事实,它们本身不是确认和再确认的对象,而是确认活动的前提条件,就提供确认的基本对象类型而言,它们具有客观性。埃文斯认为空间世界中的声音殊相是类似于特征-位置的事实,判断它们存在与否的标准是声音是否继续在时间中存在,连续性(continuity)才是界定声音殊相的关键概念。如此一来,与同一性和再确认有关的问题在听觉世界中就可以完全不必出现。另外,确认声音殊相连续性就是确认声音在时间中的展开情况,被确认的对象是声音过程(sound-process)而非声音事物(sound-thing),这时,再确认不是对完全相同事物的重新认定:"当我们认为在某时遇到的特定事件(occurrence)是发生在其他时间的其他事件的过程的组成部分时,我们就再确认了一个过程;但是,过程的再确认是我们概念框架的一个不同(某些人会认为是不融贯的)的特征,因为对物质物体进行再确认时,我们假设物体必须在相同场合作为一个整体严格地等同于另一场合的整个物体。"[1] 因此,将对声音殊相的再确认当作对整个声音过程作为完全相同过程的再确认,是忽视了"再确认"在确认基本殊相和非基本殊相过程中的不同意义。埃文斯据此认为,"同一性"在双重意义上与声音的客观性毫无关联:假设声音是连续过程,那么声音过程可以通过连续性,而非通过对同一性的确认而被证明是客观的;另外,声音的同一性也可以通过不同声音事件的确认而获得,但连续性却没有得到保障。

上面这个论证具有足够的破坏性,但埃文斯却认为它并不成功,因为将声音当作声音过程,必然预设了"连续性"和作为"可变空间"的时间概念,但是,在空间世界中并没有纯粹的连续性,当预设"连续性"时,我们实际上预设的是"时空连续性"。一旦在对象的连续性存

---

[1] Gareth Evans. Things Without the Mind-A Commentary Upon Chapter Two of Strawson's Individuals//Zak Van Straaten. Philosophical Subject: Essays Presented to P. F. Strawson. Oxford: Oxford University Press,1980:84.

在和非连续存在之间做出区分，我们也就必须接受非连续观察和由此带来的再确认问题。埃文斯认为，根据"殊相是共相的例示"的殊相-共相关系，共相只有在空间世界内才会出现被不同对象"分有"的情况；而在时间世界中，不存在这种"一般与个别"的关系，当听觉者在空间世界中面临两个非连续的声音殊相 x 和 y 时，他只需要问"x 和 y 属于相同的声音过程 z 吗？"，不需要问"x 和 y 是同一个声音事件吗？"。换言之，在听觉世界中，不存在量的同一性和质的同一性的区分，也不存在再确认必须满足的理论标准，亦即不存在再确认问题。

根据上述论述，埃文斯认为，构造听觉世界并未提供真正的论证，不过是画蛇添足的夫子自道。因为"斯特劳森在听觉世界中抽象出来的空间概念，恰恰是他偷偷放进去的概念，只要将他的注意力局限于客观性理论所涉及的'相同共相的同时存在的不同个例'概念，他就能在听觉世界中植入空间概念"①。埃文斯指出，如果要想论证空间概念是客观性概念的必要条件，可以采用更加直接的方式直接确认，斯特劳森在《个体：论描述的形而上学》第一章也基本上给出了这一论证，无须再如此大费周章。

对于第二条客观性论证——在听觉世界中区分"唯我论意识"和"非唯我论意识"，再将"非唯我论意识"当作"客观意识"或"客观经验"的论证，埃文斯也提出了尖锐批评。他认为，斯特劳森聚焦于听觉者的论证并考察听觉者的经验能力和概念能力的同时，忽视了听觉世界本身的概念规定。要探讨听觉者是否能够具有客观经验，首先要说明听觉世界是不是客观的，它是否具备提供客观经验的基本条件。埃文斯将听觉世界理解为本质上缺乏第一性质的"非物质世界"，通过分析第一性质的认识论作用，就能够说明听觉世界是否具备提供客观经验的条件。

埃文斯首先重述了洛克等经验论者有关第一性质和第二性质的区分。在他看来，两者之间至少有三方面的区别：（1）第一性质是物体的性质，第二性质是可感性质（sensory property）或倾向性质（disposi-

---

① Gareth Evans. Things Without the Mind-A Commentary Upon Chapter Two of Strawson's Individuals//Zak Van Straaten. Philosophical Subject: Essays Presented to P. F. Strawson. Oxford: Oxford University Press, 1980: 86.

tional property)。说第一性质是物体的性质并不意味着它们不可以被感觉或者缺乏可感性质,而是说像位置、形状、大小等性质的存在不依赖经验主体对它们的感觉;第二性质如颜色、声音等性质虽然是事物本身的倾向,但它们作为一种性质离不开我们的知觉经验。(2)第一性质是客观的,第二性质是不透明的。要认识形状等作为物体自身的性质,我们需要知道这些性质互相之间复杂的内部关联。但是,对于第二性质,即便我们拥有相关知觉,仍然对其本质缺乏认识。比如,我们即便经验到了某个红色的东西,但我们只能说它"像是红的",不知道它本身是不是红色的,而且不知道在我们不看它时还是不是红的。(3)第一性质是第二性质的基础。埃文斯沿用了 T. 里德(Thomas Reid)对第一性质的看法,在里德看来,第一性质是我们所有推理活动的基础,而广延是所有性质的基础:"硬和软、粗糙和光滑、形状和运动都预设了广延,我们不能在脱离广延的情况下想象它们。"① 埃文斯在类似的意义上指出:"空间必须被物体——可以被除了可感词项之外的其他表达式刻画的东西——占据。"② 他进一步认为:"我们所确认的可感现象是物质或事物的性质,是占据了空间的实体的性质;第一性质和它们的变化,可以被看作引起经验的倾向性质的基础。"③ 这就意味着,位置或空间特征不仅是形状等其他第一性质得以可能的基本条件,也是颜色等第二性质得以可能的基本条件,任何倾向性质都是占据空间的物体所表现出来的可感性质。而关于倾向性质的知觉经验也是该性质所在的物体与经验者的感官之间发生因果作用的产物,实体(或物体)作为空间占据者是倾向性质关于第二性质的经验的因果基础。

埃文斯比较两类性质的首要目的是论证听觉者的经验缺乏客观性。在他看来,听觉者表达声音经验的命题"There is now a x-sound at P."只在两种情况下为真:一种情况是命题是作为对主观经验感受的概括,作为某种普遍命题为真;另一种情况是命题表达了经验事实

---

① 托马斯·里德. 按照常识原理探究人类心灵. 李涤非,译. 杭州:浙江大学出版社,2009:69.

② Gareth Evans. Things Without the Mind-A Commentary Upon Chapter Two of Strawson's Individuals //Zak Van Straaten. Philosophical Subject: Essays Presented to P. F. Strawson. Oxford: Oxford University Press, 1980:105.

③ 同②104-105.

与经验感受的因果关系,作为因果命题而为真。由于听觉世界中缺乏占据空间位置的物质物体,听觉者找不到引起知觉经验的因果基础,无法说明他的经验是被处于何地的物体以何种方式引起的。这时,他的经验命题只能是对自己过往经验的总结,而不是对经验情况的因果关系的说明。命题不可能反映感受经验与客观经验事实之间的因果关系,而只能作为说明"观念的恒常汇合"的概括命题,没有任何客观性可言。

埃文斯否定听觉者经验的客观性还有另外两方面的原因:首先,听觉者只具有关于第二性质的经验,缺乏对第一性质的经验知识。埃文斯指出:"听觉者不可能有那个以某种方式影响他的位置概念,也就没有关于倾向基础的概念,他没有资源,或者至少没有得到明确的资源,形成那些以某种方式影响他的非倾向性质的概念。"① 但是,埃文斯只承认第一性质的客观性,否认关于第二性质经验的客观性,以颜色为例,他认为我们不能构想"客观非倾向的颜色"概念。如果承认颜色是客观的,就意味着它可以在不被观察的情况下继续存在,构想客观颜色概念就等于承认"想象没有被任何观察者构想的红色物体"②。听觉者的听觉经验也属于第二性质的经验,因而不是客观的,由于他不拥有除了声音之外的其他经验,因此他不可能拥有客观经验。其次,听觉者不能区分自我意识经验和非自我意识的经验。对任何表达听觉经验的命题"There is now a x-sound at P."总是可以改写成"Whenever in the past I have gone to P, I have had x-experience."。后面这个命题明显只是表达了听觉者本人的主观经验,没有提到作为经验对象的 x 的情况,在听觉世界中又找不到引起 x-experience 的物质物体和空间位置,因此,我们不可能区分听觉者的经验和他的经验对象,也就不能确认他的听觉经验的客观性。

埃文斯区分两类性质的另一个目的是说明空间世界的性质。他认为,一旦我们考虑声音是如何产生的,与此同时也接受物理学的相关解

---

① Gareth Evans. Things Without the Mind-A Commentary Upon Chapter Two of Strawson's Individuals//Zak Van Straaten. Philosophical Subject: Essays Presented to P. F. Strawson. Oxford: Oxford University Press, 1980: 102.

② 同①100.

释，认为声音是由物质对象的碰撞所引起的空气振动，那么，在听觉世界中要有声音殊相，就需要考虑空间维度。"位置的力量与任何连续占据它们的对象相等同，在解释他的经验时，到达某个位置是一个基本的因果性要素。"① 在这个意义上，纯粹的听觉世界不仅不是客观的，而且根本就是不可能的，如果要使客观的听觉世界成为可能，就必须允许空间、物质等基本概念要素出现在听觉世界中。

通过分析"空间"概念，埃文斯深化了有关听觉者和听觉世界缺乏客观性的论证。在他看来，我们通常的"空间"实际上包含了两种不同的空间概念：一种是序列空间（serial spatial concept），另一种是共时空间（simultaneous spatial concept）。其中，前者根据主体的知觉经验的次序或序列特征来解释，它是伴随着经验主体的身体运动而获得的感觉；后一种是关系性概念，它表达的是各个成分在同时出现或者被同时知觉到的空间关系。概而言之，序列空间是主观的、纵向的空间概念，共时空间则是客观的、横向的空间概念。

埃文斯强调，共时空间是客观性及其同族概念的上位概念，在共时空间的基础上，对"客观实在性"、"客观世界"和"客观经验"的论证才有可能。埃文斯说："任何使用了共时空间概念的理论，都会真正包含'独立存在的实在'、'被知觉到的实在'和'未被知觉但存在的实在'概念，并且才能在相同意义上使用它们。"② 具体来说，只有在假设 A、B、C 是共时存在的情况下，我们只观察到了 A，而没有知觉到 B 和 C，但是根据共时存在的特征，我们还是可以判定 A、B 和 C 都是存在的，因此，共时空间是"客观实在"乃至"客观世界"的概念前提。埃文斯以比较隐晦的方式承认了这一点。他说："那些否认盲人拥有共时空间概念的人，会同样否认他们拥有'独立存在的实在'概念，这当然是难以接受的。"③

是否能够根据序列空间来论证客观性呢？如果听觉者在听觉世界中只需要说明各个声音殊相的先后顺序，任何与"定位"有关的工作不过

---

① Gareth Evans. Things Without the Mind-A Commentary Upon Chapter Two of Strawson's Individuals//Zak Van Straaten. Philosophical Subject: Essays Presented to P. F. Strawson. Oxford: Oxford University Press, 1980: 103.
② 同①112.
③ 同①114.

是说明"x在y和z之间"这样的事实。无论是进行听觉类比还是将听觉世界当作一维时间性"可变空间",听觉者所拥有和可能拥有的都只是说明历时顺序关系的序列空间概念,没有也不可能拥有共时空间概念。这样,听觉者要获得"客观性"概念,就不得不以序列空间为依据。但是,包含了序列空间要素的命题不过是对经验的顺序特征的解释。在空间世界中考虑"未被观察到的客观实在"根本没法被证实,由于缺乏共时空间概念,我们不能设想客观对象A和B、特定时间T同时存在。换言之,序列时间概念没有为我们提供思考共同存在的对象的方式,而序列时间本身也根本不是与独立存在的对象有关的概念。在论文的结论部分,埃文斯给出了如下结论:

> 如果空间旨在提供关系系统,那它必须是由共时空间所构成的空间系统。如果听觉者想要把未被知觉到的殊相当作与知觉到的殊相同时存在的殊相,并将它们联系起来,那他必须拥有共时空间的概念,而不仅仅拥有"根本上以变化为依据"的概念。[①]

至此,埃文斯完成了对斯特劳森听觉世界思想实验的批评。总体来说,埃文斯虽然肯定了斯特劳森将空间概念当作客观性概念的基础,但认为在听觉世界中不存在再确认问题,即使接受再确认的必要性,也可以通过时间和连续性,而无须诉诸主客来进行;进一步地,埃文斯彻底否定了斯特劳森要在听觉世界区分"自我意识对象"与"非自我意识对象"的企图,通过阐述区分第一性质和第二性质的理论后果,比较共时空间和序列空间与客观性之间的概念关系,埃文斯认为听觉者不可能拥有关于声音殊相的客观经验,其根本原因在于听觉世界本身就不是客观的,或者它至少缺乏实现客观经验的必要条件。

(三)经验解释的意义

埃文斯对听觉世界缺乏客观性的论证,根本上否定了斯特劳森依据思想实验进行有效客观性论证的构想。但是,听觉世界作为论证手段的

---

① Gareth Evans. Things Without the Mind-A Commentary Upon Chapter Two of Strawson's Individuals//Zak Van Straaten. Philosophical Subject: Essays Presented to P. F. Strawson. Oxford: Oxford University Press, 1980: 115.

破产，是否意味着"声音"一章失去了说明"客观性"的经验解释的地位，沦为冗余的乃至误导性的主观臆想呢？

要回答这个问题，首先要对思想实验的内容、性质乃至功能有所界定。梅内尔（Lititia Meynell）根据对想象内容的不同立场，将既有观点总结为三种：第一种以诺顿（John Norton）为代表，认为思想实验的内容可以被还原为论证，我们应该按照评价论证的标准判定思想实验的论证力量。第二种以布朗（James Robert Brown）为代表，认为思想实验至少在某些情况下表达了呈现于心灵之眼的先验内容，如自然律、柏拉图式真理等。第三种具有一定的普遍性，代表人物包括吉德勒（Tamar S. Gendler）、内尔塞西安（Nancy Nersessian）和内纳德（Miscevic Nenad）等人，他们倾向于认为思想实验是特定心理模型，通过想象所产生的心理内容如概念图式、可视化事态等功能不过是表达见解或进行说服。①

具体到听觉世界思想实验，斯特劳森的目的不可避免地涉及了对先验真理的阐述。他在《个体：论描述的形而上学》第一章"物体"的结尾暗示，"我们将看到概念真理的意义"②。对于如何揭示这一意义，斯特劳森的策略并非提供严格论证。在构造听觉世界伊始，他就指出："这些问题往坏处说是毫无意义的，往好处说也不过是承认了某些最为宽泛的思辨答案；但是，一般而言，这类问题可以被看成是提出更合理的，也更明确的问题的便利方式，虽然这种方式也未免有些过于戏剧化。"③ 这就意味着，听觉世界只是阐明概念框架的方便手段，用来描述听觉世界的概念只是为了满足特定的理论需要："我们所使用的所有概念或表达式，只有在为这部分经验的内在特征辩护的意义上，才必须成为具有根本用法的方便概念。"④ 如果说这里斯特劳森的态度还不够明朗，范克里夫的立场就更加明确。他认为包括听觉世界在内的思想实验都不能是关于"将要"（would）的事实问题，也不是关于"必

---

① Lititia Meynell. Imagination and Insight：A New Account of the Content of Thought Experiments. Syntheses，2014：4149.

② P. F. Strawson. Individuals：An Essay in Descriptive Metaphysics. London：Methuen and Co.，Ltd.，1959：59.

③ 同②42.

④ 同②82.

然"(necessary)的模态问题,而是关于"应然"(should)的规范问题。① 范克里夫指出,如果听觉者和现实经验者一样,他就不难根据常识,而不是根据辩护来确认声音,而且听觉者是否听到声音是经验问题,不涉及先验真理,如果我们要问听觉者可能做什么,答案将是他可以在想象世界里为所欲为;如果我们要问听觉者必然做什么,在由经验想象所构造的模态语境中,答案将是他不能必然地做任何事情。只有把听觉世界当作与规范性有关的问题,考察听觉者在特定知觉能力下他应该会做什么,才有可能得到斯特劳森想要的结论。由此不难看出,听觉世界思想实验是根据特定论证目的的概念演绎。埃文斯的精巧反驳虽然在细节方面是正确的,但没有触及斯特劳森构造听觉世界的理论初衷,这为我们暂时忽略埃文斯的批评,从正面说明听觉世界的理论意义提供了足够的解释空间。

斯特劳森在听觉世界中的概念分析究竟想要说明什么呢?或者说,所谓"概念真理的意义"又是什么?必须承认,斯特劳森的理论预期和论证效果有着一定的差距。根据形而上学的最初规划,经验解释的目的是说明概念框架如何植根于我们的经验世界,由此说明概念图式的经验基础,在《个体:论描述的形而上学》中这个任务分解为两个相互联系的客观性论证:空间的必要性论证和非唯我论论证。但是,从实际效果看,斯特劳森不仅对在空间世界中是否能够区分唯我论意识和非唯我论意识犹豫不决,他最终甚至放弃了在听觉世界中区分两种意识的努力,转而将"声音"的理论意义限制在对空间和物质物体的概念地位的确认。

客观性论证在目的上的倒退趋势在斯特劳森对埃文斯的回应中表现得极为明显。面对自己最得意的学生的批评,斯特劳森采用了"弃车保帅"的回应策略。一方面,他接受埃文斯有关空间必要性论证是冗余论证的指责,也接受在听觉世界中不存在再确认问题;另一方面,他试图改造埃文斯对非唯我论论证的批评,将其用于说明空间的必要性。在斯特劳森看来,埃文斯的论证基础是强调空间和客观性在概念上的相互依赖关系,如果他有关听觉世界缺乏客观性的论证是有效的,反而会巩固

---

① James Van Cleve. Touch, Sound and Things Without the Mind. Metaphilosophy, 2006, 37 (2): 168-173.

《个体：论描述的形而上学》的主要结论。

斯特劳森将埃文斯的分析总结为两个论证：第一个论证是因果基础论证（causal ground argument），即如果由独立于经验者的客观对象所构成的世界存在，知觉对象必定有可感性质，而可感性质的存在又要求有独立于知觉经验的因果基础。由于知觉经验本身不足以提供这一基础，那么它只能由占据空间的物质物体来提供。换言之，倾向性质的因果基础存在于具有空间特征的物质物体中，即可感性质是物体的性质，而不是感觉经验的性质。听觉者只具有可感经验的概念，没有空间和物质物体的概念，因此他不知道知觉经验的基础，这是他无法在听觉世界中拥有客观经验的根本原因。

第二个论证是共时性论证（simultaneity argument），即客观世界的概念要求存在彼此区分且可确认的客观殊相，而且这些殊相必须是同时共在于世界之中。埃文斯在盲人和听觉者之间进行了对比，他认为盲人虽然缺乏视觉，但他可以通过对身体或其他事物的触摸获得并直接使用共时空间的概念，因而能够拥有客观经验；听觉者在听觉世界中只能对声音进行时间定序，只具有历时空间的概念，这使他不具有客观殊相的概念。

斯特劳森首先回应第二个论证，他认为听觉者并非没有共时空间的概念，只是缺乏对概念的直接使用，他说："埃文斯认为听觉者没有共时空间或准空间概念，但实际上并非如此，我只是否认了他拥有直接使用这些概念的任何感觉手段。"[1] 这里斯特劳森做了一定让步，不再认为听觉者是处于彻底的听觉宇宙中，而是认为听觉者置身于空间或准空间世界中，只是他无法使用除听觉以外的其他感觉能力。这一回应旨在说明，斯特劳森至少接受了空间性概念是客观性的必要概念条件，或者说空间性和客观性在概念上存在着相互依赖关系。但是，斯特劳森认为，埃文斯的论证并没有表明共时空间是客观世界的充分条件，因此，这个回应不能从根本上解决问题，要化解埃文斯的批评，我们必须转向对因果基础的讨论。

对于第一个论证，斯特劳森的策略是阐述作为特殊直接知觉理论的

---

[1] P. F. Strawson. P. F. Strawson's Reply//Zak Van Straaten. Philosophical Subject: Essays Presented to P. F. Strawson. Oxford: Oxford University Press, 1980: 276.

常识实在论（common sense realism）。斯特劳森首先否定了埃文斯区分第一性质和第二性质来说明因果基础的方案。对于两种性质之间的区别，虽然洛克等人的学说影响甚巨，但里德却如此提醒道：

> 第一性质和第二性质的区分有几次大变革，德谟克利特、伊壁鸠鲁以及他们的追随者坚持做了区分，而亚里士多德及其追随者则取消了区别。笛卡尔、马勒博朗士和洛克复活了它，据说他们也很好地说服了它，但贝克莱主教再次取消了它。①

斯特劳森没有明确宣布要取消两种性质之间的区别，但他将属于第二性质的颜色和属于第一性质的颜色都当作可视性质。他的用意在于说明，这两类性质都具有倾向特征，因此知觉经验的因果基础不能只追溯到传统上的第一性质。要论证作为因果基础的空间占据者，形状等性质和颜色一样都不是最终的要素，只有作为非可感性质的理论对象，如力、物质、电荷等才有进一步的解释力。但是，斯特劳森认为，这些理论实体仍然可以被看作倾向性对象，我们为倾向性质寻找客观概念基础的工作仍然没有着落。而且，只要我们坚持对经验进行科学导向的反思性分析，这个理论鸿沟就不可能被填平。

以此为基础，斯特劳森试图转换认识对象，将知觉经验的对象由反思性的可感性质转换为非反思的物质物体。"我们必须假设我们先在的，或先天的是通过形成和使用概念来对感性知觉做出反应。这些概念不仅是感觉经验的概念，而且还是属于空间性的客观概念。实际上，只有朴素的、自然形成的概念，才是我们日常经验的标准对象。"② 这些概念所涉及的对象就是物质物体，斯特劳森认为它们所具有的特征，尤其是空间占位特征，才是可以作为倾向性质基础的"物理性质"。相应地，他把物质物体当作直接认识对象，认为这是有关知觉的直接实在论观点。由此，斯特劳森认为，只要我们局限在直接实在论的范围内，有关作为基本范畴的因果基础就可以由物质物体及其空间性的物理特征来承担，埃文斯关于知觉经验需要因果基础的讨论也可以被转换为对空间必

---

① 托马斯·里德. 按常识原理探究人类心灵. 李涤非，译. 杭州：浙江大学出版社，2009：69.

② P. F. Strawson. P. F. Strawson's Reply//Zak Van Straaten. Philosophical Subject：Essays Presented to P. F. Strawson. Oxford：Oxford University Press，1980：279.

要性的证明。

　　斯特劳森的上述论证策略应该可以接受。原因在于，埃文斯的论证目的不在于彻底否定听觉世界的思想实验，而是否定其论证的有效性。但是，埃文斯本人不仅使用了构造"无实体世界"的想象方法，而且其首要目的是论证"空间在思想中的作用"①。这恰恰是斯特劳森的听觉世界所要论证的最重要内容，即空间和占据空间的物质物体是概念图式的基本概念。因此，现在的问题在于，空间概念是客观经验的必要条件这个结论究竟有着怎样的理论意义？为了进一步做出说明，我们需要转向《感觉的界限》及相关后续文献，阐述斯特劳森与康德在时空观上的异同。在与康德相区别的意义上，我们才能理清空间必要性论证的真正理论内涵。为了有所对照，我们仿照康德对空间概念的形而上学演绎，将斯特劳森的空间概念也总结为四个相互关联的命题，并将相关文献依据和论证罗列如下：

　　（1）空间是在指称活动中确认的经验性概念，不是先在于认识过程的先验认识要素。康德否认空间概念是从经验中获得，而是认为关于外部空间的经验必须以承认空间作为外感觉形式才得以可能。在斯特劳森看来，空间系统乃是由确认和再确认过程与物质物体和人这两个基本殊相一道被确立的概念图式的指称框架（参见本书第三章）。对于康德将空间当作先天认识形式，斯特劳森认为他预设了"关键基本事实"，康德的如下论述可以作为佐证："我们的知性只能借助于范畴——正如我们恰好拥有这些而不是别的判断机能，或者为什么唯有时间和空间是我们的可能直观的形式，也不能说出进一步的理由一样。"②（B145）斯特劳森认为这个规定使为什么时间是先验形式难以得到解释，即便假设空间是理智直观的功能，但理智直观可以自己创造认识对象，不需要以接受性为特征的感性直观，因此，空间作为先验认识能力的原因还是得不到解决。斯特劳森本人认为，空间的经验性概念本质才是它成为客观经验之必要条件。他说："一个简单的解释，或解释基础是这样的：包括我们自己在内的物体都是时空对象，它们存在于时间和空间之中。我这

---

① Quassim Cassam. Space and Objective Experience//Jose Luis Bermudez. Thought, Reference and Experience. Oxford：Clarendon Press，2005：272.

② 康德. 纯粹理性批判. 邓晓芒，译. 杨祖陶，校. 北京：人民出版社，2004：97.

里说的对象的意义，包括但不局限于作为'可能经验的对象'，还意味着作为独立存在的对象。"① 概言之，空间作为基本认识形式，恰恰是由于它们是包括经验对象在内的物质对象的存在方式。

（2）空间是关于经验对象（如基本殊相）的概念，不是仅适用于现象领域的直观形式。斯特劳森接受了康德的"先验"概念，但将其理解为"必要的"，而不愿意将其等同于"内在的"。根据这一理解，斯特劳森对康德将空间作为"感性形式"做了两种理解——紧缩论理解（austere interpretation）和观念论理解（idealism interpretation）。前者将空间当作概念系统中的不可或缺的概念，亦即可能经验的必要概念条件。但是，这个解释不能令康德满意，因为我们不清楚作为必要条件的空间概念是对象的属性还是人类认识结构的要素。康德坚持观念论解释，认为"空间无非是外感官的一切表象的形式，亦即唯一使我们外直观成为可能的主观感性条件"②（A26/B42）。斯特劳森认为，这里的"主观感性条件"无疑就是感觉形式，其后果是强调它们作为主观认识能力的重要性："把它们称为先验形式只是为了强调主观性，时间和空间是'在我们之内的'和'先于经验的'；亦即它们是我们认识结构的特征，因此也是我们拥有如此这般的经验的条件"③。此外，观念论解释的另一后果是接受空间的先验观念性和经验实在性的两重区分，将空间作为先天知觉能力只在现象领域有效，物自体存在于时空之外，因此任何认识都只具有观念的有效性，而不是对物自体的认识。

无论是将空间定义为感觉形式，还是强调主观认识能力的心理主义，以及随之而来的观念论后果，都不是斯特劳森所希望看到的。他认为听觉世界的概念论证只能说明空间概念是"必要的"，而不是"自我之内的"。斯特劳森满足于强调"殊相概念"和"空间概念"的紧密联系，他说："我们所要面对的思想不仅仅是出现在经验中的殊相概念和有关它们的时间和空间位置的观念，而且面对的是这两个概念之间极为

---

① P. F. Strawson. Sensibility, Understanding and the Doctrine of Synthesis//Galen Strawson, Michelle Montague. Philosophical Writings. Oxford: Oxford University Press, 2011: 160.

② 康德. 纯粹理性批判. 邓晓芒，译. 杨祖陶，校. 北京：人民出版社，2004：97.

③ P. F. Strawson. The Bounds of Sense. London: Routledge, 1966: 53.

关键的联结，如果我们不想抛弃经验概念，我们也就不能打破这个联结。"① 卡萨姆的相关论述可以作为这一区分的间接证据，他认为在将空间当作认识的必要条件时，康德与斯特劳森和埃文斯之间存在着一种平行论证，但两者之间的区别在于，康德将"'空间知觉'（perception of space）而非'空间概念'（idea of space）当作客观经验的必要条件"②，而斯特劳森和埃文斯则是将空间概念当作客观经验的必要条件。由于此处考察斯特劳森对综合原理和先验唯心论的批评似乎为时过早，我们暂时满足于强调，斯特劳森的空间是"概念"而非"直观"。这是他与康德的一个根本区别。

（3）空间作为客观经验必要条件的有效性在于，为确认和再确认提供持续性的单一指称框架，而不是为几何知识提供直观基础。斯特劳森认为，空间的重要性在于为殊相确认提供支持："时空位置提供了区分殊相个体和普遍类型的根本基础，因此也就为殊相个体的同一性提供了根本基础。"③ 对康德来说，空间的作用则在于为几何知识提供直观基础。在"空间概念的先验演绎"中，他指出空间作为普遍认识形式的地位通过集合知识的有效性得到说明，在随后的"驳斥唯心论"和"对原理体系的总注释"中对此做了详细说明。斯特劳森认为康德基于"几何知识何以可能"的说明混淆了两类不同空间——由物质物体的占有和相互关系组成的物理空间与以欧式几何的公理系统所刻画的现象空间。康德通过欧式几何必然性论证空间有效性的论点至少有如下三方面的问题：(a) 欧式几何不是唯一的可靠理论，考虑到非欧几何的挑战，我们可以认为前者的定理和公理系统不是必然的，而是约定的；(b) 欧式几何的必然性来自逻辑推演和语词定义，但现实中物体之间的关系缺乏这种严格关系，就如同任何现实中的直线都不可能是"两点之间最短距离"一样；(c) 将欧式几何中的现象空间和实际的物理空间当作相同的空间类型，或者从前者推出后者，都有将空间主观化的危险，虽然现象空间可以被看成是"纯粹直观的建构"，但是"当我们从物理标准发现

---

① P. F. Strawson. The Bounds of Sense. London：Routledge，1966：53.
② Quassim Cassam. Space and Objective Experience//Jose Luis Bermudez. Thought, Reference and Experience. Oxford：Clarendon Press，2005：259.
③ 同①48.

实际对象之间的相互关系时，我们要解决的是实践性的实际问题"①。

（4）空间具有统一性和唯一性，但不存在绝对空间。康德除了将当作空间表现外在对象的诸规定的外感觉直观形式外，认为还存在着"纯直观"或"空的空间"。这种关于纯粹空间的立场突出地表现为对空间作为"无限的被给予的量"以及对存在唯一空间的强调。斯特劳森认为，这是康德试图在牛顿式实体论空间观和关系论空间观之间进行综合的结果。与康德的"骑墙"态度不同，他坚持关系论空间观，认为空间是物体之间的相互关系，空间系统是物体所构成的关系系统。对于空间的统一性和唯一性，斯特劳森也做了关系论的理解："只有被物体所占据的空间才能被称为是统一的，也是唯一的空间。"② "说只有一个空间就是说每一个以空间性联系的事物都是在空间中彼此联系，这也就意味着只有一个在空间中彼此联系的事物构成的系统。"③ 卡萨姆将关系论理解表达得更加明显，他说："拥有空间概念就是拥有某些空间性概念（spatial concept）并用它们进行空间性思考和推理；空间性概念是关于空间性性质的概念（如广延、性状、硬度和位置等），空间性思考则是把空间性概念当作基本概念的思考。"④ 按照这个理解，当我们说"空间"时，我们实际上要么表达的是具有空间性质的事物，要么是它们的空间性性质或者相互位置等空间性关系。这也正是斯特劳森在确认理论中所强调的理解方式。

在结束对思想实验意义的讨论之前，我们有必要提一下斯特劳森对时间概念的理解，以便对他的时空观形成一个完整理解。相对于空间，斯特劳森上面四条有关空间的理解基本也可以移植到时间概念上。但是，对于时间是不是客观经验的必要条件，或者说我们能否构造一个关于世界的必要性论证，情况不容乐观。如果按照我们的现实经验世界是时空世界，而概念框架由于根植于实际经验世界才使得其中的概念获得客观性这个宽泛原则，时间也应该成为客观经验的必要条件。按照斯特

---

① P. F. Strawson. The Bounds of Sense. London: Routledge, 1966: 187.
② 同①63.
③ 同①63.
④ Quassim Cassam. Space and Objective Experience//Jose Luis Bermudez. Thought, Reference and Experience. Oxford: Clarendon Press, 2005: 260.

劳森的多数文本，我们也会承认时间是客观经验的必要概念条件。但是，如下事实却不容忽视：

（1）坚持三维主义（three-dimensionism），在《殊相与共相》中，斯特劳森如此写道："如果像我们将事物看成是时空中的四维对象那样，认为我们有关于对象的无差别的时间视角，那么我们就没有理由来单独考虑识别标准。如果这种情况是可理解的，那么它就会是真实的。但是，我们实际上并没有这样的视角。"[1] 斯特劳森的确认理论基本上以三维主义为依据，认为时间是一个在本体论层面更为次要的视角。

（2）拒绝时间和空间的概念类比。对于康德认为对时间可以做类似于空间的先验阐明的做法，斯特劳森不予认可。他认为即便承认先验观念论，分别作为时间性对象、空间性对象的意识状态、身体，它们的地位仍然是不同的。我们可以接受意识状态是物自体影响的结果，是某种属于"我"的表象，但是，身体"在知觉之外什么也不是"[2]，即便作为表象，它也是作为表象的知觉的对象，是特殊的"关于表象的表象"。

（3）对时空关系的模糊化理解。对于世界与空间在确认理论中的地位，斯特劳森晚年做了如下耐人寻味的表述："时间与空间为对象感性直观的可能性的实现提供了特殊必要条件。我说'特殊必要的'是因为，虽然落在相同普遍概念之下的可区分的时空对象，在许多其他方面也是可区分的，但它们必然是**基于时间（和/或者）空间位置**而可区分的，这是它们不可能失效的区分方式。"[3] 这里，斯特劳森再次强调了时空位置作为基本确认手段的根本作用。但黑体部分的"基于时间（和/或者）空间位置"表明，对于以空间位置单独作为确认依据，还是时间和空间位置共同作为确认依据，斯特劳森的态度并不明朗。

（4）拒绝解释时间中的意识同一性问题。斯特劳森和康德一样认为，特定意识状态以前后相继的方式存在于时间之中，具有时间性维度的意识也具有同一性，能构成从属于"人"的概念的"自我意识"。但是斯特劳森在重构康德的先验演绎时，将"意识的必然同一性"作为既

---

[1] P. F. Strawson. Particular and General//Logico-Linguistic Papers. Aldershot: Ashgate, 2004: 27.

[2] P. F. Strawson. The Bounds of Sense. London: Routledge, 1966: 57.

[3] P. F. Strawson. The Problem of Realism and A Priori//Entity and Identity and Other Essays. Oxford: Clarendon Press, 1997: 246.

有前提，没有说明为什么意识必然是统一的，也没有说明个别意识状态成为"自我意识"的具体方式。罗蒂就指出，斯特劳森只是将"我"当作经验归属者，他的论证只是"我的经验的潜在承认"[①]，而忽视了有关经验主体的意识统一性问题。

以上四点较完整地反映了斯特劳森对时间概念的理解，虽然第一点和第三点有着潜在的矛盾，但它们并非斯特劳森的立场在不同时期发生了转变，而是其思想中具有普遍性的潜在张力和不一致性。这一点在听觉世界的构想中表现得尤为明显。按照最初构想，斯特劳森希望承认听觉世界本身是客观的，只是听觉者缺乏必要的概念手段来表达这种客观性，但在埃文斯的批评之下，斯特劳森倾向于接受听觉世界本身的非客观性，转而认为唯有加入实际空间特征才能保证客观经验是可能的。

总体来说，斯特劳森认为时间不像空间那般重要，究其原因，一方面，与空间的三维主义定位相比，时间前后相继的特征能够为确认提供的帮助颇为有限；另一方面，接受经验的时间性维度，不可避免要处理康德所面临的，也同样是他所造成的心理主义和先验观念论后果，与其纠结于意识是如何统一的这等经验性问题，不如直接降低时间的概念地位。鉴于时间概念的这种既可以作为客观性必要条件的构成要素，同时又不构成客观性的独立必要条件的地位，笔者认为，我们可以将它当作客观经验的 INUS 条件[②]，以便与作为必要条件的空间概念相区别。

至此，通过分析听觉世界思想实验所确立的空间是概念基本条件的基本命题，我们可以对斯特劳森的时空观做如下总结：空间是由物质物体的相互关系所组成的统一指称框架，它是殊相确认的结果，而不是先

---

① Richard Rorty. Strawson's Objectivity Argument. The Review of Metaphysics, 1970, 24 (2): 214.

② INUS 条件的英文全称为"insufficient but necessary part of an unnecessary but sufficient condition"。这个条件原本是作为解释特定类型的因果关系，这里我们将它用来解释特殊概念关系，说明时间区别于作为必要条件的空间的特殊概念地位。如果我们把"时间和空间"一起作为客观经验的"充分非必要条件"，时间作为该条件中必要的，但非独立有效的组成要素，被当作条件的"非充分必要部分"就是恰当的。有关 INUS 条件的论述可参见 J. L. Mackle. Causes and Conditions. American Philosophy of Quarterly, 1965 (4): 245-264。

验的概念规定；它是概念，而不是直观；它是物质物体之间的关系，而不是几何知识的直观基础；它是统一的关系系统，但不是绝对空间实体。与空间类似，时间也是意识状态的概念，但它不是内知觉的先验形式。时间和空间共同构成了客观经验世界的关系系统，其中，空间是客观经验的必要条件，时间是 INUS 条件。

(四) 经验解释的问题

埃文斯的批评表明，根据听觉世界论证"空间"是"客观性"之必要概念条件不仅不可靠，而且也不必要。按照这一理解，前面对经验解释理论意义的总结，可以根据《个体：论描述的形而上学》第一章直接得出结论，"声音"最多起到提示作用。但是，我们也曾指出，埃文斯的论证是对斯特劳森思想实验的修正和精炼，他沿用了想象方法，也坚持"描述形而上学"的基本立场，这是斯特劳森改造论证来捍卫空间必要性论证的根源。考虑到埃文斯的局限性，也为了兼顾其他研究者的思想成果，同时进一步说明构造思想实验进行经验解释所面临的问题及其成因，继而建立经验解释与概念解释之间的联系，对思想实验进行全面梳理有着理论上的必要性和紧迫性。

说明思想实验的问题及其成因，首先要弄清听觉世界作为"可能世界"的语义性质。斯特劳森对听觉世界是否具有经验实在性兴趣不大。在对论文《分析、科学与形而上学》的讨论中，面对奥布斯托（Leon Apostel）关于他无法以融贯方式想象"可能世界"的质疑，斯特劳森指出："即使我不能描述那种世界图景，也不影响我们当下讨论的问题，这个问题不是关于我们是否能够说明世界中如此这般的变化会引起语言结构中的相应变化的问题，而是我们能否说明作为影响的结果，究竟会有何种变化进入我们的语言。"[1] 由此可知，斯特劳森不关心经验变化对概念图式及其结构的影响，只是想要将经验变化作为反事实条件，考察作为变化后果的概念结构。当我们设想"如果事物在某些方面与实际情况不同，那么我们的概念框架就会在某些方面有所不同"时，我们实际上设想的是："当事物的发生方式有了如此这般的变化，我们的语言

---

[1] P. F. Strawson. Discussions of Strawson's "Analysis, Science and Metaphysics" // R. Rorty. Linguistic Turn. Chicago：The University of Chicago Press, 1967：322.

也会以如此这般的方式使用。"① 考虑到概念图式只能以实际发挥作用的"描述"方式运作，我们其实无法构造刘易斯意义上的作为"平行宇宙"的可能世界，听觉世界就不仅不是某种模态实在，反而是不可能经验世界（impossible empirical world，简称 W_{IE}）或只是作为概念规定的可能世界。在这个意义上，斯特劳森与克里普克的立场是一致的，后者认为"可能世界"并非"遥远的行星"或"在另一个空间存在的，与我们周围的情景相似的东西"②，只是作为反事实条件的"世界的可能状态"或"非真实情境"。

明确了听觉世界是 W_{IE} 后，我们来分析经验解释的问题。从相关讨论情况来看，经验解释在论证内容和论证方法两个方面都饱受批评。其中，论证内容所面临的批评可以被总结为想象内容的客观性、演绎的融贯性和解释的充分性三个方面的问题。

第一，想象内容的客观性。威廉姆森（Timothy Williamson）指出，思想实验及其他构造反事实条件的论证只是对相关经验事实的理论投射，他说："哲学家们对形而上学模态论的赞美植根于我们的日常认知实践，而非对实践真实性的怀疑。"③ 由于斯特劳森要说明的概念框架的基本结构是现实经验世界的概念图式，W_{IE} 的空间类比也以现实时空世界为依据，因此，对 W_{IE} 的概念分析是以间接方式反映他对实际概念图式的认识，如果 W_{IE} 有任何错误概念规定，都表明斯特劳森对实际图式的理解出现了相应的偏差。

根据 W_{IE} 所反映的情况，斯特劳森至少对声音和声音经验的如下规定值得商榷：

（a）声音表象缺乏客观性。斯特劳森认为，声音知觉中渗透了视觉等其他知觉要素，强调各类感觉器官共同承担了知觉作用，与此同时，他倾向于认为声音是最缺乏客观性的经验类型，这是构造听觉世界与客观经验世界进行类比的重要原因。随着埃文斯对听觉世界客观性的否

---

① P. F. Strawson. Discussions of Strawson's "Analysis, Science and Metaphysics" // R. Rorty. Linguistic Turn. Chicago: The University of Chicago Press, 1967: 323.
② Saul A. Kripke. Naming and Necessity. Cambridge: Harvard University Press, 1972: 15.
③ Timothy Williamson. The Philosophy of Philosophy. Oxford: Blackwell, 2007: 137.

定，斯特劳森彻底否认了客观听觉经验的可能性。但是，部分研究者认为，如果我们不再将注意力集中于听觉知觉与视觉和触觉的对比，而是认为它是一种特殊且独立的知觉形式，而且将对作为声音源的"声音产生事件"（sound-producing event）进行恰当分析，根据纯粹听觉知觉获得特定客观经验是可能的。[1]

(b) 听觉类比的欧式几何模型。斯特劳森认为声音具有音调、音色和响度三个维度，并据此将它与颜色的饱和度、亮度和色调对比，他暗示声音具有欧式几何的三维特征。但是，声音经验对方向（比如来自左边或右边）和距离这两个空间特征的敏感性是不同的，我们听到声音时，可能并不清楚它离我们有多远，但却可以知道其方位。这意味着"即便拥有主音概念的听觉者没有生活在非空间世界中，但他也没有生活在欧式空间特征的世界中"[2]。实际上，坚持空间的三维主义与否定以三维模型为基础的欧式几何空间观始终以奇特方式矛盾地交织于斯特劳森的思想中。

第二，演绎的融贯性问题。科沃尔将"声音"和第三章"人"结合起来，说明听觉世界并不是一个融贯的概念。根据斯特劳森在第三章的规定，人作为 M-谓词和 P-谓词的归属者，才使他有资格成为经验归属者。但是，在听觉世界中，我们一方面难以找到形容物理特征的 M-谓词，而且不能确认作为人的必要构成部分的"身体"的存在，这就使人可能成为笛卡尔式的"自我"；另一方面，如果找到了可以被 M-谓词所限制的声音殊相，也不会出现客观性难题。如果把人的概念作为私人经验的前提条件，听觉世界中就不存在听觉殊相，再考虑确认和再确认是殊相确认乃至建立客观世界的前提条件，那么缺乏客观听觉殊相的听觉世界不仅缺乏客观性，而且根本就可能不存在。概而言之："人的概念是声音模型的预设，否则对任何殊相的引入都失去了基础，更谈不上引入客观声音殊相。"[3] 因此，科沃尔认为，在听觉世界中论证客观性不仅是一个操之过急的论证，而且注定难以奏效，而听觉世界本身也成为难以澄清的概念设定。

---

[1] Matthew Nudds. Auditory Appearances. Ratio, 2014 (4): 462-482.
[2] Onora O'Neill. Space and Object. The Journal of Philosophy, 1976 (2): 35-36.
[3] S. Coval. Persons and Sounds. The Philosophical Quarterly, 1963, 13 (50): 29.

唐·洛克对斯特劳森就"客观殊相"(OP)与"持续存在但未观察到的殊相"(EUPP)之间关系的理解提出了质疑。从形而上学立场看，所有的OP都是可再确认的殊相(RIP)，但是，根据认识论形而上学的论证策略，为了强调再确认在听觉世界中的作用，斯特劳森不仅认为只有可再确认的殊相RIP是客观殊相OP，而且"重新确认的概念似乎蕴涵着存在但未被观察的殊相概念"①。这个论断会导致如下结论：

(1) RIP → EUPP = OP　　(2) RIP → EUPP → OP

这两个结论都不可接受。我们既不可能接受OP的范围等于EUPP，也不会认为OP的范围会比EUPP更小。因为恰恰是客观殊相OP的实在性，保证或蕴涵了对殊相进行再确认的可能性，也保证或蕴涵了那些未被观察到的殊相是存在的。因此，唐·洛克认为，我们不仅应该拒绝"RIP → EUPP"的推导过程，而且要否认作为推导关键的蕴涵关系，承认即便在听觉世界中区分非唯我论意识是可能的，也不应该以蕴涵关系推导出具有逻辑必然性的结论。②

第三，解释的充分性问题。常识的真正实在论者，相信物质物体和它们的视觉和触觉性质，但他们并非根据"表征知觉"概念的精神，而是本着"直接知觉"或"即时知觉"概念的精神抱有此信念。

唐·洛克还指出，斯特劳森构造听觉世界的世界图景既不属于满足于描述实际概念图式的描述形而上学，也不是提供更好图式的修正形而上学，而是提供迭代图式（alternative scheme）的"比较形而上学"（comparative metaphysics）。③ 但是，这种方法作为经验解释的有效性面临多方面的挑战。

首先，将迭代图式用于证明概念条件的必然性不是恰当的解释策略，因为即便某些概念在我们的图式中必不可少，但它们在迭代图式中可能并不具备这样的基础性地位。特定概念（如空间）是实际概念图式的必要概念条件本身是一个偶然的经验性事实，而非具有模态必然性的

---

① 斯特劳森. 个体：论描述的形而上学. 江怡，译. 北京：中国人民大学出版社，2004：81.
② Don Locke. Strawson's Auditory Universe. Philosophical Review，1961，70（4）：520—525.
③ 同②518.

事实。想要证明特定概念相对于图式的必然性，更好的方法不是构想以它作为基本概念的迭代图式，而是直接说明其在现实图式中的概念基础。另外，构想 W_{IE} 同时否认 W_{IE} 中经验变化与概念图式变化的联系，实际上拒绝了以直截了当的方式说明概念与经验之间的关系，如果单独分析作为变化结果的 W_{IE}，不能算是说明了概念图式如何以经验事实为基础，也没有做出具有足够论证力量的经验解释。

其次，迭代图式是悖论式的概念设定。斯特劳森的策略是通过说明作为迭代图式的纯粹听觉世界和听觉经验的不可能性来说明空间概念的必要性。但是，他始终没有明确解释迭代图式是不可能的。在《个体：论描述的形而上学》"声音"一章的最后一段，他甚至认为："正如在严格论证的意义上，没有人需要假设自相矛盾的东西并论证其有效性一样，我们也不需要假设真正的可能性。"[1] 斯特劳森清晰地认识到听觉世界不仅是 W_{IE}，而且也是概念的不可能世界（impossible conceptual world，简称 W_{IC}）。因为如果日常概念只能根据其实际运作方式使用，那么，我们设计的异于其经验表现的概念系统不可能具有客观性。在这个意义上，W_{IC} 不仅缺乏经验实在性，而且缺乏概念融贯性，因为如果它是具有客观性的世界图像，那么它实际上不可能被融贯的方式构想，如果可以构想它，它就不可能是融贯的世界图景，而只是纯粹的概念设定。正因为如此，斯特劳森对听觉世界的可能性给出的不仅是一个"未实现的解释"[2]，而且是不可被融贯解释的概念设定。

最后，迭代图式的不可能性不蕴涵概念必然性。斯特劳森对"可能性"的概念地位有着独特的理解："我所说的'可能性'并不与'必然性'和'现实性'相对照，而是与'确定性'（certainty）相对照。"[3] 按照这一理解，说"某事可能不会发生"仅仅意味着，就我们的经验而言，至少它不会发生的可能性是确定存在的。这里，斯特劳森想要将"不可能性"与"经验确定性"而非"概念必然性"联系起来，由此，

---

[1] P. F. Strawson. Individuals: An Essay in Descriptive Metaphysics. London: Methuen and Co., Ltd., 1959: 86.

[2] W. A. Berriman. Strawson's Individuals as Descriptive Metaphysics. Australian Journal of Philosophy, 1967 (3): 19.

[3] P. F. Strawson. Introduction//Entity and Identity and Other Essays. Oxford: Clarendon Press, 1997: 16.

即便说明了作为迭代图式的听觉世界是不可能的，至多说明了"空间"概念是实际概念图式的确定成分，不能进一步说明其必要性。①

经验解释的上述三个问题，根本上都是想象作为哲学方法所引起的理论后果。根据已有问题的讨论，我们可以确定这种方法是不可靠的。这里，部分哲学家的论述可以作为必要证据。沃诺克很早就对想象的有效性表示了担忧，他的《分析与想象》一文作为对斯特劳森《建构与分析》的引申和扩充，曾于1956年与后者一起作为BBC电台哲学讲座的讲稿，随后又一并收入艾耶尔编辑的《哲学中的革命》。沃诺克在该文中提出了三个理由：（1）想象难以充分融贯地描述经验条件的变化，经验条件的改变引起语言系统的变化这个事实本身妨碍我们用原有的语言系统来描述这一变化；（2）我们可以想象经验条件的某种巨大而奇特的，而且难以用语言的适当变化加以自然应对的变化；（3）想象不能穷尽所有可能情况，总有一些经验或概念上的变化超越我们的想象力。但是，尽管有所犹疑，沃诺克还是认为："没有理由相信——实际上有理由不相信——这种解释工作是不可能的。"② 同为牛津日常语言哲学家的厄姆森的态度要激进一些，他认为，"总结斯特劳森对这些推测的天才讨论毫无意义"③。属于年轻一代的斯诺顿也持有类似看法，在他看来，对于解决包括客观性、同一性以及声音的本质等问题，听觉世界没有任何实际作用，我们在这个想象世界中几乎完全是束手无策。

既然想象不是可靠的分析方法，斯特劳森何以如此青睐基于思想实验的概念论证呢？从历史过程看，牛津哲学家对想象的使用相当普遍，赖尔曾用想象来说明何为范畴错误，奥斯汀也通过想象构造反例驳斥感

---

① 这个反驳不具判定性。因为斯特劳森至少可以两种方式应答。（1）这里所涉及的"可能性"是会话交流使用的认识论概念，我们可以在当前用法之外构想"可能性"的其他用法，从而建立起必然性与可能性之间的概念关系；（2）根据任何经验都是概念化经验，坚持"经验确定性"直接等同于"概念必然性"。但是，这两种回应都不尽周全，一方面，斯特劳森本人没有就"可能性"的意义给出其他解释；另一方面，将"经验确定性"等同于"概念必然性"需要的并非普通"前提式"弱概念条件——任何经验都必须以经验者拥有某些概念为前提，而且是麦克道尔那种"嵌入式"强概念条件——任何可能经验都包含了概念成分，经验本身就是概念化经验。虽然斯特劳森想要证明强概念条件，但这种先验论证却是失败的。

② G. 沃诺克. 分析与想象//艾耶尔. 哲学中的革命. 李步楼，译. 黎锐，校. 北京：商务印书馆，1986：9.

③ J. O. Urmson. Critical Notes. Mind, 1961, 70 (278): 259.

觉材料理论。但是，像斯特劳森这样不仅提出了哲学的"想象性任务"，而且大范围地构造思想实验，也颇为另类。要细究其原因，我们必须转向唯一一篇集中讨论想象的文献《想象与知觉》（1966），或许能从中推导出若干可靠结论。

斯特劳森在该文中指出，"想象"与"意向"（image）、"想象的"（imaginative）等构成了一个巨型概念家族，要说明它们的隶属关系，或者进行定义都极端困难。因此，对"想象"进行概念分析的合理方式是说明它的不同用法和适用范围。斯特劳森区分了三个领域：（1）知觉领域，这里想象通常与"意向"相关联，是呈现于头脑中稍纵即逝的心理意向或心理图画。我们可以把这种用法当作"想象"的知觉用法或日常用法。（2）形而上学领域，这里想象通常与"创造"，有时也与"原创性""洞见""恰当或突出特征"相联系。这是休谟、康德等对想象的主要用法。我们可以把这种用法当作"想象"的形而上学用法。（3）幻觉领域，这里想象通常与"虚假信念"、"错误表征"、"错误记忆"和"幻觉"等相联系，斯特劳森认为想象在这个领域的使用是"特殊"的错误用法，除了将它用于真正的"凭空想象"外，更多情况下是用在了超越常规场合的特定语境，我们可以称之为"想象"的拓展用法（extended use）。

根据这三种用法，笔者认为，斯特劳森想象听觉世界的原因可以被推论为以下三点。

推论一：想象听觉世界是对想象的康德式形而上学用法的无意识误用。斯特劳森在《想象与知觉》中对比了康德的先验想象和维特根斯坦的"看"与"看作"，他认为两者的共同之处在于都承认想象是用概念处理感性杂多材料的方式，但斯特劳森认为想象不是康德式经验认识能力，而是类似于维特根斯坦的"看作"，是处理经验的概念化能力。只不过，斯特劳森将想象当作"看作"的成熟用法在《感觉的界限》的先验论证中才得到清晰的表述。在此之前，他一方面接受了想象作为概念化手段，另一方面拒绝将它当作主观经验认识能力，其后果是他虽然接受了康德对想象的形而上学用法，也拒绝了康德的心理主义解释，但对于如何用想象来处理概念，却没有形成清晰的认识。构造听觉世界的思想实验，明显是以想象的形而上学用法来进行概念分析。想象的这种使用既非康德的"想象综合"，也不是维特根斯坦的"看作"，而是介于两者之间的概念构想,因此,我们可以把构造听觉世界的想象当作对康德想象概念的误用。

如下两个事实可以被当作支持上述推论的重要证据。首先,虽然《个体:论描述的形而上学》包含了对康德式问题意识和康德式论证方法的使用,但康德要素的渗入,绝非《个体:论描述的形而上学》的成熟理论规划,而是无意识的理论探索。在与麦基的对谈中,斯特劳森坦承:"在那时我对康德问题的处理,并不是我的真正意图所在,但随着论证的深入,我逐渐清楚了这一点。"① 其次,斯特劳森对康德《纯粹理性批判》的成熟理解并非一蹴而就,而是有一个相对缓慢的发展过程。根据格洛克的说法,虽然他对《纯粹理性批判》的困惑并没有在其著作中有明显表现,但无论是在牛津作为 PPE 课程的学生,还是随后作为研究员,他都对如何理解该书显得颇为挣扎。② 根据斯特劳森在"想象"与"看作"之间的类比,我们完全有理由将构造听觉世界的想象当作这种挣扎状态的表现,认为斯特劳森是在未成功改造康德想象概念的情况下,无意识地误用了这一概念。

推论二:想象听觉世界是对想象的三种用法的复合使用或有意混淆。在构造听觉世界的过程中,斯特劳森虽然主要使用的是形而上学用法,但另外两种用法也有所牵涉。当斯特劳森认为听觉者能够听到声音但无法将其确认为客观声音殊相时,他想象的是特定知觉情境,即听觉者无法描述特定知觉意向,这里,斯特劳森显然是在想象的形而上学用法中掺杂了知觉用法;与此同时,由于听觉世界不仅是缺乏经验客观性的 W_{IE},而且是缺乏概念融贯性的 W_{IC},因此,斯特劳森是以超越实际知觉经验和想象的实际知觉用法的方式揭示他对概念图式的"原创性"、"洞见"或"恰当或突出特征"的理解,本质上是以想象的拓展用法实现其形而上学用法的目的。将这两个方面结合起来,就会发现,在听觉世界思想实验中,想象的知觉用法和拓展用法都服务和服从形而上学用法的理论目的,思想实验是同时掺杂三种用法的理论实践。

---

① P. F. Strawson, Byran Magee. Conversation With Peter Strawson//Bryan Magee. Modern British Philosophy. New York: St. Martin's Press, 1971: 122.

② Hans-Johann Glock. Strawson and Analytic Kantianism//Strawson and Kant. Oxford: Clarendon Press, 2003: 18.

第四章 客观性论证：概念图式的先验解释

构造听觉世界的想象方法对想象三种用法的复合使用，可以被当作想象的复合用法，从描述形而上学的基本规划来看，这种用法相当程度上是理论规划在方法论层面缺乏准备（参见本书第二章）的体现。在"五步骤"方案中，斯特劳森对于描述形而上学方法到底是什么的思路尚不清晰（参见图2-2b及其解释），在1961年相关文章的讨论中，斯特劳森虽然承认形而上学所使用的就是对语言的描述分析所使用的方法，但对想象的意义和适用范围却始终没有清晰交代，这体现在：（1）根据"四步骤"方案，想象性任务中的"解释性工作"和"创造性工作"涉及的是两类不同的想象工作，前者是以想象迭代图式的方式解释图式与经验世界的依赖关系，后者则是构造反映实际图式基本特征的"模型系统"。前者的主要方法是以复合用法使用的想象，后者是"概念联结"或"系统建构"方法，但斯特劳森并未明确阐释这一区分。（2）在"五步骤"方案中，虽然想象的复合用法在解释性工作的经验解释和概念解释中都占有一席之地，但是，在概念解释中包含的"系统建构"本质上也是概念联结，是作为"概念联结"的想象，斯特劳森不仅对此未做阐释，反而认为概念解释的方法论模式是"想象的复合用法＋概念联结"。由于用法分析和系统建构对于概念解释是充分的，我们不必诉诸额外的想象方法，对于将想象加入概念解释的原因，斯特劳森也没有做任何交代。

从形而上学的展开情况看，斯特劳森想要把想象的复合用法推进到更为广泛的理论范围内，一方面，他以寻求"必要条件"的方式将概念联结方法广泛应用于《个体：论描述的形而上学》各个章节，将概念解释的方法不仅植入对听觉世界的经验解释，而且植入描述确认和再确认过程的系统描述；另一方面，构造迭代模型的方法也在概念解释领域得到局部实践，《个体：论描述的形而上学》第七章就构造了一种"无殊相的语言"。从总体上来看，"想象的复合用法＋概念联结"的方法论模型是解释性任务的普遍方法论模式，想象的复合用法是更为广泛的综合分析观的一个特例。如果我们将基本规划中对想象的意义和使用范围的"不予解释"当作对想象不同用法的"混淆"，那么形而上学的展开过程则表明这种混淆是"有意的"，以"复合用法"使用想象，是斯特劳森对这一概念的意义"有意混淆"的结果。

推论三：想象听觉世界是对想象的拓展用法的有益尝试。斯特劳森在《想象与知觉》中对与"错误表征"和"幻觉"相关的想象给予了充分重视，他认为与之相关的用法不是某种简单的经验错误，而是对想象的基本用法的延伸或特殊意义上的错误使用。对于如何考察这种用法，斯特劳森指出追问"想象的"的正确意义毫无必要，我们应该考察的是它所表现的复杂的理论关系，他说：我不确定我们是否应该问像"想象"概念的意思是什么，或者其应该意味着什么这类问题。这个领域中业已存在的复杂而多样化的联系与区别、连续性和一致性，才是真正的问题。[1] 斯特劳森在该文的结论部分认为，对想象拓展用法与日常用法之间关系的考虑没有得到应有重视和细致分析。这里，由于听觉世界不仅是某种属于"错误表征"的理论设定，而且其目的在于说明它与实际概念图式之间的关系，我们可以把探索"想象"的拓展意义当作听觉世界构想的另一重要理论动机。

由此，我们说明了对听觉世界的"想象"何以成为经验解释的基本手段。需要注意的是，这里的三个原因都是根据相关文献做出的合理推论，不是斯特劳森本人明确交代的原因。但是，根据这些推论，我们可以就经验解释的理论性质做如下总结：经验解释通过使用"想象"方法提出了不纯粹的先验论证，这是因为，以"复合用法"使用的想象概念，在作为概念分析方法的同时，不仅掺杂了经验性的知觉成分，而且不是以"演绎"方式联结概念，只是以分析"想象"拓展用法的方式，间接揭示概念图式与迭代图式之间的关系。此外，从论证目标看，听觉世界的目的只是论证空间概念的客观性，放弃了对非唯我论意识的论证，因而是局部论证；从论证效果看，论证面临想象内容的客观性、演绎融贯性和解释充分性等问题，最多只能被接受为温和的先验论证。概而言之，构想听觉世界的经验解释本质上是"非结论性的先验论证"[2]。要进一步解释概念图式，需要提出在方法上更加纯粹、目标上更加全面和论证效果更强的先验论证。

---

[1] P. F. Strawson. Imagination and Perception//Freedom and Resentment and Other Essays. New York: Routledge, 2008: 70-71.

[2] Jonathan Bennett. Analytic Transcendental Argument//P. Bieri, R. P. Horstmann, L. Krüger. Transcendental Arguments and Science. Springer Netherlands, 1979: 56.

三、概念解释

根据第三章的介绍，如果我们接受概念图式的基本特征是以主谓形式表现的殊相-共相结构（或主谓结构），《个体：论描述的形而上学》第六、第七章对主谓区分正反两方面的解释就有资格充当概念图式的经验解释，因为无论以"特征-位置语句"为主要内容的概念解释，还是有关"无殊相语言"的概念想象，都反映了代表殊相的个体专名和代表共相的谓词被引入概念图式的不同方式，也体现了它们在经验命题中的不同逻辑表现。但是，《个体：论描述的形而上学》中的这两个概念解释不具代表性：一方面，解释了作为局部表现形式的主语与谓语的区分，不等于就完全说明了思想中殊相与共相的区分，而且，有关主谓区分的解释是从经验命题内部做探讨，至多是对概念图式一般特征的局部说明，并未明确经验命题与经验者之间的关系，也没能从根本上明确概念图式如何植根于我们的概念结构。另一方面，《个体：论描述的形而上学》第二部分对解释性任务的主要方法——概念分析的使用并不彻底，尤其是涉及非殊相语言的概念想象既不是可靠的论证方法，也没有得到斯特劳森本人和评论者的足够重视，从内容和方法两个层面看，《个体：论描述的形而上学》中的相关解释都不能被当作典型概念解释。

相对而言，《感觉的界限》给出了比较严格，也还算完整的概念解释。该书第二部分"经验形而上学"中紧随"时间与空间"一节的"客观性与同一性"被罗蒂等主要研究者当作"客观性论证"[1]，作为对康德"先验演绎"的赞同性概念重构，该论证以经验的概念化能力为基础，从自我意识的必然同一性出发，通过强调经验的自我归属性质，论证作为经验过程的"看"与作为经验对象表现形式的"看作"之间的一致性，最终论证了自我意识中的经验是关于对象的经验这一康德式论题。这个论证直接从经验主体必然具有统一的自我意识出发，概念性地推导出经验的客观性论题，不仅建立了经验者与经验对象之间的概念关

---

[1] Richard Rorty. Strawson's Objectivity Argument. The Review of Metaphysics, 1970, 24 (2): 207.

系，而且论证了经验命题的殊相-共相模型依赖的是主体-客体结构。另外，这个对康德《纯粹理性批判》核心部分进行分析性重构的论证实现了在"听觉世界"中没能完成的关于自我意识和非自我意识的区分，切实提供了非唯我论论证。从方法层面看，《感觉的界限》拒绝了康德对人类认识结构的心理主义分析，要求以"语言学的术语来重新表述认识论问题"①，用概念分析这种比较标准的先验论证形式说明经验的客观性，因而以"客观性"为论证重点的解释在方法上也是概念性的。

为了使后续讨论有所依凭，笔者认为有必要就斯特劳森在《感觉的界限》中的整体规划和理论倾向做扼要介绍。在前言部分，斯特劳森指出该书的总体目标是"为《纯粹理性批判》的思想系统提供一个得到强力文本支持的，清楚、整洁且统一的解释"②。斯特劳森认为《纯粹理性批判》呈现出两种截然不同的理论面相，他试图区分"经验形而上学"、"超验形而上学"和"先验观念论的形而上学"，进而将"积极形而上学"——经验形而上学从"形而上学的黑暗面"——先验观念论的形而上学中分离出来。这里，前者包含了先验感性论和真理逻辑中的"先验演绎"、"驳斥唯心论"和"第二类比"等被称为先验论证的内容，斯特劳森希望对它们加以分析性地修正和重构；后者包括了幻象逻辑中的"谬误推理"和"二律背反"等内容，斯特劳森希望揭示其错误根源并加以拒斥。

据此，斯特劳森在《感觉的界限》中的立场可以总结为正反两种态度。从正面看，斯特劳森将康德当作描述形而上学的重要先驱和同盟者，他认为康德至少在两个方面可以被称为描述形而上学家。一是康德要求为经验划定界限，对于康德认为"哲学的第一要务是为自己设限"，斯特劳森大加赞赏，他与康德一道认为形而上学的任务并非直接说明实在的本质，而是说明像我们人类这样的生物所具有经验的必要条件是什么；二是康德要求捍卫常识。他拒绝了传统经验论的观念论传统，也否认休谟将经验当作"知觉之流"的"经验的最低经验概念"，而是认为观念论只是对经验进行哲学反思的起点，要求为经验提供更为复杂的概念结构，从而为常识辩护，这成为康德"积极形而上学"的一大贡献。

---

① 方红庆. 斯特劳森的客观性论证. 自然辩证法研究，2010（03）：20.
② P. F. Strawson. The Bound of Sense. London：Routledge，1966：11.

从否定方面看，斯特劳森对于康德哲学强烈的先验观念论色彩、概念演绎中的心理主义成分，以及过度使用逻辑分析方法都不太满意。

对于康德将世界区分为可被经验主体认识的现象界和由存在于时间空间之外的物自体所构成的本体世界，斯特劳森认为最主要的问题是作为物自体的自我、对象等概念的可理解性。如果物自体是存在于现象世界之外，且缺乏时间和空间规定的实体，那么它们如何影响感觉并引起经验认识就成了问题，如果物自体只是有关认识对象的尚未被认识方面的形式规定，我们如何能够对未被认识的概念形成概念性认识也成了问题。进一步地，斯特劳森认为康德不必为了确定经验界限而提出现象与物自体的截然区分，他说："为了给融贯的思想设置界限，我们只要思考经验的上限就够了。康德没有必要尝试同时思考界限的两个方面，除非他忽视了他不必如此承诺。"① 按照这一理解，康德关于物自体的理论阐释是超越经验上限的产物。我们只需在经验范围内描述概念的运作方式，而不必考虑其超越经验上限的可能规范用法。

斯特劳森也集中批评了康德对经验的心理主义分析及其"综合原理"。他认为，根据人类的认识能力，而非概念结构来说明经验必要条件的策略不能奏效。将直观理解为感觉对象刺激的接受性能力，将理解阐释为整理直观杂多的自发性能力，并认为它们都是"在我们之内"，会为心理主义分析种下"灾难性的种子"②，因为在此基础上康德可以毫无顾忌地提出著名的"综合原理"。在后期论文《感性、理解和综合的教条》(1989)中，斯特劳森极富洞见地指出，康德关于经验起源于感觉和概念的合作这一论断，并未提出不可解释的关键基本事实，通过将该原则论证为"综合原理"，康德实际上做出了错误解释。对于论述综合原理的先验演绎，尤其是强调经验心理发生过程的 A 版演绎，至少有如下三个特征：(1) 解释涉及或诉诸特定时间可以被规定的心理活动的实际发生；(2) 即使这类事实发生，也只是偶然事实；(3) 事实发生与否只能经验地被证实。由此，康德对经验发生过程的讨论既背离了先验演绎的目标，也不能论证经验的必然特征。更糟糕的是，"一方面，对于经验如何发生，我们除了拥有经验知识外，很难说还会有别的知

---

① P. F. Strawson. The Bound of Sense. London：Routledge，1966：44.
② 同①21.

识；然而，另一方面，演绎论证似乎要求这种发生过程是作为任何经验知识之可能性的先在条件"①。斯特劳森认为康德已经意识到两个方面的问题：（1）有关经验如何部分地依赖于我们的感觉器官和神经系统；（2）知觉的运作机制的问题都是经验科学而非哲学的任务。但是，他将哲学当作自然科学之形而上学基础的同时，做出了错误类比，认为两类研究的共通之处在于经验的可能性条件存在于我们的主观认识结构中，这是他提出"哥白尼式革命"的原因所在。但是，作为类比结果，综合原理更应该被当作"对科学研究之结果的想象性预测"②，最多不过是关于"内知觉的哲学"，不是对客观经验必要条件的解释。

斯特劳森对逻辑分析的拒斥表现在三个方面：一是拒绝范畴表，针对康德根据判断的逻辑功能提出的关于量、质、关系和模态等四组十二对范畴所构造的范畴表，斯特劳森认为这种复杂的理论设计过于做作，不符合日常语言的实际使用中所表现的逻辑特征；二是拒斥理性建构术，斯特劳森认为范畴表，以及以此为基础的包括了四组以正题、反题和合题形式二律背反在内的，精巧、复杂且强调形式平衡关系的理论体系，是康德对形式逻辑"无批判接受"和"无限制使用"的产物，其后果是导致了某种"巴洛克式理论结构"③；三是拒绝"先天综合判断"概念，斯特劳森认为"康德实际上对'先天综合'并没有形成一个清晰的普遍概念"④。斯特劳森既没有在"分析命题"和"先天综合命题"之间做出明确区分，也没有提供有效解释。如果不是根据康德所规定的那种特定意义来回答"先天综合判断如何可能"，我们就不能理解康德所提出的那类特殊命题的普遍概念。

根据上述理解，我们不难发现，斯特劳森在《感觉的界限》中的建设性工作将是在拒斥先验观念论和心理主义的基础上，通过概念分析而非逻辑分析，重构康德有关时间与空间、客观性与统一性以及连续性与因果性的论证。由于前文已经就先验感性论的重构有所介绍，有关连续性和因果性的问题超越了概念解释的讨论范围，我们这里重点围绕"客

---

① P. F. Strawson. Sensibility, Understanding and the Doctrine of Synthesis//Galen Strawson, Michelle Montague. Philosophical Writings. Oxford: Oxford University Press, 2011: 162.
② P. F. Strawson. The Bound of Sense. London: Routledge, 1966: 165.
③ 同①24.
④ 同①43.

观性与同一性"探讨概念解释问题。

（一）概念解释的任务

斯特劳森曾在《个体：论描述的形而上学》讨论"声音"的一章结论部分指出，虽然听觉世界思想实验不能实现自我意识与非自我意识的区分，但现在的问题是，在随后一章"人"有关"人的理论"是否能够完成这一区分，或者至少提出正确的解释路线？如果斯特劳森可以完成这一工作，我们没有必要重新建构概念论证，只需整理、重述或改写既有论证。但是，如果他的论证是有问题的，我们就需要改造原有论证，或构造一个新的论证予以替代。

"人"一章的主要论证思路是：参与指称活动的（作为听话者和说话者）的人既拥有身体也拥有自我意识，因此概念"人"是比"身体"和"自我意识"更为基本，而且不可进一步解释和分析的原初概念，作为同时拥有肉体特征和自我意识的经验主体，与"人"有关的概念（如人称代词）同时适用于 M-谓词和 P-谓词（作为命题主语）。两类谓词自我归属的必要条件是，它们能够被归属给除我之外的其他人。其中，他人行为的直接可观察性是将谓词归属给他人的充分逻辑标准，而自我归属则是无经验标准的直接归属。虽然标准有所不同，但两类谓词在归属中的意义是相同的，而且归属都是直接的非推论归属。由此，明确了 M-谓词和 P-谓词被归属给人的标准，在说明人对物质物体和自我意识的拥有关系的同时，也就论证了人作为经验归属者的经验主体地位。

从概念论解释的角度看，上述过程有三个要点：（1）人是具身性的，不同于笛卡尔式"自我"的经验主体；（2）人的经验主体地位表现为人对 M-谓词和 P-谓词的可归属性，对经验归属情况的探讨表现为对语词归属情况的探讨，这一策略称为语词归属策略；（3）应用语词归属策略的关键是明确归属标准，而明确了归属标准不仅可以说明人的经验主体地位，也论证了经验作为"被归属的东西"是不同于归属主体或经验主体的对象，从而间接论证了经验的客观性。

但是，各路研究者出于不同原因，对斯特劳森的"人的理论"（以下简称"人论"）普遍持批评态度。下面，通过考察各种批评意见，我们将证明，"人"作为非笛卡尔式"自我"的经验主体的地位并不稳固，通过语词归属论证经验归属的策略也不是有效的,以谓词归属标准为重点的论证过程更缺乏必要的理论融贯性,因而"人论"不能被当作论证了经验客观性的概念解释。

先来看人的理论地位。虽然应奇教授根据斯特劳森对笛卡尔式二元论的怀疑,认为"人论"旨在消解部分身心问题,因而表现出取消主义的理论倾向。① 但更具建设性的意见认为,"人论"是一种拒斥实体二元论,又不承诺物理主义的特殊理论。它证明了"物理主义不是二元论之外的唯一选择"②。国内心灵哲学的重要研究者高新民教授认为,"人论"是一种属性二元论③,由于区分"人"与物质物体的标准是作为谓词的 P-谓词是否可归属,因此可以说"人论"是二元论的语言学形式或"谓词二元论"(predicate dualism)。但是,恰恰是这种相对比较弱的二元论立场,不仅成为斯特劳森反对经典二元论的形而上学立场的"笛卡尔残余"④,也对人的经验主体地位构成威胁。这是因为,斯特劳森在承认人拥有身体的同时,也接受人拥有自我意识,这是将"自我意识"归属给"人"的概念的依据,除此之外,他还设想了"人"离开身体的非具身存在和"自我意识"在死后仍然存活的可能性,这为将人从先验自我区分开来,撇清"人论"与二元论之间的关系设置了理论障碍。

支持二元论的 R.L.菲利普斯就指出,"人论"不能驳倒传统二元论,因为斯特劳森将人当作"经验主体"而非实体,而笛卡尔认为"自我"是形而上学的"实体"而非经验认识的"主体",实际上,恰恰人作为实体的可能性蕴涵了作为经验主体的可能性。斯特劳森和二元论者问的是两个不同问题,前者对是否存在两种不同实体的追问是形而上学问题,而斯特劳森的问题则是,"在既有的概念图式中,我们需要一个怎样的'人'的概念来解释图式"⑤。立场更为激进的 B.贝尔甚至指出,

---

① 应奇. 斯特劳森对身心问题的消解. 自然辩证法研究,1999(12):16-21.
② Hans-John Glock, John Hyman. Persons and Their Bodies. Philosophical Investigation, 1994 (2): 366.
③ 高新民,沈学君. 当代西方心灵哲学. 武汉:华中师范大学出版社,2010:144-145.
④ Peter Hacker. Strawson's Concept of a Person. Proceedings of the Aristotelian Society, 2002, 102 (1): 28.
⑤ R.L. Philips. Descriptive versus Revisionary Metaphysics and the Mind-Body Problem. Philosophy, 1967, 42 (160): 111.

二元论不仅在立场和主张上与"人论"相去不远,而且完全可以用传统理论的某些观点来修正斯特劳森的理论,从而将人理解为"笛卡尔式的人"[1]。

"人论"与笛卡尔主义之间的理论纠缠所造成的问题在于,如果作为经验主体的人不是不同于先验自我的形而上学实体,那么,这个概念就会失去直接作为"经验主体"的资格,而一旦"人"不是"经验性"的主体,不仅他与身体之间的关系成了问题,证明经验真实性或客观性的理论即便不彻底沦为泡影,也会面临远为严峻的理论困难。

与"人"作为原初概念所面临的危机相比,语词归属策略的问题更大。普特南明确地将这一策略称为"知觉的副词观点"(adverbial view of perception)[2],这个观点说的是:"经验到某物的可能性在于某种状态或条件,概言之,就是经验者必须仅适用于某个对象的副词,并且这个副词与某种不明确的实体处于非神秘关系之中。"[3] 从引文可知,副词观点不仅坚持对经验的关系论解释,认为经验者与经验对象处于特定关系当中,而且认为这种关系是半透明的概念关系,即经验主体的存在情况可以存而不论,但他对任何知觉经验的拥有情况都必须被转化为对特定谓词的理解,知觉经验也相应成为概念和衡量尺度的经验。但是,副词观点却面临如下严重问题:

(1) M-谓词与P-谓词的区分不是排他性区分。斯特劳森并非在一般意义上区分两种谓词,而是希望找到两类谓词的核心范例。通过P-谓词这个概念,斯特劳森想到的是与完全缺乏肉体特征的"意识状态"有关的谓词,虽然"在微笑"(is smiling) 和"去散步"(is going

---

[1] Annette C. Baier. Cartesian Person. Philosophia, 1981, 10 (3-4):169.

[2] 在与戴维森讨论如何理解人类的语言结构时,斯特劳森明言他想要提出某种关于结构理解的"副词解释"(参见 P. F. Strawson. On Understanding The Structure of One's Language//Freedom and Resentment and Other Essays. London: Routledge, 2008:218),以便与戴维森的真值条件解释分庭抗礼。如果把副词观点当作对经验的概念解释,斯特劳森对副词观点的接受和使用范围要远为广泛。后面我们也将看到,斯特劳森不仅将副词解释用来解释作为经验"接受成分"的知觉,而且认为经验的概念化是先验论证的基础,而先验论证过程本身也表现为对经验的概念化进行分析和构造的过程。因此,斯特劳森对经验,而不仅仅是对知觉做了普遍的副词解释。

[3] Hilary Putnam. Strawson and Skepticism//Lewis Edwin Hahn.Philosophy of P. F. Strawson. Chicago: Open Court, 1998:282.

to walk），都是 P-谓词，但前者更加纯正，后者就牵涉了身体特征。按照这个标准，"在坐着"（… is sitting down）就会变成 M-谓词，这无疑是难以接受的。更糟糕的情况是，随着自然科学的发展，越来越多归属给人的谓词可以被合理地归属给机器，威廉斯指出："只有预先认为心理谓词与物理谓词是对立的，才会认为计算机没有'记忆'，吊车也不能'举起'。"① 斯特劳森带有倾向性的区分所造成的后果不仅是 P-谓词的范围不明确，而且它的范围会越来越小，另外，也有部分谓词会同时成为 M-谓词和 P-谓词，由此，根据 P-谓词适用情况区分人与物质物体的计划会在根源处受阻，至少我们不能根据"记忆"来区分人和计算机。

（2）副词观点不是普遍有效的论证策略。即便接受两种谓词的区分，我们也无法根据 P-谓词的范围对人和动物做出区分。这里的困难在于，斯特劳森试图区分的不是单个的人和动物，而是作为两个存在种类的"人"和"动物"概念。虽然根据是否参与指称活动可以将动物从人类的概念图式和"经验主体"的概念中排除出去，但是我们难以单凭 P-谓词的界限将动物排除出去，这表明副词观点很可能只是寄生性标准，而非具有严格区分能力和实际可操作的标准。另外，如果适用于 P-谓词的动物不是原初概念，"人"也不应该因为 P-谓词的可归属性而成为原初概念。

（3）副词观点混淆了对经验的"分析"和"解释"。斯特劳森区分两类谓词的最终目的是要将人当作同时可归属 M-谓词和 P-谓词的经验主体，从描述形而上学的观点看，这个结论当然具有本体论意义，因为说明了人是经验主体，意味着对"人"在概念图式中的实在性和基本性的确认。但是，专注于概念分析的语词归属策略的有效性在学界颇有争议。普特南的态度还比较温和，他认为副词观点将对经验实际发生过程及其对象的探讨转换为对概念的语词行为的探讨后，会使这种方法本身变得微不足道。但立场更为激进的布鲁尔（David Bloor）认为，斯特劳森在错误地将"人"当作笛卡尔式"自我"的同时，也混淆了解释和分析的理论区别。在他看来，解释是将经验对象拆卸为基本构成成分的

---

① B. A. O. Williams. Mr Strawson on Individuals. Philosophy，1961（36）：331.

过程，比如"水"可以被解释为氢原子和氧原子的化合物，而分析则是明确认识对象之间的概念关系，比如"人"是比"身体"优先的概念。布鲁尔认为专注于分析的形而上学探讨，一方面会局限于对认识对象"名义本质"的讨论，而忽略了它作为存在对象的真正本质；另一方面对分析的强调颠倒了认识对象的本质和它的概念地位。因为在解释中我们是先根据可感性质才发现作为原初逻辑概念，比如我们往往根据某个人的身体确认他是一个"人"，但解释却是从既定基本逻辑概念推论次要概念的过程。布鲁尔的这个批评事关重大，因为这涉及认识论形而上学方法和描述形而上学如何发现，乃至能否发现基本概念所指称对象的实际性质问题（详细讨论参见第七章），但就目前来看，这个论证至少表明，副词观点对"人"的概念地位的肯定并不意味着人可以被当作可靠的经验主体，更不能表明人的"实在性"或特殊形而上学地位。

（4）副词观点是不必要的。斯特劳森区分的两种谓词是作为逻辑类型的 M-谓词和 P-谓词，但在具体的实际归属中，经验者本人是根据"世界事实"而非"逻辑事实"进行归属[①]，经验者能否进行正确归属，与他是否能够对谓词进行两重区分没有实际关系。经验者完全可以在不知道，甚至不能区分"在坐着"是 M-谓词还是 P-谓词的情况下对它进行归属。而且，正确归属与否是经验问题，是否能够制定归属标准是理论问题，两类谓词的区分应该是以归属实践为基础的经验归纳，但它却不能因此成为普遍有效的标准。比如，"有两条腿"（…has two legs）一般而言是可以归属给人的 M-谓词，但对于失去一条腿的残障人士，正确归属是不可能的，而对于装有义肢的人，归属的正确与否取决于这种归属是否恰当。另外，像"飞"（fly），这种 P-谓词原则上可以被归属给人，但实际上并没有人真的会飞。因此，个别的具体归属实践与普遍的理论归属标准之间的联系，并不如想象的那般紧密。

我们没有穷尽语词归属策略的所有问题，但上述种种困难已经表明，通过分析谓词归属情况来确立人作为经验主体的地位是不可靠的，斯特劳森将该策略用于具体论证的分析过程，也引起了新的理论困难。艾耶尔、斯陶德、普兰廷加、皮特·哈克和史密斯（Joel Smith）等一

[①] Kaith Ward. The Ascription of Experience. Mind, 1970, 79 (315): 416.

大批哲学家都指出，根据语词归属策略说明归属标准的论证过程不能算是有效论证。其中，关键困难在于斯特劳森将谓词自我归属的必要条件规定为 P-谓词对他人的可归属性，而为了要论证他人行为是将 P-谓词归属给他人的充分逻辑条件，我们要么承认他人行为是他人内在心理状态的标志（sign），要么承认在他人的行为和内在心理状态之间存在着特殊的超经验关系。根据第一种选择，我们可以做如下推导：

　　A. 假设可观察 H-行为是不可观察的 P-性质的标志，只有存在 P-性质的情况下经验主体 M 才会将 P-谓词归属给包括他本人在内的经验主体。

　　B. M 将 P-谓词归属给 M 自己的必要条件是，将它归属于不同于 M 的另一经验主体 N。

　　C. 为了将 P-谓词归属给 N，M 必须知道如此这般的 H-行为与相应 P-性质之间存在特定 R-关系。

　　D. 由于 N 的 H-行为与 P-性质之间的 R-关系是 M 想要论证的对象，M 只能根据自己的经验情况知道 R-关系是什么。

　　E. M 知道自己经验中 H-行为与 P-性质之间的 R-关系。这一点依赖于他将特定经验归属给自己，也就意味着他将特定 P-谓词归属给自己。

　　F. 但是 M 将 P-谓词归属给自己的必要条件是将 P-谓词归属给 N。

　　G. M 将 P-谓词归属给自己的能力成为他将 P-谓词归属给 N 的能力的必要条件，而将 P-谓词归属给 N 又是将它归属给 M 自己的必要条件。

　　H. 因此，P-谓词自我归属的能力不能成为归属条件。[①]

在论证过程 A—H 中，A 作为大前提的问题在前文已经有了比较清晰的交代。B—G 体现的最直接问题则是循环论证，其中，B—D 可以作为

[①] 这里的论证过程是对史密斯就斯特劳森论证过程所做逻辑解读的局部改写。他的论证参见 Joel Smith. Strawson and Other Mind//Joel Smith, Peter Sullivan. Transcendental Philosophy and Naturalism. Oxford：Oxford University Press，2012：186。普兰廷加根据归属的心理发生过程也提出了一个类似的论证，详情参见 Alvin Plantinga. God and Other Minds. Ithaca：Cornell University Press，1967：229-230。

论证前提，E 可以被当作初步结论，G 则是最终结论。更明确地说，如果将 P-谓词归属给他人是谓词自我归属的能力的必要条件，为了知道 H-行为和 P-性质乃至 P-谓词在 N 那里如何相互联系，M 必须根据自己的行为和相应内在意识状态之间的关联来确认 R-关系，唯有 M 知道自己的 R-关系，M 才能知道 N 的 R-关系和他的经验情况。反过来，N 的经验情况又是 M 将 P-谓词归属给自己，知道自己的 P-谓词和 H-行为之间 R-关系的必要条件。为了将循环论证表现得更加明显，我们可以直接将 D 替换为 Da：

> Da 中的 M 要知道 N 的如此这般的 H-行为与相应 P-性质之间的 R-关系，M 必须首先确认作为经验主体的 N（因为对私人经验的确认依赖于对经验主体的确认，这是殊相具有优先性的基本要求），由此才能知道作为 N 的经验情况的 R-关系，而一旦 M 确认了 N，就意味着 M 已经将某种 P-性质归属给 N，而且知道 H-行为与相应 P-性质在 N 的经验中如何相互关联。

通过 Da 和前文论述可知，以行为作为内在意识状态的标准的论证会成为一个不可拆卸的"莫比乌斯环"。更糟糕的是，E 本身就是 A 所要论证的结论，如果 B—G 是循环论证，这个论证要么根本没有论证力量，要么完全是多余的。

上述论证另一个饱受诟病的问题是难以避免类比论证。行为主义对他心问题的解决，通常需要根据经验者自己的内在意识状态与行为的关系类推其他人具有类似情况。为了说明类比对论证的贡献，我们将 E 扩充成 Ea：

> Ea 中的 M 知道自己经验中 H-行为与 P-性质之间的 R-关系。依赖于他将特定经验归属给自己，也就意味着他将特定 P-谓词归属给自己。而且，M 认为在 N 那里也有与自己经验情况类似的 R-关系，唯有如此，他才能根据自己有关 R-关系的知识推论 N 具有相似 R-关系。

如果要使前述论证成为严格的概念推理，陈述了类比条件的 Ea 明显比 E 更有说服力。但是，类比论证的问题在于，经验的第一人称表现和第三人称表现是不同的，"推己及人"未必总是有效。对斯特劳森来说，类比论证是他极力避免的理论选择，其原因在于：首先，斯特劳森强调第一人称经验的权威性，这是他认为经验自我归属不需要经验标准，而第三人称归属需要观察作为逻辑充分标准的原因，按照这一理解，斯特劳森不可能接受类比论证。此外，斯特劳森将 P-谓词可以归属给他人当作对它进行自我归属的必要条件的一个重要原因在于，"除我之外的他人的存在"这一摩尔式常识命题是斯特劳森承认的概念真理，通过将其加入经验归属问题的论证，经验不仅是"我的经验"，而且也是其他经验主体的经验，这就变向从归属主体的角度证明了经验的客观性。但是，一旦接受 E_a，随之而来的后果是：他人经验是我的经验的类推，它们连同我的经验一样都可能只是主观意识的构造，其客观性只是"自我"的想象和幻觉，由此，斯特劳森不仅难以完成对经验客观性的说明，更不能走出笛卡尔主义的泥淖。

  是否可以避免上述论证中类比论证的成分呢？比较可靠的办法是不把行为看作内在意识状态的标志，而是认为我们相信两者之间存在着非推论、非归纳的直接对应关系。但是，这个观点不能被斯特劳森接受。史密斯指出："我们可以这样设想：我们可以拥有根据特定行为类型归属 P-谓词的先天倾向，并且认为这种倾向不能被理性地质疑，这个设想很完美，也有一定价值，但这与斯特劳森的论断相去甚远，也不能被他的原有论证支持。"[①] 这里的"原有论证"就是 A—H 所刻画的论证。直接原因在于，任何经验者接受他人和自己在行为与内在意识状态值的 R-关系具有相似性可以被常识接受，但认为除本人之外的其他经验者的 R-关系也和自己对 R-关系的理解一样具有自明性，不仅违背常识，而且取消了经验的第一人称权威，对斯特劳森来说，这会直接挑战他有关经验构成 P-谓词的他人归属之充分逻辑标准，而自我归属不需要经验标准的主要论断，如果承认对他人的归属也是直接非推论的，观察标准就失去了作为归属标准的资格。概而言之，斯特劳森的论证一方面潜在承诺了类比论证，另一方面又力图避免在论证过程中进行实际类比，但这反而使论证本身成了问题。

  上述论证在形式上也存在问题。这表现在，首先，论证条件的逻辑

[①] Joel Smith. Strawson and Other Mind//Joel Smith, Peter Sullivan. Transcendental Philosophy and Naturalism. Oxford: Oxford University Press, 2012: 209.

性质不一致，其中 A—D 是不涉及经验事实的逻辑条件，但 E 陈述了"M 知道自己的 R-关系"这一经验事实，使得它成为包含了经验性内容的逻辑条件，由此导致整个论证是包含了经验成分的概念推导。实际上，同时包含事实条件和逻辑条件是上述论证的一个非常明显的特征。最突出的体现是，斯特劳森试图将 E 这样包含事实的成分当作具有"必然性"的逻辑条件。其次，具有相同内容的命题在论证中同时执行肯定和否定两种逻辑功能。B 和 F 在内容上都陈述了"但是 M 将 P-谓词归属给自己的必要条件是将 P-谓词归属给 N"，但 B 的使用明显是要陈述作为必要条件的证明理由，F 不仅失去了作为必要条件的地位，而且是以否定方式推进了论证过程。最后，如果我们接受上述论证，最终得到的是类似于维特根斯坦的无所有者论，因为 H 彻底否定了 P-谓词进行归属的可能性，经验也相应成为不可归属的经验。

在谈到斯特劳森有关"人"的论证时，普兰廷加颇具代表性地写道：

> 对我来说，斯特劳森并未成功说明，如果我们能够述谓自己的心理状态，就必须存在述谓他人的这类状态的标准。那些与标准有关的，旨在对类比论证提出真正批评，或者提供替代方案的讨论，也没有提供真正的解释。[①]

由此，我们可以发现，即便语词归属策略或知觉的副词解释是必要的，斯特劳森根据这一策略所提出的论证也是不可接受的，既可能是语词归属策略作为论证策略的恰当性问题，也可能是因为对策略的错误使用，比如将他人归属作为自我归属的必要条件，抑或坚持他人归属的观察标准等。从斯特劳森本人的后续哲学实践来看，他倾向于在保留对知觉和经验的副词解释的基础上，适当缩小论证所涉及的条件，排除他心问题和归属标准问题的干扰，通过更为严格，也更加彻底的概念分析论证经验的客观性。

（二）经验的概念化：客观性论证

通过前文可知，把《个体：论描述的形而上学》第三章"人"作为

---

① Alvin Plantinga. God and Other Minds. Ithaca: Cornell University Press, 1967: 232.

对经验客观性的讨论会面临各种难以克服的问题，这要求我们改造或寻找新的论证说明经验主体与客观经验之间的关系，从而为阐释概念图式如何植根于我们的概念结构的本质提供可靠依据。在斯特劳森的后续文献中，严格以"客观性"为论证主题和目标的文本是《感觉的界限》一书"经验形而上学"部分的第二章的第 7 节"统一性与客观性"（该书第 97—112 页）。这部分文献的目的是：在不受先验心理学和综合原理干扰的前提下，以纯粹概念分析论证自我意识归属给自己的经验是关于客体（对象）的（客观）经验。①

在引介斯特劳森的论证之前，我们先要做两点提示。

首先，虽然《感觉的界限》以康德的《纯粹理性批判》为主要讨论对象，但斯特劳森强调"它无论如何都不是一本历史性的哲学著作"②。该书的早期重要评论者瑟夫（Walter Cerf）曾指出，斯特劳森的理论目的并非概括和重构康德的主要观点，而是要将康德批判哲学纳入当代哲学语境，寻求《纯粹理性批判》的"真相"，在这个意义上《感觉的界限》不应该被放入康德哲学和康德思想的历史中来解读，斯特劳森的理解也带有明显"强暴文本"的嫌疑。③ 根据阿莱（lucy Allais）的观察，《感觉的界限》脚注部分除引述康德的相关论述之外，只是引述了休谟、洛克、柯林伍德和奥斯汀，反而对帕顿（H. J. Paton）和伯德（Graham Bird）等康德研究专家的著作弃若敝屣。阿莱据此认为，虽然斯特劳森的康德研究开辟了分析哲学史和康德研究的新范式，但他本人却不是以历史的眼光来理解康德哲学，而是以"予取予求"的态度，将《纯粹理性批判》当作"一部活的著作"④，他对康德相关论证的重构不

---

① 在斯特劳森哲学中如何理解和翻译"Object"是个相当棘手的问题，按照《个体：论描述的形而上学》对"material object"的刻画，这个概念应该被翻译为"物体"，但在先验论证中，斯特劳森在多数地方强调它是与自我意识相对的客体或对象，而非"物体"，在这个意义上，我们可以将相关论证称为"客观性论证"，但是我们也将看到，这两个概念并非完全毫无交集。当斯特劳森强调经验是关于客观对象的经验时，他所谓的对象首先是，甚至只能是"物质物体"。因此，为论述方便，我们根据语境需要将"对象"和"物体"替代使用。
② P. F. Strawson. The Bound of Sense. London：Routledge, 1966：11.
③ Walter Cerf. The Bound of Sense and Reason. Mind, 1972, 81 (324)：603.
④ Lucy Allais. Strawson and Transcendental Idealism. European Journal of Philosophy, 2016, 24 (4)：895.

是要说明某些观念如何联系，是否合理，而是本着对话的态度，以比较自由的方式进行处理。笔者比较赞同两位研究者的这一理解，在对客观性论证的探讨中，我们将不局限于将客观性论证当作对康德先验演绎的重构，而是思考斯特劳森通过这一论证想要实现与形而上学有关的理论目的，如非必要，尤其是在细节方面，我们不再就斯特劳森和康德之间进行无谓的对照和比附，唯有以如此方式理解对斯特劳森的解读，客观性论证才有资格被当作概念解释。

其次，对于 B 版先验演绎的论证结构，亨利希（Dieter Henrich）有一个广为接受的判断。他认为康德将知性范畴作为纯粹理解的先天原则的过程中，采取了"两步-证据"策略（two-steps-in-one-prof）①，即康德在 B 版演绎的第 15—21 节论证了范畴对于一般感性杂多的有效性，在第 21—26 节论证了范畴对于感觉的所有对象的有效性，由此，康德以两个不同论证及其结论说明了概念对于直观的有效性。亨利希在一个不太显眼的脚注中认为，斯特劳森忽略了这个问题。但笔者认为，斯特劳森的客观性论证中也存在着类似于康德 B 版演绎的双重论证结构，但这个结构不仅是亨利希所希望的逻辑递进关系，而且相反相成，互为表里。具体来说，斯特劳森在该节的第 97—102 页通过驳斥感觉材料经验，着重论证经验主体与经验对象的可区分性以及经验的可归属性，在 103—108 页通过驳斥无物主论，经由讨论 "is/seem" 的关系论证了这种区分是如何做出的，进一步说明了经验归属的具体方式。

明确论证的目的和结构之后，我们来看斯特劳森的具体论证。根据《感觉的界限》导论部分的交代，客观性论证在论证范围上分别以意识的必然统一性论题和客观性论题作为前提和结论。

> 意识的必然统一性论题：在经验的主观方面，自我意识，或经验的自我归属的可能性，要求存在于时间中的某些经验序列的成员之间必须有这种统一性。

> 客观性论题：在关于对象的判断必须是与特定主观经验的发生过程无关，而与经验对象"是什么"有关的意义上，经验必须包含

---

① Dieter Henrich. The Proof Structure of Kant's Transcendental Deduction. Review of Metaphysics, 1969, 22 (4): 642.

与关于对象的经验过程不同的对象本身的意识。①

对于如何从意识的必然同一性论题分析性地推导出客观性论题,威尔克森(T. E. Wilkerson)有一个颇为简短的精确说明,根据论证需要,我们将其划分为四个步骤:

步骤一,我意识到一个排列在时间中的表征(表象)序列②,但是,除非我能把这些表征归属给我自己,否则我不能意识到这个表征序列。

步骤二,进行归属的可能性在于,除非我能够区分主观的东西和客观的东西,亦即区分"我"或我的状态和"非我"或不是我本人的状态。

步骤三,除非我能够使用概念"客观的",否则我不能做出这个区分。

步骤四,使用概念的能力的要求在于,世界至少展示了某种顺序足以支持这一使用。概言之,只有我能够把客观世界描述为具有规则支配的顺序的,且独立于我的知觉的世界时,我才能知觉到表征序列。③

虽然威尔克森认为上述内容是对客观性论证的概括,但这个过程本身已经足够复杂。要进一步分解其论证,难度可以想象。葛姆斯认为,在斯特劳森的"统一性要求对客观世界的经验"这个论题中,"统一性"、"经验"和"客观性"每一个概念都需要进一步澄清④,为了尽量清晰地分解推导过程,我们将部分内容从论证过程中分离出来,作为论证的基础,以缓解阐述论证过程的压力。

非常明显,论证的第一个前提是斯特劳森提到的"意识的必然统一

---

① P. F. Strawson. The Bound of Sense. London:Routledge, 1966:24.
② Representation 在康德哲学中大多被翻译为"表象",但斯特劳森在使用这个概念时,对作为经验过程的心理运作不太重视,而是强调带有概念成分而非作为具体心理"形象"的经验结果。为了与论文根据概念分析策略逐步展开,最终将概念图式当作介于思想和实在之间的表征系统的整体思路相一致,本书统一将 representation 翻译为"表征"。
③ T. E. Wilkerson. Transcendental Argument. The Philosophical Quarterly, 1970, 20 (80):200.
④ Anil Gomes. Unity, Objectivity and the Passivity of Experience. European Journal of Philosophy, 2016 (4):947.

性"。作为论证起点,意识的必然统一性原理与康德在 A 版演绎的结论有着一定相似性。在说明了直观中领会的综合、想象中再现的综合和概念中统一的综合之后,康德强调,自我的先验统一是综合活动的基础。他说:"现在,我要把这种纯粹的、本源的、不变的意识称为先验统觉,它配得上这个名称,这一点哪怕是最纯粹的客观统一,即(先天概念)的统一都只有通过诸直观与它发生关系才有可能——这个统觉的数的统一就先天地成为一切概念的基础,正如时间和空间的杂多先天地成了感觉直观的基础一样。"①(A107)在 B 版演绎第 17 节,康德再次强调统觉的综合统一性原理是知性的一切运用的最高原理。但是,由于拒绝了综合原理,斯特劳森不仅对康德在 A 版演绎中大谈特谈的"三重综合"没有兴趣,反对康德所区分统觉的"先验统一"和"综合统一",而且拒绝将作为经验主体的"统觉"当作综合活动的最终原因。那么,两人论证起点的相似性何在呢?

从斯特劳森的论证看,相似性首先在于强调"统一意识"作为经验主体的地位,以及由此使主体成为经验客观性的来源。在斯特劳森看来,由经验序列构成的"单一意识"与"自我意识"、"经验归属"或"自我意识状态"是紧密联系的概念。他认为要将不同的经验归属给同一经验主体,经验者不必实际上将这些意识当作自己的,但可归属性质应该成为经验之可能性的必要条件。这里,斯特劳森引用了康德的如下论述:"我的表象必须服从这个条件,唯有在这个条件之下我才能把这些表征作为我的表征归属给自己。"②(B138)这里的"这个条件"是康德的"统觉的综合统一性"。按照斯特劳森的说法,"经验序列所构成的意识的统一性,从这些经验的主观方面蕴涵了经验的自我归属的可能性,它也从主观方面蕴涵了意识的可能性,亦即当经验者把不同经验归属给自己时,能够产生具有数的同一性的意识"③。这一理解表明,"意识的统一性"意味着它是"自我意识",是经验归属的对象,亦即意识的统一性等同于"统一的意识"和作为经验归属主体的"我",从而成为经验的前提条件。

---

① 康德. 纯粹理性批判. 邓晓芒,译. 杨祖陶,校. 北京:人民出版社,2004:120.
② 同①93.
③ P. F. Strawson. The Bound of Sense. London:Routledge, 1966:98.

但是，上述论述只能说明"自我意识"或"意识的统一性"是经验主体，却不能说明意识统一的"必然性"，也没有解释为什么经验主体一定能对经验进行归属。斯特劳森的文本没有给出明确答案。但后续评论者认为，他将"统一意识"当作经验归属者是要强调"自我意识"的反思性，而这与康德对经验主体的认识是相同的。康德本人明确指出："我思必须伴随着我的一切表征。"①（B130）普特南通过解读康德的立场将问题表达得更加清楚："康德与经验主义的不同不在于他赋予了我们直接认识对象的系统性的认识能力——比如后期亚里士多德的概念'理智直观'，而是在于将'对知识前提条件的反思'提升为经验知识的根本来源。"② 葛姆斯从类似立场出发，认为"意识的统一性"具有两层含义：第一层含义是那种伴随着经验序列的意识，实际上是共存意识（co-conscious），第二层含义关注的是主体对经验进行自我归属的能力，当斯特劳森强调"意识的同一性"与"经验归属"之间存在概念联系时，他暗示的是经验主体必须具有对经验进行自我归属的能力，换言之，经验主体必须是反思性主体，意识的统一性也不仅是"共存意识"，而是反思的"自我意识"。由此，威尔克森论证的步骤一得到说明：由于"自我意识"是必然进行经验归属的主体，因此它必然能够将经验归属给自己，从相反的方向看，经验也必然是可归属的对象，因为如果有任何东西可以被称为"经验"，那么它一定是被归属给经验主体的"我的经验"。

论证的第二个预备条件是所谓"经验的概念化能力"（conceptuability of experience），它说的是特定经验内容必须被接受为具有某些普遍特征的内容，亦即经验对象是经验者对作为普遍概念之具体例示的殊相对象的例示。这意味着经验具有某种概念性特征。在斯特劳森看来，这代表了"经验的最低概念"。在实际操作中，概念特征表现为我们必须通过做判断的方式来表达经验，因此，"唯有客观有效的经验判断是可能的，关于对象的经验才是可能的"③。更具体地说："客观有效的判

---

① 康德. 纯粹理性批判. 邓晓芒，译. 杨祖陶，校. 北京：人民出版社，2004：89.
② Hillary Putnam. Logical Positivism, the Kantian Tradition and the Bound of Sense. the Philosophy of Strawson. New Delhi：Indian Council of Philosophical Research，1995：147.
③ P. F. Strawson. The Bound of Sense. London：Routledge，1966：98.

断的可能性，蕴涵了受到规则支配的知觉序列，这些序列通过我们对关于对象的经验概念的使用得以呈现，而通过使用这些概念，我们把对象当作与我们的经验过程的顺序和排列不同的，具有自己的顺序和排列的对象。"[1] 这里，斯特劳森预先给出了部分论证结论，因为引文指出了为什么在客观性论题中要通过"关于对象的判断"而不仅仅是关于对象的经验来说明客观性，与此同时，引文也部分暗示了威尔克森的论证过程步骤三中的"客观性"概念的来源——拥有经验自我意识至少能够使用与对象有关的概念。

从与康德先验哲学的关系看，这个关于经验概念化能力的前提与康德对经验的先天条件划分为范畴和直观是一致的，康德强调两者的合作产生经验，而斯特劳森则要求知觉被纳入客观有效的命题才保证经验的客观性。但是，斯特劳森对经验概念化的要求要比康德更为严格，与康德试图在直观杂多的基础上，通过想象力进行先验综合的做法不同，斯特劳森要求在直观与概念的基础上，对经验内容进行概念化处理，建立经验内容与概念之间的直接关系。在他看来，综合原理应该被一条新的意义原则取代。在讨论这一原则时，斯特劳森曾有如下论述：

> 当概念不与经验对象或者其使用的经验条件相连时，就不存在对概念或观念的合法的，甚至有意义的使用。如果我们不能以某种方式使用一个概念，又不能说明概念使用的经验情境，我们就不是在以任何合法的方式使用概念。而当我们以这种方式使用概念时，我们不仅是在说我们不懂的东西，而且根本不知道我们在说些什么。[2]

斯特劳森认为自己是在重复康德关于概念使用条件的论述，其中以上引文的前半部分内容可以比较准确地被看作对康德观点的阐释，他后来附上了康德在 B724 的相关论述作为佐证。但是，引文后半部分很难说符合康德的原意。因为康德认为对概念超出经验范围的使用由理性本性所决定，当我们这么使用概念时并不意味着表达了毫无意义的"废话"（nonsense），而是表达了某种"理智幻象"或者先验理想，这为讨论

---

[1] P. F. Strawson. The Bound of Sense. London: Routledge, 1966: 98.
[2] 同[1].

"物自体"的先验观念论铺平了道路。斯特劳森在拒绝先验观念论的同时，也拒绝了对概念超越感觉界限的使用，还拒绝了对概念使用方式的心理主义分析。其后果就必然是，他只能在经验范围内，通过讨论概念之间的相互关系，说明概念的具体使用情境来分析概念，而这也就是我们所介绍的概念分析。一旦我们将这种概念分析，或者先验论证的方法用来分析"经验"概念，斯特劳森的论证对经验的讨论，就会相当程度上转换为对"经验"概念的探讨；对经验客观性的分析，也会转换成对"客观性"的概念来源、使用范围和使用方式的讨论；分析也相应由先验综合转变为以概念演绎的方式在"自我意识"和客观对象之间寻求直接的概念关联。概而言之，对经验的客观性的分析会变成是对经验的概念化处理，其结果是经验一定程度上被概念化，成为概念化的经验。这就解释了斯特劳森为什么能够认为"客观有效的命题蕴涵了与客观对象有关的概念"，也解释了威尔克森步骤四中的经验命题的客观有效性问题会在步骤三中表现为对"客观性"概念的要求，与此同时还解释了"客观性"概念被赋予客观性论证的原因——只有能够为"客观性"找到恰当的使用情境（客观有效的经验命题），具有客观性概念特征的经验，亦即客观经验才是可能的。

斯特劳森认为上面的两个前提，即通过将经验主体解释为反思性的经验主体——经验归属者，再将经验解释为具有概念特征的经验——经验者使用概念来进行经验归属，已经证明了各种经验在意识中的统一性要求：经验是关于对象的经验。其合理性在于：如果经验者使用关于经验对象的概念来归属经验，那么经验就是与对象有关的，因而也是"对象性的"或"客观的"（注意这两个词的英文都是 objective）。但是，上述论证过于简略，而且是以过于轻易的方式得到结论。斯特劳森考虑的是，在这个结论是否真的能够具有某种"客观性"，要说明这一点，就需要检验经验者能否区分自我意识对象和非自我意识对象，由此，先验论证重新成为我们熟悉的非唯我论论证。我们可以认为，在两个前提中所实现的从意识的必然统一性到客观经验的过渡，是后续论证过程的一个预备性的概念推导，而后续论证的目标则是强化和具体化这个结论。或者说，对威尔克森的步骤一和步骤三的实现，为更为复杂的步骤二和步骤四的论证提供了基础，对后面两个步骤的论证，才是作为非唯我论论证的先验论证的实质性步骤。

如何在当前语境下进行非唯我论论证呢？斯特劳森以反证法的方式，通过论证"关于感觉材料经验是不可能的"，间接说明了经验不能是关于感觉材料的经验，而是关于对象（物体）的经验。由于斯特劳森对这部分论证的论述一直颇有争议（详情参见第六章），我们这里以尽量清晰的方式给出一个笔者认为比较可靠的解读。

论证"感觉材料经验是不可能的"，首先需要明确"感觉材料经验"的意义。经由这个概念，斯特劳森要表达的是经验对象的规定性和经验过程的主观规定性不可区分的经验性质，亦即经验对象的顺序和排列与经验过程的顺序和排列不可区分的特征。这种经验的直接问题是：一方面在于"经验意识"只能是关于特定感觉材料的一连串不可区分的非连贯知觉表征，另一方面这些经验对象不能成为客观经验命题的述谓主体。具体来说，这些感觉材料的对象包括了像红色的原形斑点、青铜色的椭圆形、闪电、汽笛声、瘙痒感、气味等。它们基本上都是关于"可感性质"或"第二性质"的，抑或关于事件、状态、过程等非实体对象。那么，"感觉材料经验是不可能的"意味着什么呢？斯特劳森认为，"感觉材料经验是不可能的"并不是说这种经验不存在，或者它与拥有更复杂概念图式的经验者拥有的，具有其特征的经验不兼容，而是意味着"它不是任何可能经验的必要特征"[1]。罗蒂比较清晰地将这种"不可能"解释为两种极端情况：一种是经验者只拥有与感觉材料有关的概念，而没有关于物质物体的概念，因而也不会拥有关于物质物体的经验；第二种情况是经验者只能使用感觉材料概念，而缺乏使用物质物体的概念的经验情境，"换言之，感觉材料经验的概念并非与经验物体的概念彼此排斥，而是那种一旦经验者拥有这种经验，它就不能掌握关于物质物体的经验"[2]。从这两种情况来看，斯特劳森强调的"感觉经验是不可能的"不过是说，经验者的经验不能都是感觉材料经验，或者说感觉材料经验不是唯一的经验类型。

在进一步论证经验不可能性之前，我们需要稍做停顿，说明斯特劳

---

[1] P. F. Strawson. The Bound of Sense. London: Routledge, 1966: 99.
[2] Richard Rorty. Strawson's Objectivity Argument. The Review of Metaphysics, 1970, 24 (2): 211.

森选择论证"感觉材料经验是不可能的"作为理论标靶的原因。粗略地说,斯特劳森的立场以如下三方面的原因为依据:第一个最直接的原因是,他认为康德在 A 版演绎中对感觉材料经验提出了负面评价。他认为,"感觉材料经验"类似于康德的"无思想的直观",而康德认为"(它们)永远不可能是知识,所以对我们来说就完全等于无"①。(A111)第二个原因是与逻辑实证主义,尤其是与艾耶尔的认识论分歧有关,斯特劳森倾向于认为感觉材料理论不能提供客观知识,而且将物质物体等认识对象当作"推论存在",因此是一种"为解决哲学问题而设计的哲学理论"②。第三个原因来自本体论方面,根据描述形而上学的要求,概念框架的基本要素是物质物体和人,但接受感觉材料理论的哲学家普遍认为具有本体论优先性的对象是"事实"而非"物体",要确立相关物质物体概念的优先性,就必须拒绝作为"感觉材料的逻辑构造"的事实,而这一点是斯特劳森将感觉材料理论纳入客观性论证的最根本目的。

现在,我们继续讨论为什么感觉材料经验不能是可能的客观经验。斯特劳森认为,原因首先在于这类经验不能对经验的特征给予充分解释:"这意味着,我们可以毫无矛盾地承认,即便在不使用实体性概念的情况下,单从经验的主观方面来看,这种经验都不能对我们的实际知觉经验的特征做出充分解释。"③ 从主体的方面看,感觉材料理论的问题在于:由于所有的认识对象都不是具有时间持续性的"物体",经验本身也只是休谟式的"知觉之流",后果是我们难以从这种稍纵即逝的瞬间知觉中发现任何反思性成分,也就难以根据经验对象的反思总结出一个统一的自我。在这个意义上,"对于那种将经验当作一连串本质上互不关联的印象的假设来说,通过将这些印象归属于同一意识,我们只是为这个假设添加了某种语词形式,此外没有任何增益,这似乎只是意味着:统一意识不过是对所有印象的意识"④,亦即作为感觉材料的意识对象的"存在"和"感知"是相同的,我们没有可靠的理论基础来区

---

① 康德. 纯粹理性批判. 邓晓芒, 译. 杨祖陶, 校. 北京:人民出版社,2004:122.
② P. F. Strawson. Perception and its Object//Galen Strawson, Michelle Montague. Philosophical Writings. Oxford:Oxford University Press,2011:130.
③ P. F. Strawson. The Bound of Sense. London:Routledge,1966:99.
④ 同③100.

分作为非基本殊相的过程、状态等的独立存在。

斯特劳森继续论证道：虽然日常经验中我们通常会忽略经验和经验对象的区分，但如果要严肃对待感觉材料理论，就必须意识到经验本身包含着对经验主体和经验对象的潜在区分，或者说存在着区分两者的潜在性，这是由经验的概念化能力——经验对象是概念的例示所决定，同时也是经验概念具有可能性的前提条件。"如果不包含接受了将殊相事物当作如此这般的某个种类，就根本不会有经验，即便是在瞬间的极为主观性的印象中，也一定能区分接受性成分或判断成分，它们既不是简单地等同于被接受到的殊相事物，也没有被完全吸收到事物中去，而恰恰是这些事物构成了判断的主题。"① 一旦接受了经验中存在着对象与概念性"接受成分"的潜在区分，也就意味着经验概念本身就包含了对经验主观方面——经验过程和概念成分与经验的客观方面——经验对象的区分，亦即经验的顺序和排列与对象的顺序和排列的区分。而根据这个标准，不能进行类似区分的感觉材料经验就失去了理论上的重要性。

由此，我们认为斯特劳森是以如下方式完成了威尔克森的步骤二：感觉材料经验作为某种不能区分"自我"或我的状态与"非我"或我的状态的经验类型，在理论上是不可能的，或者说它不是真正的经验类型，因为经验本质上潜在地包含了对经验和经验对象的区分，不满足这一条件的感觉材料经验因此就失去了作为客观经验的资格。一旦证明了感觉材料经验是不可能的，我们也就说明了那种以"物体"为对象的经验是可能的，而在这种经验中，可以实现"自我"和"非我"的区分。换言之，经验必须是关于"物体"，而非关于"感觉材料"（事件、状态和过程）的经验。

接下来的问题在于，我们以何种方式描述世界，从而实现或者至少表现这种区分，以完成威尔克森的步骤四呢？斯特劳森将这个问题落实为"自我意识"的地位和功能的讨论。在康德那里，如果承认经验是可归属的，或者说经验从属于"统一意识"，而自我意识又是"反思的我思"，那么我们就需要考虑"自我意识"的理论地位。假如自我意识是统一的，它要么是先验统一的，要么是经验统一的，前者使"自我意

---

① P. F. Strawson. The Bound of Sense. London：Routledge，1966：100.

识"成为先验主体或笛卡尔式"自我",因而可以直接排除;后者虽然使"自我意识"成为具有经验统一性的主体,但会面临如何获得并解释这种统一性的问题。在经验归属中,我们通常将自我意识与特定的身体联系起来,认为代词"我"是有经验性的指称——指称了身体对象,且"我"是可以与他人相区分的身体性主体,从而通过身体的同一性来确认自我意识的同一性或人格同一性。但是,这个办法对于先验论证难以奏效,一方面,在康德的理性批判中不涉及对经验对象和经验标准的讨论;另一方面,这个经验标准的可靠性需要得到先验的概念解释。因此,我们需要为"自我意识"的标准问题做出适当处理,否则,"经验归属"和"自我意识"都会成为无意义的空概念,因为在承认反思性的统一意识是统一的,但又找不到恰当的同一性标准,不能说明同一性的意义,也就意味着具有时间规定性的经验序列被归属给了一个无法统一的经验序列,这样的经验与感觉材料经验毫无区别。另外,"自我意识"如果不被接受为与经验无关的先验自我,就会变成在经验上不存在的空概念。概言之:"康德主义者要么必须使'自我意识'具有更充分的意义,要么必须放弃他对可能的感觉材料经验的批评。"[①]

斯特劳森的解决方案颇为奇特,本着为康德"自我意识"概念辩护的态度,他认为康德处于一个既与感觉材料理论相区别,又与要求可应用的经验性同一标准不同的中间立场。斯特劳森承认"身体"是自我意识具有同一性的完全条件的关键组成部分,这使"自我"作为具身性存在免于沦为与经验无关的、作为"思维实体"的先验主体,排除了可疑的"先验统觉"在经验认识中的地位。与此同时,他也强调,我们不知道,也不急于知道关于"自我意识"的所有事实,"对康德所提供的前提而言,是否能够为实际的经验归属提供充分解释并不具有根本的重要性,它只要能够成为使充分解释成为可能的必要条件就足够了。也许它们不能展示我们所需要的充分理解'自我意识'概念的完全条件,但康德还是能够完成从完全条件中抽象出更为基本的条件的壮举"[②]。这样,关于"自我意识"的性质问题,亦即同一性标准的问题应该被它在客观性论证中的地位和功能的问题取代。

---

① P. F. Strawson. The Bound of Sense. London: Routledge, 1966: 103.
② 同①103-104.

自我意识对于经验的客观性有何功能和意义呢？斯特劳森认为，自我意识的功能在于，它作为反思的经验归属者，作为概念的使用者，通过对经验序列的概念性反思明确了经验与经验对象的区分与联系，而后者为经验的客观性提供了必要的理论空间。

如果我们接受对步骤二的结论，认为经验对象都是"物体"，而非"感觉材料"，那么，对"物体"的认识就会构成一幅"物的图景"[①]。斯特劳森认为，这幅图景是由经验主体以概念化的方式决定的。"主体的这些经验本身必须被如此概念化，从而规定经验的主观路径和客观世界的路径的区分。我们不妨这样认为，人的历史，以及其他许多东西，是一个在时间中延续的，关于世界的具身性观点。我们不必认为根据这个从其他要素中抽象出来的时间性观点，就可以完全解释概念'经验归属'。我们只需要认为，如果不假设后者，就不能解释前者。"[②] 这里，斯特劳森强调的是"经验归属"相对于"客观世界"的概念优先性，这种优先性的首要意义在于，经验归属可以解释经验客观性，而客观性却不能解释经验归属。因为经验主体的经验都是归属性的，是对反映对象的经验，因而与对象有关，但对象的客观性却不能独自解释经验的自我归属性质。这就是为什么我们可以从自我意识的必然同一性出发，论证经验的客观性，但相反的逆向论证却不可靠。

具体地说，自我意识的"反思"性质决定了经验的主观路径和经验的客观路径的区分，从而为"客观性"留下了理论空间。斯特劳森为此提出的论证极为复杂，我们大致可以总结出其中的关键点，即"自我意识"作为具身性经验主体的本身是世界的组成部分，它不仅通过直观接受来自世界中经验对象的刺激，而且通过反思或归属来主动把握包括自身存在在内的可直观对象。在这个过程中，经验主体既存在于世界中作

[①] 如果把斯特劳森在《感觉的界限》第 104—105 页所使用的 objective picture 当作"客观图景"，而不是"物体的图景"或"对象的图景"，整个先验论证在这里就可以看作已经提前完成了。但是，这种选择不符合斯特劳森强调反思性和归属性经验主体是经验客观性之基础的理论目的，而且将直接导致对经验的"复合论"理解，认为经验是对经验对象的反映，范畴和判断的概念化作用也得不到体现，甚至整个先验论证作为概念分析过程都会失去意义。因此，笔者认为，斯特劳森认为经验序列得到的是"物体的图像"而非"客观图景"。但是，同样不能忽视的是，斯特劳森对于"objective picture"和"objective world"（客观世界）使用的是同一个单词"objective"。

[②] P. F. Strawson. The Bound of Sense. London：Routledge，1966：104.

为经验对象，也作为经验主体的认识对象；既通过直观接受对象，也通过反思归属经验，这就为经验主体与经验对象之间建立了密不可分的联系。用斯特劳森本人的话说："在主观的顺序和排列与客观的顺序和排列之间，存在着某种必然的相互依赖性。"① 这种必然相互关联的特征为经验主体的进一步概念化运作提供了理论基础。

在承认经验者与经验主体存在必然联系的基础上，经验主体如何确认经验的客观性，或者说区分主观的顺序和排列与客观的顺序和排列呢？斯特劳森认为是"自我意识"所具有的对经验的概念性反思最终实现了这个区分。且看下面两段引文：

（1）最低蕴涵成分在于：至少某些概念——作为经验对象的殊相个例所归属的概念，关于它们的经验本身应该包含了某种相互联系的区分（allied distinction）。个别而言，是关于经验命题的主观成分和客观成分的区分（比如"It seems to me as if this is a heavy stone."可以从"This is a heavy stone."中区分出来）；总体来说，是关于经验序列的主观顺序和排列与经验对象的顺序和排列的区分。②

（2）对"可能的普遍经验的必然自我反思"的意义，可以通过另外的说法表述为：经验必然为对经验自身的思考留下空间。客观性条件又为这种思考提供了空间。一方面，它为"事物客观上就是这样"（thus and so is how things objectively are）提供空间；另一方面，它为"事物被经验为这样"（how things are experienced as being）提供空间，而且，客观性条件之所以能为后者提供空间，是因为它为前者提供了空间。③

（1）和（2）理解起来很困难，需要做进一步的解释。在（1）中，"最低蕴涵成分"是指经验中潜存的经验主观成分或"接受成分"与经验对象的区分。（1）预示了这种潜在区分可以表现为具体的概念区分——括号中出现的"It seems to me as if this is…"和"this is…"区分，亦即

---

① P. F. Strawson. The Bound of Sense. London: Routledge, 1966: 105.
② 同①101.
③ 同①107.

"seem/is"("看作"与"是")区分,斯特劳森认为这个区分不仅存在于"最低蕴涵成分"当中,而且代表了关于经验序列的主观顺序和排列与经验对象的顺序和排列的区分。在(2)中,如果我们将"how things are experienced as being"理解为对"It seems to me as if this is…"更为抽象的表达,那么(2)无疑是在接受了(1)的基础上,强调"seem/is"对于推导客观性的作用。这个推导过程是:由于经验反思以概念归属的方式展开,当我们说"This is how things are experienced by me as being…"时,就会预设"This is how things are experienced as being.",而后者又会进一步预设"thus and so is how things objectively are."。这样,在将对普遍经验的反思过程理解为概念性反思的基础上,我们从代表经验的自我概念性归属或者意识的必然统一性的语句"This is how things are experienced by me as being…"开始,能最终得到代表客观性论题的"thus and so is how things objectively are"。客观性条件或者"客观性"概念是作为经验可能性条件的最终概念条件而存在,先验论证的目标通过概念分析的方式得以实现。

但是,要完成这个看似简单的推导过程,我们还需要进一步强调两个看起来已经很清晰的前提。首先,在经验的内容中,尤其是在"接受性成分"中,包含了概念性成分,虽然对于"接受性成分"的性质历来颇有争议(参见第六章),但斯特劳森在论证接近结束的部分明确将"概念成分"等同于经验成分,他说:"不论何种经验都包含了概念成分或接受成分。"[1] 这个条件的重要性在于,只有承认了经验是概念化经验,我们才能将"seem/is"当作推导客观性条件的有效手段,把自我归属当作概念化归属,并最终在"客观性条件"与"客观性"概念之间画等号。其次,经验归属和自我反思是相同的概念化过程,斯特劳森将自我反思当作"经验自我归属的可能性的关键内核"[2]。在实际论证中,他既没有对"可靠性"的笛卡尔式怀疑,也没有康德进行综合统一的"先验我思",而是将经验归属给自己的"seeing as"当作自反思的实际内容,这一过程实际上就是经验的形成过程,因此,"反思"和"归属"在论证中基本上作为相同概念发挥作用。

---

[1] P. F. Strawson. The Bound of Sense. London: Routledge, 1966: 111.
[2] 同[1]109.

为了彻底理清"自我意识"对经验的概念性反思,明确经验对象与经验主观成分的区分的原因,我们需要进一步解释"seem/is"的区分。这里的关键概念"seem as"是对维特根斯坦著名的"seeing as"概念的变形,它基本承担、发挥了维特根斯坦"看作"的用法和功能。斯特劳森的创意在于将这一概念移植到先验论证,从而取代了康德以"想象"的先验综合为实现方式的综合原理。

在论文《想象与知觉》的第5—6节,斯特劳森分别分析了维特根斯坦对"seeing as"的理解,以及它与康德"想象"概念的相同之处。① 在斯特劳森看来,通常被当作表达了某种"综观"思想的"seeing as"是对经验对象进行概念化处理的过程。他认为维特根斯坦的这个概念强调的是以某种方式思考对象:"在这个意义上,看见某物的面相,部分地意味着以某种方式思考它,倾向于以某种方式思考它,亦即以某种方式解释或理解你看到的东西,概而言之,看见面相就是要做出某种一般行为。"② 在维特根斯坦那里,我们能找到充分的根据:

"看作"不属于知觉,它既像一种看,又不像一种看——

但是,对知觉的描述,也可以被当作对思想的表述。如果你看着这个对象,你不必思考它,但如果你拥有通过呼喊表达的视觉经验,你当然也在思考你看见的东西。

面相的闪现似乎一半像视觉经验,一半像思想。③

康德在肯定感性直观形式和知性概念共同构成了认识的先天形式条件的同时,通过想象力的先验运作实现了概念与直观的实际联结和统一。在B版演绎中,康德写道:

想象力的先验综合,就是当对象不在场时也能把它表象出来的

---

① 摩尔认为,斯特劳森在《感觉的界限》中唯一直接提到维特根斯坦的章节是在"为什么只有一个客观世界"(p.151)中,其主要目的是论证"客观世界的唯一性",否认"模态实在论"和"多世界"理论。但在论文《想象与知觉》中,斯特劳森不仅阐释了"看作"的概念化作用,而且对它与康德"想象"概念的一致性做了一定的对比。就目前论证而言,这篇文章无疑要比《感觉的界限》对维特根斯坦的讨论更为充分。有关摩尔的讨论,参见 A. W. Moore. One World. European Journal of Philosophy, 2016(4):940。

② P. F. Strawson. Imagination and Perception//Freedom and Resentment and Other Essays. London and New York:Routledge, 2008:63.

③ Ludwig Wittgenstein. Philosophical Investigation. Oxford:Blackwell, 1953:197.

能力，它是给予知性概念一个直观的相应条件，是一种感性能力。与此同时，它是在行使自发性，是进行规定的，而不是也不像感官那样只是可规定的，因而能够依照统觉的统一性并根据感官的形式来规定感官，就此而言想象力是一种先天规定感性的能力，并且它依照范畴对直观的综合就必须是想象力的先验综合，这是知性对感性的一种作用，是知性在我们所可能有的直观的对象上的最初的应用。① (B152)

斯特劳森对比了来自康德的"想象"与维特根斯坦的"看作"，认为两者的共同之处在于：一是都会产生超越直观经验的"意向"：想象中的综合是在对象不存在时对先前杂多印象的"再现"，这使想象得以成为"先天规定感性的能力"，而"看作"所添加的作为思想性的、概念性的要素也是瞬间视觉经验所没有的；二是都会实现直观和概念的"相遇"，想象不仅是三种综合的中间环节，而且也是将范畴处理为先验图式的认识能力，而在"看作"中，意向是作为"一半像视觉经验，一半像思想"的存在。

但是，两者之间的区别更值得关注，康德的想象概念是在严格坚持概念与直观的前提下，试图通过对想象的先验运作的精致分析，建立起周密的心理主义分析框架。而且，想象也只是作为关键的先验步骤。作为想象力的使用结果，经验获得了先验的概念基础，经验因而是可能的。但维特根斯坦和斯特劳森通过"看作"对先验论证产生的后果在于：

首先，从认识过程来看，"看作"不再具有直观-理解的二元结构，而是一个经验主体直接使用概念观照对象，集思维和知觉为一体的统一认识过程。认识也不是一个通过直观、想象和判定的递进过程，而是"综观"性质的直接经验。

其次，从认识对象来看，"看作"是直接接触对象的认识。斯特劳森认为："我们可以自然而且毫无误导性地认为，知觉经验的对象就是独立存在的对象。"② 由于知觉和思想的对象都是相同的，由此避免了

---

① 康德. 纯粹理性批判. 邓晓芒，译. 杨祖陶，校. 北京：人民出版社，2004：101.
② P. F. Strawson. Imagination and Perception//Freedom and Resentment and Other Essays. London and New York: Routledge, 2008: 64.

为直观和思想分别设置对象的麻烦。

最后，从认识结果来看，概念和知觉之间建立起了更为紧密的联系，两者一道融入我们的概念化认识中，从而使得经验成为实际的概念化经验，而不仅仅是拥有了某些先验概念条件。"看作"不仅是唯一的认识过程，而且也是经验直接参与并获得知觉的过程。在这个意义上，在任何经验中都有"存活在知觉中的概念"，"看作"就是"当作"（think…as…）。经验是包含并融合了概念和思想的知觉。

如果我们把康德通过想象所实现的综合表达为综合原则，那么，斯特劳森通过"看作"所表述的通过概念把握对象的认识过程就是某种"渗透原则"。因为斯特劳森与维特根斯坦一样认为，在思想、理解和视觉经验之间建立起来的绝非某种外在的归纳性关系，而是内在的共存关系。"我把 X 看作 Y"的意思绝不是当我们拥有关于 X 的视觉经验时，我通常并且总是把 X 理解为 Y，而是意味着"在看中回响着思绪"。更明确地说："是概念辐射了，浸透着知觉经验，或者说知觉经验被概念所渗透！"[1]

由此，通过把"想象"替换为"看作"，斯特劳森在经验与经验对象之间、在概念与知觉之间，建立起了更为直接、更为紧密，具有唯一性和现实性的概念性联系。斯特劳森对威尔克森的步骤四的回答也可以相应总结如下：在经验的"接受成分"和经验对象之间，一方面是彼此可区分的，另一方面这种区分又是"非对立的"或"相互联系的"。这是因为，世界中独立存在的对象在成为经验对象时，需同时作为知觉对象和思考对象进入经验中，经验主体在知觉到它的可感性质的同时，也将包括"客观性"在内的概念赋予它，从而使其成为具有客观性的认识对象，这就满足了把客观世界描述为具有规则支配的顺序的，且独立于我的知觉的世界的要求，客观性论证的"靴子"最终得以落地。

（三）主体的具身性：谓词二元论

先验论证强调"自我意识"所拥有的经验是关于对象的经验，以规

---

[1] P. F. Strawson. Imagination and Perception//Freedom and Resentment and Other Essays. London and New York: Routledge, 2008: 63.

定经验客体是非唯我论意识对象的方式论证了经验的客观性。但是，这个论证没有明确作为经验归属者的"自我意识"何以有资格成为经验主体，也没有根除"自我意识"成为笛卡尔式先验主体的可能性，而是将经验主体的性质问题转换为主体在经验过程中的功能问题，回避了对"自我意识"或"意识统一性"性质的讨论。因此，要完成对经验的客观性论证，必须对经验主体的性质有所规定，说明经验是经验主体——而非笛卡尔式先验主体——所拥有的关于世界中客观对象的经验。

根据后续文本所提供的依据，斯特劳森主要是通过探讨经验主体的具身性和发展谓词二元论来局部解决经验主体的性质问题。具体来说，他对经验主体的规定包括了三个方面：首先，第一人称代词"我"指称的不是笛卡尔式的先验自我，而是具身性经验主体——人。其次，人不仅是经验主体，而且是具有意向性的行动主体，行为兼具心理属性和物理属性的特征决定了表述行为的 P-谓词的不可还原性。最后，"人"不是规定了所有特征和性质的特征化共相，而是表达不完全概念规定的类共相，因此，我们必须接受对身心问题的不完全解释，承认部分概念问题难以通过对人的概念分析得到完全解决。

康德曾在批评理性心理学的后两个谬误推理中指出，被笛卡尔视为一切认识之基础的先验自我是一个毫无用处的概念，它带来了混淆"经验的统一性"和"对统一性的经验"的恶果。康德认为，既然所有经验都源于感性直观，经验需要的主观条件不过是存在于时间中的经验序列的统一性，但经验统一性不能保证统一的、具有人格同一性的先验主体或先验统觉是实体性存在。因此，"我"也只是"意识的纯粹形式"[①]（A382），是不做实质指称的形式主语。陈述与先验统觉有关的命题都只是关于统觉的形式命题。斯特劳森基本同意康德对理性心理学的批评，但认为需要重构和补充康德的分析，从而彻底避免经验主体成为笛卡尔式的先验自我。

斯特劳森通过以下步骤重构了康德的分析：

A. 经验性自我意识的可能性要求在时间中相互联结的经验序列具有

[①] 康德. 纯粹理性批判. 邓晓芒，译. 杨祖陶，校. 北京：人民出版社，2004：332.

统一性，联结通过区分经验的主观方面和客观方面得到保障。统一的客观世界，使得统一主体，或者对世界的经验路径成为可能。

B. 这一经验主体的经验概念就是"人"的概念。但是，"人"不是先验主体，而是一个拥有身体且与人格同一性的经验标准有关的经验主体概念。

C. 在对经验的具体自我归属中，不涉及自我同一性的经验标准问题。

D. 在这种情况下，"我"仍然指称经验主体，但它可以被无标准地使用。因为在实践中，"我"的用法的经验标准不会得到严格遵守。

E. 虽然自我同一性的经验标准在实践中没有得到完全遵守，但在哲学的理论思考中却应该得到严格遵守。康德意识到我们可能会被意识的内在内容诱惑而走向笛卡尔主义。

F. 康德坚持"自我同一性"的最低标准，认为"我"表达的是经验所需要的统觉的先验统一。但是，康德对"我"作为先验统觉的用法并不统一，他也不必提出所有的经验的必要条件，从而走向先验观念论。

G. 因此，虽然康德决定性地驳斥了笛卡尔主义，但他的结论可以做进一步彻底化。

这里，A 是客观性论证已经确证的内容，具有决定性意义的论证是 B 和它提供的人格同一性的经验标准。斯特劳森不仅明确指出，"一个经验主体的经验概念，就是人的概念"①，而且认为将经验主体与身体相联系是康德所默认的观点，因为当康德说"灵魂的持存性当然是自明的，因为思维着的存在者（作为人）本身同样也是外感官的对象"②（B415），他暗示了至少包括经验者在内的人是外感官对象，因而是不仅存在于时间中，而且存在于空间中的可感对象。在这个意义上，我们可以认为，人是有身体的"思维着的存在者"。B 的重要性在于，它将作为客观论证起点的"经验统一性"或"自我意识"规定为康德的"经

---

① P. F. Strawson. The Bound of Sense. London：Routledge，1966：163.
② Immanuel Kant. Critique of Pure Reason. London：Macmillan，1929：373.

第四章 客观性论证：概念图式的先验解释 | 399

验统觉"，并且将后者等同于拥有身体的"人"，这决定了经验主体是具身性主体，而非笛卡尔的那种缺乏广延性的先验实体，也不是康德用来作为形式主体的"先验统觉"。换言之，拥有身体的"人"的概念为将经验归属给经验主体提供了人格同一性标准，进而在主观方面为经验的客观性奠定了坚实的基础。

C至E的作用是协调"人"作为理论概念和常识概念，作为具有人格同一性的经验主体和作为实际的经验归属者之间存在的冲突。格洛克曾指出，人的同一性和人格同一性是完全不同的两种观念。人的同一性与动物的同一性一样，关注的是一个组织得当的身体。洛克说："人的同一性之所以成立，乃是由于不断生灭的诸多物质分子，连续地和同一的有组织的身体具有生命的联系，因而参加着连续的生命。"[1] 人格同一性关注的是有理性、能思考的行动者在思考、反省当下和过往的经验、行为时，能否将它们纳入同一个自我意识，因此，人格同一性的关键在于"意识"的同一性，它与身体等各类实体的同一无关。如果斯特劳森想要将"人"当作拥有身体的有机生命体的同时，把它与人格同一性的概念联系起来，进而认为人是具有相同意识的经验归属者，他必须说明两个概念之间的关系。留给斯特劳森的出路有两条：一条是认为人格同一性标准是兼具理论和实践适用性的归属标准；另一条是认为"人"可以根据经验确认标准肯定自己的人格同一性。这样做的好处是将"人"的同一性等同于"人格同一性"，但缺点在于实践中缺乏可适用的稳定的人格同一性标准。无论是记忆的连续性，还是身体的同一性，都不足以作为实际的人格同一性标准。一方面，认为"X是相同的身体，同时也是相同的人格"，或认为"X既不是相同的身体，也不是相同的人格"，似乎都不妥当。另一方面，我们在实践中也是时而根据记忆标准，时而根据身体标准来确认人的同一性，因此，这两条标准同时满足又同时不满足人格同一性的要求，更好的选择是承认"多重人格"[2]，或者完全取消人格同一性对于实际经验分析的作用，将人格同一性和同一性的经验标准用于对"人"的反思性使用中。这样做的好处是："人"作为经验主体的概念在理论上等同于"人格同一性"，适

---

[1] 洛克. 人类理解论：上册. 关文运，译. 北京：商务印书馆，2015：379-380.
[2] J. O. Urmson. Critical Notes. Mind, 1961, 70 (278)：262.

用于同一性的经验标准,从而使人成为拥有身体的主体,由此便能够避免笛卡尔式的先验主体。与此同时,在实际的经验归属和"我"的使用中,不必考虑人格同一性的使用条件,避免经验标准无法被经验性地使用的尴尬境地。

　　F 和 G 反映了斯特劳森与康德的分歧。斯特劳森的不满主要在于康德一方面认可主体的经验标准,另一方面接受了与理性心理学类似的非经验主体——先验统觉。斯特劳森发现,康德对"我"的使用有着一定的理论弹性,他不仅用"我"表达形式主体和形式主语,同时也用"我"表达先验主体和"先验自我"。康德曾指出:"依存性的主体通过与思想相关联的这个'我'只是得到了先验的表明,而丝毫也没有说明它的属性,或者说根本对它没有一点点了解或者知悉。"(A355)① 斯特劳森认为,这里康德是以指称性的方式使用"我",且"我"指称的是不可认识的先验自我,只有在与经验对象无关的意义上,我们才能像康德那样认为这种用法具有"非指称性意义"②。这种用法的问题首先在于,当康德认为"我"是先验主体时,作为经验主观条件的主体被划入不可知的物自体的范围,从而不仅不能说明经验的客观性,而且会导致经验主体的概念变得不可理解。此外,从批评理性心理学的角度看,这种用法表明康德没有严格遵循他本人提出的主体的具身性要求,只是用不可知的先验主体取代了笛卡尔的精神实体"我思",但两者在非具身性这一点上却是一致的。然而,只有接受意识的具身性,从经验性的日常概念"人"推导出"意识"概念,才能彻底驳斥笛卡尔主义。概言之,承认意识或灵魂具有单一性或者能够成为"统一意识"的前提是承认经验性"人"的概念的优先性:

　　　　保证产生这一结果的唯一方式,亦即必须把单一灵魂或单一意识当作可接受概念的充分条件,是把主体当作常人(normal man),认为他们处于正常的生活过程中,无论如何终其一生他都只有一个意识和灵魂。也就是说,我们要允许关于灵魂和意识的单一性和同一性,在概念上依赖于,并且产生于人(person or hu-

---

　　① 康德. 纯粹理性批判. 邓晓芒,译. 杨祖陶,校. 北京:人民出版社,2004:315.
　　② P. F. Strawson. Kant's Paralogisms: Self-Consciousness and the "Outsider Observer"//Entity and Identity and Other Essays. Oxford: Oxford University Press, 1997: 260.

man）的单一性和同一性的概念。①

即便承认经验主体是具身主体，为什么"人"能够成为具身主体呢？根据前面对谓词归属策略的分析，"人"的理论——谓词二元论解释同样会导致先验主体的结论，为了避免谓词二元论倒向承认心灵实体存在的实体二元论，斯特劳森强调具身性的人不仅是经验主体，而且是行动主体，而部分行动谓词作为特殊 P-谓词不能被还原为纯粹的心理谓词，从而捍卫并发展了自己的谓词二元论立场。

斯特劳森对谓词二元论的进一步深入阐释，得益于 1969 年在南安普顿大学召开的以"面向欧洲的哲学家"为主题的学术会议，在这次由英国皇家学会和英国现象学学会联合举办的会议上，日本哲学家石黑宣读了题为《人的未来与身心问题》的论文，她从沟通语言哲学和欧陆现象学的立场出发，试图在对"人"的理解中，将当时盛行的概念分析与大陆的存在主义传统结合起来，一方面，她追随海德格尔和萨特，认为人与他的未来状态之间的关系是理解"人是什么"的关键。在她看来，人在这个因果性物理世界中所具有的意向和规划，使得我们不仅成为存在者，而且以行动者的姿态存在于"生活世界"之中。另一方面，她充分肯定概念分析及其结果的重要性。石黑指出："人的概念的优先性的意义在于：除非我们已经对于'人是什么'有所理解，否则就会有一大类的谓词机会变得难以理解。"② 石黑本意是要用概念分析的方法强调"未来"对于理解作为行动者的人的根本作用。斯特劳森在随后的"主席致辞"环节，以石黑对人的行动主体身份的强调为契机，发展了自己在《个体：论描述的形而上学》第三章结论部分未能充分阐释的关于特殊 P-谓词的理论。

斯特劳森认为，石黑对人的行动主体地位的强调，不仅表明拥有行动能力的人是拥有身体的主体，而且表明人不是笛卡尔式的先验主体，因此实体二元论不能被当作可靠的"人"的理论。如果笛卡尔式的分析是可接受的，所有的谓词要么可以直接被划分为纯粹的心理谓词，要么

---

① P. F. Strawson. The Bound of Sense. London: Routledge, 1966: 168.
② Ishiguro Hide. A Person's Future and Mind-Body Problem//Wolfe Mays, S. G. Brown. Linguistic Analysis and Phenomenology. London and Basingstoke: Macmillan Press Ltd., 1972: 165.

可以将复杂的P-谓词还原为表述纯粹心理成分和纯粹物理成分的基本概念，而且这两者之间要有某种可靠的因果关系。但是，像"willing to running"（愿意跑步）这类表述意向行动的谓词，却是以实体二元论为理论基础的概念分析难以处理的特殊P-谓词。这是因为，这类谓词既不能被划入纯粹心理谓词的范围，也不能被看作更简单的心理谓词和物理谓词所构成的复合概念。

为什么表述意向行动的P-谓词不能被当作心理谓词呢？非常明显，因为意向行为在涉及意向、信念和愿望等心理成分的同时，也涉及身体的移动和可观察变化，其能够引起物理的或社会的行动后果，而且，这类谓词所表述的部分行动使人进入人际关系的社会网络，成为道德主体，这就满足了人要成为主体所需要的所有条件。这些身体性、社会性成分的存在，使得意向行为和表述此类行为的P-谓词不能被当作心理谓词。

退而求其次的方式是认为意向行为不能等同于信念等心理行为，但它们可以被还原为具有因果关系的物理行为和心理行为，认为是后者以下向因果的方式引起，或控制了前者。相应地，虽然表述意向行为的P-谓词不是心理谓词，但它可以被分解为相互之间存在因果关系的心理成分和物理成分。斯特劳森认为，这条分析路线并不可取。首先，在拥有意向和意向行为之间没有必然性的逻辑联系，作为理性的行动主体，我们可以拥有某些根本不可能实现的纯粹意向，比如"我可以飞行"的意向，但我们却从来都不能通过身体的飞行来实现这个意向。其次，更糟糕的是，拥有意向和意向行动之间完全是一种偶然关系。从行为学习的角度看，我们完全是通过偶然行为，以试错的方式发现意向与行动后果之间的关联，因此，还原式所要求的那种意向和行动之间的必然联系是不存在的。

斯特劳森进一步指出，还原式分析不是理解意向行为概念的正确理论。我们是通过做其他更简单的意向行为来完成复杂意向行为，作为意向行为构成要素的是简单意向行为，而非具有心理特征的意向和具备物理特征的行为两个独立的概念要素。由此，斯特劳森在拒绝了还原论分析的同时，确保了表述意向行为的P-谓词的概念地位。他说："意向行为概念虽然不是一个简单概念，但是，在某种意义上它是优先的、不可分析的概念，它也拒绝包括像笛卡尔式还原在内的所有拆卸分析。"①

综合《个体：论描述的形而上学》第三章有关P-谓词的讨论，对于斯特劳森谓词归属策略的用意，大致可做如下结论：区分M-谓词和P-谓词是为了区分人与物质物体，将人作为指称主体、概念图式的拥有者和使用者，从其他概念图式的对象中区分出来；而强调表述意向行动的P-谓词的不可还原性，则是为了论证人不是纯粹的先验主体，而是与物质物体一样有着经验实在性的理性存在物。将这两者结合起来，就能够对斯特劳森的"人论"有着较为清晰的认识。

必须指出，无论是语词归属策略，还是对部分P-谓词不可还原性的强调，都是作为谓词二元论的分析手段服务于对常识的"人"的概念的阐释。根据罗宾逊（Howard Robinson）的理解，谓词二元论是一种没有本体论后果的理论，"因为它仅仅关注在不同的科学语境下，事物被描述的不同方式，而不关注事物本身的区别"②。斯特劳森强调M-谓词和P-谓词的区分与联系，根本上还是要说明对"人"的常识理解，即人不是属性二元论和谓词二元论所塑造的特殊理论实体，也不是物理主义所宣称的那种缺乏内在心理生活的物质物体，而是具身性的经验主体和行动主体。在这个意义上，斯特劳森"对人的概念的使用比洛克对人的解释更加接近日常用法"③。但是，谓词二元论作为避免本体论承诺的二元论选择，也有着自己的问题。一方面，它要求在对人的常识理解和科学理解之间达成妥协，如果我们把M-谓词不仅仅理解为表示身体状态的谓词，还表述能兼容于自然科学的物理属性的谓词，那么，按照苏珊·哈克的说法，谓词二元论对人的理解就没有提出"统一的故事"④，斯特劳森本人似乎有些无奈地承认，谓词二元论是一种"和解"策略。在对苏珊·哈克的回应中，他指出："还是让我们暂且满足于

---

① P. F. Strawson. Chairman's Opening Remarks//Wolfe Mays，S. G. Brown. Linguistic Analysis and Phenomenology. London and Basingstoke：Macmillan Press Ltd.，1972：165.

② Howard Robinson. Dualism. Stanford Encyclopedia of Philosophy，2016. https：//plato.stanford.edu/entries/dualism/.

③ 应奇. 概念图式与形而上学. 上海：学林出版社，2000：106.

④ 苏珊·哈克. 分析哲学：在科学主义与先验论之间//陈波. 分析哲学：回顾与反省. 成都：四川教育出版社，2001：203.

'和解'吧。这是一个该死的外交辞令，它包含了相互承认和相互尊重，包含了一个协定，甚至某种交易。我们最终可以，而且必须满足于此。"[1]

另一方面，由于否认人格同一性的经验标准在实际经验归属中的作用，斯特劳森的"人论"难以回答身心关系的关键问题。比如拥有"统一意识"的经验归属者在何种情况下与他的身体处于同一关系，人的同一性是否与身体的同一性具有相同适用范围等，斯特劳森都倾向于不予回应。或许，石黑对"人论"的理解可以作为对斯特劳森二元论理论缺陷的回应，在她看来，斯特劳森通过"人"的概念所要传递的关键信息是让我们能够在具体情境中知道某个生物是不是一个人。"人"是作为类概念，而非特征化概念来说明"人是什么"。在这个意义上，"人"类似于"第二性质"的概念，是一个莱布尼茨意义上的"又清晰又混乱的概念"（clear and confused idea）。[2] 说它清晰，是因为我们根据这个类概念足以将包括我们自己在内的人从动物等其他生命体中区分出来；而说它混乱，是因为通过"人"这个类概念，我们对于人的特征、结构、本质等实质内容知之甚少，难以完全刻画我们对于"人"的概念的全部理解，也不能解决包括身心问题在内的理论问题。归根结底，斯特劳森的"人"的概念本质上仍然是一个常识概念，"人论"的目的在于部分描述我们对自己的理解，而非建构或解释这种理解。

（四）知觉的因果性：常识实在论

前文中所述先验论证的另一个遗留问题是没有就经验对象的性质，以及它与知觉经验的关系提供充分的理论规定。以重构"先验演绎"为核心的论证虽然否定感觉材料经验，排除了感觉材料作为经验对象的地位，也肯定了经验对象是可以独立存在的物质物体，但是，这个论证关注的重点是康德先验哲学的"分析论"，没有顾及具有同等重要性的

---

[1] 斯特劳森. 答苏珊·哈克//陈波. 分析哲学：回顾与反省. 成都：四川教育出版社，2001：208.

[2] Ishiguro Hide. The Primitiveness of the Concept of a Person//Zak Van Straaten. Philosophical Subject: Essays Presented to P. F. Strawson. Oxford: Oxford University Press, 1980: 71.

"辩证法"部分,忽视了对先验观念论和"自在之物"成为经验对象的可能性的讨论,未能说明经验对象与知觉经验之间的关系。如果我们将《感觉的界限》当作《个体:论描述的形而上学》的续篇,认为其理论目的是为描述形而上学提供概念解释,那么,按照布朗的理解,"分析论部分提供的是积极的、建构性的解释,而辩证论部分通过否认笛卡尔、莱布尼茨和贝克莱等修正形而上学家们所提供的形而上学幻象,为描述形而上学扫清障碍"[1]。因此,为了保证先验论证的完整性,下面将着重探讨经验对象的性质及其与知觉经验的关系问题。

斯特劳森对经验对象的讨论,主要集中在两类文献中,第一类以《感觉的界限》第五部分"先验观念论的形而上学"(pp.235-277)为中心,通过批评"物自体"的可理解性和"触发问题",斯特劳森集中阐述了对康德先验观念论的批评;第二类文献以《知觉与知觉对象》(1979)和《知觉中的因果性》(1974)为代表,斯特劳森通过讨论以物质物体为知觉对象的常识实在论,集中说明了知觉与物质对象之间的因果关系,阐发了知觉的因果理论。从论述倾向看,对先验观念论和物自体概念的拒斥,构成了斯特劳森关于认识对象的理论的否定方面,而对常识实在论和知觉因果性的讨论,则是这一理论的肯定方面,两方面综合起来,比较全面地展示了斯特劳森关于经验对象是什么,以及知觉经验与经验对象之间关系的理解。

康德曾认为,经验对象是具有时间和空间的规定性的现象,而非存在于时空世界之外的物自体。正是因为一切认识的对象必须被当作感性直观的对象,才保证了认识的经验实在性或客观有效性,而空间和时间作为感性直观的先天形式,只是现象而非物自体的先天规定,亦即"空间包括一切能像我们外在的显现出来的事物,不包括一切自在之物"[2](A27/B43)。我们通过空间形式和时间形式所接受到的感性杂多对象都只是表象,而非对物自体的认识。就作为认识的领域而言,我们认识的只是现象界,而非由物自体构成的本体界。康德这种将世界划分为现象和物自体,认为我们只能认识现象而不能认识物自体的理论就是著名的先验观念论。在他本人看来:"先验的观念论是这样一种学说概念,依

---

[1] Clifford Brown. Peter Strawson. Stocksfield: Acumen, 2006: 138.
[2] 康德. 纯粹理性批判. 邓晓芒,译. 杨祖陶,校. 北京: 人民出版社, 2004: 32.

据它我们就能把一切现象全部看作单纯的表象，而不是看作自在之物本身，因此，时间和空间只是我们直观的感性形式，却不是那些作为自在之物本身的客体独自给出的规定和条件。"① （A369）

斯特劳森对先验观念论可以说是深恶痛绝，他的严厉批评态度被布朗极为中肯地总结为"无情而彻底的批判"②。虽然斯特劳森充分注意到康德提出先验观念论和"物自体"概念要为实践理性、道德律和人类自由辩护的目的，也注意到这一理论对有关表象的非经验知识（比如几何知识）的重要性，但他坚持认为，这些理由不足以为先验观念论辩护。因为这一理论不仅与"先验论证"所要求的关于概念不可脱离经验条件而使用的意义原则不一致，而且先验观念论及其核心概念"物自体"本身就是不可理解的概念。

先验观念论的"不可理解"（unintelligible）通过从属于本体界的先验统觉"我思"的同一性问题表现得最为明显。康德认为，任何人对于自己都既是表象，又是理智的对象：

> 通常仅仅通过感官而知道整个自然界的人，也通过单纯的统觉来认识他自己，也就是在他根本不能归于感觉印象的那些行动和内部规定中认识自己。他对自己来说当然一方面是现象（phenomenon），但另一方面，亦即就某些能力来说，则是一个单纯理知的对象，因为他的行动不能归入感受的接受性当中，我们把这些能力称为知性和理性。③（A546-547/B574-575）

斯特劳森认为这段引文突出反映了康德对作为物自体的自我——原初自我意识（先验统觉）和作为表象的自我——经验自我意识（经验统觉）之间关系的理解所遇到的困难。根据先验观念论，任何自我意识的经验对象必须是具有时空规定的表象，但是，当经验的对象变成"自我意识"本身时，问题就会变得很棘手。从经验主体的角度看，原初自我意识只能作为主体，不能被当作真正的自我知识，因为在先验统觉中，"我意识到自己既不是像我对自己所显现的那样，也不是我自在的本身

---

① 康德. 纯粹理性批判. 邓晓芒，译. 杨祖陶，校. 北京：人民出版社，2003：324.
② Clifford Brown. Peter Strawson. Stocksfield：Acumen，2006：138.
③ 同①442.

所是的那样，而只是'我在'"①。也就是说，关于先验统觉的表象"只是一个思维，而不是一个直观"②（B157）。对于经验统觉来说，它只能拥有关于表象的知识，因此任何经验"我思"对"我"的表象，都只能是对表象的表象，而不能成为对先验统觉的表象。在这个意义上，经验主体"我"要么是绝对的主体，不会成为对象或者表象，要么本身就是表象，只能产生关于经验统觉，而非先验统觉的表象。因此，无论对这里的两个人称指示词"我"如何解释，"我"都不能成为"我"的表象。由此，斯特劳森认为康德的"我思"是个完全不可理解的概念，对他的反复讨论不过是对"我"这个人称代词的"重复拼写"③。

"我思"作为不可理解的概念背后隐藏的困难是被阿利森称为"触发问题"的因果问题。④ 按照康德的理解，自在之物存在于超感性的本体界，关于表象的经验知识是物自体影响经验者的感官所产生的经验知识。这里明显的困难是，存在于时空之外的超感性物自体如何能够在时空世界发挥作用？感性自我如何在时空世界中接受来自物自体的刺激？斯特劳森经由讨论"正确观点"的可能性，说明了表象（appearance）与实在（reality）之间因果关系的复杂性。根据自然科学和日常经验的理解，所谓表象是对实在本质的外在表现或反映，通过认识表象我们能够认识实在，斯特劳森将根据表象认识实在的观点称为"正确观点"，在该观点看来，表象和实在都存在于时空世界当中，说"x 表现为 y"就意味着通过认识 x 我们可能认识 y。在此基础上，正确观点认为知觉经验是我们受到对象影响产生的因果性产物，任何实在的表象都因果性地依赖于事物本身的特征和我们的认识结构，知觉经验是两者相互作用的结果，由此，"如果我们的认识功能是不同的，事物所表现出来的性质也就有所不同，但事物本身的构成却不会有任何差别"⑤。

---

① P. F. Strawson. The Bound of Sense. London：Routledge，1966：248. 这段引文意义清晰，但翻译起来颇为困难，这里将原文贴出：I am conscious of myself not I appear to myself nor as I am in myself but only as I am.
② 康德. 纯粹理性批判. 邓晓芒，译. 杨祖陶，校. 北京：人民出版社，2004：104.
③ P. F. Strawson. The Bound of Sense. London：Routledge，1966：249.
④ 亨利·E. 阿利森. 康德的先验观念论. 丁三东，陈虎平，译. 北京：商务印书馆，2014：95.
⑤ 同③252.

虽然根据"正确观点",我们不仅能够通过认识现象认识实在,而且可以描述相关知觉经验与现象,乃至与实在之间的因果关系。但是,康德对现象和物自体的区分却不允许类似"正确观点"的解释,康德强调关于经验的知识与物自体无关,自在之物是完全不可被认识的,"凡是我们称之为外部对象的,无非是我们感性的单纯表象而已,其形式是空间,但其真实的相关物,即自在之物却丝毫也没有借此得到认识,也不可能借此被认识,但它也从来不在经验中被探讨"①(A30/B45),进一步的后果是,不仅物自体与表象之间的关系不明确,而且表象完全不是对物自体本身性质的反映,表象成为"纯粹表象"或"我的表象",失去了实在性基础。此外,物自体与现象之间的因果关系变得难以解释,根据康德本人所规定的意义原则,我们不能想象从属于现象界的因果概念可以被"跨世界"使用,物自体如何影响感觉,或者是否影响感官,都成为悬而未决甚至不可解释的难题。斯特劳森的结论是:"康德未能满足对比'物自体'和'表象'这两个概念的经验适用条件,实际上,他对'对比'和'原因'这两个概念的使用,都违背了自己所提出的意义原则。"②

概言之,斯特劳森认为,无论是对内知觉对象与物自体之间的关系,还是对外知觉对象与物自体之间的关系,康德都没有给出融贯的解释,所以,"因果关系"、"统觉"、"表象"乃至"物自体"等都是不可理解的概念。由此,斯特劳森拒绝了康德将"物自体"作为认识对象的资格,也否认了物自体与经验认识之间存在因果性关联的提议。

那么,从斯特劳森本人的立场来看,知觉经验的认识对象应该是什么呢?如果我们考虑《个体:论描述的形而上学》一书曾将物质物体当作基本指称对象和基本实体,而认识论、本体论和逻辑学又是统一的概念图式的理论分支,那么答案就非常明显,在认识论领域,斯特劳森同样将物质物体当作知觉经验的基本对象,并据此发展了关于认识对象的"常识实在论"。由于先验论证已经对此有所论证,我们这里只是对相关要点略做阐释。在常识实在论看来:

(1)知觉经验是对物质物体的直接意识(immediate awareness)。

---

① 康德. 纯粹理性批判. 邓晓芒,译. 杨祖陶,校. 北京:人民出版社,2004:33-34.
② P. F. Strawson. The Bound of Sense. London:Routledge,1966:254.

斯特劳森在《知觉与知觉对象》中指出，艾耶尔的感觉材料理论和马克(J. L. Macke)的表征理论都未能正确规定认识对象，从而强调了物质物体作为直接知觉对象的认识论地位。对于感觉材料理论的缺陷，这里不再赘述。对于表征理论，斯特劳森将其称为"科学实在论"或"洛克式实在论"，认为它本质上是一种作为"理论图式"而非常识图景的"混乱的实在论"[①]。根据科学实在论通常所坚持知觉的表征模型，物体确实存在于外在的空间世界之中，但可感性质或者它们呈现给我们的不是真正的性质，而是物体的外在表征，它们与物体处于因果性的联系当中，因此我们通过认识外在表征认识外在对象。斯特劳森认为，这种有明显科学倾向的表征理论实际上不承认物质物体的真实性，只承认被科学解释接受的属性的真实性。接受科学实在论就等于"系统幻象的受害者"，我们不能真正认识某些习以为常的物质属性，比如位置、大小、形状等，也不可能真正认识物质对象，因为它们无法作为可靠的性质被科学理论接受，因此只是无关紧要的现象的性质。以位置为例，虽然我们通常认为物体都有其"自然位置"，会比较稳定地存在于某个特定地点，但支持测不准理论的科学家会否认这一常识看法的可靠性。作为对表征模型的回应，斯特劳森强调物质物体本身，而非他的外在表象是认识对象，他说，"我们通常认为我们在知觉中意识到的是物质物体本身，而非它的类似物"[②]。另外，斯特劳森认为我们对物体的知觉是一种直接的意识，而非某种复杂的表征过程，也就是说，"真正的常识实在论者相信物质物体和它们的视觉与触觉性质，但它们并非根据'表征知觉'概念的精神，而是本着'直接知觉'或'即时知觉'概念的精神持有如此信念"[③]。由此，斯特劳森就说明了知觉经验的对象既非主观性的感觉材料，也不是先验的物自体，更不是作为本质之外在表征的现象性质，而是外在的客观真实的物质物体；我们对物质物体的认识不是复杂的表征过程，而是直接无中介的知觉意识。

（2）知觉经验与知觉对象之间存在普遍因果关系。斯特劳森将知觉

[①] P. F. Strawson. Perception and its Object//Galen Strawson, Michelle Montague. Philosophical Writings. Oxford: Oxford University Press, 2011: 132.

[②] 同①135.

[③] 同①135.

与对象之间的因果联系当作知觉经验的概念条件,他说:"应该非常明显的是,在区分独立存在的物质物体和知觉意识的对象时,我们已经有了后者依赖于前者的'因果依赖'的一般概念,虽然在我们的前理论生活中,我们对此并没有给予过多反思。"① 斯特劳森注意到两种可能的反对意见:第一种意见认为,对知觉经验的描述和关于物质物体的知觉之间存在的联系是逻辑关系而非因果关系;另一种意见认为,如果承认知觉与对象之间存在因果关系,就必须同时承认未被知觉到的独立存在对象也会成为知觉的对象,这就意味着我们会知觉到未被知觉到的对象。对于前者,斯特劳森认为因果关系和逻辑关系并不冲突,两者之间是平行关系,任何具有逻辑必然性的描述都必须有相应的因果基础,比如当我们把"吉本是《罗马帝国衰亡史》的作者"作为对特定事实的描述时,世界上存在着"吉本写了这本书"的语句是形成相关知觉的必要基础。斯特劳森还认为,克里普克的"指称的因果理论"是说明思想及其对象之间存在因果关系的另一个实例。对于后者,斯特劳森强调因果理论考虑的是知觉及其对象之间的关系,而非独立存在的对象与知觉对象之间的关系。具体来说,知觉的因果理论表达的是:假设 x 是物质物体,而 y 是对 x 的知觉,那么,一旦我们观察到 x,就会产生 y,在我们接受拥有 y 时,我们也潜在接受了它是被 x 引起的知觉。

值得注意的是,斯特劳森将知觉的因果性特征当作概念真理。他说:"这个论题是个概念真理,即当主体 S 看见一个外在对象 O,O 因果性地对应于 S 的视觉经验。"② 知觉因果性作为概念真理的直接体现,是斯特劳森将因果关系当作知觉的先验条件。按照斯诺顿的理解,斯特劳森在《知觉中的因果性》一文中想要说明的是:"要使 M-经验成为它看起来所是的 M-知觉,其逻辑的必要条件是,获得恰当的 M-事实应该成为 M-经验出现的因果的,而非逻辑的必要条件。"③ 为了确认知

---

① P. F. Strawson. Perception and its Object//Galen Strawson, Michelle Montague. Philosophical Writings. Oxford: Oxford University Press, 2011: 136.
② P. F. Strawson. Replay to Paul Snowdon//Lewis Edwin Hahn. The Philosophy of P. F. Strawson. Chicago: Open Court, 1998: 311.
③ Paul Snowdon: Strawson on the Concept of Perception//Lewis Edwin Hahn. The Philosophy of P. F. Strawson. Chicago: Open Court, 1998: 296.

觉与对象之间因果条件的普遍性，斯特劳森强调知觉的概念性特征，承认因果关系不是瞬间知觉过程与对象之间的关系，而是概念化的知觉经验与对象之间的关系。在这个意义上，他说："'知觉'与'知识'的联系如此紧密，以至于我们不能忍受以拥有正确的瞬时经验的方式，使他的 M-经验成为其所是的 M-知觉。"① 斯特劳森对知觉因果性的强调可以说到了无以复加的地步，他甚至认为即便在出现异常情况，比如疯狂的科学家制造作为幻觉的知觉时，幻觉与刺激对象之间仍然存在正常的因果关系，只有当我们的感受器官的感知范围受限，或者出现客观的障碍的情况下，才不存在因果关系。就此而言，斯特劳森将表达知觉与对象之间关系的"因果性"当作"朴素概念"（innocent concept），认为任何知觉都是对来自对象的因果性刺激的结果。

（3）具体知觉经验之间存在不可还原的相对性（irreducible relativity）。通过"不可还原的相对性"，斯特劳森表达了知觉认识的两方面的特征。相对性的第一层含义，即在最宽泛的意义上，它是指归属经验对象的视觉属性的"知觉观点"，即根据位置的不同，经验者与知觉对象的因果联系的后果不同。比如对一座山的知觉，在白天从远处看起来是红色的，但在夜晚从相同位置看却是绿色的，如此等等。通过知觉观点，可以有效避免普遍因果关系所造成的"相同原因产生相同后果"，进而使得所有人根据因果观念对相同对象产生相同知觉的荒谬结论。相对性的第二层含义意在调和常识认识和科学实在论，斯特劳森像奎因一样承认，科学世界观和常识世界观是互有联系的。他认为应该将科学叙事中的有关成分归并到日常图式中，与此同时又不像奎因那样将常识世界观降格为前科学图景，而是认为它是人类所普遍共有的、普遍有效的世界图景。相对性的第三层含义是肯定人类概念图式的不一致特征，斯特劳森承认我们对"实在"概念只具有相对性的有限认识，因此我们应该接受概念图式中的漏洞和不融贯。斯特劳森在论文的结论部分也做了如是总结：

科学不仅是常识的后裔，而且依赖于常识。……

---

① P. F. Strawson. Causation in Perception//Freedom and Resentment and Other Essays. London: Methuen and Co., Ltd., 1974: 71.

> 无论多么令人怜悯，科学实在论都必须承认，当我们把可感性质归属于物体时，归属的标准联系是（我们认为是）主体间的共识，而共识又完全植根于我们的概念图式。如果这意味着，正如他①必定认为的那样，我们的思想将会被指责是不融贯的，那么，我们只能认为，我们完全可以接受非融贯性，而且我们不能在完全舍弃非融贯性的情况下继续存在。②

相对而言，"不可还原的相对性"概念的后两层含义更为关键。通过协调因果性知觉概念与科学实在论的表征理论，以适当让步的方式接受常识图式的非融贯性，斯特劳森得以更加从容地将物质物体确认为经验对象，并对它与知觉间的因果关系做出更为灵活的说明。

---

① 指科学实在论者马克。
② P. F. Strawson. Perception and its Object//Galen Strawson, Michelle Montague. Philosophical Writings. Oxford: Oxford University Press, 2011: 145.

第五章
主语与谓语：概念图式的系统建构

《逻辑与语法中的主语和谓语》是斯特劳森继《个体：论描述的形而上学》和《感觉的界限》之后推出的又一力作。与前面两部著作引起的广泛讨论和深远影响相比，《逻辑与语法中的主语和谓语》在当代分析哲学的对话语境中略显"失声"，尽管吉尔伯特·哈曼（Gilbert Harman）、格兰迪（Richard Grandy）、帕顿（T. E. Patton）等人都写了评论文章，该书的实际影响却相当有限，以谷歌学术（Google scholar）的引用统计为例，前两部著作的引用量分别高达 4871 次和 1725 次，而《逻辑与语法中的主语和谓语》只有区区 407 次。[1] 按照斯特劳森本人的说法，这部著作"像是一个被忽视了的孩子"[2]。

但是，《逻辑与语法中的主语和谓语》对于斯特劳森本人的思想发展，尤其是对于描述形而上学的理论系统有着不可替代的重要意义。在 2003 年为重印本写的导论中，他指出这部著作"可能是最为雄心勃勃，当然也是获得最少关注的一本"[3]。早在与麦基的对话中，斯特劳森就坦露了所谓"雄心勃勃"的确切意义，即在哲学逻辑和语言哲学的视域下以更为系统化的方式研究语法。依笔者所见，对语法的系统研究也就是建构概念图式的系统结构，完成描述形而上学的最后一项工作——系统性任务。斯特劳森明确指出："我现在对于语法的系统研究很感兴趣。但是，我说对语法的系统研究，不仅仅意味着为特定语言提供一套系统

---

[1] 该数据是 2017 年 8 月 13 日的检索结果。
[2] 彼得·斯特劳森. 我的哲学//欧阳康. 当代英美著名哲学家学术自述. 北京：人民出版社，2005：407.
[3] P. F. Strawson. Subject and Predicate in Logic and Grammar. Aldershot：Ashgate，2004：ix.

语法的问题，更意味着为语法提供一般解释基础这个更具普遍性的问题，虽然提供系统语法已经足够有趣。"① 由此可知，这项任务包括了两个子任务：一是建立一套普遍的语法结构；二是解释语法的理论基础。在实际的论述过程中，斯特劳森对于完成任务的具体步骤有所变更，认为我们应当颠倒这两个子任务，以对语法理论基础的解释为起点，在此基础上建立一套超越特定语言类型的普遍语法。

根据斯特劳森的上述思路，本章也主要分为两个部分，第一部分对斯特劳森在《个体：论描述的形而上学》第二部分"逻辑主词"已经有所讨论的主谓结构的重新阐述，重点介绍斯特劳森放弃语法标准的原因，对基本主谓语句逻辑特征的强调，以及对主谓语法理论基础的分析，说明他对于概念图式的基本特征、形式表现和理论基础的全新认识。第二部分将阐述斯特劳森对具有形而上学意义的普遍语法模型的建构，在明确他与乔姆斯基围绕普遍语法的争议的基础上，介绍"显明语法"的建构过程并说明其理论本质，揭示斯特劳森对普遍语法的独到见解，而通过对显明语法提出过程、建构方式和理论本质的梳理，我们会全面阐述斯特劳森对普遍语法的深湛理解，同时也将展示描述形而上学的系统性和结构性特征。

一、重释主谓区分

我们已经知道，斯特劳森在《个体：论描述的形而上学》后半部分提出了判定概念图式具有主谓结构（殊相-共相结构）的两条标准：语法标准和范畴标准，通过解释作为标准基础的预设理论，他也说明了两条标准是具有内在一致性的形而上学标准。但是，在《逻辑与语法中的主语和谓语》中，斯特劳森的立场和策略都有所转变：一方面，他不再强调主谓结构是所有语言实际上共有的普遍结构，而是认为它只是在基本结合中得到反映，经由理论构建而确立的普遍语法模型；另一方面，斯特劳森也不再直接强调语法系统是自然语言的表征系统，转而认为主

---

① P. F. Strawson, Bryan Magee. Conversation With Peter Strawson//Bryan Magee. Modern British Philosophy. New York: St. Martin's Press, 1971: 127-128.

谓结构具有类似经典逻辑的形式区分。这就意味着，斯特劳森放弃了认可语法标准和范畴标准并强调其一致性的既有理路，转而尝试在抑制语法标准的同时强调范畴标准。对于目前的讨论而言，我们需要知道：（1）为什么语法标准是不可靠的，其问题何在？（2）为什么范畴标准会得到重视而成为可靠的独立标准，其形式特征为何？（3）为什么主谓区分在不满足语法标准的情况下，仍然能够成为具有普遍性和可靠性的结构性特征，其根基为何？说明了这三个问题，基本上明确了斯特劳森对于主谓区分或者说主谓语法的理解，也为讨论他对普遍语法模型的建构奠定了基础。

（一）语法标准的问题

对于语言结构是否具有普遍性，在语言中是否存在特定的普遍结构，尤其是是否存在被传统逻辑和印欧语系确立为标准结构的主谓结构，语言学家和哲学家之间存在着巨大分歧。斯特劳森、乔姆斯基、福多、平克（Steven Pinker）等哲学家倾向于接受语言普遍论，但具有实证背景的语言学家往往倾向于相信语言相对论，认为不同语系、不同语种乃至同一语言的不同子系统都有着不可通约的差异性。叶斯帕森在20世纪初就要求区分普遍语法所涉及范畴的理论地位。在他看来，如果相关范畴是逻辑范畴，就意味着语言中由这些范畴所代表的语言特征是一种普遍特征；如果相关范畴是语言范畴，则表明相关特征仅仅是一种或几种语言中的特有现象。他进一步指出，认为存在普遍语法乃是将语言学当作应用逻辑学的传统观点的谬论，因为"他们（传统语言学家）可以从一种语言中排除不符合逻辑规则的东西，用他们所谓的普遍语法形式或哲学语法规则检验一切语法现象，不幸的是，他们常常认为拉丁语法是体现逻辑一致性的最完善的典范，因此，他们千方百计地在这种语言中寻找拉丁语法所具有的特点"[1]。叶斯帕森本人的立场比较接近语言学家鲁本，他不无赞同地重复了后者的如下看法："在现代语言学取得成就之后，普遍语法及哲学语法突然就销声匿迹了。它们的观点和方法只有在那些没有受到真正科学影响的书中才能看到。"[2] 另一

---

[1] 奥托·叶斯帕森. 语法哲学. 何勇，等译. 北京：商务印书馆，2010：48.
[2] 同[1]49.

位重量级语言学家索绪尔也强调:"我们不应该把可能和可证实混为一谈。世界上一切语言都有亲属关系是不太可能的。就算真是这样——也无法证实。"① 在他看来,一成不变的特征是没有的:永恒不变只是偶然的结果;在时间的进程中保留下来的特征,也可以随着时间的消逝而消逝。

这里,我们将斯特劳森有关语法标准的论述放在语言结构的普遍论和相对论之争的视域中,以"中西之争"为切入点,以是否"描述"为标准,通过引介和分析梅祖麟对主谓区分的批评,以分析比较语言学典型实例的形式,说明语法标准所面临的问题。

英美汉学家和具有汉语背景的哲学家是以比较语言学为学理基础反对主谓区分普遍性的一股强劲力量。除了格兰姆(Angus Graham)和谢尔维(Sharvy Richard)等英语世界的哲学家对中英两种语言在语言结构上的差异有所体察外,梅祖麟、陈鼓应、余纪元和韩小强等人都分别以不同方式指出了汉语和英语的结构性差异。与后面三位华人学者的讨论相比,梅祖麟先生 1961 年的两篇论文《主语与谓语:语法初探》和《汉语语法与哲学语言运动》不仅是从中英比较视域对斯特劳森提出批评的最早专题论文,而且对主谓区分有效性的讨论也最为系统,因而是我们在斯特劳森哲学的范围内讨论"中西之争"的最可靠的文本依据。

梅祖麟的论述主要围绕斯特劳森的早期论文《专名》展开,在这篇作为《个体:论描述的形而上学》第五、第六章部分内容底稿的论文中,斯特劳森对语法标准的表述要更为清晰。在斯特劳森看来,主谓区分作为逻辑-语法区分,其要旨不仅是强调主谓结构在语言实践中是有效的,也与传统逻辑中的殊相-共相区分是一致的。从语法角度看,主谓区分的要旨在于强调主语表达式(主词)永远不能成为谓语,而谓语表达式(谓词)却可以充当主语。斯特劳森认为,语法区分的可靠性主要依赖于关于完全性-非完全性区分的如下事实,即在像"Socrates is wise."和"John smokes."这类主谓语句中,主词"Socrates"和"John"与谓词"is wise"和"smokes"之间的区别在于:"主词表达式

---

① 费尔南多·德·索绪尔. 普通语言学教程. 高名凯,译. 岑麟祥,叶蜚声,校注. 北京:商务印书馆,2015:267.

引入词项的语法形式（名词性形式）要么适用于任何会话（譬如命令、劝告、同意、论断等），要么不适用于任何会话，而谓语表达式以非常不同的语法形式引入词项，即以论断形式或命题形式引入词项。"① 由于谓词只能以论断和命题的成分出现，斯特劳森宣称，"谓词表达式不仅引入对象，而且负载了论断联结"②。更重要的是，谓词作为命题成分会使得它在形式上呈现出有待补充的命题常项，以"smoke"为例，它作为命题成分会表现为"（）smokes."。由此，斯特劳森追随弗雷格，认为谓词是"不完全的"或"非饱和的"，也正是在这个意义上，他认为谓语"需要某种补充，亦即被补充到一个命题或命题从句当中"③。

梅祖麟指出，如果接受斯特劳森的划分，将语句当作由主词和谓词构成的有意义的符号串，那么他所使用的"谓词表达式"在中文中就没有对应语词结构，因此认为语句是否具有主谓结构从一开始就变得不可检验。④ 为了像斯特劳森那样将"Socrates is wise."和"John smokes."落实为主谓语句，我们需要将语句拆分为它的最简单语素"直接成分"（immediate constituent）。其中，第二个句子可以被拆分为"John""smokes"，但第一个句子却可以被拆分为"Socrates is"和"wise"，以及"Socrates"和"is wise"。这里，避免前一种拆分方法的理由仅仅在于"Socrates"比"Socrates is"作为基本成分具有更大的适用性。主谓区分在这个纯粹形式意义上也只是语词顺序标准（word order criterion）。在将语句当作主谓语句的基础上，根据语词顺序标准，语句的基本成分的前件被当作主语，而基本成分的后件被当作谓语。但即使如此，这一形式标准对于基本语句并不普遍适用。在英语中存在着特殊的简单句，"Here comes John."和"Wise is Socrates."等，梅祖麟认为我们可以将其当作修辞形式，如感叹或强调等，而非真正的主谓

---

① P. F. Strawson. Proper Names. Proceedings of Aristotelian Society, 1957：193-194.
② 同①195.
③ 同①196.
④ 在汉语中"是"（to be）是最接近斯特劳森 L2 意义上的谓词，但"to be"显然不是 L2 中的 B 类表达式；如果将汉语语句中除了主语之外的语句结构（包括系结构、动宾结构）当作"谓词表达式"，那么这个结构是斯特劳森 L3 而非 L2 意义上的 B 类表达式。换言之，如果将汉语中的谓词（动词、系词）当作谓词表达式，我们就找不到作为英语中对应"谓词"的表达式，如果要寻找斯特劳森意义上的"谓词"，我们在汉语中找到的只是谓语结构。（关于斯特劳森对主谓区分语法标准的 L1—L4 的区分，参见本书第三章。）

语句。由此，梅祖麟强调，斯特劳森所谓语法标准的使用范围非常有限，它主要是被设计用来处理我们已经提到的两种类型简单句，其目的也只是为了将"Socrates"和"John"确认为主语，而将余下部分当作派生意义上的谓词。

斯特劳森为什么要设计这样一套并不可靠的分析模型呢？梅祖麟指出，斯特劳森以完全性-非完全性为核心的语法区分，源于英语的两个特定语法事实。第一个事实是，充当谓语的表达式具有时态（过去时态、现在时态和将来时态）、人称（第一人称和第三人称）和数量（单数和复数、可数和不可数）的敏感性，因而必须依靠一定时态或语态形式，从而实现与主语在上述方面的一致性。仍以"smoke"为例，它作为谓语往往需要照顾主语的人称情况，如果是第三人称，它就必须以"smokes"的形式出现。第二个事实是，一般现在时的第三人称单称语句（sentence which in the third people, in singular subject and in present tense，简称 TSP）在英语中具有普遍性，因而使得 TSP 的主语和与之相适应的谓语形式也获得了特殊的理论地位。虽然"To be wise is not easy."和"He is a wise man."都是陈述语句，但后者明显比前者更为普遍，这才使"( ) is wise."这种带有不完全特征的谓词成为标准命题形式，斯特劳森也是以此为基础宣布主谓区分在语法上的非平衡性。

梅祖麟指出，这两个语法事实在中文中都不具有普遍有效性。汉语语法中谓语不会根据主语在人称、时态和数量上的变化而发生变形，因此不存在谓语表达式必须以一定谓词形式成为谓语的问题，也不存在它必须被专名等补充的问题。如果我们将"ch'ou yan"（抽烟）当作"smoke"在中文中的对应谓词表达式，典型英语主谓句（1a）的对应表达式就是（1b）。

　　　　(1a) Yu-Tung smokes.　　(1b) Yu-Tung ch'ou yan.

但是，"ch'ou yan"除了作为谓语出现在命题中之外，还可以作为主语和形容词出现在（1c）（1d）中。这两个语句除了作为命题和陈述外，还可以表达劝告等非命题功能，因而中文谓语表达式"ch'ou yan"就不具有"smoke"所体现的不完全性，也没有被局限在谓语位置，其语法功能更为灵活多变。

(1c) Ch'ou yan buhao.

(1d) Ch'ou yan ren ch'ang ch'ang shengbing.

根据上述论述，梅祖麟写道："除了极少数例外情况，汉语中的谓语表达式并不要求被补充到命题或命题从句当中，并且，只要'论断联结'以实现主语表达式与谓词的一致性要求为基础，汉语中的谓词表达式就不负载论断联结。"① 这一论断意味着，如果主谓区分的关键落在引入词项的命题形式和非命题形式的区分，汉语中就不存在以此为标准的主谓区分。

此外，斯特劳森之所以将谓语当作非完全的，原因也在于英语中的动词、形容词等充当谓语表达式的语词几乎不会单独出现，而主语表达式单独出现的频率则很高。即便是在用动词等执行疑问、命令和恳求等语言行为时，使用的也是单个谓词表达式，而非谓词的表达式形式。当下达命令"抽烟"时，英语说话者使用的是"smoke"，而非其经典谓语形式"smokes"。在汉语中由于我们不区分语词的谓词和谓语，出现在命题中的"X ch'ou yan"和由单个语词构成的疑问句"Ch'ou yan?"，祈使句"Ch'ou yan!"中的"Ch'ou yan"不存在形式区别，由此，汉语中也不存在弗雷格意义上的谓词的"不完全"或"不饱和"。换言之，在汉语中，由于不存在斯特劳森意义上的语法区分的 L2 和 L3 的区分，因而也就不存在 L4 的区分。或者说，由于汉语中的 TSP 没有超越其他语句的理论地位，因而不存在由它们所表现的特殊理论特征。

梅祖麟的批评是否奏效呢？虽然我们没有两人直接交锋的文献证据，但斯特劳森对于语法标准，乃至主谓区分的态度在 20 世纪 70 年代初期有了转变，尤其是在《逻辑与语法中的主语和谓语》中他的态度与立场发生了明显变化。弗雷德里克就指出，"斯特劳森在后期著作中只为范畴解释辩护"②。斯特劳森本人在着手建构以主谓结构为基础的普遍结构的同时，也曾指出主谓结构可能不是普遍有效的。他说："当然，在这一点上我并不是专家，我可能完全搞错了。我可能对此犯了一个巨

---

① Tsu-Lin Mei. Chinese Grammar and the Linguistic Movement in Philosophy. The Review of Metaphysics, 1961, 14 (3): 491.

② Danny Frederick. P. F. Strawson on Predication. Polish Journal of Philosophy, 2011, V (1): 39.

大的错误。"① 这就意味着，斯特劳森在有限度地继续坚持主谓区分及其普遍性的同时，放弃了语法标准，转而将范畴标准的有效性当作语言具有主谓结构的最重要表现及其理论基础。或者说，梅祖麟的批评削弱，但没有摧毁有关主谓区分普遍性的论调。这一点我们可以从斯特劳森对余纪元教授《是的语言：在亚里士多德与中国哲学之间》一文的反映有所窥测。余纪元认为，以主谓关系为核心概念结构的描述性形而上学其实只是相对于印欧语系而言的。因而斯特劳森的描述性形而上学是相对于他自己的语言结构而言的，且不具普遍性质，余纪元教授对于他与斯特劳森就该文的当面对谈做了如下记录：

> 我把《是的语言：在亚里士多德与中国哲学之间》一文的初稿送给他审读，然后去找他一起讨论。斯特劳森对这一问题饶有兴味，可他并不认为中文中对"being"的争论对他的哲学构成挑战。在他看来，尽管中文的表层文法为忠实翻译"being"造成困难，但中国人理解西方的思想并无特别困难之处。因而，中文中必定有一个相应于主谓结构的深层结构。②

由此可见，斯特劳森一方面对于语法标准的普遍性不再抱有幻想，但认为主谓区分作为深层结构仍然是可能的。那么，我们究竟应该如何评价梅祖麟先生所做批评的理论力量和实际后果呢？笔者认为：

首先，梅祖麟的批评不是斯特劳森放弃语法区分，转而将主谓区分当作深层语法结构的唯一原因，甚至不是主要原因。20世纪60年代末70年代初，正是语言学和哲学中围绕语言普遍论与语言相对论、结构主义与反结构主义争论的高潮阶段。斯特劳森和梅祖麟作为各自阵营的代表，都自觉不自觉地卷入这次争论。除了梅祖麟的批评之外，巴特（A. E. Butt）和博尔曼分别根据沃尔夫（Benjamin Lee Whorf）对霍皮语的历史语言学证据，阐释和分析了斯特劳森概念图式在普遍性方面遇到的问题（参见第七章）。而斯特劳森放弃语法标准，可以被看作一种为了避免在细节问题上与对手纠缠的策略性后退。

---

① P. F. Strawson, Bryan Magee. Conversation With Peter Strawson//Bryan Magee. Modern British Philosophy. New York: St. Martin's Press, 1971: 128.

② 余纪元. 通过斯特劳森而思. 世界哲学, 2006 (4): 49.

其次，梅祖麟的批评并不激进。梅祖麟没有否认主谓区分对于英语的适用性和有效性，他认为："斯特劳森哲学理论的有效性，与其所适用的对象语言是相关的。它对于英语是有效的，但对于汉语则完全无效。"① 他所反对的不过是以下两点：一是斯特劳森将完全性和非完全性，以及引入词项的命题形式和非命题形式作为主谓区分的依据；二是斯特劳森认为主谓区分具有普遍性，是在一切语言中通行无阻的统一标准。但是，反对这两点仅仅意味着它拒绝了主谓区分的统一标准和特定理由，而没有反对主谓区分本身。我们完全可以将主谓结构作为语法结构的基础（深层语法）而非实际语法，我们也可以将语法标准的普遍性当作主谓区分的外在表现和推理，对它们的拒绝不会危及主谓区分的理论内核。实际上，梅祖麟本人希望建立起对于主谓区分的不同层次的、多样化的划分标准。在他看来，我们可以有几种不同的，有着确定且有限的适用范围的区分标准，而它们又彼此联系，构成了一个关于主谓区分的标准网络。换言之，语言中可以存在着普遍的主谓区分，但是各种区分的实际区分标准和理由却各不相同。

最后，梅祖麟的批评远非彻底。从根本上说，他的质疑集中于斯特劳森主谓区分的形式的或语言学方面，对此梅祖麟本人颇为精当地指出："这个学派（牛津日常语言学派）的标准策略是通过诉诸日常用法的范畴实例来解决哲学争论。但是，除非我们把英语作为所有语言的标准范畴，这种范畴方法才会是有效的。"② 尽管斯特劳森在语法标准上耗费大量精力，但他终究只是将其当作揭示主谓区分的"可靠向导"，因此，即便放弃语法标准，我们仍旧可以以其他方式论证和坚持主谓区分。更重要的是，斯特劳森认为语法标准和范畴标准都服务于对亚里士多德的"传统观点"的解释，他的总体目的不在于语言学的可靠性，而在于其揭示殊相-共相结构的可能性。针对梅祖麟就斯特劳森过分强调语法标准的做法以致成为"语言沙文主义"的批评，R. 普莱斯颇为中肯地指出，如果在概念图式中存在语言帝国主义，那么是亚里士多德主

---

① Tsu-Lin Mei. Chinese Grammar and the Linguistic Movement in Philosophy. The Review of Metaphysics, 1961, 14 (3): 492.

② Tsu-Lin Mei. Subject and Predicate: A Grammatical Preliminary. The Philosophical Review, 1961, 70 (2): 157.

义而非英语把这种帝国主义强加给了我们。① 梅祖麟过于强调语法区分,而没有顾忌其背后逻辑基础的做法,也为斯特劳森从容放弃语法标准,转而强调逻辑标准留下了足够的理论空间。

即便梅祖麟的相关批评不够彻底,不构成斯特劳森思想转向的实际原因,但它至少展示了语法标准可能遇到的问题。从斯特劳森思想的实际发展过程来看,他也确实以极为隐晦的方式放弃了语法标准,转而强调范畴标准的层次性与普遍性,试图以与语法标准联系,但又不同的方式继续将主谓区分当作概念结构的基本特征。

(二)范畴标准的形式特征

重新讨论范畴标准面临的首要问题是:在放弃语法标准的前提下,斯特劳森为什么不仅没有放弃,反而转向了范畴标准?除了坚持主谓区分需要有异于语法标准这个不甚明确且缺乏建设性的原因外,斯特劳森在《个体:论描述的形而上学》之后再次梳理范畴标准还有着更为复杂的理论背景。概括起来,其原因无外乎如下三点:首先,《逻辑理论导论》对形式逻辑过于严厉的批评态度有待修正。虽然奎因和塞拉斯等人都局部接受了形式逻辑不是自然语言恰当表征系统的批评,但斯特劳森过于袒护传统逻辑的立场却有失公允,丘奇指出,"在脱离自然语言的问题上,斯特劳森似乎只许传统逻辑放火,不许形式逻辑点灯"②。按照丘奇的思路,奎因及其支持者可以合理地追问自然语言是否具有类似于形式逻辑的形式特征,因为即便接受自然语言不能被形式逻辑刻画这一事实,斯特劳森仍然需要解释为什么自然语言就有不同于经典逻辑的主谓结构。其次,由于受到《逻辑理论导论》的影响,斯特劳森对于主谓区分的逻辑特征,亦即作为范畴标准的主谓区分讨论不甚充分,《个体:论描述的形而上学》的评述者皮尔斯等认为,斯特劳森至少应该对于丘奇所提到的关于主语的否定、析取和合取等现象有所揭示,因为它们不仅出现在谓词演算中,而且存在于日常语言实际发生着的语言运作中。最后,

---

① Robert Price. Descriptive Metaphysics, Chinese and the Oxford Common Room. Mind, 1964, 73 (289): 107.

② Peter Geach. Mr. Strawson on Symbolic and Traditional Logic. Mind, 1963, 72 (285): 125.

在否定语法标准的情况下，继续坚持主谓区分需要对其形式表现有所规定，我们不能把任何一种作为纯粹深层结构的思想结构接受为描述性系统，要坚持主谓区分的实在性，必须重塑其外在形式特征。

在上述理论需求的驱动下，斯特劳森对范畴标准做了新的阐释和论证，试图以重塑主谓区分的形式特征为起点，以说明其理论依据为目的，通过揭示主语和谓语在否定、合取、析取、量化等演算中的语词行为的差异，反映主谓之间的非平衡性和等级性等形式特征。从文献情况看，斯特劳森对范畴标准的讨论主要出现在论文《主语与谓语的非平衡性》(1970)和《逻辑与语法中的主语和谓语》第一章第一节对"基本结合"(basic combination)的论述中，其中，前者强调主谓区分的非平衡性，将区分的逻辑特征和理论基础当作主谓非平衡性的表现形式，后者则在继承前者基本思想的基础上，将逻辑特征和理论基础当作相对独立的论题，一方面继续丰富主谓区分逻辑特征的层次结构，另一方面深入说明主谓区分的理论基础并尝试将区分普遍化。我们这里主要依据《逻辑与语法中的主语和谓语》所提供的更为成熟的表述形式，首先讨论范畴标准的形式特征，然后再讨论主谓区分的形而上学基础。

斯特劳森对范畴标准理论特征的解释首先得益于他将简单述谓当作逻辑上的基本结合。"颇为寻常的情况是，某种简单结合，亦即那种被称为'述谓'的结合，在我们的当前逻辑中占据着基本的地位。"[①] 这里的基本结合是在逻辑上可以被改写为"Fx"或"Fxy"形式的简单命题。斯特劳森强调，基本结合是例示完整语句的基本结构，它与奎因式量化命题的区别在于前者是"非量化的非逻辑命题"，即基本结合不包含量词等额外逻辑成分，如果要拆分这些命题，它们只能被拆分为"F"和"x"这两种成分。斯特劳森认为，这两种成分分别代表了两种不同类型的表达式（词项），"x"是通常所说的指示词，是确定单称词项、名称、主词表达式或主项等的代表，"F"则是谓词或谓项的代表。出于论述方便的考虑，斯特劳森分别将它们称为主语和谓语，基本结合（亦即命题基本结构）的逻辑特征表现为主语和谓语在功能、表现形式上的区别。斯特劳森具体提到了四种区分：

---

① P. F. Strawson. Subject and Predicate in Logic and Grammar. Aldershot: Ashgate, 2004: 3.

第一，谓语在形式上受到某种主语所不曾受到的特定限制。斯特劳森认为，一个简单语句可以有多个主语，但只能有一个谓语。当任何词项作为谓语而发挥功能时，它必定是一个联结特定主词数量的谓词，当谓词 F 联结一个主词 x 时，它就是一元谓词，而在"Gxy"中，G 是一个二元谓词。斯特劳森认为，这是主谓区分的形式区分，也称作语法区分或句法区分，其作用在于否定经典逻辑将任何完整语句改写为量化语句，因为任何把"Fx"改写为"存在某物，它既是一个 F 又是 x"，都会以突破谓词的形式限制为代价。N 元谓词在改写中总是会变成 N+1 元谓词。

第二，谓语是演算对象，而主语不是演算对象。具体来说，谓语可以被否定，也可以通过析取和合取，成为否定谓语和复合谓语，而主语却不能做类似操作，也不存在否定主语（negative subject）和复合主语（compound subject）。斯特劳森认为，我们需要通过对谓语的逻辑演算来丰富简单结合所构造的逻辑图式。对特定命题 Fa 的否定逻辑地等值于对命题谓语 F 的否定，亦即 ¬Fa≡F̄a。同样，带有复合谓词的命题 (F and G) a 逻辑地等值于 Fa and G a。(F or G) a 也等值于 Fa and Ga。但是，对于命题主语，我们不能做类似运算。我们既不能接受 F(−a) ≡F(a)，也不能接受将 Fa and Fb 等同于 F(a and b)。斯特劳森将主语和谓语在演算上的区别当作主谓非平衡性的两个主要表现，他通过具体逻辑演算说明了不能将主语当作复杂可演算的逻辑对象，也不能接受否定主语和复合主语的原因。先来看作为基本演算形式的否定，假设我们拥有如下析取命题：

(1) Fa and Ga

通过双重否定，(1) 等值于：

(2) ¬(¬(Fa and Ga))

通过引入复合谓词，(3) 等值于：

(3) ¬(¬(F and G) a)

如果我们能够构造否定主语，(3) 会进一步地等值于：

(4) ¬ (F and G)

(4) 可以被分解为：

(5) ¬(Fa and Ga)

（5）可以进一步改写为：

（6）$\neg(\neg(Fa)$ and $\neg(Ga))$

现在（6）等值于：

（7）Fa or Ga

非常明显，（1）和（7）在逻辑上是相互矛盾的。正是由于（1）—（7）的推导过程是无效演算，因而 $F(-a)\equiv F(a)$ 是不可接受的。对于复合主语，斯特劳森也构造了类似的演算过程来说明 $(Fa$ and $Fb)\equiv F$ $(a$ and $b)$。

根据演算有效性来阐释主语是非演算项是《逻辑与语法中的主语和谓语》所提供的核心论证，在此基础上，斯特劳森通过语义分析做了进一步的说明。且看下面三个语句：

（2a）Either Tom or William both rides and drinks.

（2b）Either Tom both rides and drinks or William both rides and drinks.

（2c）Either Tom or William rides and either Tom or William drinks and vise versa.

斯特劳森认为（2a）和（2b）作为对谓语的演算过程可以合乎自然语义地互译，但（2a）和（2c）作为对主语的演算，却不能进行类似翻译，在《主语与谓语的非平衡性》中，斯特劳森指出了这种演算不能成功的三条理由。首先，我们通常将（2a）理解并翻译为（2b），而非（2c），因为后面这种理解违背了我们的语言直觉，也不符合（2a）所表达的自然语义。其次，（2c）本身不是一个语义清晰的语句，将（2a）翻译为（2c）会混淆语句的逻辑结构，面临翻译的不确定性问题。"Tom rides and William drinks."是对（2c）的合理解读，它却不在（2a）所要表达的语义内容之中。最后也最为重要的是，将（2a）翻译为（2c）不能通过非平衡性检测，根据（1）—（7）的推导过程，我们已经知道这种演算会推导出我们不愿意接受的逻辑结论。由此，"复合谓语在逻辑理论中拥有一席之地，而复合主语却不具如此地位"[①]。斯特

---

① P. F. Strawson. The Asymmetry of Subject and Predicates//Logical-Linguistic Papers. Aldershot：Ashgate，2004：76.

劳森建议将（2a）这种命题当作"复杂命题在语言上合法的缩写"①，Tom or William 也只是被当作准逻辑主项，而非真正的逻辑主项。

第三，谓语是断定项，主语是非断定项。斯特劳森认为，"为真"（true of）提供了主谓区分，或主谓关系的理论线索。"这个观点大致是这样，将一个主谓命题当作真的（或假的），与把主语所代表的对象的谓语当作真的（或假的）是一回事。但相反则不是一回事。"② 按照这一解释，任意命题 Fx 可以被改写为 "It is true of x that（to be）F."。对斯特劳森而言，这一区分有着两重理论作用：一方面，这一区分表明他局部接受了丘奇关于主语"代表对象"、谓语判断对象的既有观点，部分弥合了与丘奇的分歧；另一方面，允许进行改写表明他也局部接受了对命题的形式化处理，而不再强调逻辑系统不是处理自然语言的恰当系统，对包括奎因在内的经典逻辑做了一定让步。

在上述三个区分之外，斯特劳森还提到了第四个区分，即只有主语可以充当量化变元，谓语不能充当量化变元。根据斯特劳森本人的表述，这种非平衡性逻辑地表现为"对于量化式中变元所允许的位置，只有主语，而非谓语可以出现在这些位置上"③。必须指出，这个区分是斯特劳森试图消除的区分。韦尔克指出："斯特劳森没有解释第四层区分，而是要通过解释消除这个区分。"④ 斯特劳森反对这个区分的理由有二：一是该区分依赖于对语句结构做量化解释，由于奎因认为完整语句本质上都是量化存在结构，其结构是"存在量词＋变元＋谓语（常项）"形式，才宣称名称（或主项）的标志是它能够出现在变元位置上，但斯特劳森不接受对语句的这种形式化处理，而是认为语句基本结构应该是"主语＋谓语"形式，他坚持要在断定和非断定区分的基础上，提供进行有限的反映语句主谓结构的形式改写。二是因为奎因将量化结构和主语可以作为变元当作是主谓区分真正的，也是唯一的形式标准，斯

---

① P. F. Strawson. The Asymmetry of Subject and Predicates//Logical-Linguistic Papers. Aldershot：Ashgate, 2004：76.

② P. F. Strawson. Subject and Predicate in Logic and Grammar. Aldershot：Ashgate, 2004：8.

③ 同②9.

④ David Welker. Subject，Predicate and Feature. Mind, 1979, 88（352）：500.

特劳森则认为主语是否可以被当作逻辑主语只是形式特征，它不过是某种深层形而上学区分（殊相-共相区分）的外在表现，因而奎因的量化观点不可接受，它过于狭隘，有待进一步深化和解释。从上述两个理由来看，尽管斯特劳森对语句的形式化处理做了一定让步，但基本立场却毫无动摇，对语句的量化处理这种形式化方案，斯特劳森仍旧不予支持。

概而言之，通过讨论基本结合的四个基本特征，斯特劳森明确了范畴区分的形式特征和理论层次。要进一步全面理解上述形式特征，还需要注意以下几点。

（1）主谓区分各个层次之间不存在融贯的理论联系，也没有形成一个完整的区分系统，或者说，这四个特征不是一种统一的有序区分，而是有着一定的独立性。这里最明显的问题出现在区分的前两个层次。如果斯特劳森坚持第一层区分，认为只有谓词有联结对象的量的规定，那么我们就应该承认复合主语是可接受的；但是，根据第二层区分，我们不能接受复杂主语，因为可以出现在基本结合中的主语只能是指向殊相物体的实词和专名，当复合主语出现时，也不能被当作真正的主语。在这个意义上，出现在此类语句中的谓语的性质就不甚清楚。比较而言，第二层区分和第三层区分之间的关系要更为融洽，运算-非运算区分与论断-非论断基本是一致的。

（2）前三个区分层次只是对于基本区分有效，对于部分复杂命题是无效的。丘奇的一个重要的批评认为，斯特劳森的主谓区分，不仅将作为范畴区分的名称-谓词区分和作为功能区分的主语-谓语区分混为一谈，而且这种区分只适用于简单句，不适用于复杂句。语句"All the time until October, the Museum is open."的否定并不是通过否定谓语得到"All the time until October, the Museum is not open."，而是通过否定主语部分的"All the time until October"得到"Not all the time until October is the Museum open."。实际上，斯特劳森也强调主谓区分只是基本结合的特征，对于表达完全语句的命题结合（propositional combination），除了需要有主语和谓语之外，还需要有断真形式的连接项对基本结合加以补充。丘奇的分析可以看作对命题结合，而非基本结合的分析。就主谓区分有效性而言，丘奇和斯特劳森的立场基本一致，两人都认为主谓区分的形式表现仅仅适用于简单句,而非复杂句的分析。① 两人的分歧在于是否应该在分析自然语言的简单句的范围内信任这一区分,丘奇认为我们应该根据逻辑标准,而非语言直觉来看待主谓区分,不必纠结于语句合式情况,因为"在英语中的那种自然感觉对于哲学逻辑没有任何用处"②。斯特劳森则认为,这种区分之所以有效,就在于主谓区分反映了我们的语言、思想和经验的结构,他说:"如果当前的逻辑要拥有我们倾向于赋予的,也是当代哲学特别假设的那种重要性,那么它必须反映我们关于世界的思想的基本特征,而在这种逻辑的中心存在的就是这种基本结合,也就是奎因曾经称之为'述谓'(predication)的那种东西。"③

（3）范畴标准的前三个形式区分只是展示了主谓区分的形式特征,没有对区分的实质内容做出解释。通过第三章的论述,我们知道,范畴区分本质上是一个关于语词指称对象的区分,不是语言形式、功能表现的差异,而是语言所涉及对象的差异。主谓区分代表的恰恰是殊相与共相、实体与属性、个别与一般的传统差异。而在讨论作为关键区分的演算-非演算区分时,斯特劳森强调,主语和谓语在演算方面的区别固然是主谓区分的一个主要的,也是最为关键的形式区分,但这不能被当作对主谓区分的解释,反而是这种形式区分的存在,要求对主谓区分做进一步解释。相关解释性工作的展开,也就不可避免要进入对主谓区分的基础——殊相-共相区分的讨论。因此,我们接下来通过讨论主谓区分的基础来说明范畴标准形式特征的理论依据。

（三）主谓区分的形而上学基础

《逻辑与语法中的主语和谓语》作为《个体:论描述的形而上学》的续篇,除了在主谓区分的表现形式上立场有所松动,尝试用逻辑标准

---

① 布拉德利指出,丘奇的论证也只是表明,在简单陈述的范围内,谓语可以被否定而主语却不可以被否定。在这一点上,他与斯特劳森并无冲突。参见 M. C. Bradley. Geach and Strawson on Negating Names. The Philosophical Quarterly, 1986, 36 (142): 22。

② P. T. Geach. Strawson on Subject and Predicate//Zak Van Straaten. Philosophical Subject: Essays Presented to P. F. Strawson. Oxford: Oxford University Press, 1980: 186.

③ P. F. Strawson. Subject and Predicate in Logic and Grammar. Aldershot: Ashgate, 2004: 8.

代替语法标准作为外在表现形式外，对于主谓区分本身，乃至其背后的本体论基础的态度没有发生根本改变，按照格洛克的解释，《个体：论描述的形而上学》第二部分的任务是通过诉诸殊相-共相区分来解释主谓区分，亦即用本体论区分解释语法-逻辑区分。① 在《逻辑与语法中的主语和谓语》中，斯特劳森仍旧希望根据殊相-共相区分这个形而上学的差别，说明主谓区分这一横亘于思想和语言之间的语法-逻辑区分。罗斯（Gregory A. Ross）就正确指出："斯特劳森教授的当下研究源于乔姆斯基1969年夏天在牛津的洛克讲座的内容。但是，除了在术语和结构上的差异之外，他试图完成的任务仍旧是《个体：论描述的形而上学》第二部分所要完成的任务。"② 那么，斯特劳森具体如何将殊相-共相区分与主语区分结合起来，进而确认前者是后者的本体论基础呢？

根据《逻辑与语法中的主语和谓语》的"时空殊相与普遍概念"一节的论述，斯特劳森的论证过程可概括为以下步骤：

（1）拥有普遍概念是人类拥有思想和经验的根本条件。

（2）殊相实例是概念最明显的必要关联概念，因为说一个概念是普遍的，就等于说它可能被无限数量的殊相实例例示。

（3）因此，理解一个普遍概念，也就是要理解它拥有殊相是可能的这一逻辑事实。

（4）对于我们所具有的基本概念，我们必须能够在它拥有殊相实例的意义上对其加以确认，因为（a）概念在判断中发挥作用；（b）判断想要成为真判断；（c）对于基本信念而言，只有在判断以经验为基础的情况下，我们想要做出真判断的意图才能实现。

（5）为了将殊相经验当作被归入概念的实例，我们必须能够区分属于相同概念的不同殊相和不同殊相所例示的相同概念。

（6）殊相最终是通过占据不同时空区域这一事实得到区分的。

（7）普遍概念最终是通过与其他概念之间的互斥关系或蕴涵关系这一事实得到区分的。也就是说，如果一个殊相例示了某一特定概念，那

---

① Hans-Johann Glock. Strawson's Descriptive Metaphysics//Lila Haaparanta, Heikki Koskinen. Categories of Being: Essays on Metaphysics and Logic. Oxford: Oxford University Press, 2012: 02.

② Gregory A. Ross. Strawson's Metaphysical Grammar. Southern Journal of Philosophy, 1974, 12 (3): 371.

么就必定存在着某些它所不能例示的概念；并且，如果一个殊相例示了某些概念，那么它必定例示其他概念，正是以此为基础，概念才能得到区分。

（8）殊相之间不存在相对于概念的互斥关系和蕴涵关系。换言之，从一个给定殊相例示了任何概念这一事实，我们既不能推出其他殊相不能例示任何概念，也不能推导出任何概念通过其他殊相得到例示。

（9）一个假设：简单句的主语表示殊相，而谓语表示普遍概念。

（10）从（7）、（8）、（9）这三个步骤中，我们可以找到材料来解释为什么可以构造否定谓语和复合谓语，为什么不能构造否定主语和复合主语。因为与殊相不同，概念之间存在着互斥关系和蕴涵关系，我们可以很容易地理解对复合概念或选言概念的补充。并且，根据（9）所提供的假设，因为谓语表示的是概念，就存在一个符号的或实践的理由来表达这个明显的事实：通过添加否定符号，通过将谓词与析取符号或合取符号连接起来，我们可以得到否定谓语和复合谓语，但是对于否定主语和复合主语，我们没有类似的理由。①

在（1）—（10）的论证步骤中，（1）—（4）是论证基础，（5）—（9）是实质论证过程，而（10）则是根据论证结论对主谓区分所表现的主谓非平衡性的解释。在作为论证基础的四个步骤中，（1）和（4）是我们在客观性论证中已经有所阐述的关于经验概念化的说明，斯特劳森的目的是强调任何经验都必须是概念化经验，他明确指出：

> 当我谈到经验主义者时，我不是指贝克莱、休谟这样的经典的、原子论的经验主义者及其跟随者，而是康德所赋予我们的这种经验主义。经验不应该被设想为与世界联系的方便方式，它不是概念使用者作为做出判断的人在抱有形成真信念的期望时所做出的行动。经验、判断与概念的联系要更为紧密——那些进入我们的基本信念，或至少是理论信念的概念，那些进入我们基础判断的信念，也是那些以最紧密和直接的方式进入我们关于世界的经验的概念。它们就是那些我们在经验世界时所例示的概念，是我们把世界和情

---

① 这个总结来自韦尔克，详情参见 David Welker. Subject, Predicate and Feature. Mind, 1979, 88 (352): 503-504.

境当作其实例的概念。在这个层面，与其说我们是在经验基础上做出判断，倒不如说经验、判断和概念是彼此融合的。在这个层面，看与相信是一回事。①

这种将经验当作概念化经验的立场直接肯定了概念，尤其是基本概念在经验和判断中无可替代的作用，为将普遍概念或共相引入论证奠定了理论基础。与（1）和（4）不同，（2）和（3）是《个体：论描述的形而上学》第二部分在讨论范畴标准时业已提出的原则，意在通过规定概念或共相的适用条件，说明概念的本质是殊相的分类原则，任何概念能够成为代表共相的符号，其依据就在于它可以被例示或拥有殊相。这样，讨论概念或共相，也就必须讨论殊相或个体，我们必须在殊相-共相的二元系统中说明概念的结构特征。

（5）实际上重新提出了殊相-共相区分的标准问题，后续论证的目的也是要说明这个标准为何。（6）—（9）表面上看是重述了《个体：论描述的形而上学》中关于空间（和时间）是确认和再确认物质物体的基本依据，因而将是否占据时空位置当作区分共相和殊相的标准。但强调概念间逻辑关系的（7）以及在（6）和（7）之间进行对比的（8）却是全新的内容。斯特劳森在这个论证中的实际目的是要表明，共相和殊相分别从属于不同的空间序列之中，普遍概念或共相存在于逻辑空间之中，而殊相或物质物体却存在于事实空间之中，这两类空间序列的不同，是区分共相和殊相的根本依据。

更具体地说，斯特劳森是通过突出部分日常概念与逻辑符号的相似性，强调它们具有类似于后者在形式系统中所具备的形式特征——互斥关系、蕴涵关系和互补关系，从而说明共相与殊相在逻辑特征方面的区别。在《逻辑与语法中的主语和谓语》中，斯特劳森以对代表互斥关系的非兼容域（incompatible range）的阐述，详细论证了共相与殊相在逻辑性质上的差异。所谓非兼容域，是指共相通过分割逻辑空间，确定适用范围的方式规定自身或自我规定，与殊相占据一定的时空范围类似，每一个概念都有它在经验世界中的适用范围，这些适用范围就构成了概

---

① P. F. Strawson. Subject and Predicate in Logic and Grammar. Aldershot：Ashgate，2004：12.

念的独特概念空间（conceptual space）或逻辑空间。将一个概念与另一个概念区分开来的也是它们所占据的逻辑空间。在确认概念出于逻辑空间之中后，斯特劳森提出了共相与殊相在逻辑上的形式区别。根据格洛克的解释，这个区别可以表述为：

对于任何共相 U，必定存在着一个共相 U*，使得任何殊相 x，都会有 $(x \supset U) \Leftrightarrow (x \not\supset U^*)$，但是对于任何殊相 x，却不存在至少有另一个殊相 x*，使得 $(x \supset U) \Leftrightarrow (x^* \not\supset U)$。

其原因在于，共相或普遍特征都存在于不同的非兼容域之中，但殊相却不存在类似关系。即每一个共相 U 都从属于一个共相域 RU 中，对于任何一个殊相 x，如果它拥有 RU 的一个成员，就不能同时被归属于 RU 的其他成员。与之相反，没有任何殊相 x 存在于殊相域 PR，使得对于任何共相 U 来说，如果 x 拥有 U，那么 PR 中的其他成员就不能拥有 U。格洛克指出，这种情况在不带量词的陈述的单称词项和普遍词项的区分中表现得最为明显。以"埃菲尔铁塔高 324 米"（The Eiffel Tower is 324 meters high.）为例，我们通过替换谓语而非替换主语，使新语句与原语句拥有相同真值，这在逻辑上是不可能的。许多替换"埃菲尔铁塔"的单称词项会在事实上改变语句的真值，但替换并不能必然地改变语句真值，因为对于任何物质物体来说，具有"高 324 米"这一普遍属性是可能的。尽管某些情况下对普遍词项的替换不会改变语句真值（比如用"在法国"替换"高 324 米"），但是，总有一些从非兼容概念域中挑选出来的其他替换，会必然改变语句真值，比如在"高度"这个概念域中，"高 400 米"和"高 324 米"就是不兼容的，用前者替换后者得到的语句"埃菲尔铁塔高 400 米"就不可能为真。与共相不同，殊相存在于另一个非兼容域中，即殊相必定在特定时间存于特定位置。如果殊相在 t 时处于地点 p，那么，不可能有其他相同类型的事物在 t 时处于地点 p。由此，殊相与共相的区分就表现为两类逻辑空间的非平衡性，殊相拥有的时空位置特征是共相所缺乏的，反过来共相所拥有的逻辑空间特征也不能为殊相所共享。

相较而言，(9) 是一个没有得到充分论证的假设。但这个论断我们在第三章中做过严谨的论证。在更早的，也更具基础性的文本《逻辑个体与时空殊相》中，斯特劳森已经指出主谓区分包括了两个相互关联的层次：逻辑区分和范畴区分。逻辑区分即是在个体（亦即逻辑主词）和谓语之间存在的形式区分，在他看来，这个区分"不是在一种事物和另一种事物之间的区分，而是事物出现在语句中，或被引入语句的两种方式之间的区分"①。范畴区分则是不同事物之间的类型区分，亦即在殊相个体和共相特征之间的区分。概而言之，主语或殊相是可以取代 Fx 中的 x 的任何对象，是可以被确认或指称为一个如此这般的对象的东西。逻辑主词在形式上是语句或命题的主语，在话语中是指称和确认的对象，在本体论意义上是时空殊相。相应地，谓语是在形式上可以取代 F 的概念，是进行描述功能的语词，是非时空性的，表明对象所具有的性质或特征的概念。斯特劳森进一步强调，主谓区分之所以反映了我们关于世界的思想的某些基本结构性特征，恰恰是因为它不仅是一个关于语言和逻辑的区分，而且是一个以殊相-共相区分为依据的形而上学区分。

> 因为所有的思想和语言行为要求掌握一些基本的普遍概念，而掌握这些普遍概念又要求能够区分相同概念的不同殊相的能力。这个要求之所以得到满足，乃是因为我们的经验是关于时空世界中的时空殊相的经验。时空殊相与共相之间的范畴区分，既是普遍思想的基础，也是我们在基本结合中所发现的那种形式区分，即主语位置的占据者（抑或单称词项的位置）和谓语位置的占据者之间区分的基础。②

在肯定殊相-共相区分是主谓区分的基础之后，斯特劳森致力于用形而上学区分来解释主谓区分所表现出的逻辑非平衡性。谓语运算而主语不可运算的原因在于，主语指称殊相，谓语指称概念，在殊相与殊相之间不存在蕴涵、兼容等逻辑空间，不存在运算关系，而概念之间存在的是逻辑空间，作为分类原则，概念之间的运算能够体现殊相在特征上的经验差异。换言之，主语和谓语之间在运算和断真等方面的差异是共相与

---

① P. F. Strawson. Logical Individual and Spatio-Temporal Particular. Philosophy and Phenomenological Research, 1957, 17 (2): 441.

② P. F. Strawson. Subject and Predicate in Logic and Grammar. Aldershot: Ashgate, 2004: vii.

殊相本身的区别所决定的。共相之间才存在互斥、补充、兼容等关系，才会有析取、合取和否定等运算。以否定为例，简单地说，否定一个概念，得到的是另一个概念；但对殊相进行运算，否定一个殊相，得到的不是另一个殊相，而是由殊相所构成的一个关于殊相的集合，本质上是一个以殊相为成员的概念。因此，殊相不可运算，共相可以运算。

至此，我们已经完成了对主谓区分形而上学基础的阐释。以上述论证为基础，斯特劳森提出了主谓区分的两个重要理论特征。一是主谓非平衡性（asymmetry between subject and predicate），它反映的是主语和谓语在逻辑表现与本体论层面的区别。需要注意的是非平衡性不仅是指《逻辑与语法中的主语和谓语》中的四个形式特征，而且包含了解释形式特征的形而上学基础。这一点在"非平衡性"最早出现的《逻辑个体与时空殊相》中有着明确体现，斯特劳森曾认为："这种优先性在我们谈论这种事物或那种事物的语法的非平衡性中得到体现，不管我们是否做了进一步的提炼，语法的非平衡性会在半语法半逻辑的表达式——比如'谓语'的使用中得到进一步反映。这些非平衡性使得我们将语法、逻辑和本体论混合起来，认为具有优先性的个体永远不会当作谓语，而只能作为主语出现在话语中。"[①] 根据引文可知，非平衡性实际上不仅包含逻辑表现，也包括了其形而上学基础——殊相-共相所处空间类型的非平衡性。在论文《主语与谓语的非平衡性》中，非平衡性包含三个层次，除了有关于否定、析取与合取的形式表现外，它还包括共相与殊相的非平衡性，斯特劳森认为最后一层非平衡性既是对逻辑或形式非平衡性的解释，也是后者的本体论基础。我们这里遵循的也正是这一理路。

主谓区分的另一特征是主谓的等级性（the hierarchy of subject and predicate），即主语代表的对象总是在本体论上比谓语所代表对象的等级要低。在基本结合中，主语所代表的时空性基本殊相是等级最低的存在类型，而谓语所代表的性质、关系和属性是比基本殊相等级更高的存在类型。从表面看，等级性和非平衡性是两个相互协调的主谓特征，但等级性特征实际上以接受非平衡性为理论依据。因为等级性以主语与殊

---

① P. F. Strawson. Logical Individual and Spatio-Temporal Particular. Philosophy and Phenomenological Research，1957，17（2）：457.

相、谓语与共相之间的例示关系为基础。作为更加注重实体存在类型的区分，等级性关注的是主语和谓语所代表的对象，而非表达式形式。在此基础上，为了说明等级性的普遍有效性，斯特劳森一方面选择忽略丘奇等人对复杂语句缺乏非平衡性特征所提出的警示，将基本结合当作反映思想和语言结构的基本句法形式，他说："单称述谓在逻辑中占据着核心位置。并且单称述谓的基本实例是那些被指示的殊相是时空性殊相的述谓，更加明确地说，是那些占据了空间且在时间中具有持续性的实体性占据者的述谓。"[①] 另一方面，斯特劳森认为所有的单称语句都可以化约为"x 例示 y"的形式，不仅像"Socrates is brave.", "Socrates/has/possesses brevity."形式的语句可以被化约为"Socrates exemplifies brevity.", 而且"Bravery is a virtue."这种主语代表性质的高阶语句也可以被化约为"Bravery exemplifies virtue."形式，而以"例示"关系为基础，就可以将所有语句整合为具有等级性的主谓句，主谓区分及其所代表的殊相-共相区分成为人类思想的普遍结构性特征。

由此，随着主谓区分这一结构性特征再一次得到确认，斯特劳森建构思想结构之形式系统的愿望也在逻辑学和本体论两个方面都获得了坚实的基础，更为抽象和技术化的工作也得以进一步展开。

二、建构显明语法

《个体：论描述的形而上学》后半部分与《逻辑与语法中的主语和谓语》的共同目的都是通过对主谓区分和殊相-共相区分的讨论，揭示人类概念图式所具有的主谓结构。但是，主谓区分在两书中所呈现的理论面貌，本体论基础有着一定的差异，阐述主谓区分的具体方式，以及由此所体现的理论倾向也有着显著区别。斯特劳森在《个体：论描述的形而上学》中将主谓区分当作概念图式的基本特征，试图从功能、要素、逻辑形式和本体论基础等方面将语句分割为主语部分和谓语部分，进而解释这一区分的形而上学意义；而在《逻辑与语法中的主语和谓

[①] P. F. Strawson. Subject and Predicate in Logic and Grammar. Aldershot: Ashgate, 2004: v.

语》中，斯特劳森将主谓区分当作概念图式的系统结构，尝试以明确主谓区分的形式表现和本体论基础为前提，构建起一套以主谓结构为基本特色的普遍语法——显明语法，从而进一步明确其理论本质。如果以处理相同主题的精致程度为标尺，《逻辑与语法中的主语和谓语》对主谓结构的阐述更加全面，立场更为成熟，讨论也更为深入。下面我们将分别通过对显明语法的提出过程、构建方式和理论本质的探讨，展示斯特劳森对概念图式普遍系统的思考。

(一) 显明语法的提出

形容词 conspicuous 原本与 clear、unambiguous、transparent 等意义相近，表示某事或某物是"明显的"、"显著的"或"显而易见的"，但在斯特劳森所给出的文献中，这个语词不被当作日常表达式使用，而是通常与形式、模型、结构或语法概念等联系，构成具有特殊理论意义的表达式串。为了突出他对该概念的特殊理解，我们不将其理解为"明显的"，而将其翻译为"显明的"，以便在保留其原有意义的同时，突出其异于日常意义和用法的理论意蕴。

斯特劳森在《建构与分析》中首次提到要将日常语句翻译为结构更加明确的"显明形式"（conspicuous form）[1]，在稍晚的《分析、科学与形而上学》中，他进一步提出了"语言的显明模型"（perspicuous model of the language）概念。[2] 在他看来，我们在语言的描述性研究之外，还需要使用系统性方法构造显明模型，以此明确日常概念之间的核心逻辑关系。斯特劳森在该文中指出了显明模型的两个理论特征：一是清晰性，因为模型系统内的各种核心概念都以确定且精确的方式相互联系，而在日常概念之间，这种关系是不存在的；二是与日常概念的关联性，斯特劳森强调至少模型系统中的部分关键概念在某些方面与日常概念是紧密联系的。整个系统将成为一个严格且简洁的结构，我们的日常语言将成为这一结构的松散的、更为繁复的对应结构。后面这个特征

---

[1] P. F. Strawson. Construction and Analysis//Galen Strawson, Michelle Montague. Philosophical Writings. Oxford: Oxford University Press, 2011: 32.

[2] P. F. Strawson. Analysis, Science and Metaphysics//Galen Strawson, Michelle Montague. Philosophical Writings. Oxford: Oxford University Press, 2011: 82.

保证了显明系统是与日常概念图式有关的系统,而不是一个纯粹的,类似于经典逻辑演算系统的理想语言模型。在前述两个概念的基础上,斯特劳森进而提出了"显明语法"(perspicuous grammar)这一关键概念。对于相关背景,斯特劳森在《理智自传》中做了以下交代:

> 阅读乔姆斯基的《句法理论的几个面向》(及参加他在60年代所做的洛克讲座)促使我写下了《语法与哲学》,该文是我在1969年亚里士多德年会的主席致辞,我在文章中想要论证的是:在讨论语法分类和语法关系时,如果不从根本上加入语义考虑,任何普遍的解释理论都是不可能的。在这篇论文的结论部分,我提出了"显明语法"的概念,在我的下一本书《逻辑与语法中的主语和谓语》中,我以一种颇为有限的方式发展了这一概念。①

据引文可知,斯特劳森是在讨论乔姆斯基语法理论的过程中提出了显明语法的构想。为了进一步的讨论,我们先来看乔姆斯基对于语法的理解。

乔姆斯基是当代著名的美国语言学家,结构语义学和普遍语法(语言普遍主义)在20世纪的最重要代表。他的语法理论通常被称为转换生成语法(transformational generative grammar),其具体主张可以总结为四个方面:(1)语言学以心理学为基础。乔姆斯基受到计算主义和功能主义的影响,认为语言过程是心智表征和心智运算的结果,因而语言学应该被纳入"生物语言学"或"语言生物学"。乔姆斯基强调语言研究的经验性质,要求以自然科学的认识论和方法论作为研究基础。(2)语言能力中包含天赋成分。乔姆斯基将存在于人们头脑中的语言知识和语言能力当作"内在语言",他认为这种能力是天赋的,每个人出生时都处于内在语言的初始状态之中,正因为如此,儿童才能在有限时间内学会语法知识,才能学会从有限的语法规则构造、理解和评价无限多样的语句。(3)存在普遍语法。普遍语法作为"语法的语法",是人脑中存在的语感机制,语言的习得者和使用者通过体现普遍语言能力的普遍语法,区分、鉴别合式语句和非合式语句。(4)普遍语法的生成-

---

① P. F. Strawson. Intellectual Autobiography//Galen Strawson, Michelle Montague. Philosophical Writings. Oxford: Oxford University Press, 2011: 239.

转换模型。语句的结构分为深层结构和表层结构，相应地，语法结构也分为生成语法和转换语法，前者反映使用者对于语言结构的语感，通过描写范畴语法的方式解释为何有限语法可以构造无限的合式语句；后者则是将具体的操作机制，用来说明生成结构如何被转换为语句表面的实际结构。

乔姆斯基将表现语句深层结构的生成语法当作纯粹句法系统，认为通过在语法范畴之间下定义的方式，就能反映语句的形式特征。在充分阐述其理论的《句法结构》一书中，乔姆斯基对此给出了详细定义。对于任何语句 S，都可以被形式化地改写为：

S→NP VP

[S 表示句子，→ 表示改写（rewrite），NP 表示名词词组，VP 表示动词词组。以上表达式意为：句子可改写为（或定义为）名词词组加上动词词组。]

进一步地，可以就名词、动词等做更加细致的定义：

NP→D (A) N （D 代表限定词，A 代表形容词，括号代表可有可无，意义为：名词词组由限定词，或许还有形容词和名词构成。）

VP→V NP （意义为：动词词组由动词和名词词组构成。）

VP→V PP （PP 代表介词短语，意义为：动词由动词词组和介词短语构成。）

VP→V S' （S' 代表从句，意义为：动词由动词词组和从句构成。）

PP→P NP （P 代表介词，意义为：介词由介词和名词词组构成。）

乔姆斯基将这些定义称为词汇前结构（pre-lexical structure）。他设想有一套抽象的词典，他称之为词库（lexicon），词库由词项（lexical item）构成，每个词项包括词的语音、句法和语义特征。从词库里选取相应的词添入以上语句就得到词汇后结构（post-lexical structure），比如说，作为词汇后结构的语句"The boy hit the ball."，可以用树形图表示如下：

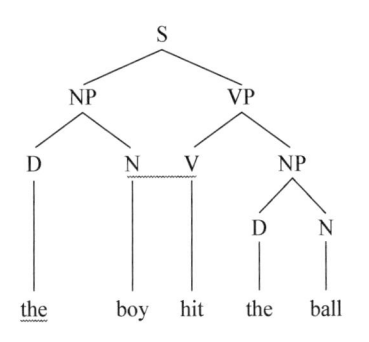

图 5-1　乔姆斯基对语句的改写

斯特劳森接受了乔姆斯基关于普遍语法的基本理论设想，但对普遍语法的具体结构模型和构造策略持保留态度。更具体地说，斯特劳森在接受乔姆斯基关于普遍语法前述四个方面观点中的（1）—（3）的同时，拒绝了（4）所提出的生成-转换模型和语形定义方法。其中，（1）的任务是明确语言学研究的经验本质，对此斯特劳森没有异议，他承认普遍语法是一种"经验语言学"，而且指出，"尽管转换语法一方面是高度理论化的抽象化的研究，但另一方面它又是完全彻底的经验化研究"①。对作为普遍语法理论依据的（2），斯特劳森虽然没有提出类似于乔姆斯基"笛卡尔主义语言学"的论断，但他在《语法与哲学》的第一部分提出了相似的观点，认为在理想的说话者-听话者语境中，会话参与者对语法的潜在掌握是他理解、构造和评价各类语句的基础。与（2）相比，斯特劳森对（3）的态度更为明确，他毫不掩饰地表达了自己作为哲学家对"普遍语法"概念的欢迎态度。他说："难道我们不想说在两种语言中以不同方式呈现的基本结构性关系是相同的吗？我们在多大程度上强调这个想法的问题，与我们是否准备使用，以及如果愿意使用的话，又应该以何种方式使用普遍语法的概念有关。非常明显，这个想法对于哲学家来说不可能是毫无兴趣的。"②

尽管斯特劳森也肯定了（4）是乔姆斯基普遍语法理论的核心内容，但他认为后者恰恰是在这个最为关键的方面误入迷途。一方面，乔姆斯基对深层语法的规定没有满足"显明条件"，从而未能提出对生成语法

---

① P. F. Strawson. Grammar and Philosophy//Logico-Linguistic Papers. Aldershot: Ashgate, 2004: 109.

② 同①103.

的有效语义定义；另一方面，语形定义与语义解释的分离，使得旨在替代传统描述语言学的普遍语法不能为人类的内隐语言结构提供充分解释，不足以成为解释语言学。

斯特劳森认为乔姆斯基的问题主要表现在两个方面：首先，乔姆斯基所使用的所有材料都是传统语法理论所提供的素材，在定义词汇前结构的过程中，被用作被定义项的语法素材除了基本的"语句"之外，还包括名词、动词、形容词等实词，以及介词、连词和限定词等虚词，斯特劳森认为用这些语词构造语法结构过于单薄，因为它们只是反映了语句的句法特征，却没有反映语句的意义结构。其次，纯粹句法定义方法不可接受。在乔姆斯基看来，构建普遍语法，尤其是明确作为深层语法结构的词汇前结构的定义，是纯粹的形式规定，因为普遍语法的深层结构是一个根据语句间的结构递归关系得到的演绎系统，而且这个定义系统作为纯粹的形式结构，不需要任何语义解释作为基础。乔姆斯基明确否认了为语形理论寻找语义基础的做法，他说："语法最好成为独立于语义学的自足研究。尤其是'有语法'（grammaticalness）不能被等同于'有意义'（meaningfulness）（这一概念也与'近似统计顺序'没有特别联系，甚至没有什么关系）。通过这一独立的形式研究，我们发现，以一种简单的模式把语言设想为一个从左到右生产句子的有限状态马尔科夫过程（a definite state Markov Process）是不能接受的，在这个抽象层面，要描述自然语言，就需要有词组结构和转换结构。"[①] 而在斯特劳森看来，根据传统的语形符合进行形式推演的定义方法，与奎因在定义"分析性"所做的形式推导毫无二致，都不过是提供了自然语言的人工分析和人工系统，没有为语言的形式特征提供令人满意的解释。如果要用"名词""动词"等语法符号来定义"语句"，同时避免毫无意义的循环定义，就必须将"名词"所对应的具体词项（比如树状图中的"boy"）引入语句，并说明这些词项的意义、功能与它们在语句中的位置之间的关系，这就涉及具体的语义要素以及对它们的解释，但乔姆斯基强调形式定义仅仅是前词汇结构的定义，不涉及具体词项及其意义，因而不能摆脱循环定义，也无力对语法结构提出满意

---

① Noam Chomsky. Syntactic Structures. Berlin and New York: Mouton de Gruyter, 2002: 106.

的解释。

为了避免重复乔姆斯基的错误，构造一套兼具明确性和解释力的语法系统，斯特劳森建议突破乔姆斯基为普遍语法设置的形式障碍，在语形-语义的统一框架之内建造普遍语法的全新结构。在斯特劳森看来，这一做法的理由在于，任何可靠的普遍语法结构都必须包含可以被归入语法范畴类型的具体词项及对这些词项的意义解释。要做到这一点，就必须跨越句法分析的单一维度，填平语义-句法鸿沟。"真实的情况很可能是，如果我们能够为语法找到普遍的解释基础，那么我们就必须尝试填平在语义-逻辑特征与语形分类和语形关系之间的解释鸿沟。但是，认为这种尝试最好是直接诉诸传统的语法范畴和语法关系，比如名词、动词、动词的对象等，从而构造问题则很可能是假的。"[①]

为了实现将普遍语法当作语义-句法结构的目的，斯特劳森要求修改普遍语法的结构模型，将乔姆斯基的生成-转换模型（亦即深层-浅层结构）转换为核心-派生模型。根据新模型，构造普遍语法的基本策略分为两步：一是构造出语言类型的基本模型；二是根据基本模型，通过添加语义素材的方式将基本模型铺展开来，塑造出适用于语言类型的各类实际语言。在这个过程中，最为关键的是要区分作为语言基本结构的核心语法（essential grammar）与派生语法（variable grammar）。斯特劳森认为，说明核心语法的关键是明确它所涉及的两类素材：一是语言类型所包括的语义要素的逻辑-语义类型，二是语言要素的有意义结合的语形模型。斯特劳森认为，核心语法与实际的语法结构没有任何关系，它仅仅表明普遍语法需要哪些要素，以及这些要素需要的基本结合方式是什么，因而提出的是一种作为"最简方案"的语法要求。"核心语法绝不以任何方式说明这些要求是如何得到满足的。派生语法可以使用不同的形式工具以不同的方式来满足这些要求，比如通过规定要素位置、变形、前缀等方式，在可能充分满足核心语法要求的各种形式排列中，通过选择其中的一种形式排列，我们能够得到作为相应语言类型核心语法的一种可能的派生语法或替代语法。当我们一旦选择并确认了这

[①] P. F. Strawson. Grammar and Philosophy//Logico-Linguistic Papers. Aldershot: Ashgate, 2004: 109.

种派生语法，我们就拥有了这一语言类型的一个完全的，或者完全显明的语法（或语法形式），当然，其代价在于，我们拥有的绝不是任何一种实际语言的语法，而只是拥有了一个这种语言的理想化的、简化的语言类型的语法。"① 概言之，核心语法的关键在于，明确普遍语法结构所需要的基本要素及其结合方式，而派生语法则通过以满足核心语法理论要求的方式刻画自然语言的实际语法结构。

在明确普遍语法的核心-派生结构的基础上，斯特劳森进一步扩展了建构模型所使用的语言素材。这类语言素材主要包括四类词汇：（1）本体论词汇，包括时间、空间、殊相持存物、情境、普遍特征和关系，以及特征的子类（包括行动、属性、状态、类等）。（2）语义词汇，即用来表达基本语义要素的类型，或者对单个词汇进行描述的词汇。斯特劳森着重区分了语句的主要部分和次要部分，认为语义词汇是那些不能被化约的主要成分，斯特劳森主要提到了三类词汇。第一类是命名殊相的专名，第二类是命名普遍特征和关系的通名，第三类是说明指示关系的指示词。（3）功能词汇，用来描述各类基本语义要素在语句中的功能，命名它们的结合和联结方式的词汇。根据前面的讨论可知，这样的功能词汇主要有两个，分别是指称和述谓两大类。（4）工具词汇，用来说明前面三种词汇相互关联的理论方式的形式工具的词汇，包括前缀、后缀、变形、要素位置等。这类词汇是从核心语法向派生语法演进的理论工具。

由此，斯特劳森不仅完成了对乔姆斯基普遍语法理论的扬弃，通过规定构建普遍语法的核心-派生模型，明确构造理论的四类词汇，也完成了构建新的普遍语法结构的准备。接下来，我们就转向斯特劳森对显明语法的建构过程，说明他如何将这四类词汇组织到核心-派生模型，从而构造出兼具语形-语义特征的新版本的普遍语法。

（二）显明语法的建构

斯特劳森根据核心-派生模型对显明语法的建构，表现为规定和扩展"基本结合"的过程。从《逻辑与语法中的主语和谓语》第二部分的

---

① P. F. Strawson, Grammar and Philosophy//Logico-Linguistic Papers, Aldershot: Ashgate, 2004: 110.

思路看，规定和丰富语言类型与核心语法的方法主要分为两种：第一种方法出现在第三章"语言类型与显明语法"中，斯特劳森通过添加新的语义要素，使作为最简模型的语言类型及其核心语法变得更为丰富，从而使主谓结构由"基本结合"的逻辑结构扩展为一般单称语句的语法结构；第二种方法出现在第四章"实体化及其样式"中，斯特劳森在前一种方法的基础上，把单称语句当作更具普遍性的全称语句的特殊个例，尝试将主谓结构的范围由单称语句扩展到全称语句，从而实现将主谓结构当作所有经验语句的普遍逻辑特征的目的。

我们先来看第一种方法，斯特劳森在将基本结合规定为最简图式的基础上，分别以添加指示词、关系谓词、时空指示项的方式，丰富了语言类型及其语法结构。具体来说，这一方法分为以下四个步骤：（1）明确语言类型，亦即规定语言所涉及的语义要素和功能连接的种类。（2）推演语言类型的核心语法，亦即假设在这类语言中存在可以做非歧义完整语句的情况下，说明必须有哪些语法要求应该得到满足。（3）选择和考虑语法要求得到满足的不同方式，也就是考虑给定语言类型的语言所具有的可能派生语法形式，在这个阶段，实际形式排列的问题才会出现。（4）系统地写出给定派生语法的语法规则，也就是写出语言类型中具体语言的构词法和句法。尽管（1）—（4）构成了一个建构模型语言系统的完整过程，但斯特劳森认为我们不必在实际建构过程的每一个层次都全部实施这四个步骤，在部分情况下，完成前两个步骤，说明语言类型及其核心语法的要求即可。

要理解第一种建构方法，我们还必须澄清下面三个基本概念：（1）语义要素。所谓要素是指在语义上有意义的词项，而且该词项的意义不是来自其所构成的结合所附带的意义，而是语词本身所具有的意义。斯特劳森认为，这类词项的意义表现为它们可以在不同结合中体现出不同的意义。（2）功能联结，这里是指不包含实际语形排列，仅仅指明实际排列形式的特征，指出每个词项在结合中所具有的功能特征的元概念。换言之，功能联结是适用于核心语法要求，但不适用于派生语法的高阶概念。在斯特劳森看来，这两个语法层次的区分非常关键。"在第一个层次的特征可能与范畴有联系，它们可以从普遍哲学或形而上学基础方面被论证为人类思想的基础。而第二个层次可以被看作是要表明，某些满足核心语法的方式要比其他方式更为自然。"① （3）语言类型（language type）。斯特劳森作为普遍语法的支持者，当然会接受语言类型作为显明语法的核心概念，认为它具有高度的普遍性、抽象性和普遍适用性，也是将所有语言置于其下的要素系统。他也不会反对所有语言从属于相同语言类型的看法。但从构建语言类型的过程看，语言类型不是将英语、法语、汉语、日语等具体语言纳入其下的经验性类概念，而是一个包含特定语义要素的先验概念，衡量和区分不同语言类型的标准在于它所包含的主语和谓语所具有的结构形式，而非其所包含的具体语言的结构。在这个意义上，语言类型不能被笼统地理解为与"语系"或"语类"相关的概念，而应该被理解为与"语言层次"和语言模型有关的抽象概念。

斯特劳森使用第一种方法建构了四种语言类型，其中语言类型 1 是对《逻辑与语法中的主语和谓语》第一章中"基本结合"的确认和定义，后面三种语言类型是对语言模型 1 的丰富和拓展。

（a）语言类型 1（language type 1，简称 LT1），LT1 是最原始，也最简单的语言类型，它只包括两种语词和一种联结模型。第一种语词是指向个别实体性殊相的语词（i-word），第二种是指向普遍共相特征的语词（g-word），唯一的联结形式是 i-语词和 g-语词联结组成的语句。实际上，这种语句是斯特劳森在论述"基本结合"的逻辑特征时提到的最简单的单称主谓句，"苏格拉底是聪明的"是其经典形式。

（b）语言类型 2（简称 LT2）。LT2 是在 LT1 基础上，通过添加指示性区分项（deictic or indexical distinguisher）形成的结构更为复杂的语言类型。这里的指示性区分项即通常所说的指示词和代词，斯特劳森将其称为 t-语词，认为它们主要包含如下类型：

（1）会话者区分项，它主要是用来区分说话者和非说话者，在英语中对应的是第一人称代词（i）和第三人称代词（he or she）；

（2）两个临近区分项，相当于英语中的"this"和"that"；

（3）语境指示项，类似于英语中的限定单称符号"the"和可

---

① P. F. Strawson. Subject and Predicate in Logic and Grammar. Aldershot：Ashgate，2004：66.

以充当形式主语的第三人称单数代词"it"。

指示性区分项对语句结构带来的最显著变化是在语句的主谓结构这个主要联结（major linkage）之外，在主语部分构造了次要联结（minor linkage）。因为上述三种指示性区分项除了都可以直接代替 i-语词出现在主语位置之外，临近区分项和语境指示项还可以与 g-语词相连构成一个次要结合，然后作为一个整体与另一个 g-语词相连构成一个完整语句，比如，对于"this"，我们除了可以直接说"This is red."，还可以说"This ball is red."。在后面这个语句中，主语"the ball"和谓语"is red"是语句的主要联结，而构成主语的"the"和"ball"本身是作为次要联结共同构成了语句的主语部分。

语句结构的这一变化，迫使我们在核心语法中提出新的要求，以区分作为谓语和语句主要联结部分的 g-语词与作为主语的一部分和语句次要联结部分的 g-语词。斯特劳森假设了多种满足条件的实现方式，比如语词变形，当 g-语词出现在主要联结时具有某种形式，而在次要联结中呈现另外不同的形式；再比如，借助语词顺序，我们可以规定出现在作为语词主要联结的 g-语词之前的其他 g-语词都是语句的次要联结成分，或者规定作为主要联结的 g-语词只能出现在语句的开头和结尾等。斯特劳森将语词顺序规则总结为区分不同类型 g-语词的核心语法要求的实现方式。在强调语词顺序的派生语法中，根据功能定义，主语和谓语分别是指示殊相个体和共相特征的语句部分，据此我们可以分别将构成单称语句的主词和谓词定义如下：主词是可以充当主语的表达式或表达式串，谓词是可以充当谓语的表达式。而根据这一定义，谓词只包括所有的 g-语词，主词则包含所有的 i-语词、t-语词以及由一个出现在（2）、（3）中的 t-语词和一个与多个 g-语词构成的表达式串。

在说明 LT2 的过程中，斯特劳森比较系统地描述了如何在特定语言类型中构建显明语法。他不仅说明了新要素添加后对核心语法造成的影响，探索了核心语法实现的不同可能性，而且规定了实际形式排列所应该遵循的派生语法的具体规则。在 LT2 的基础上，斯特劳森又进一步构造了更为复杂的 LT3。

（c）语言模型3（简称LT3）。LT3 的新颖之处在于将关系谓词作为新的语义要素加入模型语句中，随着高阶谓词的加入，表现语句逻辑特征的恰当形式结构不再是传统的 Fx，而是普遍关系结构 Rab，这对核心语法的谓词 R 如何同时联结两个殊相 a 和 b 提出了要求。斯特劳森认为，在表达 a 和 b 之间具有可逆关系的平衡关系语句中，谓词 R 发挥了词项分割功能，而在表达不可逆关系的非平衡语句中，谓词 R 不仅需要分割指称不同殊相的两个语词，而且规定了两者之间不可替代的位置关系，因而发挥了语词定序功能。由于 LT3 与前一层次没有本质区别，对于核心语法在这两种情况下的实现方式，我们这里不予赘述。

（d）时空指示项（space-time indication）。时空指示项是作为对前述三种语言类型的一个次要补充而被引入，其原因在于共相特征和关系与例示它们的殊相实例之间的关系不是一成不变的，部分共相特征和关系与殊相处于长久而稳定的例示关系中，但另一部分例示关系则有着时间和空间的敏感性，因此，要全面理清共相和殊相之间的关系，需要区别这两种例示类型，而时空指示项就是做出如此区分的恰当的语言工具。通常而言，时空指示项可以通过谓词的时态形式，或者通过作为状语的语境指示词来表达，比如时间副词"yesterday""tomorrow""soon""long ago"，空间副词"here""there""nearly""far away"等。斯特劳森认为，时间指示项的加入为概念核心语法提出了两个要求：第一，时空指示项只能与谓语，而不能与主语联系在一起。斯特劳森认为，这是由我们的本体论决定的，如果我们认可具有持续性的物质物体是基本殊相，那么将带有时间标记的语法符号归属给指称它的主语基本上是多余的，主语是否例示特定的普遍特征，与它存在与否没有必然的本体论关联，只有这样，例示关系才具有时间维度，因此，我们应该将时间指示项与谓语联系起来。第二，时空指示项只能作为语句的主要联结，而不能被当作次要联结，虽然我们也存在将时间指示项与 g-语词联系起来组成指称个体的主语表达式，比如"the future king""the former president"都可以作为主语，但这类表达式中时间状语"future""former"并没有起到表示时间情境的功能；而当它们与谓语联系起来作为时间指示者时，是作为独立的主要联结成分而存在的，因此，时间指示项不能像其他 t-语词那样成为主语的组成要素，而是只能作为语句的独立的主要联结部分,语句结构也相应变成主语+谓语+时空指示项的三元结构。

上述从 LT1 到时空指示项的论证过程,是通过逐步增加新的语义要素来丰富和扩展主谓语法结构、建构显明语法的过程。这个过程虽然略显琐碎,进展缓慢,但它以建构语言模型的方法说明了主谓结构是如何构成的,也为进一步将主谓结构扩展为所有语句的普遍结构特征打下了基础。在完成根据添加材料建构和丰富显明语法的过程之后,斯特劳森转换论证策略,开启了他所谓的"语言类型的彻底拓展",这个策略的关键在接受主谓结构是语言类型的基本结构的基础上,将单称语句当作全称语句的特殊实例,进而将它们都归为主谓语句,以此实现将主谓结构确认为所有语句的普遍结构特征的理论初衷。

斯特劳森之所以能够将单称句当作全称语句(普遍语句)的特例,原因在于他认为所有语句主语所执行的功能都具有"提到某物"的实体化(substantiation)功能,而特称句和单称句的主语确认殊相个体的功能,不过是实体化的特殊实例。根据对主语功能的这一理解,范围更加广泛、主语结构也更加复杂的全称语句,甚至部分复杂句都可以被归入主谓句的行列。

且看如下三个语句:

S1:Tom pursuits Mary.
S2:The man pursuits the woman.
S3:All Men pursuit Women.

斯特劳森认为,我们可以将 S1 看作 S3 的特殊实例。这样,一旦认可了 S1 所具有主谓结构的陈述语句,也同样可以将 S3 当作主谓语句。其理由在于:

(1)从对语句的理解来看,如果我们在特定语境中根据经验观察或会话预设说出 S1,就意味着我们知道了这些预设的内容。如果我们说出特称语句"汤姆追求玛丽",就意味着我们至少知道(就通常情况而言)汤姆是男士,他在追求一位名叫玛丽的女士,因而从 S1 经由 S2 推出 S3 在语义上不存在推理上的困难。

(2)上面(1)的语义推理本质上只是将逻辑主语的功能由"指称

殊相"拓展为更具普遍性的"实体化",其理论基础在于将两种功能都当作"提到某物"的同质化功能的同时,将类似 S1 的单称语句当作主谓语句的基本范例。

(3) 尽管在上述三个语句中完成指称功能的语词不同——在 S1 中是专名,在 S2 中是限定单词词项,而 S3 中是包含了 g-语词的非限定单称词项——但这三类词项在发挥指称功能时,只存在确认力量的程度之别,不存在功能类型的根本差异。尽管 S3 的主语是一个 g-语词,但 g-语词中的表示性质的形容词、表示状态的副词和部分事件语词,仍然保留着执行指称功能的可能性。

(4) 在语义推导过程中,S1 和 S3 的语句结构没有发生改变,它们都保留了 LT1 的核心语法和联结形式,区别只是在于满足核心语法的语义要素和方式不同。S1 用专名引入具体殊相个体完成表示殊相的任务,S3 用通名引入殊相类型来完成表示殊相的任务,也就是说,S1 直接用 i-语词充当主语,而 S3 则使用 t-语词+g-语词构成语句的主语结构,虽然 S1 和 S3 例示的都是 LT3 的语法结构,但 LT3 作为更具复杂特征的 LT1 的进阶模型,在保持主谓结构方面与后者没有根本区别,都是作为以主谓结构为基本形式特征的语言类型。

这里,(3) 所提到的主语确认力量的区别对于论证具有关键的作用,因为它说明了全称语句和单称语句的主语都在语句中发挥指称功能,主语的表达式结构的形式区别只影响主语发挥指称功能的程度,但没有改变主语的功能。对此,斯特劳森明确指出:"我将诉诸确认能力的等级这一概念来回答上述问题。我将要说的是,在这类我们关心的单称陈述的任何语句中,两个语词部分结合在一起,其中一个部分占据主语位置,而另一个占据谓语位置。在其余情况皆同的前提下,占据主语位置的词项,拥有更大的确认力量。"[①] 斯特劳森比较了不同语词类型的确认力量后,做出了如下结论:"确认个体的词项比确认类型的词项及非确认词项拥有更大的确认力量,而某些非确认词项又比其他词项拥有更大的确认力量。并且,任何限定单称词项都是确认个体的词项,任何种类词项都是确认类型的词项,除了这两类词项之外,其他词项都是

---

① P. F. Strawson. Subject and Predicate in Logic and Grammar. Aldershot:Ashgate, 2004:88.

非确认词项。"①

为了突破单称形式，将主谓结构当作包括全称语句在内的所有语句的共同结构特征，斯特劳森给出了实体化的三种实现形式：（1）使用名词复数形式；（2）在主语部分添加 some、all 等存在量词；（3）允许名词部分的析取、合取等运算形式。必须指出，这三种实现形式并不是互相排斥的，我们可以独立使用其中一种，也可以将它们混合使用。其中，前两种方式在语法层面仅仅改造了作为主要联结的主语所包含的次要联结的成分和结构，但没有影响整个语句的结构。第三种情况的实现方式得益于对于确认能力的区分，如果我们将复合主语"A and（or）B"当作指称了殊相类型的集合，而不是一个特定殊相个体，那么在一个相当宽泛的意义上，主语部分的逻辑运算一定程度上可以被接受。

至此，斯特劳森一方面通过丰富语言类型及其语法要求，另一方面通过将单称语句的结构推广为包括全称语句在内的所有表达命题的语句的共同结构，实现了将主谓结构当作普遍语法结构的目的，主谓结构或主谓区分也成为表现人类思想普遍结构特征的显明语法。

（三）显明语法的本质

斯特劳森在《逻辑与语法中的主语和谓语》的第五章，也是最后一章"主语的普遍化"中提出了将普遍语法落实为所有经验语句共同结构特征的新方案，但该方案既不要求增加新的语义要素和功能联结的类型，也没有以基本结合为基础进行结构拓展，而是将本书前两部分的工作——重审主谓区分和构造显明语法——当作两种从各类语句中概括主谓结构特征的相辅相成的方法，尝试综合这两种方法及其成果，通过更为抽象的概括来揭示显明语法的理论本质。更具体地说，斯特劳森把根据殊相-共相区分展示基本结合形式特征及其本体论基础的工作，当作对语句主谓结构的逻辑概括；将以 LT1 为基础建构和丰富语言类型，根据单称语句形式特征推导全称语句的形式结构当作对语句主谓结构的语法概括。在新方案中，斯特劳森希望证明逻辑概括和语法概括不仅具

---

① P. F. Strawson. Subject and Predicate in Logic and Grammar. Aldershot：Ashgate，2004：88.

有互补性，可以得到相似的结论，而且有进一步概括和抽象的可能性；语句的主谓结构不仅反映其逻辑特征和语法特征，而且是有着高度普遍性的逻辑-语法结构。

要进行更为抽象的理论概括，首先需要解决的问题是如何在超越实体化功能的同时将"语法主词"的概念加以普遍化，因为建构显明语法的过程只是明确了核心语法中语句主要联结的功能角色和语义地位，语句次要联结的形式表现，以及核心语法的要求和派生语法所体现的类型区别，并没有系统地详细阐释核心语法如何在派生语法中得到有效实现。而且，根据 LT1 建构核心语法的过程，本质上是从个别到一般的推衍过程，这使得我们不仅需要，而且必须面对在多种多样的经验语句中存在的大量违背核心语法要求的异常情况，试考虑如下三个语句：

(1) The boy heads the ball.
(2) Heart hospital.
(3) A fallen tree.

在（1）中，i-语词（通常意义上的名词）"head"作为次要联结（动词）进入了谓语部分；在（2）中，两个 i-语词"heart"和"hospital"作为次要联结构成了新的 i-语词，其中前一个语词"heart"在新的 i-语词中发挥着类似于形容词的功能，因而是作为 g-语词发挥作用；而在（3）中，原本属于 g-语词（通常意义上的动词）"fall"作为次要联结与其他语义要素一道构成了新的 i-语词。这三种情况的共同特征是，i-语词和 g-语词都没有出现在显明语法明确规定的位置上，违背了前者应充当主语发挥实体化功能，后者应充当谓语发挥述谓功能的设定。除此之外，在派生语法中还可能出现另一类看似违背显明语法规定的情况，即有部分名词或名词词组虽然是执行实体化功能的 i-语词，但它们不指称殊相个体或殊相类型，而是代表共相、命题、事实乃至非实体殊相等其他存在类型。面对这些通常被看作反例的特殊情况，斯特劳森提出了两种方法予以化解。第一种方法相对琐碎，其目的旨在表明这些所谓例外情况没有完全违背核心语法的相关要求，也不像看起来那么"扎眼"。比如，（1）中的"head"虽然发挥了动词功能，但其作为动词的功能意义"用头顶"却来源于其作为名词所表达的与"头部"有关的意义，(2) 的情况也与此类似，(3) 是由 t-语词加上 g-语词构成的复杂 i-语词，本质上没有违背 LT2 的核心语法，虽然动词"fall"也进入了名词结构，但它本身仍然是作为 g-语词（形容词）来指涉"落下的"这一共相特征。面对这些异常情况，关键的是要分析语词的具体使用方式，而不是考虑它们是否违背核心语法。

第二种解决方法有着更为重要的全局性意义，先来看斯特劳森的表述：

> 现在，虽然我们刚刚考虑的那种丰富 LT1 的方式展示了某些不同，但它们仍旧拥有一个完全无视这些不同的共同特征，这就是：它们没有扩展，也没有违背我们语言类型所具有的最普遍的结构-功能特征。对于我们的所有语句来说，实体化和补充性述谓仍然是基本功能，它们构成了旨在对情境类型和可能事实进行真值表示的语句整体功能。我们在上一部分所做的不过是要说明，以一种语义-语形作用或功能发挥主要作用的语义要素，可能以另一种次要功能发挥作用，或者能够产生以其他方式发挥作用的次要语义要素。我们提到形式排列的问题只是要明确这种扩展是存在的，并使它变得可能。但是，自始至终，我们都没有真的考虑要对实体化和补充性述谓的基本结构进行扩展或者修正。[1]

据引文可知，斯特劳森的解决方法是：(1) 异常情况仅仅发生在派生语法层面，不会影响核心语法所规定和要求的主谓结构，异常情况的存在，恰恰说明了核心语法实现方式的多样性和灵活性，也说明了派生语法的丰富性，但实现方式的问题不会从根本上动摇作为理论要求的核心语法；(2) 派生语法不会偏离、违背核心语法所反映的主谓特征这个基本形式区分，而是从属并服务于这个区分，其背后的理论根据是，主谓区分不是纯粹的形式区分或形式特征，而是"以语义-功能为基础的显明联结"[2]，在这个意义上，主谓区分的理论性质要比我们想象的更为复杂，有待通过适当理论手段予以揭示。

---

[1] P. F. Strawson. Subject and Predicate in Logic and Grammar. Aldershot：Ashgate，2004：102-103.

[2] 同[1]100.

斯特劳森认为，揭示主谓结构理论本质的恰当方法是将有关范畴标准的形式表现和建构显明语法的论述分别当作对语句主谓结构的逻辑概括和语法概括，进而通过概括这两条概括路线展示主谓结构的语法-逻辑本质。如果我们将基本结合主谓结构在功能层面总结为"实体化＋补充性述谓"模型，那么语法概括或者说建构显明语法所得到的就是"普遍实体化 ＋ 补充性述谓"（substantiation in general ＋ complementary predication）的结构模型。按照与语法概括类似的方法，我们将基本结合中指称时空殊相的主语规定为逻辑主语，将其功能规定为基本逻辑主体化（basic logical subjection），相应地将谓语规定为逻辑谓语，将其功能规定为基本逻辑述谓（basic logical predication），语句的主谓结构就呈现为"基本逻辑主体化 ＋ 基本逻辑述谓"功能模型。在强调范畴标准的逻辑形式的过程中，我们突破了对逻辑主语的范畴限制，允许将非时空对象（比如内涵实体、抽象对象）等的表达式作为形式主语，通过逻辑概括，所有语句的功能都可以被总结为"逻辑主体化＋逻辑述谓"（logical subjection ＋ logical predication）模型。更进一步，如果以语法概括和逻辑概括进行更为抽象的概括，我们就会得到图 5-2。

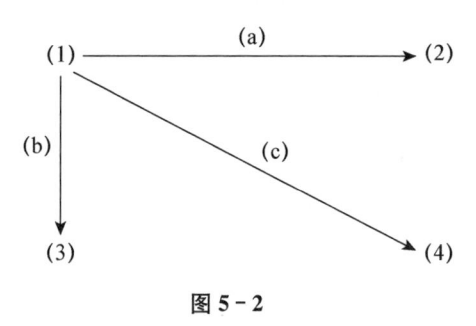

图 5-2

注：(1) 实体化＋补充性述谓；(2) 普遍实体化＋补充性述谓；(3) 逻辑主体化＋逻辑述谓；(4) 普遍语法-逻辑主体化＋补充性述谓

这里，(1) 是语法概括和逻辑概括的共同基础，它是由以特称语句为代表的最简单主谓句所构成的"基本结合"，从 (1) → (2) 的横轴 (a) 代表语法概括过程，(2) 是作为语法概括结果的语句普遍语法结构；从 (1) → (3) 的纵轴 (b) 是逻辑概括过程，(3) 是作为逻辑概括结果的语句普遍逻辑结构；介于横轴和纵轴之间，由 (1) → (4) 构成的 (c)

是对这两类概括的再度概括，(4) 是其结果。(c) 的意义是，如果语句的功能结构在语法层面表现为普遍"实体化 + 补充性述谓"模型，在逻辑层面又表现为"逻辑主体化 + 逻辑述谓"模型，那么，语句结构在一个兼具语法和逻辑视域的更为抽象的层面，就表现为"普遍语法-逻辑主体化 + 补充述谓"模型。换言之，语句的功能结构是语法-逻辑结构，语句的普遍逻辑结构特征是以功能为基础的语法-功能特征，亦即语句的主谓结构是语法-逻辑结构。

要全面理解斯特劳森对语句普遍功能结构的这一总结，首先要弄清语法概括（a）和逻辑概括（b）的理论实质，说明为何这两种概括方式是可接受的。实际上，说明这一点并不困难。无论我们是将这两种方案当作斯特劳森对《逻辑与语法中的主语和谓语》一书前两部分工作——阐明主谓区分的基础和构建以主谓结构为理论内核的显明语法——所体现思路的总结，还是（根据斯特劳森的理论初衷）将它们单独看作对构造显明语法的工作所体现的理论性质的概括，都可以毫无障碍地说明其可靠性。(a) 和 (b) 的理论基础和出发点都是 (1)，都以明确主谓结构的基本结合为起点进行概括。就结果来看，它们都是对基本结合的普遍化和扩展。其不同只是在于，两条路线所依据的理论基础、进行概括的具体方式不同，但这两条概括路线都是自洽的。其中，(a) 的基础是殊相-共相区分，以及作为其表现形式的主谓非平衡性。由于非平衡性既是一种普遍逻辑特征，也具有本体论基础，任何语句都体现出等级性和非平衡性特征，从而允许逻辑学家将所有语句都当作与基本结合具有相同主谓逻辑结构的语句。(b) 的基础在于将功能由确认实体个别实例扩展为指称实体类型的普遍实体化，因而可以将所有语句的主语都当作执行了实体化功能，这也允许语言学家将语句当作由分别执行实体化功能、补充性述谓功能的主语和谓语构成的命题结构。

与此同时，我们也应该注意到，尽管 (a) 和 (b) 在其内部具有自洽性，但如果以其中一种方案为依据来衡量另一方，就会发现各自的局限性。对 (a) 来说，由于它将基本结合中主语确认殊相个体的功能当作更具普遍性的实体化功能的特殊实例，那么，建构显明语法的过程，就是要以具有典型主谓特征的基本结合为基础，通过丰富主语乃至整个语句的结构和形式，全面展示语句的主谓结构。这种概括拓展了主谓结构所具有的功能性特征，将主语指称特殊实体的功能扩展为指称实体类型的功能。它没有扩展实体的范畴，只是越过了主语所具有的逻辑形式和结构，因而也是一种范畴范围之内的跨逻辑概括（intra-categorial trans-logical generalization）。而对（b）来说，由于它是根据主语指称对象的类型为依据来区分语句类型，在基本结合中主语指称时空殊相，而非基本结合或普遍化主谓语句中的主语既包括指称时空殊相的表达式，又包括指称非时空的性质、关系、状态和过程的表达式。建构显明语法的过程是在保留基本结合逻辑特征的基础上，超越其所规定的主语的范畴限制，将主语的范围扩展到非时空殊相的表达式和复杂主语的过程，在这个意义上，建构显明语法的过程是一个逻辑范围内的跨范畴概括（trans-categorial intra-logical generalization）。因此，无论是语法学家还是逻辑学家，都只对一部分语句做了局部概括，也只能部分解释显明语法的理论性质，因而我们需要将两方面的意见统一起来，才能全面揭示显明语法的理论本质。在这个意义上，(c) 只是作为前两种概括的结果的概括（resultant generalization），它说明了语句所体现的主谓结构的语义-逻辑特征和形式-语法特征是一致的。也就是说，显明语法学家既接受逻辑学家对其工作的语义-逻辑解读，也接受语法学家对其工作的形式解读。

为了彻底理解主谓语法的语法-逻辑特征，除了对概括过程内在机制的上述说明外，也需要对作为概括结果的（4）的理论性质做进一步阐释。

第一，显明语法的主谓结构是语法-逻辑结构。作为概括（a）和（b）而获得的理论成果，主谓结构不仅同时具有语法属性和逻辑属性，而且体现了这两重属性高度一致和彼此融合的理论特质。尽管斯特劳森作为深谙古典语言传统的哲学家，将自己当作比传统语法学家更具慧眼、视野也更广阔的语法学家，认为包括构建显明语法在内的概括是对逻辑概括的进一步延伸和拓展，但始终强调两者之间的一致性。他曾斩钉截铁地指出："语法上的普遍主体化与逻辑主体化的关系，就类似于普遍实体化与基本结合指称个体殊相的功能之间的关系。实际上，现在我们语法学家的普遍描述吸收了逻辑学家的普遍描述。但普遍逻辑描述作为我们可资利用的资源，使我们的语法普遍描述更具理论力量，而不

第五章 主语与谓语：概念图式的系统建构 | 455

会成为短板。"①

第二，显明语法是兼具语法-逻辑特征的普遍语法。"普遍语法"通常与乔姆斯基、蒙塔古等人联系在一起，也很少有人直接将斯特劳森的"显明语法"当作特定形式的普遍语法，但梅祖麟独具慧眼地指出，斯特劳森力图提供的是对包括中文在内的所有语言都具有普遍适用性和有效性的全局语法（global grammar），而非局域语法（regional grammar）。② 从斯特劳森与乔姆斯基的争论看，他不反对有关普遍语法及其背后的提法，只是对乔姆斯基所提出的普遍语法的特定模型——生成转换理论不甚满意，显明语法本身也是作为一种替代理论和竞争性方案被提出来。可以说，显明语法是斯特劳森版本的普遍语法。

从更为根本的语言学立场来看，斯特劳森虽然在 20 世纪 70 年代初期曾经一度对普遍主义有所动摇，对相对主义也做了一定让步，但在 2003 年为《逻辑与语法中的主语和谓语》题写导论时，又重新明确表达了对普遍主义的立场：

> 更简单地说，一种语言必须要有词汇要素和一种语法。语法被约定性地区分为句法和词法，也就是结合形式和变形形式——但是，当然有人会说，这些东西具有文化的相对性，它们对于不同文化中的语言使用者来说是不同的，它们也取决于这个社会，也就是国家或部落中所存在的物理、历史和文化的设定的差异。这个观点是重要的，但其重要性可能没有想象的那么大。不管不同社会在背景差异方面是何种巨大，但是拥有这些差异的个别语言使用者都是相同的人类的成员。我们都生活在时间和空间之中，与其他人类成员交往，以不同的方式与其他具有相对持续性的殊相事物相联系，比如动物或非动物性的物质物体，而他们也都以复杂多样的方式彼此联系。我们都接受人或事物的普遍种类和性质，也接受它们所产生或经历的条件、行动、事件和过程的普遍类型。不管

---

① P. F. Strawson. Subject and Predicate in Logic and Grammar. Aldershot：Ashgate，2004：105.

② Tsu-Lin Mei. Chinese Grammar and the Linguistic Movement in Philosophy. The Review of Metaphysics，1961，14（3）：490.

它们在具体细节方面有着怎样的差异,这些普遍范畴却为我们所共有,并且它们必定与我们在语言中有兴趣澄清的实际的或可能的情况有关。①

这段引文强调的是:语言、思想乃至经验结构的一致性依赖于种族和生活情境的一致性。假如语言使用者的语言环境、周遭状况都是相似的,他们对语言表达的兴趣也是相似的,那么他们就处于相似的语言类型当中。换句话说,不同的语言都处于相同的语言类型当中。语法是普遍的,不是说它们会在不同语言中表现为相同的规则,而是说它们会表现出具有同构性的类似性特征。西蒙斯(Peter Simons)则根据《个体:论描述的形而上学》导论中有关形而上学基本概念缺乏历史性的论述,指出了斯特劳森的语言普遍主义的另一个侧面,他说:"斯特劳森之所以坚持描述形而上学的反历史性,其潜在目的是反对其前辈罗宾·柯林伍德。后者不仅强调形而上学能跟着时代潮流随波逐流,而且认为那些构成形而上学的绝对预设会随着科学和人类文化的发展而变化。"② 这一评论意味着,斯特劳森认为语言结构的同质化和同构性不仅具有横向的逻辑普遍性,而且具有纵向的历史普遍性。主谓结构作为人类概念图式的一般特征,实际上是适用于所有语言和语系的普遍结构,就此而言,斯特劳森的语言学立场是一种极为彻底,甚至极端激进的语言学普遍主义。

第三,显明语法是结构语义学。在《分析与形而上学》第八章"意义与理解"的结论部分,斯特劳森在回顾有关主谓关系的工作时将显明语法当作"结构语义学"③。依笔者所见,所谓结构语义学,主要包括两层含义:首先,由于构成显明语法基本要素的表达式都是语义要素,因而它们的意义除了自身所负载的符号意义之外,还有更为重要的结构性意义。斯特劳森曾在《逻辑理论导论》中指出,"逻辑评价的语词具有联结性意义。澄清某一语词的意义也就是澄清与之相关的其他语词的

---

① P. F. Strawson. Subject and Predicate in Logic and Grammar. Aldershot: Ashgate, 2004: X.

② Peter Simons. Metaphysics in Analytic Philosophy//Michael Beaney. The Oxford Handbook of The History of Analytic Philosophy. Oxford: Oxford University Press, 2013: 718.

③ P. F. Strawson. Analysis and Metaphysics. Oxford: Oxford University Press, 1992: 107.

意义"①。其次，由于斯特劳森强调要将语义要素加入显明语法，认为主谓结构是以功能为基础的语法-逻辑（语义）结构，因而显明语法不是类似于乔姆斯基的生成-转换语法的纯粹句法系统，而是一种将语形要求和语义内容联系、融合起来，具有语形-语义特征的特殊语义学。

第四，显明语法是揭示语言的模型结构的元概念。根据形而上学的最初规划，为了构建显明语法作为实现想象性任务的具体方式，斯特劳森主要使用了理想语言学派（美国学派）的人工建构方法，在为建构工作做理论准备时他也指出："我的策略是一个完全非经验的策略，因为我将不会直接研究实际的自然语言，而是研究想象的或模型化的语言。尽管为了阐释性的目的我会提到前者，但是，我仍然希望，这一策略能够对理解某些自然语言的某些普遍特征有所裨益。"② 图 5-2 也表明，语句的主谓关系或主谓结构是理论抽象的产物，因此，尽管显明语法具有普遍适用性，可以反映自然语言的根本句法结构，但它本身不是通过递归概括从自然语言中抽离的结构框架，而是通过对特定语言类型或特殊语句结构的分析和解释而得到的一个理想化结构。斯特劳森清醒地认识到，语句的实际结构要比他所总结的主谓结构更加复杂，但对语句结构的二元区分并非毫无道理，"尽管许多语句不是通过一个语句部分来实现这一普遍功能，但传统上，将语句或从句区分为主语和谓语是一种彻底的二元区分，也就是说，每一个语句都只有一个主语和一个谓语"③。如此一来，斯特劳森既保证了主谓结构的普遍性和有效性，也兼顾了具体语句结构和要素的多样性。但其代价则是，主谓结构在保留反映语句基本结构的功能的同时，自身蜕化为一个具有人工语言色彩的、有着强烈技术性倾向的元概念，而不再是直接反映自然语言实际结构的一阶概念。

第五，显明语法是形而上学语法。考虑到普遍语法概念与维特根斯坦"语法命题"和"生活形式"等概念之间的天然亲缘关系，我们通常

---

① P. F. Strawson. Introduction to Logical Theory. London: Methuen and Co., Ltd., 1952: 2.
② P. F. Strawson. Subject and Predicate in Logic and Grammar. Aldershot: Ashgate, 2004: 63.
③ 同②113.

会认为，斯特劳森的语言学普遍主义与维特根斯坦关于生活形式的一致性决定了语言有效的家族相似性的观点之间具有承继关系。从理论实质看，这一比附并无不妥，相当程度上也反映了两位哲学家对语言结构的相似看法（详情参见第七章）。但就斯特劳森本人的思想发展进程来看，他对显明语法普遍性的强调更多是受到了康德有关经验普遍必然结构的论述的影响。罗斯比较明确地将斯特劳森有关解释主谓区分、构造显明语法的工作当作构造"形而上学语法"（metaphysical grammar）。① 他认为斯特劳森相当程度上是在改进康德的形而上学方案，其目的是通过将形式要素和经验要素结合起来，以解释我们的语言形式以及说明关于实在的最终范畴。罗斯的这一论断颇为精当，斯特劳森也在总结自己对《纯粹理性批判》的评注时承认："在这部著作中有许多关于经验之普遍必然条件的论断，正如我之前所言，它们的真正意思是，作为我们经验的可能结构，我们能对之做出真正可理解的界限所在。"② 在讨论主谓区分的形而上学基础时，斯特劳森也反复强调时空殊相与普遍概念的区分所依据的理论基础，恰恰是康德式的经验主义。由此，显明语法作为展示概念图式，乃至经验结构普遍性的理论形式，既体现了《逻辑与语法中的主语和谓语》对《感觉的界限》的承继关系，也表明它本身就具有重要的形而上学意义，是一种反映经验普遍必然条件的形而上学语法。

概言之，显明语法是具有形而上学意义的元概念，它以阐明主谓结构的逻辑-语法特征为理论内核，是揭示人类概念图式一般特征的结构语义学，也是统摄所有人类语言类型和语系的普遍语法。

---

① Gregory A. Ross. Strawson's Metaphysical Grammar. Southern Journal of Philosophy，1974（03）：371.

② P. F. Strawson. Conversation With Peter Strawson//Bryan Magee. Modern British Philosophy. New York：St. Martin's Press，1971：123-124.

第六章
自然主义与怀疑主义：描述形而上学的理论终局

通过前面三章的介绍，我们对概念图式的基本概念和基本特征（第三章）、经验基础与概念基础（第四章）及普遍结构（第五章）有了比较清晰的把握，基本完成了描述形而上学的描述性任务、解释性任务和建构性任务，其哲学总任务——意在揭示"思想结构之普遍特征"的最初构想也得以实现。但是，斯特劳森的哲学思考并未就此停滞不前，而是转向对前期思想的查验和检视，《怀疑主义与自然主义及其变种》（1985）的发表，是这一哲学自省的反映和实现，也标志着他的哲学思想进入了一个以"破"代"立"的新阶段。对这一时期工作的关注，将为我们追踪斯特劳森哲学的晚期动向，全面揭示描述形而上学的思想图谱，以准确理解其理论终局有着重大意义。

本章的主要任务是将自然主义与描述形而上学联系起来，在将自然主义作为形而上学的理论终局的同时，详细论述自然主义思想孕育的理论背景、基本内容与先验论证的结合方式及其定论地位。具体来说，本章第一部分将论述斯特劳森转向自然主义的理论背景，致力于从两个方面说明自然主义的理论原因：从表面看，自然主义是在斯陶德对先验论证提出批评后，斯特劳森对论证"世界指向"的特征和过于激进的立场进行反思后做出妥协的理论回应；从深层次看，自然主义是由于先验论证在论证内容和论证方法等诸多方面遭遇种种困难，不能实现从概念到实在的过渡，无法完成解释性任务，而且会引发对图式合理性的怀疑，因而斯特劳森不得不放弃概念分析，复归常识辩护的必然选择。第二部分将把自然主义当作应对怀疑主义的"新工具"，一方面详细介绍斯特劳森对自然主义的分类，对休谟自然主义立场的评价，以及对维特根斯坦自然主义倾向的读解；另一方面全面揭示自然主义方案的理论面貌及其特殊性。第三部分将通过考察自然主义与描述形而上学相结合的方式，指出自然主义执行反怀疑主义功能的可能方式及有效性。在分析索萨的"认识论自然主义"和斯陶德的"自然化先验论证"两个代表性方案之后，笔者认为将自然主义立场当作为全新概念的基础构造提供"必要条件"的适度先验论证不能有效回应怀疑论，而承认自然主义是做出适当让步的底线原则，并且放弃驳斥怀疑论的先验手段；将应对怀疑论的方法由"驳斥"变为更为柔和的"劝服"，也只能部分避免怀疑论对描述形而上学的困扰。在最后的部分，笔者将指出，斯特劳森的自然主义本质上是一种元概念策略，是具有调和主义色彩的有原则的立场后退，其目的是在放弃有关概念图式的概念解释的有效性的同时，继续坚持有关概念图式的基本概念和基本特征的相关论述，从而使描述形而上学以"双图式论"的形式，在极具张力的理论平衡中得以有效存续。

一、"自然主义转向"的理论背景

从《个体：论描述的形而上学》到《逻辑与语法中的主语和谓语》的理论建构过程表明，坚持内在主义的概念论和概念分析方法始终占据主导位置，诉诸"自然"权威和自然主义不是主要的方法和立场。但是，根据布朗的说法，斯特劳森的哲学立场在发表《感觉的界限》之后发生了明显变化。他虽然继续在牛津主持有关康德的研究生讨论班，发表论文捍卫和修正自己的观点，休谟哲学对他的影响却与日俱增。布朗宣称："虽然斯特劳森继续将康德当作当代最伟大的哲学家，但对于某些引起持续兴趣的问题，他也同时准备将休谟当作他的思想英雄。"[①]《怀疑主义与自然主义及其变种》的发表标志着潜藏在斯特劳森思想中的自然主义萌芽并成为主要的立场和方法，出现了惊人的"自然主义转

---

① Clifford Brown. Peter Strawson. Stocksfield：Acumen, 2006：143. 由于布朗忽视了《逻辑与语法中的主语和谓语》一书对于描述形而上学的重要作用，他的这个判断不够准确。斯特劳森转向自然主义应该是在《逻辑与语法中的主语和谓语》之后，因为概念分析方法在该书中还有着更为激进的应用。

向"(naturalistic turn)。①

《怀疑主义与自然主义及其变种》以斯特劳森在哥伦比亚大学"伍德里奇讲座"的讲稿为基础结集成书,据斯特劳森本人交代,该书的主旨思想最初形成于1980年上半年,相关内容随后在牛津大学也有所讲授。在编辑书稿时,他将讲稿中与自然主义关系不大的"原因与解释"一章移除(后编入《分析与形而上学》第九章)。对于该书的目的,斯特劳森在"前言"中列出两条:一是对各个相对分离的哲学领域和论题进行统一,进一步增强其理论的整体性②;二是疏解各个哲学分支的张力。按照斯特劳森本人的说法:"通过展示这些路径的关联与平行关系,某些持续的哲学张力有望得到疏解。"③ 斯特劳森的态度看似举重若轻,似乎意在强调他仍然是按照原有的运思轨迹继续前进,但根据他对哲学总任务的最初规划,本书不在计划之中。更糟糕的是,该书最有兴味,也引起最大关注的恰恰是第一章中有关以自然主义代替先验论证来应对怀疑论的策略。可以毫不夸张地说,《怀疑主义与自然主义及其变种》的首要任务是回应各类批评者,从而达到为描述形而上学辩护的目的。因此,我们将花费一定篇幅来讨论批评者的意见,以便更为准确地理解自然主义的内容和目的。

为行文方便,我们将本节的四个部分大致分为两个层次:首先着重说明"自然主义"转向的实际原因,一方面集中介绍斯陶德对先验论证

---

① Robert Stern. On Strawson's Naturalistic Turn//Hans-Johann Glock. Strawson and Kant. Oxford: Clarendon Press,2003:221-224.

② 笔者认为,有必要指出的是如下可能性:关于概念图式的描述、解释和建构都只是描述形而上学的准备性工作,在此基础上进行的理论工作,包括《怀疑主义与自然主义及其变种》和《分析与形而上学》才是描述形而上学的实质性工作。这个提议的理由在于它满足了"描述形而上学"建基于对人类思想结构的整体阐明的要求。但是,其缺陷在于,这两本书基本上都不能被当作严格的形而上学著作,前者更多被认为是具有认识论的,而非形而上学的重要性,后者仅仅是"导论",谈不上有任何实质性的"内容",而且,这两本书的内容都过于庞杂,就主题的丰富性而言,满足了形而上学讨论"普遍性问题"的要求,但没有丝毫"抽象"的意味。更重要的是,如此理解描述形而上学,忽视了它与相关基础性工作不可分离的特征。因此,我们认为《怀疑主义与自然主义及其变种》只是描述形而上学思想的延伸和发展,换言之,它是描述形而上学的"终局"而非"主体"。至于这里所强调的《怀疑主义与自然主义及其变种》一书的综合作用,我们将在第七章中有选择地做出更为明确和可靠的解释。

③ P. F. Strawson. Skepticism and Naturalism: Some Varieties. London: Methuen,1985:vii.

的经典批评及其问题；另一方面通过梳理斯特劳森先验论证的层次、结构和目的，以不同于通常理解的方式说明为何斯陶德的批评意见需要被严肃对待。其次将重点讨论为何作为先验论证典型形式的客观性论证不仅无法应对怀疑论，不能完成对概念图式的解释，甚至会引起对概念图式的怀疑，因而是不可靠，乃至不可能的论证方法。

（一）斯陶德论先验论证

在各路评论者中，斯陶德的批评有着特殊的重要性。正是他在1968年所写的《先验论证》，引发了此后围绕先验论证的内涵、方法、本质、可靠性和适用范围等问题的大讨论。如果说斯特劳森对相关概念分析的实践奠定了"先验论证的当代形式"，从而成为该论证在分析传统中的"话事人"，斯陶德的批评则对斯特劳森的过度乐观情绪即认为先验论证可以一举解决怀疑论，建立概念框架基本特征并阐明先验真理的看法泼了一瓢冷水，奠定了当代讨论中所普遍遵从的"否定的潮流"[①]，也成为各类更加谨慎的适度先验论证及其变种的理论源头。在这个意义上，他无疑赢得了对于先验论证的"否决权"，与斯特劳森一道成为该论域双峰对峙的"绝代双骄"。

斯陶德把先验论证当作源自康德的概念分析方法。他认为康德区分了与概念有关的"事实问题"与"权利问题"，前者关注的是我们如何拥有概念，以及拥有特定概念的意义；后者则关注的是我们拥有和使用概念的权利是什么，它是与概念的"客观有效性"有关的问题。先验论证通过提供作为"经验必要条件"的先验证据，对解决后面这个问题起到关键作用。如果斯陶德的论述到此为止，他对先验论证的理解与康德将概念演绎分为"先验演绎"和"形而上学演绎"的做法比较类似，那就并无特别之处。但是，斯陶德强调先验论证不仅应该通过阐释概念之间的必然联系来提供先验证据，而且应该以驳斥怀疑论的方式，通过构造反怀疑论论证（anti-skeptic argument）来说明经验条件的必要性。

斯陶德以康德本人的相关论述作为理解依据，在《纯粹理性批判》

---

① Robert Stern. Introduction//Transcendental Arguments: Problems and Prospects. Oxford: Clarendon Press, 1999: 2.

"第二版序言"中,康德曾如此写道:"哲学和普遍人性的丑闻依然存在,即不得不仅仅在信仰上假定我们之外的物的存有,并且,如果有人忽然想要怀疑这种存有,我们没有任何足够的证据能够反驳他。"① 斯陶德认为康德的"先验演绎"和"驳斥唯心论"都是要提供反怀疑论的证据,因此,它们目的都是"给出关于物的存在的怀疑论的完全答案"②。

斯陶德之所以强调先验论证的反怀疑论功能,是因为关于"外间世界"(外在世界)或作为普遍认识对象的"外物"是否存在不能通过提供经验证据的方法得到证明。像"桌子上有一个番茄"这种关于个别经验对象的命题可以通过观察得到解决,但是,要论证"外在世界存在",或者"我们的经验是关于外物的经验",观察证据就不具判决性,因为无论是作为囊括所有个别对象的外在世界,还是作为一般认识对象的"外物",个别的观察证据不可能是充分的。在这种情况下,怀疑论者可以认为,包括观察在内的整个认识实践都不可靠。而且,作为认识对象的外在世界的存在是经验(偶然)事实,怀疑论者关注的是我们如何可靠地或确定地知道这个事实。由此,"先验论证通过说明某些概念对于我们的经验或思想而言是必要的,并用来揭示这种怀疑论的非法性或不可能性"③。与此相关联的问题是,对于任何被宣布为必要条件的命题S,怀疑论者都可以说S只是一个表达经验者真信念的命题,而不必是描述客观实在的真命题,亦即对S的"信以为真"可以代替它的"事实为真"成为必要条件。要表明我们可以有意义地或融贯地相信S,就必须寻找恰当的理论手段来弥合关于S的知识(信念)与关于S的事实之间的鸿沟。先验论证通过说明"S是经验的必要条件",可以证明怀疑论是荒谬的,从而有资格成为反怀疑论论证。现在的问题在于,这种论证是否足以可靠地实现反怀疑论的理论目标。

在斯陶德看来,斯特劳森《个体:论描述的形而上学》的上半部分内容带有"某种康德主义的风格"④,其论证也是依赖先验论证来证明

---

① 康德. 纯粹理性批判. 邓晓芒,译. 杨祖陶,校. 北京:人民出版社,2004:27.
② Barry Stroud. Transcendental Argument//Understanding Human Knowledge. Oxford:Oxford University Press,2000:9.
③ 同②10.
④ 同②.

怀疑主义的荒谬性。斯陶德认为，斯特劳森的论证前提和结论分别是：

  （1）我们把世界当作包括了客观殊相的单一时空系统。

  （6）物体在不被感知的情况下继续存在。

（1）明显是斯特劳森所强调的"概念真理"，是作为我们思考世界方式的"概念图式"的组成部分。斯特劳森的目的是展示（1）成立的必要条件，尤其是要通过先验论证说明（6）的必要性。（6）的重要性在于，它是一个说明"事物如何存在"的命题，只有说明了（6），我们才能跨越康德的表象-实在鸿沟，显现从"信念"到"事实"的过渡，完成对"我们如何看待世界"的认识论辩护。但是，斯陶德认为怀疑论者怀疑的目标恰恰是（6）。斯特劳森在展示（1）的必要条件的过程中曾经宣称怀疑论是不可理解的，他的理由是，如果怀疑论者要提出任何怀疑，他必须接受（1），但当他提出对（6）的怀疑时，他又必须否认（1）。由此，现在的问题就在于如何从（1）推导出（6），斯陶德认为斯特劳森提供了如下步骤：

  （2）如果我们把世界当作包括客观殊相的单一时空系统，我们能够确认和再确认殊相。

  （3）如果我们能够再确认殊相，我们就有可满足的确认标准来进行再确认。

这两个条件是接受斯特劳森有关（1）的必然后果，也基本反映了斯特劳森认识论形而上学的论证思路。斯陶德认为斯特劳森的论证就此停止。但是根据（1）—（3），我们不能证明怀疑论者对（6）的怀疑是荒谬的，如果怀疑论者的论断"物体在不被感知的情况下不存在"有意义，我们最多能够证明我们需要可满足的标准，而根据它我们可以将当下观察到的对象当作先前观察到的同一个对象，但再确认和可满足标准只能在观察没有出现间断的情况下才是可靠的。与此同时，（3）也不意味着根据这条标准，如果所有与再确认有关的标准都是错误的，那么不被感知的物质物体仍旧存在仍然是可能的，但只有这一点不可能发生时，斯特劳森的论证才是成功的。为了使论证更加完整，斯陶德补充了新的条件：

  （4）如果知道再确认需要满足的最佳标准，那么我们就知道物体在不被观察时继续存在。

(4) 相对于 (3) 的优越性在于,它在"殊相的再确认标准"与"不被观察而继续存在的殊相"之间建立起直接的概念联系,弥补了 (3) 所表现的逻辑裂痕。斯陶德认为,无论 (4) 是斯特劳森所预设的论证前提,还是"殊相再确认的标准"的真实含义, (4) 都是斯特劳森驳斥怀疑论所必须接受的理论条件。但是,接受 (1)—(4) 的后果是导致概念证实原则 (verification principle)。斯陶德将这个原则表现为一个新的条件:

(5) 我们有时知道再确认殊相的最佳标准已经得到满足。

(5) 陈述了一个关于"我们有时候能够根据标准确认殊相"的事实,但在论证中加入 (5) 会破坏论证 (1)—(6) 作为概念推导的性质。斯陶德明确指出:"认为斯特劳森是从我们如何思考,或者什么对我们是有意义的,演绎地推导出事物如何存在是错误的。"[1] 实际的情况是,我们完全可以根据 (1) 和 (5) 就得到 (6),不必考虑 (2)—(4) 的演绎过程。如果考虑这一过程,我们必然加入事实条件 (5),才能保证 (1)—(6) 的推理有效性。

根据上述推导过程,斯陶德认为,证实原则的加入对先验论证造成两方面的冲击。一方面,先验论证是否必要成了问题,因为"没有这个原则,斯特劳森的论证将毫无力量,但是加入这个原则,怀疑论可以直接决定性地驳斥怀疑论,因此没有必要诉诸间接论证或先验论证来揭示他的错误"[2]。另一方面,作为先验论证结论的那些命题,亦即被斯特劳森当作概念真理之必要条件的命题不是描述世界中可能事态的事实命题,而是作为陈述真信念的特殊命题。斯陶德将这类出于人类直觉而被认为是真命题的类型称为命题中的"特权类"(privileged class)。斯陶德指出,虽然特权类的所有成员可以作为任何语言、知识、经验或思想成为可能的必要条件,因而必定为真,但是,这类命题不需要是具有特殊理论意义的命题,比如,对于任何说话者,当他说出"我

---

[1] Barry Stroud. Transcendental Argument//Understanding Human Knowledge. Oxford: Oxford University Press, 2000: 15.

[2] 同[1]16.

不可能真实地说'我没有在说话'"时，这个命题根据其逻辑结构而成为必然为真的命题，但这个命题对于经验或语言的结构毫无帮助。此外，这类命题未必会成为必然真理，当命题 S 的内容是"There is a language."，那么 S 是任何语言得以可能的前提条件，但是如果把这类命题当作必然真理，它就只是表达了一个微不足道的真理。更重要的是，特权类完全可以只是表达真信念，而不必实际为真，"怀疑论者总是有理由认为，只要我们相信 S 为真，或者说 S 看起来在所有的可能世界中都可能是真的，但是 S 不必实际为真，就能使语言成为可能。拥有这个信念可以保证我们所说的东西是有意义的，但要说'我们知道 S 为真'，就需要对 S 做进一步的辩护"①。概言之，斯陶德认为先验论证所要求的"必然条件"完全可以是作为真信念命题的特权类，但要使特权类命题足以应付怀疑论者的批评，仍然需要借助证实原则。

斯陶德的批评颇有影响，关于先验论证需要证实原则的指责也基本切中要害。但是，斯陶德的理解并非无懈可击。笔者认为，斯陶德的批评至少在如下方面有待商榷：

（1）斯陶德对概念"先验论证"的理解缺乏历史意识。将康德当作先验论证的"标准作者"并不为过，但斯陶德想当然地将斯特劳森当作这一概念的当代"首倡者"是不妥当的。在分析传统中，奥斯汀最早在 1939 年的《有先验概念吗？》（"Are There A Priori Concept?"）就对"先验论证"概念有所述。斯陶德在随后的论文《先验论证的目标》中分析了奥斯汀对先验概念的不同用法，并认为在整个 19 世纪和 20 世纪早期（奥斯汀之前）都没有人再使用"先验论证"概念，但胡克韦（Christopher Hookway）和贝尔（David Bell）分别指出，这一概念在 19 世纪和康德哲学中并没有被忽略。②虽然概念"考据"对于论证本身可谓无关宏旨，但哲学史意识的匮乏，相当程度上会影响斯陶德对先验论证的目的和功能的评价，而对概念本身传承历史的忽略成为这种缺陷

---

① Barry Stroud. Transcendental Argument//Understanding Human Knowledge. Oxford: Oxford University Press, 2000: 24.

② Barry Stroud. The Goal of Transcendental Argument//Understanding Human Knowledge. Oxford: Oxford University Press, 2000: 203.

(2) 先验论证不是以反驳怀疑论为主要目的的反怀疑论论证。斯陶德认为，康德使用"概念的先验演绎"和"驳斥唯心论"驳斥怀疑论的做法很难被普遍接受。虽然"概念的先验演绎"的目的确实是说明概念的经验使用的"客观有效性"，可以被用来应对怀疑论，但其主要目的不是驳斥怀疑论，而是要从正面证明概念使用的"最低限度的客观性"。"驳斥唯心论"的情况要更为复杂，在最直接的意义上，康德驳斥的并非斯陶德所默认的"休谟式怀疑论"，其理论对手分别是笛卡尔的"存疑式的唯心论"和贝克莱"独断的唯心论"。根据对这一论证的不同解读，它是否能够与"概念演绎"的目标一致也值得考虑。以盖耶尔为代表的部分哲学家认为，"驳斥唯心论"是康德在第二版中加入的内容，它与整个先验观念论的体现是不相容的。盖耶尔指出，康德在这部分的目的是要表达一种先验实在论，即他要表明外在于我们的、先验的对象不是我们的表象，而是实际存在的对象。[1] 按照这种本体论的，而非现象学的理解，驳斥唯心论就完全失去了驳斥怀疑论的认识论价值。

虽然认为先验论证是理想的反怀疑论手段在当前讨论中已经成为主流的看法，但这种理解多半来自斯陶德的理解，正是他对论证的否定功能的强调，才使得先验论证成为"反怀疑论论证"[2]。对此，格洛克说得很清楚："虽然对于先验论证是否能够反驳怀疑论的衡量标准已经支配了分析的康德主义，但是，这种倾向不是来自斯特劳森本人，而是来自斯陶德对《个体：论描述的形而上学》某些原创性内容的著名批评。"[3] 从实际内容来看，怀疑论在斯特劳森前期哲学中没有占据中心地位，在《个体：论描述的形而上学》中，仅有四处提到了怀疑论（pp. 34-35，78，106，109），而在系统应用先验论证的《感觉的界限》中，斯特劳森仅提到怀疑论一次（p. 258）。由此可见，怀疑论在斯特劳

---

[1] Paul Guyer. Kant and the Claim of Knowledge. New York：Cambridge University Press，1987：279-329.

[2] Roberto Horácio de Sá Pereira. Stroud and Transcendental Arguments Revisited. Sképsis，2016，7 (14)：191.

[3] Hans-Johann Glock. Strawson and Analytic Kantianism//Hans-Johann Glock. Strawson and Kant. Oxford：Clarendon，2003：22.

森的中前期哲学中只能占据一个颇为边缘的地位。其原因在于，斯特劳森认为被斯陶德当作"先验论证"的概念分析方法的主要任务是理论建构性的——用来描述、解释和构造概念图式，怀疑论只是一个需要略做处理的"随附问题"。

（3）确认理论不是先验论证的典型范例。无论是从与康德哲学的关系看，还是从斯特劳森本人对先验论证的实践来看，根据确认问题来讨论先验论证都不妥当。欣提卡（Jaakko Hintikka）曾指出，如果先验论证像康德理解的那样是要说明"关于知识产生者的知识"，即关于经验者自己根据理性的计划所获得的先天综合知识，是要强调认识能力的能动性和积极性方面，那么，只有与经验的必要条件有关的东西才是"先验的"。在这个意义上，斯特劳森在《个体：论描述的形而上学》中对物质物体作为概念框架基本概念的论证就是"非康德式"论证。虽然斯特劳森强调物质物体是确认和再确认的条件，但他没有说明物质物体的概念是"理性根据其自身的计划所产生的"[①]。从斯特劳森对先验论证的使用来看，《感觉的界限》明显是比《个体：论描述的形而上学》更可靠的分析文本，我们曾经提到过，前者所提供的先验论证是不纯正的先验论证，后者所提供的先验论证不仅与康德哲学联系更为紧密，而且是更为纯正的先验论证方法。斯陶德绕过前者，根据后者论证先验论证的缺陷，多少有投机取巧之嫌。

（4）形式问题（演绎有效性问题）不是评价先验论证的关键维度。斯陶德的批评集中在先验论证的演绎有效性，但是斯特劳森关注的是先验论证的材料，还有目的，即是否揭示了经验（概念图式）的必要条件。格雷林根据斯特劳森在 1976—1981 年的讲座和谈话，做了如下记录：

> 因此，在某种意义上，"先验论证"这个表达式是误导性的，因为它暗示了某种特殊的，从前提到结论的有效滑动，而这种滑动可以被表现为具有某种可识别形式的推导。与其以论证、推理或以先验前进的方式，亦即先验地使用标准哲学技术的方式来讨论先验

---

① Jaakko Hintikka. Transcendental Arguments: Genuine and Spurious. Nous, 1972, 6 (3): 274-281.

论证，不如以心中的特定目的和手边的特定素材来论证。实际上，斯特劳森的观点就是这样，即先验论证在形式上并无特殊之处，先验论证的真正特殊之处在于它的材料和目的：其材料是经验，其目的是追溯我们所使用的经验性概念之间的联系和依赖性，以便说明哪些概念是基本的，以及它们如何成为基本概念。①

据引文可知，（至少是后期）斯特劳森主要关注的是先验论证能否描述和解释概念图式的可能性，而不愿意将其当作严格的，具有必然性的逻辑演绎过程。实际上，如果斯陶德将先验论证当作对"权利问题"的解决手段，康德的先验演绎是否可以被当作概念演绎也是值得怀疑的。在"纯粹知性概念的演绎"的开篇，康德就指出"演绎"是"阐明权利或合法要求的证明"②（A84），在这个意义上，我们也可以认为康德关注的是先验论证的目的而非其形式特征。此外，对于《个体：论描述的形而上学》中不纯正的先验论证而言，其特征本身就是根据经验事实来编织概念图谱，是一个经验与概念相结合的"描述"过程，而非解释图景可靠性的"解释"过程。因此，我们可以像皮尔斯一样认为斯特劳森对必要条件的解释不够充分③，而不必急于将斯特劳森对指称过程及其条件的描述改造为标准的先验论证，然后煞有其事地戳破其形式缺陷。

由此，我们已经说明了斯陶德的批评所面临的问题。但是，上述批评并不意味着斯陶德的批评就是无效的。正如斯特恩所言，斯陶德的批评并非"形式"批评，而是"辩证"批评，我们可以对批评的所有细节有所不满，不予接受，但他的批评却反映了先验论证的根本问题。④ 我们这里指出斯陶德的问题的目的在于剔除其论证的缺陷之后，全面分析斯陶德的批评的理论力量，然后在下文接着分析斯特劳森的先验论证相关实践的层次、结构与目的。我们将看到，先验论证之所以难以避免斯陶德的责难，是多种因素复合作用的后果，而根据对先验论证经典形式

---

① A. C. Grayling. The Refutation of Skepticism. Lasalle Illinois：Open Court，1985：94.
② 康德. 纯粹理性批判. 邓晓芒，译. 杨祖陶，校. 北京：人民出版社，2004：79.
③ David Pears. Critical Study：Part 1. Philosophical Quarterly，1961，11（43）：173.
④ Robert Stern. Introduction//Transcendental Arguments：Problems and Prospects. Oxford：Clarendon Press，1999：7.

在内容和方法层面所面临问题的分析,我们也将得到与斯陶德类似,甚至更为激进的结论。

(二) 先验论证的结构与目的

先验论证在 20 世纪 70—90 年代曾经盛行一时,是倾向于概念分析的哲学家们的主导分析范式和基本议题,经过广泛的论证实践和对元问题的讨论,"先验论证"已然成为一张标识模糊的"标签",其下包括了具有"家族相似"特征的各种具体论证和复杂多样的理解。根据斯特恩的总结,先验论证的标准主要有三:一是与康德哲学的关联性,即与康德哲学相关的论证是先验论证,否则就不是;二是满足寻求以"必要条件"为特征为形式要求,先验论证的典型形式是,如果 y 是 x 的可能性的必要条件,而且 x 是存在的,那么 y 必然存在;三是论证对象的特殊性,先验论证被认为是用来阐释与经验、知识、语言或思想等普遍对象有关的必要条件,如果一个论证只是论证具体内容,而不是论证普遍对象的必要条件,它也没有资格被当作先验论证。[①] 不同哲学家对这个三个条件的理解往往有所偏重,他们通常强调满足三个条件中的任意一个或多个条件,并将其特定论证认定为"先验的"的标准。例如欣提卡就以与康德哲学的相关性为标准,将与康德的先天综合知识有关的论证当作"真正的先验论证",而将不满足这个条件的论证当作"虚假的先验论证"。

按照对"先验论证"的这种广义理解,在斯特劳森所提供的文本中,至少如下四种论证有资格被称为先验论证,或者说,广义的类概念"先验论证"是由如下四个层次构成的有序论证结构:

(1) 作为私人语言论证的先验论证。先验论证的这种最初摹本出现在《个体:论描述的形而上学》的第一、第三章。[②] 我们将这两部分对有关指称和经验归属的讨论当作先验论证,直接原因是斯特劳森在讨论中都提到了作为先验论证形式特征的"必要条件"。斯特劳森认为,统一的时空框架是指称的必要条件,而将经验归属给他人是对经验自我归

---

① Robert Stern. Introduction//Transcendental Arguments: Problems and Prospects. Oxford: Clarendon Press, 1999: 2-5.

② 详见笔者在第三章的论述。

属的必要条件。另外,《个体：论描述的形而上学》上半部分隐晦的康德哲学气息也为将这些论证当作先验论证奠定了基础。我们将这部分论证视作与维特根斯坦"私人语言论证"有关的先验论证。由于斯特劳森在对指称的讨论中要求"基本殊相"概念满足公共性标准，在对"人"的讨论中也直接将 P-谓词的他人归属作为自我归属的必要条件，这不仅满足维特根斯坦先验论证对语言公共性特征的强调，而且实际上改造和再现了其先验论证的基本结构。

（2）作为可能世界论证的先验论证。这种作为过渡形式的先验论证主要出现在《个体：论描述的形而上学》的第二章"声音"中，其最突出的特色在于以思想实验为论证手段，通过想象构造作为可能世界的"听觉世界"，进而分析这种只具有声音维度的世界的概念缺陷，间接论证"空间"概念对于概念图式的必要性。在前文第四章中，我们也已经指出，斯特劳森构造听觉世界的初衷是不满于康德的先验感性论，意义在于强调空间而非时间是经验的可能性的必要条件。因此，这个论证基本满足先验论证的三个要件，是比较"合格"的先验论证。

（3）作为客观性论证的先验论证，这种先验论证是我们在第四章中详细阐述的客观性论证。与先验论证的前两个层次相比，这个论证不仅是对康德"范畴的先验演绎"（B 版）的赞同性重构，而且在论证中强调概念分析的演绎性质，将"蕴涵"和"必要条件"作为推进概念联结的理论手段。更为重要的是，斯特劳森和康德一样将这个论证用来说明经验的客观性依据，因而这个论证可以被看作经典的或具有代表性的先验论证。

（4）作为构成性论证的先验论证。这里所谓的构成性论证是指第五章中所介绍的，斯特劳森在《逻辑与语法中的主语和谓语》一书中根据基本语义-语用材料构造普遍语法的论证。与前面的所有论证的目的不同，这个论证是在作为"必要条件"的基本概念已经被确定的情况下，进一步编织概念网络或"最简图式"的概念分析。由于概念联结已经超越了对经验必要条件的分析，也与康德哲学没有直接关联，本质上不能被当作先验论证。但该论证对图式系统的构造，可以看作以构造特定哲学理论的方式来进一步解释"必要条件"，因而可以被当作"构成性先验论证"

（constitutive transcendental argument）①，亦即派生意义上的先验论证。

在明确上述四种先验论证的基础上，我们将分析先验论证的结构和目的，从三个方面阐释为什么斯陶德对先验论证反怀疑论能力的质疑应该被认真对待。

首先，斯特劳森对先验论证渐趋强化的态度，客观上要求对论证的合理性有所限定。总体来看，斯特劳森对先验论证有一个从不信任到信任，从局部使用到全面使用的过程。这种态度变化可以从《个体：论描述的形而上学》到《感觉的界限》对先验论证的使用方式获得一个明显的整体印象，如果说体现了"康德式风格"的《个体：论描述的形而上学》上半部分只是局部使用了先验论证，《感觉的界限》则是用彻底的先验论证来论证经验的客观性。在讨论确认的依赖关系时，斯特劳森采取的是一条实践印证与先验论证（概念分析）并举的策略。对于先验论证，他虽然并不排斥，但对其使用也有所不满，认为这种论证"过于暧昧，过于宽泛"。在讨论基本殊相的公共可观察特征时，斯特劳森甚至试图限制这种方法的使用。他认为我们应该对"公共可观察"做出尽量少的限制，并且指出，"这种限制越是宽松，我对假设概念论证的依赖就越少——应用这个论证只是细节问题，而且很容易引起争议，它的解释力量也很小"②。他还说："我们可以指望尽量少地依赖这个论证——它虽然听上去有些道理，却没有什么解释作用。"③ 由此可知，对超出用法描述的先验论证的使用，相当程度上是斯特劳森在方法论问题上准备不足的结果，先验论证更像是迫不得已的理论选择。而据本书第四章可知，构造听觉世界的"想象"虽然仍旧是掺杂了概念分析与知觉描述的不纯粹的先验论证，但对先验论证的使用范围做了有益的尝试和拓展。《感觉的界限》被当作典型的先验论证方法似乎不会有什么问题，

---

① Peacocke Christopher. Objectivity. Mind, 2009, 118（472）：741-742. 皮考克认为，构成性论证包括三个步骤：（1）确认心理状态、事件或行动成为特定存在类型所必需的类型特征；（2）为类型特征提出一条哲学理论；（3）用这条理论来解释客观性。虽然皮考克强调步骤（2）中所要求的"构造"哲学理论是他将论证称为"构成性先验论证"的部分原因，但他并不认为这种论证是派生性的，将其认定为派生性论证是笔者的观点。

② 斯特劳森.个体：论描述的形而上学.江怡，译.北京：中国人民大学出版社，2004：29.

③ 同②34.

一方面，斯特劳森舍弃了对经验的实际描述，将客观性论证改造为完全的概念化论证，以代替康德颇具心理学气息的先验演绎；另一方面，作为概念化手段的"看作"代替"想象"，成为对象被纳入经验的认识手段。在后续的《逻辑与语法中的主语和谓语》中，概念分析已经不是通过建立演绎关系来联结个别关键概念，而是利用基本概念构造统一的概念网络。我们据此可以认为，作为"私人语言论证"和"可能世界论证"的先验论证是不纯粹的先验论证，而"客观性论证"和更为激进的"构造性论证"是纯粹的先验论证。

斯特劳森对先验论证从自发使用到自觉使用，从用来说明经验的必要条件到构造概念系统的过程，本身并无可指摘之处，但这一论证方法的质疑者指出："先验论证不过是新黑格尔主义者的诡计。"① 先验论证的彻底化有导致对实际的概念结构的分析蜕变为对先验的概念结构的分析的危险，斯特劳森所奉行的康德主义就此很有可能滑向黑格尔主义，对经验"客观性"的合理要求也会沦落为对经验"合理性"的客观性要求。因此，为了避免"分析的（新）康德主义"蜕变为"分析的（新）黑格尔主义"，我们有必要对先验论证证明"物体在不被感知的情况下继续存在"这一形而上学论断，以及相应的反怀疑论的能力进行检验。

其次，先验论证中的"世界指向"成分，客观上要求检验论证的合理性。根据论证目的的不同，卡萨姆将先验论证区分为"世界指向的论证"（world-directed argument）和"自我指向的论证"（self-directed argument），前者从存在着特定类型的思想或经验出发，试图论证：假如这种经验或思想是可能的，那么它们所在的世界就必须以某种方式存在；后者旨在说明我们的认识能力的本质：假如我们的经验或思想是现实的，那么我们必须拥有某种特殊认识能力，例如"直观形式""范畴"等。卡萨姆认为，世界指向的先验论证，而非自我指向的先验论证，应该被当作反怀疑论证，"因为这种论证想要阐释的必要条件，包括了某些被通常的怀疑论者所怀疑的命题的真值"②。

---

① F. Rosenburg. Transcendental Argument Revised. The Journal of Philosophy, 1975, 72 (18): 612.

② Quassim Cassam. Self-Directed Argument//Transcendental Arguments: Problems and Prospects. Oxford: Clarendon Press, 1999: 83.

具体到斯特劳森的先验论证，情况有些复杂。部分研究者直接将他的先验论证当作世界指向的论证，沃克就持有如此看法，他说："斯特劳森和与他持相同立场的人开始论证时所抱有的期望是：先验论证是能够被用来说明世界必然是什么样子的论证，而不仅仅是说明假如我们拥有关于世界的经验，我们必须如何看待这个世界的。"① 但斯特劳森认为先验论证的主要目标是为描述我们实际所拥有的概念图式服务，如果把"概念图式"理解为与"先天综合判断"类似的概念，那么他的先验论证也主要是自我指向的，因为其主要意图是发掘和澄清与我们的思维结构有关的"概念事实"和"概念真理"。但是，与康德强调认识主体的主动性，认为"对象服从主体"不同，斯特劳森否认概念图式的先验色彩和规范作用，强调图式对于世界的"描述"，这使他的论证不可避免地涉及经验与对象的复合问题，也涉及经验对象的实在性问题，从而使得先验论证包含"世界指向"成分。从具体的论证看，斯特劳森的两个相对完整的先验论证——作为可能世界的先验论证和客观性论证，目的分别是从经验和概念维度解释概念图式的有效性。在听觉世界思想实验中，斯特劳森的本意是同时完成空间必要性论证和非唯我论论证，后面这个论证——非唯我论论证是一个明确要求确认世界中相关事实的论证。而对于客观性论证，不仅威尔克森的步骤二同样是一个非唯我论论证，而且步骤四要求作为经验对象的世界不仅是受到规则支配的世界，而且是"独立于我的知觉的世界"。因此，我们可以比较肯定地认为，斯特劳森的先验论证至少是包含"世界指向"成分的论证，而论证对于世界中可能事态的任何论述都可以成为怀疑论怀疑的对象。在这个意义上，先验论证需要准备对后者的"质询"做出回应。

最后，先验论证不排斥对怀疑论问题的解答。虽然斯陶德将先验论证当作反怀疑论论证不甚可取，但先验论证本身在描述和解释经验的必要条件的同时，在理论上不排斥对怀疑论问题的解答。如果我们认为先验论证，尤其是客观性论证的目标是证明经验的"可靠性"，那么对正面论证结果的评价本身就包含了对"可靠性"阻抗怀疑论挑战的能力、范围和限度的测试，提供"经验的必要条件"与驳斥怀疑论可以说是一

---

① C. S. Ralph. Walker. Kant. London: Routledge, 1978: 122.

枚硬币的两面。有国内研究者就指出："虽然我认为先验论证绝不是为了反驳怀疑主义而专门提出的一种论证方法，但我并不拒绝认为先验论证在反怀疑主义这个论域中可以占据一席之地。"[1] 在斯陶德之外，卡萨姆和沃克等多数先验论证的支持者都同意，先验论证至少应该顾及怀疑论者的挑战。实际上，由于斯特劳森的先验论证包含了"世界指向"成分，要将怀疑论从论证目标中彻底排除基本是不可能的。因为，如果拒绝回答怀疑论的问题，先验论证的结论要么沦为无足轻重的观念论分析，要么其可靠性始终无法得到检验。因此，即便是为了完善先验论证的理论结构，确保论证的结果被普遍接受，先验论证也应该考虑怀疑论者的质疑。

就此，我们通过分析斯特劳森的先验论证的结构和目的，说明了斯陶德的批评所具有的理论意义。接下来，我们将通过对先验论证的经典形式——客观性论证的分析，进一步说明，先验论证为何无法回应怀疑论，反而会成为孕育怀疑论的温床。

（三）客观性论证的"内容问题"

我们选择客观性论证作为分析样本，是因为"私人语言论证"和"构成性先验论证"都不是经典的先验论证，而"作为可能世界的先验论证"的意义和问题已经分别在第四章中得到处理。另外，当代围绕先验论证的元问题的讨论也主要根据客观性论证展开，这不仅为分析这一论证的可靠性提供了丰富的文献基础，而且使我们有机会对论证的后果和问题有所窥探。

这一部分我们先讨论客观性论证的论证内容所遭遇的批评和责难，下一部分我们再讨论方法论层面的问题。这两部分的共同目标旨在表明：先验论证不能如斯特劳森所希望的那样为概念图式提供解释，从而完成解释性任务，也不能有效驳斥怀疑论，反而会为怀疑主义大开方便之门。在围绕论证内容的讨论中，我们主要考虑客观性论证作为概念解释的有效性；在有关方法论的讨论中，我们再关注先验论证作为解释手段与怀疑主义的复杂关系。

---

[1] 方红庆. 先验论证研究. 上海：上海人民出版社，2012：287.

就客观性论证所涉及的内容而言，笔者认为如下四个问题值得认真对待：

（1）经验主体的可靠性问题。对客观性论证中有关经验主体可靠性的最著名批评来自麦克道尔，他根据安斯康姆对"我"的指称性用法的否定，就经验主体是具身主体的论证提出了批评。安斯康姆的论证起点是我们曾经交代过的维特根斯坦的如下看法：在"我"的两种用法——第一人称用法和第三人称用法中，只有在第三人称用法的语境下，比如当我说"我胳膊疼"时，"我"才会被当作指称了自我对象的指称表达式；当"我"以"提到"或"指称"纯粹主体的第一人称用法使用时，"我"不是指称表达式。维特根斯坦认为，在像"我牙疼"这种第一人称用法中，说话者对于"我"的使用是不可错的，"因为在这种情况下，不存在当我说'我牙疼'时，需要确认是哪个人牙疼的问题，询问'你确认是你感觉到疼痛吗'将是毫无意义的废话"[1]。安斯康姆将维特根斯坦的立场进一步彻底化，指出"我"在所有语境中都是非指称的主语表达式。在她看来，"对于名称，或者罗素意义上的指示表达式，我们需要理解两件事情：一是用法的类型，二是在不同场合它们适用的对象，但对于'我'来说只有用法值得关注"[2]。她的理由在于，既然"我"只能以非中介用法（unmediated use）发挥功能，那么它如果有所指称，就必定指称笛卡尔式的自我，由于先验主体不可接受，就应该否认"我"在任何情况下有成为指称表达式的可能性。

麦克道尔倾向于接受安斯康姆的立场，认为斯特劳森的客观性论证是在接受安斯康姆对"我"的非中介用法的同时，拒绝了"我"不是指称表达式的结论。他对主体具身性的论述——论证自我同一性的经验标准在实践中没有得到完全遵守，意味着作为绝对主体的我同样具有第三人称的属性，是客观世界中诸多要素的一分子。麦克道尔认为："我"在实际使用中没有完全满足主体同一性标准是斯特劳森本人的观点，他不必慷慨地将其归属给康德。因为在康德那里，伴随一切表征的"我

---

[1] Ludwig Wittgenstein. The Blue and Brown Book. Oxford: Blackwell, 1958: 168.
[2] G. E. M. Anscombe. The First Person//Samuel D. Guttenplan. Mind and Language. Oxford: Oxford University Press, 1975: 61.

思"中的"我"作为形式主体已经满足先验哲学的要求,也就是说:"康德的目的——并没有表达'把主体当作对象的直观',这个表达'意识的统一性'的'我'并不指称,理性心理学的误解才认为它有所指称,并为它创造了指称对象。"①

麦克道尔进一步指出,斯特劳森的有意"误读"不仅来自重构先验论证的需要,而且来自《个体:论描述的形而上学》中关于主体的具身性是经验归属的必要条件的形而上学规定。斯特劳森曾经指出:"意识可以被归属的必要条件在于,它们应该被归属给某种物理特征,或物理情境完全相同的事物。"② 但是,客观性论证的焦点是"关于世界的空间性观点"(a temporally extended point of view on the world),这个论证并未明确表达对主体具身性的要求,论证也没有诉诸现象与本体的区分,这意味着客观性论证不需要"自我"的具身性规定。麦克道尔不无正确地认为,《个体:论描述的形而上学》是比《感觉的界限》更为恰当地讨论具身性主题的文本,他说:

> 当斯特劳森讨论自我指称如何指称的问题时,他对康德的解释是具有启发性的。当他讨论自我指称如何工作,即当某人用"我"表达标准模型时,他的讨论对我们的理解就没什么帮助——如果要讨论自我指称如何工作,我们最好像在《个体:论描述的形而上学》中那样,从 P-谓词和 M-谓词的区分那里寻求帮助——从一开始,P-谓词就包含了对身体运动的归属。③

从斯特劳森通过阐释与行动相关的 P-谓词来发展和完善谓词二元论的思路来看,《个体:论描述的形而上学》中关于主体是行动主体的论述,确实要比《感觉的界限》中主体是经验主体的论述,能够更可靠地推导出主体的具身性特征。经验的客观性论证似乎难以保证得到"经验主体的经验是关于客观对象的经验"的结论,反而是在预设了主体是具身性主体的基础上,才能展开对经验的客观性论证。在这个意义上,经验主

---

① John McDowell. Referring to Oneself//Lewis Edwin Hahn. The Philosophy of P. F. Strawson. Chicago: Open Court, 1998: 136.

② P. F. Strawson. Individuals: An Essay in Descriptive Metaphysics. London: Methuen and Co., Ltd., 1959: 102.

③ 同①143.

体是否通过"具身性"成为"经验的"而非"先验的"主体就颇为值得商榷。

(2) 先验观念论的可接受性问题。在对先验论证的讨论中,先验观念论与先验论证的关系是得到持续关注的核心论题之一。从目前的态势来看,斯特劳森坚持撇清两者之间关系的分离论(separability thesis),以之为基础的反观念论立场占据着绝对优势,其支持者包括了本内特、亨利希、卡萨姆、盖耶尔、朗顿(Rea Longton)等重量级康德专家,但是,先验观念论的支持者始终是一股不容小觑的力量。威廉斯很早就指出:"先验观念论使先验论证成为可能。"① 虽然沃克支持分离论,却倾向于维护先验观念论,强调先验论证不应该"僭越"分析概念图式而非世界结构的"雷池"。除这两位哲学家之外,支持先验观念论的比较有影响的哲学家还包括阿利森和艾丽斯等人,其中,尤以阿利森的辩护立场最具代表性。

阿利森对先验观念论的辩护可谓不遗余力。在与斯特劳森对话的语境中,他在论文《先验观念论与描述形而上学》(1968)中表达了为观念论辩护的基本态度,他认为先验观念论并非一无是处,也不应被弃之如敝屣,而是应当给予适当改造,使观念论能够以改头换面的方式重见天日。在代表性著作《康德的先验观念论:一种解读与辩护》(*Kant's Transcendental Idealism: An Interpretation and Defence*,2004)中,阿利森在系统阐述对先验观念论的本质、功能和意义的理解的同时,回应了盖耶尔和朗顿等人对观念论的责难。在最新论文《先验演绎与先验观念论》("Transcendental Deduction and Transcendental Idealism",2016)中,阿利森又对哈里森和卡萨姆的反观念论立场做了进一步回应。

针对斯特劳森宣称先验观念论是"空转的备胎"的著名论断②,阿利森针锋相对地指出,先验观念论是"是一种大胆的,乃至革命性的认识条件理论"③。阿利森的论断基于他对观念论的独特理解。在他看来,

---

① B. A. O. Williams. Knowledge and Meaning in the Philosophy of Mind. Philosophical Review, 1968, 77 (2): 218.

② P. F. Strawson. The Bound of Sense. London: Routledge, 1966: 257.

③ 亨利·E. 阿利森. 康德的先验观念论. 丁三东,陈虎平,译. 北京:商务印书馆,2014: 40.

先验观念论是对经验的先天条件，亦即"认识条件"的反思，而不是立足于被认识对象的存在论地位进行描述或分析的形而上学理论，先验观念论和先验实在论构成了两种相互排斥却又穷尽无遗的元哲学方法或立场。在这一基本框架下，"先验观念论应该被解读为一种方法或立场，而不是一种实际的形而上学学说"①。相应地，哥白尼式革命也被解读为"认识论范式的转换"，但这种转换不是从客体到主体的转换，而是从以神为中心的知识到以人为中心的知识的转换，也是从直观的认识论到推论的认识论的转换。由此，人类的知识不仅在程度上，而且在类型上与神的知识是有区别的。人类只能根据认识条件拥有有限的推论知识，我们不能坚持以神为中心的模型，构造对事物的永恒的、类似上帝之眼的观点。

阿利森也对斯特劳森认为不可理解的"物自体"概念提出了认识论的，而非形而上学的解释。他明确指出："以认识论为基础来理解先验观念论，要求将现象与物自体之间的区分必须被理解为是在两种思维事物的方式之间的区分（显现的事物和如其自在的事物），而不是如更为传统的解读所说，是在两种存在论的不同的实体之间的区分（现象和物自身）。"② 讨论自在之物也要被理解为讨论"被考虑为如同自在的物"的缩略语。阿利森还强调康德基本上没有以积极的方式来使用这个概念，"而消极意义上的本体除了在很弱的意义上是某个非感性的东西之外，实际上根本就不是一个本体"③。

阿利森将观念论和"物自体"当作重塑认识规范的元概念，这一理解为客观性论证至少提出了两个关键难题。首先，同时接受先验论证与先验观念论是可能的，过度强调认识对象是物质物体的常识实在论，忽视了对观念论做认识论解释的可能性。如果不将观念论理解为规定实体的先验存在形式的形而上学规定，先验观念论与先验论证就是兼容的，因此，先验观念论可以被认为是可接受的。其次，对先验观念论的认识论解释的一个重要启示是发现了观念论与客观性之间的联系。根据阿利

---

① 亨利·E. 阿利森. 康德的先验观念论. 丁三东，陈虎平，译. 北京：商务印书馆，2014：12.
② 同①36.
③ 同①95.

森的理解，先验观念论一方面是讨论对象可以被人类所认识的条件的本性和范围的理论，另一方面它是对认识条件，而不是实在的本性的反思，因此，先验观念论本质上是一种"形式的"或"批判的"观念论，正是观念论的这种"反躬自省"的特征，在为人类的认识划定界限的同时，也肯定了认识在经验范围内的有效性。由此，接受观念论是论证认识的客观性的必要条件，相反，否定观念论对认识客观性的分析，会导致盲目相信常识的先验实在论。客观性论证在这个意义上类似于与先验观念论对立的先验实在论，面临着"描述"有余而"解释"不足的尴尬处境，斯特劳森强调的客观性论证和常识实在论在这两个方面都因为缺乏对认识有限性的反思，是否能够有资格成为对概念图式的"解释"就不得不打个折扣。在这个意义上，先验观念论是论证客观性和进行反思性的理论解释的必要条件，对观念论的接受是解释性工作得以可能的必要前提。

（3）概念拥有策略（concept possession strategy）的恰当性问题。先验论证不仅是建立概念联系的分析方法，也是将各类基本概念以可靠方式纳入我们的概念图式的可靠手段。根据客观性论证，斯特劳森希望从"自我意识"的反思性和"经验"的可归属性推导出作为经验必要条件的"客观性"和"客观经验"概念，从而将"自我意识"、"经验"和"客观性"等当作概念图式可能性的必要条件加以接受。他认为接受这些概念对于概念图式的基础地位，也就论证了经验的客观性。这种以概念联系的可靠性论证经验客观性的策略，与《个体：论描述的形而上学》中的"概念归属策略"可谓殊途同归，所不同的是，前者不再强调"客观性"等概念的可归属性，而是以概念归属为依据，认为我们对"客观性"的"拥有"是经验具有客观性的必要条件，更准确地说，客观性论证对于我们必须拥有"客观性"的强调，以及通过论证概念拥有要求满足某些适用性条件，从而保证经验客观性的策略，可以被理解为"概念拥有策略"[1]。

概念拥有策略面临的首要问题仍然是概念-经验适配的有效性难题。哈里森指出，"经验者不必将他所经验到的主观成分与独立的经验对象

---

[1] Anil Gomes. Unity, Objectivity and the Passivity of Experience. European Journal of Philosophy, 2016（4）：949.

对立起来"①，葛姆斯更明确地认为，对于经验归属来说，我们需要的是像树、桌子这种与对象相关的"经验性概念"（experiential concept），而不是"经验"概念本身；概念归属的实际情况，以及归属是否成功，或者经验是否具有客观性，不取决于我们是否拥有"经验"、"自我归属"和"客观性"等高阶元概念。虽然它们对于经验客观性的论证是必要的，但对于经验客观性来说，这些概念是不必要的。因此包括"客观性"在内的元概念应该更准确地被称为"解释经验客观性的必要条件"，而非"经验的客观性条件"。

本内特从相反的方向指出，"客观性"概念不足以保证经验的客观性。对于客观性论证的结论"我的经验都是关于客观对象的经验"，本内特认为，如果将其理解为"所有的经验都是关于（外在）客观对象的意识"，那么这个结论就太强，斯特劳森不会否认关于内在状态的反省经验。合理的理解是：拥有客观对象的经验是拥有意识的前提条件。但是，如果接受反省经验的合理性，那么表述反省对象的概念虽然是"经验性概念"，但未必是"客观概念"。这种情况对与幻觉、妄想有关的经验表现得尤其明显，比如当某个经验者在今天下午两点到两点半之间沉溺于特定幻觉 H，假定他拥有关于 H 的概念 H'，但是 H' 不是与任何客观经验有关的客观对象的概念，而只是一个纯粹主观的反省对象，我们拥有概念 H'，只是因为我们曾经拥有纯粹主观经验 H，即其合理性只是在于"如果有 P，那么先有 Q"②。对于皮考克等强调非概念表征的经验论者，概念属性或概念成分都不是经验表征的关键要素，任何概念性经验都以前概念表征为基础或拥有"非概念根源"（nonconceptual parent）③。在这个意义上，概念拥有策略可能面临的困难不仅是可靠与否的问题，而且是否还具有充分的理论重要性的问题。

概念拥有策略的另一个问题涉及斯特劳森的经验论立场及其稳定性。从总体上看，斯特劳森试图坚持和辩护的是一种介于新康德主义和

---

① Ross Harrison. Strawson on Outer Object. The Philosophical Quarterly, 1970, 20 (80): 220.
② Jonathan Bennett. Strawson on Kant. The Philosophical Review, 1968, 77 (3): 345.
③ Christopher Peacocke. The Mirror of the World. Oxford: Oxford University Press, 2014: 80-99.

新黑格尔主义之间的概念论立场,一方面他强调经验是直观和概念的统一体这一先验哲学的基本教条,另一方面他也接受经验拥有概念性成分,因而把经验当作概念化经验,解释经验的客观性的先验论证也旨在阐释经验的概念化成分从何而来,以及经验主体如何实现对经验对象的概念化把握。但是,通过概念拥有策略所表述的论证,不仅会颠覆和违背斯特劳森作为新康德主义者的基本立场,使其倒向更为激进的新黑格尔主义,更麻烦的是,这种"间于齐楚"的态度,使斯特劳森的经验论立场缺乏融贯性和稳定性,呈现出难以把握的复杂面相。

作为客观性论证起点的直观-概念区分可以看作导致斯特劳森的立场接近新黑格尔主义的导火索。对于被康德当作接受性能力的"直观"概念,斯特劳森倾向于剔除其作为认识能力的概念内涵,将它当作认识对象的概念特征,认为直观是指"任何殊相都是作为一般概念的个别实例"。根据这一理解,直观-概念区分一定程度上等同于殊相-共相区分,说某一对象是直观对象,等于说它是概念化的认识对象。这样,是否能被概念化是区分认识对象和"自在之物"的标准。根据斯特劳森的重新解释,自在之物实际上是"不能形成概念之物":

> 我们乐于承认存在着我们所不知道的个别事实,但我们也必须承认,对于可能存在的某些事实类型即"实在的诸面相"这个概念,我们可以把它描述为用来回答我们不知道如何提问的问题的概念——就如同"本体界"概念那样,虽然不是以相同的严格的方式,它们都限制了关于人类知识和经验的论断,以免使后者成为"与实在共外延"的论断。[1]

接受经验对象的概念性特征,无疑迈出了经验概念化过程的第一步,也为经验中的概念性成分提供了理论依据。新黑格尔主义的当代支持者麦克道尔认为,(知觉)经验中的概念性成分是"概念无界性"的突出特征。他强调:"属于自发性的概念化能力已经在经验自身中发挥作用了,而不仅仅是在以经验为基础的判断中发挥作用。"[2] 斯特劳森也提出了类似的说辞:"这些进入我们的基本信念或非理论信念的概念,也进入

---

[1] P. F. Strawson. The Bounds of Sense. London: Routledge, 1966: 42.
[2] John McDowell. Mind and World. Cambridge: Harvard University Press, 1994: 24.

了我们的判断之中,就是那些以最紧密、最直接方式进入我们关于世界的经验的概念。我们把世界经验为其个别实例所例示的东西,在这个层面上,我们不应该说判断是在经验的基础上所构造的,而是经验和概念融为一体,在这个层面'看'与'相信'实际上是同一回事。"① 由此可见,斯特劳森与麦克道尔在肯定概念不仅成为经验判断的必要成分,而且成为知觉经验的概念性成分这一点上,或者说在把经验当作概念化经验的问题上态度是一致的。这就表明斯特劳森对经验本质的看法相当程度上是一种黑格尔化的理解。

但是,斯特劳森的立场缺乏稳定性,在对关乎客观性论证成败关键的"接受成分"的论述中表现得最为明显。根据哈里森的解释,客观性论证中用于区分经验对象与非经验对象的接受成分的意义是不稳定的。他认为接受成分可做两种解释:一种是按照标准理解,将接受成分当作经验主体所拥有的概念,通过这些概念经验者才可能实现对经验对象的概念化处理;但据另一种理解,接受成分可以被理解为经验过程。斯特劳森指出:"我们必须承认存在着特定的主观经验(比如对瞬时记忆的感觉),在这些经验之外对象不能独立存在。"② 正是通过将接受成分的意义由前者转向后者,斯特劳森才得以拒绝感觉材料经验论,因为这一理论虽然能够在经验中实现对质料成分(对象)和形式成分(概念)的区分,但无力区分经验的主观过程及其过程所涉及的对象。

接受成分所面临的问题并非孤证,在斯特劳森对"知觉"概念的理解中,类似问题不仅表现得更加明显,而且揭示了其立场的非融贯性。根据斯特劳森的定义,知觉同时具有感性特征和概念要素。"理论负载材料。可感经验被概念所渗透,概念的非反思地伴随知觉经验的普遍可适用性,是概念渗透到可感经验的条件,也是感性经验'是什么'的条件。"③ 乍看之下,我们似乎会认为知觉是概念和感觉交互运作,共同构成的最低限度的直接可感经验。但是,知觉与经验这两个概念之间

---

① P. F. Strawson. Subject and Predicate in Logic and Grammar. Aldershot: Ashgate, 2004: 12.
② P. F. Strawson. The Bound of Sense. London: Routledge, 1966: 100-101.
③ P. F. Strawson. Perception and its Object//Galen Strawson and Michelle Montague. Philosophical Writings. Oxford: Oxford University Press, 2011: 129.

的关系却成了问题。如果知觉本身已经是概念化知觉，而经验的反思性也不过意味着对经验的归属，那么"知觉""可感经验""知觉经验""经验"就应该是同义词。如果它们是同义词，知觉可能会失去作为独立概念和研究领域的重要性。我们认为这些概念不是同义的，又难以找出"经验"与"知觉"的区别所在。斯特劳森的"经验"定义"M-experience is the M-perception it seems to be."比较清晰地反映了这种尴尬状况。其问题在于，由于过度强调经验的概念化方面，斯特劳森对经验对象的可感性质和经验的"感觉"方面缺乏必要关注，知觉的地位和作用没有得到充分肯定。因此，"知觉"要么是与经验界限不明的模糊概念，要么是与经验同义但无关紧要的庸俗概念，无论如何理解，知觉和知觉理论似乎都无法有效纳入描述形而上学的整体图景。

尽管斯特劳森通常被当作新康德主义的当代旗手，但也有好事者试图在斯特劳森哲学中寻找"布拉德雷的幽灵"①，而他与麦克道尔的知觉理论之间的关联也是清晰可见的。因此，有必要澄清的是，斯特劳森不单是具有"自由主义"倾向的康德主义者，而且有着新黑格尔主义者的隐秘面孔，但其立场缺乏稳定性和融贯性的特征也表明，他不是彻底的新黑格尔主义者，而是在"中间道路"摇摆不定的"两面派"。但是，概念拥有策略的过分使用，无疑铺就了"通向黑格尔主义之路"。对于麦克道尔等后辈进一步阐发的新黑格尔主义知觉理论，钟情于重塑康德哲学面貌的斯特劳森大概不会乐见其成，至少在这个意义上，我们也可以说概念拥有策略是不恰当的。

（4）替代方案的可能性。葛姆斯在论文《同一性、客观性与经验的被动性》的最后两节提出了一个替代客观性论证的方案。在他看来，客观性论证的核心问题在于：如果承认我们能够对经验做自我归属，那么我们如何来看待经验呢？无论是康德的所谓"哥白尼式革命"，还是斯特劳森的概念拥有策略，本质上都强调主体通过发挥认识的主动性和创造性，通过概念整合构造经验对象。因此，论证经验的客观性需要经过概念演绎或概念归属等复杂的论证过程。如果我们考虑知觉经验对于知觉对象的被动性，注意到感觉是一种接受对象刺激的被动认识能力，那

---

① Mark Glouberman. Strawson P. F. and the Ghost of H. Bradley. The Jerusalem Philosophical Quarterly, 1994 (43): 243.

么就有一条更为简洁的论证路径：经验对于其对象来说是被动的经验，要接受经验的被动性，就必须接受经验是关于对象的经验，亦即经验是对象性的或客观的。葛姆斯的方案包括三个步骤：

（1）我们的经验对其对象而言是被动的。

（2）在对具有被动性的经验的归属中，我们必须使用某些概念，以展示我们对经验的被动性的理解。

（3）拥有这些概念要求拥有"客观性"概念。

葛姆斯的论证重点意在强调（1），因为后两个步骤基本与概念归属策略一致。他从三个方面说明了这一强调经验被动性的替代论证的理论依据。首先，这一论证与康德对感觉的接受性的论述是一致的。康德认为："我们若是愿意把我们内心在以某种方式受到刺激时感受表象的这种接受性叫做感性的话——我们的本性导致了，直观永远只能是感性的，也就是包含我们为表象所刺激的那种方式。"①（A51/B75）康德对直观对象被动性的规定，在概念上就要求必须有对感觉进行刺激的对象。其次，论证与斯特劳森关于知觉的因果理论一致。如果斯特劳森强调知觉经验与对象之间存在着因果性联系，外在对象是知觉得以产生的原因，那么知觉对于作为其原因的对象来说是被动的，没有知觉对象，也就不会有关于对象的知觉。知觉的因果理论原本是斯特劳森用于补充客观性论证，说明经验客观性的实现机制，但葛姆斯的这一理解，使得知觉的因果性成为论证客观性的主要线索。最后，论证可以与埃文斯对知觉的"启动条件"（enabling condition）的陈述是一致的。启动条件涉及的是经验能够自我归属的所有现实条件的集合，比如对于"白云是白的"这一经验陈述，天空晴朗和我们望向天空都是陈述所报道知觉经验的启动条件。葛姆斯认为，知觉经验必须满足启动条件的事实也表明知觉对于其对象是被动的。概而言之，"如果知觉概念是个被动概念，那么当有人想要对他的知觉经验进行自我归属时，他所使用的'知觉'概念必定要求他的知觉经验对于经验对象来说是被动的"②。

---

① 康德. 纯粹理性批判. 邓晓芒，译. 杨祖陶，校. 北京：人民出版社，2004：52.

② Anil Gomes. Unity, Objectivity and the Passivity of Experience. European Journal of Philosophy，2016（4）：961.

葛姆斯除了为作为知觉经验结构性特征的被动性寻找理论依据，还强调它对于经验归属者来说也构成了特定的经验意识。一方面，经验的被动性是一种特殊的概念意识（conceptual awareness）。葛姆斯认为，只要我们承认人类是拥有有限理解能力的经验主体，那么作为有限性之表现的一个事实在于，我们被动地与事实产生经验联系，因为我们不能拥有理智直观能力，根据自身需要和意图创造认识对象，在这个意义上，对知觉经验被动性的认识类似于特定的先天综合知识，构成了具体经验知识的必要条件。另一方面，经验的被动性更直接地成为知觉意识（intuitional awareness），亦即有关经验被动性的知识是认识者所拥有的，成为第一人称的自我知识的组成部分。卡萨姆对这类知识的特殊性如此解释道："将某物构想为 F 就意味着它是这样的，但是，直觉性地意识到 F 就等于把它经验为，或者知觉为 F。"[1] 经验的客观性特征作为自我知识的重要性在于，我们绝非只是通过概念，还在实际的经验中，将经验对象经验为被动地与我们联系起来，在这个意义上，"被动性"是个透明概念，它作为一种类似于"知道如何"的实践知识不可分割地将认识条件融入我们的经验实践。由此，知觉经验的被动性作为经验的结构性本质，同时为经验者所认识和知觉，成为知觉经验不可或缺的必要条件。

葛姆斯的这条替代论证的优势不仅体现在形式上的简单性和经济性，而且对论证客观性的传统方案，尤其是斯特劳森的方案具有重大的理论价值。通过对被动性的理论意义的阐发，可以避免主体对经验的自我归属和反思的诸多细节的考察，而且这个过程没有涉及经验主体的意识状态，也没有涉及经验主体对概念的使用和对经验的归属，因而通过论证得到的"客观性"是一种脱离经验主体的主观认识能力和过程，完全是从对象的性质和作用得到的客观性，也是一种更为纯粹的客观性。与此同时，知觉经验的被动性是一个基本不会被否认的事实，从"被动性"到"客观性"的过渡是一个符合直觉的非推论过程，对于客观性的说明可以最大限度地减少对概念拥有策略的使用，也避免了概念推导过程中可能面临的有关"必要条件"的演绎有效性

---

[1] Quassim Cassam. Self and World. Oxford：Oxford University Press，1997：8.

的争议,由此,对知觉经验被动性的论证等同于对知觉经验客观性的论证,因为被动性体现了知觉经验的结构性本质;相应地,由于知觉经验被动性是一种非反思的直接特征,"被动性"乃至"客观性"都是经验主体不得不接受的概念。这样,论证的说服力和解释力都大大得到提升。

(四)先验论证的方法论问题

麦克道尔、阿利森和葛姆斯等参与讨论先验问题的哲学家,都是概念分析和先验论证的实践者、倡导者,相关批评属于对特定版本的先验论证所涉及具体内容的讨论,双方的争执也基本上可被归结为"内部矛盾"。但是,部分哲学家围绕论证方法的可能性、可靠性等方面的批评,却成为先验论证在当代分析哲学中由盛转衰并一蹶不振的主要原因,这些批评与斯陶德的批评一道,成为斯特劳森后期思想发生"自然主义转向"的主导因素。这些更为激进的批评者认为,先验论证不仅不可能为概念图式提供解释从而完成解释性任务,也不能完成纯粹分析性的语义推理,反而会成为滋生怀疑主义的温床。

据福斯特的观察,在先验论证的两条标准反驳路线中,除了斯陶德的著名批评外,另一条是由科纳围绕唯一性问题提出的对先验演绎可能性的质疑。[1] 在对先验论证的早期研究中,科纳是活跃分子,他的两篇论文《新近哲学中的先验倾向》(1966)和《论先验演绎的不可能性》(1967)颇有影响。在他看来,包括康德的范畴演绎在内的所有先验演绎都是一种旨在提供"可靠逻辑理由"的论证方法:"先验演绎完全能够被一般性地定义为一个关于可靠逻辑理由的证明,即证明一个特殊的范畴图式在区分特定经验域的时候,不仅在事实上,而且必然的被使用的理由。"[2] 但是,由于先验演绎不能提供对"唯一性条件"这个关键前提的论证,因而根本上是不可能的。

科纳设想了论证"唯一性条件"的三种形式,并一一说明其不可能

---

[1] Eckart Förster. How are Transcendental Arguments Possible//E. Schaper, V. Wihelm. Reading Kant: New Perspectives on Transcendental Argument and Critical Philosophy. Oxford: Blackwell, 1989: 14.

[2] Stephan Körner. The Impossibility of Transcendental Deductions. Monist, 1967, 51 (3): 318-319.

性。根据第一种形式，我们可以通过对比先验图式与未经过先验区分的经验来说明图式的唯一性，但是，在不使用先验区分的情况下，比较图式化经验和非图式化经验是不可能的，而先验区分本身恰恰是需要被检验的对象；另外，即便非图式化经验是可能的，对比也只能表明这种经验如何在图式中得到"反映"，而不能说明它不可以通过其他的先验区分方法被纳入另外的图式当中。根据第二种方式，我们可以对比要证明的图式与其他竞争性图式来说明唯一性，但这种方法明显是自相矛盾的，对比意味着这两种图式都是可能的，用对比两种可能图式的方法来说明图式的唯一性无异于南辕北辙。根据第三种方式，我们可以通过对目前图式的整体可适用性，以自我审查的方式在图式内部说明其唯一性。科纳认为这同样不可靠，因为自我审查至多表明图式在对经验域进行区分时是如何运作的，而不能说明图式所做区分是唯一可能的区分。

科纳指出，"唯一性条件"的重要性在于它是说明概念图式"必要性"的关键，这一点可以从"充分条件"和"充要条件"的区分中得到体现。其中，前者是建立图式所需要的条件，而只有在后者得到展示的情况下，图式的唯一性才得到保证。一旦图式的唯一性不能被证明，就意味着其他图式是可能的。在这个意义上，不仅康德对旨在建立图式的形而上学阐明和解释概念经验适用有效性的先验演绎的区分毫无意义，而且包括斯特劳森将"物质物体"当作概念图式必要条件的解释在内的各类先验论证都不过是"新近版本的先验错误"[①]。

对于斯特劳森的客观性论证，科纳的批评可谓切中要害，首先，斯特劳森式先验论证的一个主要的目的是阐释概念图式的唯一性，在《个体：论描述的形而上学》中，斯特劳森不仅否认了怀特海以"过程实在"为基本概念的概念图式，也否认了"听觉世界"的实在性，而在《感觉的界限》中，客观性论证明确否认包括感觉材料经验、先验观念论和现象观念论的目的都在于说明经验者的概念图式是以物质物体为基本对象的客观经验。科纳对于先验论证不能满足"唯一性条件"的论证，恰恰是要说明其他图式是可能的，他甚至认为量子力学的世界系统

---

① Stephan Körner. Transcendental Tendency in Recent Philosophy. The Journal of Philosophy, 1966, 63 (19): 551.

也可以被接受，这从根本上对常识世界图景提出了挑战。其次，科纳强调，证明"唯一性条件"是解释图式的关键步骤，这意味着斯特劳森的客观性论证仍然是对概念图式的描述，而不是对图式的解释，从而使客观性论证失去了最重要的理论意义。最后，如果我们将怀疑论者的主张解读为是要提供替代图式，那么科纳的批评无疑会使这类怀疑论有了逻辑上的可能性。与科纳持有相似立场的罗蒂就指出，不存在先验论证的普遍否定结论。对于其他替代图式是否拥有相同的缺陷，我们并不清楚。在这个意义上，"天堂和人间在原则上都不能为想象设限，我们最多能做到的是表明，没有人在事实上想到一个例外"[①]。斯特劳森所做的不过是排除了一种具体的可能性——休谟式怀疑论及与之关联的感觉材料经验论。

与科纳不同，另一位颇具影响的批评者威尔克森通过考察先验论证的几个经典版本——康德的先验演绎、斯特劳森的客观性论证和本内特的分析的先验论证，根据前提与结论的非分析关系，提出了与斯陶德类似的结论，即先验论证不是一个纯粹的分析论证，它不能提供具有必然性的概念真理。威尔克森的论证以区分谓词的"概念"层次和"范畴"层次为基础，以"红"为例，他认为，概念"红"和范畴"/红/"的区别在于：包含前者的命题是经验命题，"x 是红的"的意思是这个命题可以为真，即"x 是红的，这是真的"；包含后者的命题是范畴论断（或分析陈述），"x 是/红的/"的意思是说，"我们可以有意义地或可理解地把 x 描述为红的"。根据这一区分，威尔克森将斯特劳森的客观性论证分析为如下过程：

(a) 我意识到一个排列在时间中的表征序列。
(b) 我/意识到这个表征序列/，仅当我/自我归属这些表征/。
(c) 我/自我归属这些表征/，仅当我/区分主观的和客观的/。
(d) 我/区分主观的和客观的/，仅当我/使用客体概念/。
(e) 我/使用客体概念/，仅当世界展示了受规则支配的联结特征。

[①] Richard Rorty. Transcendental Argument, Self-Reference and Pragmatism//P. Bieri, L. Kruger. Transcendental Argument and Science. Springer Netherlands, 1979：82.

威尔克森认为（a）—（e）的推导过程不能被看作可靠的分析论证，其原因在于：首先，论证前提（a）不是概念论断，而是明显描述了世界中事实的综合命题，它实际上是一个"综合的先验前提"①。其次，在参与推导过程的（b）—（d）三个条件中，只有（d）是比较纯正的分析论证，（b）和（c）形式上是分析命题，但（b）是对（a）的概念化改造，"我意识到表征序列"不等于"我在概念上意识到表征序列"，前者陈述的是经验事实，后者是一个关于概念能力的分析命题，而且，我意识到表征这个事实判断"我在概念上归属自我表征"也是一个从经验事实到分析陈述的跳跃。因此，斯特劳森的论证过程不是根据陈述的逻辑关联，以实质蕴涵关系进行推导的论证，而是借用了"必要条件""蕴涵"等概念所附带的语义效果得出结论，论证过程没有实际的分析性。最后，结论（e）不是分析命题，我们完全可以在接受前提（a）的同时否定（e）。比如在普特南的"缸中之脑"思想实验中，主体拥有表征序列和客体概念，但其拥有经验的条件不包括对世界具有受规则支配的联结性特征的要求。

福斯特指出，"要理解先验论证如何可能，必须说明先验论证的本质"②。威尔克森对先验论证非分析性本质的揭示，比科纳的批评更为致命，因为客观性论证是依据"必要条件"进行严格逻辑演绎的论证系统。威尔克森的发现意味着，在作为先验论证经典形式的客观性论证中，存在着与《个体：论描述的形而上学》中的私人语言论证类似的问题。一旦接受威尔克森的批评，其后果不仅意味着客观性论证需要斯陶德的证实原则，而且论证过程就是证实原则和语义推理共同作用的结果。尽管威尔克森试图发展一套以"实质充分"关系为基础的综合的先验论证，但他还是认为，"所有的这类论证都是无效的演绎论证"③。从应对怀疑主义的角度看，先验论证缺乏分析性，使怀疑主义者有资格追问何以先验论证的结论不容怀疑，对此，先验论证的支持者不得不借助

---

① T. E. Wilkerson. Transcendental Argument. The Philosophical Quarterly，1970，20（80）：205.

② Eckart Förster. How Are Transcendental Arguments Possible//E. Schaper，V. Wihelm. Reading Kant：New Perspectives on Transcendental Argument and Critical Philosophy. Oxford：Blackwell，1989：10.

③ 同①.

其他手段来做出回应。

卡萨姆看到了先验论证缺乏分析性对于反怀疑论的严重后果，他说："现在就认为先验论证不能成功回应怀疑主义的挑战，因而不可能构造有意义的反怀疑论论证还为时尚早，但是，如果考虑这种论证所面临的巨大困难，为先验论证辩护的前景是非常不乐观的。"[①] 卡萨姆认为，当代的先验论证依靠的是一种"非分析的概念必然性"。吉德勒和霍桑（J. Hawthorne）进一步提出了"可设想性-可能性移动"（conceivability-possibility move，简称CP）来说明先验论证的这一实际运作方式，按照他们的理解，CP是从主观可想象性到客观形而上学可能性的推导过程。换言之，论证是"可以向自己描述存在如此这般的情境这个事实，我们自己认为自己知道了关于情境会如此这般的情境是否存在"[②]，更明确地说，我们是从事物在认识论上的可设想性推导出形而上学的可能性。米兹拉希（Moti Mizrahi）根据CP，详细分析了先验论证导致怀疑论的内在原因。

米兹拉希将先验论证的一般论证结构的总结如下：

经验前提：　　　　我们拥有某种经验Y。
形而上学前提（P）：我们拥有Y的形而上学必要条件是X必须为真。
结论：　　　　　　X（为真）。

米兹拉希认为，如果具有上述形式的先验论证要具有反怀疑论功能，那么其形而上学前提，即"X是Y的可能性的形而上学必要条件"必须以CP为基础。但是，CP恰恰是一条不可靠的形而上学原则。米兹拉希提出了拒绝CP的三条理由：（1）某人不能设想P并不蕴涵"P是不可设想的"；（2）"p是不可设想的"不蕴涵"P在形而上学上是不可能的"；（3）CP打开了通向怀疑主义的"防洪闸"。

这里的（1）和（2）与我们前面已经论证的科纳的批评没有本质区别。但（3）则展示了先验论证与其理论对手怀疑主义"珠胎暗结"

---

① Quassim Cassam. Transcendental Argument, Transcendental Synthesis and Transcendental Idealism. The Philosophical Quarterly, 1989, 37 (149): 378.
② T. S. Gendler, J. Hawthorne. Introduction//Conceivability and Possibility. New York: Oxford University Press, 2002: 2.

的尴尬局面。米兹拉希指出:"CP打开了通向怀疑主义的闸门,也就是说,它允许怀疑主义对先验论证试图克服的东西提出怀疑。"① 一旦接受CP,无论是关于外在世界的全局怀疑论,还是就具体科学知识的局部怀疑论,都不可避免地与先验论证所要求的概念真理一道成为可被辩护的理论要求。其原因在于,一方面,既然先验论证不是必然的分析性论证,其所使用的CP策略也同样可以被怀疑论者使用,先验论证的支持者将失去反驳怀疑论的最有力的武器,CP在方法论上的中立性使怀疑主义者有了与其对手"掰手腕"的资格;另一方面,CP是根据经验者的主观意愿使用的方法,其本身就带有鲜明的主观主义和目的论色彩,怀疑论者完全可以认为先验论证的支持者所颁布和论证的真理,不过是独断论者的"一隅之见",在这个意义上,怀疑论者同样有权利要求先验论证的实践者和支持者拿出更加有效的证据。接下来,我们也将看到,斯特劳森提出自然主义,并将其作为比先验论证更为可靠的手段,以应对怀疑论者的拷问。

二、自然主义与怀疑主义

如果先验论证不是驳斥怀疑主义的有效手段,反而会成为怀疑主义泛滥的理论根源,我们就必须寻找新的反怀疑主义策略。下面笔者将根据斯特劳森《怀疑主义与自然主义及其变种》一书的相关论述,把自然主义当作应对怀疑主义的全新方案,在详细介绍其自然主义观点的基础上,说明这一立场应对怀疑主义的恰当方式。在对自然主义的介绍中,我们将关注斯特劳森对自然主义不同类型的区分,对休谟自然主义立场的评判,以及对维特根斯坦自然主义倾向的读解,揭示他对自然主义的深刻洞见。以此为基础,我们将回顾斯特劳森应对怀疑主义的不同策略,通过阐述他对摩尔、卡尔纳普、奎因等人的反怀疑主义策略的分析,进一步揭示斯特劳森对怀疑主义的全新理解,并说明自然主义方案的特殊性。

---

① Moti Mizrahi. Transcendental Argument Conceivability, and Global vs. Local Skepticism. Philosophia, 2016: 742.

（一）自然主义

作为继承了经验论衣钵的分析哲学家，斯特劳森的思想中存在"与生俱来"的自然主义成分。卡尔纳普曾将斯特劳森强调语言描述的分析方法称为"语言学自然主义"[1]，专注于梳理《个体：论描述的形而上学》的皮尔斯也认为，斯特劳森在该书中模糊地表达了"形而上学的自然主义标准"[2]。那么，斯特劳森本人究竟如何看待自然主义呢？只有通过对《怀疑主义与自然主义及其变种》第一章相关论述的分析，我们才能对他的自然主义立场有一个较为清晰的理解。

斯特劳森对"自然主义"概念的复杂而多样的使用有着细致入微的敏锐洞察，他在《怀疑主义与自然主义及其变种》即开宗明义地指出："从用法上看，'自然主义'是一个有弹性的概念，各个哲学家，如休谟和斯宾诺莎，在其著作中所使用的'自然主义'几乎毫无共通性这一事实提醒我们，对不同类型的自然主义进行区分是十分必要的。"[3] 斯特劳森主要区分了两种自然主义：一种是"还原的自然主义"或"硬核自然主义"（reductive naturalism or hard naturalism），另一种是"正统（自由）自然主义"或"柔性（联结）自然主义"（catholic/liberal naturalism or soft/connect naturalism）。斯特劳森没有对两种自然主义进行严格定义，而是专注于指出其理论表现形式的差异，"柔性自然主义"是与"硬核自然主义"对立的哲学态度和方法论立场，前者趋向于多元的实在论，与自然科学保持距离，后者则坚持自然科学的"硬核"标准和哲学的固有理论原则，倾向于否认明显的、常识的真理和实在。在硬核自然主义看来，柔性自然主义无疑是在贩售各种不可靠的、缺乏理论根据的谬论，而在柔性自然主义看来，前者过于狭隘，"科学至上"的态度和还原论方法也违背了哲学为科学奠基而非为科学服务的理论初衷。即便如此，斯特劳森仍旧倾向于认为，两种自然主义只是哲学家因个人立场的区别而表现出的不同偏好，实际存在的相互攻讦不过是"意

---

[1] Rudolf Carnap. P. F. Strawson on Linguistic Naturalism//Schilpp Paul Arthur. The Philosophy of Rudolf Carnap. Chicago: Open Court, 1963: 933.

[2] David Pears. Critical Study: Part 1. Philosophical Quarterly, 1961, 11 (43): 173.

[3] P. F. Strawson. Skepticism and Naturalism: Some Varieties. London: Methuen, 1985: 1.

气之争"。就他本人来说，虽然与科学主义和还原论方法分庭抗礼的柔性自然主义固然是更可靠的立场，但柔性自然主义与其对手是可并存的，"我不想暗示在这两种自然主义之间理智上的冷战是不可避免的。或许，兼容、媾和，甚至妥协的可能性是存在的。正如柔性自然主义，或正统自然主义的名称所暗示的那样，它为接受和平共处的建议做好了准备"①。

斯特劳森之所以区分自然主义的两种类型，是因为"自然主义"是在与"怀疑主义"相对应的意义上加以使用的，尤其是"硬核自然主义"的某些变种在哲学的争论中与"怀疑主义"有密切联系，于是成为怀疑主义的表现形式或者是通向怀疑主义的必要中转环节。其中，休谟的自然主义倾向可以被看作通向怀疑主义的硬核自然主义的代表，因此对于自然主义的进一步分析需要以休谟的立场为起点。

休谟及其哲学始终是斯特劳森理论思考中的一条绵长的"魅影"，也是贯穿其思想发展的一条暗线。在《逻辑理论导论》中，斯特劳森曾辟专章（第九章）对休谟的核心议题——归纳问题进行讨论。在随后发表的《个体：论描述的形而上学》中，斯特劳森认为休谟是游走于形而上学的描述路线和修正路线之间的"两面派"，并将这位苏格兰哲学家加冕为"哲学的讽刺者休谟"②，但将休谟与自然主义联系起来，最早出现在他与谢尔曼（Wesley Salmon）对归纳问题的讨论。面对谢尔曼认为怀疑主义需要辩护的指责，斯特劳森指出："休谟他不会认为归纳是一种传统信念，而是会指出归纳是一种自然信念。"③ 这里，斯特劳森以反归纳辩护主义为基本立场，将"自然信念"看作解决归纳问题的"去难题化"策略的重要组成部分。④ 但是，自然主义仅仅被局限于对具体问题（归纳问题）的解决，还没有上升到统摄理论全局的高度。

《怀疑主义与自然主义及其变种》对休谟的自然主义做了更为通透的分析，斯特劳森认为休谟式自然主义的基本目的是通过在"自然"和

---

① P. F. Strawson. Skepticism and Naturalism: Some Varieties. London: Methuen, 1985: 1.
② P. F. Strawson. Individuals: An Essay in Descriptive Metaphysics. London: Methuen and Co., Ltd., 1959: 9.
③ P. F. Strawson. On Justifying Induction. Philosophical Studies, 1958 (9): 21.
④ 曾自卫. "问题史"视域下的归纳问题：兼论斯特劳森的语言学解决方案. 武汉：华中师范大学，2013: 29-31.

"理性"之间划界，以限制人类理性的使用和伸张自然权威的方式来反驳怀疑主义。休谟认为，无论是在影响人类的意志能力方面，还是在按照归纳形成关于外在对象存在的信念过程中，理性都不是占据支配地位的决定性因素。休谟试图证明，理性不能单独成为意志活动的动机，当它影响意志时，也不会与情感的力量相互冲突。因此"理性是并且也应该是情感的奴隶，除了服务和服从于情感之外，它再也不会有其他的职务"①。对于推理的合理性而言，所有支持怀疑论的理性论证是无效的，同样，那些反对怀疑论的论证也是无效的。因为不管论证所支持的立场是什么，我们都不得不相信物理对象的存在，也不得不根据归纳推理形成物理对象存在的信念和期待。休谟认为，这种必然性来自自然的权威。自然就像决定了我们的呼吸和感觉一样，通过"绝对的、不可控制的必然性"使我们在这些问题上别无选择。怀疑主义者的论证不过是"努力通过论证来建立自然早已在心灵中树立起来，并使其不得不活动的一个官能"②。由此，自然成为我们确立归纳合理性，乃至相信外在实体存在的最终的至上权威。

斯特劳森对于休谟的自然主义立场颇为不满。一个秘而不宣的原因在于，休谟的自然主义基本上是一种倾向于自然科学，尤其是以当时的物理学和心理学为依据的自然主义，《人性论》的副标题"在精神科学中采用实验推理方法的一个尝试"就表明了这种迎合自然科学的态度：将复杂观念还原为简单观念，进而还原为感觉印象的还原分析，这是坚持联结主义的斯特劳森所不能接受的。除此之外，斯特劳森的不满还在于休谟对于自然权威的使用方式和范围的规定，使得自然主义只能成为应对怀疑主义的实践策略而非理论方案，从而不能彻底驳斥怀疑主义。斯特劳森发现，休谟哲学在理论原则和推理实践中存在着严重的不一致。在实际推理中，休谟并没有将自然权威当作化解怀疑主义的主导力量。休谟虽然接受外在对象存在是任何推理的前提条件，但是在推理本质的考察中却没有遵守这一原则，而是根据对归纳原则和外物存在的质疑，走向了怀疑主义。这里，休谟面临的是在自然主义和怀疑主义之间

---

① 大卫·休谟. 人性论. 关文运, 译. 北京：商务印书馆, 2010：453.
② 曾自卫. "问题史"视域下的归纳问题：兼论斯特劳森的语言学解决方案. 武汉：华中师范大学, 2013：209.

摇摆不定的两难境地。他坦承:"如果我们信从这个原则,摈弃一切精微的推理,那么,我们就陷于最明显的谬误,如果我们排斥这个原则,而接受这些推理,那么,我们就完全推翻了人类的知性。因此,我们就只剩下一个虚伪的理性,否则便是毫无理性,此外再无其他选择余地。就我来说,在现在情况下,我不知该如何是好,我只能遵照平常人的所为,那就是,这种困难很少或从来不被想到;即使这个困难一度出现在心灵中,马上也就被遗忘了,仅仅留下一个模糊的印象。十分精微的反省对我们的影响很小;可是我们并不,而且也不能立下一条规则说,这些反省不应该有任何影响,这种说法包含明显的矛盾。"①

斯特劳森由此认为,在休谟哲学中存在着难以解决的紧张关系,因为休谟不真信自然主义,也没有坚持彻底的自然主义,而是将自然主义当作实践策略,将"自然"当作类似于"救命稻草"的方便假设。斯特劳森进一步指出,休谟思想中存在着两个不同的理论层次,而他对此表示欣然地接受。根据哲学的批判层次,我们在与怀疑主义的斗争中不能取得任何确定的答案,怀疑主义因此是不可反驳的。而根据日常的经验思维,批判思维的力量被自然的力量主导和压制,在这个层面,我们对外物存在、归纳有效性等问题的信念来自不可避免的自然承诺。因此,"我们可以认为存在两个休谟,一个是作为自然主义者的休谟,另一个是作为怀疑主义者的休谟。正如我们已经指出的那样,休谟的自然主义是其怀疑主义的避难所"②。

总之,斯特劳森认为,虽然休谟为解决怀疑主义提供了自然主义方案,但他的自然主义只是解决怀疑主义的实践策略或安慰剂,斯特劳森认为我们应该将这一立场彻底化,自然主义的支持者需要一种"更加彻底的自然主义"③。如何进一步发展彻底化的自然主义呢?斯特劳森把维特根斯坦当作休谟式立场在分析哲学中的代表,认为他对自然主义有着更为精当的理解。

虽然维特根斯坦没有明确提到自然和自然权威,但他的后期观点表

---

① 大卫·休谟. 人性论. 关文运,译. 北京:商务印书馆,2010:299.

② P. F. Strawson. Skepticism and Naturalism: Some Varieties. London: Methuen, 1985:13.

③ 同②.

显出了明显的自然主义的倾向，通常也被称作社会自然主义（social naturalism）的经典立场。斯特劳森认为，在维特根斯坦和休谟之间，存在着不可忽视的理论相似性或理论呼应。休谟式自然主义的一个重要标志是将自然信念和信念形成的归纳过程当作与人性相关的活动和成果。他说："恰当地说，信念是我们感性部分的活动，而不是认识部分的活动。"① 维特根斯坦也在类似的意义上肯定了休谟的论断："但是我们不正是遵从过去总是发生的事情将来还要再发生（或者类似的说法）这个原则吗？遵守这个规则意味着什么？我们是否真的把这个规则引入推理呢？或者说它不过是我们在推导时所明显遵守的自然法律？或许就是后面这种情况，但这不是我们目前所考虑的事项。"② 斯特劳森认为，这是两人立场相似性之间的一个突出表现，其最显著的共同特点在于他们都规定了某些命题是来自自然的，或者说是遵从自然律，因而它们不能成为怀疑主义的对象，或者说免于被怀疑。

但是，斯特劳森引入维特根斯坦的自然主义的目的绝非要在他与休谟之间进行比附并阐述其关联性，而是要构造一幅更为完整的自然主义世界图景。虽然维特根斯坦的立场的普遍倾向是清晰的，但想要从维特根斯坦的箴言和隐喻中总结出一个完整的立场却相当困难，斯特劳森希望通过对比两人的立场的差异性，说明自然主义与概念图式之间的关系。在他看来，与休谟相比，维特根斯坦的立场更为复杂，这表现在：

首先，维特根斯坦预设的作为规则的命题，或者说自然使我们相信的命题要更加广泛。休谟只是认为我们应该将物质物体存在和构成信念的归纳方法的可靠性当作自然主义态度的组成部分。维特根斯坦认为，免于怀疑的自然信念至少包括：（1）形成信念的归纳标准和归纳方法；（2）外在世界或物理对象是客观存在的；（3）他人心灵是客观存在的；（4）我们的个人历史，或者说过去以及对于过去的经验具有实在性。在拓宽自然信念的范围的同时，维特根斯坦强调自然主义所相信的命题与摩尔常识哲学的关联性，而且认为它们都是与图式有关的命题。他认为像"地球已经存在了很多年"这种摩尔式命题不是假设，而是将它们当作我们语言游戏的整个系统的基础，而且指出，摩尔的这些命题都属于

---

① 大卫·休谟. 人性论. 关文运, 译. 北京：商务印书馆, 2010：210.
② Ludwig Wittgenstein. On Certainty. Oxford：Basil Blackwell, 1969：138.

那些无须特别验证就能够加以肯定的命题："它们在我们的经验命题的系统中有着特殊的逻辑地位。"① 维特根斯坦认为具有真实性的后三个命题，恰恰是从属于摩尔认为"真实到不值一提"的基本命题序列的三个最重要命题②，他认为"语言游戏的基础命题"，与斯特劳森将它们当作"概念真理"如出一辙，本质上都是将这些命题当作概念图式的基本构成要件，由此在自然主义与概念图式之间建立起巩固的理论联系。

其次，我们的概念结构是动态的，某些作为结构成分的命题，可能随着语言实践而改变其理论地位。维特根斯坦虽然区分了可以被怀疑的经验命题和不可怀疑的，作为自然信念或概念图式构成要素的基本命题，但他不把这两个层面或两种成分（命题的区分），当作是彻底的、不可改变的区分。斯特劳森应用维特根斯坦关于河水与河岸的著名比喻，说明自然信念作为概念框架成分的可变特质。维特根斯坦认为，我们确定"知道"的，可以作为经验检验对象的命题类似于河流中奔流不息的流水，而那些"只能通过实践习得"的，不能作为经验检验对象反而是经验基础的命题，类似于河床和河岸，这类命题之所以被当作不可变化的，只是在河床和河岸与河水对比的意义上，它们不会发生剧烈的变化。但是，它们自身会发生缓慢的、不易察觉的变化。维特根斯坦的结论是："部分河床由坚硬的岩石构成，它们不会发生改变，或者只是发生着不易察觉的变化。而部分由泥沙构成的河岸，则会时而沉淀在这里，时而又被冲刷到别处。"③

最后，表达自然信念的命题是具有特殊理论地位的命题集合，它们是社会化语言交流和实践的产物，但本身却又成为语言游戏的基础。维特根斯坦认为，自然信念并非来自一种独一无二的自然权威，而是从交流活动和社会化行为中习得的，是一种"第二自然"，他认为表达自然信念的命题与判断和交流活动处于特殊的关系当中。我们通过交流学习它们，但它们却不是交流的一部分。"这就是说，它们不是我们实际做出的判断，或者概而言之，它们不是我们在实践中学到或被教会的东西，而

---

① Ludwig Wittgenstein. On Certainty. Oxford：Basil Blackwell，1969：135.

② G. E. Moore. A Defense of Common Sense//Thomas Baldwin. Selected Papers. London：Routledge，1993：107.

③ 同①102.

是反映了实践本身的普遍特征,也构成了一个框架。只有在框架之内,我们才能或多或少以具有融贯性的方式做出实际的判断。"① 正是在这个意义上,维特根斯坦对自然信念基础地位的强调被称为社会自然主义。

有关斯特劳森对维特根斯坦自然主义的上述三个特点,就与休谟对比的角度看,维特根斯坦的立场无疑更加彻底,更为复杂,也更具包容性。斯特劳森基本上将自己当作维特根斯坦的同道,就此而言,他对自然主义本质上是一种社会自然主义式的理解。两者的分歧在于,斯特劳森更加强调自然主义作为哲学立场的系统性和整体性。维特根斯坦强调的是单个命题可以超越怀疑,而斯特劳森则强调自然主义与概念图式的关联,认为这些作为自然信念的命题一起构成了思想和经验的基底、脚手架或者结构性基础,整个概念图式或经验结构是一种自然信念系统,而自然主义又是在摩尔常识哲学的基础上所形成的具有形而上学可靠性的概念化结构,因而成为一种新的基础主义。在应对怀疑主义的过程中,我们还将进一步发现这一分歧的理论后果。

(二) 怀疑主义

据斯诺顿观察,斯特劳森"至少是三种当前主要的反怀疑主义策略的来源"②。按照三种策略所在的不同文本及其理论倾向的差异,它们分别可以相对准确地被概括为反怀疑主义的分析方案(analytic solution)、先验论证策略和自然主义策略。为了体现自然主义策略的特点和本质,我们先扼要回顾前两种方案,然后讨论自然主义方案的相关问题。

分析方案最早出现于《逻辑理论导论》的第九章,是斯特劳森为回应对于归纳合法性(或合理性)的质疑而提出的反制措施。该方案的核心是"去难题化"策略,即否认存在关于归纳合法性的问题。斯特劳森认为,归纳推理作为一种以或然推理为本质的方法论原则,具有相对于演绎推理的自足性和独立性,因而不存在有关归纳推理的演绎合理性的问题。说某个归纳过程是合理的,就等于说对特定归纳方法的具体使用

---

① P. F. Strawson. Skepticism and Naturalism: Some Varieties. London: Methuen, 1985: 20.

② Paul Snowdon. Peter Frederick Strawson. Stanford Encyclopedia of Philosophy. 2009. https://plato.stanford.edu/entries/strawson/.

是成功的。追问归纳是不是合理的,类似于追问法律是不是合法的,既然"合法的"意味着"与法律相一致",因而不存在法律的合法性问题,作为或然推理的方法论原则的归纳也就不存在归纳的合理性问题。斯特劳森强调,对归纳合理性的质疑,本质上是对归纳作为与演绎对立的普遍方法论独立性的怀疑。换言之,"归纳论证不具备演绎的有效性,这种有效性如果存在,归纳论证就会成为演绎论证。归纳推理必须以归纳的标准加以评价"①。斯特劳森坚持认为不存在归纳问题,并从问题史的角度重复了相似的立场,他说:"如果说存在由休谟提出的归纳问题,那就必须补充说休谟本人已经解决了这个问题——我相信休谟不会认为归纳信念可以得到一个一般性的辩护。"②

先验论证策略是斯特劳森在《个体:论描述的形而上学》和《感觉的界限》中所奉行的主要策略,其理论内核是强调怀疑主义的质疑缺乏逻辑融贯性,故而应对怀疑主义的最佳策略不是进行"驳斥"或证明怀疑主义的论断是虚假的,而是通过对概念图式的分析拆穿怀疑主义的把戏,证明它是"自我拆台的"(self-defeated)或不融贯的。在斯特劳森看来,怀疑主义再确认的同一性标准和他人存在的典型质疑方式是:"他(怀疑主义者)假装接受概念图式,与此同时又悄悄拒绝适用图式的一个必要条件。因此他的怀疑是不真实的,这不仅是因为他提出的是在逻辑上不可解决的怀疑,而且他等于拒绝了使怀疑成为可能的整个图式。"③ 按照更简洁的说法,怀疑主义者"是在用他要否认的这种结构的语言来表达他的拒绝"④。

与前两种策略相比,自然主义策略的一大特色是深化了对怀疑主义的认识。《逻辑理论导论》虽然提供了应对归纳"合法性"问题的方案,但没有明确提到怀疑论。在《个体:论描述的形而上学》中,斯特劳森对怀疑主义的认识颇不清晰。他一方面把怀疑主义当作"类似休谟的立场"(Hume-like position),但另一方面认为怀疑主义不仅提出"质

---

① P. F. Strawson. Introduction to Logical Theory. London: Methuen and Co., Ltd., 1952: 250.

② 同①251.

③ P. F. Strawson. Individuals: An Essay in Descriptive Metaphysics. London: Methuen and Co., Ltd., 1959: 35.

④ 同③106.

疑",而且要求我们承认我们不确定知道的东西。对于"同一性标准"这个概念,怀疑主义者试图"使我们允许不同于我们所意味的意义之外的其他意义,或某种从未被确定的另一种意义"①,亦即给予这一概念不同的意义。斯特劳森进一步指出:"足够自然的情况是,怀疑论者为我们提供的替代图式,是在暗示我们没有,或者不应该真正拥有我们所拥有的图式,亦即我们没有,或者不应该拥有我们所思考和所意味的东西。"② 由此,虽然怀疑主义关注的是与认识标准的有效性有关的"辩护问题"或者说是"合理性"问题的质疑,但同时也拒绝接受我们关于概念图式的实际知识并提供其他选择,实际上是要求拥有"否认"的权利。换言之,怀疑主义者主要关注的是对于图式或同一性标准的合理性,但怀疑主义本身却是"质疑"和"否认"两种立场的混合。因此,拒绝实际的概念图式和提供替代图式是怀疑主义的两个同等重要的理论支点。在这个意义上,斯特劳森似乎没能区分"笛卡尔式怀疑"和"休谟式怀疑",前者的焦点在于与确定性知识有关的"所有权",认为我们不能拥有除了自我知识之外的任何知识,而后者的焦点在于"合理性",认为我们所拥有的各类知识的实践有效性可以得到局部承认,但是对于它们的来源和本质表示怀疑。③

《怀疑主义与自然主义及其变种》对怀疑主义认识的深化表现在两个方面:一方面是明确了描述形而上学要应对的是休谟式怀疑主义。斯特劳森用"哲学怀疑主义"(philosophical skepticism)、"传统怀疑主义"(traditional skepticism)、"休谟式怀疑主义"(Humen skepticism)、"专门怀疑主义的怀疑"(professional skeptical doubt)等概念反复强调怀疑主义与休谟哲学的相关性,而且指出:"怀疑主义是一个事关怀疑(doubt)而非拒绝(denial)的问题,严格意义上的怀疑主义

---

① P. F. Strawson. Individuals: An Essay in Descriptive Metaphysics. London: Methuen and Co., Ltd., 1959: 34.
② 同①35.
③ 研究者们多数倾向于认为,包括先验论证和自然主义在内的反怀疑主义策略要处理的,而且能够处理的都只是以质疑"合理性"为重点的休谟式怀疑论,而非以质疑"所有权"为重点的笛卡尔式怀疑。这种态度的新近论述来自罗伯托,他认为斯特劳森的先验论证只能处理"类似休谟的怀疑论",而不能处理"类似休谟的修正形而上学"或"还原主义的观念论"。详情参见 Roberto Horácio de Sá Pereira. Stroud and Transcendental Arguments Revisited. Sképsis, 2016, 7 (14): 188-206。

者并不拒绝某种信念的有效性，而是追问如果遵从远端的或方法论的推理，我们拥有这些信念的基础是否充分。"① 怀疑主义并不拒绝信念的有效性，而是询问我们接受其有效性的根据何在，即怀疑是质疑而不是否认。对怀疑主义认识之深化的另一个方面表现是明确了怀疑主义的怀疑内容。在斯特劳森看来，物理对象或外间世界的存在，归纳的有效性，他人心灵是否存在，过去或历史的实在性，这四个自然主义所坚持的命题或自然信念，恰恰也是怀疑主义所质疑的对象，这样，斯特劳森对怀疑主义的内容与范围的理解就囊括了《逻辑理论导论》和《个体：论描述的形而上学》中怀疑主义质疑的所有对象。

接下来的问题是，自然主义如何应对怀疑主义呢？斯特劳森的如下论述可以当作明确的答案：

> 根据作为自然主义者的休谟的立场，我们不能通过论证驳斥怀疑主义，而只是忽视它（也许，除非它们是无害的消遣，或者温和的理智娱乐）。它们之所以将会被忽视，只是因为对于自然的权威来说，对于我们的某些信念是由自然所置入的倾向来说，它们是空洞的。②

据此可知，自然主义的策略是通过宣示自然权威来说明怀疑主义是"空洞的"，从而驳斥怀疑主义的效果。但这种策略究竟意味着什么呢？要评价自然主义策略在方法和目的等方面的特点，我们最好回到斯特劳森提出这一策略的理论语境，在更为具体的视角下说明自然主义策略的特殊性。

斯特劳森之所以放弃分析方案和先验论证策略，转而用自然主义策略应对怀疑主义，其原因在于他注意到了斯陶德对各类反怀疑主义策略的批评。斯陶德在《哲学怀疑主义的意义》（1984）一书中梳理了摩尔、卡尔纳普、奎因以及斯特劳森的先验论证等应对怀疑主义的策略，并对它们的理论可靠性给出了否定答案。斯特劳森基本认同斯陶德对各类方案的批评，试图找出一条不同于过往策略的反怀疑论方法。在他看来，过往的反怀疑主义策略可以被大致分为两条路线：第一条路线试图诉诸常识、理论或准科学解释，通过直接构造理性论证达到反驳怀疑主义的

---

① P. F. Strawson. Skepticism and Naturalism: Some Varieties, London: Methuen, 1985: 2.
② 同①14.

目的，摩尔、奎因是其代表；第二条路线试图展示怀疑主义具有不可理解或自我挫败的理论特质，以间接的方式反驳怀疑主义，除了卡尔纳普之外，前期斯特劳森的先验论证策略也可以被归入此类。斯特劳森对自然主义反怀疑主义功能的论述，相当程度上是对这两条路线的利弊得失进行分析后"趋利避害"的结果。

常识经验论者摩尔的反怀疑主义策略分为两个主要步骤：第一，摩尔宣称我们"确定地知道"某些被怀疑论者所相信的命题，我们之所以知道这些命题，是因为它们是常识。第二，摩尔根据经验证据来说明常识命题的有效性，它用举起一只手和另一只手的方式来说明这些内容是真实的。在摩尔看来，直接经验证据不仅严格，而且具有判决性，我们一旦接受像"我有一只手"这等经验证据的可靠性，那么就可以从中得到关于"外在世界存在"这等确定的结论。简言之，摩尔的方法意在强调经验证据的确定性来捍卫基本的常识命题。斯特劳森认为，摩尔误解了怀疑论者的问题，就外在世界的存在问题而言，怀疑论者考虑的真正问题是，即便在外在世界或物质物体并不真正存在的情况下，我们的感觉经验在逻辑上仍然能够以当下形式存在。如果接受摩尔的论证方式，我们只有两条道路可供选择；如果摩尔依赖的仅仅是他的主观经验，那么他完全忽略了怀疑论者的理论关切；如果他所依赖的这些知识论断不完全是主观经验，由于他没有提出进一步的论证，那他不过是对怀疑主义论断提出了一个独断论的否定，而在哲学中独断论不能解决任何问题。在类似的意义上，斯特劳森认为奎因的"自然化认识论"也错失了怀疑主义的问题，奎因为我们关于世界的日常知识和科学信念建立了一个可靠的概念框架，但是他没有涉及怀疑论的挑战，如果把"自然化认识论"当作反怀疑论策略，它不比摩尔的常识经验论更为有效，最多不过是科学版本的摩尔主义或平行理论。

卡尔纳普同样不接受摩尔的方案，他认为"物理对象存在"与"我有一只手"是两类不同命题。卡尔纳普的依据是对于内部问题和外部问题的区分：一个对象在特定框架或系统内的存在问题被称为内部问题，而一个框架或语言系统整体的存在或实在性问题就是外部问题，内部问题的答案可以用逻辑的或经验的方法来解决。"我有一只手"是处理内部问题的经验命题，其可靠性通过经验的或逻辑的可证实性得到解决。"物理对象存在"这类命题是不可证实的，它解决的是与我们的概念框架有关的外部问题。但是，外部问题牵涉的并非理论问题，而是实践问题，即是否使用或坚持某种约定的问题，或是否选择关于物理语言或组织经验的概念框架。如果我们做出选择，我们就已经选择了接受或拒绝物理对象的存在，在这个意义上，包括怀疑主义所提出的外在对象是否存在的问题是："一个关于我们的语言的结构的实际决定问题。"[①] 而这个问题没有理论的答案，因此，"物理对象存在"不具备任何认识内容，是一个"以理论问题伪装起来的非理论问题"，因而没有可证实的答案，是徒具命题形式的无意义语句。斯特劳森和斯陶德认为，卡尔纳普方案的缺陷在于消解了怀疑主义的理论价值，不应该认为怀疑主义是不可理解的。他们认为："怀疑主义者的问题似乎是可理解的。我们至少需要更多的论证来说明它们是不可理解的。"[②] 斯特劳森的这一批评意味着，将命题区分为两种不同类型是可接受的，但卡尔纳普走得太远，认为所有非经验的命题都不是命题，从而否认了对这些命题进行怀疑的理论价值，这似乎过于激进，更可靠的方式是将它们当作构成概念框架的特殊命题类型。

　　斯特劳森同样接受了斯陶德有关先验论证需要证实原则的批评，也间接承认自己前期的先验论证没有找到正确的目标。但值得注意的是，斯特劳森认为先验论证可以从两个方面反驳怀疑主义。一方面，先验论证提供必要条件的方式，说明怀疑主义者所怀疑的命题是不可或缺的，因而怀疑主义不应反对该类命题的合法地位。比如，外在世界存在，是我们拥有经验的必要条件，我们就不应该怀疑其合理性。这条路线的根据是：怀疑主义者不会否认我们拥有自我意识经验，先验论者随后宣称这种自我意识经验发生的可能性的前提条件是，我们拥有关于外在世界存在或者他人心灵存在的条件。另一方面，先验论证认为怀疑主义者不能提出怀疑，除非他知道他认为那些不可靠的东西是什么。也就是说，他不能使用类似"外在世界""他人心灵"这类概念，除非他至少知道他在某些包含这些概念的命题是真的，而这些命题恰恰是他要怀疑的对

---

① 卡尔纳普. 经验论、语意学和本体论//洪谦. 逻辑经验主义：上卷. 北京：商务印书馆，1982：85.
② P. F. Strawson. Skepticism and Naturalism: Some Varieties. London: Methuen and Co., Ltd., 1985: 7.

象。因此怀疑主义者是自我拆台的。但无论如何,这两种方案都是以提供理性论证的方式驳斥怀疑论,因而是不可靠的。

根据对上述两种主流路线的分析,斯特劳森的自然主义所处的理论地位就非常明显。

首先,自然主义接受怀疑主义是严肃的理论追问。要求承认怀疑主义的理论价值是斯陶德的基本立场。斯特劳森认为斯陶德在批评前述策略后提出的方法是特殊的"怀疑主义中立化"策略,其目的是使怀疑主义成为"哲学上无力的"理论挑战。斯特劳森的自然主义基本上走的也是这条路径,他希望将斯陶德表达的并不明确的立场阐述得更为清晰,可以说,在如何应对怀疑主义的问题上,两人的立场颇为接近。

其次,自然主义是非论证的反怀疑主义策略。从前面的讨论可知,无论是摩尔的经验论证,还是斯特劳森本人的先验论证,作为提供理性论证的反怀疑主义策略都是不成功的。因此,自然主义所要尝试的是非论证的反怀疑主义策略。斯特劳森的理由与休谟相似,即自然和自然信念在范围、力量方面都超越了其对手的理性和理性论证。他说:"你可以说,它们外在于我们的批判能力或理性能力,因为它们定义,或者帮助定义了这种能力的适用范围。如果以理性辩护的方式,通过论证来支持这些信念,从而应对专门怀疑论的怀疑,这种做法所暴露的只是对于它们在我们的信念系统中所扮演角色的完全误解。应对职业怀疑论的怀疑的正确方法,并非通过论证来尝试驳斥它,而是指出它是空洞的、不切实际的、虚假的,而且那些驳斥论证看起来似乎也是空洞的,这些论证所产生的那些支持我们相信归纳论证和外物存在的理由,不是也不会成为我们拥有这些信念的理由,而且根本不存在我们持有这些信念的理由。我们理性地持有的关于事物如此这般的信念,是我们不得不持有的信念,它们定义了这些问题将要出现的范围。"[1] 这段引文的核心论点意在强调基本信念的超越地位,而接受这一点是自然主义的根本要求。就此而言,如果我们接受了自然主义,也就接受了怀疑主义和反怀疑主义的论证都是空洞的,因为双方都对于与概念图式有关的命题在我们的生活中所扮演的角色,乃至在理智的经济学中所拥有的地位有所误解。

---

[1] P. F. Strawson. Skepticism and Naturalism: Some Varieties. London: Methuen and Co., Ltd., 1985: 21.

再次，自然主义是间接的反怀疑主义策略。斯特劳森认为，先验论证对付怀疑论的正确方法不是提供反驳，而是"应该把他当作修正形而上学家，我们不必与他们争执不休，只要不追随他们即可"①。在自然主义策略中，斯特劳森也强调，"非常明显，先验论证不会提供对顽固的怀疑主义的合理反驳。我们的自然主义也会拒绝这种引诱"②，他甚至宣称"自然主义者拒绝任何反驳"③。斯特劳森的明确立场是，自然主义并不驳斥或回应怀疑主义，而是"绕过"怀疑主义，避免与其产生正面冲突。这也是我们强调先验论和自然主义都是作为"应对"而非"驳斥"怀疑主义的根据所在。就不提供论证，也不试图说明怀疑主义者的质疑是"假的"或"错误的"而言，先验论证和自然主义保持了统一的立场，两者都不是对怀疑主义的正面驳斥，而是以迂回的方式说明怀疑主义是无效的（先验论证）或无力的（自然主义）。这种始终如一的间接策略反映了斯特劳森思想的连续性和一致性。

最后，作为反怀疑主义策略，自然主义是一种绝对的相对主义策略。维特根斯坦曾对社会自然主义做了如下经典表述："找到开端是困难的，或者往好处说，从开端开始是困难的，不要再往回走。"④ 斯特劳森进一步指出："试图满足怀疑主义的挑战，无论是以何种方式，或者通过何种形式的论证，都是在试图继续往回走。如果有人想从起点开始，他就必须像我们自然主义者反驳怀疑主义那样来进行反驳。"⑤ 由此可知，一方面，在先验论证等理性论证策略破产后，自然主义是唯一有效的策略，因而是替代先验论证或理性论证的相对策略或次优策略；另一方面，这种策略是绝对的，至少是在经验范围内可以被当作彻底的反怀疑主义策略，它可以完成抵御怀疑主义泛滥的理论任务。因此，自然主义作为怀疑主义策略的地位极为特殊，它既是别无选择的底线策略，也是行之有效的理论选择。在这种双重意义上，自然主义可以被看

---

① P. F. Strawson. Individuals: An Essay in Descriptive Metaphysics. London: Methuen and Co., Ltd., 1959: 36.

② P. F. Strawson. Skepticism and Naturalism: Some Varieties. London: Methuen and Co., Ltd., 1985: 23.

③ 同②.

④ Ludwig Wittgenstein. On Certainty. Oxford: Basil Blackwell, 1969: 62.

⑤ 同②26.

作彻底的相对主义策略,其理论地位的特殊性也反映了斯特劳森思想的内在纵向发展和内在张力。

概而言之,自然主义是一种全新的反怀疑主义策略,它在保留怀疑主义的可理解性的基础上,既要求避免理性论证,也力图排除其在内容上的重要性,是一条间接的、非论证的,且兼具绝对性和相对主义色彩的反怀疑主义策略。

三、自然主义与先验论证

尽管斯特劳森笃信自然主义是应对怀疑主义的恰当手段,但这一间接的、非论证的理论工具应当以何种方式应对怀疑主义?它作为"绝对相对主义策略"的理论本质为何?自然主义又能在多大程度上解除怀疑主义对自然信念的"构陷"?面对这些疑问,《怀疑主义与自然主义及其变种》第一章的阐释过于简略,没有给出令人信服的交代。除了格雷林等极少数忠实追随者满足于将自然权威当作对怀疑主义的决定性反驳,多数研究者和评论者对此并不买账,他们认为无论是将自然主义当作具有独断论色彩的解决方案,还是将其视为终止怀疑主义的"实用主义方案"[1],都不能完全体现自然主义的功能和价值。比较可靠的方法是,从更为广阔的视域出发,将自然主义与先验论证联系起来,通过更为复杂的方式实现自然主义的反怀疑主义功能。

要求连接自然主义与先验论证似乎不尽合理,因为自然主义是先验论证破产后的替代方案。但是,两者之间的历史性继承关系不代表它们在逻辑上是不可兼容的。恰恰相反,这两种立场有着彼此靠近、融合乃至合作的可能性。一方面,斯特劳森对于自然主义立场的彻底化,对自然权威的绝对化,使得他的自然主义立场不仅类似于休谟的观念论经验主义,而且更接近里德的常识经验主义。试考虑来自里德的如下论述:

第一原则是所有论证得以建立的基础,但我不清楚自己是在什

---

[1] Robert Stern. On Kant's Response to Hume: The Second Analogy as Transcendental Argument//Transcendental Arguments: Problems and Prospects. Oxford: Clarendon Press, 1999: 64.

么时候，以何种方式获得它们的，因为在我记忆之前就已经有了。但我敢肯定的是，它们是我的构造的组成部分，我无法摆脱它们。因此，我们的思想和感觉必须有个被称作自我的主体，这不是靠推理得来的观点，而是自然的原则，对它的信念和概念，都是我们构造的组成部分。①

这里的"第一原则"与维特根斯坦"免于怀疑的论题"和斯特劳森的"自然信念"或"概念真理"都是非推理的原则，也是"我们的构造"的组成部分，这与斯特劳森对于自然信念是构成概念图式的基本命题或成分的要求是一致的。在应对怀疑主义的方式上，里德也与斯特劳森颇为相似。胡克韦就明确将两人的立场相提并论，他说："也许像里德或斯特劳森那样，我们相信是神或自然使我们拥有了接受感觉的准确性这一不可拒绝的倾向，或者说是它们使我们相信外在世界的存在，甚至相信他人存在的可证实性。因此，怀疑主义的怀疑才看上去是愚蠢的、虚假的、不真实的，才会成为成年人眼中荒谬的东西。"② 按照这一解读，自然信念或构成概念图式的命题可以被当作温和的先验论断，因而自然主义的先验化，或者说将自然主义重述为特定的先验论证就有了理论的可能性。另一方面，先验论证作为解释手段的崩溃，相当程度上可归咎于其要求将参与论证的经验条件当作必要条件，过分强调论证条件之间的逻辑蕴涵关系，但是，在经历各路批评者的"洗礼"之下，先验论证的支持者们倾向于在目标和手段上做一定让步。萨克斯（Mark Sacks）和史密斯等人倾向于将先验论证当作非演绎论证，认为先验论证不必提

---

① 托马斯·里德. 按常识原理探究人类心灵. 李涤非，译. 杭州：浙江大学出版社，2009：82.
② Christopher Hookway. Modest Transcendental Argument and Skeptical Doubt：A Reply to Stroud//Robert Stern. Transcendental Arguments：Problems and Prospects. Oxford：Clarendon Press，1999：175. 范克里夫提出了斯特劳森与里德立场相似性的另一实例，他认为斯特劳森在听觉世界思想试验中根据经验对象的"外在性"论证"客观性"的做法实际上与里德将经验对象当作客观对象的立场更为接近，而不是与康德的"驳斥唯心论"有直接关联。尽管将斯特劳森与里德相联系并不是主流的理解，也超越了斯特劳森的最初意图，但这种理论上的"暗合"绝不是偶然的。由于斯特劳森要求对摩尔的常识经验主义进行概念化改造和分析，他就必须在一定程度上接受常识经验命题中超越常识的先验成分，而后面这一点，则与里德常识哲学强调常识是超越经验的先验原则的理论诉求是一致的。范克里夫的相关讨论，请参见 James Van Cleve. Touch，Sound and Things Without the Mind. Metaphilosophy，37（2），2006：180-181.

供作为必要条件的论证和结论；斯陶德、斯特恩、马丁等多数温和先验论证的支持者认为，先验论证的目的可以不是提供明确的经验必要条件或"先验特征"（transcendental feature），而只是说明经验可能形式的非经验界限或"先验限制"（transcendental constrain）①，或者说先验论证可以用来"论证我们必须相信什么"②。在这个意义上，先验论证的自然化，即把先验论证当作说明我们概念图式理论特征的温和说明是可能的。除此之外，斯特劳森本人在《怀疑主义与自然主义及其变种》也表达了将自然主义与先验论证结合起来，共同为描述形而上学服务的期望，而先验论证的自然化和自然主义的先验化则是对这一理论期望的具体实践。

根据两种理论倾向彼此融合的不同路径，在与斯特劳森直接相关的意义上，我们将在下面分别讨论两种具有代表性的理论融合方式——认识论自然主义（epistemological naturalism）和适度先验论证（moderate transcendental argument）。其中，前者旨在将斯特劳森的自然主义立场当作论证条件，试图重新构建以之为可靠基础的反怀疑主义论证，后者则试图提供对于怀疑主义的怀柔策略，以局部牺牲反怀疑主义理论目的的方式来"劝降"和"说服"怀疑论。

（一）认识论自然主义

"认识论自然主义"最早来自先验论证的批评者罗森博格，他认为康德的先验论证不是真正的逻辑演绎，而是一种特殊的实践推理，目的是根据认识的历史背景来观察自然科学的理论继承关系，并尝试理解各种不同理论。在这个意义上，罗森博格将自己称为"认识论自然主义者"③，虽然斯陶德随后批评了罗森博格的这一理解，但概念还是得以保留。当代认识论研究专家恩斯特·索萨重拾了这一概念，但他在用"认识论自然主义"指认斯特劳森的相关论述时，抽离了罗森博格所赋

---

① Mark Sacks. Objectivity and Insight. Oxford: Clarendon Press, 2000: 213.

② Michael P. Riley. Barry Stroud's Argument Against World-Directed Transcendental Arguments and its Implications for the Apologetics of Cornelius Van Til. Westminster Theological Seminary, 2014: iii.

③ F. Rosenburg. Transcendental Argument Revised. The Journal of Philosophy, 1975, 72 (18): 612.

予的"与自然科学有关"的概念内涵,而是将其当作根据自然主义来构造反怀疑主义论证的特殊认识论辩护方法。除了索萨之外,布莱克(Andrew G. Black)和华裔学者黄伟雄(Wai-Hung Wong)虽然没有明确提到认识论自然主义,但他们对斯特劳森自然主义策略的重构和批评,也旨在将自然主义立场当作"合理理由"纳入反怀疑主义论证,其实质与索萨的理解没有根本区别。为了集中阐述这种立场的利弊得失,我们主要依据索萨的相关论述展开讨论,只是适当兼顾后两人的相关论述。

索萨对自然主义策略的批评集中在两个层面:一是质疑"怀疑主义是空洞的"这一论断的清晰性和可靠性,二是对自然主义论证对抗认识论怀疑主义的成效有所怀疑。

先来看第一个层面。索萨把斯特劳森当作自然主义的早期代表。在论文《超越怀疑主义》中,他对"怀疑主义是空洞的"这一自然主义论断提出了三条批评意见。首先,斯特劳森做出如此论断时将怀疑对象集中于那些对于怀疑主义最为不利的普遍命题或自然信念,这种限制怀疑对象的做法过于做作,有很多日常信念也是怀疑主义关注的对象,而且它们有着更为重要的理论价值。其次,当斯特劳森宣布"怀疑主义是空洞的"时,没有对"空洞的"究竟意味着什么做出明确解释,那么,它意味着怀疑主义不能在理论上说明我们对外在世界、对他人存在的信念是不合理的,还是说怀疑主义的挑战不会说服任何人改变其信念状态?对此,斯特劳森没有给出清晰的解释。最后,怀疑主义的怀疑不必是空洞的,因为我们在自然信念和日常判断之间存在着广袤的中间地带,部分命题之间虽然在逻辑上是不融贯的,却可以彼此兼容,比如我们能够在日常信念中相信我们拥有身体,相信他人存在,但在哲学的思辨层面,我们又能拒绝这一信念的合理性,甚至认为他人不存在。由此,索萨认为自然主义不是充分的反怀疑主义策略,他说:"对于认识论的辩护,我们需要的是一个更好的解释,即一个更好的辩护理论。"[1]

在另一篇论文《斯特劳森的认识论自然主义》中,索萨重述并深化了对斯特劳森自然主义立场的批评。索萨继续指出,认识论自然主义是

---

[1] Ernest Sosa. Beyond Skepticism, to the Best of Our Knowledge. Mind, 1988, 97 (386): 163.

一种非常有限的策略，它只应对特定类型的怀疑主义，即与概念框架的承诺或自然信念有关的怀疑主义。与此同时，索萨指出，作为理论追问的怀疑主义绝不是空洞的，而是有意义的和值得认真对待的理论问题，"理论研究的目的是理解人类知识的条件、范围、限度及其普遍性和深度。以此为目的的反思不需要产生于对是否存在任何此类知识的任何真正怀疑。这种反思也许仅仅产生于理论研究这个熟悉的来源——纯粹的惊诧"①。按照这一理解，怀疑主义的关键不在于怀疑者是否实质上"提出怀疑"，而是要求对"合理性"进行自觉反省。黄伟雄在摩尔的启发下，从类似的视角区分了"理智的怀疑"（intellectual doubt）和"怀疑的情感"（doubtful feelings），在真正的怀疑主义者眼中，怀疑不必与实际的怀疑现象或心理过程有关，而只是关注认识的可辩护性，因此，前者比后者更为关键，我们完全可以设想不曾做出任何怀疑的怀疑主义者。而斯特劳森将"哲学怀疑主义"与"怀疑主义者的怀疑"相等同就偏离了怀疑主义的主要关切。

根据对怀疑主义的上述理解，索萨以自然信念作为论证条件重构了自然主义策略，他将斯特劳森的论证概括为以下五个步骤：

（1）我们对命题 P 确信无疑。

（2）假设怀疑主义者提出了反对 P 的论证 A。

（3）如果要严肃对待 A，我们需要提出支持 P 且反对 A 的对应论证 C。

（4）假设 P 是一个与结构有关的命题，我们对 P 的接受超越辩护，假设我们把它当作不可动摇的承诺，而且它永远不能真正成为以论证或推理为依据的承诺。

（5）在此情况下，我们最好忽略论证 A 以及与之类似的任何反怀疑主义论证 C。

索萨认为，怀疑主义的通常起点在于（1），即否认我们拥有"完全确定"的命题 P，笛卡尔式怀疑就以寻找绝对可靠的知识起点为重点，斯特劳森的回答则是：我们对于笛卡尔式怀疑的答案始终是否定的，但斯特劳森认为我们对这类命题始终拥有绝对权威的同时，却断定它们是不可论证的，因而本质上是独断论。黄伟雄进一步指出，作为知识背景

---

① Ernest Sosa. P. F. Strawson's Epistemological Naturalism//Lewis Edwin Hahn. The Philosophy of P. F. Strawson. Chicago: Open Court, 1998: 365.

的自然信念之所以是必要的,是因为它是相对于其他关于世界的具体经验信念而言的:"对于我们关于世界的其他信念来说,它们是必要的,但如果我们能够放弃所有的其他关于世界的信念,那么它们同样并非不可或缺,而且我们也没有证明放弃信念是不可能的。"① 相对论等科学理论的发展也表明,假如我们相信时空弯曲,像"过去历史的实在性"等基本命题就是可怀疑的,而且,维特根斯坦在讨论基本命题的地位时,强调的是这些命题的公共性和作为人类生活形式的"普遍共识"的价值,同时接受了图式的可变特质。如果承认基本命题的约定性质和可变性,就不应该否认这些命题是可错的,由此可以成为怀疑论者的标靶。再退一步,即便认为所有这些命题都始终是"确定知道"的对象,也只是说明我们对其做出了否定回答,不代表怀疑主义者的问题是空洞的,它仍然可以成为"严肃的怀疑主义"②。

(2) 和 (3) 面临必要性问题。索萨要求我们区分形而上学命题和认识论问题,对于命题"2+3=5"来说,我们需要区分命题"2+3=5"和我们是否知道或有理由相信"2+3=5",后者是一个认识论问题,怀疑主义者通常怀疑的是认识的可靠性,而非命题本身的形而上学地位,因此,他在怀疑时不需要提出 A 及其对应论证 C,怀疑可以仅仅是质疑,而不必是有根据的怀疑。如果我们只是把怀疑主义者当作"悖论提供者",他不必提供论证;如果我们相信他的悖论或提出的悖论是可靠的,我们也不需要提出反怀疑主义的论证,只有在我们想要知道怀疑主义为何是错误的,或者错在哪里时,才会要求提供 C。对于支持 (1) 来说,我们需要的是论证信念合理性的论证,但这个论证不必以反对 A 为目的。所以,即便接受 (2) 是怀疑主义的必要条件,(3) 也不应以反对怀疑主义为重点。就算是我们对怀疑主义的论证吹毛求疵,我们可以对怀疑主义论证的前提或论证形式提出质疑,不必提出一个正面论证 C 来表示反对。斯特劳森实际上过度关注了怀疑主义的论证以及应对手段,而没有考虑到怀疑主义的质疑作用和认识论功能。

---

① Wai-Hung Wong. Strawson's Anti-skepticism: A Critical Reconstruction, Ratio, 2003: 298.

② Andrew G. Black. Naturalism and Cartesian Skepticism//Lewis Edwin Hahn. The Philosophy of P. F. Strawson. Chicago: Open Court, 1998: 365.

对于（4），索萨认为接受这一点意味着认识论自然主义可以提供的反怀疑论论证是一个弱论证，而非足够有效的强论证，因为我们是在缺乏推理，而且也是在不需要对怀疑论的质询进行辩护的情况下相信P。因此，"无论如何，认识论自然主义所给出的论证都是支持基本信念的论证，而且也是支持接受结构承诺的论证，但这个论证是一个弱论证。我们不得不相信某个命题是一回事，而相信它在认识论上的可接受性则是另一回事"①。尤其是考虑到维特根斯坦的社会自然主义，某些因为交流共同体的普遍使用而被接受的命题本身就是任意的，需要认识论的检验。

虽然认识论自然主义认为自然主义不能回应怀疑主义，但其实索萨等人的观点本身就不能被当作回应怀疑主义的恰当方式，主要原因在于认识论自然主义背离了斯特劳森将自然主义当作非论证的间接反怀疑主义策略的初衷，这也会导致新的理论问题。马尔科（Marco Antonio Franciotti）对黄伟雄的批评对于认识论自然主义有着普遍适用性。他指出，如果将任何自然主义论断作为论证条件构造新的反怀疑主义论证，都会遭遇两个不可避免的问题：首先，自然主义先验化的结果必然是重新构造先验论证的证据结构，因而是以理性证据反驳理性证据，自然也会面临先验论证所遭遇的方法论问题；其次，强调自然主义反怀疑主义的功能，恰好满足了怀疑主义者认为我们根据自然倾向生活，而不对知识合理性进行辩护的建议，通过强调自然信念的基础地位来反驳怀疑主义，就等于放弃了进行辩护的可能性。②

与此同时，我们从认识论自然主义的否定性结论中也可以获得如下启发。首先，自然主义只能处理与结构承诺（framework commitment）有关的怀疑主义，而不能真正解决认识论（笛卡尔式）怀疑主义，因而其使用范围有限；其次，表达自然信念的诸命题类似于提供认识根据的基础命题，自然主义也类似于认识论基础主义（epistemological foundationism），但这种基础主义缺乏对相关命题基础地位的理论证明，故而可能是具有独断论色彩的基础主义，其反怀疑主义的功能的可靠性有

---

① Ernest Sosa. P. F. Strawson's Epistemological Naturalism//Lewis Edwin Hahn. The Philosophy of P. F. Strawson. Chicago: Open Court, 1998: 367.

② Marco Antonio Franciotti. Once More Onto the Beach: Strawson's Anti-skeptical View. Principia, 2009 (2): 143-146.

待检验；最后，认识论怀疑论的本质是要求我们对于任何认识或可辩护信念提供理论的或实践的证据，自然主义诉诸权威的方法，本质上是对理智问题的情感主义解决，其论证力量有限。概而言之，自然主义作为反怀疑主义的手段，是一种适用范围有限、论证力量薄弱且不可靠的理论工具，它似乎更像是一种不能回应怀疑主义论证的乞题之论。换言之，在索萨等人看来，斯特劳森的麻烦在于，如果把自然主义当作对怀疑主义的回应，就显然没有击中要害；如果将其当作寂静主义或另类的认识论基础主义，它作为形而上学的元立场又过于强硬，且将自身陷于不可辩护又无法摆脱的尴尬处境。

（二）适度先验论证

与认识论自然主义根据自然信念构造新的反怀疑主义论证的策略不同，适度先验论证以接受斯陶德的批评为理论基础，通过改造先验论证的目的，将论证当作对概念图式本身，而非图式所反映的世界结构的论证，以降低和取消论证中的"世界指向"成分的方式对怀疑主义做局部回应。

作为反怀疑主义策略的适度先验论证在沃克那里初现端倪，他在1989年的论文《先验论证与怀疑主义》中指出，先验论证曾经在60年代末到80年代中前期是认识论的关键问题，它看起来极有希望为人类关于世界的知识提供充分辩护，也可以为反驳怀疑主义提供强有力的论证，甚至有望在伦理学、美学等领域成为可靠知识的确证手段。但是，鉴于各类激进的康德式先验论证都难免遭遇失败的命运，而先验论证作为普遍哲学方法也面临各种方法论和元哲学的反驳，实际的情况则是，"先验论证是一个死结"[①]。沃克认为，假如接受斯陶德的批评，认为先验论证只是说明了我们思想的某些特征或"特权类"命题，那么先验论证反驳怀疑主义的能力就会遭到削弱，其反驳方式也不再是通过理性论证，而是旨在"说服"的怀柔策略："因为先验论证并不应答，而是说服怀疑主义，在这个意义上它们最多能表明，每个人（包括怀疑主义

[①] Ralph C. S. Walker. Transcendental Argument and Scepticism//E. Schaper, V. Wihelm. Reading Kant: New Perspectives on Transcendental Argument and Critical Philosophy. Oxford: Blackwell, 1989: 55.

者）都必须接受它们的结论是真的或可辩护的，而没有表明这些结论对于独立的实在也是真的。"① 就此而言，康德的表象世界只是根据我们的信念和概念进行理论建构的产物，先验论证主要是表明了表象应该如何，而非世界本身应该如何存在。

尽管接受适度先验论证的哲学家很多，但将其作为沃克所倡导的反怀疑主义策略的最重要代表，恰恰是此前对先验论证提出严厉批评的斯陶德，他在《康德式论证、概念能力与无懈可击》("Kantian Argument, Conceptual Capacity and Invulnerability")中明确指出，斯特劳森早期的论证属于"过于雄心勃勃的康德式论证"，而他有关自然主义的论述则是一种蜕化的弱策略。根据这一论断，斯陶德认为某种中间策略是可行的。即我们在宣称怀疑主义是"空洞的"的同时，也可以将自然主义当作"先验的"，因为其价值在于揭示我们概念框架诸要素的深层结构性联系。由此，自然主义可以是对怀疑主义的严肃回应，而不仅仅是某种新的教条或权威，满足于以"空洞"为借口颁布禁止怀疑主义的"敕令"。

斯陶德所宣称的"中间路线"以强调自然主义的理论后果的方式，说明它是对怀疑主义的严肃回应。斯陶德认为，在放弃了那种旨在提供必要条件，试图建立关于世界的必要秩序和规定的先验论证后，我们当然也就放弃了将形而上学当作一切自然科学之基础的康德式理想。但与此同时，我们可以为先验论证提供更为实际的目标，比如说明某些信念在我们的知识、经验、思想或信念中的特殊地位，从而以极具启发性的方式说明怀疑主义是无意义的。在斯陶德看来，这种温和的先验论证本质上是一种先验反思，是从"我知道如此这般"的心理主义前提过渡到"世界如此这般"的非心理主义结论。更具体地说，先验反思通过如下运作机制展开论证：

> 我心中的想法是这样开始的：我们对于世界的种种经验和思想是一种极为丰富，也极为复杂的认识成果，要反思这一成果，就必须首先承认我们是以这种或那种方式来思维和经验，它们构成了我们开始对这些思想和经验的必要条件进行先验反思的前提，而接受

---

① Ralph C. S. Walker. Transcendental Argument and Scepticism//E. Schaper, V. Wihelm. Reading Kant: New Perspectives on Transcendental Argument and Critical Philosophy. Oxford: Blackwell, 1989: 73.

这一前提则意味着把思想和经验归属给人。换言之，在承认我们必定以某种方式拥有经验的基础上，我们能够以某种康德式口吻提出关于经验条件的问题：假如我们拥有经验，是什么使得我们必须拥有经验，为了拥有经验我们必须做什么，以及我们必须如何拥有它们？反思能够揭示我们的概念中的某些思想和信念的特殊地位，以及某些信念或思想的哲学的无懈可击（philosophical invulnerability）——即便这个结论不再是完全的康德式故事，甚至也不是更为雄心勃勃的后康德主义先验论证的结论。①

据引文可知，斯陶德所谓"不再是完全的康德式故事"就是对先验论证的温和解释，与斯特劳森的客观性论证所代表的经典形式相比，适度（温和）先验论证的最大特点在于论证不是对于"世界"的实际情况的论断，而是对"与世界有关"的信念或经验的论断。"这个弱化版本说的不过是，如果我们想到独立的世界，我们必须把它当作包含了持续存在的殊相的世界。这是一个仅仅存在于我们的思想当中的联结，即如果我们以某种方式思考，我们也必须以相应的其他方式思考。"②斯陶德认为，正是这种作为概念条件的"不可或缺"（indispensability）保证了作为反怀疑主义基础的"无懈可击"。

不可或缺的经验条件如何使得该条件成为无懈可击的条件？进一步说，经验条件的无懈可击性质又如何能够反驳怀疑主义呢？斯陶德认为，这些不可或缺的经验条件之所以是无懈可击的，是因为它们基本上都是可辩护的真信念。确保信念具有真实性的原因有二：一是，不可或缺的认识条件作为经验必要条件始终与世界保持紧密的关联性："为了使信念或思想是关于世界的信念或思想蕴涵的条件是：如果它们是可归属的，那么它就不可能是假的。"③ 二是，作为经验条件的信念必定是普遍的，具有约定作用，我们不可能在这类普遍的自然信念中都犯错。换言之，"无懈可击的信念仅仅意味着，我们不能在拥有这些信念的同时又错误地拥有它们，我们不能认为这些信念为真时，人类遭遇了普遍的幻

---

① Barry Stroud. The Goal of Transcendental Argument//Understanding Human Knowledge. Oxford: Oxford University Press, 2000: 213.
② 同①215.
③ 同①216.

觉或误解。下面的情况是不可能的：当我们认为它们为真时，它们却是假的"①。在确认与世界的相关性和普遍性这两个特征保证了信念的真实性和可靠性之后，斯陶德认为真实可靠的经验条件足以表明，怀疑主义的任何质疑都不能对不可或缺的经验条件或基本信念构成理论威胁。

> 如果归属给自己和他人的信念是我所识别的那种无懈可击的信念，那么对我们的这些信念来说，怀疑主义的可能性不会构成任何威胁。在我们所确认拥有的无懈可击的信念中，我们不可能出现大范围的错误。在如此广阔的层次上出现错误，与我们相信我们普遍拥有这些信念是不连续的。②

到此为止，斯陶德的论证思路可总结如下：作为经验基本条件的自然信念不仅是不可或缺的，而且是无懈可击的。这不仅是因为它们是与世界相关的信念，而且是我们普遍持有的信念，"与世界相关"和"普遍持有"共同保证了信念是可辩护的真实性；一旦明确了无懈可击的信念就是普遍持有的真实信念，那么怀疑主义对于信念真实性的质疑就得到了正面回应，怀疑主义也就失去了其最重要的认识论价值，因而怀疑主义的质疑也变得无足轻重。

斯陶德对信念的"无懈可击"性质的论证，意在揭示为何斯特劳森所关注的那些自然信念或构成图式的命题是不可怀疑的，通过强调这些信念是"无懈可击"的来赋予经验必要条件可论证的反怀疑主义功能。斯陶德的论证，不仅明确了自然信念的"不可或缺"与"无懈可击"这两种性质的关系，说明了经验条件的真实性及其来源，而且说明了信念的无懈可击性质与恒真性之间的关系。与认识论自然主义相比，适度先验论证无疑是更为可取的策略，因为它只是通过强调"自然权威"的理论后果——自然信念会成为不可或缺且无懈可击的信念，对怀疑主义做出了留有余地的温和的反驳。说这一策略是"温和的"，是因为适度先验论证只是试图抽离怀疑主义的理论意义，从而不将"空洞的"理解为"无内容的"，而是理解为"不重要的"，这种解读更加接近斯特劳森的

---

① Barry Stroud. The Goal of Transcendental Argument//Understanding Human Knowledge. Oxford: Oxford University Press, 2000: 218.
② 同①.

理解；说它是"留有余地的"，是因为适度先验论证只是强调自然信念可辩护的真实性的方式，通过展示自然信念的不可或缺和无懈可击的性质来"劝降"或"说服"怀疑主义，而不是直接宣称作为经验条件的经验条件具有逻辑的必然性，因而宣称怀疑主义完全是"非法的"或"不合理的"。虽然斯陶德的立场要比斯特劳森强硬，但他也放弃了在先验论证中论证"客观必然性"的要求，转而以"无懈可击"代替"逻辑蕴涵"，但是，对于任何信念是不是无懈可击的是一个经验问题，而非逻辑问题，怀疑主义者也可以就此提出应答和争辩，而不至于被剥夺"辩护权"。

但是，适度先验论证的策略仍然面临着不可克服的理论困难。A. 布鲁克纳（Anthony Brueckner）以斯陶德论证自然信念真实性的两个理由为切入点，指出了未完全排除"世界指向"成分的适度先验论证的潜在问题。布鲁克纳认为，分别满足"与世界相关"和"普遍持有"要求的自然信念不是完全重合的信念集合，要使所有与世界相关的基本信念都是我们所普遍持有的信念，康德式的观念论解释将不可避免，因为只有这些与世界相关的普遍信念是来自人类理性的规定，它们才能成为既是由经验者主观持有，又具有客观实在性的可靠信念，但是，无论是斯特劳森，还是斯陶德，都不会接受这种让步过多的潜在的观念论预设。而在观念论解释之外，与世界相关的经验条件与普遍持有的经验条件明显是两种不同的信念序列，不仅我们普遍相信的自然信念可能为假，而且信念为真不取决于我们是否相信它为真。更重要的是，"与世界相关"不能保证信念与世界之间的恒常符合，因为"信念内容的固定可能要求外在世界是存在的，但外在世界却可以在信念和其他心理现象都不存在的情况下存在"[1]。就此而言，关于心理学事实的信念与关于非心理学事实的概念，或者关于世界中事实的信念并不如斯陶德所期望的那般携手并进，这也就意味着我们以某种方式思考或经验世界，不必必然地演绎出关于世界的非心理学事实。即便不能建立经验与世界的直接联系，弱化的先验论证最多只能说明概念图式的要素之间的相互关系，而非图式与世界的关联性，而后面这一点，恰恰是怀疑主义者的核心理论关切。

---

[1] Anthony Brueckner. Modest Transcendental Argument. Noûs, 1996 (30)：273.

胡可威从更为全面的角度考察了斯陶德反怀疑主义策略的有效性。他认为适度先验论证存在如下三方面的问题：（1）不能杜绝怀疑主义的可能性。根据斯陶德的论述，我们只能说明那些作为无懈可击的信念是经验者不可避免会相信的信念，但这是一个心理学事实，而非逻辑事实，因而为怀疑主义留下了逻辑的可能性空间。（2）反怀疑主义策略不彻底。适度先验论证无法对概念图式的动态特征做出解释，根据斯陶德对"无懈可击"的强调，我们的信念难以得到修正，也无法进一步说明概念图式进化的原因。（3）没有说明先验论证的反怀疑主义的可操作性。胡可威认为："对于相信相关的命题P，先验论证没有提供任何理由。我们很难发现它如何能够说服任何人来接受这个命题。如果一个论证是要说服我们相信P，它要么说明P为何为真，要么至少给出相信P的理由。"[①] 自然信念的"无懈可击"本身仍然是一个诉诸权威的概念，无法摆脱独断论的问题。斯陶德的先验论证也只能对我们已经确信无疑的命题进行确证性辩护，如此一来，先验论证本身的价值就有待重新评定，因为如果这些命题已经是我们有理由相信的命题，那么为什么还要依凭先验论证和不可解释的权威呢？自然主义本身就不需要先验论证的帮助，最终它要么没有意义，要么也是以不同的方式重蹈认识论自然主义的覆辙。

概言之，适度先验论证作为反怀疑主义策略，虽然优于认识论自然主义，但它仍然不足以成为概念上可分析、理论上可接受以及经验上可设想的有效手段，它只是削弱，而非决定性地杜绝了怀疑主义及其可能性。

四、描述形而上学的理论终局

无论是认识论自然主义还是适度先验论证，对怀疑主义的应答都可谓"瑕瑜互见"，尽管两种策略都提供了先验论证与自然主义彼此融合

[①] Christopher Hookway. Modest Transcendental Argument and Skeptical Doubt: A Reply to Stroud//Robert Stern. Transcendental Arguments: Problems and Prospects. Oxford: Clarendon Press，1999：179.

的具体方案，但前者以自然信念为条件所构造的反怀疑主义论证，恰恰证明了将自然主义先验化是不可靠的有限策略；后者在一定程度上避免了类似的问题，其试图以非论证的怀柔策略说服怀疑主义，但也只是削弱，而非决定性地杜绝了怀疑主义的可能性。更为致命的是，这两种策略都是围绕《怀疑主义与自然主义及其变种》第一章及"怀疑主义是空洞的"这一论断展开，没有注意到斯特劳森提出自然主义的理论初衷和《怀疑主义与自然主义及其变种》的整体运思路径，因而偏离乃至背弃了斯特劳森的理论构想。鉴于这种情况，我们有必要回到斯特劳森的文本，考察通常被称为"实用主义方案"的自然主义策略应对怀疑主义的恰当方式，然后讨论其理论后果，尤其是对于描述形而上学的理论后果。

（一）元自然主义与内在相对主义

要说明自然主义如何应对怀疑主义，我们需要对自然主义的内涵、地位、性质和功能做进一步解释。在本章前面，笔者曾指出斯特劳森提出了两种自然主义，并强调自由的自然主义试图与其理论对手——可能导致怀疑主义的还原自然主义和谐共处。实际上，这个策略并非局部策略或权宜之计，而是贯穿《怀疑主义与自然主义及其变种》全书的主旨思想，要重新梳理斯特劳森的反怀疑主义策略，需要对这一主旨思想做更为深入的解释。在笔者看来，要全面揭示斯特劳森的自然主义立场，需要明确以下四点：

首先，"自然主义"是兼具本体论和方法论意义的元概念，而不是做出实际理论论断的具体概念。在自然主义转向前，斯特劳森已经对自然主义，乃至"自然权威"的使用方式表达了自己的独特理解。在讨论"反应态度"的著名论文《自由与怨恨》中，斯特劳森虽然强调自然应该是比理性更高的权威，但他反对将自然等同于休谟式不可辩护的"本能"，认为"所谓直觉只是哲学家用来阻止认识人性的可怜的理智主义挂件"[1]。如果推敲《怀疑主义与自然主义及其变种》中"自然主义"两个不同变种的共通之处，我们就不难发现"自然主义"并非单向度的概念，而是由具有家族相似性的诸面相构成的一个整体概念，硬核自然主

---

[1] 彼得·斯特劳森. 自由与怨恨. 薛平，译//应奇，刘训练. 第三种自由概念. 北京：东方出版社，2006：31.

义在申述本体论立场的意义上被称为"科学的自然主义",在申述方法论立场的意义上被称为"还原的自然主义"或"严格自然主义",柔性自然主义也包括了说明本体论意义的"正统(自由)自然主义"和方法论意义的"柔性(联结)自然主义"两个层面,因此,我们可以认为斯特劳森的自然主义是一个包含了本体论立场和方法论态度的综合概念,他将"自然主义"理解为一个内涵广博、兼收并蓄的元概念,而非具体的形而上学概念或方法论概念。对"自然主义"概念的这种理解完全符合《怀疑主义与自然主义及其变种》一书试图在各个具体的哲学问题当中寻找同一性的整体论视角,就实际情况来看,自然主义也被用来处理有关道德原则、心理内容、抽象实体和内涵主义等领域的争论,因此,贯穿全书的自然主义态度是申述哲学基本立场的原始概念,是作为涵盖认识论、道德哲学、本体论和知觉哲学的元立场和元概念,而不是提出具体论断和对问题的具体应对方案的解题策略。柔性自然主义和硬核自然主义也就不是具体方法或本体论立场,而是表明了两种截然不同的元哲学立场,或者说它们都是元自然主义(meta-naturalism)的不同变种。

其次,柔性自然主义和硬核自然主义的对立只是理论表象,它们可以彼此兼容和共存(元立场)。继在第一章提出柔性自然主义准备好与理论对手和谐共处之后,斯特劳森在第二章进一步指出,这两种解释虽然彼此对立,但并不相互冲突,或者说它们的对立是表面现象。斯特劳森指出,对立表象的根源在于对"实在"概念的绝对化理解:"我想说的是,我们只有假设存在某种形而上学的绝对观点,根据它我们可以评判我已经做过对比的两种观点的情况下,对立的表象才会产生。但是,没有这样的超越的观点,或者说我们对这种绝对观点一无所知,这种观点不过是个幻象而已。一旦我们抛弃这一幻象,对立的表象就不复存在。在'实在'这一概念中,我们可以接受一种我们知道也可以坚持的相对性。"[①] 因此,一旦"实在地"(really)相对于不同观点的相对性得到承认,一旦"实在"(the real)的不同标准得到承认,这些观点之间的对立表象就会消失。斯特劳森将对"实在"进行不同理解的策略称为"相对主义转换"(relativizing move)。所谓相对主义转换,是将

[①] P. F. Strawson. Skepticism and Naturalism: Some Varieties. London: Methuen and Co., Ltd., 1985: 39.

"实在"当作自然主义元立场基础之上的次级概念,认为我们可以在对概念的理解上进行观点和标准的转换,亦即承认包括意义、知觉、实在、道德判断等与概念图式相关的概念的两类不同的意义:一类是由硬核自然主义提出的,具有科学主义、还原主义倾向的外在论解释;另一种是由自由自然主义提供的,具有非科学主义、非还原的、内在主义解释。这两种解释各有依据,并行不悖。

再次,处理哲学问题的首要方式是通过"相对主义转换"实现不同立场之间的和解。斯特劳森指出:"只要哲学家们还在进行论证,这个问题(抽象对象的实在性问题)就会以这种或那种形式为他们提供论证的材料。在围绕这个问题的漫长争论中,我的目的不是倒向这一边或者是那一边,而是要表明,在处理这个问题上,同样有着与其他问题的相似立场。"[1] 斯特劳森的首要立场是要强调这些问题的两种立场并不是冲突的,因此,自然主义是一种调和主义,试图在两种元哲学立场之间取得平衡。

最后,相对主义转换的最终目的是为常识辩护。斯特劳森认为,相对主义转换的终极目的并非实现自然主义诸变种之间的和解,而是要抵御无所不在的科学主义或科学自然主义的霸权,为常识做底线辩护:"通过理智努力,我们可以在某些时代或一定时间内坚持前一种观点,但我们并不能因此就放弃后一种观点。最后这一点恰恰是我所称之为非还原的自然主义者所坚持的。相对转换所做的是移除这两类观点的成员之间所存在的不兼容的表象。没有相对转换,科学主义的标准,还原的自然主义者都可以坚持他们的原则,他们可以接受我们自然地接纳了人类感知的和对道德事务有所反应的视角,他们可以做出结论说我们多数人不过是生活在不可避免的幻觉之中。相对转换避免了(绝大多数)这种令人不悦的结论。"[2] 正如引文所言,斯特劳森也意识到,相对主义转换并不能解决所有的哲学争议,因而它只是一种局部调和策略。但这一策略的根本目的在于强调以常识为基础的柔性自然主义是比具有鲜明科学主义色彩的硬核自然主义更为广泛的策略,即便是接受前

---

[1] P. F. Strawson. Skepticism and Naturalism: Some Varieties. London: Methuen and Co., Ltd., 1985: 97.

[2] 同[1]52-53.

者，也不能完全摆脱后者，换言之，常识和柔性自然主义始终在我们的理论、实践中占有一席之地。

按照上述分析，自然主义如何应对怀疑主义呢？根据质疑对象的不同，斯特劳森区分了两类怀疑主义：一类是质疑自然信念，比如对他人存在、外在世界存在的怀疑主义；第二种是质疑非自然信念，比如对道德原则、可感性质、心理内容乃至抽象实体的实在性和客观性的怀疑。斯特劳森认为，表达自然信念的命题是构成概念图式的基本命题，而后一种命题则是在特定概念图式内部表达具体信念的命题。斯特劳森认为对于这两类命题，我们应该使用不同的策略：前一种怀疑主义应该被彻底消除，而后一种怀疑主义应该以适当方式予以消解。

对于质疑自然信念的怀疑主义，斯特劳森提出了元概念策略，即自然主义是表达基本哲学立场的元策略，而怀疑主义不足以成为表达元立场的元概念，因此这类怀疑主义缺乏必要的理论力量，或者说怀疑主义是无意义的。试重新考虑如下论断：

> 非常明显，正如我在导论中所论述的那样，这个概念有两种面相，或者至少有两种面相。我最初是在与休谟，以及休谟反怀疑主义的方式（包括他本人的怀疑主义）相联系的意义上援引这个概念或这个名称的。休谟的观点，同样也是在里德那里得到呼应的观点，主张用作为自然主义者的休谟反对作为怀疑主义者的休谟，这意味着，在实践中，无论是支持还是反对怀疑主义立场的论证或推理，都同样是无力的、空洞的，因为我们的自然倾向，亦即怀疑主义所质疑的那些观点，是强制性的，也是不可避免的信念，它们既不会被怀疑主义的论证动摇，也不会被反驳怀疑主义的论证强化。当自然对我们做如此决定时，我们就有了原始的非理性承诺，这个承诺规定了理性有效运作的边界，或者说搭建了理性进行表演的舞台。也正是在这些承诺的范围内，这种或那种特定的判断或命题是理性的还是非理性的，以及它们是得到或者缺乏辩护的问题才会出现。①

---

① P. F. Strawson. Skepticism and Naturalism: Some Varieties. London: Methuen and Co., Ltd., 1985: 40–41.

在将自然主义确认为哲学的元立场,并且说明了相对主义转换的根本目的是为常识辩护之后,我们发现斯特劳森在引文中对自然信念和质疑信念的怀疑主义在元哲学层面的理论地位进行了对比,其结论则是:自然信念构成了可靠的元哲学立场,也为怀疑主义提供了基本的理论框架和操作平台;而怀疑主义不足以成为哲学的元立场,因为无论是在日常实践中,还是在理论推理中,常识和自然信念都比怀疑主义更加可靠,而且,怀疑主义必须有最低限度的理论背景,而自然信念就充当了这样的理论背景。因此,在元立场上来说,怀疑主义不具备理论重要性,没有人可以根据纯粹的怀疑进行任何论证,也不可能在悬置判断或对任何事物保持怀疑的情况下进行实践推理和选择。

就此而言,哲学怀疑主义对自然信念的质疑是就元哲学基础理论所做的审查和追问,其理论价值类似于对图式进行解释的先验论证,本质上是以质疑为手段,为图式的融贯性和可靠性服务,在这个意义上,怀疑主义是因理论反思的需要而产生的,它本身不足以与元哲学立场对抗,反而是为元立场服务。换言之,怀疑主义和先验论证一样是一种论证工具,前者通过支持性的概念论证,后者通过否定性的理论追问,共同致力于说明概念图式的有效性。对于先验论证,斯特劳森在《个体:论描述的形而上学》中曾指出:"正是因为答案是可能的,问题才会存在,一切先验论证莫不如此。"[1] 对于怀疑主义的功能,斯特劳森在《怀疑主义与自然主义及其变种》中也有着类似的表述,"非还原的自然主义者的观点不过是,只有在有需要的地方,才会有匮乏,辩护问题完全可以在态度问题的普遍框架中产生,但是框架本身的存在却既不要求,也不允许外在的应激辩护"[2]。就此而言,对于质疑自然主义的怀疑主义,我们应该问的是与先验论证相似的问题,即作为服务于先验论证的策略,怀疑主义是否有效,而不应该追问它是否可以被克服,因为怀疑主义从来不是在悬置理论背景的情况下由常人所提出的日常追问,而是一种严肃的哲学研究方法,唯有如此,怀疑主义才会在描述形而上

---

[1] 斯特劳森. 个体:论描述的形而上学. 江怡, 译. 北京:中国人民大学出版社, 2004: 25.

[2] P. F. Strawson. Skepticism and Naturalism: Some Varieties. London: Methuen and Co., Ltd., 1985: 43.

学中占据一个虽略显边缘,但相对稳定的理论位置。

对于质疑非自然信念的怀疑主义,斯特劳森采取的是渐进的内在辩护策略。在他看来,对非自然信念的质疑是内在于图式的,或者是对图式中部分非关键要素的质疑,对于它们的回应应该在图式内部通过"相对主义转换",说明(实在)概念的意义的相对性并进行辩护,只有在这种辩护不够成功的情况下,再诉诸元哲学立场,将柔性自然主义当作解决各类怀疑主义争议的终极权威。

先来看何为内在辩护策略。斯特劳森曾明确地将自然主义当作某种更为复杂的、局部的内在主义辩护策略,他说:"辩护的问题内在于这一结构,或与内在于这一结构相关——这一事实作为一个整体,既不要求,也不允许任何外部'理性'辩护。"① 由此可知,斯特劳森诉诸自然的根本目的并非否认理性的作用,而是要反对理性的无限制使用,但从根本方法上,他不愿意通过宣布"这是自然的"这种简单论题,或者颁布原初事实(brutal fact)的独断论方式解决问题,而是致力于说明怀疑主义所质疑对象的理论图式,试图将这些图式与我们最普遍的常识性概念图式相融合,实现自然主义与怀疑主义的和解。以意义(或抽象实体)的实在性问题为例,关于意义或抽象对象的外在主义的、严格的或还原论的自然主义认为,在我们思想、语言乃至经验中不可或缺的那些抽象对象,是不真实或者说不存在的,因而任何存在的东西都必须存在于自然之中,意义和抽象实体在自然之中没有"自然位置",因而只是实在论者所鼓吹的幻象,所有存在的对象都是维特根斯坦和奎因所许可的那些词项所指称的对象。但是内在主义的、自由的或非还原的自然主义认为,我们作为参与会话的听话者和说话者,作为经验者和思考者,我们谈论、思考和经验的对象绝不仅仅是自然中的对象和事件,至少有些时候包括了那些抽象的、普遍的对象,比如概念、观念或共相,它们是那种在自然中不可被定位,但可以被例示的特殊对象;而且,只要我们承认自然对象或事件的存在,也就潜在地认可了这类特殊思想对象存在的可能性,因为我们恰恰是用后者命名、指称和标识前者。斯特劳森认为这一争论是传统唯名论和实在论之争的当代版本,认为他们在

---

① 彼得·斯特劳森. 自由与怨恨. 薛平,译//应奇,刘训练. 第三种自由概念. 北京:东方出版社,2006:30.

某种意义上来说都是自然的、可接受的观点。斯特劳森指出，实在论观点的自然本性，不仅被哲学传统证实，也被我们对那些至少表明上看起来是指称抽象实体的工具的自由使用证实，它深深植根于对思考和确认的经验之中；而接受唯名论的理由在于，实在论者不能将抽象实体与自然对象并列，在当下的分析哲学和过往的哲学传统中都有其支持者。我们的自然倾向一致，即存在就是存在于自然当中，所有的存在都是在自然中的存在。而我们行动或实践的对象都是自然对象或事件这一事实，成为自然倾向和唯名论的根源。

这一策略在《怀疑主义与自然主义及其变种》中被称为"内在主义"或"内在相对主义"。但是，对于该策略的彻底性和可靠性，斯特劳森始终有所警惕，在对意义问题的处理上，他就认为相对主义转换可能不是令人满意的解释方案，因而更愿意将其当作"非结论性的结论"，因为自由自然主义仍旧会认为严格自然主义只不过是限于狭隘偏见的奴隶，而后者则反击并称其对手是幻象的鼓吹者。在这种情况下，斯特劳森认为，我们应该回归柔性自然主义，他说："如果冲突不可调节，而我又必须效忠于其中的某一方，或者是必须对某一方表示同情，那么我将站在实在论者或者正统的自然主义者这一边，而不是与唯名论者或严格的自然主义者并肩而立。并且，我的这一立场已经是非常明显的了。"①

概而言之，自然主义是一种间接的、非论证的，且兼具绝对性和相对主义色彩的全新反怀疑主义策略。它不仅是一种完全诉诸自然权威的"实用主义方案"，而且是更为深刻，也更加复杂的反怀疑主义理论体系。元自然主义诉诸元哲学立场而非理论权威来反驳与质疑自然信念的怀疑主义的方式，肃清了怀疑主义的理论威胁；内在相对主义不由直接论证，而是通过立场转换的方式来处理怀疑主义的方式，既有效遏制了部分激进怀疑主义咄咄逼人的攻击，维护了常识的理论权威，又承认了怀疑主义的理论价值，为人类知识的精炼和发展留有充分空间。

---

① P. F. Strawson. Skepticism and Naturalism: Some Varieties. London: Methuen and Co., Ltd., 1985: 99.

（二）描述形而上学的终局与"双图式论"

诉诸元自然主义和内在相对主义的辩护策略，确实是比认识论自然主义和适度先验论证更为恰当，也是更有力的反怀疑主义方案，但是，做如此解释的自然主义是否能够，或者在多大程度上反驳怀疑主义？考虑到《怀疑主义与自然主义及其变种》的定论性质，进一步的问题是，如果自然主义最终不能反驳怀疑主义，那么它对于描述形而上学来说意味着什么？或者说，描述形而上学是否在自然主义立场中已经破产，如果答案是肯定的，其原因何在？如果答案是否定的，描述形而上学又会呈现出何种理论面相？

必须承认，将自然主义解释为元概念和元立场，并不足以避免认识论自然主义和适度先验论证所面临的所有问题。首先，元自然主义不足以应对笛卡尔式怀疑主义，与休谟在一定程度上肯定常识，认为"习惯是伟大的指南"不同，笛卡尔认为在没有经过理性检验而成为彻底"清楚明白"的信念，都不足以成为真正的知识，也就不能成为斯特劳森意义上构成概念图式的自然信念。元自然主义只能在特定信念（摩尔的常识命题）已经被认定为基本信念的情况下，进一步肯定其理论地位，但不能说明某个新的论证是不是自然信念，在这个意义上，元自然主义只能"认证"而不能"辨识"信念的理论地位，因而是一种保守的，不能当作普遍适用的反怀疑主义手段。其次，元自然主义不是反驳，而是消解和消除怀疑主义，这符合日常语言哲学治疗哲学观的基本要求，却难以产生真正有建设性的方案，即便在接受元自然主义的前提下，我们仍然会面临对于日常信念的可靠性、真实性的追问，仍然需要有关于他人存在、外间世界存在的逻辑和经验的证据来支持、强化我们的信念。因此，元自然主义也不是一种决定性的反怀疑主义策略，它只是寄生性的辅助策略。最后，内在相对主义不仅立场过于脆弱，而且是一种缺乏责任心的反怀疑主义方式。根据内在相对主义的理解，关于可感性质、道德原则、心理内容乃至抽象实体实在性的怀疑，都是还原论自然主义提出的问题，而相对主义满足于指出怀疑主义者所依据的标准是不可靠的，将它们归咎于还原的自然主义也不过是指出，它们是不真实的，相当于犯了"范畴错误"，没有看到"实在"概念的歧义性。如果怀疑主义不接受这种调节，斯特劳森采用的仍旧是元自然主义策略，如此一来，相对主义转换仍旧是暂时的妥协方案，如果存在怀疑主义，那么提供充分理由的责任就会落到还原自然主义的肩上，因为这是他们的问题。自由的自然主义满足于立场的超越地位——只是捍卫极少数常识命题的可靠性，除此之外，相对主义转换不免会被指责堕入相对主义和多元论的泥淖，这也会为怀疑主义的攻击提供鞭子。

概言之，元自然主义是倾向于弥合自然主义与怀疑主义理论分歧的哲学调和主义，也是斯特劳森后期哲学趋向于保守，采取收敛策略理论的体现。与不能彻底解决怀疑主义相比，自然主义体现出的保守性更突出地体现为描述形而上学的理论立场的全面后退。根据本文的前述章节，我们已经知道，从《个体：论描述的形而上学》到《逻辑与语法中的主语和谓语》，斯特劳森走的是一条类似于康德的"先验哲学"的理论路线，由自发地局部使用概念分析，到自觉使用明确经验的"必要条件"的先验论证，再到通过更为广泛的概念联结建立普遍语法，斯特劳森试图以概念分析说明概念图式的普遍特征。在这个意义上，我们可以认为他秉持了"方法论的先验哲学"①。但是，作为经验哲学家，斯特劳森始终坚持将概念分析用于揭示"我们实际的概念框架"，而非"更好的图式"，从本体论角度看，其目的在于固守描述形而上学的经验主义本质。他不仅在《感觉的界限》中坚决驳斥了康德的先验观念论，在对普遍语法的构造中，始终强调这些语法不仅以人类共同的生活形式为基础，而且是普遍语言类型的共同经验特征，将描绘普遍语法当作一项与语言学、考古学和人类学相联结的具有经验主义色彩的事业，因此，在本体论或形而上学意义上，斯特劳森秉持的是"本体论的自然主义"，而描述形而上学理论本质上是以先验论证（联结式概念分析）来阐明我

---

① 史密斯和沙利文指出了先验哲学的两个要件：一是支持某种形式的先验观念论，二是使用或支持先验论证（参见 Joel Smith, Peter Sullivan. Introduction: Transcendental Philosophy and Naturalism//Transcendental Philosophy and Naturalism. Oxford: Oxford University Press, 2012: 2）。如果将描述形而上学当作特定形式的先验哲学，那么它最好只在方法论意义上被当作先验哲学，因为斯特劳森明确拒绝了康德的先验观念论。尽管斯特劳森本人将自己的立场归结为实在论，承认包括抽象实体在内的共相是不可自然中定位的实在，"非神秘的柏拉图主义"也最多不过是传统意义上的温和实在论或概念论，而非康德式经典观念论。就此而言，斯特劳森哲学即便在本体论立场上带有观念论色彩，但他绝不是传统意义上的观念论者。

们实际的（经验的）概念图式，更简单地说：

　　描述形而上学＝本体论的自然主义 ＋ 方法论的先验论证

在与常识经验主义者摩尔的对比中，斯特劳森用先验哲学方法发展经验主义哲学目的的立场表现得尤为明显：

> 摩尔所说的常识观点首先也是最重要的是提到物质的或物理的物体，其次是在存在的最重要的事物种类中的行为和意识状态，并且，他提到，作为最重要存在种类的最重要的事实是：至少这些事物中的第一类存在于空间之中，其实这两类事物都存在于空间当中——尽管存在着联系，但也存在着本质区别，这个我们已经提到的区别是：当摩尔说这些最具普遍性的事物类型存在于宇宙之中时，我认为最普遍的概念和概念类型构成了部分的图式，或者说构成了我们思考和谈论宇宙中的事物时所使用的概念或观念的结构。[1]

根据前文亦可知，斯特劳森所讨论的"概念真理"和"自然信念"主要是摩尔在《捍卫常识》中所提到的四个命题，因此他们对于人类普遍持有的确定信念的内容有着基本一致的认识，摩尔哲学的常识命题也成为斯特劳森强调概念图式的常识特征的重要理论来源。两人的分歧在于，摩尔根据直接经验证据确认经验内容，构造常识世界图景，而斯特劳森则是通过分析我们指称对象的概念，以讨论概念图式基本特征的方式说明摩尔式常识命题的"确定性"，构造以常识为基础的概念图式。

但是，随着先验论证饱受诟病，斯特劳森不再坚持方法论的先验哲学，将解决怀疑主义和确认信念内容确定性的任务都交给了原有的本体论自然主义，将"联结式概念分析"当作"联结自然主义"，将"概念真理"变成"自然信念"，由此使得"自然主义"成为一个兼具方法论和本体论维度的元概念。与通过概念联结将越来越多的概念纳入概念图式，或者建立各种概念与两个基本概念（人和物质物体）在图式中的复杂概念关系的先验论证相比，自然主义虽然更加接近摩尔等人的常识立

---

[1]　P. F. Strawson. Analysis and Metaphysics：An Introduction to Philosophy. London and New York：Oxford University Press，1992：32-33.

场，但具有鲜明调和主义的保守倾向，使得我们不难判断出斯特劳森的哲学立场发生了明显倒退，原先以概念分析为理论手段揭示概念图式的概念和特征的理论面貌，被彻底的自然主义策略取代，在这个意义上，斯特劳森的描述形而上学的理论面貌也发生了根本改变：

描述形而上学＝本体论的自然主义 ＋ 方法论的自然主义

除了从先验论证退回到自然主义之外，另外两个证据也表明斯特劳森的哲学立场发生了明显的转变。第一个证据是自然主义接受了图式的多样性和可变性，不再强调图式的唯一性和稳固性。无论是在听觉思想实验还是在客观性论证中，斯特劳森都强调替代图式是不可接受的，对于科学主义的世界观，斯特劳森也是嗤之以鼻。但在《怀疑主义与自然主义及其变种》中，斯特劳森改变了应对策略，承认科学自然主义也是相对主义转换的一极，尽管自由自然主义仍然是更高的理论权威，但自然科学和科学世界观的地位在一定程度上得到承认。在《个体：论描述的形而上学》序言部分，斯特劳森曾强调概念图式作为与人类思想中不可撼动的内核相关的图景，不会如柯林伍德的"绝对预设"那样具有历史性，他明确地说："人类思维最核心的内容是没有历史的，或者说在思想史上是没有任何记载的；有些范畴和概念，就其最基本的特征而言，完全是没有变化的。"[①] 但在《怀疑主义与自然主义及其变种》中，斯特劳森不仅承认像代表奴隶制、素食主义等的道德观念是变化的，而且在讨论维特根斯坦对自然主义的理解时，斯特劳森认为自然信念具有动态特征，在著名的河水与河岸的比喻中，他强调即使是河床中的那些看似坚不可摧的岩石，也在发生着"不易察觉的变化"，而不是毫无变化。

当方法论的先验哲学蜕变为彻底的自然主义，当概念图式的唯一性、稳固性被多样性、可变性取代，我们所面临的新问题是，斯特劳森的立场后退的程度到底有多大，或者说立场后退会不会引起描述形而上学的结构性问题。笔者认为答案是否定的。正如我们已经看到的那样，斯特劳森哲学立场上的后退主要是一种方法论的策略性后退，而非形而

[①] 彼得·斯特劳森. 自由与怨恨. 薛平，译//应奇，刘训练. 第三种自由概念. 北京：东方出版社，2006：2.

上学立场的全面收缩。要证明这一点并不困难，我们可以给出如下三条理由：

首先，斯特劳森没有彻底放弃先验论证，只是重新定位了其功能和形式。尽管先验论证难以克服种种困难，斯特劳森仍然认为它能够为描述形而上学服务。在自然主义的语境下，斯特劳森需要对先验论证的目标做相对温和的理解，以便使其从反怀疑主义的重压之下解放出来，成为纯粹的展示概念依赖关系的手段。为了保证先验论证能够有效发挥建设性功能，斯特劳森也弱化了对先验论证的形式要求，不再强调所有的先验论证都是用来旨在提供"必要条件"的逻辑推导。他说："我倾向于认为，至少这些论证，或论证的弱化版本，对我们自然主义者来说仍然是有兴趣的。因为即便它们不能建立起最初宣称要建立的那种严格而紧凑的概念联结，它们至少暗示或者产生了概念联结；即便它们建立的是松散的联结，但正如我已经暗示的那样，揭示我们的概念图式的主要特征或主要成分之间的联结，不是要把它们展示为严格的演绎系统，而是将其展示为融贯的整体，在其中各个部分以一种可理解的方式，相互支持，相互依赖，彼此联结。对我们自然主义者来说，做到这一点是分析哲学的恰当的，至少是主要的任务。实际上对我本人来说也是如此。"① 由此，先验论证与"联结分析"毫无差异，成为彻底的理论建构手段，失去了必要的理论反思和解释能力，但联结分析恰恰是先验论证最初的，也是最弱的版本，斯特劳森对先验论证功能和形式的挑战，实际上是放弃了更加雄心勃勃的康德式先验论证，但保留了作为联结式概念分析的先验论证。即便如此，斯特劳森在论证形式上仍然有所坚持，认为先验论证的某些实践，比如将经验归属给他人是将其归属给自己的必要条件仍然是有效的。

其次，斯特劳森的反怀疑主义策略具有连续性。由于斯特劳森先后使用了两种不同策略——先验论证和自然主义来反驳怀疑主义，普特南认为他在反怀疑主义策略上存在着"康德路线"和"休谟路线"的对立：根据前者，任何怀疑主义都必须以概念图式为基础，因此怀疑主义对图式的怀疑是无意义的；而根据后者，怀疑主义的质疑对象是不可避

---

① P. F. Strawson. Skepticism and Naturalism: Some Varieties. London: Methuen and Co., Ltd., 1985: 25.

免的自然信念,因而怀疑主义不是没有意义,只是与图式没有实际关联。① 普特南的批评的关键在于,根据先验论证,我们不可能有意义地提出怀疑主义问题;而根据自然主义,怀疑主义问题是存在的,我们可以提出怀疑主义,只不过它们没有理论上的重要性,因而是空洞的。卡拉南(John J. Callanan)对此做出了颇为中肯的回应,他指出这两条路线代表的都是"自然主义视域下的间接论证形式"②,斯特劳森在两种路线中都采用了"养寇自重"的策略,即先假设怀疑主义是可能的,随后再从根基处揭示其不可能性。对于极为关键的怀疑主义是否"有意义"的问题,卡拉南认为当斯特劳森宣称怀疑主义是"空洞的"时,休谟对自然信念不可或缺性的强调并非根本原因,维特根斯坦将自然信念与概念图式联系起来,认为自然信念是概念图式的基本要素才是根本原因。这一解读基本符合斯特劳森对前述两人的理解,也表明自然主义方案也是根据怀疑对象与概念图式的关系否决了怀疑主义的可能性。实际上,普特南的批评本质上是在追问我们是否能够合理地提出可以理解的怀疑主义问题。对此斯特劳森的态度始终相当明确,认为我们不可能提出严肃的怀疑主义问题:"非还原的自然主义一再论证的不过是:这个观点对我们而言不是可取的(not open to us)。"③ "空洞的"也同样意味着"不可能的",尽管这种不可能性不是明确的逻辑不可能性,而是近似于形而上学的不可能性。

最后,斯特劳森没有放弃描述形而上学的整体理论图景,只是允许对描述的实现程度做出一定让步。在明确先验论证不再是那种提供必要条件,对概念图式进行解释的论证手段之后,斯特劳森继续强调其履行描述功能的可靠性,而且强调描述形而上学"是与确证的或修正的形而上学对立的概念"④。当先验论证不再负责反驳怀疑论,也不用于建立必要条件,不要求逻辑必然性的语义推理时,以听觉世界思想实验和客

---

① Hilary Putnam. Strawson and Skepticism//Lewis Edwin Hahn. Philosophy of P. F. Strawson. Chicago: Open Court, 1998: 284.

② John J. Callanan. Making Sense of Doubt: Strawson's Anti-Skepticism. Theoria, 2011(77): 273.

③ P. F. Strawson. Skepticism and Naturalism: Some Varieties. London: Methuen and Co., Ltd., 1985: 40.

④ 同③25.

观性论证为重点的解释性任务,也将失去其在描述形而上学理论中的原有地位,这是放弃先验论证转向自然主义的必然理论后果。① 换言之,放弃先验论证,也就必定放弃作为哲学总任务的描述形而上学的解释性任务。但是,当斯特劳森将"描述形而上学"与"确证的形而上学"相对立,将"修正的"理解为"确证的",这就意味着即便解释性任务失败,以《个体:论描述的形而上学》为重点的描述性任务仍然可以撑起形而上学的理论大厦(虽然将"确证的"与"修正的"相等同值得商榷)。

对于描述形而上学在解释性任务可能失败的情况下的存在方式,斯特劳森提出了颇有意趣的"双图式论"建议。先来看如下引文:

> 通过哪种论证我们能够说明任何概念或复合概念具有我们在概念研究中所要求的那种必然性特征呢?这当然是个严重的问题,但就算我们不能找到一个合适的答案,分析事业的兴趣和重要性并没有被排除。因为要对我们的概念结构的特征形成一个清晰的理解,我们总是还有其他的概念,还有那些更少严格性的概念可资利用。对于哲学家来说,无论他何等的雄心勃勃,也无论展示这些特征的必然性是不是可能的,一个足以完成的任务确实是存在的。因此,如果某个哲学家发现他被迫要放弃有关基本结构的那个强概念——当然我并不是说他必须或者就会这么干,他可以心安理得地保留另一个并不那么强的概念。②

这里似乎说明,斯特劳森认为形而上学原本就应有两个层次,在描述和修正之间维持一种精妙而脆弱的平衡关系。由此,我们大概可以仿照斯特劳森对康德的理解,将《个体:论描述的形而上学》所提供的系统描述当作反映概念图式的最简模型,或反映概念框架的"概念下限"的描

---

① 听觉世界思想实验和客观性论证不能继续在描述形而上学的理论系统中发挥解释功能,不代表它们作为独立的理论讨论就彻底失败或者失去了理论价值。斯特劳森在晚期思考中没有放弃他对于相关形而上学论证的支持,比如他始终都坚持认为空间是客观经验的必要条件。如果把这些论证作为康德研究的专门成果,其可靠性和理论意义都有待进一步讨论。我们这里只是认为,听觉世界思想实验和客观性论证不能以恰当方式融入描述形而上学,而非完全否认其理论价值,也不认为这些论证就已经彻底失败。

② P. F. Strawson. Analysis and Metaphysics: An Introduction to Philosophy. London and New York: Oxford University Press, 1992: 27.

述形而上学的弱概念，将包括《感觉的界限》所提供的系统解释（以及《逻辑与语法中的主语和谓语》所提供的系统建构）当作反映概念图式复杂模型，或反映概念框架的"概念上限"的描述形而上学的强概念。

"双图式论"绝非令人满意的理论终局，因为放弃先验论证和解释性目标，必将使得以常识为基础的概念图式的批判性、实在性和融贯性大打折扣。最直接的体现是，单纯描述而不解释概念图式，描述形而上学就会成为对常识的"摹写"，而非对常识理论价值的批判性反思，正是在这个意义上，苏珊·哈克才认为斯特劳森的理论不足以成为皮尔斯意义上的"批判的常识主义"[1]。同样地，由于没能成功解释概念图式与世界和我们的概念结构的关系，描述形而上学很容易就会滑向"图式"与"实在"的二元分立，对概念图式的描述也会被当作概念，而非对世界的描述，或者说，描述形而上学以对"思想"的研究代替了对"世界"的研究。

与前两个缺陷相比，分析"双图式论"在融贯性方面的问题会更有收获。如果接受以科学主义为基础的还原的自然主义与以常识为背景的非还原的自然主义是两种不同的图式，那么这两种图式之间的冲突、对立和不融贯情况将极为普遍。但与前两个缺陷不同的是，斯特劳森对于概念图式的不一致早有预见，在20世纪50年代后期，他就曾如此写道："我们没有单一的信念系统，也没有无所不包的概念图式。'概念'、'理论'和'概念图式'这三个概念并没有与另一个同质性概念'经验'一起融入一个统一同质性概念之中，虽然它们会对'经验'概念的影响做出回应，但可以从这个概念中分离出来。这四个概念相互之间存在着复杂而精微的相互联系。"[2] 正是由于斯特劳森认为概念图式不具有普遍融贯性，他才满足于揭示概念图式的基本结构，而非描绘整个图式。在分析实践中，斯特劳森主要的工作也是建立几个核心概念之间的相互关系（尤其是任意两个概念之间的关系），而非力图建立起统一的概念图式。由此观之，"双图式论"既有斯特劳森试图将不同领域、学派和观点整合入统一理论系统的综合分析观的可预见后果，同时也标志着局

---

[1] 苏珊·哈克. 分析哲学：在科学主义与先验论之间//陈波. 分析哲学：回顾与反省. 成都：四川教育出版社，2001：200.

[2] P. F. Strawson. A Logician's Landscape. Philosophy, 1955 (30): 232.

部放弃形而上学的理论任务，尤其是放弃解释性任务和建构性任务，从而构造以《个体：论描述的形而上学》为主题的形而上学的基本内容。

因此，"双图式论"不能被简单地归结为描述形而上学的成功或者失败，而是一种介于两者之间的微妙平衡。从主观意愿上看，斯特劳森有从描述性走向解释和建构，从而建构起融贯理论系统的宏大抱负，但从具体实践和客观效果来看，斯特劳森更加倾向于，也满足于在两种形而上学之间寻找一种妥协和平衡，承认概念图式的不完美和不融贯，安于固守理论描述的基本成果。可以说，斯特劳森的立场是一种特殊的"得陇望蜀"：在固守对概念图式的基本概念和基本特征进行描述的基础上，适当探索解释概念图式，乃至建构图式系统的可能性。而从相反的角度看，斯特劳森对形而上学目标所做出的让步，要比我们通常所忽视的力度更大，但也比我们所通常想象的程度小，描述形而上学最终在极富张力的动态平衡中得以有效存续。

第七章
在"描述"与"修正"之间：
对斯特劳森形而上学思想的判校与评价

截至目前，本书的工作基本上是描述性的，我们先后从主题、方法、内容和结论等角度介绍了斯特劳森形而上学思想的逻辑展开和历史发展，用较大篇幅完成了对描述形而上学理论面貌的刻画。以已有内容为基础，我们将在这一结论性章节转向对描述形而上学的判校和评价，尝试从具有"修正"色彩的规范性维度揭示其理论本质，甄别其基本立场并定位其理论意义。依笔者所见，这一评议性工作既是对前述描述性工作的必要补充，也是实现对描述形而上学思想更丰富理解和更全面把握的有益拓展。

要完成相关评议工作，需要弄清以下三个方面的问题：

（1）描述形而上学的理论本质。斯特劳森遵循摩尔和格莱斯对哲学理论布局的理解，认为在不考虑伦理学的情况下，哲学（描述形而上学）包括认识论、逻辑学、本体论和心灵哲学等主要分支，哲学从内容上看就是这几个理论分支的连续统一体。[①] 斯特劳森对于这种整体主义

---

① 这里有两点需要澄清。第一个需要澄清的问题是，斯特劳森对于"形而上学"有着两种不同理解。根据广义的理解，形而上学等同于哲学总任务或"描述形而上学"，它包括了认识论、逻辑学和本体论等不同分支。当斯特劳森用"形而上学"代替"描述形而上学"时，他表达的就是这一理解。根据狭义的理解，"形而上学"与"本体论"是同义概念，在相当多的语境中，斯特劳森将这两个概念不加区分地予以使用，根据这个理解，"形而上学"不能等同于"描述形而上学"，而是哲学总任务中研究存在问题的理论分支。

第二个需要澄清的问题是，根据《分析与形而上学》第五章的介绍，作为哲学总任务的形而上学包括了本体论、认识论和逻辑学等三个分支。应奇教授等研究者据此提出了"哲学三重奏"（philosophical trio）的说法，但是根据斯特劳森相关晚期文献，如《为什么是哲学?》等，他在哲学所包含的不同分支中加入了心灵哲学，因此三重奏的说法似乎不甚恰当。但是，斯特劳森强调这些分支的主要任务不是说明哲学具体有哪些理论分支，而是要强调各个分支在服务于哲学总任务时的统一性和有效性。换言之，他认为每一个分支都以不同方式反映概念图式的基本结构，而且，认识论、本体论和逻辑学是哲学最重要的三个分支，在这个意义上，将其当作"三重奏"也无不妥。

第七章 在"描述"与"修正"之间：对斯特劳森形而上学思想的判校与评价 537

哲学观有着比较清晰的表达，除了具有代表性的文本《分析与形而上学》的第四章"逻辑学、认识论和本体论"之外，他在与台湾地区学者谢仲明（Tse Chung-Ming）的交流中表达得极为明显。谢仲明认为，主谓区分作为形而上学理论表现了各个哲学分支之间彼此融合的系统性关系。他说："这个理论作为整体可以被看作要为本体论和逻辑学与语言学之间的必然联系提供辩护。"① 斯特劳森对这一论断给予了积极肯定，认为谢文以高度概括的方式确认和强调了本体论、认识论与逻辑学之间以不可分割的方式彼此结合的必然联系，而且指出，"如果有任何单一主题，或者一簇主题可以被看作我的思想的核心要素，那么这个问题严格说来关注的就是指称与述谓，或者说主语与谓语之间的那种熟悉的逻辑-语法区分的认识论的或形而上学的基础"②。在这个所谓单一问题中，不仅明显包含了语言-逻辑要素，也包含了认识论和本体论，而且强调要将后者作为前者的基础加以阐释，就此，我们可以认为，说明这三者之间的关系构成了斯特劳森描述形而上学的核心（至少是不可或缺的）任务。但是，在介绍形而上学的基本内容时（参见第三、第四和第五章），我们只是阐述了概念图式的基本概念和基本特征、概念图式的经验解释和概念解释，以及概念图式的系统建构。如果根据斯特劳森的理论安排，分别将这三个部分当作对描述形而上学的本体论、认识论和逻辑学三个彼此融贯的理论层次，那么我们只是弄清了三个理论分支的内容，局部交代了层次之间的理论联系，还没有从理论本质的高度通盘考虑它们之间的内在联系，对于具有全局视野、高扬整体主义、专注阐明概念结构的斯特劳森来说，单独介绍各个理论分支是不够的，局部介绍理论层次之间的关系也不充分，唯有从整体角度完成对于各个分支之间关系的说明，才算是实现了对概念图式普遍结构的全面分析。

（2）斯特劳森的形而上学立场。在有关描述形而上学的讨论中，《个体：论描述的形而上学》导论部分的相关论述最受关注，研究者们通常也将《个体：论描述的形而上学》当作描述形而上学的主要著作，

---

① Tse Chung-Ming. Strawson's Metaphysical Theory of Subject and Predicate//Lewis Edwin Hahn. The Philosophy of P. F. Strawson. Chicago：Open Court，1998：381.
② P. F. Strawson. Reply to Chung Ming Tse//Lewis Edwin Hahn. The Philosophy of P. F. Strawson. Chicago：Open Court，1998：383.

而忽略《感觉的界限》和《逻辑与语法中的主语和谓语》等后续著作。斯特劳森曾在导论部分指出："描述形而上学满足于我们关于世界的结构，而修正形而上学则想要建构更好的结构。"① 这一论述成为讨论和检验斯特劳森形而上学立场的经典文献依据。部分研究者据此认为，描述形而上学与修正形而上学是彼此对立的理论诉求，甚至描述形而上学是一种次级理论。威廉斯就指出："描述形而上学会导致一种相当寄生性的存在，因为它没有标明自身存在的恰当标准是什么，它所依赖的是一种脆弱且欠考虑的思维方式，而这种思维方式却是适用于修正的，或至少是立法的形而上学的方法。"② 另一部分研究者则倾向于认为斯特劳森在两者之间的对比并不成立，因为他所选择的将不同哲学家划入不同阵营的理论标准缺乏适用性。然而，笔者已经指出，《个体：论描述的形而上学》对于描述形而上学的相关论述不足为据，我们也找到了讨论描述形而上学的其他可靠文献（参见第二章）。因此，在结论性章节，我们需要对斯特劳森是不是（或在什么意义上是）描述形而上学，就描述形而上学与修正形而上学的理论关系等问题进行重新梳理，并做出更为准确，也更具说服力的解释。

（3）描述形而上学的理论意义。格洛克曾指出，形而上学在分析哲学中的重要地位源于奎因的本体论承诺理论、斯特劳森的描述形而上学、克里普克的本质主义与普特南的实在论语义学，以及澳大利亚学派的"真值构成原则"理论等四股力量的共同推动，而斯特劳森的理论在当前是最不流行的。③ 这留给我们的问题是，在当前哲学语境下，描述形而上学是否仍然可以继续占有一席之地？如果答案是肯定的，我们应该从哪些方面，如何评价这一理论意义？与之相关的另一个问题是斯特劳森是否应该被算作牛津日常语言哲学家。尽管多数研究者都将斯特劳森与赖尔、奥斯汀等人一样当作日常语言哲学的代表，比如安德鲁·派

---

① P. F. Strawson. Individuals: An Essay in Descriptive Metaphysics. London: Methuen and Co., Ltd., 1959: 9.

② B. A. O. Williams. Mr. Strawson on Individuals. Philosophy, 1961, 36 (138): 325.

③ Hans-Johann Glock. Strawson's Descriptive Metaphysics//Lila Haaparanta, Heikki Koskinen. Categories of Being: Essays on Metaphysics and Logic. Oxford: Oxford University Press, 2012: 371.

尔就将斯特劳森当作"牛津哲学的上一代发言人"[1]，但也有研究者指出，斯特劳森在《逻辑理论导论》之后的著作已经超越了（牛津）分析学派的范围[2]，这也要求我们重新思考斯特劳森与日常语言哲学和牛津学派之间的复杂关系，而这两个问题的解决，都需要我们重新细致梳理斯特劳森哲学的理论意义，从而为描述形而上学思想在当代哲学中找到恰当的理论位置。

以解决上述三个问题为目标，本章将分三部分阐释斯特劳森形而上学思想的本质、立场和意义等问题。在第一部分，我们将着重对比斯特劳森有关主谓区分的形而上学理论与维特根斯坦的逻辑图像论，通过分析对主谓语法做图像论解释的理论依据，明确逻辑图像论的特点，说明主谓语法的图像论性质，论证描述形而上学的本质特征：在自然语言的框架内建立起反映语言逻辑特征的逻辑图像论。在第二部分，我们将着重分析形而上学的"描述"与"修正"两个评价维度，通过质疑将形而上学作为描述理论的有效性和可能性，考察斯特劳森区分描述形而上学与修正形而上学的具体方式，说明"描述"与"修正"不构成互斥关系，斯特劳森也不是通常意义上的描述形而上学家，而是秉持着一种介于描述和修正之间，兼具逻辑复杂性和历史流动性的复杂立场。在第三部分，我们将着重从分析哲学发展的历时态维度分析描述形而上学对于当代哲学方法、形态与语境的构造，通过阐释斯特劳森对联结式综合分析的倡导，对形而上学的再发现，以及对哲学史传统的复兴，说明描述形而上学在多方面、多领域的理论价值，并进一步奠定斯特劳森作为最后一位重要的日常语言哲学家所发挥的承上启下、革故鼎新的特殊理论作用。

一、描述形而上学的理论本质：自然语言的"逻辑图像论"

斯特劳森的形而上学思想在强调将本体论、认识论和逻辑学融为一

---

[1] Andrew Pyle. Peter Strawson//Andrew Pyle. Key Philosophers in Conversation. London and New York: Routledge, 1999: 36.

[2] John Skarupski. Analytic Philosophy, Analytic School and British Philosophy//Oxford Handbook of History of Analytic Philosophy. Oxford: Oxford University Press, 2015: 303.

体的同时，又自如穿行于康德主义、亚里士多德主义和分析传统之间，这种鲜明的整体论特征和涉及内容的丰富性使描述形而上学既体现出高度的复杂性和层次性，也呈现出极具多样化的理论面相。对于如何把握形而上学思想的理论本质，我们可以根据不同的理论标准，从不同的逻辑或历史维度切入，得出完全不同的理论结论。从斯特劳森与康德主义和亚里士多德主义的理论继承关系来看，描述形而上学是在分析语境下重新思考和重构有关传统逻辑与经验普遍条件的问题，在这个意义上，描述形而上学自然是具有历史主义性质的概念史研究，是"用自己时代的术语重新思考前人的思想"[1]。从斯特劳森与其在牛津的哲学前辈柯林伍德的关系来看，描述形而上学研究的是那些在人类思想中缺乏历史的普遍概念，其目的是找出这些人类概念不可或缺的基本要素所组成的普遍结构和一般特征，而非讨论作为"绝对预设"的普遍概念的历史性及其在时间中的变化情况，由此，描述形而上学又是一种非历史的结构主义研究。如果注意到概念图式建基于摩尔式常识这一事实，描述形而上学会成为对常识经验主义的理论提炼，是温和的、概念化的常识经验主义；但是，描述形而上学的概念联结方法，尤其是《逻辑与语法中的主语和谓语》与卡尔纳普的《语言的逻辑句法》在建构逻辑系统时所采用的建构方法的形式相似性，又促使我们将描述形而上学当作特殊的逻辑建构主义。

如果将斯特劳森的形而上学思想当作一道不可见的智慧之光，上述分析都可以被看作光束通过三棱镜折射出的光谱的不同色彩，尽管每一种解读都反映了光束的色域，但即使将它们组合起来也不能反映光的本质。鉴于描述形而上学的理论复杂性，我们尝试通过一种新的整体论视角来诠释其理论内核。具体来说，我们将通过对比斯特劳森描述形而上学与维特根斯坦的逻辑图像论，分析两者核心论点之间的差异，揭示描述形而上学反映日常语言普遍逻辑图像的理论本质。

（一）图像论解释的理论基础

任何想要将斯特劳森的描述形而上学当作某种逻辑图像论，甚至在

---

[1] P. F. Strawson. Individuals: An Essay in Descriptive Metaphysics. London: Methuen and Co., Ltd., 1959: 11.

《个体：论描述的形而上学》和《逻辑哲学论》所代表的理论路线之间进行比附的想法，都是一个过于耸人听闻的提议。我们想要得出合理的、具有文献依据的结论，就必须说明对描述形而上学的本质作图像论解释的理论基础。在这一部分，我们将分如下三个论点来说明为什么这种解释是可能的。首先，斯特劳森与维特根斯坦对于哲学任务和方法的认识具有一致性。斯特劳森主观上也有将说明概念图式普遍特征的工作与前期维特根斯坦相联系的意愿，这是图像论解释得以展开的根本前提。其次，斯特劳森认为维特根斯坦对概念图式逻辑图像的说明缺乏完备性，有着补充和改造的必要，这为图像论解释提供了理论空间和可能性。最后，斯特劳森的描述形而上学不仅是对思想和概念结构的研究，而且通过对概念结构的研究来反映思想结构，进而研究世界的结构（或实在的本质），因而形而上学理论系统是一个实在论系统，这就为探索语言、思想和实在三者之间关系的图像论解释提供了必要条件。

1. 图像论解释的基本前提

在介绍斯特劳森对传统分析观的批评时（参见第二章），我们曾指出他对维特根斯坦所倡导的治疗式分析观很不满意，也不认同维特根斯坦对普遍理论和抽象实体的敌视。但这是否意味着斯特劳森完全拒绝了维特根斯坦的哲学工作呢？答案是否定的，斯特劳森既不否认维特根斯坦的哲学才华和贡献，同时还强调维特根斯坦对当代哲学的深刻影响。在与安德鲁·派尔的对话中，斯特劳森坦承，当他在20世纪50年代初期首次看到《蓝皮书》的打字稿时，自己"第一次看到了裸露的思想"[1]，对于维特根斯坦化解哲学幻象的能力和成就，斯特劳森也给予了充分肯定，并认为在20世纪的哲学家中，我们很难提到另外一个人，可以像维特根斯坦那样拥有如此持久和深远的影响。但是，斯特劳森强调，20世纪的分析哲学家在处理自己与具有伟大哲学贡献和重要地位的前辈哲学家之间的关系时，一般都比较理智和冷静，他们一方面认可其贡献和重要性，另一方面也积极扬弃前辈哲学家的理论。对于维特根斯坦，情况也同样是这样，在1998年的《理智自传》中，斯特劳森如此写道：

---

[1] Andrew Pyle, Peter Strawson//Andrew Pyle. Key Philosophers in Conversation. London and New York: Routledge, 1999: 42.

对于维特根斯坦来说，情况也同样如此。毫无疑问，他是得到广泛承认的哲学天才，甚至或许也是我们这个世纪唯一的哲学天才。我当然是受到了他的影响，因为我基本上认同他关于哲学的根本（如果不是唯一的）任务的看法：要对概念及其在我们生活中的位置形成一个清晰的观点。维特根斯坦清晰地意识到，这样的一种清晰的观点，与那种具有诱惑性的幻象毫无关联。在他的晚期著作中，他比任何人都更详尽地阐释了这一点。但是，与此同时，他拒斥神话和理论幻象的激烈态度，不利于维持哲学理论的平衡，在我看来会在两方面带来损失。首先，人类概念图式的最普遍概念和范畴，通过彼此联系和相互依赖关系，确实构成了一个清晰的结构。毫无虚假地描述这一结构的可能性是存在的。其次，在他所特别针对的那些虚假图式的根基处，某些时候存在着一些无害的常识性真理要素，对于它们他也没有给予足够承认！[①]

在这一集中交代两人之间思想继承关系的文献中，斯特劳森交代了两点：（1）认可维特根斯坦将"澄清"或"阐明"当作哲学主要任务的看法，他阐释概念图式普遍结构的形而上学理论，本质上与维特根斯坦所强调的进行哲学阐明的要求是一脉相承的。在这个意义上，我们可以认为两人对于哲学的基本任务的看法是一致的。（2）对于具体的哲学任务，即"概念及其在我们生活中的位置"的理解上有所异议。后期维特根斯坦认为我们应该分析语句表达式用法，通过发现其差异性和家族相似性，实现祛除哲学幻象和理论神话的治疗性目的，而斯特劳森则走得更远，他要求在完成治疗性任务的基础上，通过对关键哲学概念之间关系的系统描述和充分解释，以建立特定语法形式系统的方式说明概念图式的普遍特征。

除了在对哲学主要任务有相似认识之外，斯特劳森与维特根斯坦对完成澄清概念图式的方式也存在一定共识。在接受《哲思》（*Cogito*）杂志的采访时，斯特劳森与采访者曾有如下对话：

《哲思》：我是否可以认为你赞同维特根斯坦的如下基本观点，

[①] P. F. Strawson. Intellectual Autobiography//Lewis Edwin Hahn. The Philosophy of P. F. Strawson. Chicago：Open Court，1998：20.

第七章 在"描述"与"修正"之间:对斯特劳森形而上学思想的判校与评价

即我们应该通过分析我们讨论世界的语言的结构来分析世界的结构,并且因此哲学会不可避免地被还原为语言分析吗?

斯特劳森:我并不认为这是维特根斯坦的理论,至少在他的后期思想的著作中不是这样。他的想法更像是这样,在语言的实际使用中,我们由于不能清楚地看到在我们的生活形式当中如何使用语言,因而容易受到哲学错误的诱导,他的目标是要通过引导我们对此形成清晰的观点,从而消除这一哲学幻象。维特根斯坦并不认为或想要给出概念图式的系统解释的可能性,我认为是我自己发现并坚持了这一观点。①

上述引文透露的关键信息是:斯特劳森试图通过研究语言的运作来研究概念图式,进而经由分析概念图式的结构来研究世界的形而上学图景,这是一条以语言为基本对象和起点,以思想研究为媒介,以世界图式为终点的认识论形而上学研究纲领。虽然斯特劳森在这里继续陈述了对后期维特根斯坦过分执着于用法分析的不满,也忽略了"哲学问题被还原为语言分析"并不是他所接受的立场,但认识论形而上学的方法论立场却非常清楚。必须指出的是,这种通过语言结构来解析世界结构的形而上学方法与维特根斯坦在《逻辑哲学论》中所秉持的前期思想有着内在契合性。在论文《康德的形而上学新基础》一文中,斯特劳森比较明确地将自己说明语言的逻辑形式和逻辑常项的工作与维特根斯坦构造逻辑图式的工作联系起来,他认为自己所使用的基本材料是"基本逻辑工具"(basic logical operation),它们包括述谓(主语与谓语)、普遍化(共相与殊相)以及语句构造(包括析取、合取和否定等)。斯特劳森不仅提到了维特根斯坦的《逻辑哲学论》,而且将相关论述作为支持性证据:

根据这一想法(用概念来表达具有真假二值性的命题),我们不难说明基本逻辑工具内在于判断或命题的本质的可能性。维特根斯坦以他标志性的、具有讽刺诗式风格的晦涩方式表达了这一点。在《逻辑哲学论》中,他如是写道:"可以说,唯一的逻辑常项就是

---

① Andrew Pyle. Peter Strawson//Andrew Pyle. Key Philosophers in Conversation. London and New York:Routledge,1999:42.

一切命题根据它们的本性所彼此共有的东西。而这就是一般的命题形式。"(5.47)（我以更为详细和烦琐的方式论证了相同的观点。）①

斯特劳森在这里将维特根斯坦的"命题形式"与语言的逻辑结构视作相同对象，并与维特根斯坦一样认为基本逻辑工具或逻辑常项表现了命题的逻辑特征，是具有普遍性的逻辑形式，这就是引文括号中所提到的"相同的观点"，至于他所说的"更为详细和烦琐的"论证指的是论文《逻辑形式》有关语言的逻辑常项和逻辑形式的论述。就此，我们有理由认为，斯特劳森有将描述和解释概念系统普遍特征的工作与维特根斯坦的前期观点——逻辑图像论加以联系的主观意愿，或者说，维特根斯坦《逻辑哲学论》对于世界逻辑图像的构造客观上对斯特劳森阐释概念图式的普遍结构有所启发，这种在文献上可以得到确认的关联性，为我们对形而上学做图像论解释，提供了最基本，也是最重要的理论前提。

2. 图像论解释的理论空间

在论证了图像论解释的基本前提之后，我们还需要进一步论证为什么斯特劳森想要提出图像论解释，从斯特劳森的角度来看，由于维特根斯坦逻辑图像论存在某些理论缺陷，使得对图像论的修正和重构拥有了理论空间和可能性。具体来说，斯特劳森认为维特根斯坦逻辑图像论的缺陷包括：

（1）没有规定逻辑图像基本成分的内容。维特根斯坦在《逻辑哲学论》中认为，任何经验事实都是由基本事态构成的逻辑事实，其必须通过复合命题（分子命题）得到表达，只有事态才是可以由原子命题表达的原子事实。但是，究竟什么可以被当作原子事实和原子命题，维特根斯坦没有给出任何可靠的论述。在晚期的《论确定性》中，维特根斯坦不再讨论这种严格的逻辑要素，转而强调摩尔式常识命题对于概念图式的基本地位，他不仅指出"像'地球已经存在了很多年'这种命题属于我们语言游戏的整个系统的基础"（411）②，而且指出摩尔的这些命题都属于那些无须特别验证就能够加以肯定的命题，认为"它们在我们的

---

① P. F. Strawson. Kant's New Foundations of Metaphysics//Entity and Identity and Other Essays. Oxford: Oxford University Press, 1997: 238.

② Ludwig Wittgenstein. On Certainty. Oxford: Blackwell, 1969: 52.

经验命题的系统中有着特殊的逻辑地位"①（136），或者说是"从属于我们的指称结构"（83）。但斯特劳森的不满仍旧在于，维特根斯坦没有明确指认具体哪些命题是构成框架的命题，只是暗示了这类命题的部分成员。换言之，"维特根斯坦羞于说明这些命题，但是他的论述暗示这些命题包含了确认我们和物体存在的命题，以及确认因果普遍性的命题"②。

（2）没有说明逻辑图式的理论性质。在《逻辑哲学论》中，维特根斯坦强调反映语言、思想和世界之间投射关系的逻辑形式是不可知的，属于可以"显现"但无法"阐明"的内容，被划入"不可说"的晦暗领域。在《论确定性》中，尽管已经不存在关于逻辑形式的性质问题，但构成逻辑图式的基本命题的性质仍不清楚。在斯特劳森看来，《哲学研究》对"生活形式的强调"将《逻辑哲学论》中带有严重唯我论倾向的"我的语言就是我的世界的边界"改编为"我们的语言共同生活形式决定了语言游戏"，而在《论确定性》中，维特根斯坦又对概念图式的性质、功能和地位有了进一步的规定，区分了经验命题和构成概念框架的命题，认为后者是"作为经验形式的命题"，本身既不是经验命题，也不是从经验中得来，它们构成了"世界图景"（world picture），也构成了所有思想和语言运作的基础，是我们思想的脚手架，是论证得以存活的基础，是我们的所有研究和论断的基础。但是，对于这类命题的性质，维特根斯坦没有给出积极的正面规定，认为它们是类似于"没有充分理由的信念"（253）③，并且指出："这意味着我想把它当作超越可辩护的和不可辩护的范围之外的东西，似乎是某种动物性的东西。"④（359）斯特劳森对此不以为然，他认为维特根斯坦所提出的这类命题本质上就是康德的"先天综合命题"，但维特根斯坦认为它们既不是后验命题，也不是逻辑命题或分析命题，由此只是划出了否定的界限，而没有给出正面的解释。斯特劳森指出："在维特根斯坦看来，像康德那样提供可以说明这些命题真值根据的论证，是不恰当的，或者说是不可能

---

① Ludwig Wittgenstein. On Certainty. Oxford: Blackwell, 1969: 20.
② P. F. Strawson. Kant's New Foundations of Metaphysics//Entity and Identity and Other Essays, Oxford: Oxford University Press, 1997: 235.
③ 同①33.
④ 同①47.

的，对于这些命题所构成的'世界图集'，他宁愿说它们是我们所继承的背景，通过它们我们才能判断真假。"① 由此可见，斯特劳森对维特根斯坦关于构成图像的命题缺乏规定的思想是极为不满的。

（3）构造图式系统的方法不可接受。《逻辑哲学论》所遵循的方法是逻辑建构主义，在这一点上，该书与罗素的《逻辑原子主义》和卡尔纳普的《世界的逻辑结构》并无本质区别。维特根斯坦是通过分析对象、事态、事实、命题和世界等概念，以形式定义的方式，构造了以基本事态为要素的逻辑系统。但是，无论是对于逻辑建构主义还是形式定义，斯特劳森都不可能接受（参见第二章），因为建构分析观对于具有流动性和多样性的自然语言并不适用，要建构能够反映自然语言逻辑特征的普遍系统，就必须采用联结分析的方法。对于《哲学研究》所代表的治疗式分析观，其过于琐碎和缺乏建构性的特点，本身就已经使建构语言的图像理论变得不可能，这是斯特劳森对后期维特根斯坦持较激烈批评态度的原因所在。②

3. 图像论解释的必要条件

除了上述两个条件之外，我们要将描述形而上学解释为某种刻画语言、思想与世界之间结构性关系的图像理论，还需要对该理论的研究对象和理论范围有所规定。长期以来，对于描述形而上学究竟研究的是"思想"还是"世界"，始终存在着两种尖锐对立的观点。

---

① P. F. Strawson. Kant's New Foundations of Metaphysics//Entity and Identity and Other Essays. Oxford: Oxford University Press, 1997: 235.

② 斯特劳森对维特根斯坦三部主要著作态度的差异颇大。尽管他提到《逻辑哲学论》的次数非常有限，在仅有的几次引注中，斯特劳森都有意规避了该书与卡尔纳普等逻辑实证主义之间的关系，从整体上看，他对该书的缺陷和问题"存而不论"，认可其建构世界图像的理论实践。对于《哲学研究》，斯特劳森受赖尔之托，为《心灵》写了评论文章《维特根斯坦的"哲学研究"》（"Wittgenstein's 'Philosophical Investigations'"），他在该文详细介绍维特根斯坦各个主题的同时，也对"意义即用法"等若干维特根斯坦经典论述多有批评指摘之处，而对于该书的价值，他也仅限于"有限承认"，一方面认可的是维特根斯坦强调"生活形式"的社会自然主义，另一方面对于他过度膨胀的治疗式分析观和局限于描述用法多样性，缺乏整体视野的局部分析，表示了强烈异议。对于晚期著作《论确定性》，斯特劳森在《怀疑主义与自然主义及其变种》中将其视为阐述自然主义的重要文本依据，将对"关于经验形式的命题"的性质的观点当作自然主义立场的有效论述，并将维特根斯坦引为自然主义立场的同道中人。

从根本上说，斯特劳森有意限制《哲学研究》的影响，强调《逻辑哲学论》和《论确定性》的一致性，他试图根据自然主义态度和语言的日常用法建立起自然语言的逻辑图像。

第七章 在"描述"与"修正"之间：对斯特劳森形而上学思想的判校与评价

比较主流的看法认为，描述形而上学是一种仅仅研究思想和语言，而不是研究世界的概念研究，T. 威廉姆森、皮特·哈克、格洛克等人都持有这种观点。威廉姆森将斯特劳森当作当代"概念转向"的代表人物之一，认为他满足于通过语言研究思想而不研究实在本身，而这种研究范式与当前聚焦于阐明实在结构的潮流格格不入。[①] 皮特·哈克则认为描述形而上学与形而上学传统的关键区别就在于以对"概念结构"的研究取代了对"实在结构"的研究，在他看来："描述形而上学家认为自己是在描绘概念图式的普遍结构——因此描述形而上学并不想要描述那种超越物理的、关于实在的必然结构，关于实在结构的问题将仍然还是可疑的——按照这种理解，描述形而上学与形而上学传统背道而驰，后者则旨在为我们提出与实在的必然结构有关的见解。"[②] 如果我们接受这种主流观点，对描述形而上学的图像论解释在两个方面就变得不可能：一方面，由于斯特劳森只关心思想结构，描述世界图景的问题就变得毫无必要，在这个意义上，描述形而上学根本就不是研究实在本质和世界结构的理论，它只能成为一种派生意义上的、无关紧要的理论，徒有"形而上学"之名，实际上只是威廉斯所说的那种"寄生的存在"；另一方面，如果描述形而上学不关注世界结构，图像论解释所要求的在语言、思想和世界之间的层次结构与投射关系都将不复存在，因为图像理论不仅失去了"世界"这一必要层次，也失去了逻辑建构的形而上学基础。因此，要提出图像论解释，必须拒绝这种解释，避免将描述形而上学当作只研究思想的"蹩脚形而上学"（sour metaphysics）。[③]

与前一种观点相反，马丁·戴维斯（Martin Davis）等研究者则倾向于将描述形而上学当作研究世界结构的特殊理路。在他看来，对于任何形而上学理论来说，将研究思想等同于讨论"我们认为何物存在"，

[①] Timothy Williamson. The Philosophy of Philosophy. Oxford: Blackwell, 2007: 19-20.

[②] P. M. S. Hacker. On Strawson's Rehabilitation of Metaphysics//Hans-Johann Glock. Strawson and Kant. Oxford: Clarendon Press, 2003: 55.

[③] Giuseppina D'Ora. The Philosopher and the Grapes: on Descriptive Metaphysics and Why it is not "Sour Metaphysics". International Journal of Philosophical Studies, 2013, 21 (4): 586.

而将研究世界等同于讨论"何物存在"都会夸大形而上学在研究对象问题上的差异。在描述形而上学的语境下,这种将世界和思想当作可分离的对立对象区别对待的想法是不成立的。其理由在于:"描述形而上学方案,既没有排除那些说明我们概念框架是,或者必然是大体上有效的论证的可能性,也没有排除说明图式存在缺陷的论证的可能性。只要这两种论证的任何一种是可能的,我们都能够从对'我们认为何物存在'这一前提出发,得到'何物存在'的结论。"[1] 这里,戴维斯是着眼于斯特劳森描述形而上学全局系统而提出了上述依据。更直接地说,他所依据的主要是下面两条理由:首先,描述形而上学理论系统不仅包含了对思想结构的描述,也包含了对思想结构与世界之间关系的解释,只要解释性任务是可能的,描述形而上学就应该是一种关于世界的理论。其次,描述形而上学描述的是"关于世界的概念图式的普遍结构",而非仅仅是描述"概念图式的普遍结构",图式与世界的关联性构成了形而上学理论内核的必要成分。戴维斯进一步指出,斯特劳森强调形而上学的"描述"性质,无非是想要说明实在结构与我们所使用的概念的普遍结构之间的紧密联系,从而建立一种"工作着的本体论"(working ontology)。

根据戴维斯的立场,我们将世界作为描述形而上学的研究对象,他给出了两条理由,在本书的前述部分已经有所说明。在第二章中,我们说明了描述形而上学包含了解释性任务,并在第四章具体陈述了这一任务的完成情况。同样在第二章中,我们也说明了斯特劳森强调概念图式普遍特征"与世界相关"的问题,此后在第四章中,我们还从知觉理论的角度说明了斯特劳森是常识实在论者。但上述论证终究过于粗浅,不足以表明斯特劳森对于形而上学与世界中客观对象之间关系的理解,我们有必要寻找更可靠的文献依据来说明他的理论态度。

作为在牛津大学完成哲学训练的哲学家,斯特劳森不可避免地受到了在一战和二战之间盛行于该校的牛津实在论(Oxford realism)的影响,他将实在论的基本立场与摩尔的常识哲学和日常语言哲学相结合,

---

[1] Martin Davis. Introduction. Unpublished: 2-3.

提出了常识实在论的概念，也将自己称为"日常经验实在论者"（ordinary empirical realist）。① 考虑到斯特劳森对康德式形而上学与先验论证的坚持，对自然科学的拒斥，我们可以认为他的立场是一种与科学实在论相对立的"形而上学实在论"或"先验实在论"②。

以实在论立场为基础，斯特劳森一方面肯定了认识对象在本体论地位上的实在性，指出"包括我们自己在内的所有对象，都是时空对象，存在于时间和空间之中，通过'对象'这个概念，我们意味的不仅仅是'可能知识的对象'，也是'对象和我们自己本身真正所是的东西'"③；另一方面也强调认识对象必须被对象把握，即所谓"实在"本身也取决于我们对这一概念的把握，"我们可以认为，我们的最优的实际运作着的概念为实在划定了边界，存在就是被我们理解，或者可以被我们理解"④。

在《分析与形而上学》的第四章"本体论、认识论和逻辑学"中，斯特劳森对于实在与判断和命题之间的依赖关系做了更为清晰的表述：

> 我们最主要关注的当然是与事物如何存在于自然世界有关的判断，并且它们如何存在决定了判断为真或为假。因此，一方面我们拥有在信念和判定中所使用的概念，另一方面拥有实在、世界和事实，后者的状态决定了前者为真或为假。
>
> ……我将上面这幅图景呈现为强制性地提出一个问题并同样强制性地要求给出答案。这个问题是，概念使用者如何建立关于实在的信念？一个自然的回答则是：他在经验中意识到了实在，而关于实在的经验又允许他在与实在有关的判断中使用概念。⑤

---

① P. F. Strawson. The Problem of Realism and A Priori//Entity and Identity and Other Essays. Oxford：Oxford University Press，1997：250.

② 斯特劳森对实在论持有一种温和的、有弹性的开放立场，他既承认共相在某种程度上是可以存在的，因而坚持自然化的或非神秘的柏拉图主义，又坚决反对康德和内格尔所提倡的激进的先验观念论，强调"实在"概念的歧义性，否认共相具有与基本殊相同等的实存地位。在这个意义上，认为斯特劳森是实在论者与将他当作观念论者并不冲突，在有些情况下，他横跨于这两种立场之间，有想要结合实在论和观念论的倾向。

③ P. F. Strawson. Kant's New Foundations of Metaphysics//Entity and Identity and Other Essays. Oxford：Oxford University Press，1997：239.

④ 同③235.

⑤ P. F. Strawson. Analysis and Metaphysics. Oxford and New York：Oxford University Press，1992：52.

我们关于客观实在的图像是这样一幅世界图像：在世界中事物在时间和空间中既彼此分离，又相互联系，不同殊相共存并各有其历史，事件或同时，或相继发生，不同过程在一定时间中完成。非常明显，如果我们想要说明这些事实如何与我们关于事物的图式是匹配的，我们就需要检验表达它们的概念。我的首要目的不过是将时间性和空间性概念（也就是时间与空间）与殊相物体有关的逻辑概念联系起来，而后者则是普遍概念的个例或实例。①

第一、第二段引文强调的是判断以及概念对于实在的依赖关系，而第三段引文强调的是对于实在问题的处理必须借助概念联结方法才能得以实现。将这两点结合起来，就可以比较容易地对描述形而上学的性质做如下判断：描述形而上学不仅是对概念图式普遍结构的分析，而且也是对世界结构的分析，但任何对于世界结构的分析，都必须以分析概念图式的方式加以实现，而且也必然表现为某种概念结构。由此，我们就根据斯特劳森的实在论立场说明了描述形而上学不仅是对概念图式和思想框架的研究，也是对世界结构的理论探索，而且还是（必须）通过探讨概念图式来探讨世界结构的形而上学理论。对形而上学理论性质的确定，为我们对描述形而上学作图像论解释扫清了最后障碍。

（二）逻辑图像论的理论特征

根据维特根斯坦在《逻辑哲学论》中所提出的逻辑图像论，世界、思想与语言之间的形而上学关系可以被整合到一幅符合经典逻辑的图像理论当中，思想以及表达思想的语言构成了世界或对象总体的逻辑图像。从宏观层面看，世界是事实的总和（1.1），而表达思想的语言是命题的总和（4.001），正确的思想的总和则是世界的图像（3.01）。从中观角度看，事实是事态的存在（2），命题是基本命题的逻辑函项（5），由此命题就是现实的图像（4.01）。从微观角度看，事态是简单事物或对象的联结（2.01），命题则是简单名称的连贯排列（4.22），每一个基本命题都肯定了一种事态的存在（4.21）。这幅关于世界的逻辑图景的

---

① P. F. Strawson. Analysis and Metaphysics. Oxford and New York：Oxford University Press，1992：55.

最突出理论特征在于对传统的语言与思想描述和反映世界这一认识论事实给予了逻辑的理解,从而将世界和实在的结构理解为投射在思想、语言中的特定逻辑图景。更明确地说,维特根斯坦利用弗雷格和罗素所提供的经典逻辑的分析方法与形式工具,将世界及其图像系统的诸要素理解为逻辑系统中的逻辑要素,进而根据定义、赋值和演算等具体方法,将逻辑要素纳入统一的严格的逻辑系统中,构造了关于世界的逻辑图式。

维特根斯坦对世界做出图像论解释的首要特征是对世界、思想和语言等都进行逻辑分析,将其理解为由不可分析的终极逻辑要素以特定方式联结起来的逻辑构造。以世界为例,维特根斯坦将世界分解为事实,而事实可以被分解为基本事实,每一个基本事实又是事态的存在,而事态则是逻辑上不可分割的诸对象的结合。世界所具有的事实、事态和对象的层次结构,充分体现了维特根斯坦对世界结构的逻辑把握。具体来说,首先,将世界理解为"事实"而非"事物"的总体,推翻了将世界当作由事物的类聚或简单罗列构成的事物系统的看法。从逻辑的角度将世界理解为具有结构复杂性的逻辑系统,而且由于"事实"必须为逻辑命题所刻画,世界就成为可以被逻辑地把握和刻画的对象。其次,事态概念表明世界存在于特定的逻辑空间,维特根斯坦明确指出:"我们也称诸基本事态的存在为一肯定事实,其不存在为一否定事实。"[①](2.06)由此,每一个特定事态的存在与不存在构成了一种可能性或逻辑位置,事态存在于逻辑空间之中,世界是所有逻辑空间构成的整体。最后,虽然维特根斯坦将事态分解为诸对象的存在似乎要比前述两种区分更加接近常识,但他的"对象"概念不能完全等同于我们所理解的事物及其属性和关系。维特根斯坦虽然承认不变者、实存者和对象是同一个东西(2.027),但他对于"实在"概念本身做出了逻辑解释,认为诸基本事态的存在或不存在就是实在(2.06),全部的实在就是世界(2.063)。维特根斯坦更强调对象的逻辑性质,认为是如下两个特征构成了对象的根本特征:一是逻辑简单性,对象是简单的、不可分析的终极逻辑要素,是对世界进行逻辑分析的终点,是世界和逻辑空间的基本

---

① 维特根斯坦. 逻辑哲学论. 贺绍甲,译. 北京:商务印书馆,2010:28.

逻辑要素或一切存在之物的基础；二是联结的可能性，任何对象都体现了"结合的可能性"，或者说对象包含了一切状况的可能性。而对象的本质也在于它能够成为世界逻辑结构的成分，成为"事态的组成部分"(2.011)，这样，世界就不是通常意义上的认识对象或事物的总和，而是由逻辑上最简单的可结合对象按照特定方式配置和排列的结果，在这个意义上，世界是"诸基本事态的特定方式的排列的存在或不存在的总和"①。

维特根斯坦也对思想和语言做了类似的逻辑处理，在他看来，思想是有意义的命题（4.41），被使用的、被思考的命题记号就是思想(3.5)，因而思想是逻辑分析的对象。对于思想的结构，维特根斯坦给予了还原主义逻辑分析，认为思想是基本思想构成的，是其特定方式的逻辑排列和联结，基本思想则是最简单的逻辑结构，且相互独立，构成思想的最终成分也是同样不可分割的逻辑成分"思想对象"，它们是对应于语言的语词的心理成分。由于（可言说的）思想必须以语言加以表达，维特根斯坦对于思想结构的分析着墨不多，而是重点分析了表达思想的语言系统。

对于语言，维特根斯坦同样给予了明确的逻辑把握。他利用德语中"Satz"兼具"语句"和"命题"两重意义的特点，指出语言不是词汇的类聚物，而是所有命题组成的总和，任何词汇只有处于命题之中才有意义。命题也有简单和复杂之分，所有的命题可以分解为基本命题，基本命题又可以被看作具有真假两极性的命题函项，在逻辑联结词的帮助下，所有命题都可以被当作具有真值关系的命题函项。维特根斯坦还认为，一个基本命题是由诸名称组成的，它是诸名称的排列和串联(4.22)，而不是由主词、谓词和量词构成的描述直接经验状况的亲知性命题。

除了对世界、思想和语言这三个系统的逻辑把握，维特根斯坦还将语言和思想对世界的描述关系当作严格的逻辑投射关系，使得语言（和思想）构成了世界的逻辑图像。构造逻辑图像论的首要问题是为什么"逻辑"和"图像"具有如此紧密的，乃至本质性的理论联系，维特根斯坦给出的理由是：世界、思想和语言这三个系统各自的结构是某种可

---

① 韩林合. 逻辑哲学论研究. 北京：北京大学出版社，2007：38.

分析的逻辑结构，而且它们之间的描述关系本质上也是一种逻辑关系，这种逻辑关系的可能性是所有描述关系得以成立的基础，也就是说："所有的比喻和所有的表达方式的图像性质的可能性，都基于图示的逻辑。"①（4.015）维特根斯坦区分了作为描述关系可能性的图式形式和作为所有图式共同性质的逻辑形式，其区别在于，一个事实或事态的图像可以具有不同的描述形式，但这些不同的描述形式之间必须具有相同的逻辑形式，图式形式可以多种多样，而逻辑形式只有一个，它是所有描述形式的共有者。换言之，若描述形式就是逻辑形式，那么图像就是逻辑图像（2.181）；每一个图像也是一个逻辑图像；反之，并非每一个图像都是空间图像（2.182）。在这个意义上，音乐、绘画、雕塑、摄影、诗歌等，都是图像，但它们的图式形式却不等于逻辑形式，而命题则是将逻辑形式等同于图式形式，是用来揭示世界的逻辑结构的有效手段。由此，命题是如人们所想象那样实在的一幅模型（4.01）；命题表现基本事态的存在与不存在（4.1）。据此，维特根斯坦认为命题不仅是类似于描述世界的绘画、音乐等其他符号，而是表现世界逻辑特征的命题记号：因为命题不仅是描述世界的多种方式的一种，而且作为实在之逻辑结构的图像，是世界的逻辑图像。

构造图像论需要解决的另一个问题是说明思想与语言和事实与事态之间的描述关系如何成立，或者说成立的条件问题，这也是维特根斯坦关注的重点，如果解决了这个问题，也就能够说明逻辑图像的本质和描绘关系的形式特征。根据维特根斯坦文本和韩林合教授的总结，逻辑图像论要成立，必须满足如下条件：

（1）由于事态和事实只能被事态和事实描述，因此图像本身就应该是一个事实。这个条件还要求，只有在可以被逻辑地分析其逻辑要素的特定关系的结合的诸项目才能存在描述关系。也就是说，一个图像之为图像，在于其要素以特定的方式相互关联。（2.14）

（2）在（1）的基础上，图像与它所描述的事实或事态必须具有相同数目的元素。

（3）在（1）和（2）的基础上，描述项目或符号必须与被描述的事

---

① 维特根斯坦. 逻辑哲学论. 贺绍甲, 译. 北京：商务印书馆，2010：43.

实或事态之间存在指称、匹配、代表或表征等描述关系。在最严格的意义上，图像的诸要素必须在该图像中代表诸对象，并且，这种描述关系本身，也必须属于图像的内容。

（4）在（1）—（3）的基础上，描述项目或符号必须与被描述的事实或事态一样具有相同的结合可能性，亦即相同的形式。

（5）在（1）—（4）的基础上，图像中诸要素相互关联的方式，必须反映诸对象关联的形式，图像与它所描绘的事实或事态必须具有相同的结构，进而必须具有相同的描述形式。换言之，在一个图像及其所描绘的东西之间必须具有某种相同的东西，借此，一个才能成为另一个的图像。（2.161）

维特根斯坦认为（1）—（5）的条件序列可以得到普遍满足。以最具代表性的基本命题为例，维特根斯坦认为：

（A）基本命题本身不仅可以成为一个事实，而且是诸部分结合而成的逻辑复合物。既然一个命题符号是一个事实（3.14），而且一个命题是由诸部分联结而成的（3.141），那么基本命题本身也是一个事实，而且是由名称按照特定方式排列构成的。

（B）基本命题中名称的数量与事实中对象的数量是相同的。维特根斯坦强调，在一个命题中必须能够区分出在它所表现的事态中恰好同样多的部分，两者必须具有相同的逻辑多样性。（4.04）对于基本命题来说，情况同样如此。

（C）基本命题中的名称与世界中的对象（及思想中的对象）之间存在着指称关系，在一个命题中名称代表对象。（3.22）也就是说，只有事实，而非名称的类聚，才能表达意义。（3.142）

（D）名称和名称之间的结合与对象之间的结合有着同等的可能性范围或逻辑空间。维特根斯坦强调一个事态中诸对象的配置对应着一个命题符号中的简单符号的配置。（3.21）基本命题中名称结合的真和假两种真值关系，对应着世界中对象结合的存在或不存在两种逻辑可能性。如果一个基本命题是真的，则它描述的基本事态存在；如果一个命题是假的，则它描述的基本事态不存在。（4.25）

（E）命题是实在的逻辑模型，维特根斯坦不仅认为命题是逻辑复合物，命题只有当其逻辑地组织起来时，才是一个事态的图像

(4.032)，而且指出命题与实在的结构同构性，认为命题是与世界有投射关系的命题记号。(3.12)

我们可以轻易地将（A）—（E）的条件序列分别当作是对（1）—（5）所提要求的对应性满足，并据此认为基本命题是描述实在中对象排列关系的逻辑模型。尽管在思想中存在着先天为真的思想（其逻辑后果是并非所有的思想都是对世界的描述），复杂命题不能完全满足图式的条件要求（语言不完全是世界的图像），而且命题系统不能描述所有的事态可能性（世界有超越描述的"不可说"的一面），但大体而言，维特根斯坦认为这种严格的逻辑图式关系是普遍成立的，逻辑图像可以描绘世界。(2.19)

综上所述，所有表达和传递思想的介质与反映世界结构的思想一样，都构成了对作为其反映和表达对象的世界结构的描述关系，都是对逻辑空间中事实或事态之间关系的表征和投射，因此，思想和语言对世界构成了逻辑结构的描述关系或投射关系，在这个意义上可以说思想和语言是世界的逻辑图像。维特根斯坦通过对世界、思想和世界结构的逻辑分析，肯定三者之间存在着逻辑图式关系，从而根据经典逻辑的形式系统，建立起了一个关于世界结构的逻辑本体论，将我们语言对于世界的表征方式，乃至整个世界图景都当作一个统一的、严格的逻辑图式。在对形式逻辑的理论应用中，维特根斯坦无疑提供了关于世界的最全面、最精致，也最为激进的逻辑图像。

（三）自然语言的逻辑图像

与维特根斯坦将思想和语言当作世界的图像，进而根据经典逻辑构造关于世界的严格逻辑图式的立场不同，斯特劳森的描述形而上学立足于日常语言的实际语用功能，根据最普遍概念之间的概念联系和依赖关系，通过展示实际运作的概念框架的最普遍特征的方式，将世界、思想和语言纳入统一的概念图式之中，建立以自然语言的形式特征为摹本的图像系统，或者说，建立起关于自然语言，而非形式逻辑（或逻辑语言）的逻辑图像论。在与维特根斯坦的逻辑图式（逻辑图像论）对照的意义上，描述形而上学专注于描述、解释和建构概念框架普遍特征的理论体系，本质上是不同于逻辑图式的概念图式，整体上表现为一幅自然语言的逻辑图像。

在第七章的基础上，为了从全局角度进一步说明描述形而上学理论体系成为自然语言的图像理论的根据，把握概念图式的全貌，明确自然语言的逻辑图像与维特根斯坦逻辑图像论的差异，我们将首先追溯和概括斯特劳森建构概念图式的方式与步骤，然后扼要解释作为图式呈现方式的显明语法的图像性质，最后对比逻辑图像论与显明语法的异同之处，尽量全面反映斯特劳森描述形而上学的理论本质。

1. 自然语言的逻辑图像的建构

建构自然语言逻辑图像的首要工作是选择和确认研究对象。在斯特劳森看来，哲学和形而上学的研究对象是概念结构。在早期讨论中，斯特劳森曾与范布雷达（Father Van Breda）就哲学理解的对象问题有过一番小小争论。范布雷达对于斯特劳森将哲学任务终止于对概念结构的理解颇为不满，认为这将会导致对于世界，以及我们在世界中的存在的理解成为无足轻重的理论活动。斯特劳森在回复中认为，"与世界的关系""存在于世界中"这些概念本身都不是清晰的概念，而且它们应该是心理学研究的对象，哲学理解的对象只是概念结构。他明确指出："我应该更加确定地认为我清楚我们想要理解的东西是什么，它似乎既不是经验科学所研究的东西，也不是我在这篇文章中前面所阐释的方法所研究的东西。如果这个对象不是概念结构，我不知道我们应该理解什么。"[①] 斯特劳森进一步认为，尽管有许多研究方法，比如历史、社会科学、自然科学、艺术实践、日常技艺以及个人经验等，都是在概念结构基础之上研究世界的有效手段，但哲学研究只能是对概念结构的描述和解释。

建构自然语言逻辑图像的另一个预备性工作是说明构成概念结构的基本要素。对此斯特劳森曾有两处比较集中的表述。一处是在《哲学与语法》中，斯特劳森详细列举了构造语言显明模型的基本素材的类型，认为本体论词汇、语义词汇、功能词汇和工具词汇等四类表达式是构造显明语法的基本材料（参见第五章）。在《分析与形而上学》的第二章，

---

① P. F. Strawson. Discussion of Strawson's Analysis, Science and Metaphysics// R. Rorty. Linguistic Turn: Recent Essays in Philosophical Method. Chicago: The University of Chicago Press, 1967: 326.

斯特劳森对形而上学要描述和解释的基本概念的理论特征做出明确规定。在他看来，我们用来建立概念结构的基本概念必须满足三个条件：一是非偶然性。确定基本概念并不是要制定一个随机概念列表，而是要找出反映现实世界的不同历史阶段和区域的，具有某种必然结构性特征的概念。二是不可还原性。日常概念中有些概念可以被非循环地彻底分析为更为一般的概念，这就剥夺了它们作为基本哲学概念的可能性，概念联结和概念分析只能在那些不可还原的概念之间进行。三是普遍性。作为基本哲学概念的候选概念必须是日常的一般概念，而不能是过于具体的技术性概念。根据这三个条件，满足规定的概念无非是物质物体或实体（body）、时间、空间、指称、述谓、共相、殊相以及主语和谓语等，而这些概念都可以归入前述概念列表所涉及的四类基本概念。

如果哲学理解的对象是概念结构，而编织概念结构的基本概念是非偶然的、不可还原的普遍性概念，那么分析基本概念又何以能够揭示概念结构的普遍特征呢？斯特劳森接受了维特根斯坦对逻辑图像的形式和常项的看法，认为我们应该通过分析经验命题的结构来抽象出概念图式的普遍结构。其背后的原因在于：

首先，简单命题是包含了概念结构一般特征的基本命题形式，我们可以通过研究命题形式来确认概念结构的普遍特征。在《逻辑哲学论》中，维特根斯坦指出：

> 很清楚，关于一切命题的形式，凡是我们事先可以说的，我们必须能够一下子都说出来。
>
> 实际上，基本命题本身已经包含了全部运算，因为"fx"与"（$X）·fx·x＝x"所说的完全一样。
>
> 凡有组合的地方，都有主目和函项，而有了这些就已经有了全部的逻辑常项。
>
> 可以说，唯一的逻辑常项就是一切命题根据它们的本性所彼此共有的东西。而这就是一般的命题形式。（5.47）[1]

斯特劳森认为，维特根斯坦这里并不是想要强调逻辑常项或逻辑形式的唯一性，而是强调分析基本经验命题是揭示概念图式普遍结构的有效手

---

[1] 维特根斯坦. 逻辑哲学论. 贺绍甲, 译. 北京：商务印书馆, 2010: 73-74.

段，因为命题的普遍结构，或者说维特根斯坦意义上的逻辑常项是"一切命题根据其本性所共有的东西"。在对这段论述的另一处评论中，斯特劳森更加明确地强调了逻辑形式的普遍性，他说："当然，在普遍逻辑的不同系统之间，尤其是在康德所列出的形式与现代经典（标准）逻辑之间，记法符号和可接受的形式是不同的，但除了在清晰性和效力方面的区别之外，这两个系统都确认了相同的基本逻辑工具。"① 尽管斯特劳森试图刻画的基本逻辑形式是指非兼容关系、蕴涵关系和矛盾关系等逻辑形式，但他认为揭示命题本质也必须以分析基本命题为起点："对于逻辑常项和逻辑形式，最明显的特征是，它们的所有力量和意义可以通过我们所给予命题概念的材料得到解释，此外不需要其他材料，我们被邀请考虑的是关于命题本质的问题，亦即有关经验命题的本质的问题。我们被邀请只能从这里找到问题的解决方案。"②

其次，通过命题形式刻画概念图式的普遍逻辑结构是可能的。斯特劳森给出了两条理由对此加以论证。第一，我们需要处理的逻辑概念的数量有限，因此一般性地解释是什么使得这些概念成为逻辑科学的恰当材料也必定是可能的。第二，哲学家对于形式逻辑的本质特征都有着相似的认识，斯特劳森认为康德和布尔（Boole）对于逻辑结构有着相似的认识。前者认为逻辑是"关乎理解的纯粹形式的完全科学"，后者则认为逻辑是对"思维的普遍完全法则的研究"。维特根斯坦在《逻辑哲学论》和《哲学研究》中持有类似看法，即认为逻辑显示了所有思绪和所有语言的本质。这些看法的共同特征都在于坚持对逻辑的实在论解释，反对形式主义解释。如果这些观点是可靠的，那么对通过分析经验命题发现概念图式的普遍逻辑特征就是可能的，因为具有实在论基础的逻辑结构必定在经验命题中有着不可规约、不可排除的抽象基础。

---

① P. F. Strawson. Kant's New Fundations of Metaphysics//Entity and Identity and Other Essays. Oxford: Oxford University Press, 1997: 238-239.

② P. F. Strawson. Logical Forms, and Logical Constants//Entity and Identity and Other Essays. Oxford: Oxford University Press, 1997: 146. 笔者这里对斯特劳森《逻辑形式与逻辑常项》一文的若干思想做了一定引申和发挥。斯特劳森原本只是认为通过分析命题形式可以有效刻画逻辑常项和逻辑形式，笔者则将其引申为通过分析命题形式可以有效揭示概念图式的普遍结构。笔者认为，这种发挥是可接受的，除了斯特劳森在该文中就命题本质与命题形式之间的关系有所涉及这一事实之外，其刻画经验命题主谓结构、抽象显明语法的理论实践确实是以命题为基本操作对象。

第七章 在"描述"与"修正"之间:对斯特劳森形而上学思想的判校与评价

最后,经验命题的逻辑结构反映了世界的逻辑图像。斯特劳森曾经使用了"世界图像"(world picture)的概念,但并没有明确承认经验命题是世界的逻辑图像。他也认同分析命题的形式特征等于间接地讨论世界的逻辑结构的看法。在《逻辑形式与逻辑常项》一文中,斯特劳森肯定了维特根斯坦对普遍命题形式与"事物如何存在"之间的关联性的论述,并且指出:"这意味着当他讨论命题时,他心里想到的是当我们陈述,或想要陈述自然世界中的事实时所构造的那种语句,而不考虑这些语句在使用时与在世界上拥有时间和位置的特定的对象或事态的联系,还是对这类对象的普遍概括,或者是作为对事物发生方式的更有雄心的理论语句。他所想到的语句是这样的,如果我们确认它们,我们就是在说事情事实上就是这样,即便它们确实可以另外的方式存在或发生。简而言之,我们可以说,他关注的是经验陈述的领域。"①

在明确了斯特劳森的基本思路后,我们就不难将建构自然语言逻辑图像的过程总结为如下四个步骤:

(1)确立经验命题的指称-述谓二元功能结构(参见第一章)。一个经验命题想要成为陈述"事物如何存在"的语句,它就必然具有特定的"功能二元性"。一方面,它需要提到或指称具体的某个事态、实体或对象,另一方面,它又必须陈述/描述该对象所具有的特征、属性、性质或所处的关系,而要完成这样的二元结构,我们首先需要的是一对普遍的功能性概念,即指称与述谓,从而表明陈述各个部分的功能区别,这是进一步分析的逻辑基础。

(2)肯定基本经验命题的指称-述谓二元功能结构表现为主谓语法结构(参见第三章)。在像"苏格拉底是聪明的"这种以第三人称简单直陈句表达的基本经验命题中,分别执行指称功能和述谓功能的是主语"苏格拉底"和谓语"是聪明的",相应地,这两个表达式也可以被独立称为主词和谓词。因此,即便在不考虑语词引入对象的类型,只考虑其引入对象的方式的情况下,表达经验命题的基本语句也会呈现为主谓结构(我们将主语-谓语结构或主词-谓词结构统称为主谓结构),主谓区分以语法标准的形式得到确认。

---

① P. F. Strawson. Logical Forms and Logical Constants//Entity and Identity and Other Essays. Oxford: Oxford University Press, 1997: 145-146.

（3）解释命题主谓结构的形而上学基础（参见第三章）。如果考虑主词和谓词引入对象的类型区别，那么基本经验命题的主词（如"苏格拉底"）通常引入的是殊相个体，而谓词（如"是聪明的"）引入的通常是属性、特征和关系。概言之，主谓区分（或主谓结构）在形而上学基础方面对应的是对象-概念区分，或者说是殊相-共相区分，主谓区分以范畴标准的形式得到确认。

（4）拓展主谓结构的适用范围（参见第五章）。根据主谓区分的等级性和非平衡性，任何经验命题都可以被纳入主谓结构的框架之内。或者说，我们将主谓结构当作命题的基本结合和核心语法，通过丰富作为其实现形式的派生语法，将主谓结构推广到复杂语句、关系语句、时态语句乃至全称语句，使得所有经验语句都成为主谓语句，主谓结构以显明语法的方式得到最终确认。

至此，各个基本概念被纳入了以主谓结构为内核的显明语法当中，概念图式的一般结构也表现为显明语法或主谓结构。接下来，我们将转向对显明语法图像性质的解释。

2. 显明语法的图像性质

在总结显明语法的本质时（参见第五章），我们曾指出，显明语法是具有形而上学意义的元概念，它以阐明主谓结构的逻辑-语法特征为理论内核，是揭示人类概念图式一般特征的结构语义学，也是统摄所有人类语言类型和语系的普遍语法。在讨论图像理论的意义上，我们需要说明的是，为什么以阐明主谓结构为理论内核的显明语法有资格成为逻辑-语法模型和结构语义学，更明确地说，我们需要解释显明语法在什么意义上构成了一幅自然语言的逻辑图像，或者说，当我们说显明语法是一幅逻辑图像时，它具有怎样的逻辑性质或图像性质。只有对这一问题给出合理解释，我们才能说斯特劳森通过建构显明语法建构了自然语言的逻辑图像，描述形而上学也才能获得与逻辑图像论对等的理论地位。

依笔者所见，显明语法至少在如下四个方面可以被看作一套基于自然语言的特定逻辑系统，因而有资格成为不同于逻辑图式的另类逻辑模型。

首先，显明语法的主谓结构模型与传统逻辑对命题形式结构的刻画是一致的。斯特劳森不仅在批评形式逻辑系统的过程中要求捍卫传统逻辑(参见第二章),而且把亚里士多德对命题成分和结构的主谓区分当作是"传统观点"加以接受和论证(参见第三章),更重要的是,亚里士多德是根据自然语言的语法系统抽象出了命题的主谓结构。这表明显明语法不仅是一套基于印欧语系的纯粹语法系统,而且是与传统逻辑一致的语法系统,我们可以将显明语法当作斯特劳森捍卫传统逻辑相关工作的后续延伸和发展。

其次,显明语法包含了逻辑成分。在斯特劳森描述主谓区分语法标准的四个层次当中,已经包含了逻辑要素,因为第三个区分层次,即基于命题形式的主谓语区分本身是基于传统逻辑对命题形式的区分,而不是纯粹的语法区分。这就意味着,主谓结构不仅与传统逻辑的要求是一致的,而且是包含了传统逻辑要素的语法结构。

再次,显明语法反映了自然语言中语词逻辑行为的基本模型。自然语言中各类表达式的基本行为无非是指称和述谓,而这两种逻辑行为在形式上相应表现为主语(主词)和谓语(谓词),其形式结构呈现为主谓结构。在这个意义上,斯特劳森所建构的显明语法,可以看作他早期"构想语言逻辑"的具体实践和系统实现。

最后,显明语法是形式抽象的理论产物,是逻辑-语法模型。根据图 5-2,我们可以发现,作为核心语法的显明语法不仅是语法概括的结果,也是逻辑概括的结果,因而它本身就是语法-逻辑抽象的结果,或者说是语法-逻辑模型。斯特劳森将"逻辑"与"语法"并置,试图融会贯通语法和(传统)逻辑的夙愿在显明语法中得到全面体现。

3. 两种图像理论的区别

总体而言,维特根斯坦的逻辑图像论是表达对世界结构的严格逻辑理解的逻辑图式,而最终被集中概括为显明语法的描述形而上学是表达对世界结构常识性理解的概念图式。两者在构成要素、结构形式等方面风格殊异,差距明显。笔者认为,对比两种图像理论,是对显明语法及其所表达的关于世界的概念图式的一般特征的最好描述。在对标逻辑图像论的意义上,我们可以将显明语法所刻画的关于世界结构的多重复合面相勾勒为如下几个侧面。

首先，世界是由事物（thing）而非事实（fact）构成，基本殊相（物质物体和人）是构成世界的基本对象，也是构成世界结构的基本关系项。通过第三章我们已经知道，斯特劳森所谓世界的基本对象，是人和物质物体两类基本殊相，前者是基本指称对象，是空间系统的占据者，是确认其他殊相的依据；后者则是指称主体，在占据空间位置的同时，承担着确认对象间关系的重任。对维特根斯坦而言，逻辑图像论的任务不在于揭示构成世界的终极成分，而是说明对象配置和关联的方式。但是，漠视对象本质所造成的问题却很值得关注，因为关于对象是什么的问题，不仅牵涉对象本身的性质，而且影响事实、事态、命题和世界等概念的理解，如果我们不知道或不能合理解释对象是什么，就不能说明世界的具体图景，更谈不上揭示世界的逻辑结构。

维特根斯坦关于对象的立场可做两种解读：一是简单地认为他不关心对象本质问题，或者他认为对象本质具有归于"不可说"领域的神秘性质。韩林合教授即指出："我们一直在谈论事态、事实，那么它们究竟是什么？如何从内涵上对其加以界定？在 TLP 中维特根斯坦对这样的问题不甚关心。在此他最关心的是事态、事实的逻辑结构而非其内涵。"[①] 但这造成的结果是对象变成康德式先验实体，成为不可认识的对象。二是根据维特根斯坦文本认为，对象是与性质等不同的实体，是名称所命名的简单对象（2.02），而且是不变者和实存者。根据这一规定，对象肯定不会是感觉材料、观念、感觉或直接的亲知性经验，因为多数感觉或性质是短暂的、复杂的、可以改变的。由于维特根斯坦坚持实体是独立于发生的事情而存在的（2.024 28）。它既是内容也是形式（2.025），而空间、时间和颜色（有色性）是对象的形式（2.0251）。我们可以认为对象是作为"属性承担者"的绝对实体，但将其解释为抽象形而上学实体的后果是经验世界中没有任何物体可以被归为对象，这不仅严重违反我们关于"object"概念的经验直观，而且影响逻辑图像论对经验世界的刻画。

两人关于世界构成要素的另一个区别在于，维特根斯坦认为，对象

[①] 韩林合. 逻辑哲学论研究. 北京：北京大学出版社，2007：38.

第七章 在"描述"与"修正"之间:对斯特劳森形而上学思想的判校与评价 563

通过配置所构成的事实与对象一样是世界的组成要素,世界就是事实的总和。但斯特劳森则否认了事实的客观性,认为"世界是事物的总和,而不是事实的总和"①。在与奥斯汀关于真理问题的争论中,斯特劳森指出,事实不是与事态、事件、情境、事物和特征等并列的范畴。事实不在世界之中。因为事实是陈述所陈述的东西,而非指称对象,当我们深入陈述的逻辑结构,考虑其中语词的指称和描述的功能区分时,就会发现只有陈述主语所指称的对象才是世界中的对象,而谓语部分则是对这个对象的描述和述谓,在这个意义上,"事实不是对象,它甚至不是由一个或多个殊相要素(如成分或部分)和一个共相要素构成的复杂对象(尽管有些人认为它是)"②。或者说,陈述是关于对象的陈述,但它们陈述了事实。而后者不是世界中的客观对象,而是由我们的语言建构的产物。

其次,世界的结构是清晰可描述的,其基本结构是实体-属性结构,在思想中表现为殊相-共相结构,在语言中表现为主语-谓语结构。斯特劳森坚持以认识论形而上学的方式确认世界的实体-属性结构(参见第三章),是在分析传统下重新确认亚里士多德有关第一实体与第二实体、潜能与现实的既有理论,在这个意义上,"不大可能在描述的形而上学中发现新的真理"③。与斯特劳森相反,无论是早期维特根斯坦还是晚期维特根斯坦,对于世界的逻辑结构都没有给出清晰的理解。在《逻辑哲学论》中,维特根斯坦认为世界的逻辑图景、图像的逻辑结构等都是不可认识的,因为"一个图像不能描绘它的描述形式"(2.172)④,但描述形式又属于图像本身,因而是只能被揭示但不能解释的"不可说之物"。在《哲学研究》中,为了强调语法的武断性和实践的优先性,维特根斯坦放弃了探寻语言系统结构的想法,在对"综观式表现"概念的怀疑中,这一点表现得极为明显:

我们对某些事情不能理解的一个主要根源是我们不能综观语言

---
① P. F. Strawson. Truth//Logico-Linguistic Papers. Aldershot: Ashgate, 2004: 198.
② 同①.
③ 斯特劳森. 个体:论描述的形而上学. 江怡, 译. 北京:中国人民大学出版社, 2004: 2.
④ 维特根斯坦. 逻辑哲学论. 贺绍甲, 译. 北京:商务印书馆, 2010: 30.

用法的全貌。——我们的语法缺乏这种综观（perspicuity）。综观式的表现（a perspicuous representation）居间促成理解。而理解恰恰在于我们"看到联系"，从而发现或发明中间环节是极为重要的。

综观式的表现这个概念对我们有根本性的意义，它标示着我们的表现形式，标示着我们的看待方式。（这是一种"世界观"吗？）(P1，§122)①

据引文可知，维特根斯坦对于综观是什么深表怀疑，而且认为我们缺乏对于综观形式的把握，至少是在语法之中没有这样的系统，即便有综观表现形式，也是潜藏的不可见形式。贝克（Gordon Baker）一针见血地指出："虽然非常重要，但维特根斯坦的'综观表现'概念本身却并不清楚。"② 在上述引文之后，维特根斯坦又写道："哲学不可用任何方式干涉语言的实际用法，因而它最终只能描述语言的用法。"（P1，§123)③ 这就意味着，后期维特根斯坦的立场更接近且忠于"描述"，放弃了"形而上学"的纯粹治疗哲学观。

再次，世界的实体-属性结构集中表现为语言的主谓-语法结构，以主谓结构为内核的显明语法是世界的逻辑图像。我们在这里所说的"显明语法"实际上就是维特根斯坦前面提到的"显明表现"的一种可能模型。根据斯特劳森哲学的理论语境，我们是在下述三重意义上将显明语法确认为描述形而上学理论的理论内核。

（1）在坚持"语言转向"的意义上。斯特劳森和维特根斯坦都是"语言转向"的参与者和推动者，两人都强调语言在理解世界和思想中的核心地位，认为世界结构必然表现为语言结构。斯特劳森明确指出了语言在形而上学中的核心地位，他说："形而上学将许多形而上学问题（或认识论问题）与逻辑哲学和语言学中的问题联系起来，同时又将它们整合到极少数几个关键概念里，一方面是实在与同一性有关的概念，另一方面是与主语和谓语有关的概念。"④

---

① 维特根斯坦. 哲学研究. 陈嘉映，译. 上海：上海人民出版社，2005：57-58.
② Gordon Baker. Wittgenstein's Method: Neglected Aspect. Oxford: Blackwell, 2004: 23.
③ 同①58.
④ Andrew Pyle. Peter Strawson//Andrew Pyle. Key Philosophers in Conversation. London and New York: Routledge, 1999: 37.

(2) 在强调"语法类比"的意义上。尽管斯特劳森和维特根斯坦同样强调语言的核心地位,但两人对于语言本身的认识却有着极大差异。前期维特根斯坦将语言当作对世界进行系统逻辑分析的工具,批评日常语言的非精确性,强调逻辑语言的优先性;后期维特根斯坦在强调"意义即用法"的同时,由于过于担心语言幻象的迷惑,从而对于语法缺乏信任和敏感性,要求将语言分析用于哲学治疗。斯特劳森则始终如一地坚持了某种将哲学任务类似于语法任务的"语法类比",对此他指出:"我们可以这样总结这个类比,语法学家,尤其是现代语法学家的任务是为语法规则结构提供系统解释,而这些规则是我们可以毫不费力地从合乎语法的话语中观察得到的。因此哲学家的工作也是为普遍概念图式提供系统解释;而普遍图式也是我们在日常实践中潜在的,无疑是真的东西。"① 与前期维特根斯坦相比,语法类比将世界在语言中的图像由逻辑图式扭转为概念图式;与后期维特根斯坦相比,语法类比表明语言不仅有确定的结构性特征,而且形成了稳定且明确的语法系统。

(3) 在超越"捍卫常识"的意义上。无论是坚持世界是由物质物体或事物构成的,还是将世界、思想和语言的结构概括为实体-属性、殊相-共相和主谓结构,都与经验知觉和经验论传统保持了高度一致。但是,斯特劳森强调,他对于概念图式一般结构的重视要远远超过对常识的辩护,寻求概念之间的系统性、结构性关系,在概念上实现对世界的普遍把握才是形而上学的根本目的。在这个意义上,斯特劳森既不同于洛克、休谟等观念论经验主义者,也不同于摩尔对常识的忠诚,而是积极宣扬概念对经验的贡献的概念论者。

最后,概念图式或显明语法呈现为一个以平行关系和等级关系为特征的层次性、结构性开放系统,逻辑图像呈现为以投射关系和还原关系为特征的同质性、个别性封闭结构。斯特劳森和维特根斯坦对于图式结构的呈现方式、图式要素的内在关系等细节方面的区别也不容忽视。维特根斯坦的逻辑图像论可以概括为图 7-1:

---

① P. F. Strawson. Analysis and Metaphysics. Oxford: Oxford University Press, 1992: 7.

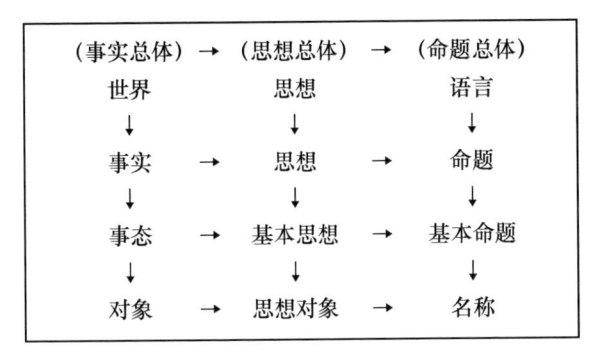

```
（事实总体）→ （思想总体）→ （命题总体）
   世界          思想          语言
    ↓            ↓            ↓
   事实    →    思想     →    命题
    ↓            ↓            ↓
   事态    →   基本思想   →  基本命题
    ↓            ↓            ↓
   对象    →   思想对象   →    名称
```

图 7-1

"↓"表示逻辑还原（分解），"→"表示投射关系，"□"表示图示结构是封闭系统。

根据本书第三章和本章对主谓区分形而上学后果以及显明语法理论本质的分别确认，斯特劳森的自然语言逻辑图像可以被简明扼要地表示为图 7-2：

主语 ＞ 谓语
———————
殊相 ＞ 共相
———————
实体 ＞ 属性

图 7-2

"——"表示结构性平行关系，"＞"表示等级关系。

对比图 7-1 和图 7-2，我们可以将斯特劳森关于世界的概念图式的普遍特征概括为如下几个方面。

（1）概念图式的普遍特征表现为不同层次（语言、思想和世界）的一对概念之间的结构性关系，而非单个概念之间的个别性关系。如果回顾斯特劳森对描述形而上学的建构过程，我们就会发现，无论是在方法论层面，还是在实际哲学分析中，他都极度强调概念之间的联结关系和依赖性，试图以"x and y"的联结分析模式说明概念与相邻概念之间的关系，并在此基础上确定概念在图式中的位置，以此编织概念图式的整体图景。具体到概念图式的普遍结构，斯特劳森力图从三个不同理论层面将概念图式的基本形式总结为一对概念之间的有序关系。在世界层面，结构性特征是实体-属性关系；在思想层面，结构性特征是殊相-共相结构；而在语言层面，结构性特征是主谓关系。将这三个层面结合起来，就构成了图 7-2 所刻画的世界、思想和语言之间的结构性关系。①

（2）概念图式不同层次之间的结构性关系呈现为层次性平行关系，而非同质性投射关系。维特根斯坦认为思想和语言都是世界的逻辑投射，在结构上表现为事实决定命题、对象决定名称的单向投射关系，而且认为投射关系使得语言、思想和逻辑都具有同质性逻辑关系（尽管逻辑关系的形式并不明确）。但在斯特劳森看来，思想、语言和世界必然地彼此关联，对于任何一方，其他两方都不可或缺，不过它们在各自的领域仍然是独立的。相应地，主谓结构、殊相-共相结构、实体-属性结构之间存在的只是结构性平行关系，而非个别投射关系。这一点除了《两种哲学观念》一文中有明确表述外，斯特劳森在讨论指称-述谓二元功能结构时也有所提及。他说："在某种意义上，功能的必然二元结构，是康德的概念-直观二元结构在语言层面的类似结构。并且这种二元结构以明确情境/对

---

① 谢仲明教授根据《分析与形而上学》第三章"逻辑学、认识论与本体论"的论述，将概念图式的结构性关系总结为"三相对偶学说"。在他看来，斯特劳森的基本立场是认为人类思维的普遍结构是概念间的对偶结构，但是，谢教授提供的对偶概念序列与图 7-2 略有出入，他根据逻辑学、认识论和本体论的划分方式，严格遵照斯特劳森文本做出总结，在保留"主谓结构"作为逻辑学结构的同时，将"殊相-共相"关系当作形而上学结构，将"可确认对象-属性"关系当作认识论结构。由此，我们可以得到：

主语＞谓语

可确认对象＞概念

殊相＞共相

表面上看这幅图像与图 7-2 差距明显，因为"殊相-共相"关系在两幅图式中归属于不同的层次。但是，这两幅图式是兼容的，谢教授所给出的这幅图式与我们在第三章中将共相和殊相当作基本形而上学概念的观点是一致的，其目的是忠实反映斯特劳森的"哲学三重奏"理论构想；而图 7-2 的目的则是在突破将斯特劳森哲学当作只研究"思想"而不研究"世界"的流俗观点，与维特根斯坦逻辑图像论进行对比，是对斯特劳森思想的拓展性思考。"可确认对象"与"殊相"和"实体"都是指称物质物体（和人）或基本殊相，而"属性"比"共相"和"概念"更为基本，图 7-2 的结构图式也更为根本，其合理性依据在于，虽然斯特劳森认为世界及其结构必然需要表现为某种结构图式，但并不因此就否认世界作为经验对象、指称对象乃至思想对象的客观性和独立性，就此而言，笔者认为图 7-2 反映了斯特劳森对概念结构一般特征的根本看法。有关谢仲明教授的相关论述，参见：谢仲明. 史陶生. 台湾：东海大学出版社，1999：123-130。

象和事件的普遍类型，与指示其个例的方式存在。"① 斯特劳森似乎对于归并不同理论层次并无兴趣，而是满足于阐明不同层次之间的结构性关系。

当然，认为世界、思想和语言之间存在结构平行关系并不意味着斯特劳森否认了它们之间的关联性，但他认为三者之间的关联是一种相互影响、彼此映衬的合作关系，而非决定论的单向投射关系。比如在讨论思想与语言之间的关系时，斯特劳森就指出，如果我们将语词和语句当作思想出现在公共世界中的外衣，当作内在精神事物的外在可见符号，那么我们就必须承认思想和语言之间的双向依赖关系：一方面，只有语句表达思想时它才会有意义，思维构成了语言的可能性条件；另一方面，语言也规定了思想的界线和范围，成为思想的坚实外壳，由此，思维不仅仅是语言，但我们也"不能思考不可言说之事"（what we can't say we can't think）。② 唯有在这一双重依赖的意义上，对话语和思想的理解才能够落实为对语言结构的分析，世界的结构也才能够具现为显明语法。

（3）概念图式相同层次内的结构性关系表现为可分解的等级关系，而非彻底的还原关系。对于形而上学的等级性和优先性，我们曾在上文中阐述，这里不再重复。我们只是需要注意，斯特劳森认为对基本概念进行分解仍旧是可能的，但分解的结果仍然是相同层次之间更为复杂的概念等级结构，而非还原关系。以"殊相 > 共相"为例，通过分解我们可以得到图 7-3。

```
        殊相            >       共相
         ∧                       ∧
   基本殊相 > 非基本殊相   >   实体概念 > 属性概念
         ↕         ∧
   物质物体 > 事件 > 属性
     人      过程   性质
```

图 7-3

---

① P. F. Strawson. Introduction//Entity and Identity and Other Essays. Oxford: Oxford University Press, 1997: 11.

② P. F. Strawson. Analysis and Metaphysics. Oxford: Oxford University Press, 1992: 97.

第七章　在"描述"与"修正"之间：对斯特劳森形而上学思想的判校与评价 569

观察分解后的图式可以发现，在基本殊相、非基本殊相、关于实体的概念和属性概念之间，以及在属于殊相的物质物体（人）、事件（过程）、属性（性质）之间，存在的仍旧是概念间的等级关系，而不是维特根斯坦式的逻辑还原关系。

（4）概念图式是开放模型，而非封闭结构。图 7-2 和图 7-3 的一个显著区别在于，前者没有外在边界，而后者被放在一个封闭文本框内。笔者希望借此表达斯特劳森与维特根斯坦在图式范围（辖域）方面的开放-封闭之别。当笔者说斯特劳森的概念图式是开放的，笔者强调的是：第一，概念图式只是涉及最普遍概念之间的结构性关系，而不是将世界中的每一对象、概念系统中的每一名称，都当作逻辑系统的一个具体逻辑值；第二，概念图式是反映所有语言类型普遍结构的普遍语法，是在对实际语言运作机制进行描述和解释的基础上进行逻辑-语法概括和抽象的最简理想模型，而不是实际语法，我们可以要求显明语法不违背语言的基本实践，但不要求主谓结构作为严格的实际语法系统；第三，概念图式刻画了可思维、亦可言说的世界的全部，而不是仅仅反映"可言说对象"，即被不可言说的神秘领域包裹的一丝亮光。

斯特劳森在总结关于解释逻辑形式和逻辑常项的工作时如是写道："我们所获得的结果与维特根斯坦思考逻辑的方式是一致的，我的相关论述也只是对维特根斯坦思想的概述。虽然我不能宣称已经详细论述了维特根斯坦在《逻辑哲学论》时期的思想，但我们所获得的结果，在某种程度上是根据他所提供的线索才得到的。"[①] 在一个相当不同的语境下，我们也大体可以说，斯特劳森对概念图式普遍结构的阐释，是对维特根斯坦逻辑图像论的改造和修正，通过用概念图式代替逻辑图式，用具有差异性、结构性的开放系统代替同质性、个别性封闭结构，用平行关系和等级关系代替投射关系和还原关系，斯特劳森建构了与维特根斯坦风格极为迥异且有着本质区别的自然语言的逻辑图像。

---

① P. F. Strawson. Logical Forms and Logical Constants//Entity and Identity and Other Essays. Oxford: Oxford University Press, 1997: 158.

二、斯特劳森的形而上学立场：在"描述"与"修正"之间

由于开创性地提出了"描述形而上学"概念，要求区分描述形而上学与修正形而上学，斯特劳森通常被皮特·哈克、格洛克等支持者理所当然地奉为前一种立场的主要代表，这就使得关于其形而上学立场究竟为何的问题成为一个似乎无关紧要，乃至无人问津的问题。同时，围绕两种立场的争议却从未止歇，苏珊·哈克、斯诺顿等批评者对于描述形而上学的可能性、"描述"与"修正"之分的有效性、修正形而上学是否有价值等问题提出了一系列批评。面对如此情境，笔者认为，我们有必要暂时"悬置"对斯特劳森形而上学立场的直接讨论，而是结合他的哲学规划和理论实践考察描述形而上学的可能性与现实性，具体评估描述-修正区分的恰当性，然后再回到对其形而上学立场的判校。

根据这一理路，下文将分三个部分来讨论斯特劳森的形而上学立场。第一部分将重点关注描述形而上学的可能性及其实践效果，指出不仅作为理论规划的描述形而上学是不可能的，而且作为具体实践的描述形而上学也没有得到实现。第二部分将结合苏珊·哈克和斯诺顿对描述-修正区分的"难问题"的讨论，指出旨在"描述"的形而上学只能是局部描述形而上学，描述与修正区分也非一种截然对立的严格二元区分，而是一种宽泛的非对立普遍区分。在此基础上，第三部分将重新判校斯特劳森的形而上学立场，指出他所支持和践履的是介于描述和修正之间的、兼具超越性和综合性的温和立场。

（一）描述之踵

斯特劳森在《个体：论描述的形而上学》导言部分鲜明地区分了两种形而上学。在他看来，"描述形而上学满足于描述我们关于世界的思想的实际结构，而修正形而上学则关心的是提供更好的结构"[1]，并且强调"描述形而上学无须辩护"[2]。言下之意是，修正形而上学应提出

---

[1] P. F. Strawson. Individuals: An Essay in Descriptive Metaphysics. London: Methuen and Co., Ltd., 1959: 9.

[2] 同[1].

适当辩护。由于描述形而上学是单纯描述世界概念结构，且无须给予辩护的理论规划，而修正形而上学不仅要提供"更好的图式"，还需要给出恰当辩护的规划，乍看之下，前一种规划的理论任务似乎更加容易，实现可能性也更大，而后一种规划则相对复杂和困难。但是，这种描述我们关于世界图景的结构的理论规划可能吗，它最终有没有得到实践呢？

我们先来看第一个问题。要从元哲学层面探讨描述形而上学作为理论规划的可能性，我们需要考虑至少如下三个问题：

1. 概念图式的可描述性

如果描述形而上学是可能的，那么概念图式的普遍结构必定应该是可描述的。但要说明这一点，我们需要考虑如下问题：

（1）构成概念图式普遍结构的基本概念是日常语言中的基本概念吗？斯特劳森将人、物质物体、殊相、共相、时间和空间等概念都当作概念图式的基本概念，但这些概念的基本性却并非不会受到挑战。以"物质物体"为例，它固然表示中等大小、具有广延性和硬度等第一性质的物体，可以指代椅子、桌子、电脑、书本等具体对象，但除了特殊情况下之外（比如有人问"Is this object material?"），我们通常并不将"material"和"object"连起来形成一个指代亚里士多德"第一实体"的物质物体。这就表明，并非所有的描述形而上学的基本概念都是日常语言中的基本概念。

（2）基本概念和概念图式可以被日常语言所表达吗？即使我们忽略（1），仍旧需要面临图式与日常语言的关联问题。像"时间""空间""心灵"等概念在日常语言中可以得到成功应用，即使使用者不知道它们所构成的具体图景为何，它们所具有的哲学意义并不直接影响其日常功能。这就意味着，许多基本日常概念的使用可以不必涉及强烈的形而上学预设。而如果承认其用法是普遍的，没有直接的"正确"和"错误"之分，也就不存在对这些概念的描述与修正之别。

（3）基本概念会形成以命题形式表达的特定图式结构吗？我们再退一步，忽略（1）和（2），还是会面临"图式结构是否可能"的问题。因为认为概念图式存在基本概念是一回事，但认为这些概念构成了结构形式则是更为激进的理论要求。我们也将会看到，将概念图式当作显明语法结构的做法似乎不甚可取，而一旦这种结构形式被拒绝，也就间接意味着强调图式普遍特征的形而上学本身要么是修正的，要么直接就是错误的。

（4）概念图式的结构是可描述的吗？如果考虑奎因对概念图式等级性的分析，认为图式是由经验命题、数学命题、物理命题和哲学命题构成的圈层结构，那么直接经验只会影响经验命题和物理命题，而不能影响作为内核的哲学命题，其结果可能是对经验命题结构的分析，不足以揭示哲学命题的本质结构。斯特劳森也认为："人类思想的中心内核没有历史，或者说在思想史中没有记录，而对于某些范畴或概念，就它们的基本特征而言根本不会发生变化。"① 这里，他预设了"人类思想的中心内核"会反映在基本范畴和概念当中，但这个预设本身却没有得到论证。人类思想的普遍结构仍旧可能是维特根斯坦意义上的"不可说之物"。

2. 描述方法的可靠性

描述形而上学，顾名思义，就是以描述方法实现形而上学目的的理论规划，但日常语言哲学所谓的"描述"方法的可靠性也需要做进一步考量：

（1）直接描述不能获得概念图式，对概念图示的描述只能是批判性策略的产物。D. 麦克杜格尔指出，"概念图式的实际结构"是一种无前提的前反思概念系统。对它的描述是无前提的，由此描述就类似于维特根斯坦在《哲学研究》中所做的工作。但如果坚持对"描述"的强调，我们只能成为语言的被动观察者，而非主动建构者，换言之，要描述概念图式，我们就需要某种"批判性策略"（critical procedure），而非单纯描述。因为概念图式的普遍结构对于被动的观察者来说并不是开放的，我们也不能通过单纯描述事实来探知普遍结构。进一步的原因在于："关于人类思维结构的'事实'被认为是必然受到关于'何物可能'的普遍观点的支配。如果没有预设，反思性思想根本就不会开始，并且正是因为反思性思想为关于什么是'被描述之物'的本质的具体观点提

---

① P. F. Strawson. Individuals: An Essay in Descriptive Metaphysics. London: Methuen and Co., Ltd., 1959: 10.

供了基础,我们关于思维结构的事实的看法才不怎么发生改变。"① 这就意味着,日常语言在其日常用法中,并不包含有关世界状况的哲学理论,也没有一个明确的概念结构。任何建构和解释,都需要暂时放弃和背离语言的实际用法,或者说,在用法描述与系统建构之间存在着需要被克服的分歧和理论张力。

(2) 描述不能等同于联结分析或先验论证,而应该通过经验研究加以实现。谢恩贝里最近指出,形而上学研究,不论是描述的还是修正的,都应该是一种经验探究,而非纯粹的先验论证或概念推演。他明确强调:"假设描述形而上学是对我们关于世界的思想的实际结构的描述,如果这真的有任何意义,那么我们就会进入经验研究的领域。"② 谢恩贝里给出的理由包括如下三点:首先,概念是否与实在匹配是个经验问题,而非先验问题;其次,统一的概念图式的可能性也有待经验验证;最后,概念图式作为动态结构拒绝静态描述,即便我们承认概念图式并非空洞,有实际内容,但随着我们对世界认识的深入,部分概念,如以太、燃素等都会失去作为基本概念的资格。

(3) 斯特劳森的描述方法不等同于对语词日常用法的检查,而是一种哲学描述,是对普遍概念做不违背日常用法的联结性分析。尽管斯特劳森认为描述形而上学的方法与概念分析在种类上没有区别,而且强调:"在一定程度上,对切近检查语词实际用法的依赖是最好的,实际上也是唯一可靠的哲学方法"③,但他认为概念分析过于局限,不能获得形而上学的普遍结论,因而只能作为后者的"可靠向导",但描述形而上学必须超越对语词用法的检查,在此过程中,"描述"的标准就变成了是否违背日常用法,而非是否严格反映日常用法,作为方法的描述也成为联结性的哲学描述。对此,斯特劳森毫不避讳,而且强调这两种描述方法的兼容性,他说:"他们(哲学家)的主题仍然是日常概念工具。不同仅仅在于,他们是在一个具有更高普遍性的层面上来讨论概

---

① Derek A. McDougall "Descriptive" and "Revisionary" Metaphysics. Philosophy and Phenomenological Research,1973,34 (2):214.
② Fredrik Stjernberg. Strawson's Descriptive Metaphysics, its Scope and Limits. Organon F,2009,16 (4):535.
③ P. F. Strawson. Individuals: An Essay in Descriptive Metaphysics. London: Methuen and Co., Ltd., 1959:9.

念。他们在这个层面所说的东西,通过认识和表现那些为我们的日常概念所满足,也为他们所关注的普遍概念特征,从而以各种不同的方式兼容于我们对日常概念的使用。"① 但将描述当作哲学描述的后果在于,认识论形而上学将不再是对语言用法做彻底透视的普遍描述,而只是对指称理论与语词日常结构为起点和基础的概念联结,但联结的客观性却无法得到保障,在方法论上也无法避免由于概念系统的需要而对概念做趋向于"修正"的可能。

(4) 斯特劳森对部分概念的理解和使用是"修正"的。除了上面提到的"物质物体"有修正之嫌外,"人"是另一个遭到较多诟病的概念。苏珊·哈克就指出,斯特劳森对人的概念的理解是规范性的。因为"当斯特劳森说人是优先概念时,他是在赘述我们讨论笛卡尔二元论意义上做出的判断,由此,他对人的讨论,更像是规范性的,而非纯粹描述性讨论"②。这里的关键问题在于,虽然将"人"当作身心统一体符合常识心理学的理解,但将人当作"M-谓词"和"P-谓词"的归属者却未必符合我们对"人"的日常理解。

3. 描述形而上学的独立性

专注于描述且拒绝"辩护"的描述形而上学,作为可实现的理论规划还在逻辑上面临如下问题:

(1) 描述形而上学不能"自证清白"。根据认识论形而上学的基本立场,包括基本殊相在内的客观认识对象必须表现为概念框架内可理解的、可被概念化的对象,因而不会存在独立于概念之外的,类似于康德式"自在之物"的经验对象,其后果在于失去了论证经验客观性和图式可靠性的基本对象,我们难以建立起传统的命题-对象关系,因而即使从概念图式的基本特征方面描述了世界结构,也是我们通过图式建构和解释的概念化结果,其客观性和"描述"特征无法得到证实。

(2) "更好的结构"是描述形而上学得以成立的必要条件。除了需要通过对比世界结构和概念结构来评价概念图式的客观性之外,我们还

---

① P. F. Strawson. Analysis and Metaphysics. Oxford: Oxford University Press, 1992: 23-24.

② Susan Haack. Descriptive and Revisionary Metaphysics//Philosophical Studies: An International Journal for Philosophy in the Analytic Tradition, 1979, 35 (4): 371.

第七章　在"描述"与"修正"之间：对斯特劳森形而上学思想的判校与评价 | 575

需要考虑对比替代图式与世界的结构，从而表明我们所给出的概念图式比替代图式，比如科学图式更加接近世界结构。但是，如果替代图式是不可能的，这种对比关系就不存在，我们将被困在"不能自证清白"的逻辑陷阱中，而如果替代图式是可能的，对比过程将表现为对概念图式的"辩护"过程，描述形而上学必定成为提出辩护的理论规划。由此，描述形而上学很难成为逻辑融贯的理论规划。

综合对概念图式可描述性、描述可靠性和描述形而上学独立性的讨论，我们可以发现：描述形而上学是一种过于严苛的脆弱立场，也是缺乏融贯性的激进理论规划。尽管我们这里将它放入最为不利的评价语境，也不能面面俱到地表明其在每一方面所面临的问题，但描述形而上学作为理论规划的可能性要求，对于上述每个问题都能做出与己有利的回答，只是笔者相信前述讨论恰恰都倾向于得到相反的答案，而一旦其中任何一点被接受，描述形而上学作为理论规划就会被否弃，在这个意义上，笔者认为描述形而上学是不可能的。

那么，接下来的问题在于，描述形而上学有可能成为可靠的具体实践吗？从根本上说，如果描述形而上学作为理论规划是不可能的，它作为具体实践也难以奏效。在讨论语法标准的问题时（参见第五章），我们曾指出，梅祖麟就主谓语法对中文的适用性提出质疑，而接受他的批评就意味着，主谓语法作为描述语言结构的普遍性特征对于特定对象语言——中文是不成立的。来自语言学、心理学、认知科学和实验哲学的诸多新证据表明，斯特劳森根据形而上学信念提出的许多概念分析及其结论终究不过是"扶手椅哲学"（armchair philosophy）的产物。马迪（P. Maddy）根据发展心理学的证据指出，类概念并不是比性质概念更加基本的范畴。[①] F. 佩尔蒂埃则指出，斯特劳森赖以解释主谓区分的"特征-位置语句"并不可靠，因为其所涉及的可数-不可数区分不仅在英语中难以成为可靠的语义标准，更为致命的是这种区分不是普遍有效的。他根据赫那罗（Chierchia Genaro）的成果指出，只有印欧语系对此做出明确区分，而多数亚洲语系即便做出了类似区分，但名词并不在语形和语义上对单称和全称、可数-不可数有明确反映，另有一些南美

---

① P. Maddy. Second Philosophy. Oxford：Oxford University Press，2007：253.

语言，巴西的科林蒂安语、奥斯特洛尼亚语等都缺乏可数-不可数区分。① 除了这些证据之外，另一个引起较热烈讨论的反例是沃尔夫对霍皮语的描述。

4. 霍皮语问题

美国语言学家沃尔夫是描述语言学（descriptive linguistics）和语言相对论（linguistic relativism）的积极倡导者，他和萨皮尔共同提出的沃尔夫-萨皮尔假设（Whorf-Sapir hypothesis）认为，语言结构的差异是造成我们思想和行动方式的差异的原因。由于实际存在着具有结构性差异的不同语言系统，因而我们的思想结构也是不同的。沃尔夫曾根据对努卡特语（Nookta）的观察得出了与梅祖麟类似的结论，认为努卡特语与中文一样没有主谓区分，但他真正重要的贡献是对霍皮人（Hopi Indian）的语言系统和形而上学观念的精细描述。在论文《美国印第安人的宇宙模型》中，沃尔夫将使用霍皮语的原始印第安人的世界图景描述为一个完全不使用"时间"和"空间"概念的宇宙模型：

> 经过长期研究和分析之后，我们发现，在霍皮语中没有直接指向我们称之为"时间"的那种东西的语词、语法形式、结构或表达式；没有指向过去、现在或未来的语言形式；没有指向持续性和连续性的语言形式；没有指向运动学的，而非动态的"运动"概念的语言形式（即作为在时间和空间中连续移动的运动，而非作为某种过程的动态活动的移动）；甚至在以这种方式提到空间时，他们也排除了时间的范围或存在。②

沃尔夫的上述引文试图强调的是：在霍皮语中事件是更加基本的概念，而且霍皮人的形而上学不区分时间和空间概念。这意味着霍皮人完全没有我们所谓的时间观念或直觉，在他们的世界图景中也没有在时间中持存的物质物体，他们将所有的对象都当作过程事物（process-thing）。如果接受沃尔夫的世界图景，对于描述形而上学是不利的，其原因

---

① Francis Jeffry Pelletier. Descriptive Metaphysics, Natural Language Metaphysics, Sapir-Whorf, and All that Stuff: Evidence from the Mass-Count Distinction//Baltic International Yearbook of Cognition, Logic and Communication, 2011 (6): 27.

② Benjamin Lee Whorf. An American Indian Model of the Universe//John B. Carrol. Language, Thought and Reality. Cambridge: The MIT Press, 1956: 57.

在于：

首先，霍皮人的宇宙模型给出了怀特海关于"过程实在"的形而上学构想的实际模型，这使得斯特劳森必须严肃应对物质物体与过程和历史的关系问题。虽然他曾经在《个体：论描述的形而上学》中轻描淡写地表示："过程事物是我们不曾拥有，也不必拥有的范畴，我们实际上在事物及其历史之间做了区分。"[①] 一旦霍皮语问题需要被认真对待，斯特劳森就需要解释为什么有些人实际上拥有这一概念。

其次，霍皮人的宇宙图景对概念图式的唯一性和普遍性提出了挑战。因为霍皮宇宙模型的存在，意味着以物质物体为基础的常识概念图式并不是普遍通用的，也不是唯一的，以所谓常识为基础的描述形而上学就不能仅仅局限于描述，而必须为自己的合理性进行辩护，但说明概念图式的解释性工作恰恰是描述形而上学的软肋。因此，斯特劳森需要给出超越"描述"的理由，但他缺乏这样的理由。

布莱克（Max Black）提出了一个避免霍皮语问题的思路，即通过否认概念能力与语言的同界性来避免因为语言结构的差异对概念图式的影响。在他看来，拥有一个概念并不直接等同于使用与之对应的语词的能力。我们必须承认，人类所拥有的概念，远远超过了对之进行表达的语词。布莱克提出了具有明显行为主义倾向的理由为之辩护，他说："当语言具有明显不同的语法时，在其使用者的行为中不存在可观察的区别。"[②] 而根据沃尔夫的说法，虽然霍皮人的概念系统与我们的完全不同，但是在语用和操作的意义上，他们能够和我们一样描述、解释宇宙中的一切可观察现象。但是，他的这个辩护无法被接受，因为斯特劳森坚持的正是被塞尔论述为表达主义（expressionism）的维特根斯坦式立场，他屡次提到"概念的边界便是语言的边界"，强调两者边界的一致性也是描述形而上学得以描述的基础。要接受布莱克的辩护，就等于放弃了"描述"的基本立场和逻辑基础。

W. 博尔曼更为明确地指出，布莱克的论证是窃取论题，后者的论

---

① P. F. Strawson. Individuals: An Essay in Descriptive Metaphysics. London: Methuen and Co., Ltd., 1959: 56.

② Max Black. Linguistic Relativity: The Reviews of Benjamin Lee Whorf. Philosophical Review, April, 1959: 235.

证思路是，既然他们的行为与我们没有区别，那么他们的语言也与我们的语言没有区别。博尔曼认为，这是根据推论做出判断，而非直面证据，实际上是在回避问题。博尔曼进一步考虑了解决问题的两种类型：第一种被称为"期望解释类型"，即经验证据所提供的解释与我们的期望是一致的，换言之，解释表达了我们认为应该如此的期望。但是，这个解释是窃取论题。布莱克是明显的例子。第二种被称为"必要事实类型"，即不管实际情况如何，解释表达了我们认为必然如此的事实。这种解释实际上认为，形而上学论断比经验证据有着更大的可靠性和客观性。其缺陷在于，如果接受这种解释类型，那么，形而上学将难以成为描述的。

博尔曼倾向于认为，霍皮人世界观对斯特劳森构成了不可克服的挑战，甚至会危及形而上学的"描述"要求。其原因在于："斯特劳森不允许霍皮语独立于他所描述的那些概念图式之外。因为他需要坚持的是结论的普遍性。这种普遍性可以被放弃，但其代价则是《个体：论描述的形而上学》所描绘和辩护的那些论断将不再被当作描述形而上学论断。"①

就此，我们不能认为沃尔夫对霍皮语的考察只是一种错误的、本质上可以被忽略的相反的证据，因为这实际上是一种间接的期望解释。但其后果在于，我们将失去语言学家的支持，而斯特劳森要求与语言学家携手并进，另外，斯特劳森是以图式的可理解作为图式是否存在的标准。霍皮人的宇宙模型无疑是可理解的，具有理论上的现实性，因此是一个真实的图像。我们也不能否认其真实性，但接受霍皮人宇宙模型则意味着描述形而上学作为哲学实践的有效性将荡然无存。

（二）修正之盾

尽管描述形而上学作为理论规划和具体实践面临前述种种困难，但斯特劳森在《个体：论描述的形而上学》导论中确实提出了关于描述形而上学的规划，根据第六章的论述，他本人晚年也没有完全放弃描述形而上学，而是走向了"双图式论"。由这一立场可以发现，斯特劳森仍

---

① W. A. Berriman. Strawson's Individuals as Descriptive Metaphysics. Austrian Journal of Philosophy, 1967（3）：286.

旧坚持着某种"描述"立场，我们需要解决的问题在于，如果描述形而上学是可能的，它会呈现为怎样的理论形态；进一步的问题是：如果描述形而上学是可实现的，"描述"与"修正"之间又有着怎样的关系？

1. 苏珊·哈克论描述形而上学的"难题"

苏珊·哈克在论文《描述与修正的形而上学》中对这两个问题做出了详细解答。在她看来，尽管斯特劳森试图坚持的描述形而上学是激进的"全局描述形而上学"（global descriptive metaphysics），但它实际上应该是"局部描述形而上学"（local descriptive metaphysics），而且，斯特劳森没有在"描述"与"修正"之间做出有效区分，两者之间的关系是"《个体：论描述的形而上学》一书的根深蒂固的困惑"[①]，而如何理解这一关系也构成了形而上学思想的"难题"[②]。

苏珊·哈克认为斯特劳森没有对两种形而上学做出有效刻画，而是在两种不同理论规划之间游弋。其中，雄心勃勃的计划意图将描述形而上学与修正形而上学严格对立起来，认为修正形而上学是不可能存在的计划，全局描述形而上学是这一计划的理论产物；而温和计划则认为修正形而上学是可能的，且服务于描述形而上学，局部描述形而上学是这一计划的理论产物。苏珊·哈克提请我们注意的是，斯特劳森在《个体：论描述的形而上学》中对这两种计划都有论述：

表 7-1　形而上学的两种计划

温和计划	雄心勃勃的计划
最好的修正形而上学本质上是值得称道的，而且有着持久的哲学用处。(p.9)	修正形而上学是为描述形而上学服务的，而后者根本无须辩护。(p.9)
我们关于实在的概念也许可以是不同的，假设我们的经验的本质完全不同。(p.29)	有一些范畴和概念根本就不会发生变化。(p.9)
当说物质物体是基本的时，我并不是说它们在存在地位上具有优先性，也不是说它们唯一真实的东西。(p.59)	我也许可以说，我们找到了某些理由来说明物质物体和人是优先存在者。(p.241)

苏珊·哈克对斯特劳森上述论述的解读是："一方面斯特劳森允许修正

[①] Susan Haack. Descriptive and Revisionary Metaphysics//Philosophical Studies：An International Journal for Philosophy in the Analytic Tradition，1979，35 (4)：368.

[②] 同[①]361.

形而上学是可行的、有价值的，他允许其他与我们不同的经验者拥有完全不同的概念图式；并且宣称他的'本体论优先性'标准没有深刻的形而上学意义。但另一方面，他认为描述形而上学优于修正形而上学，论证说我们的概念图式是不可避免的，并强调在他所给予的意义上'本体论优先性'意味着'存在的基本性'。① 如果考虑斯特劳森对于"事件"范畴和"听觉世界"思想实验的处理，苏珊·哈克的上述论断就不难被接受。在斯特劳森看来，一方面怀特海所要求的那种作为"过程实在"的"事件"范畴既不存在，也不必要；另一方面他又极力论证物质物体是比"事件"更为基本的范畴。对于听觉世界思想实验来说情况同样如此，如果听觉世界的假设是可能的，斯特劳森就需要坚持温和计划，而不是将两种形而上学严格对立起来，但这个实验恰恰是用来证明替代图式是不可能的，而且听觉世界作为替代图式本身的实在性问题也没有得到有效解决，在这种情况下，思想实验才演变成"我们必须以我们思考世界的不同方式来思考世界"。

苏珊·哈克还指出，斯特劳森由温和计划倒向了雄心勃勃的计划，其背后的原因在于斯特劳森对人类概念框架中核心概念的非历史性的强调，苏珊·哈克将其称为概念不变性论题（conceptual invariance thesis）。而一旦证明了概念不变性论题是可怀疑的，似乎就给出理由使得我们可以认为斯特劳森对修正形而上学是不可能的强调是错误的，从而也就说明了修正形而上学是有意义的。但是，苏珊·哈克倾向于认为，我们不要就此急于给出结论，因为对概念不变性论题的怀疑是基于翻译证据，还有概念的同一性，亦即语言与形而上学的关联性等有争议的证据。在他看来，上述两种计划所体现的真正问题是，斯特劳森没有在描述形而上学和修正形而上学之间做出可靠区分，才导致了区分标准不明确的问题。

但是，苏珊·哈克随后对关联假设（connection assumption）的进一步评论，比较含蓄地指出描述形而上学应该是肯定修正形而上学可能性的温和计划。所谓关联假设，是指对在概念图式和人们所使用的语言之间的关系持肯定看法的立场。具体来说，关联假设分为两类：一类是

---

① Susan Haack. Descriptive and Revisionary Metaphysics//Philosophical Studies: An International Journal for Philosophy in the Analytic Tradition, 1979, 35（4）: 365.

对应局部描述形而上学的局部假设，它认为语言与图式之间有关联，但是不同的语言与不同的图式相关联；另一类是对应全局形而上学的全局假设，认为所有语言都对应着同一个普遍的概念图式。苏珊·哈克的评论是：

（1）斯特劳森坚持的是后面这种更强的概念图式，但是，如果我们接受沃尔夫等人的证据和批评，就意味着认为存在普遍图式的全局形而上学是不可靠的。如果全局图式因为局部假设而被证伪，局部形而上学同时也会遭到削弱。

（2）斯特劳森认为概念图式与语言的语法特征是相关的，而且认为对于特定语言类型而言，语法特征不仅是明确的，而且是一种普遍的深层语法，但沃尔夫等人则认为普遍性和深层语法并没有必然联系，在肯定深层语法的可能性的同时，仍然可以否认其普遍性。换言之，深层语法可以不是普遍的。苏珊·哈克本人比较同情沃尔夫的立场。

（3）概念图式与语言的联系程度是不同的，这种联系可以采取强形式，即任何说某种特定语言的人，必定拥有某种概念图式；也可以采取弱形式，即说某种特定语言的人是"自然地"，但并非"必然地"拥有某种图式。斯特劳森强调的是强联系，尽管苏珊·哈克坦承自己不知道哪种关联假设是正确的，但倾向于认为我们应该对强假设保持谨慎。她说："如果强关联假设是真的，对我们的概念图式来说就不存在真正的替代图式，说修正形而上学能提供一个'更好的'图式也毫无意义。但是，如果存在替代图式，我们需要考虑的不过是在不同图式之间的选择问题。"①

（4）如果概念图式被当作概念集合或范畴集合，我们可以期待在表达的充分性之间进行选择，但如果将概念图式当作信念集合或命题集合，我们就需要对真理问题有所讨论。对于概念图式是否呈现特定结构，哈克的立场并不明确。

（5）概念图式的个体化要求提供具体概念个体化的标准。我们需要说明，一个概念是发生了变化，还是说一个概念不会发生变化，而是被新的概念取代。以"原因"为例，我们是认为亚里士多德和休谟使用了

---

① Susan Haack. Descriptive and Revisionary Metaphysics//Philosophical Studies: An International Journal for Philosophy in the Analytic Tradition, 1979, 35 (4): 369.

相同的"原因"概念，只不过是意义发生了变化，还是认为他们使用的是不同概念？苏珊·哈克认为，虽然自己对前一种看法很同情，但我们无时无刻不处于"纽拉特之舟"的处境中，概念变迁或者说概念的动态图景不可规避。

在这五条评论中，除了（4）之外，苏珊·哈克都明显表达了对全局形而上学的反对。接受她的论证则意味着描述形而上学的理论形式应该是局部描述形而上学，由此，作为提供替代图示的修正形而上学是可能的。由于苏珊·哈克证明了全局描述形而上学是不可能的，无疑是从不同却相连的角度论证了前面讨论的问题，但其新颖之处在于指出了描述与修正之间关系的复杂性，为修正形而上学的可能性留下了充分的理论空间。

2. 斯诺顿论描述-修正区分的无效性

与苏珊·哈克一样，斯诺顿对描述-修正的区分也颇为不满。但与苏珊·哈克批评斯特劳森没有做出有明确标准的区分不同，斯诺顿倾向于认为斯特劳森做出了明确区分，但这个区分是无效的。在他看来："斯特劳森在《个体：论描述的形而上学》中对描述形而上学和修正形而上学的区分，并不如通常想象的那般有用。"[①] 在总结自己的观点时，他也指出，如果不考虑描述-修正区分本身颇具才情且很有吸引力，那么它就应该被严肃地加以修正。

斯诺顿为何认为描述-修正的区分是"无用"的无效区分呢？他首先给出了两条重要的背景线索。第一，根据比尔·切尔德（Bill Child）和卡萨姆的回忆，《个体：论描述的形而上学》在最初版本中没有这篇著名的导论，也没有做出描述-修正区分。在该书付梓前的最后阶段，斯特劳森才在其他人的劝导之下加上导论，以便使全书的目的对读者来说显得更为明确。斯诺顿据此推测，描述-修正的区分不是斯特劳森想要深入讨论的区分。第二，根据卡萨姆的确认，斯特劳森在此后的著作中没有回顾，也没有重述这个区分，斯诺顿由此认为，描述-修正的区分并非斯特劳森哲学的核心论点。接受这两点的后果是，描述-修正的区分只是斯特劳森哲学的一个极为边缘的理论提法，区分对分析描述形

[①] Paul Snowdon. Strawson on Philosophy—Three Episodes. South African Journal of Philosophy, 2008, 27 (3): 167.

第七章 在"描述"与"修正"之间：对斯特劳森形而上学思想的判校与评价 | 583

而上学实践没有太大帮助。

斯诺顿随后提出了七条具有一定独立性的评论，继续从区分内容的角度论证描述-修正是无效的。这里，我们将与分析斯特劳森哲学立场有较为紧密关系的前六条罗列如下：

（1）描述形而上学关注的是对"思想"而非"概念"的澄清。尽管斯特劳森认为描述形而上学满足于对概念框架的一般特征的澄清，认为它关注的是揭示人类思想结构的最普遍概念，但斯诺顿认为，"概念"和"思想"是不同的对象，同样一套概念系统可以出现在不同的思想方式当中。以"鬼怪"（ghost）的概念为例，相信命题"鬼怪存在"的普通人，和不相信鬼神存在的科学家可以同样使用"鬼怪"的概念，但他们对鬼怪的思考方式是不同的。斯诺顿认为斯特劳森关注的是"思想"而非"概念"。换言之，斯特劳森关注的是作为概念指称对象的"世界"，而非描述概念结构。这一点与斯特劳森本人的立场一致。

（2）斯特劳森的哲学实践不是"纯粹描述"策略。斯特劳森将自己当作描述形而上学家，不代表他的实践是描述的。当他将论证经验的必然条件、反驳怀疑论等当作形而上学的理论目标时，事实上已经超越了"描述"，而是要求对描述进行"辩护"，这就超越了描述形而上学专注于描述、拒绝辩护的基本要求。

（3）描述-修正区分不是互斥的穷尽区分，"修正"是比"描述"更为基本的概念。如果斯特劳森的形而上学描述我们的基本思想并试图证明它们是正确的，就必定不是一种描述形而上学，当然也不是修正形而上学。某种专注于对新的更好思想系统提出描述的理论，当然不是斯特劳森意义上的修正形而上学，但也不是描述形而上学。我们将会发现，如果想要对形而上学做出全面区分，我们就必须选择斯特劳森所给出的两种范畴的一种作为基本类型，将另一种定义为非基本类型。我们应该如何选择呢？斯诺顿认为：

> 对我来说，似乎"修正的"是基本类型，"非修正的"（non-revisionary）应该是次要范畴。如果我们愿意，可以将这个概念当作"描述的"。原因在于，如果我们把"描述的"当作基本范畴，认为它是"旨在纯粹描述我们的基本范畴"，那么很可疑的是有任何一种思想可以在这个意义上被看作描述的。并且，剩下的其他概

念将成为同质性的,且毫无帮助的概念。因此我们应该将"修正"范畴当作基本的,为了保留斯特劳森的术语,我们用"描述的"来代替"非修正的"。根据这种理解,斯特劳森将不会被当作描述形而上学家。①

(4) 描述形而上学只在"狭义"上是"描述"理论。如果我们接受(3),一个有趣的结论是"修正的"的使用必然预设了"我们的优先思维方式"的概念,而且是以后天的方式加以规定。在这个被规定的意义上,完成规定任务的理论可以被看作狭义的"描述形而上学",斯特劳森的某些工作也可以在这个意义上被看成是描述形而上学。

(5) 斯特劳森错误地将"建构"等同于"修正"。对他来说,"修正的"的意义是:我们基本的,必须遵守的思维方式可以被看作构成了"P1 ∧ P2——∧ PN"形式的析取命题,修正形而上学要求,在该结构之上增加新的命题Q,构成表现基本思维方式的命题"P1 ∧ P2—— ∧ PN ∧ Q",这是康德等观念论者的论证方法。斯诺顿认为,当形而上学要求增加新命题Q时,他们既不是修正概念系统,也不是斯特劳森意义上的描述系统,而是在建构系统。由此,我们也可以证明斯特劳森的描述-修正的区分不是穷尽区分。

(6) 根据哲学家的主观意图判断哲学立场的方法不尽可取。斯诺顿认为,斯特劳森将康德和贝克莱分为不同阵营的标准有其各自的理论意图。但斯诺顿强调,我们应该区分"意愿修正"和"事实修正",贝克莱本人强调自己无意违背常识,但事实上"存在就是感知和被感知"的立场却违背了常识。对于修正形而上学家来说,他本人宣称或否认是否修正无关宏旨,我们不必根据哲学家的意愿来判断他的立场。②

---

① Paul Snowdon. Strawson on Philosophy—Three Episodes//South African Journal of Philosophy, 2008, 27 (3): 177.

② 奎因持有类似看法:"通常的情况是,那些带着修正面具——以澄清概念为己任——的形而上学假设实际上是描述的。虽然贝克莱的哲学表面上是修正性的,但是,他本人坚称自己的理论与常识有着亲缘关系,我们在多大程度上接受他的立场决定了我们是否,或者在何种程度上将他当作形而上学哲学家。同样,康德哲学在多大意义上是描述的呢,如果将他'拯救现象'、先验演绎部分当作描述形而上学,那么他的先验观念论、理性建构术等部分都不能被看作描述的——斯特劳森的区分以一种高度抽象的方式适用于哲学家的意向,但理论意向与理论成果之间可能没有太大关联。"具体参见 Anthony Quinton. The Nature of Things. London: Routledge, 1973: 247。

第七章 在"描述"与"修正"之间：对斯特劳森形而上学思想的判校与评价 | 585

通过上述（1）—（6）的评论可以发现，斯诺顿虽然没有强调坚持描述-修正的区分不是可靠的区分，但他的某些立场，比如认为"修正"是比"描述"更为基本的概念，认为斯特劳森本质上是坚持修正哲学，只在狭义上是描述形而上学等，不仅与苏珊·哈克对修正形而上学可能性的暗示一致，而且比后者更为激进。

3. 描述-修正的区分是普遍的非对立区分

我们基本上接受苏珊·哈克和斯诺顿的论证，也接受描述形而上学应该是局部描述形而上学（苏珊·哈克），或本质上是修正形而上学（斯诺顿）的结论。但需要对两人关于描述-修正的区分的结论略做调整，其原因在于：

首先，根据第二章可知，《个体：论描述的形而上学》导论不是讨论描述形而上学规划的关键文本。根据该书判断描述-修正的区分的本质只能是一个局部的，甚至会导致误解的论证，要说明两者之间的关系，需要更具整体性的视野，将描述形而上学放入哲学总任务的整体规划中加以分析。

其次，如果斯特劳森的基本立场是描述的，那么描述-修正的区分也应该是描述性区分，而非规范性区分。苏珊·哈克对区分标准的强调和斯诺顿对区分是否穷尽的讨论都表明，他们试图将描述-修正的区分当作标准明确且普遍适用的规范性区分，但这一立场不符合斯特劳森区分描述形而上学和修正形而上学的初衷。

再次，斯诺顿关于描述-修正的区分不具有重要理论地位的判断是不可接受的。根据第二章可知，斯特劳森是在方法论背景中提出描述形而上学的理论规划，"描述"与"修正"的方法论差异应该得到足够重视；苏珊·哈克关于"难题"的诊断也不可取，因为在如此基本且极为重要的理论问题上认为斯特劳森本人没有形成清晰的观点，也是忽视形而上学理论背景的结果。

最后，无论是追随苏珊·哈克认为描述形而上学是局部描述形而上学，还是接受斯诺顿认为描述形而上学本质上是修正形而上学的看法，其理论前提都必须是描述-修正的区分在某种意义上是有效的，如果这个基本二元框架不成立，谈论形而上学是"描述"还是"修正"将变得毫无意义。而要承认描述-修正的区分之有效，我们必须以建设性或建构性的维度解读斯特劳森的相关论述，重新规定描述-修正模型的结构形式。

根据上述思路，在兼顾两人所做批评的情况下，我们可以认为"描述-修正的区分"是类似于维特根斯坦"家族相似"概念的元哲学概念，并将其理解为宽泛的、普遍的描述性区分，而非严格的、二元对立的规范性区分。必须指出，这一理解并非作者的原创性思考，而是得益于菲利普斯关于描述形而上学与修正形而上学仅仅是一个"宽泛的普遍区分"的启发。① 但菲利普斯没有强调区分的描述性，也没有对"宽泛的普遍区分"加以论证，我们通过补充这个论证，来说明描述-修正的区分的描述性特征。

斯特劳森在区分描述形而上学和修正形而上学时做了如下论述，"无论是从意图还是从效果来看，可能没有任何实际的形而上学曾经完全是描述的或是修正的。我们大致可以将笛卡尔、莱布尼茨和贝克莱当作修正形而上学家，而将亚里士多德和康德当作描述形而上学家"②。根据引文可以明显发现，就形而上学的具体实践来看，斯特劳森与苏珊·哈克有着一定共识，都认为形而上学应该呈现某种介于描述和修正之间的理论面貌（亦即局部的描述形而上学），但在具体区分上，斯特劳森将亚里士多德和康德当作描述形而上学家，而将笛卡尔、莱布尼茨和贝克莱当作修正形而上学家的做法就很值得玩味。依笔者所见，要使上述分类成为某种可接受的区分，我们就必须接受如下论断：

（1）描述-修正的区分是根据差异性标准做出的区分。虽然斯特劳森声称"意图"和"效果"是做出区分的两个维度。但"意图"作为区分标准已经被斯诺顿证明是不可靠的。从"效果"来看，斯特劳森将过往哲学家划入相同阵营的标准也是不一致的。笛卡尔之所以被当作修正形而上学家，乃是由于坚持使用具有严格科学倾向的"普遍数学"方法，建构了"我思故我在"这等违背常识的理论体系。莱布尼茨的情况大致类似，但贝克莱作为经验论的拥护者，在方法论上满足于概念分

---

① R. L. Philips. Descriptive versus Revisionary Metaphysics, and the Mind-body Problem. Philosophy, 1967, 42 (160): 105.

② P. F. Strawson. Individuals: An Essay in Descriptive Metaphysics. London: Methuen and Co., Ltd., 1959: 9.

析，而不是使用数学方法。由此，对于作为同是修正形而上学家的笛卡尔和贝克莱，"修正"对于前者是"方法-内容"标准，对后者仅仅是"内容"标准。

（2）描述形而上学家的思想中也包含"修正成分"。根据《感觉的界限》的解读，《纯粹理性批判》既包含了以先验演绎为代表的"经验形而上学"，也包括由先验观念论为代表的"先验形而上学"，而且在前者中还包含了具有心理主义成分而有待修正的"综合原理"，斯特劳森的"分离论"要求改造前者，扬弃后者。这就表明康德的理性形而上学并非完全是描述的，也包含了相当多的修正成分，康德只是在"寻找经验的普遍条件"的意义上才有资格成为描述形而上学家。

（3）描述-修正的区分无意成为穷尽区分。斯特劳森只是对过往哲学家的基本立场做了粗略划分，而忽略了对当代哲学家立场的分析，尤其是有意避免了将"修正形而上学"的帽子扣在竞争对手的头上。根据基本规划，坚持根据标准逻辑的形式系统建构世界逻辑结构的卡尔纳普应该被算作最早的修正形而上学家，而根据《个体：论描述的形而上学》将"物质物体"当作比"事件"更为基本的概念的立场，怀特海也应该被归入此类[1]，但斯特劳森却有意对此熟视无睹。

（4）存在描述形而上学和修正形而上学之外的"第三条道路"。在分别完成对两类形而上学家的区分之后，斯特劳森又鲜明地指出"讽刺者休谟"是两种立场之间的例外情况。他说："作为哲学的讽刺者休谟要更难定位一些，他有些时候是描述的，而另一些时候则是修正的。"[2]

（5）描述-修正的区分是反映哲学家的"偏好和性情"的温和区分，而非截然互斥的对立区分。尽管斯特劳森的基本立场是描述的，但对于康德哲学中的修正成分，他的批评也不可谓不严厉；而对于笛卡尔用数学方法作为概念分析的标准模型，通过内省性"我思"而将"心灵"看作比"人"更为基本的概念，斯特劳森在批评之外也表现出相当的宽容，认为"以科学为纲"是一种很容易出现的错误，不必过于苛责。斯

---

[1] 苏珊·哈克就认为，斯特劳森是描述形而上学家，而怀特海则是修正形而上学的代表。参见 Susan Haack. Descriptive and Revisionary Metaphysics//Philosophical Studies: An International Journal for Philosophy in the Analytic Tradition, 1979, 35 (4): 369.

[2] P. F. Strawson. Individuals: An Essay in Descriptive Metaphysics. London: Methuen and Co., Ltd., 1959: 9.

特劳森的这种温和态度可以被总结为坚持"区分"、容忍"差异"、尝试"综合"、拒绝"对立"的哲学立场，而这一立场突出地表现为他将自己根据亚里士多德"旧逻辑"所建构的概念图式，与奎因、卡尔纳普等人根据罗素的"新逻辑"建构逻辑图式的分歧，看作代表哲学家个人倾向的"偏好和性情"之争。斯特劳森明确指出，这种关于"个人偏好"的区分在方法论层面不是对立的，在《建构与分析》的结论部分，他认为当代英美哲学中的两条主要分析路线之间看似激烈的竞争虽然不完全是假象，但也只是一种造成误导的幻象。在系统建构方法和日常语言分析方法之间，不存在严格的对立关系。对此，他曾如此写道：

> 我们不必为这种假象而后悔，因为它可以作为对身处两种方法之中的哲学家的刺激，而且它也不完全是假象，因为确实存在着冲突和争论，存在着想要说明存在何种语言事实和语言结构，以及想要建构更好的语言系统的不同理论目的。然而，非常明显的冲突即便存在，总体而言还是一个假象，因为这两条路线不是达到相同终点的竞争性理路，不是那种有一方一定正确而另一方一定错误的理路。一方面，它们是完成相同任务的不同方法；另一方面，它们又都是达成虽然相互联系，但却彼此不同的目标的适当而又密切联系的方法。对我而言，要说这些目标中的哪一个更为重要，这不过是个人偏好而已，除此之外，这个问题没有任何重要性可言。但在我前面提到的个人偏好可能并不完全是想象的东西，某些偏好，还是表明了新世界与旧世界的明显区别。①

在《怀疑主义与自然主义及其变种》的导言部分，斯特劳森以讨论对"真理"概念复杂面相的差异性理解为契机，再次重述了类似的立场："这个学科中，我们应该期待而非试图排除那种表面上的局部分歧，并且，与科学家和那些严格的学者相比，个别哲学家的观点更多地会反映他本人的偏好和性情，对此我们也不必大惊小怪。"②

概言之，根据概念分析刻画人类概念图式普遍结构的描述形而上

---

① P. F. Strawson. Construction and Analysis//Galen Strawson, Michelle Montague. Philosophical Writings. Oxford: Oxford University Press, 2011: 38.
② P. F. Strawson. Skepticism and Naturalism: Some Varieties. London: Methuen, 1985: viii.

学，与根据标准逻辑和形式分析提供"更好"结构的修正形而上学，确实构成了"描述"与"修正"的两极，但这不意味着斯特劳森认为这两条发展中的竞争路线是对立的、不兼容的；相反，如果描述形而上学只能是局部形而上学，或者本质上是某种修正形而上学，那么，描述-修正的区分就应该是一种温和的、彼此可兼容的描述性区分。① 唯有以这种建构性解读为依据，对斯特劳森本人哲学立场的判校才是可能的。

（三）形而上学之姿

如果我们接受前文的论证，认为纯粹"描述"的形而上学作为理论规划是不可能的，而作为具体实践又没有成功，因而"描述"构成了斯特劳森哲学的"阿喀琉斯之踵"；如果我们也接受上文的结论，认为作为规范性区分的描述-修正的区分要么没有做出明确区分，要么做出的区分是无效的，因而区别本身只能被理解为非对立的描述性区分，而且，描述形而上学只是一种局部描述形而上学，或者它本质上是修正的，因而修正形而上学的可能性构成了斯特劳森哲学的"宙斯之盾"，那么，我们在进一步判校斯特劳森的形而上学立场时，就不能简单拘泥于讨论描述形而上学是"描述"还是"修正"，而应该在作为描述性区分的描述-修正框架内，审度斯特劳森描述、解释和建构概念图式普遍特征这一贯穿本体论、认识论和逻辑学的宏大理论系统，思考它到底在多大程度上，以何种方式是描述的（或是修正的），唯有如此，我们才能对斯特劳森的形而上学立场有一个比较全面的清晰的把握。

根据第二章对描述形而上学基本规划的介绍，描述形而上学作为"哲学总任务"的代名词，其结构、内容和面相都极为复杂，相应地，"描述"作为判校标准也体现为多个不同的评价维度。这里，我们将方

---

① 毋庸讳言，即使面对上述新证据，苏珊·哈克及其支持者可以继续有理由认为描述-修正的区分构成了"难题"，斯诺顿及其支持者也可以继续有理由认为描述-修正的区分是"无用"的，甚至是无效的。我们这里所给出的理由满足于提出如下意义上的弱论证：根据这些新证据，我们有理由以"视角转换"的方式将苏珊·哈克和斯诺顿的否定性结论改造为若干建设性结论，但我们不强调这种改造破坏了原有论证和结论，而是认为描述-修正的区分是普遍描述性区分这一结论与他们的否定性结论是兼容的。因为如果将区分理解为规范，那么它就会如苏珊·哈克和斯诺顿所言，要么没有做出区分，要么无用；但如果将其当作描述性结论，那么它就只能是非对立的宽泛的区分。在这个意义上，我们的结论和前述两人的结论不过是同一枚硬币的正反两面。

法、内容、任务和过程当作"描述"概念的四个相对独立的评价维度，并分别就每一个维度评价斯特劳森形而上学所呈现的具体面相。

（1）综合分析观和联结分析模型（先验论证）是一种新的描述-修正方法。根据斯特劳森对"分析"的分析可知，维特根斯坦和奥斯汀所主张的描述语言实际运作的"用法描述"（分析方法的英国学派）代表了分析方法的描述倾向，而罗素、卡尔纳普和奎因等人主张以经典逻辑建立自然语言形式系统的"理性重建"方法（分析方法的美国学派）代表了分析方法的"修正"倾向。斯特劳森则主张既要坚持描述原则，不能忽视对语言表达式日常使用的描述，但也不能就此逡巡不前，而是要根据自然语言的基本概念建构反映概念图式普遍特征的实际模型。就此而言，斯特劳森的这种糅合用法分析和理性重建的综合分析观，以及通过连接最普遍概念建构图式的联结分析模型，既不是完全忠于语言实际用法的用法描述，也不是以定义和真值条件为依托的逻辑建构，而是介于两者之间，综合两者之长，又避免走极端的"中道"，因而是一种集"描述"和"修正"两种方法论为一体的方法，或者说是一种新的描述-修正方法。

（2）描述形而上学是对"常识"的系统性概念辩护。从内容上看，"描述"的标准就在于是否客观反映了概念图式的一般结构。与所谓"修正主义"路线相比，描述形而上学在内容上的突出特征是坚持将概念图式建立在常识经验图景之上，反对自然科学对世界图景和哲学本身的介入。斯特劳森既不像罗素那样认为"以形而上学为始者，必将以科学为终"，也不像奎因那样认为"哲学是自然科学的延续"，而是像康德那样认为哲学为自然科学奠定了概念基础；但与康德不同的是，斯特劳森没有"科学的形而上学是否可能"的意识，而是坚持形而上学是对摩尔式常识世界观的辩护，甚至在立场有所退让之后仍旧坚持常识立场与科学立场之间存在"不可通约的相对性"。但是，与摩尔满足于诉诸直接经验证据"捍卫常识"的方法不同，斯特劳森认为，每一个摩尔式常识命题都是由最普遍日常概念构成的"概念真理"，形而上学的任务在于将这些基本概念和命题联系起来，编织起特定的结构模型，以反映我们关于世界的概念图式的普遍特征。在"捍卫常识"的意义上，描述形而上学将人、物质物体当作基本结构，将殊相-共相结构和主谓结构当作普遍特征的做法是描述的；但在强调"人"和"物质实体"的概念，而非实体对象的基本性，以及殊相-共相结构和主谓结构经验实在性的意义上，描述形而上学又是修正的。与此同时，考虑概念与实在的关系，也考虑主谓结构最终是作为表现语言类型普遍特征的逻辑-语法系统，是根据基本结合建构起来的显明语法，那么斯特劳森对概念和模型的强调不仅有其合理性，而且也基本反映了常识世界观的最普遍特征，就此而言，对常识的概念辩护总体上是描述的，只在局部上是修正的。

（3）描述形而上学是融合描述任务和解释任务的哲学总任务。从任务维度看，满足于描述但不解释概念图式普通特征的立场是描述的，而要求在描述的基础上提出解释和辩护的立场则是修正的。尽管没有明显文献依据说明斯特劳森将"描述形而上学"理解为康德意义上的"哲学总任务"，但第二章所提出的形而上学规划，以及《个体：论描述的形而上学》上半部分浓厚的康德主义气息，尤其是"听觉世界"思想实验与康德先验感性论的密切关联都提醒我们，斯特劳森对这个概念做出了康德式理解。对于后者来说，完成哲学总任务需要借助对"先天综合判断何以可能"的讨论，给出经验的普遍必然条件，从而揭示人类认识是如何可能的。但对斯特劳森来说，描述形而上学揭示概念图式普遍结构的过程既包含了描述性任务，即描述概念图式实际运作中发挥根本作用的基本概念（人与物质物体）和发挥作用的基本结构性机制（命题的主谓特征），同时也包含了解释性任务，即通过"听觉世界"思想实验解释概念图式植根于世界的方式，通过重构客观性论证说明概念图式植根于我们的概念结构（经验结构）的方式，更重要的是，建构反映图式普通特征的显明语法的过程是综合了描述任务和修正任务的过程，因为给出概念图式的普遍结构就意味着对图式的描述，但这个结构的具体形式——显明语法则是一定程度上独立于实际概念图式，通过逻辑概括和形式抽象才能得到的语法结构，而实现这一任务就意味着至少背离，甚至局部修正我们的实际图式。因此，描述形而上学的理论任务并不似《个体：论描述的形而上学》导言所说的那样只是描述，无须辩护，相反它是融描述和辩护为一体的哲学总任务。

（4）描述形而上学是起于描述，经由修正，终于描述的理论过程。根据（3）所确认的来自第二章的基本规划，斯特劳森实施这一规划的过程主要表现为由描述到修正的过程。无论是在方法上从描述语言事实到建构形式系统的过渡，还是从任务上描述图式基本概念到基本特征、解释图式的经验基础和概念基础，乃至最终建构显明语法的过渡，都是一个主观脱离概念实际运作的事实，通过考察概念之间的依赖性和关联性来建构哲学系统的过程。在《个体：论描述的形而上学》中，其任务主要是描述基本概念和基本特征，方法也主要是描述指称的实现过程和表达式的基本结构，而"听觉世界"思想实验的存在表明，《个体：论描述的形而上学》不仅关注描述问题，使用描述方法，而且有着向解释性任务和联结分析过渡的意愿。《感觉的界限》所提供的客观性论证通过将不明确的概念分析转化为方法上成熟、形式上纯粹的先验论证，系统解释了概念图式与人类经验形式的内在关联。《逻辑与语法中的主语和谓语》则更进一步将先验论证发展为更为彻底的先验建构，以类似"理性重建"的方式构造了作为图式普遍特征具体形式的显明语法。但是，由于斯特劳森以描述为基础的解释和建构没有获得普遍成功，在《怀疑主义与自然主义及其变种》中他又回到了最初满足于仅仅描述概念图式的底线原则，从而使得描述形而上学以"双图式论"的弹性立场终结。综观整个过程，斯特劳森的思想经历了从描述到修正，再到描述的过程，描述形而上学也相应表现为起于描述，经由修正，终于描述的理论过程。

最后，如果我们接受对描述形而上学上述面相的勾勒，就会发现斯特劳森的立场是一种介于"描述"与"修正"之间的综合性、超越性立场。一方面，他试图在方法上综合用法描述与理性建构，在内容上综合对常识的概念化辩护和系统化把握，在任务上综合对概念图式的描述与解释，并进一步做常识建构，而其思想过程也是从描述到修正，再回到描述的波动过程。就此而言，斯特劳森无疑是想要在"描述"和"修正"两种立场之间进行哲学综合，以整体论视野处理形而上学问题。另一方面，斯特劳森始终既游离于"描述"和"修正"的严格立场之外，同时徘徊于两条路线所规定的方法、内容、任务之间，在肯定"描述"立场的同时，并不彻底拒绝"修正"的可能性，因而是一种居于两者之间的超越性立场。

三、描述形而上学的理论意义

斯特劳森的形而上学思想以"指称、述谓与对象"为基本主题,以概念分析为基本方法,通过描述、解释和建构概念图式的普遍结构,展示了一幅横跨语言哲学、哲学逻辑和哲学史,容纳本体论、认识论和逻辑学的丰富理论画卷,其气势之磅礴、内容之丰富、结构之繁复在整个20世纪英美哲学中都极为罕见。描述形而上学对知觉问题、身心问题、因果问题等的讨论都不同程度地塑造了当前分析哲学的相关议题,但真正让形而上学变得重要,甚至在分析哲学中不可或缺的则是其在基本主题、分析方法、主要内容和问题意识等方面所发挥的变革性影响。

(一)指称理论的"新范式"

《论指称》和《个体:论描述的形而上学》等文献的目的不仅是批评罗素的摹状词理论,事实上也开辟了讨论指称问题的语用学范式,因而构成了与罗素具有语义学倾向的摹状词理论针锋相对的"新范式"[1]。与后者相比,斯特劳森引入和强调的预设、陈述、语境、使用、交流、意向等新概念,有着多方面的重要意义,这体现在:

(1)以"预设"代替"论断"说明指称的实现机制。斯特劳森与弗雷格各自独立发展的预设理论,在当前讨论中被总结为"弗雷格-斯特劳森传统"[2]。但对于如何解释斯特劳森的预设概念,呈现出"语义"和"语用"两条道路,进而分化为语义预设和语用预设两种不同的理解路径。N. B-罗伯茨(Noel Burton-Roberts)、王新立等人认为斯特劳森提出了语义预设的标准定义,尝试以更为精致的形式刻画对预设进行逻辑重构。塞拉斯、P. 格莱斯和斯托尔内克(Robert Stalnaker)等人则倾向于按照语用维度将预设当作语用预设或会话蕴涵。随着对事实性、引发机制和适应性等问题的讨论,预设问题已然成为当前语义-语用之

---

[1] Leonard Linsky. Referring. London: Routledge and Keagan Paul, 1967.

[2] P. A. M. Seuren. Presupposition//K. Brown. Encyclopedia of Language and Linguistics. Amsterdam: Elsevier, 2006: 83.

争集中攻防的一个关键问题。

(2) 簇摹状词理论。通常而言,约翰·塞尔因在《专名》一文中将"专名"与摹状词"挂钩"而被看成是簇摹状词理论的支持者。实际上,斯特劳森在《个体:论描述的形而上学》第六章说明预设的运作机制时早就已经提出了专名可以与多个摹状词对应的思想,但他的相关论述通常被忽略,反而是作为理论对手的克里普克意识到了斯特劳森对簇摹状词理论的支持。他在《命名与必然性》中明确将斯特劳森与塞尔相提并论①,认为斯特劳森试图将交流链条整合到簇摹状词理论当中。

(3) 语用学指称理论。斯特劳森将指称表达式,尤其是专名当作确定对象空间位置语工具的做法,相当程度上成为此后对专名和摹状词的语用学分析的理论先声。关于专名的索引理论(indexical theory)、直接指称论(direct reference theory)、混合理论(hybrid theory)和因果理论(casual theory)都不同程度依赖于对名称语用功能的认可和分析。

(4) "意向"与行动。斯特劳森将说话者的说话行为当作表达意向,而将听话者的听话行为当作对意向的理解的做法,强调了意向在交流中的重要作用。他的意向-交流理论与奥斯汀的行为理论一起,在塞尔哲学中引发了著名的"意向性转向"。在塞尔看来,"意向性"是贯穿人类行动结构的基本特征,因此它构成了语言哲学和心理哲学的主要论题,以之为依据,人类的语言行为、行动结构乃至社会建制才能得到充分说明。除了在分析哲学中的影响之外,属于欧陆哲学家的哈贝马斯、保罗·利科在建立交往行为理论和道德意识现象学的过程中,也受到斯特劳森交流-意向理论的影响。②

(二)"分析"概念的重构

自柏拉图以来,"分析"概念始终被当作以分解、还原为特征的"下降的辩证法",摩尔、赖尔和奥斯汀等当代语言分析的支持者和实践者也支持这一方法论模型;在罗素、怀特海开创性地发展了经典逻辑之

---

① Saul A. Kripke. Naming and Necessity. Cambridge: Harvard University Press, 1972: 88.

② Arindam Chakrabarti. Philosopher and Teacher: Peter Strawson (https://www.telegraphindia.com/1060221/asp/opinion/story_5872024.asp).

第七章　在"描述"与"修正"之间：对斯特劳森形而上学思想的判校与评价 | 595

后，分析又成为以摹状词分析、形式释义为模型的逻辑还原。斯特劳森通过强调对语言的概念分析，建构联结分析模型，用先验论证来解决本体论问题，将分析理解为以概念为基本对象、以联结为基本方法、以本体论问题为基本应用领域的全新方法，从方法论视野、操作模型和实践方式等方面实现了对"分析"概念的重构。

　　（1）方法论的整体论。斯特劳森的分析观最鲜明的特征在于从整体论的角度明确了分析方法和哲学任务之间的复杂关系，将哲学和形而上学理解为特定的"方法-任务系统"，以此方法论思维为导向，斯特劳森综合当代分析哲学的经典分析观、治疗分析观、建构分析观和牛津分析观，将它们纳入统一方法论系统并提出了"综合分析观"（参见第二章）。这种方法论的整体论视角，相当程度上革新了摩尔、威斯顿（Wisdom）、赖尔和奥斯汀等前辈日常语言哲学家专注于对语句和概念进行拆卸，满足于化整为零、零敲碎打的风格，将以阐明个别概念为重点的"分析诠释学"（analytical hermeneutics）扭转为以建立概念网络为重点的"辩护分析论"（justificational analytism）。[①] 这一方法论视域的转换，对于突破牛津日常语言哲学的既有"分析"传统，将分析哲学引向更为广阔、更富成果的理论领域有着关键的重要性，即便是作为竞争对手的艾耶尔，也对此给予了充分肯定："同样可能而且似乎更加重要的是用分析技术来研究范畴，以便检验我们概念系统的结构性特征。实际上，某些令人欢欣鼓舞的迹象已经存在，比如，斯特劳森和汉普夏尔最近的工作已经体现了新的运动方向。"[②]

　　（2）联结分析模型。除了在方法论的宏观层面建构综合分析观，斯特劳森对分析哲学的方法论贡献还突出地表现为提出了进行整体分析的具体分析模型——联结分析。与传统的将对象进行拆卸的还原分析观不同，联结分析要求将对象放入特定语境，讨论分析对象之间的依赖性和相互关系，从而对包括逻辑分析和早期语言分析等以"还原"为基本模型的分析方法起到了巨大的对冲和矫正作用，避免它们走向"还原主

[①] Milkov Nikolay. A Hundred Years of English Philosophy. Dordrecht: Kluwer Academic Publishers, 2003: 10.

[②] A. J. Ayer. Philosophy and Language//The Concept of A Person. New York: St., Martin's Press, 1963: 33.

义"的死胡同，使分析哲学得以以一种生产性的方式有效存续。米克尔·本尼（Michael Beaney）就指出："当我们反思联结分析这一概念时，最重要的也许是在逻辑实证主义和逻辑原子主义消亡之后，它允许分析哲学的讨论得以继续存在。"[1] 随着达米特和戴维森在 20 世纪 60 年代的论文《论反实在论》（"On Anti-Realism"）和《行动、理性和原因》（"Action，Reason and Cause"）的发表，以及斯特劳森本人的晚期著作《分析与形而上学》第二章"还原还是联结：基本概念"的进一步申述，联结分析作为与传统还原分析对立的方法模型的地位在当代分析哲学中获得了广泛承认。

（3）先验论证。维特根斯坦、戴维森、普特南等人都可以被看作先验论证在当代哲学中的支持者和实践者[2]，但在分析传统中首先提出，并系统应用先验论证方法的却是斯特劳森。保罗·利科在回顾先验论证在分析哲学中的演进时指出："在这方面值得一提的最引人瞩目的名字或许仍然是斯特劳森，以及他的著作《个体：论描述的形而上学》（1959），尤其是他研究《纯粹理性批判》的论著《意义的限制》（1966）。"[3] 斯特劳森的影响不仅体现在由于斯陶德的著名批评从而导致了围绕先验论证可能性、可靠性和有效性的大讨论，而且诱发了先验论证的各种不同形式，如本内特和科纳的分析的先验论证、皮考克的建构的先验论证等；更重要的是，先验论证引发了分析哲学家对康德哲学、哲学史、概念分析和形而上学等周边领域的浓烈的理论兴趣，奠定了异于逻辑分析的概念分析及其理论系统在当代哲学版图的稳固地位。

（三）形而上学的"再发现"

斯特劳森通常被当作分析形而上学家，或作为形而上学在分析哲学中的复兴者而得到广泛认可。《布莱克威尔西方哲学词典》的两位编辑尼古拉斯·布宁（Nicholas Bunnin）和余纪元言简意赅地指出："斯特

---

[1] Michael Beaney. Supplementary Document：Conception of Analysis in Analytic Philosophy，2014. https://plato.stanford.edu/entries/analysis/s6.html.

[2] 方红庆. 先验论证研究. 上海：上海人民出版社，2012：112-170. 参见第一部分"先验论证的实证研究"的第三、第四、第五章.

[3] 保罗·利科. 哲学主要趋向. 李幼蒸，徐奕春，译. 北京：商务印书馆，1988：51.

劳森的描述形而上学概念重塑了形而上学在分析哲学中的地位。"① 皮特·哈克更为人所知的评论认为，斯特劳森"恢复了形而上学"②。在皮特·哈克看来，形而上学的发展历程是一个波浪式推进的过程，历史上的那些构建形而上学理论系统的伟大时代之后，往往继起的是一个反形而上学阶段。譬如在17世纪和18世纪早期的形而上学建构阶段之后，随之而来的是休谟、康德对形而上学的著名怀疑和严格限制；在19世纪早期以德国观念论形式呈现的形而上学之后，随之而起的则是实证主义对形而上学的激烈反对。在20世纪，同样的戏码也再次上演，尽管柏格森、布拉德雷、麦克塔加特、亚历山大和海德格尔曾显赫一时，但继起的逻辑实证主义也对包括新黑格尔主义在内的所有形而上学给予了更为彻底的拒斥。皮特·哈克认为，斯特劳森就是在这种反抗逻辑实证主义"暴政"的意义上复兴了形而上学的伟大传统，并使那种要求研究"存在结构"而非"概念结构"的传统形而上学变得不再可能。

皮特·哈克的上述说法影响甚巨，也从"大历史"的角度基本理清了斯特劳森在形而上学领域的贡献，而且他的论断符合我们将日常语言哲学当作逻辑实证主义的理论对手——认为前者重拾形而上学的既有看法，而后者拒斥形而上学。但是，皮特·哈克的论断不会被斯特劳森认可，在斯特劳森与麦基的对话中，当后者提出是斯特劳森将形而上学由"下流词"变成重新值得尊敬的概念时，斯特劳森对此却不置可否，没有给出积极回应。③ 其背后的根源在于，日常语言哲学和逻辑实证主义对待形而上学的态度比皮特·哈克所理解的要远为复杂。

一方面，"形而上学"作为理论传统在牛津从未式微。这体现在：(1) 主张拒斥形而上学的逻辑实证主义从来没有在牛津获得压倒性优势。在二战之前，逻辑实证主义的英国旗手艾耶尔在牛津没有激起大的

---

① Nicholas Bunnin, Jiyuan Yu. The Blackwell Dictionary of Western Philosophy. Blackwell, 2004: 27.
② Peter Hack. On Strawson's Rehabilitation of Metaphysics//Hans-Johann Glock. Strawson and Analytic Kantian. Oxford: Clarendon Press, 2003: 43.
③ 斯特劳森的态度可以从如下论述有所体现："形而上学是一个拥有宏大抱负，也招致巨大非议的哲学部门，它许诺自己的目标是发现所有事物的深刻真理，但有时却被认为是与任何事情无关的含糊不清的胡话。好在对形而上学来说，这种模棱两可的地位从来不是需要被解释的特征。" P. F. Strawson. Metaphysics//Jonathan Ree, J. O. Urmson. The Concise Encyclopedia of Western Philosophy. London and New York: Routledge, 1960: 243.

波澜，普莱斯、普理查德等前日常语言哲学家普遍信奉接近罗素-摩尔立场的牛津实在论。在与奥斯汀等年轻哲学家的长期对话中，艾耶尔不是取得优势的一方。而在二战之后，随着日常语言哲学的迅速崛起，艾耶尔选择远走伦敦，另一位维也纳学派成员魏斯曼在牛津也不受欢迎。(2) 牛津哲学家普遍关注形而上学问题，除了柯林伍德的《形而上学论》引人注目地要求对"绝对预设"进行历史性分析之外，看似只关注日常语言及其用法的奥斯汀和赖尔也表达了相当的形而上学关切，赖尔虽然否定了笛卡尔式灵魂的存在，却试图对心理行为提出一种行为主义的解释，奥斯汀在反对斯特劳森对真理的紧缩论解释时，也强调传统符合论的理论意义。(3) "拒斥形而上学"不是牛津哲学的"官方学说"。普莱斯曾经在日常语言哲学刚刚露头时就曾对以奥斯汀所代表的疏离形而上学的立场表达了不满，在其著名论文《清晰是不够的》("Clarity is not Enough") 中，普莱斯指出所谓"分析哲学"不能满足于对概念清晰性的强调，也不能局限于讨论认识论、逻辑学和伦理学问题，而是要在不同于"思辨形而上学"的意义上提出"关于世界的统一观点"，从而提供一个"系统排列经验事实的统一概念图式"[①]。在奥斯汀领导学派的 20 世纪 50 年代中后期，大卫·皮尔斯曾主编了名为《形而上学的本性》(The Nature of Metaphysics) 的文集，参与者包括了斯特劳森、格莱斯、伯纳德·威廉斯、汉普夏尔、格尔德·布切戴尔 (Gerd Bchdahl)、艾丽斯·默多克 (Iris Murdoch)、赖尔、奎因顿 (Anthony M. Quinton) 和沃诺克夫妇 (G. J. Warnock and Mary Warnock) 等众多学派成员（当然奥斯汀没有参与）。在全书结论部分的讨论中，奎因顿对于那种认为在鲍桑葵、麦克塔加特、布拉德雷之后形而上学进入低谷的说法表示明确反对，玛丽·沃诺克则进一步指出，我们应该关注对于形而上学的批评意见，但是，"那种认为所有形而上学哲学家所提出的问题在近些年来实际上被忽视了的看法并不清楚"[②]。由此观之，牛津哲学家不仅不拒斥形而上学，反而对之有着相当的认可和兴趣。

[①] H. H. Price. Clarity is not Enough. Proceedings of Aristotelian Society, Supplementary Volumes, 1945, 19: 28.

[②] Mary Warnock. Final Discussion//David Pears. The Nature of Metaphysics. New York: St. Martin's Press, 1965: 159.

另一方面,逻辑实证主义"拒斥"形而上学的态度虽然激进,但并不彻底。这体现在:(1)逻辑实证主义者没有否认形而上学的理论价值。石里克和卡尔纳普等人认为,形而上学命题不能被经验证实,因此它们是用一些缺乏明确指称的概念所构造的似是而非的无意义命题。在这个意义上,形而上学没有作为关于实在的经验理论的资格,但是,石里克区分了"体验世界"和"知识世界"及与之对应的精神科学和经验科学,认为两者同等重要。因此他要求在实证科学中驱逐形而上学,但在精神科学中高扬形而上学。形而上学类似于诗歌、艺术乃至神学,作为体验之学、境界之学,是有关"人生观"的学说,可以成为伦理学的研究对象。魏斯曼将石里克的这种矛盾态度表述得极为清楚,他说:"如果把形而上学当作知识的体系,像物理学科学那样,那么石里克确实是反形而上学的;但是如果我们视它为'体验人生的基本情感'的话,那么石里克则是一个十足的形而上学家。"① (2)逻辑实证主义者有自己的(逻辑)形而上学。卡尔纳普虽然宣称要"通过语言的逻辑分析消除形而上学",但在《世界的逻辑构造》中他以"方法论的唯我论"为导引,通过系统使用马赫的现象学语言和罗素的逻辑构造方法,试图将体验的构造流解释为一切经验实在概念的根源和基本要素,然后通过相似性回忆的经验关联,以符号化的方法一步步构造出对于描述世界的必要概念乃至世界的逻辑框架,按照这一思路,卡尔纳普本人是在"通过语言的逻辑建构改造形而上学"。对于维特根斯坦,情况也同样如此,纽拉特就认为:"《逻辑哲学论》不仅如石里克所说的那样促使哲学新的'转变',而且在某些问题上使哲学脱离科学而向传统的方向'逆转'。"② 概言之,逻辑实证主义哲学家拒斥形而上学只是表象,改造形而上学才是实质,他们希望通过系统应用形式逻辑所提供的新工具,以逻辑建构的方式发展关于"事实"而非"事物"的形而上学③,或者说,试图建立起关于世界的逻辑结构以取代传统的概念结构。

根据上述情况,如果我们认为牛津存在着稳固的形而上学传统,而逻辑实证主义者的理论目的是改造而非拒斥形而上学,那么就不存在所

---

① 胡军. 分析哲学在中国. 北京:首都师范大学出版社,2001:190.
② 洪谦. 论逻辑经验主义. 北京:商务印书馆,2010:98.
③ 韩东晖. 论逻辑实证主义的形而上学. 中国人民大学学报,2003,17 (1):76-81.

谓的"形而上学的低潮时期",也就不存在"形而上学的复兴"。在这一更具体的理论语境下,斯特劳森的工作最多只能看作对传统形而上学的"复兴",更切近的判断则是他通过对传统形而上学的重新思考让我们实现了对形而上学的"再发现"。斯特劳森的形而上学的理论价值至少体现在:

首先,恢复了概念分析在形而上学传统中的地位。在经历罗素、维特根斯坦和卡尔纳普的广泛实践之后,形式分析或逻辑分析成为广为接受的形而上学方法,而源自摩尔的概念分析对于形而上学问题的讨论没有获得足够重视,斯特劳森的工作不仅重拾了亚里士多德等人分析概念的传统,也将摩尔式概念分析推进到广泛的形而上学实践。

其次,重建了以"物体"为基础的常识性形而上学理论系统。与具有逻辑背景的形而上学家坚持以事态、感觉材料或事实为材料构建科学主义的形式本体论不同,斯特劳森不仅强调形而上学的基本概念是基本殊相——人和物质物体,而且强调形而上学系统的应有形态是以常识为基础的概念图式,而不是以经典逻辑为模板的逻辑图式。

最后,将形而上学重新确立为经验知识的理论对象。通过强调指称理论是意义理论和交流理论的中间层次,分析确认和再确认的本体论意义,斯特劳森实际上将指称作为基本认识论活动,以刻画指称得以实现的概念结构和理论后果的方式,比较彻底地坚持了认识论形而上学的论证路线,使概念图式作为"实际运作的概念图式"的经验性质得到充分体现,因而以分析指称问题为基本主题的形而上学也成为某种特定的语言经验主义(linguistic empiricism),形而上学作为认识基础(指称实现的结构性基础)的地位得到肯定。

另外值得指出的是,斯特劳森对描述形而上学的描述-修正之分引起了颇为可观的理论回响,甚至在形而上学研究领域形成了"斯特劳森传统"(Strawson Tradition)①,斯诺顿明确指出,埃文斯在悬置本体论问题的基础上讨论指称多样性,批评"罗素原则"的《指称的多样性》("Variety of Reference",1982),威金斯阐释"个别本质主义"的《同一性与更新的实体》("Sameness and Substance Renewed",2001),坎贝尔(J. Campbell)讨论注意、指称知识和经验三者之间基本概念关系

---

① A. P. Martinich, E. David Sosa. A Companion to Analytic Philosophy. Oxford: Blackwell, 2001: 349.

的《指称与意识》("Reference and Consciousness", 2012）都应该被看作对斯特劳森的工作的继续和拓展，因而他们也都应该被当作描述形而上学家。① 当然，不应忽视的是斯诺顿本人，以及卡萨姆、格洛克、皮考克和麦克道尔等人即便不能被当作描述形而上学家，他们也都是深受斯特劳森哲学的影响，甚至继承了斯特劳森衣钵的代表性哲学家。

（四）哲学史的复归

自分析传统开创以来，分析哲学主要是一种直面问题、崇尚创造、求新求变的激进理论。相对而言，分析哲学家通常对于既往理论及哲学传统没有太大兴趣，这导致分析哲学在60年代以前是一种相对缺乏历史意识的学科。但在此之后局面为之大变，关注哲学传统、注重文本解读、强调言之有据成为新的研究模式。这种研究风格的转变既是分析哲学在有了一定积累之后"革命"势头衰减、"保守"意识渐增的结果，也是哲学家开始关注自身理论的合法性、可靠性，集体性的哲学思考走向成熟的理论表现，但转变本身也相当程度上得益于历史主义视角作为新的研究传统对逻辑主义的挑战和替代。而在这一过程中，斯特劳森发挥了不可替代的特殊作用，这体现在：

首先，缓和与观念论传统的关系。与美国分析哲学中因为实用主义过于强大所造成的思想史意识淡薄不同，罗素和摩尔通过对"英国新黑格尔主义"的反叛开创了分析传统。这两位哲学家不缺乏对哲学史和思想史的理解，而是对于观念论传统保持了强烈的敌意，因而造成了疏离传统的表象。维特根斯坦和维也纳学派成员接受的多是自然科学和逻辑学训练，也以拒斥形而上学的方式继承了罗素-摩尔的立场。但牛津学派在60年代初重拾了历史主义的大旗，斯特劳森、赖尔、皮尔斯等人通过对康德、柏拉图和罗素等人的理解，重新点燃了对哲学史及分析哲学史本身的兴趣。在达米特《分析哲学的起源》发表之后，尊重和重视

---

① 澳大利亚哲学家杰克逊（Frank Jackson）在某些情况下也被看作斯特劳森的同道中人，他在《从形而上学到伦理学：捍卫概念分析》（*From Metaphysics to Ethics: A Defense of Conceptual Analysis*, 1998: 31—33）中提出以概念分析的方法来描述以行为、自由意志和决定论等对于直觉性示例的适用情况，并描述我们关于这些概念的常识理论。但没有证据表明，杰克逊对"概念分析"的强调与斯特劳森有直接关联，两者之间更像是一种"偶合"关系。

历史传统的理论倾向,以及历史主义的分析哲学开始成为新的研究传统。

斯特劳森在此过程中的首要贡献在于缓和了与观念论传统的紧张关系。在与格莱斯和皮尔斯合作的论文《形而上学》("Metaphysics",1957)中,斯特劳森将新黑格尔主义者布拉德雷与亚里士多德相提并论,他不仅比较了两人形而上学观念的异同,而且部分肯定了布拉德雷强调形而上学应该研究实在,而非研究现象的立场,认为布拉德雷的形而上学观念"预示了对观念进行普遍变革的要求"①。此外,该文作者认为自然科学、道德信念和历史可以成为形而上学的来源,笛卡尔(及莱布尼茨)、斯宾诺莎以及黑格尔分别是三种形而上学的代表。

其次,将形而上学当作"概念修正"。尽管斯特劳森拒绝将形而上学当作对概念变迁的描述,也反对以提供"新的结构"或"更好结构"的方式修正常识图式,但斯特劳森不拒绝从历史维度对概念结构进行修正。除了在《个体:论描述的形而上学》导言部分强调形而上学不会有新的真理被发现,而只是以新的概念工具来重新思考已有真理之外,斯特劳森在《形而上学》一文中说得更加清楚:"最重要的是,形而上学工作是作为重新排列或重新组织概念系统的努力而产生的,而我们也是通过这些概念来思考世界——形而上学承担的工作最终是某种概念修正(conceptual revision),是根据某种计划重新描绘思想地图——或地图的部分。"② 这就意味着,斯特劳森的形而上学研究是历史主义的研究,确切地说是对既有历史传统——尤其是康德传统和亚里士多德传统的重新思考。

---

① P. H. Grice, David Pears, P. F. Strawson. Metaphysics//David Pears. The Nature of Metaphysics. New York: St. Martin's Press, 1965: 4. 笔者可以肯定的是,斯特劳森对布拉德雷的形而上学立场给予了局部认可。在为厄姆森所编辑的《西方哲学简明百科全书》所撰写的词条《形而上学》(Metaphysics)中,斯特劳森将布拉德雷强调"形而上学是对实在,而非表象的研究"作为形而上学的一个特征加以接受。具体参见 P. F. Strawson. Metaphysics// Jonathan Ree and J. O. Urmson. The Concise Encyclopedia of Western Philosophy. London and New York: Routledge, 1989: 244. 但是,笔者不能确定的是,有关"历史形而上学"的论述是不是斯特劳森的观点,尽管这一论断与斯特劳森的理论倾向一致,但我们没有找到其他文本作为旁证。笔者也必须坦承,在斯特劳森的著作中很少提到黑格尔。

② P. H. Grice, David Pears, P. F. Strawson. Metaphysics//David Pears. The Nature of Metaphysics. New York: St. Martin's Press, 1965: 21.

再次,将康德主义引入分析哲学。斯特劳森的《个体:论描述的形而上学》和《感觉的界限》在分析哲学中为激发对康德哲学的兴趣发挥了极其重要的影响。格洛克指出:"对于引起分析哲学家对于康德哲学的兴趣,以及展示如何以分析精神解读《纯粹理性批判》,斯特劳森的功劳也比任何哲学家都大,在这个意义上,他是广义'分析康德主义'的最重要来源。"① 更为重要的是,斯特劳森开辟的自由主义解释策略,接受先验分析论,拒绝先验观念论和综合原理的"分离论"解读,构成了当代分析康德主义的主流解读范式。盖耶尔就曾如此写道:"斯特劳森对先验心理学的批评,即'分离论'的核心观点应该得到更为充分的发展。我在过去二十年的某些工作就是遵从这本书想要做的事情,但是斯特劳森开辟了这条道路——他对康德核心论证的重构不仅在当时极为振奋人心,即便是现在,对任何想要重构康德的那些令人印象深刻,却也神秘莫测的论证的人来说,他的论证仍然是标准的解读,也是巨大的挑战。"②

从分析康德主义的当前走向来看,斯特劳森的解读构成了概念论和非概念论两种最具影响的解读范式的共同的理论基础。主张概念论的麦克道尔将斯特劳森和塞拉斯当作自己思想的两大主要来源,在《心灵与世界》的前言中,麦克道尔写道:

> 斯特劳森对我的影响要比我的解释所能反映的大很多,尤其是他讨论康德"第一批判"的那部影响巨大的著作对我影响甚大。我不确定斯特劳森眼中的康德是不是真正的康德,但我认为斯特劳森的康德非常接近于康德想要获得的东西。在这些讲座中,当我在第一人称的语境下思考康德(第五讲)时,我直接遵从了斯特劳森的理解;当我在说我们应该如何在理解经验的过程中(这是我在这里主要想做的事情)提到康德时,我对康德哲学的使用在气质上,有时在细节上都是斯特劳森式的。③

---

① Hans-Johann Glock. Strawson and Analytic Kantianism//Hans-Johann Glock. Strawson and Kant. Oxford: Clarendon Press, 2003: 20.
② Paul Guyer. The Bounds of Sense and the Limits of Analysis. Journal of the History of Philosophy, 2017, 55 (3): 381.
③ John McDowell. Mind and World. Cambridge and London: Harvard University Press, 1994: viii.

麦克道尔所言非虚，他的思想与斯特劳森哲学之间的相似性要比这里所坦陈的多得多，比如他的基本问题"最低限度的经验论"与"心灵框架"之间的冲突就是斯特劳森所认为的"最小结构"与"概念图式"之间的冲突，他的"自然化的柏拉图主义"与斯特劳森的"非神秘的柏拉图主义"也没有太大区别。麦克道尔将概念性能力当作人类关于世界的经验的必要条件，并将其纳入"第二自然"的论断，这与斯特劳森强调的关于概念图式的"自由自然主义"是一致的。两人之间的区别仅仅在于麦克道尔的观念论立场更为彻底，在将斯特劳森的"接受成分"的看法当作"无处不在的自发性能力"和"没有边界的概念"的基础上，麦克道尔拒绝了斯特劳森的概念化手段"看作"，而是在知觉中实现对直观与概念的综合，从而得出了一个更具黑格尔色彩，也更为彻底的观念论结论。

皮考克作为当代非概念论的重要代表，无论是在方法层面，还是在思想内容层面都极大地受惠于斯特劳森的有关理论。早在 20 世纪 80 年代，皮考克就对联结式概念分析做了先验使用，将斯特劳森的先验论证加以改造，使之成为适用于说明非概念意向内容的理论结构的构成性先验论证，在其最新力作《世界之镜》中，皮考克将维特根斯坦、斯特劳森和休梅克当作自己的思想英雄[①]，皮考克的主要进展是改造了斯特劳森的"人论"。他强调行动性的前概念知觉对于经验的基本性，认为斯特劳森的"人"实际上是拥有非概念内容的"意识主体"，认为一种非斯特劳森、非康德的经验主体是可能的。但在根本立场上，皮考克与斯特劳森一样对意识和意识主体做出了关系论理解，认为两者是互相依赖的基本概念。

最后，复活亚里士多德主义的形而上学。当代牛津哲学与亚里士多德主义之间有着"剪不断，理还乱"的复杂承继关系，处于日常语言哲学鼎盛时期的牛津也获得了"亚里士多德式的雅典"（Aristotelian Athens）之美誉。除了罗斯（W. D. Ross）等人通过对亚里士多德文本的翻译和评述所做出的历史性研究之外，日常语言哲学家试图将亚里士多德思想和文本放入当代语境中，要求将亚里士多德传统和分析哲学潮流结合起来，实现对其思想的"复活"。这一时期比较有影响的工作主要

[①] Christopher Peacocke. The Mirror of The World. Oxford: Oxford University Press, 2014: 3.

集中在伦理学领域，奥斯汀致力于分析"辩解"与"责任"之间的伦理关系，安斯康姆则专注于重构亚里士多德的"实践三段论"，斯特劳森的贡献在于通过重释亚里士多德的形而上学和逻辑学，并尝试沟通这两个领域，使亚里士多德最为基础，也最重要的思想不再只是思想史和学术史的研究，而是将其从古典传统变成了"活的传统"。

斯特劳森的描述形而上学对亚里士多德的继承和发展，不仅体现在他将亚里士多德与康德并列为描述形而上学家，而且在具体内容方面有着更为明确的表现：(1) 斯特劳森关于概念图式基本概念的理论，与亚里士多德的范畴理论是一致的。前者有关殊相-共相之间等级性关系的理论，与后者关于第一实体-第二实体、潜能-现实的区分高度契合。威金斯甚至认为："斯特劳森的类概念直接来源于亚里士多德的第二实体概念。"① (2) 斯特劳森不仅捍卫传统逻辑，而且要求根据语言的实际使用情况构建语言逻辑，格莱斯将他捍卫和坚持的传统逻辑的立场称为新传统主义（neo-traditionalism）②，我们可以认为斯特劳森的理论目的是扬弃和发展亚里士多德的逻辑学。(3) 更为重要的是，斯特劳森试图通过指称-述谓结构沟通殊相-共相结构和主谓结构，将亚里士多德的逻辑学和认识论结合起来。在这个意义上，斯特劳森对本体论、认识论和逻辑学统一性的强调，本质上是以指称理论为主要内容的认识论来协调本体论和逻辑学，是一个"化方为圆"的理论过程。

（五）作为日常语言哲学家的斯特劳森在牛津哲学中的地位

在结束这一部分之前，我们还必须扼要考察一下有关斯特劳森是否是日常语言哲学家的问题，以便为"描述形而上学"在当代分析哲学中的理论地位盖棺定论。笔者认为，要明确斯特劳森在牛津哲学中的地位，需要注意三方面的问题：

---

① D. Wiggins. Identity and Spatio-temporal Contiguity. Oxford: Blackwell, 1971: 28. 国内学者也注意到了斯特劳森与亚里士多德两人之间的理论关联。聂敏里教授即认为"描述形而上学"与亚里士多德以可感实体为基本存在者的形而上学体现是一致的。详情参见：聂敏里. 分析哲学与古希腊哲学：以斯特劳森的《个体》为例. 哲学动态, 2015 (9): 75-78.

② Paul Grice. Retrospective Epilogue//Studies in the Ways of Words. Cambridge: Harvard University Press, 1989: 373.

(1) 牛津哲学"黄金时代"的分期。厄姆森等人普遍接受的看法认为,牛津哲学在 1949—1959 年进入全盛时期,可以被称为"20 世纪英国哲学的黄金时代"①,这个判断基本准确,包括斯特劳森本人在内的多数哲学家都承认 50 年代是日常语言哲学的高峰,但斯特劳森不同意牛津在 60 年代之后就走向终结这一看法。作为奥斯汀的学生,厄姆森以前者溘然长逝的 1959 年作为理论节点并不感到奇怪,但斯特劳森认为牛津在二战后的四分之一世纪(1945—1970)都是哲学世界的首都。两人的分歧只是在于 60 年代的日常语言哲学是否应该得到足够重视。就实际情况而言,牛津哲学在 60 年代在英语世界不再具备全面的统治力,但起码仍旧是英美哲学的主要堡垒,尤其是在英国本土,牛津哲学的地位依旧不可撼动。与 50 年代发展迅速又过于自信的理论氛围不同,奥斯汀之后的牛津哲学历史意识日渐浓厚,开始走向历史主义的分析哲学。就斯特劳森而言,其主要著作《个体:论描述的形而上学》和《感觉的界限》基本都可以归入后一时期。因此,如果我们只是将 50 年代的日常语言哲学当作牛津哲学的代表,斯特劳森就只是隐藏在赖尔和奥斯汀身后的"第三代表";如果放宽时间限制,我们就会发现斯特劳森是在 60 年代牛津哲学当之无愧的门面,是在奥斯汀离世、赖尔隐退、达米特崛起这段时间牛津哲学的代言人,是学派在由语言分析走向历史主义的过程中发挥承上启下关键作用的主要哲学家。

(2) 牛津哲学内部的"派系之争"。牛津哲学内部长期存在着两条竞争性路线。早在 20 年代末 30 年代初,当时还是高年级学生的赖尔、马博特、哈迪(W. F. E. Hardie)、普莱斯、刘易斯(C. S. Lewis)、尼尔(W. Kneale)等就组成了一个以 Wee Teas 闻名的哲学小圈子,而奥斯汀与以赛亚·伯林、汉普夏尔、艾耶尔、哈特(H. L. A. Hart)和格莱斯则组成了另一个小圈子。从学理上看,两者都受到维特根斯坦《逻辑哲学论》的影响,但前者遵循罗素和摩尔的实在论解读,后者则更青睐维也纳小组的逻辑实证主义解读。在二战之后,这两个圈子就成为牛津哲学中分别以赖尔和奥斯汀为中心的两个小派别,而奥斯汀的小圈子在人员有所变动之后成了牛津哲学的重要舞台——周六晨会(Saturday

---

① Jonathan Ree, J. O. Urmson. The Concise Encyclopedia of Western Philosophy. London and New York: Routledge, 1960 (1989): vi.

Mornings)。作为年轻一代的斯特劳森虽然无缘加入赖尔的小圈子，但也参与周六晨会，却是奥斯汀哲学不折不扣的批评者和挑战者。众所周知的情况是，斯特劳森对奥斯汀的真理观颇有微词，曾写下著名论文《真理》(1950)予以批驳。相较之下，斯特劳森与赖尔更加亲近。[1] 就理论风格来看，尽管斯特劳森对于两人都有所批评，但他对奥斯汀过于琐碎的风格更为不满，对于赖尔将语言分析当作范畴分析，具有一定建构性和历史意识的研究风格更为青睐。由此，斯特劳森的研究风格与经典的维特根斯坦-奥斯汀风格大相径庭，呈现出整体性、先验性和历史性的全新风貌，但这不意味着斯特劳森脱离学派，只是说他与学派的经典方法论风格有一定的距离。

（3）牛津哲学的"问题意识"。日常语言哲学的当前代表汉森（Nat Hansen）将日常语言哲学的理论形态分为"建构方案"和"批判方案"两种类型，而第一种形态又包含了旨在根据表达式的日常使用的相关事实明确其意义的"语义阶段"，以及更进一步旨在说明表达式意义指称对象的理论本质的"形而上学阶段"[2]。尽管汉森认为奥斯汀提供了传统的建构方案，但通过对描述形而上学的考察可以发现，斯特劳森不仅提供了更为完备的建构方案，而且对其中的形而上学阶段做了最全面的考察，在这个意义上，意在说明概念图式而非个别概念的描述形而上学无疑是"开拓性冒险"[3]，是一种以形而上学形态呈现的、最为激进的日常语言哲学。

或许，对于斯特劳森是否"够格"成为日常语言哲学家，哲人陨落之时划过世界的星光当是最好的证明。奥格雷（Jane O'Grady）在《卫报》的评论中毫不吝啬地将这位巨匠称为"牛津哲学黄金时代的第一哲学家，自然语言丰富性和自然信念的捍卫者"[4]。海伍德也认为，"斯特

---

[1] 赖尔不仅聘请斯特劳森返回牛津，斯特劳森批评罗素的论文《论指称》以及关于维特根斯坦《哲学研究》的书评得以在《心灵》发表，也都得益于赖尔的推荐。对于自己于1968年接替赖尔的形而上学教席，斯特劳森也颇为欣慰。由此可知两人之间情谊颇为深厚。

[2] Nat Hansen. Contemporary Ordinary Language Philosophy. Philosophy Compass, 2014 (8): 556-557.

[3] E. A. Burtt. Descriptive Metaphysics. Mind, 1963, 72 (285): 39.

[4] Jane O'Grady. Peter Strawson: The Guardian. https://www.theguardian.com/news/2006/feb/15/guardianobituaries.booksobituaries.

劳森是英语哲学伟大时代的一个主要人物"①。通过对描述形而上学多方面理论意义的阐释可以确证的是：日常语言哲学在终于琐碎和批判的通常面貌之外，也可以变得深刻，成为一种值得尊敬、值得深耕的哲学领域和理论形态。对于理解斯特劳森哲学乃至整个日常语言哲学，目下本书充其量只是一种勇敢的尝试，这只是一个小小的开端，诸多未尽之论，尚寄望于未来之耕耘。

---

① John Heawood. Peter Strawson. A Sort of Obituary，2006. https://philosophynow.org/issues/57/Peter_Strawson_1919－2006_A_Sort_of_Obituary.

参考文献

一、中文文献

A. J. 艾耶尔. 语言、真理与逻辑. 尹大贻, 译. 上海: 上海译文出版社, 2006.

A. P. 马蒂尼奇. 语言哲学. 牟博, 杨音莱, 韩林合, 等译. 北京: 商务印书馆, 1998.

保罗·利科. 哲学主要趋向. 李幼蒸, 徐奕春, 译. 北京: 商务印书馆, 1988.

伯特兰·罗素. 逻辑与知识. 苑莉均, 译. 北京: 商务印书馆, 1996.

伯特兰·罗素. 我们关于外间世界的知识. 陈启伟, 译. 上海: 上海译文出版社, 2006.

伯特兰·罗素. 我的哲学的发展. 温锡增, 译. 北京: 商务印书馆, 2015.

彼得·斯特劳森. 我的哲学//欧阳康. 当代英美著名哲学家学术自述. 北京: 人民出版社, 2005.

彼得·斯特劳森. 自由与怨恨. 薛平, 译//应奇, 刘训练. 第三种自由概念. 北京: 东方出版社, 2006.

彼得·斯特劳森. 为一个教条辩护. 曾自卫, 译. 世界哲学, 2015 (3).

彼得·弗列得瑞克·史陶生. 个体论: 一本描述性形上学的论文. 王文方, 译. 台北: 联经出版事业股份有限公司, 2016.

陈波. 奎因哲学研究. 北京: 三联书店, 1998.

大卫·休谟. 人性论. 关文运, 译. 北京: 商务印书馆, 2010.

费尔迪南·德·索绪尔. 普通语言学教程. 高名凯, 译. 岑麟祥, 叶蜚声, 校注. 北京: 商务印书馆, 2015.

方红庆. 先验论证研究. 上海: 上海人民出版社, 2012.

冯俊. 开启理性之门. 北京: 中国人民大学出版社, 2005.

弗雷格. 弗雷格哲学论著选辑. 王路, 译. 北京: 商务印书馆, 2006.

高新民, 沈学君. 现代西方心灵哲学. 武汉: 华中师范大学出版社, 2010.

韩东晖. 论实证主义的形而上学. 中国人民大学学报, 2003 (1).

韩林合. 《逻辑哲学论》研究. 北京: 商务印书馆, 2007.

韩林合. 分析的形而上学. 北京: 商务印书馆, 2013.

亨利·E. 阿利森. 康德的先验观念论. 丁三东, 陈虎平, 译. 北京: 商务印书馆, 2014.

洪谦. 论逻辑经验主义. 北京: 商务印书馆, 2010.

胡军. 分析哲学在中国. 北京: 首都师范大学出版社, 2011.

约翰·奥斯汀. 感觉与可感物. 陈嘉映, 译. 北京: 华夏出版社, 2010.

J. L. 奥斯汀. 如何以言行事. 杨玉成, 赵京超, 译. 北京: 商务印书馆, 2013.

杰弗里·沃诺克. 分析与想象//艾耶尔, 等. "哲学中的革命". 李步楼, 译. 黎锐, 校. 北京: 商务印书馆, 1986.

江怡. 哲学的用处在于使人有自知之明: 访斯特劳森教授, 哲学动态, 1996 (10).

江怡. 思想的镜像: 从哲学拓扑学的观点看. 合肥: 安徽师范大学出版社, 2010.

康德. 纯粹理性批判. 邓晓芒, 译. 杨祖陶, 校. 北京: 人民出版社, 2004.

康德. 未来形而上学导论, 庞景仁, 译. 北京: 商务印书馆, 1982.

柯林伍德. 形而上学论. 宫睿, 译. 北京: 北京大学出版社, 2007.

莱布尼茨. 人类理智新论. 陈修斋, 译. 北京: 商务印书馆, 1982.

理查德·罗蒂. 哲学和自然之镜. 李幼蒸, 译. 北京：商务印书馆, 2006.

洛克. 人类理解论. 关文运, 译. 北京：商务印书馆, 2015.

聂敏里. 分析哲学与古希腊哲学：以斯特劳森的《个体》为例. 哲学动态, 2015（9）.

奥托·叶斯柏森. 语法哲学. 何勇, 等译. 北京：商务印书馆, 2010.

斯特劳森. 个体：论描述的形而上学. 江怡, 译. 北京：中国人民大学出版社, 2004.

苏珊·哈克. 逻辑哲学. 罗毅, 译. 北京：商务印书馆, 2003.

苏珊·哈克. 分析哲学：在科学主义与先验论之间. 李国山, 译. //陈波. 分析哲学：回顾与反省. 成都：四川教育出版社, 2001.

托马斯·里德. 按常识原理探究人类心灵. 李涤非, 译. 杭州：浙江大学出版社, 2009.

王路. 亚里士多德的逻辑学说. 北京：中国社会科学出版社, 2008.

蒯因. 语词和对象. 陈启伟, 朱锐, 张学广, 译. 北京：中国人民大学出版社, 2005.

蒯因. 从逻辑的观点看. 陈启伟, 等译. 北京：中国人民大学出版社, 2007.

维特根斯坦. 哲学研究. 陈嘉映, 译. 上海：上海人民出版社, 2005.

维特根斯坦. 逻辑哲学论. 贺绍甲, 译. 北京：商务印书馆, 2010.

谢仲明. 史陶生. 台北：东大图书股份有限公司, 1999.

亚里士多德全集：第一卷. 北京：中国人民大学出版社, 1990.

亚里士多德全集：第七卷. 北京：中国人民大学出版社, 2009.

应奇. 斯特劳森对身心问题的消解. 自然辩证法研究, 1998（12）.

应奇. 概念图式与形而上学：彼得·斯特劳森哲学引论. 上海：学林出版社, 2000.

余纪元. 通过斯特劳森而思. 世界哲学, 2006（4）.

张志伟.《纯粹理性批判》中的"对象之谜"：从现象学的视角看.

世界哲学，2013（4）.

张蕴. 斯特劳森的识别理论研究. 重庆：西南大学，2012.

曾自卫."问题史"视域下的归纳问题：兼论斯特劳森的语言学解决方案. 武汉：华中师范大学，2013.

曾自卫，高新民. 斯特劳森论归纳问题. 福建论坛（人文社会科学），2013（2）.

曾自卫，李瞳. 语言分析何以必要：论斯特劳森的辩护及其意义. 自然辩证法研究，2015：31（10）.

周斌. 斯特劳逊逻辑理论述评. 社会科学，1992（2）.

二、斯特劳森的著作和论文

1948　Necessary Propositions and Entailment Statement. Mind, 1948（57）.

1949　Ethical Intuitionism. Philosophy, 1949（24）.
Reprinted in Philosophical Writings, 2011.

1950　On Referring. Mind, 59（235）. Reprinted with new footnotes in Essays in Conceptual Analysis, Antony Flew（ed.）. Macmillan, 1956. This Later version was reprinted in Logico-Linguistic Papers（1971）and in A Tribute to Sir Peter Strawson（2008）.
Truth. Proceedings of Aristotelian Society, Supplementary Volumes, 1950（24）. Reprinted in Logico-Linguistic Papers, 1971.

1952　Introduction to Logical Theory. London：Methuen and Co., Ltd..
Logical Appraisal, Chapter 1 of Introduction to Logical Theory. Reprinted in A Philosophical Companion to First-Order-Logic, R. I. G. Hughes（ed.）. IN：Hackett Publishing.

1954　Wittgenstein's Philosophical Investigations. Mind, 63（249）. Reprinted in Freedom and Resentment, 1974（2008）.

Particular and General. Proceedings of Aristotelian Society, 54 (1953—1954). Reprinted in Logico-Linguistic Papers, 1971 (2004).

A Reply to Mr. Sellars. The Philosophical Review, 1954, 63 (2).

Report on "How Could One Wish to Have Been Napoleon?", Analysis, 1954, 15 (2).

1955　A Logician's Landscape. Philosophy, 1955 (30).

1956　Construction and Analysis//A. J. Ayer. The Revolution in Philosophy. London: Mcmillan. Reprinted in Philosophical Writings, 2011.

(with P. H. Grice) In Defense of a Dogma, Philosophical Review, 1956 (65). Reprinted in Philosophical Writings, 2011.

Singular Terms. Ontology and Identity. Mind, 1956, 260 (LXV).

1957　Metaphysics (With P. H. Grice, David Pears) //David Pears. The Nature of Metaphysics. New York: St. Martin's Press.

Proper Names. Proceedings of Aristotelian Society, Supplementary Volumes, 1957 (31). Reprinted in Philosophical Writings, 2011.

Logical Individual and Spatio-Temporal Particular. Philosophy and Phenomenological Research, 17 (2).

Propositions, Concepts and Logical Truths. Philosophical Quarterly, 1957 (7). Reprinted in Logico-Linguistic Papers, 1971.

The Problem of Knowledge. Philosophy, 1957, 32 (123).

1958　On Justifying Induction. Philosophical Studies, 1958 (9).

Persons. Minnesota Studies in the Philosophy of Science, 1958, 2.

1959　Individuals: An Essay in Descriptive Metaphysics. London: Methuen and Co., Ltd..

Laws and Explanation in History By William Dray. Mind,

68 (270).

1960 The Post-Linguistic Thaw. The Times Library Supplement, 9, Sept.. Reprinted in Philosophical Writings, 2011.

A Commentary on Kant's *Critique of Practical Reason*. Analytic Philosophy, 1960, 1 (4).

1961 Social Morality and Individual Ideal. Philosophy, 1961, 36 (136): Reprinted in Freedom and Resentment and Other Essays, 1974.

Perception and Identification. Proceedings of Aristotelian Society, Supplementary Volumes, 1961 (35). Reprinted in Freedom and Resentment and Other Essays, 1974.

Singular Term and Predication. The Journal of Philosophy, 1961 (lviii). Reprinted in Logico-Linguistic Papers, 1971.

1962 Freedom and Resentment, delivered at the British Academy, in Proceedings of the British Academy, Vol. XLVIII, 1962. Reprinted in Freedom and Resentment and Other Essays. Methuen and Co., Ltd. 1974 (2008). Reprinted in A Tribute to Sir Peter Strawson, 2008.

1963 Carnap's Views on Constructed Systems versus Natural Languages in Analytic Philosophy, Written in 1954, in The Philosophy of Rudolf Carnap, Schipp Paul Arthur (ed.). Chicago, Open Court, 1963.

1964 Identifying Reference and Truth-values. Theoria, 1964. Reprinted in Logico-Linguistic Papers, 1971.

Intention and Convention in Speech Acts. The Philosophical Review, 1964, 73 (4). Reprinted in Logico-Linguistic Papers, 1971.

A Problem about Truth-A Reply to Mr Warnock. Truth, George Pitcher (ed.). Prentice-Hall, inc., Englewood Cliffs, New Jersey. Reprinted in Logico-Linguistic Papers, 1971.

1965 Truth: A Reconsideration of Austin's Views. Philosophical

Quarterly, 15 (61). Reprinted in Logico-Linguistic Papers, 1971.

1966 The Bound of Sense. London: Routledge.
Self, Mind and Body. Common Factor, 1966 (4). Reprinted in Freedom and Resentment and Other Essays, 1974.
Aesthetic Appraisal and Works of Art. The Oxford Review, 1966 (3). Reprinted in Freedom and Resentment and Other Essays, 1974.

1967 Is Existence Never a Predicate? Critica, 1967 (1). Reprinted in Freedom and Resentment and Other Essays, 1974.
Analysis, Science and Metaphysics, written for Colloques de Royaumont in about 1954. Collected in Linguistic Turn R. Rorty (ed.). Chicago, The University of Chicago Press, 1967. Also in Philosophical Writings, 2011.
Paradoxes, Posits and Propositions. Philosophical Review, 1967, 76 (2).

1968 Bennett on Kant's Analysis. Philosophical Review, 1968 (77). Reprinted in Philosophical Writings, 2011.
Philosophical Logic. Studies in the Philosophy of Thought and Action, Oxford University Press.

1969 Grammar and Philosophy. The Proceedings of Aristotelian Society, 1969—1970, Vol 70. Reprinted in Logico-Linguistic Papers, 1971. Also in Semantics of Natural Language, D. Davidson, G. Harman (ed.). 1972.
Meaning and Truth, delivered as the Inaugural Lecture at the University of Oxford and subsequently published by the Oxford University Press. Reprinted in Logico-Linguistic Papers, 1971.

1970 The Asymmetry of Subject and Predicates. Language, Belief and Metaphysics (Volume 1 of Contemporary Philosophical Thought), Howard E. Kiefer, Milton K. Munitz. Reprinted in Logico-Linguistic Papers, 1971.

Imagination and Perception//Experience and Theory, Lawrence Foster, J. W. Swanson (eds.). University of Massachusetts Press. Reprinted in Freedom and Resentment and Other Essays. New York: Routledge, 1974 (2008).

Categores//Ryle: A Collection of Critical Essays, Oscar P. Wood, George Pitcher (eds.). New York, Doubleday and London: Macmillan, 1970. Reprinted in Freedom and Resentment and Other Essays, 1974.

Meaning and Context, originally partially trans into Franch as Phrase et Acte de Parole, in Languages 1970, Reprinted in Entity and Identity and Other Essays, 1997.

1971 Logico-Linguistic Papers. Aldershot: Ashgate, 2004 reprinted.

1972 Chairman's Opening Remarks//Linguistic Analysis and Phenomenology, Wolfe Mays, S. G. Brown (eds.). London and Basingstoke: Macmillan Press Ltd., 1972.

Self-Reference, Contradiction and Content-Parasitic Predicates. Indian Review of Philosophy.

The "Direction" of non-Symmetrical Relation, Critica, 6 (16).

1973 Austin and "Locutionary Meaning"//Essays on J. L. Austin, I. Berlin (ed.). Oxford: Oxford University Press, 1973, Reprinted in Entity and Identity and Other Essays, 1997.

Different Conceptions of Analytic Philosophy. Tijdschrift Voor Filosofie, 35.

1974 Subject and Predicate in Logic and Grammar, Aldershot: Ashgate, 2004. Reprinted.

Does Knowledge have Foundations? Conoaiwiento Y Creencia (Valencia). Reprinted in Philosophical Writings, 2011.

Freedom and Resentment and Other Essays, Methuen and Co., Ltd. Reprinted by Routledge, 2008.

Causation in Perception, collected in Freedom and Resentment and Other Essays.

On Understanding The Structure of One's Language, collected in Freedom and Resentment and Other Essays, London.

Positions For Quantifiers//Semantics and Philosophy, M. K. Munitz, P. Unger (eds.). New York University Press, 1974. Reprinted in Entity and Identity and Other Essays, 1997.

1975 Knowledge and Truth. Indian Philosophical Quarterly, 1975, 3 (3). Reprinted in Philosophical Writings, 2011.

Semantics, Logic and Ontology. Semantic and Ontology, Rudiger Buhner (ed.). Neue Hefte Fur Philosophie, 8.

1976 Reply to Professor Patton. Analytic Philosophy, 17 (1).

Scruton and Wright on Anti-Realism. Proceedings of The Aristotelian Society, 1976 (77). Reprinted in Philosophical Writings, 2011.

Entity and Identity. Contemporary British Philosophy, Fourth Series, H. Lewis (ed.). London, George Allen, Unwin, 1976. Reprinted in Entity and Identity and Other Essays, 1997.

1979 Perception and its Object//Perception and Identity: Essays presented to A. J. Ayer, G. Macdonald (ed.). London: Mcmillan. Reprinted in Philosophical Writings, 2011.

Universals. Midwest Studies. Philosophy, Vol. 14: Studies in Metaphysics. University of Minnesota Press. Reprinted in Entity and Identity and Other Essays. Oxford: Clarendon Press, 1997.

Belief, Reference and Quantification. Monist, 62 (2). Reprinted in Entity and Identity and Other Essays, 1997.

May Bes and Migth Have Beens. Meaning and Use, A. Margalit (ed.). Redel, Kluwer Academic Publishers, 1979. Reprinted in Entity and Identity and Other Essays, 1997.

1980　P. F. Strawson Replies, Philosophical Subject//Zak Van Straaten. Essays Presented to P. F. Strawson. Oxford: Oxford University Press, 1980.

1981　Comments and Replies, Philosophia, 10 (3−4). Critical Notice. Mind, 1981 (xc).

1982　Logical Forms and Logical Constants//P. K. Sen. Logical Form, Predication and Ontology. Macmillan India Ltd. Reprinted in Entity and Identity and Other Essays, 1997.

Review of Transcendental Argument and Science. The Journal of Philosophy, 79 (1).

Review of The Logic of Natural Language by Fred Sommers. The Journal of Philosophy, 1982, 79 (12).

1983　Liberty and Necessity//Spinoza: His Thought and Work, N. Rotenstreich, N. Schneider (ed.). Jerusalem: Israel Academy of Sciences and Humanities. Reprinted in with a changed name "Freedom and Necessity" in Analysis and Metaphysics, 1992. then in Philosophical Writings, 2011.

1985　Skepticism and Naturalism: Some Varieties, London: Methuen and Co., Ltd.

Causation and Explanation//Essays on Davidson, Bruce Vermanzen, J. Hintikka, Oxford: Oxford University Press. Reprinted in Analysis and Metaphysics, 1992.

1986　"If" and "⊃"//R. E. Grandy, R. Warner. Philosophical Grounds of Rationality, Intention, Categories, Ends. Oxford University Press, 1986. Reprinted in Entity and Identity and Other Essays, 1997.

Direct Singular Reference, Intended Reference and Actual

Reference//L. Nagel, R. Heinrich. Wo Steht Die Analytische Philosophie Heute? Wienr Reihe. Reprinted in Entity and Identity and Other Essays, 1997.

Reference and Its Roots//The Philosophy of W. V. Quine, Library of Living Philosophers, 1986, Open Court. Reprinted in Entity and Identity and Other Essays, 1997.

1987 Kant's New Foundations of Metaphysics//D. Henrich, R. P. Horstmann. Metaphysik mach Kant. Reprinted in Entity and Identity and Other Essays, 1997.

Kant's Paralogisms: Self-Consciousness and the "Outsider Observer"//K. Cramer. Theorie der sujektivitat. Suhrkamp Verlag. Reprinted in Entity and Identity and Other Essays, Oxford: Oxford University Press, 1997.

Concepts and Properties. The Philosophical Quarterly, 1987, 37 (149). Reprinted in Entity and Identity and Other Essays, 1997.

1989 Sensibility, Understanding and the Doctrine of Synthesis// E. Forster. Kant's Transcendental Deduction. Stanford: Stanford University Press. Reprinted in Philosophical Writings, 2011.

1990 Two Concepts of Philosophy//Perspectives on Quine. Oxford: Blackwell. Reprinted in Philosophical Writings, 2011.

Review of Paul Grice: Studies in the Ways of Words, Synthese, 1990 (84). Reprinted in Philosophical Writings, 2011.

1992 Analysis and Metaphysics. Oxford and New York: Oxford University Press, 1992.

Knowing from Words//B. K. Makilal, A. Chakrabati. Knowing from Words. Dordrecht: Kluwer Academic Publishers.

Echoes of Kant, Times Literary Supplement, 3 July.

The Incoherence of Empiricism, Proceedings of the Aristotelian Society, Supplementary Volumes, 1992 (66).

Comments on Some Aspects of Peter Unger's Identity, Consciousness and Value. Philosophy and Phenomenological Research, 1992, 52 (1).

1994 The Problem of Realism and A Priori//P. Parrini. Kant and Complementary Epistemology. Academic Publishers, 1994. Reprinted in Entity and Identity and Other Essays, Oxford: Oxford University Press.

"Individuals"//D. Floistad. Contemporary Philosophy, Vol. 7. Dordrecht: Kluwer, 1994.

1995 My Philosophy//Pranab Kumar Sen, Roop Rekha Verma. The Philosophy of Strawson. New Delhi: Indian Council of Philosophical Research, 1995.

Replies//The Philosophy of Strawson, Pranab Kumar Sen, Roop Rekha Verma (ed.). New Delhi: Indian Council of Philosophical Research, 1995.

1997 Paul Grice, Paper given to a seminar "Oxford Philosophers of the Twentieth Century" held by Peter Hacker and David Wiggins at Oxford at Trinity Term 1997, collected in Philosophical Writings, 2011.

Entity and Identity and Other Essays. Oxford: Clarendon Press, 1997.

Introduction//Entity and Identity and Other Essays, 1997.

Kant on Substance, collected in Entity and Identity and Other Essays, 1997.

1998 Intellectual Autobiography//Lewis Edwin Hahn. The Philosophy of P. F. Strawson. Chicago: Open Court. Reprinted in A Tribute to Sir Peter Strawson, 2008, also in Philosophical Writings, 2011.

2000 What Have We Learned from Philosophy in the Twentieth Century?. Contemporary Philosophy, Proceedings of the

Twentieth World Congress of Philosophy, Vol. 8, Bowling Green, OH, Philosophy Documentation Center, Bowling Green State University, 2000. Reprinted in Philosophical Writings, 2011.

2003　A Bit of Intellectual Autobiography//Hans-Johann Glock. Strawson and Kant. Oxford: Clarendon Press, 2003. Reprinted in Philosophical Writings, 2011.

Why Philosophy, Paper read to the University College Undergraduate PPE Society, Oxford University, collected in Philosophical Writings, 2011.

2004　Introduction, written in 2002, collected in Logico-Linguistic Papers, 2004.

2005　Foreword//David S. Orderberg. The Old New Logic: Essays on the Philosophy of Fred Sommers. Cambridge and London: The MIT Press.

My Critique of Russell's Theory of Descriptions, written in 2004, 26th, September, collected in 2005, Teorema, XXIX (3).

2006　A Category of Particulars//Universals, Concepts and Qualities, 2006. Reprinted in Philosophical Writings, 2006.

Reply to Pranab Sen//Universals, Concepts and Qualities, 2006. Reprinted in Philosophical Writings, 2006.

(ed. with A. Chakrabarti), Universals, Concepts and Qualities: New Essays on the Meaning of Predicates, Farnham, Ashgate.

2011　Galen Strawson, Michelle Montague. Philosophical Writings. Oxford: Oxford University Press.

三、二手阅读资料

A. C. Genova. Good Transcendental Arguments. Kant-Studien, 1984, 75 (4).

A. C. Grayling. The Refutation of Scepticism. Open Court, 1985.

A. J. Ayer. The Concept of A Person. New York: St. Martin's Press, 1963.

A. P. Martinich, E. David Sosa. Companion to Analytic Philosophy. Oxford: Blackwell, 2001.

A. W. Moore. The Bounds of Sense. Philosophical Topics, 2006, 34 (1/2).

A. W. Moore. One World. European Journal of Philosophy, 24 (4), 2016.

Annette C. Baier. Cartesian Person. Philosophia, 1981, 10 (3-4).

B. A. O. Williams. Mr. Strawson on Individuals. Philosophy, 1961, 36.

B. A. O. Williams. Knowledge and Meaning in the Philosophy of Mind. Philosophical Review, 1968, 77 (2).

B. A. O. Williams. Are Person Bodies//Problems of The Self: Philosophical Papers 1956 - 1972. Cambridge: Cambridge University Press, 1973.

Baz Avner. When Words Are Called For: A Defense of Ordinary Language Philosophy. Cambridge and London: Harvard University Press, 2012.

Baker Gordon. Wittgenstein's Method, Neglected Aspect. Oxford: Blackwell, 2004.

Bennett Jonathan. Kant's Analytic. Cambridge University Press, 1966.

Bennett Jonathan. Strawson on Kant. Philosophical Review, 1968 (77).

Bennett Jonathan. Analytic Transcendental Argument//P. Bieri, R. P. Horstmann, L. Krüger. Transcendental Arguments and Science. Springer Netherlands, 1979.

Bergmann Gustav. Strawson's Ontology. The Journal of Philosophy, 1960, 57 (19).

Bertrand Russell. The Philosophy of Logical Atomism. London and New York: Routledge, 2010.

Bird Graham. Kant's and Strawson's Descriptive Metaphysics//Hans-Johann Glock. Strawson and Kant. Oxford: Clarendon Press, 2003.

Black Max. Linguistic Relativity: the Reviews of Benjamin Lee Whorf. Philosophical Review, 1959.

Black G. Andrew. Naturalism and Cartesian Skepticism//Lewis Edwin Hahn. The Philosophy of P. F. Strawson. Chicago: Open Court, 1998.

Bob Hale. Strawson, Geach and Dummett on Singular Terms and Predicates. Synthese, 1979.

Brown Clifford. Peter Strawson. Stocksfield: Acumen, 2006.

Brown Clifford. Leibniz and Strawson: A New Essay in Descriptive Metaphysics. Munich: Philosophia Verlag, 1990.

Brueckner Anthony. Modest Transcendental Argument. Noûs, 1996 (30).

Bunnin Nicholas, Jiyuan Yu. The Blackwell Dictionary of Western Philosophy. Oxford: Blackwell, 2004.

C. Y. Ferdinand. A Tribute to Sir Peter Strawson. Oxford: Magdalen College, 2008.

C. B. Martin. People//Robert Brown and C. D. Bollins. Contemporary Philosophy in Australia. London: George Allen and Unwin, 1969.

Callanan J. John. Making Sense of Doubt: Strawson's Anti-Scepticism. Theoria, 2011 (77).

Cassam Quassim. Transcendental Argument, Transcendental Synthesis and Transcendental Idealism. The Philosophical Quarterly, 1989, 37 (149).

Cassam Quassim. Self and World. Oxford: Oxford University Press, 1997.

Cassam Quassim. Self-Directed Argument//Robert Stern. Transcendental Arguments: Problems and Prospects. Oxford: Clarendon Press, 1999.

Cassam Quassim. Space and Objective Experience//Jose Luis Bermudez. Thought, Reference and Experience. Oxford: Clarendon Press,

2005.

Cassam Quassim. Foreword to Strawson's Skepticism and Naturalism: Some Varieties, Routledge, 2008.

Cassam Quassim. Knowledge and its Object: Revising the Bounds of Sense. European Journal of Philosophy, 2017, 24 (4).

Campbell John. Reference and Consciousness. Oxford: Clarendon Press, 2002.

Carnap Rudolf. P. F. Strawson on Linguistic Naturalism//Schipp Paul Arthur. The Philosophy of Rudolf Carnap. Chicago: Open Court, 1963.

Carnap Rudolf. Logical Syntax of Language. London: Routledge, 1937.

Caton E. Charles. Strawson on Referring. Mind, 1959, 68 (272).

Cerf Walter. The Bound of Sense and Reason. Mind, 1972, 81 (324).

Cleve James Van. Touch, Sound, and Things Without the Mind. Metaphilosophy, 2006, 37 (2).

Chandra Suresh. Wittgenstein and Strawson on the Ascription of Experience, Philosophy and Phenomenological Research, 1981, 41 (3), 1981.

Chomsky Noam. Syntactic Structures, Berlin and New York: Mouton de Gruyter, 2002.

Coates D. Justin. Strawson's Modest Transcendental Argument, British Journal for the History of Philosophy, 2017 (1).

Chung-Ming Tse. Strawson on Subject and Predicate. Tunghai Journal, 1985, 26 (6).

Chung-Ming Tse. The Ontology of Particulars: A Critical Study of Strawson's Metaphysics. Tunghai Journal, 1986, 27 (6).

Chung-Ming Tse. The Status of Universals: A Critical Study of Strawson's Metaphysics. Tunghai Journal, 1987, 28 (6).

Chung-Ming Tse. Strawson's Metaphysical Theory of Subject and Predicate//Lewis Edwin Hahn. The Philosophy of P. F. Strawson. Chicago: Open Court, 1998.

David Pears. Critical Study: Part 1. Philosophical Quarterly, 1961, 11 (43).

David Pears. Critical Study: Part 2. Philosophical Quarterly, 1961, 11 (44).

David Pears. The Nature of Metaphysics. New York: St. Martin's Press, 1965.

Dasgupta Shamik. Individuals, An Essay in Revisionary Metaphysics. Philosophical Studies, 2009 (145).

Davidson Donald. The Essential Davidson. Oxford and New York: Clarendon Press, 2006.

Descartes Rene. Meditations on First Philosophy with Selections from the Objections and Replies. Cambridge University Press, 2015.

Donnellan Keith. Reference and Definite Descriptions. The Philosophical Review, 1966, 75 (3).

D'Ora Giuseppina. The Philosopher and the Grapes: on Descriptive Metaphysics and Why it is not "Sour Metaphysics". International Journal of Philosophical Studies, 2013, 21 (4).

E. A. Burtt. Descriptive Metaphysics. Mind, 1963, 72 (285).

Eckart Förster. How Are Transcendental Arguments Possible//E. Schaper and V. Wihelm. Reading Kant: New Perspectives on Transcendental Argument and Critical Philosophy. Oxford: Blackwell, 1989.

Evans Gareth. Things Without the Mind—A Commentary Upon Chapter Two of Strawson's Individuals//Zak Van Straaten. Philosophical Subject: Essays Presented to P. F. Strawson. Oxford: Oxford University Press, 1980.

Evans Gareth. Variety of Reference. Oxford: Clarendon Press, 1982.

Franciotti Marco Antonio. Once More Onto the Beach: Strawson's Anti-skeptical View, Principia, 2009 (2).

Frederick Danny. P. F. Strawson on Predication. Polish Journal of Philosophy, 2011, V (1).

Frederick Danny. Singular Terms, Predicates and the Spurious "is" of Identity. Dialectica, Vol. 67, No. 3, 2013.

G. Frege. On Sense and Reference//Translations from the Philosophical Writings of Gottlob Frege. P. Geach and M. Black. Oxford: Blackwell, 1960.

G. E. M. Anscombe. The First Person//Samuel D. Guttenplan. Mind and Language. Oxford: Oxford University Press, 1975.

G. E. M. Anscombe. Intention. Cambridge and London: Harvard University Press, 2000.

G. E. Moore. Wittgenstein's Lectures 1930−1933. Mind, 1955, 64 (253).

G. E. Moore. A Defense of Common Sense//Thomas Baldwin. Selected Papers. London: Routledge, 1993.

G. J. Warnock. Metaphysics in Logic. Proceedings of the Aristotelian Society, Vol. 51 (1950−1951).

Garner Richard. Two Kinds of Presupposition in Natural Language//Charles J. Fillmore, D. Terence Langendoen. Studies in Linguistic Semantics. New York: Holt, 1971.

Gaynesford Maximilian De. Kant and Strawson on the First Person//Hans-Johann Glock. Strawson and Kant. Oxford: Oxford University Press, 2003.

Geach Peter. Subject and Predicate. Mind, 1950, 50 (236).

Geach Peter. Mr. Strawson on Symbolic and Traditional Logic. Mind, 1963, 72 (285).

Geach Peter. Reference and Generality. Ithaca and London: Cornell University Press, 1980.

Geach Peter. Strawson on Subject and Predicate//Zak Van Straaten. Philosophical Subject: Essays Presented to P. F. Strawson. Oxford: Oxford University Press, 1980.

Giladi Paul. New Directions for Transcendental Claims. Grazer Philosophische Studien, 2016 (93).

Gilbert Harman. The Essential Grammar of Action (and other)

Sentence. Philosophia, 1981, 10 (3).

Glock Hans-John, John Hyman. Persons and Their Bodies. Philosophical Investigation, 1994 (2).

Glock Hans-Johann. Strawson and Kant. Oxford: Clarendon Press, 2003.

Glock Hans-Johann. What is Analytic Philosophy? Cambridge: Cambridge University Press, 2008.

Glock Hans-Johann. Strawson's Descriptive Metaphysics//Lila Haaparanta, Heikki Koskinen. Categories of Being: Essays on Metaphysics and Logic. Oxford: Oxford University Press, 2012.

Glouberman Mark. P. F. Strawson and the Ghost of H. Bradley, The Jerusalem Philosophical Quarterly, 1994 (43).

Gomes Anil. Unity, Objectivity and the Passivity of Experience. European Journal of Philosophy, 2016 (4).

Grice Paul. Studies in the Ways of Words. Cambridge: Harvard University Press, 1989.

Grice Paul. Meaning. Philosophical Review, 1957, 66 (3).

Guyer Paul. Kant and the Claim of Knowledge. New York: Cambridge University Press, 1987.

Guyer Paul. The Bounds of Sense and the Limits of Analysis. Journal of the History of Philosophy, 2017, 55 (3).

H. H. Price. Clarity is not Enough, Proceedings of Aristotelian Society, Supplementary Volumes, 1945 (19).

Hacker Peter. Are Transcendental Arguments a Version of Verificationism? American Philosophical Quarterly, 1972, 9 (1).

Hacker Peter. Wittgenstein and His Place in Twentieth-Century Analytic Philosophy. Oxford: Blackwell, 1996.

Hacker Peter. Strawson's Concept of a Person. Proceedings of the Aristotelian Society, 2002, 102 (1).

Hacker Peter. On Strawson's Rehabilitation of Metaphysics//Hans-Johann Glock. Strawson and Kant. Oxford: Clarendon Press, 2003.

Hacker Peter. Analytic Philosophy: Beyond the Linguistic Turn and Back Again//Michael Beaney. The Analytic Turn. New York and London: Routledge, 2007.

Haack Susan. Descriptive and Revisionary Metaphysics. Philosophical Studies: An International Journal for Philosophy in the Analytic Tradition, 1979, 35 (4).

Hampshire Stuart. Thought and Action. London: Chatto and Windus, 1959.

Hansen Nat. Contemporary Ordinary Language Philosophy. Philosophy Compass, 2014, 9 (8).

Harrison Ross. Strawson on Outer Object. The Philosophical Quarterly, 1970, 20 (80).

Harrison Ross. Transcendental Arguments and Idealism. Royal Institute of Philosophy Lectures, 1982 (13).

Heijenoort Jean Van. Subject and Predicate in Western Logic. Philosophy East and West, 1974, 24 (3).

Henrich Dieter. The Proof-Structure of Kant's Transcendental Deduction. The Review of Metaphysics, 1969, 22 (4).

Hintikka Jaakko. Transcendental Arguments: Genuine and Spurious. Nous, 1972, 6 (3).

Hookway Christopher. Modest Transcendental Argument and Skeptical Doubt: A Reply to Stroud//Robert Stern. Transcendental Arguments: Problems and Prospects. Oxford: Clarendon Press, 1999.

H. H. Price. Clarity is not Enough, Proceedings of Aristotelian Society, Supplementary Volumes, 1945 (19).

Ishiguro Hide. A Person's Future and Mind-Body Problem//Wolfe Mays, S. G. Brown. Linguistic Analysis and Phenomenology. London and Basingstoke: Macmillan Press Ltd. , 1972.

Ishiguro Hide. The Primitiveness of the Concept of a Person//Zak Van Straaten. Philosophical Subject: Essays Presented to P. F. Strawson. Oxford: Oxford University Press, 1980.

J. Lukasiewicz. On Three-Valued Logic//Selected Works, L. Brokowski (ed.). North-Holland Publishing Company, 1970.

J. L. Mackle. Causes and Conditions. American Philosophy of Quarterly, 1965 (4).

J. L. Austin. A Plea for Excuse, in Proceedings of the Aristotelian Society, Vol. 57 (1956 - 1957).

J. O. Urmson, Ree Jonathan. The Concise Encyclopedia of Western Philosophy. London and New York: Routledge, 1960 (1989).

J. O. Urmson. Critical Notes. Mind, 1961, 70 (278).

J. O. Urmson. The History of Analysis//Richard Rorty. Linguistic Turn. Chicago: The University of Chicago Press, 1967.

Jackson Frank. From Metaphysics to Ethics: A Defense of Conceptual Analysis, Oxford, New York: Oxford University Press, 1998.

Jarvis Judith. Notes on Strawson's Logic. Mind, 1961, 70 (277).

Jiyuan Yu. The Language of Being: Between Aristotle and Chinese Philosophy. International Philosophical Quarterly, 1999, 39 (4).

Joseph S. Wu. The Problem of Existential Import (From George Boole to P. F. Strawson). Notre Dame Journal of Formal Logic, 1969, X (4).

Keinanen Markku. Revisionary and Descriptive Metaphysics. Philosophica, 2008 (81).

Kant Immanuel. Critique of Pure Reason. London: Macmillan, 1929.

Körner Stephan. Transcendental Tendency in Recent Philosophy. The Journal of Philosophy, 1966, 63 (19).

Körner Stephan. The Impossibility of Transcendental Deductions. Monist, 1967, 51 (3).

Kolb David. Ontological Priority, A Critique of the Announced Goal of "Descriptive Metaphysics". Metaphilosophy, 1975, 6 (3-4).

Kripke Saul A. Naming and Necessity. Cambridge: Harvard University Press, 1972.

Kunes Jan. Strawson and Kant on Being "I". Organon F, 2009 (16).

Linsky Leonard. Referring. London: Routledge and Keagan Paul, 1967.

Locke Don. Strawson's Auditory Universe. The Philosophical Review, 1961, 70 (4).

M. C. Bradley. Geach and Strawson on Negating Names. The Philosophical Quarterly, 1986, 36 (142).

M. Durrant. Mr. Strawson on the Notion of "Predicate". Philosophy, 1966, 41 (155).

Magee Bryan. Modern British Philosophy. New York: St. Martin's Press, 1971.

Martens B. David. In Memory of P. F. Strawson (1919 – 2006). South African Journal of Philosophy, 2008, 27 (3).

McDougall A. Derek. "Descriptive" and "Revisionary" Metaphysics. Philosophy and Phenomenological Research, 1973, 34 (2).

McDowell John. Meaning, Convention and Knowledge//Zak Van Straaten. Philosophical Subject: Essays Presented to P. F. Strawson. Oxford: Oxford University Press, 1980.

McDowell John. Mind and World. Cambridge and London: Harvard University Press, 1994.

McDowell John. Referring to Oneself//Lewis Edwin Hahn. The Philosophy of P. F. Strawson. Chicago: Open Court, 1998.

Mckenna Micheal, Paul Russell. Free Will and Reactive Attitudes, Ashgate, 2008.

Meynell Lititia. Imagination and Insight: A New Account of The Content of Thought Experiments. Syntheses, 2014 (191).

Michael P. Riley. Barry Stroud's Argument Against World-Directed Transcendental Arguments and its Implications for the Apologetics of Cornelius Van Til. Westminster Theological Seminary, 2014.

Milkov Nikolay. A Hundred Years of English Philosophy. Dordrecht: Kluwer Academic Publishers, 2003.

Millikan Ruth Garrett. Proper Function and Convention in Speech Act//Lewis Edwin Hahn. The Philosophy of P. F. Strawson. Chicago: Open Court, 1998.

Mizrahi Moti. Transcendental Argument Conceivability, and Global vs. Local Skepticism. Philosophia, 2016, 45 (2).

Maddy P. Second Philosophy. Oxford: Oxford University Press, 2007.

Nagel Thomas. The View from Nowhere. Oxford: Oxford University Press, 1986.

Nudds Matthew. Auditory Appearances. Ratio, 2014 (4).

O'Callaghan Casey. Perceiving the Location of Sound. Review of Philosophy and Psychology, 2010, 1 (1).

O'nell Onora. Space and Object. The Journal of Philosophy, 1976, 73 (2).

P. A. M. Seuren. Presupposition//K. Brown. Encyclopedia of Language and Linguistics. Amsterdam: Elsevier, 2006.

Petterson Anders. P. F. Strawson and Stephen Davies on the Ontology of Art. Organon F, 2009, 12 (4).

Patton E. Thomas. Strawson P. F. Subject and Predicate in Logic and Grammar. Analytic Philosophy, 1976, 17 (1).

Patton E. Thomas. On Strawson Substitute for Scope, Linguistics and Philosophy, 1978 (2).

Peacocke Christopher. Objectivity. Mind, 2009, 118 (472).

Peacocke Christopher. The Mirror of The World. Oxford: Oxford University Press, 2014.

Pelletier Francis Jeffrye. Descriptive Metaphysics, Natural Language Metaphysics, Sapir-Whorf, and All That Stuff: Evidence From The Mass-Count Distinction. in Baltic International Yearbook of Cognition, Logic and Communication, 2011 (6).

Pinder Mark. On Strawson's Critique of Explication as a Method in

Philosophy. Synthese, 2020 (197).

Plantinga Alvin. God and Other Minds, Ithaca: Cornell University Press, 1967.

Price Robert. Descriptive Metaphysics, Chinese and the Oxford Common Room. Mind, 1964, 73 (289).

Putnam Hilary. Strawson and Skepticism//Lewis Edwin Hahn. The Philosophy of P. F. Strawson. Chicago: Open Court, 1998.

Putnam Hilary. Logical Positivism, the Kantian Tradition and The Bound of Sense//The Philosophy of Strawson, Pranab Kumar Sen and, Roop Rekha Verma (eds.). New Delhi: Indian Council of Philosophical Research, 1995.

Putnam Hilary. Skepticism, Stroud and the Contextuality of Knowledge. Philosophical Explorations, 2001, 4 (1).

Quinton Anthony. The Nature of Things. London: Routledge, 1973.

R. L. Philips. Descriptive versus Revisionary Metaphysics and the Mind-body Problem. Philosophy, 1967, 42 (160).

Ramsey Frank. Universals. Mind, 1925, 34 (136).

Reider J. Patrick. Does Philosophy Require a Weak Transcendental Approach. Metaphilosophy, 2017, 48 (4).

Roberto Horácio de Sá Pereira. Stroud and Transcendental Arguments Revisited. Sképsis, 2016, 7 (14).

Rorty Richard. Linguistic Turn. Chicago: The University of Chicago Press, 1967.

Rorty Richard. Strawson's Objectivity Argument. The Review of Metaphysics, 1970, 24 (2).

Rorty Richard. The World Well Lost. The Journal of Philosophy, 1972, 69 (19).

Rorty Richard. Verificationism and Transcendental Argument. Nous, 5 (1), 1971.

Rorty Richard. Transcendental Arguments, Self-reference and Pragmatism//P. Bieri, R. P. Horstmann and L. Krüger. Transcendental Arguments and Science. Springer Netherlands, 1979.

Ross Gregory A. Strawson's Metaphysical Grammar. Southern Journal of Philosophy, 1974, 12 (3).

Rorty Richard. Philosophy and the Mirror of Nature. Princeton University Press, 1979.

Rosenburg F. Jay. Transcendental Argument Revised. The Journal of Philosophy, 1975, 72 (18).

Rosenburg F. Jay. On Strawson, Sounds, Skepticism and Necessity. Philosophia, 1978, 8 (2-3).

Rotenstreich Nathan. Self-Ascription and Objection. Philosophia, 1981, 10 (3-4).

Pyle Andrew. Peter Strawson//Andrew Pyle. Key Philosophers in Conversation. London and New York: Routledge, 1999.

Ryle Gilbert. Ordinary Language. The Philosophical Review, 1953, 62 (2).

Ryle Gilbert. Dilemmas. Cambridge: Cambridge University Press, 1964.

Ryle Gilbert. The Concept of Mind. London and New York: Routledge, 2009.

Russell Bertrand. On Denoting. Mind, 1905, 14 (56).

S. Coval. Persons and Sounds. The Philosophical Quarterly, 1963, 13 (50).

S. Coval. Persons and Criteria in Strawson. Philosophy and Phenomenological Research, 1964, 24 (3).

Sacks Mark. Objectivity and Insight. Oxford: Clarendon Press, 2000.

Sacks Mark. The Nature of Transcendental Arguments. International Journal of Philosophical Studies, 2005, 13 (4).

Searle John. Proper Name. Mind, 1958, 67 (266).

Searle John. Speech Act: An Essay in the Philosophy of Language. London and New York: Cambridge University Press, 1969.

Sellars Wilfrid. Presupposing. The Philosophical Review, 1954, 63 (2).

Simco Nancy D. Strawson's Ontology in Individuals. Southern Journal of Philosophy, 1971, 9 (4).

Smith Joel and Sullivan Peter. Transcendental Philosophy and Naturalism. Oxford: Oxford University Press, 2012.

Smith Joel. Strawson and Other Mind//Joel Smith, Peter Sullivan. Transcendental Philosophy and Naturalism. Oxford: Oxford University Press, 2012.

Skarupski John. Analytic Philosophy, Analytic School and British Philosophy//Michael Beaney. Oxford Handbook of History of Analytic Philosophy, reprint edition. Oxford: Oxford University Press, 2015.

Simons Peter. Metaphysics in Analytic Philosophy//Michael Beaney. The Oxford Handbook of The History of Analytic Philosophy. Oxford: Oxford University Press, 2013.

Snowdon Paul. Strawson on the Concept of Perception//Lewis Edwin Hahn. The Philosophy of P. F. Strawson. Chicago: Open Court, 1998.

Snowdon Paul. Strawson: Individuals//John Shand. The Twentieth Century: Quine and After. Chesham: Acumen, 2006.

Snowdon Paul. Strawson on Philosophy—Three Episodes. South African Journal of Philosophy, 2008, 27 (3).

Snowdon Paul. Foreword//P. F. Strawson. Freedom and Resentment and Other Essays. New York: Routledge, 2008.

Sosa Ernest. P. F. Strawson's Epistemological Naturalism//Lewis Edwin Hahn. The Philosophy of P. F. Strawson. Chicago: Open Court, 1998.

Sosa Ernest. Beyond Skepticism, to the Best of Our Knowledge. Mind, 1988, 97 (368).

Stalnaker C. Robert. Context and Content. Oxford: Oxford University Press, 1999.

Stern Robert. Transcendental Arguments: Problems and Prospects. Oxford: Clarendon Press, 1999.

Stern Robert. On Strawson's Naturalistic Turn//Hans-Johann Glock. Strawson and Kant, Oxford: Clarendon Press, 2003.

Stern Robert. Others as the Ground of Our Existence//Halla Kim, Steven Hoeltzel. Transcendental Inquiry: its History, Method and Critiques. Palgrave: Macmillan, 2016.

Stjernberg Fredrik. Strawson's Descriptive Metaphysics, its Scope and Limits. Organon F, 2009, 16 (4).

Strwason Galen. Against "Corporism": The Two Uses of "I". Organon F, 2009, 16 (4).

Striton R. William. Singular Term, Subject and Predicate. Philosophical Quarterly, 2000, 50 (199).

Stroud Barry. The Significance of Philosophical Scepticism. Oxford: Clarendon Press, 1984.

Stroud Barry. Understanding Human Knowledge. Oxford: Oxford University Press, 2000.

T. E. Wilkerson. Transcendental Argument. The Philosophical Quarterly, 1970, 20 (80).

T. J. Smiley. Mr. Strawson on the Traditional Logic. Mind, 1967, 76 (301).

T. S. Gendler, J. Hawthorne. Conceivability and Possibility, New York: Oxford University Press, 2002.

Tarski Alfred. Logic, Semantics, Metamathematics. Oxford: Clarendon Press, 1956.

Taylor Charles. The Validity of Transcendental Arguments. Proceedings of the Aristotelian Society, Vol. 79 (1978-1979).

Tlumak Jeffery. Some Defects in Strawson's anti-Skeptical Method. Philosophical Studies, 2975 (28).

Tsu-Lin Mei. Chinese Grammar and the Linguistic Movement in Philosophy. The Review of Metaphysics, 1961, 14 (3).

Tsu-Lin Mei. Subject and Predicate: A Grammatical Preliminary. The Philosophical Review, 1961, 70 (2).

Turner Ken. Defending Semantic Presupposition. Journal of Pragmatics, 1992 (18).

W. A. Berriman. Strawson's Individuals as Descriptive Metaphysics. Austrian Journal of Philosophy, 1967, 45 (3).

W. V. Quine. Mr. Strawson on Logical Theory. Mind, 1953, LXII (248).

W. V. Quine. Methods of Logic. Holt: Rinehart and Winston, Inc. 1959.

Wai-Hung Wong. Strawson's Anti-skepticism: A Critical Reconstruction. Ratio, 2003, XVI (3).

Walker C. S. Ralph. Kant. London: Routledge, 1978.

Walker C. S. Ralph. Transcendental Argument and Scepticism//E. Schaper, V. Wihelm. Reading Kant: New Perspectives on Transcendental Argument and Critical Philosophy. Oxford: Blackwell, 1989.

Ward Kaith. The Ascription of Experience. Mind, 1970, 79 (315).

Welker David. Subject, Predicates and Features. Mind, 1979, 88 (352).

Westphal R. Kenneth. Kant's Critique of Pure Reason and Analytic Philosophy//P. Guyer. The Cambridge Companion to Kant's Critique of Pure Reason. Cambridge: Cambridge University Press, 2010.

Wiggins David. Identity and Spatio-temporal Continuity. Oxford: Blackwell, 1971.

Wiggins David. Sameness and Substance Renewed. Cambridge: Cambridge University Press, 2001.

Williamson Timothy. The Philosophy of Philosophy. Oxford: Blackwell, 2007.

Wittgenstein Ludwig. Philosophical Investigation. Oxford: Blackwell, 1953.

Wittgenstein Ludwig. The Blue and Brown Book. Oxford: Blackwell, 1958.

Wittgenstein Ludwig. On Certainty. Oxford: Blackwell, 1969.

Wolf George. Strawson on Chomsky. Language Sciences, 1998, 20 (4).

Whorf Benjamin Lee. Language, Thought and Reality. Cambridge: The MIT Press, 1956.

Xiaoqiang Han. Maybe There are No Subject-Predicate Sentences in Chinese. Dao, 2009 (8).

Xinli Wang. Is the Notion of Semantic Presupposition Empty? Dialogue, 1999 (73).

Zemach M. Eddy. Strawson's Transcendental Deduction. Philosophical Quarterly, 1975, 25 (99).

四、网络资源

Arindam Chakrabarti. Philosopher and Teacher: Peter Strawson. https://www.telegraphindia.com/1060221/asp/opinion/story_5872024.asp.

Dwayne H. Mulder. Objectivity. Internet Encyclopedia of Philosophy. 2013. http://www.iep.utm.edu/objectiv/.

Howard Robinson. Dualism. Stanford Encyclopedia of Philosophy. 2016. https://plato.stanford.edu/entries/dualism/.

Jane O'Grady. Peter Strawson. The Guardian. https://www.theguardian.com/news/2006/feb/15/guardianobituaries.booksobituaries.

John Heawood. Peter Strawson (1919-2006): A Sort of Obituary. 2006: https://philosophynow.org/issues/57/Peter_Strawson_1919-2006_A_Sort_of_Obituary.

Michael Beaney. Supplementary Document: Conception of Analysis in Analytic Philosophy. 2014: https://plato.stanford.edu/entries/analysis/s6.html.

Paul Snowdon. Peter Frederick Strawson. Stanford Encyclopedia of Philosophy. 2009: https://plato.stanford.edu/entries/strawson/.

Robert Stern. Transcendental Argument. Stanford Encyclopedia of Philosophy. 2015: https://plato.stanford.edu/entries/transcendental-arguments/.

The Quietist. P. F. Strawson and Gareth Evans on Truth：https://m.youtube.com/watch?v=BLV-eYacfbE.

邱仁宗. 中英美暑期学院是如何成立的. http://philosophy.cass.cn/jxjy/zymsqzxy/201507/t20150710_2589008.shtml.

出版后记

曾自卫博士的著作《自然语言的逻辑图像：斯特劳森形而上学思想研究》终于要出版了。本书的原稿是曾自卫的博士毕业论文。如他在论文"致谢"中表明的，自 2010 年萌发对斯特劳森哲学的兴趣，到 2018 年 5 月完成论文且提交答辩，他为完成这部书稿，总共花费了 8 年时间，可谓殚精竭虑。这是他的心血之作，也是国内系统深入研究斯特劳森哲学思想体系的最具功力的著作。

自 2019 年 12 月 20 日曾自卫博士去世之后，将他的博士论文整理出版，一直是自卫生前好友的共同心愿。为了这一心愿的达成，许多人都提供了真诚的帮助并付出了心力。这部著作即将出版之际，我们觉得有必要向所有提供过真诚帮助的友人表示感谢。

自卫去世后，汤明洁发起成立了"自卫协作会"的微信群，群中包括自卫的 31 名生前好友。在微信群的讨论中，出版自卫博士论文的计划被首次提出，并得到了一致赞同。许多人主动提出帮助承担文稿校对和联系出版的工作。其中，吴天岳帮助询问了北京大学出版社，汤明洁也专门联系了中国社会科学出版社。几经辗转，最终确定在中国人民大学出版社出版自卫的这部书稿。

为此，自卫的弟弟曾自远、同学王义铭以及自卫在人大曾经的老师周濂、聂敏里和刘畅，一起组成了"自卫著作出版协调小组"，安排著作出版的各项事宜。周濂与中国人民大学出版社联系，达成了出版协议；自卫生前的八位好友承担了图书出版的全部费用；聂敏里、刘畅负责书稿整理校对的统筹安排。

书稿经过了初校、二校、三校……许多人都为此付出了辛勤的劳动。其中，刘松青、黄原承担了书稿的初校，责任编辑凌金良反复审读书稿，形成书稿清样后，又由刘畅、展翼文、孙慧中和黄禹迪分工，对清样进行了最后一轮校对。自卫的博士生导师冯俊也为本书撰写了序言。

我们要特别感谢中国人民大学出版社学术出版中心的杨宗元主任、图书策划张杰，他们为曾自卫博士的著作能够在中国人民大学出版社出版做了大量的工作。

自卫著作出版协调小组

2022 年 6 月 6 日

图书在版编目（CIP）数据

自然语言的逻辑图像：斯特劳森形而上学思想研究/曾自卫著．--北京：中国人民大学出版社，2022.7
（哲学文库）
ISBN 978-7-300-30757-2

Ⅰ.①自… Ⅱ.①曾… Ⅲ.①斯特劳森（Strawson, Peter Frederick 1919—2006）-形而上学-思想评论 Ⅳ.①B561.6②B081.1

中国版本图书馆 CIP 数据核字（2022）第 116609 号

哲学文库
自然语言的逻辑图像
——斯特劳森形而上学思想研究
曾自卫　著
Ziran Yuyan De Luoji Tuxiang

出版发行	中国人民大学出版社		
社　　址	北京中关村大街 31 号	邮政编码	100080
电　　话	010-62511242（总编室）		010-62511770（质管部）
	010-82501766（邮购部）		010-62514148（门市部）
	010-62515195（发行公司）		010-62515275（盗版举报）
网　　址	http://www.crup.com.cn		
经　　销	新华书店		
印　　刷	北京联兴盛业印刷股份有限公司		
规　　格	155 mm×235 mm　16 开本	版　次	2022 年 7 月第 1 版
印　　张	41 插页 1	印　次	2022 年 7 月第 1 次印刷
字　　数	625 000	定　价	118.00 元

版权所有　侵权必究　印装差错　负责调换